工程制图（含习题集）

（第 2 版）

主　编‖冯　芳　陈天星

西南交通大学出版社
·成　都·

图书在版编目（CIP）数据

工程制图：含习题集. 1 / 冯芳，陈天星主编. -- 2 版. -- 成都：西南交通大学出版社，2024.6

ISBN 978-7-5643-9843-9

Ⅰ. ①工… Ⅱ. ①冯… ②陈… Ⅲ. ①工程制图－高等学校－习题集 Ⅳ. ①TB23-44

中国国家版本馆 CIP 数据核字（2024）第 107337 号

Gongcheng Zhitu（Han Xitiji）

工程制图（含习题集）

（第 2 版）

主编　冯　芳　陈天星

责任编辑　陈　斌

封面设计　何东琳设计工作室

出版发行　西南交通大学出版社

（四川省成都市金牛区二环路北一段 111 号

西南交通大学创新大厦 21 楼）

邮政编码　610031

发行部电话　028-87600564　028-87600533

网址　http://www.xnjdcbs.com

印刷　成都市新都华兴印务有限公司

成品尺寸　185 mm × 260 mm

总印张　32.5

总字数　809 千

版次　2019 年 9 月第 1 版　　2024 年 6 月第 2 版

印次　2024 年 6 月第 4 次

套价（全 2 册）　89.00 元

书号　ISBN 978-7-5643-9843-9

课件咨询电话：028-81435775

第 2 版前言

本教材第 1 版出版距今转眼已有 5 年时间，以“新颖的体例结构、实用有趣的内容体系、丰富的数字化配套资源”受到广大师生的欢迎和好评，被西南交通大学希望学院、陕西理工大学及希望教育集团旗下多所大中专院校选用，并在 2024 年 3 月四川省普通本科高等学校应用人才培养指导委员会、四川省应用型本科高校联盟联合举办的“首届优秀教材评选活动”中荣获三等奖。现经过多年一线教学实践修正推出第 2 版。

本教材在教材内容、体例结构、呈现方式三个方面与同类教材进行对比分析，提出在大学教育机械类教材编写过程中，教材内容上要突出“做中学”，以投影理论为基础，以实践性知识为主体；教材结构上注重实用性，以职业能力培养为导向；教材呈现方式上以学生为本，符合学生的认知规律；教材整体编排形式新颖，彰显时代特色。第 2 版教材内容修订主要表现在以下 4 个方面：

（1）对第 1 版中欠缺的内容做了补充，使教材内容更加完整。本次改版最重要的增补内容是装配示意图的画法，由于装配示意图的画法没有统一标准，国标尚未覆盖这部分内容，因此国内机械制图教材鲜有阐述这部分内容的。但在实际教学和实践中又必然要应用到装配示意图，所以给学生带来很大的困惑。这部分内容的增补，可以较好地解决这一问题。另外，用于求解一般位置线段实长的直角三角形法和用于求解一般位置线面问题的换面法，由于对非机械类学生，这部分内容不做要求，故未纳入第 1 版内容。但第 2 版对此做了增补，以保证知识体系的完整性，同时也满足了对机械类学生的教学需求。

（2）应用了最新标准。一定程度上，新标准体现了技术的进步，凡在成稿前搜集到的关于《技术制图》的最新国家标准、机械制图及 CAD 技术的变动情况，在本教材和习题中均予以贯彻。

（3）勘误工作也是第 2 版的重要任务。对第 1 版中发现的错别字、字体差异、图线不规范等问题，第 2 版均做了认真修改，严格审查，以保证教材差错率远低于 1/10 000。

（4）增补了部分习题，使习题集内容更加丰富。学习制图必须以练为主，一本用起来得心应手的习题集，比一本好的教材更重要。在配套习题集中，凡重要内容均配有相关习题，且紧扣教学内容，富有启发性，题型活、寓意深、角度新，除供理解、消化、巩固知识的基本题外，还设计了一些开发智能的趣味题；重点部分的习题均有一定的余量，为学生多练及教师取舍提供了方便。此外，本教材还编排了一定数量的徒手画图题，以提高学生徒手绘制草图的能力。

本教材及习题集适用于大学本科、专科、职业技术学院及成人高等院校机械类各专业的制图教学，也可供其他相近专业和工程技术人员使用或参考。

限于编者的水平，本教材中疏漏和不妥之处在所难免，殷切期望专家和读者批评指正。

编　者

2024 年 5 月

第 1 版前言

“工程制图”是高等院校理工科学生的一门必修课，学习对象层次和专业类型较多，教学目标和内容也因此难易程度不同。面向机械专业本科生和专科生的教材还是比较丰富、成熟的，对于非机械类专业的学生而言，使用机械类专业的教材过于艰涩难懂，在实际学习中会产生畏难情绪和教学资源的浪费，而机械类专科教材对他们而言又因侧重点不同而达不到教学的目的。

此次我们编撰的教材以非机械类专业学生的实际需要为出发点，与西南交通大学希望学院整体办学的教育目标和前景相一致，有利于促进学生主体性的发展，更好地培养和发展学生的个性，同时使办学更有特色、教师的教学更有特点。

本书有以下特点：

（1）本书根据最新颁布的全国高等专科学校《机械制图课程教学基本要求》及相关国家标准，结合作者多年的工作经验编写而成。

（2）本书以非机械类专业工程制图课程教学要求“少而精”的原则确定编写内容，注重对学生空间想象能力的培养以及对图学原理、思想的阐释。

（3）除第 1 章少数插图外，其余插图均采用 AutoCAD 绘制。

（4）内容编排新颖、易于组织教学，特别注意对学生思维的拓展训练。

限于编者的水平，书中疏漏和不妥之处在所难免，殷切期望专家和读者批评指正。

编　者

2019 年 5 月

目　录

第1章 绪 论

1.1 工程制图的本质

工程制图，顾名思义，是一门与工程图形绘制有关的几何学科，它的研究对象是工程图样。裁缝通过服装图样加工出形形色色的服饰，建筑师凭借建筑图样平地起高楼，桥梁设计师借助图样可以建造出天堑变通途的雄伟壮观的跨海大桥……设计人员可以把自己头脑中设想的三维立体用一张张平面图形表示出来；图纸到了工厂，熟练的技术工人根据这些平面图形立即想象出该立体的实际形状，并把它制造出来，图样示例如图 1.1 所示。所以，工程图样是设计师表达思想的载体，也是设计师和制造人员技术交流的媒介，更是制造者加工生产的指导依据。在本门课程中，图样是指用正投影法并遵照机械制图国家标准而绘制出来的特殊图样，这在机械制图中称为“机械图”，它准确地表达了产品及零部件的形状、大小及粗糙度、尺寸精度等技术要求。因此，工程图样在设计中的主要作用体现在设计可视化、易于技术交流、便于技术存档等方面。

图 1.1 图样示例

图 1.2 来源于宋代李诫（仲明）所著的《营造法式》一书，其中的“方栌料”和“令拱”都是斜轴测投影图。自秦汉起，我国已出现图样的史料记载,《营造法式》一书中采用的大量图样包括平面图、透视图和轴测图，能够表达复杂的建筑结构。

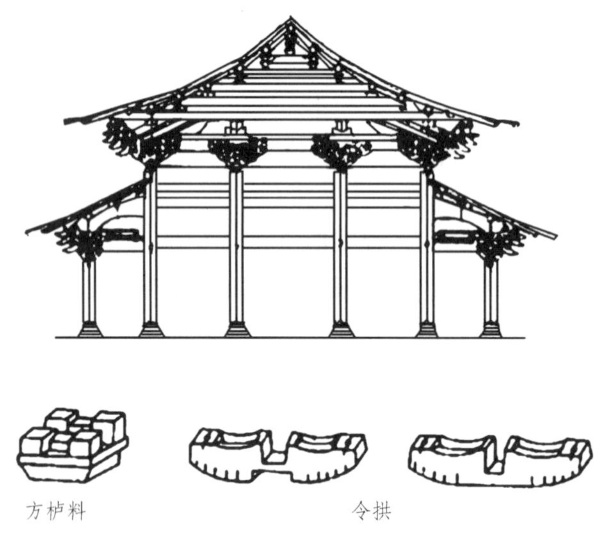

图 1.2　殿堂投影图

（1）机械图是“工程界的语言”。

语言的本质是人类用来认识和解释世界的工具，是人们意思表达的凭借，如图 1.3 所示，象形文字是人类早期的书面语言。语言的形式多种多样：春生夏长，秋收冬藏，四季更替是大自然的语言；司马相如一曲《凤求凰》赢得卓文君的芳心，音乐语言成了他们传情达意的媒介；数学语言是数学思维的载体，所以伽利略说：“世界是一本以数学语言写成的书。”

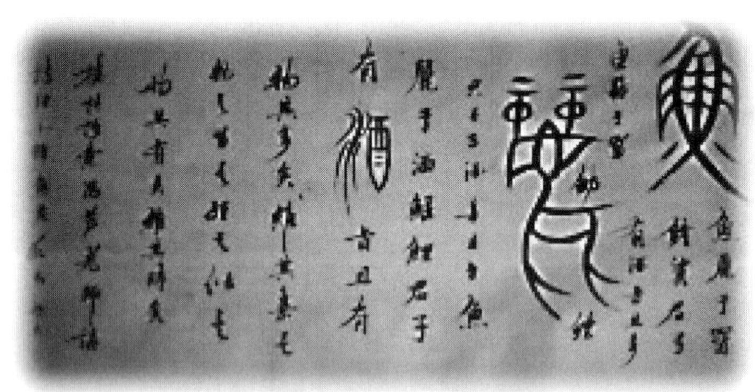

图 1.3　象形文字图

画法几何学是人类社会一种重要的思维工具和信息交流工具。工程图样是科学与工程技术不可或缺的技术文件，同时也是各个设计、制造企业之间进行科技交流的重要手段，因此工程图样被誉为工程技术界共同的“国际语言”，同样具备语言的特性。蒙日先生认为：“画法几何学是每一个设计人员和技术工人必须具备的一种通用语言。”统一的标准大大降低了交流成本，使得技术交流打破了人与人之间、国与国之间的壁垒。

（2）机械图的核心思想是用二维平面来表达三维立体。

图可以用来表达和研究物体的几何形状，还可用于解决空间问题。图具备直观性的特征，不仅能够形成所画物体的空间概念，还能够寻求和想象物体的形状，也就是根据已知的图样能准确地想象所画物体的形状、大小（见图 1.4）。所以这门学科的研究对象是图与物转换的互逆过程，在解决空间问题的过程中需要严密的几何逻辑推理训练，从而能培养人们的正确思维方法，并达成空间想象构思的训练。因而它的重要性在于能够卓有成效地训练人们的空间象形能力，并为科学技术工作者所从事的设计工作打下表达自己意图的图学基础，这是其他学科课程不可能代替的。

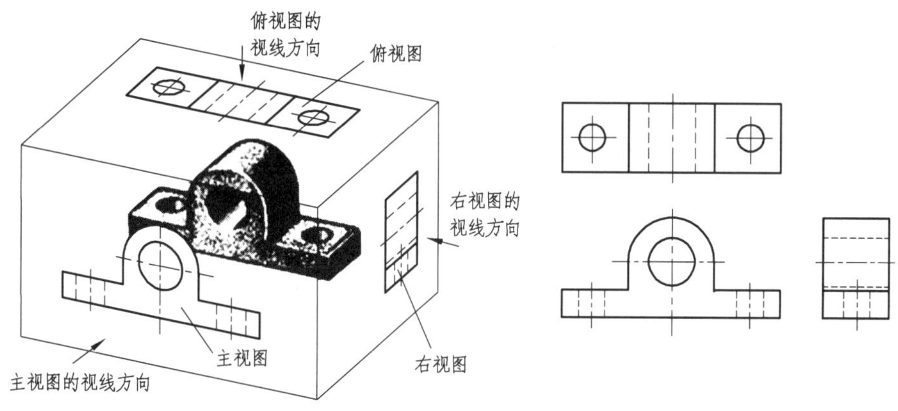

图 1.4　第三角投影法的三面视图

当然，这种想象力对其他领域的创新也是同样大有裨益的。钱学森先生曾说："文学艺术也是以形象思维和灵感思维为其全部活动的本质，比如中国的文学艺术讲究意境。"意境的创造需要极大地发挥作者和读者的想象力。想象是从实像联想到虚像意义，从有联想到无的空白意义，由在场到不在场的暗示意义。所以没有想象就没有意境。意境不仅是对景象的一种呈现，并且是超越具体的、有限的物象、事件、场景，从而进入无限的时间和空间，对人生、历史、宇宙获得哲理性的感受和领悟。欧几里得的《几何原本》前言中讲道：几何原本脱胎于哲学，搭建起了人与神的桥梁。在此基础上诞生的画法几何亦是从已知探索未知的有效途径。因此形象思维在形而下到形而上的过程中起着举足轻重的作用，画法几何作为培养空间思维能力和想象力的一门重要课程，其意义不言而喻。

（3）工程制图与换位思考、多角度综合看待事物的方法论。

"横看成岭侧成峰，远近高低各不同。不识庐山真面目，只缘身在此山中。"东坡先生写的这首《题西林壁》，恰好表达了画法几何中基本视图的特性。如果仅仅从物体的一个投影视图上想象事物，往往点不定位、体不定形，无法体现事物的真实面目，只有结合多角度视图的观察才能认清事物。零件三视图如图 1.5 所示。人们往往都会犯这样的毛病，经常把自己的头脑带进一个小小的圈子里。这时的思维总要受到一定的限制，对问题的看法、观点总是出于偏见，这自然就会产生错误的想法。而画法几何中各个方向视图由图想物引导学生避免片面看待事物，杜绝偏听偏信，树立换位思考、多角度看待事物的习惯，从而可以宽阔心胸，使得头脑中的思维和各种事物保持着一定的距离，而不掉进任何圈子里，这样才能把这个社会看得清、看得准。一叶障目不见泰山，画法几何教会了我们从整体上全面把握事物各要素之间的联系，透过现象看本质，开启了待人接物的智慧。

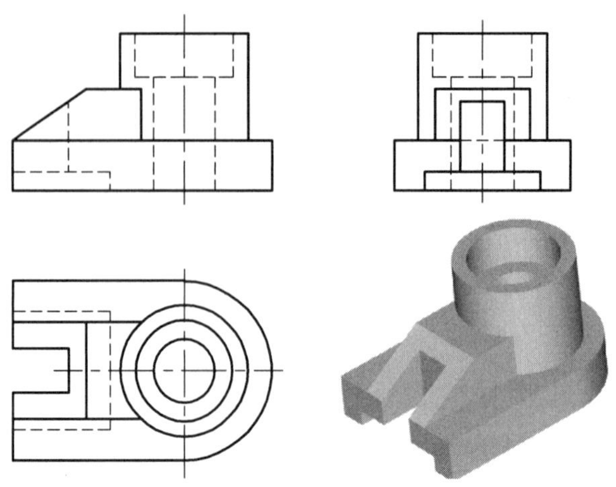

图 1.5　零件三视图

综上所述，图学是人类文明进步的重要体现，与其他学科的诞生一样，都是源于人类社会发展的需要，是人们遇到问题解决问题的产物，更是一代又一代人智慧的结晶。无论过去、现代和将来，它都是一门极为重要的基础学科，因为图学的理论与基础，不仅是解决工程技术的有力工具，而且成为科学研究的重要手段之一，借以表达各种空间形状与计算问题，探索和揭示科学的规律，并以其特有的方式对各门学科造成巨大的影响，推动着社会生产力的进步。今天，计算机绘图的应用，给画法几何学注入了新的活力，这无疑是画法几何与计算机图学的有机结合，对科技与教育的发展起着重要的作用。让我们在画法几何学习中深深地体会蕴含其中的科学精神和人文精神，并能够传承发扬，为我国培养创新型的高级人才作出贡献。

1.2　“工程制图”课程简介

“工程制图”是一门研究工程图样的绘制、表达和阅读的应用学科。工程图样是工程界用来准确表达物体形状、大小和有关技术要求的技术文件。工程图样通常包括主视图、俯视图、左视图、右视图等几个方位图及多个剖视图、细节图等。在人类近代生产活动中，无论是机器的设计、制造、维修或是船舶、桥梁等工程的设计与施工都必须依赖工程图样，工程图样已成为人们表达设计意图和交流技术思想的工具，是直接服务于生产的一种重要工具。设计者通过图样表达设计意图和要求，制造者通过图样了解设计要求、组织生产加工，使用者根据图样了解产品的构造和性能、正确的使用方法和维护方法。因此，图样与文字、数字一样是表达设计意图、记录创新构思灵感、交流技术思想的重要工具之一，被喻为工程界的技术语言，工程技术人员必须熟练地掌握这种语言。

工程制图旨在培养学生具备制图基本能力，掌握进行工程设计、制作、交流的知识和技能。它是现代工程教育中至关重要的一门课程，对工程专业人才的培养起到至关重要的作用。学习工程制图对掌握工业技术语言、掌握规范化设计、促进协作交流、推动设计创新等方面都具有不可替代的作用。本课程学习的主要目标包括：

（1）掌握基本制图技能：学习绘图工具的使用、图形的构图方法、标注的规范、符号的应用以及制图标准规范等基本知识，为工程设计提供基础技能。

（2）熟悉行业标准：学习和掌握各种行业标准，如 ISO、ANSI、GB 等标准，了解不同标准之间的差异和各自适用领域，为工程设计和生产提供根据标准进行制图的指导。

（3）了解工程制图的作用和意义：通过学习工程制图的作用及相关知识，学生应理解工程制图在工程设计、生产过程中的重要性和必要性，以及工程图纸对生产质量和工艺效率的影响。

（4）培养创新能力：学生需要在制图设计中发扬创造力和创新精神，提升设计质量和效率，力求在制作出符合标准要求的图纸的同时，能够根据实际需要进行简化和优化，达到更好的视觉效果和更高的质量标准。

（5）提高沟通能力：当下，随着系统复杂度的提高和分工的进一步细化，团队已经成为个人成功的基础。制图设计是一个团队合作的过程，需要频繁与他人进行各方面的沟通。学生需要通过制图设计来表达自己的想法和设计理念，同时培养与其他工作人员的沟通和协作能力。

图学提供了设计各种图形的基本原理和规律，能够使人们更有效地传递信息和沟通思想，同时还可以帮助设计人员更准确和精细地表现出所要表达的内容。在“教、学、练”各个环节中渗透空间思维能力的培养，促进空间思维能力、空间想象力、构形创新能力的提高，形成绘图、读图的重要技能，为后续专业课程学习和从事专业技术工作奠定良好的思维能力基础。通过学习图学，设计人员可以获得新的设计思想和灵感，从而创造出更具创新性和艺术价值的作品，不仅满足人们对美学的追求，而且有助于提高产品的使用价值和经济价值。图学是工程设计的重要学科之一，能够为工程设计提供良好的理论基础、技术手段，从而提高设计效率，加快产品研发和制造的速度。随着数字技术的不断发展，图学在数字化建设领域也发挥着越来越重要的作用。它可以提供数字建设领域所需的各种图形、图像的制作和处理技术，促进数字化建设的快速推进。综上所述，图学在现代工业、建筑、艺术、机械、制造等领域中都具有重要的应用实景和深远的影响。它不仅带来设计技术的进步和美学上的享受，甚至还可能对社会、经济和文化的发展产生重大的影响。

1.3 课程发展历史沿革

工程制图在中国古代的发展历史可以追溯至远古时期。在这个阶段，人们主要用图形和符号来记录和表达生产、生活中的各种信息。在古代，工程制图的主要应用领域是建筑（见图 1.6）、水利、农业和军事等。其中在建筑领域应用最为广泛，包括庙宇、宫殿、城墙、城门等建筑的图样绘制。宋代李诫（仲明）所著《营造法式》一书，书中采用了大量的图样，包括平面图、轴测图、透视图，表达了复杂的建筑结构并总结了我国历史上的建筑技术成就。在明代，如剪纸艺人李之藻曾在洪武年间设计并施工修建浙江衢州城。他在施工前制作了精致的模型，并制作了详细的图纸和计算，保证了施工质量和效率。明清时期建造的紫禁城、万里长城等，都需要进行图纸的绘制和计算。明代的士人，如万历时期的李之藻以及清代的何维、杨廷铠等人，他们在建筑设计和工程制图方面都有显著的贡献。在水利和农业领域，工程制图主要涉及灌溉、排水和农具等生产工具的制作。在水利灌溉方面，古代开始使用石渠灌溉，记录并标注各部位石渠的位置、长度、坡度和截面等参数。在木质农耕机械制作方面，也需要制图，记录各个零部件的尺寸和配合方式等详细信息。如《农政全书》中，记载了各种农具和灌溉设备的制作图和流程图，指导当时的农业生产。在军事领域，工程制图的应用较早，早在战国时期，中国古代就有一个比较完整的军事制图系统。例如五行兵法、兵器技艺和军事攻防作战原理，都有详细而准确的制图，以绘制出兵器的外形和操作原理。古代中国的工程制图在建筑、水利、农业和军事等领域都有广泛的应用。虽然当时的工程制图技术与现代有所不同，且因长期处于封建制度的统治，在理论上缺乏完整的、系统的总结，尚不严谨，但是古代的工程制图风格、技术标准和应用场景等对现代工程制图技术的发展和演进有着一定的启示作用。

然而，现代工程制图的出现是随着工业革命的到来而开始的。第一次工业革命带来了生产方式的大变革，一系列新工业机械的发明、应用，使得机械设计和生产变得更加高效和精确。这种机械化生产所需要的精确计算和制图准备，促使了画法几何的出现和应用。1799 年，法国科学家蒙日在总结前人经验的基础上，根据平面图形表示空间形体的规律，应用投影方法创建了画法几何学，出版了《画法几何学》著作（见图 1.7），从而奠定了图学理论的基础，使工程图的表达与绘制实现了规范化：开始严格按照画法几何的投影理论绘制。

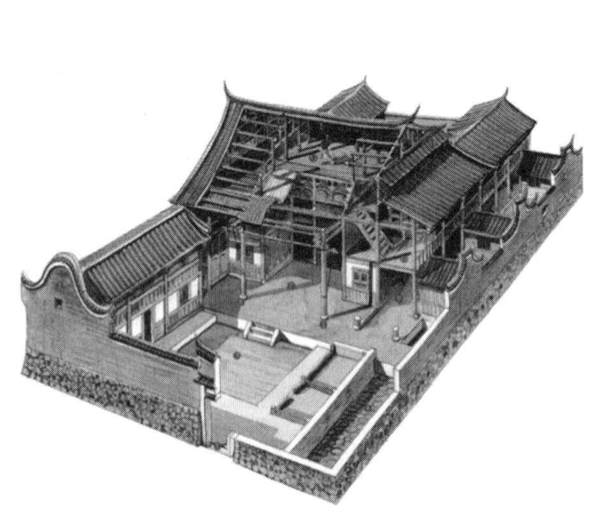

图 1.6　建筑轴测剖视图

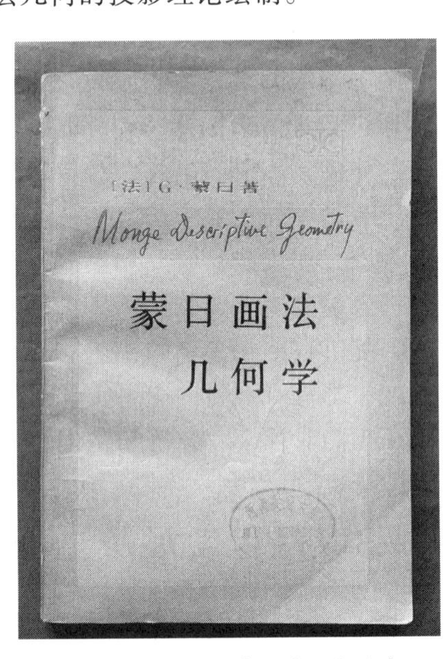

图 1.7　蒙日《画法几何学》

画法几何是工程制图的分支和理论基础，主要用于解决机械构建和加工中所需的精确计算和制图。画法几何不仅包括各种机械零件、机械装置的制图和计算，而且涉及投影、截面、轴测图等各种技术和方法。画法几何促进了精确计算、标准化设计和高效生产的需求，在第一次工业革命期间，这种技术的应用推动了机械加工和制造业的快速发展，对蒸汽机和纺织业的发展产生了积极的影响，为第一次工业革命的推进作出了重要贡献。

蒸汽机是第一次工业革命的重要发明之一[见图 1.8（a）]。蒸汽机的出现使得机械化生产成为可能。在蒸汽机的设计和制造过程中，工程制图技术被广泛应用到图纸绘制、工艺流程安排以及产品优化等方面。这些技术的应用使得蒸汽机的设计、制造变得更为高效和精确，保证了蒸汽机的可靠性和运转效率。同时，提高纺织机械的质量已经成为纺织行业发展必须面对的问题，而工程制图作为纺织机械中不可缺少的过程，其重要性不言而喻。例如，家庭织布机[见图 1.8（b）]的大规模生产需要机器的标准化生产，并且这些机器的制造和组装依赖于精细的工程制图。工程制图技术的应用使得生产设备的制造、维护变得更加高效和精确，为工业生产的机械化和生产效率的提高奠定了技术基础。

（a）

（b）

图 1.8 蒸汽机和珍妮纺织机

第二次工业革命是以电气和化学工程技术为基础，以大规模工业化生产为特征的产业变革，是现代工业发展的关键节点。在这个时期，工程制图技术也迎来了新一轮的发展。① 机械制造方面：第二次工业革命中，机械制造技术得到了空前的发展和应用。工程制图在机械制造中的作用是不可忽视的，它可以确保制造过程的精确性和标准化，从而提高生产效率和产品质量。同时，在机械制造的设计、模型构建和生产工艺等方面，工程制图也发挥着重要的作用。② 自动化控制方面：第二次工业革命中，自动化控制技术的应用使得工业制造更加高效、稳定和安全。工程制图在自动化设备的开发和生产中也发挥着重要的作用，如绘制自动化控制系统的图纸和方案等。③ 化学工程方面：第二次工业革命中，化学工程技术得到了迅猛发展。在化学工程中，工程制图可以充分发挥其设计和规划应用场景的优势，如绘制建筑结构图和安全标志图、确定设备尺寸与工艺流程、设计输送管道等。综上所述，工程制图技术在第二次工业革命中重要且广泛地应用于机械制造、自动化控制和化学工程等领域。随着现代先进制造技术的不断发展和进步，工程制图技术也在不断创新和改进，为今后工业制造的革新、升级和创新提供了良好的技术基础。工程制图和工业革命之间的联系不仅体现在制图标准化的发展过程上，更反映了机器工业和工程设计进程中相互促进、协同发展的密切关系，同时也为现代工程制图科技的创新和发展奠定了基础。

20 世纪初，工程制图规范化得到进一步发展，各个国家和行业建立起了各自的制图标准，如美国制图协会（American Society of Mechanical Engineers，ASME）的制图标准、德国的工业制图规范（Industrial Drawing Standard for the German Industrial Services，DIN）等国家标准。

20 世纪 50 年代，计算机科学和信息技术的发展使得计算机辅助制图（Computer Aided Design，CAD）技术得以推广和发展，该技术可以提高范围更广、更复杂工程设计的生产效率和质量标准。同时，随着国际标准的逐步完善和统一，工程制图的规范性和精度也得到了有效的保障。

工程制图在中国直到近现代才得到快速的发展和推广。工程制图作为现代工程设计和制造的重要手段，为越来越多的工程项目提供了高效、准确和标准化的解决方案。近现代工程制图的发展历史可以分为以下阶段：

洋务运动时期：在 19 世纪末的洋务运动时期，中国开始大规模引进西方的机械制造技术和工程制图技术。当时，中国工程师和工匠被派到海外留学，学习先进的工业设计和制造知识。这些同时也推动中国制图技术取得重大发展。

民国时期：在 20 世纪初，中国开始建立较为规范化和标准化的工程制图体系和标准。在此期间，多个工程学院和科研机构相继创立，实现了工程制图的载体化、文件化、规范化。

中华人民共和国成立后，为了满足国家科技发展的需要，中国开始大力发展工程技术，并引进了大量国外先进的技术和制图标准。工程图样是设计和制造过程中的重要技术资料，为了便于指导生产和技术交流，国家标准对图样上的内容做出了有关规定，绘制工程图样时必须认真贯彻执行。中国国家标准简称“国标”，用代号“GB”表示。中国的机械制图国家标准制定于 1959 年，后在 1970、1974、1984、1993、1998、2002、2009、2012、2018 年等多次修订。国家标准化工作正逐步向依托信息化、数字化、智能化的方向转变，这为国标的发展提出了更高的要求，也将更加积极地推动国家标准不断适应时代发展的需要，以更全面、更高效的方式满足市场需求。

改革开放以后，中国工业进入了快速发展期，工程制图的应用和需求也随之呈现出井喷式的增长趋势。随着计算机技术和 CAD 技术的不断发展和普及，工程制图的制作和处理更加高效、精确。总的来说，近现代中国工程制图的发展经历了从引进到创新再到融合的历程，这期间实现了多方面桥梁的搭建，技术领域内部相应对 CAD 技术持续改进，促进了中国现代工业的迅速发展，并在学科研究、产业规范和国际标准领域中做出了重要贡献。

21 世纪以来，在信息科技和互联网技术的驱动下，工程制图继续实现了相应的变革，在制图手段方面，出现了云制图、数字化制图和虚拟制图等新型制图方法，为各种领域的工程设计和生产提供了更加有效的制图工具和平台。工程制图随着科技、生产的进步和变革，从手工制图逐步向计算机辅助制图发展，使得工程设计效率得到了极大的提高，同时也为各行业和领域提供了更多发展自由度。

上述进步都是制图手段上的变化，制图标准本身并没有大的变化。2003 年美国提出和制订了制图 3D 标准，这堪称是制图标准取得的革命性的进步。制图 3D 标准对三维设计对象的三维建模、模型属性、成图格式、出图规范、标注样式等都做出了明确的规定和定义，其属性包括物体的形状、大小、颜色、质地、透明度和其他与物体相关的信息。3D 标准的出现主要是为了解决不同软件和设备之间的互相转换和共享三维模型的问题。在不同的软件和设备上创建、保存的 3D 模型数据可能存在格式不兼容的问题，这使得 3D 设计和制造过程变得非常烦琐和困难。随着 3D 技术的不断深入，用户对高质量、普适性、相互兼容性和易于交互的 3D 模型的需求愈发迫切。3D 标准正是为了解决这些问题应运而生。与 2D 图形不同，3D 模型需要大量的额外数据来描述它们的形状、颜色、纹理、渲染方式以及其他属性，而不同的 3D 软件使用不同的数据格式和结构，这增加了互操作问题的复杂性。因此，3D 标准在 3D 建模和工程设计中变得非常重要，它通过提供共同的格式和规范，使不同软件和设备之间能够顺利地共享、处理 3D 模型。通过使用 3D 标准，用户可以有效地减少文件转换导致的时间和信息的损失，并大大提高了效率和精度。同时，3D 标准也为 3D 建模和制造提供了更加先进、方便的技术手段，促进了现代工业技术的发展。此外，采用 3D 标准，使设计人员完全摆脱了二维平面图的绘制，改由三维模型自动生成。随着 3D 标准的进一步推进，将不再生成二维平面图，而直接由 3D 工程图指导生产，达成设计阶段到生产阶段的无缝衔接。

3D 标准的起源可以追溯到 20 世纪 70 年代的计算机辅助造型（Computer-Aided Design，CAD）领域，当时出现了第一个 3D 模型格式标准——IGES（Initial Graphics Exchange Specification）。在早期，不同的软件和设备使用各自的 3D 模型格式，这就导致不同的 3D 模型之间需要经过数据转换才能协作的问题。为了解决这个问题，需要建立一种通用的 3D 模型格式标准，使得不同的软件和设备能够轻松地交换和共享 3D 模型数据。于是，美国国家标准局（ANSI）于 1979 年开始制定一个通用的 CAD/CAM 与机器工具控制系统之间进行数据传输的标准格式，即 IGES。它是第一个 3D 模型格式标准，被广泛用于 CAD/CAM 领域中，成为当时解决 3D 模型转换问题的重要工具。美国于 2003 年颁布 ASME Y14.41 标准，该标准规定了数字化产品定义数据的创建、共享和管理等要求。其目的是提高数字化设计的效率和质量，促进数字化制造技术的应用和发展。ASME Y14.41 标准于 2003 年 7 月 7 日被批准为美国国家标准。ISO（国际标准化组织）于 2006 年颁布 ISO 16792 标准作为国际标准。该标准在 ASME Y14.41 标准的基础上进行编写，ISO 16792 标准为数字化制造中的三维测量、数字孪生和质量控制等领域提供了基础规范，有助于提高数字化制造的精度、一致性和效率，推动数字化制造技术的应用和发展。

随着国际市场的不断扩大，许多国外公司使用不同的 3D 标准进行建模和制造。为了满足国际标准，中国需要推广和应用国际通用的 3D 标准。20 世纪 80 年代，当时国际上出现了多个 3D 相关的标准，如 IGES、STEP 等。为了让 3D 领域不落后于国际，我国开始引进这些标准，并参与到相关组织中。1998 年，中国机械工程学会制定了《中国机械工程学会 CAD 标准规定》，这个标准首次明确了机械行业 3D CAD 数据交换标准的必要性和可行性。经过多次讨论和修订，在 2009 年中国制图 3D 标准《技术产品文件 数字化产品定义数据通则》（GB/T 24734—2009）正式发布。该标准规定了数字化产品数据所涉及的重要术语和定义、数据集以及产品定义数据通用要求，给出了数据集的识别、数据管理三维 CAD 设计模型各方面的要求以及其他内容。2018 年，《技术产品文件 数字化产品定义数据通则》完成修订，增加了对模型构造的更多细节以及对模型管理的深入探讨，拓展了标准的应用范围和内容。随着中国工业和制造业的快速发展，3D 技术在各个领域得到了越来越广泛的应用，而中国 3D 国家标准的不断完善和发展，为推动 3D 技术在中国的发展提供了技术支持和规范参考。

工程制图和 3D 标准是紧密相关的两个概念，二者在制图和设计领域中都有着广泛的应用。工程制图是 3D 标准的前身，它描述的是二维平面上的工程信息，而 3D 标准则对三维产品直接基于 3D 产品模型进行信息描述和定义。工程制图作为 3D 标准的前身，它最初用于记录和传递技术信息，并在制造和设计领域中具有极其重要的作用。正如前面介绍的，工程制图用于指定各种物体的几何形状、尺寸、位置和方向等基本信息。在制造和设计过程中，设计师和制造者必须要从中识别出具体的信息，进而将其用于构造实际的物体。而 3D 标准则以 3D 模型为基础不做投影变换，直接完成三维物体的信息描述和定义，而且可以在交互式的环境中导出图形的其他信息，以及用于物理仿真、动画、渲染等应用。随着现代工业技术的发展，3D 建模技术在产品设计、建筑设计、动画制作、虚拟仿真、数字孪生（DT）等方面得到了广泛应用。在基于 3D 建模的工程设计中，3D 标准成为了一个重要的标准和规范。

目前，3D 标准格式已经成为使用最广泛的文件格式之一，支持建模、渲染和动画制作等各种应用程序和系统之间的信息共享和交换。不同的标准格式适用于不同的应用领域，但它们都为技术交流与设计带来了更高效、更规范的途径。工程制图和 3D 标准发展历程之间密切相关，可以分为以下几个阶段：

（1）手工绘图阶段：此阶段是工程制图和 3D 标准发展的起点。在手工绘图阶段，制图师需要用规定的符号和比例手动绘制图纸和图形，并严格遵守一定的制图标准。

（2）机械绘图阶段：随着机器在工业中的广泛应用，机械绘图技术逐渐取代了手工绘图。各种简单机械制图的规范和标准也相应被提出和实现。

（3）数字制图阶段：随着计算机技术的进步和 CAD 软件的出现，数字制图被广泛应用。数字制图不仅改进了制图的效率和精度，而且为 3D 制图奠定了基础。

（4）3D 标准化阶段：在数字制图的基础上，工程师和技术人员需要遵循各种 3D 标准来描述和交换 3D 数据。随着 3D 打印、虚拟现实、数字孪生的兴起，3D 标准将得到迅速发展和普及。

工程制图和 3D 标准的发展历程是人类科技发展的一个缩影，它们之间的紧密关系不仅推动了相关技术的发展和完善，而且为各种行业和领域提供了更加高效、精确和综合的工程设计手段和生产方法。

1.4 产品设计过程概述

产品设计是一个综合信息处理过程，需要高度的创造性和创新性，从需求分析、概念设计、工程设计到产品生产和推广，产品设计需要不断地探究和创造更优秀的解决方法。产品设计所涉及的元素有很多，如机械构造、材料选取、外观造型、人机交互，等等，这些元素需要通过综合运用和精确处理，形成一个完整的产品方案。产品设计师需要关注用户需求、市场趋势、经济成本、技术实现等多方面，把这些要素融入产品中，创造出具有巨大市场价值的产品。一个好的产品设计需要经过多次反复地设计和调整，借助计算机辅助设计和仿真等技术手段实现全方位地展现和验证。产品设计的目的不仅仅是使用户需求和设计目标相一致，还需要使产品具有良好的外观、易于操作、持久耐用等特点。

产品设计是整个产品生命周期中非常关键的一个环节，包括从市场需求分析到设计方案的策划、产品开发和测试验证等一系列细节，要全面确定整个产品策略、外观、结构、功能等。因此，产品设计的意义在于它能为整个生产系统提供重要的基础，对产品的生产、制造和市场营销都具有关键性作用。

首先，好的产品设计需要兼顾功能性、美观性和实用性，实际上就是从整个产品生命周期的角度来考虑产品。当产品设计不仅考虑到外观和功能，还能考虑到研发、生产和销售的各个方面时，才可能做出经得起市场考验的产品方案。

其次，产品设计还要考虑到生产制造方面的因素，在产品设计阶段排除生产和制造上的障碍，这能够减少制造成本，提高生产效率。比如在设计时选择符合生产工艺的结构、材料和制造方法，可以有效地减少生产误差和改工，从而降低整个制造过程的成本，而且大量的产品错误可以在设计阶段得到避免，大大减少了生产调整成本。

最后，好的产品设计可以提升企业的核心竞争力。通过创新设计产生的优异产品，企业可以增加产品的销售量和市场占有率，提高盈利水平，在市场竞争中取得优异成绩。因此，优秀的企业都注重产品设计的细节，重视设计与生产的协同工作，以便设计出低成本产品的同时，又兼具独特功能和生产制造的便利性。

产品设计程序（见图 1.9）的第一步是撰写技术任务书。技术任务书是产品在初步设计阶段内，由设计部门向上级对计划任务书提出体现产品合理设计方案的改进性和推荐性意见的文件，经上级批准后，作为产品技术设计的依据。其目的在于正确地确定产品最佳总体设计方案、主要技术性能参数、工作原理、系统组成和主体结构，并由设计人员负责编写。

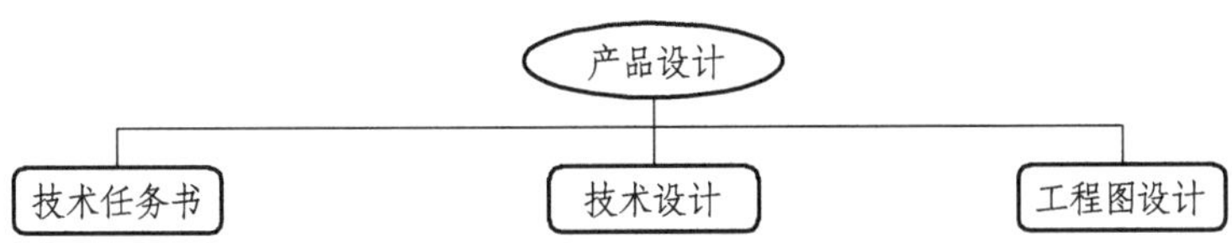

技术任务书

1. 设计依据。
2. 产品用途及使用范围。
3. 对计划任务书提出有关修改和改进意见。
4. 基本参数及主要技术性能指标。
5. 总体布局及主要部件结构叙述：用简略画法勾出产品基本外形、轮廓尺寸及主要部件的布局位置并叙述主要部件的结构。
6. 产品工作原理及系统用简略画法勾出产品的原理图、系统图，并加以说明。
7. 国内外同类产品的水平分析比较。
8. 标准化综合要求。
9. 关键技术解决办法及关键元器件、特殊材料资源分析。
10. 对新产品设计方案进行分析比较，运用价值工程，着重研究确定产品的合理性能（包括消除剩余功能）及通过不同结构原理和系统的比较分析，从中选出最佳方案。
11. 组织有关方面对新产品设计的方案进行评价，共同商定设计或改进的方案是否能满足用户的要求和社会发展的需要。
12. 叙述产品既满足用户需要，又适应该企业发展要求的情况。
13. 新产品设计试验，试用周期和经费估算

技术设计

1. 完成设计过程中必须的试验研究，并写出试验研究大纲和研究试验报告。
2. 做出产品设计计算书（如对运动、刚度、强度、振动、热变形、电路、液气路、能量转换、能源效率等方面的计算和核算）。
3. 画出产品总体尺寸图、产品主要零部件图，并校准。
4. 运用价值工程，对产品中造价高、结构复杂、体积笨重、数量多的主要零部件的结构、材质精度等选择方案进行成本与功能关系的分析，并编制技术经济分析报告。
5. 绘出各种系统原理图，如传动、电气、液气路、联锁保护等系统。
6. 提出特殊元件、外购件、材料清单。
7. 对技术任务书的某些内容进行审查和修正。
8. 对产品进行可靠性、可维修性分析

工程图设计

1. 绘制产品零件图、部件装配图和总装配图。
2. 产品零件、标准件明细表，外购件、外协件目录。
3. 产品技术条件。
4. 编制试制鉴定大纲。
5. 编写文件目录和图样目录。
6. 包装设计图样及文件（含内、外包装及美术装潢和贴布纸等）。
7. 随机出厂图样及文件。
8. 产品广告宣传备样及文件。
9. 标准化审查报告：指产品工作图设计全部完成工作图样和设计文件经标准化审查后，由标准化部门编写的文件，以便对新设计的产品在标准化、系列化、通用化方面做出总的评价，它是产品鉴定的重要文件。标准化审查报告分样品试制标准化审查报告和小批试制标准化审查报告

图 1.9　产品设计程序及内容

第二步技术设计是产品设计的重要环节，它以技术任务书为依据，通过计算和分析，确定产品的主要技术参数和评价指标，如尺寸、重量、功率等，并完成主要零部件的设计。在技术设计过程中，需要熟练运用机械、结构、工艺等多学科知识，进行综合考虑和分析，以确保产品的可行性和合理性。

第三步工程图设计则是在技术设计的基础上，详细地展示产品图纸、规格、外部结构、内部结构、零部件尺寸等细节方面的设计。这其中包括制订工作流程、使用标准化组件、明

确组装要求、说明主要零部件间的关系，等等。工程图设计的目的，是在技术设计的基础上完成供试制（生产）及随机出厂用的全部工程图样和设计文件。设计者必须严格遵守有关标准规程和指导性文件的规定，设计绘制各项产品工程图。与制图相关的产品设计具体流程如图 1.10 所示。

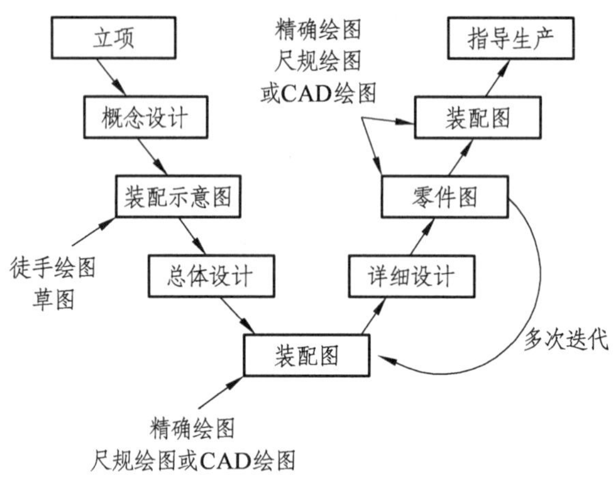

图 1.10　产品设计流程

（1）立项：根据市场需求、技术发展和公司战略等方面的需要，确定设计项目的可行性、目标和开发路径，进行项目立项。

（2）概念设计：通过对市场和用户需求的分析，确定产品的整体思路、设计方案，并完善用户细节，进行概念设计。概念设计的关键任务是进行设备工作原理的设计。

装配示意图是概念设计阶段结束的关键成果。通过装配示意图展现主要组件和零部件的空间排布、位置关系及配合关系，反映设备的工作原理，同时基本确定产品外观和内部结构。该阶段主要以徒手绘图为主。

（3）总体设计：在装配示意图的基础上，形成全局性的设计思路，对产品的核心技术进行细节规划和尺寸量化。

根据总体设计，进一步深入进行技术细节和现场生产上的论证，完成装配图的设计与绘制，确认零部件之间的结构、布局和配合关系等，该阶段采用精确绘图（尺规绘图、CAD 绘图）。

（4）详细设计：在装配图的基础上，深入到具体的零部件进行详细设计，其中涉及零件的尺寸、材料选取、零件之间的配合等各个方面。

完成零部件的详细设计后，根据标准规范绘制零件图，说明零部件尺寸、配合、工艺加工要求等各个方面的细节。

在得到零件图并经深度验证后，设计师将组装流程及步骤描述细化，经过多次迭代和优化形成最终的装配图。

（5）优化：产品的设计不是一劳永逸的事情，随着市场的变化、科技的进步，产品会因为成本要求、寿命要求、轻量化要求、使用环境变化、原材料升级等原因不断优化，来适应和满足市场需求。

（6）指导生产：根据生产组织内部情况分配劳动力和设备，按照零件图、装配图和相关标准进行生产，形成完整的产品。

设计流程需要从立项、概念设计，步步深入，以达到准确的目标，并落实到生产阶段。在整个设计过程中，设计者需要与各个相关方不断沟通、协同，确保每个环节都具备可行性和可制造性，保证产品在生产、市场应用方面的成功。工程设计中的工作量分配如图 1.11 所示。

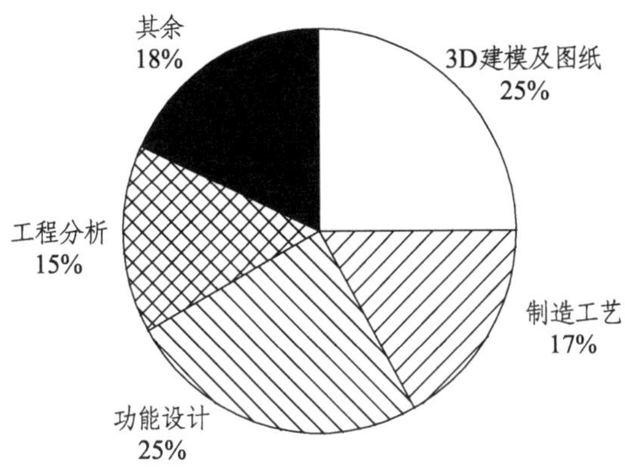

图 1.11　工程设计中的工作量分配

第 2 章　制图的基本技能

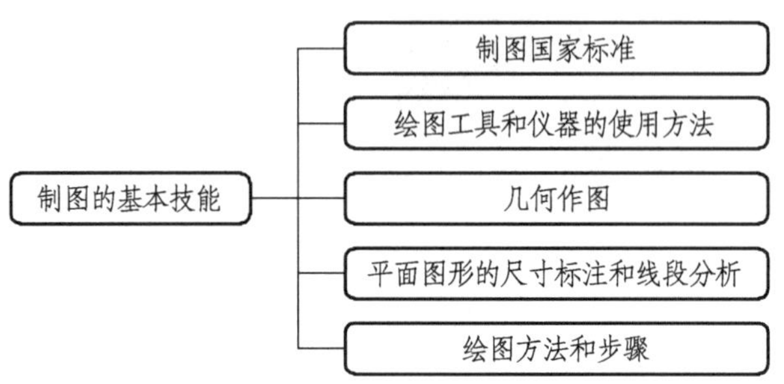

2.1　制图国家标准

制图相关的国家标准（GB）是国家对机械制图制定的法规，包括图纸幅面、比例大小、字体、图线、尺寸标注、粗糙度、简化画法等。一幅标准的机械工程图样不但包含用规定图线绘制的一组完整表达工程对象形状的图形，还包含表达工程对象大小的尺寸、制造工程对象要达到的技术要求和标题栏等；对于装配图，还包含零件的序号和明细表。因此工程图样要想作为“工程界的语言”，其图纸幅面的大小、图线的画法及应用、绘图比例的选用、字体的样式、尺寸标注等内容就必须遵循一定的规定。

1. 图纸幅面和格式（GB/T 14679—2008）

（1）图纸幅面（见表 2.1）。

图纸幅面是指图纸长度（L）与宽度（B）组成的图面，基本幅面有五种，代号 A0、A1、A2、A3、A4。

表 2.1　图纸幅面　　单位：mm

<table>
<tr><td colspan="2">幅面代号</td><td>A0</td><td>A1</td><td>A2</td><td>A3</td><td>A4</td></tr>
<tr><td colspan="2">图纸幅面（$L\times B$）</td><td>1 189 × 841</td><td>841 × 594</td><td>594 × 420</td><td>420 × 297</td><td>297 × 210</td></tr>
<tr><td rowspan="3">图框尺寸</td><td>e</td><td colspan="2">20</td><td colspan="3">10</td></tr>
<tr><td>c</td><td colspan="3">10</td><td colspan="2">5</td></tr>
<tr><td>a</td><td colspan="5">25</td></tr>
</table>

（2）图框格式[见图 2.1（a）、（b）]。

在图纸上，必须用粗实线画出图框来限定绘图区域。图纸可以横放，也可竖放，分为留有装订边和不留装订边两种，同一产品的图样只能采用一种格式。周边尺寸见表 2.1。

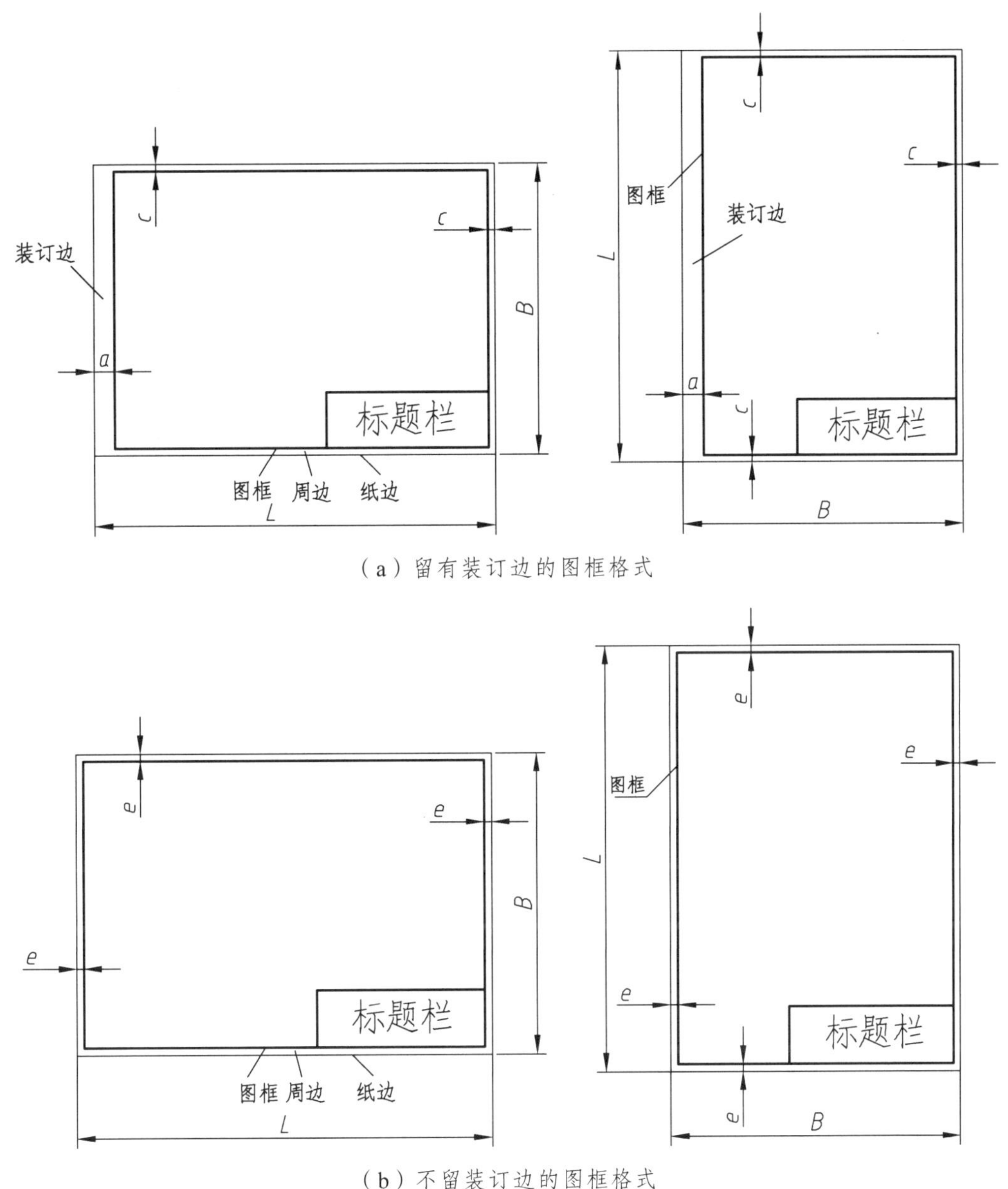

（a）留有装订边的图框格式

（b）不留装订边的图框格式

图 2.1　图框格式

（3）标题栏方位及格式。

标题栏用来说明图样名称、零件材料、作图比例、图样代号、设计者、设计时间、设计单位等。每张图纸上都必须画出标题栏，其位置应处于图框右下角，标题栏中文字方向为看图方向。其格式和尺寸按国家标准规定绘制（见图 2.2）。另外，各教学、设计、生产单位也常采用自制的简化的标题栏，特别是教学单位。故学生在本课程的学习期间，可以采用如下简易标题栏（见图 2.3）。

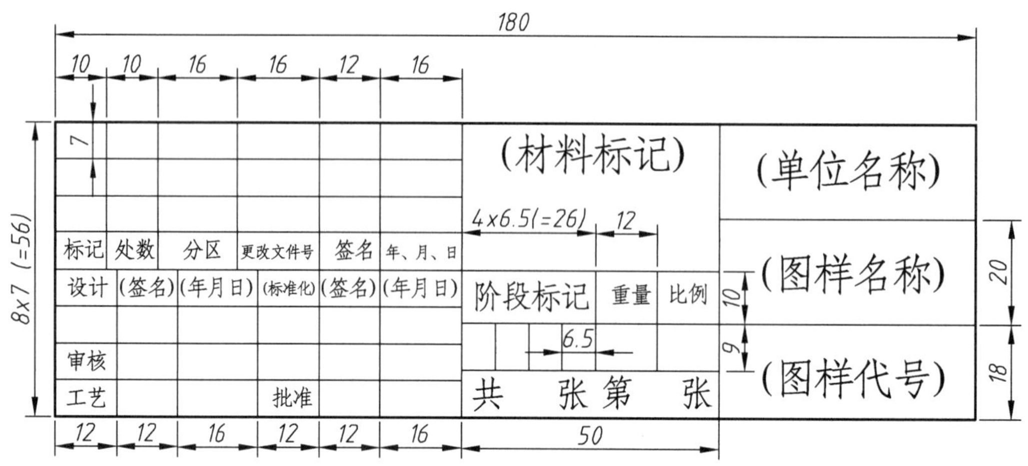

图 2.2　国标规定的标题栏格式

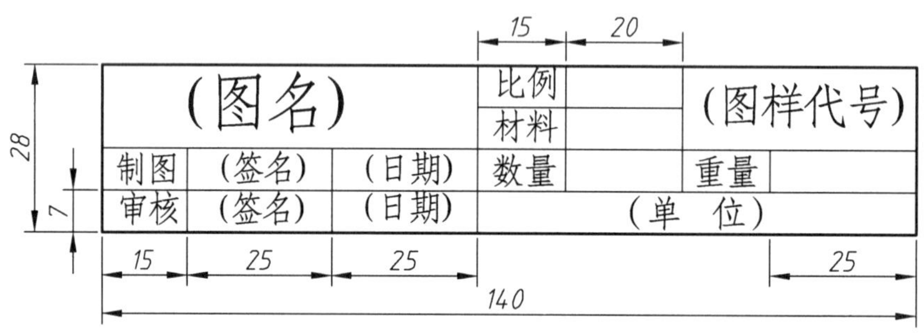

图 2.3　简易标题栏格式

有时为了利用预先印刷好图框和标题栏的图纸，允许将图纸逆时针旋转 90°，标题栏位于图框右上角，此时应在图框下边的中间位置画一个方向符号——细实线的等边三角形，如图 2.4 所示。

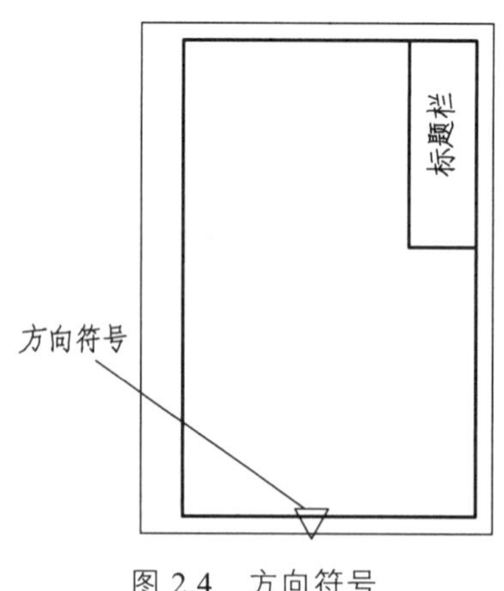

图 2.4　方向符号

2. 比例（GB/T 14680—1993）

比例是指图中图形与其实物相应要素的线性尺寸之比。

比例＝图样上机件的线性尺寸/实际机件上相应的线性尺寸

比例分为原值、放大和缩小三种，绘图时根据需要按国标所列的比例选用。绘制同一机件的各个图形一般应采用相同的比例，并在标题栏的“比例”栏内填写。

为使图形更好地反映机件实际大小的真实概念，绘图时应尽量采用 1∶1。无论采用何种比例绘图，图上所注尺寸一律按机件的实际大小标注（见图 2.5）。

国标规定的比例见表 2.2。

表 2.2　绘图比例

实物尺寸	1∶1
缩小比例	1∶1.5，1∶2，1∶2.5，1∶3，1∶4，1∶5，1∶10^n，1∶1.5×10^n， 1∶2×10^n，1∶2.5×10^n，1∶5×10^n
放大比例	2∶1，2.5∶1，4∶1，5∶1，n×10^n∶1

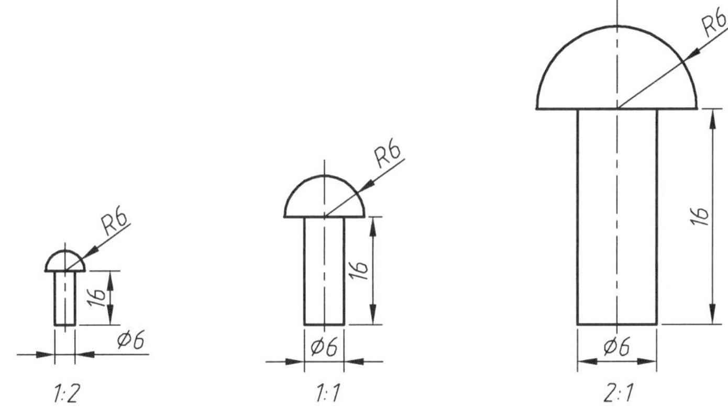

图 2.5　个同比例画法比较

3. 字体（GB/T 14681—1993）

图样中字体的基本要求：

① 书写的字体必须做到：字体工整、笔画清楚、间隔均匀、排列整齐。

② 字体的号数用字高 h（mm）表示，分为 1.8、2.5、3.5、5、7、10、14 和 20。若有需要，字高可按 $\sqrt{2}$ 的比例递增，字体高度代表字体的号数。

③ 汉字体：汉字应写成长仿宋体的简化字，其高度 h 不小于 3.5 mm，字体的字宽一般为 $h/\sqrt{2}$。应采用国家正式公布推行的简化汉字，写字要领为：横平竖直、注意起落、笔画匀称、填满方格。

汉字书写示例：

10 号字：

字体工整笔画清楚

7 号字：

横平竖直注意起落

3.5 号字：

机械制图 电子技术

④ 字母和数字：字母和数字可写成直体或斜体（斜体与水平线成 75°）。在技术文件中数字和字母一般写成斜体，而与汉字混合书写时，可采用直体。用作指数、分数、极限偏差、注脚及字母的字号时，一般采用比基本尺寸数字小一号的字体。

字母、数字及综合应用示例：

A B C D E F G H I J K L M N O P Q

R S T U V W X Y Z

a b c d e f g h i j k l m n o p q

r s t u v w x y z

1 2 3 4 5 6 7 8 9 0

R3　　*2×45°*　　*M24-6H*

10JS5（±0.003）　　*5%*　　*φ25H7*

⑤ 应采用国家正式公布推行的简化汉字。

4. 图线（GB/T 17450—1998、GB/T 4457.4—2002）

常用图线的名称、形式以及在图上的一般应用如表 2.3 所示，应用举例如图 2.6 所示。

表 2.3　基本线型

图线名称	图线形式/mm	宽度	应用
粗实线	————————	粗	可见轮廓线
细实线	————————	细	尺寸线、尺寸界线、剖面线、重合断面轮廓线、螺纹的牙底线及齿轮底齿根线、引出线、分界线及范围线、弯折线、辅助线、不连续底同一表面底连线、成规律分布的相同要素的连线

续表

图线名称	图线形式/mm	宽度	应用
波浪线		细	断裂处边界线 视图和剖视图的分界线
双折线		细	断裂处的边界线 视图和剖视的分界线
虚线	≈1　2~6	细	不可见轮廓线 不可见过渡线
细点画线	15~20　≈3	细	轴线、对称中心线、轨迹线、节圆及节线
粗点画线	15~20　≈3	粗	有特殊要求的线或表面的表示线
双点画线	15~20　≈5	细	相邻辅助零件的轮廓线、极限位置轮廓线、中断线、坯料的轮廓线或毛坯图中制成品的轮廓线、假想投影轮廓线、试验或工艺用结构（成品上不存在）的轮廓线

机械图样中线宽分粗、细两种，宽度比例为 2 : 1。所有线型的图线宽度 d 应按图样的类型、图的大小和复杂程度在数系：0.25 mm、0.35 mm、0.5 mm、0.7 mm、1 mm、1.4 mm、2 mm 中选择。

要点：

① 一张图中同类图线的宽度应一致。同一条虚线、点画线和双点画线中的短画、短间隔、长画和点的长度应大致相等。

② 在较小的图中画点画线或双点画线有困难时，可用细实线代替。

③ 画圆的对称中心线（点画线）时，圆心应为长画的交点。点画线两端应超出圆弧或相应图形 3 ~ 5 mm。

④ 一般线与线相交，应线段相交。但虚线是实线的延长线时，要留分界空隙。

图线应用举例（见图 2.6 及表 2.4）：

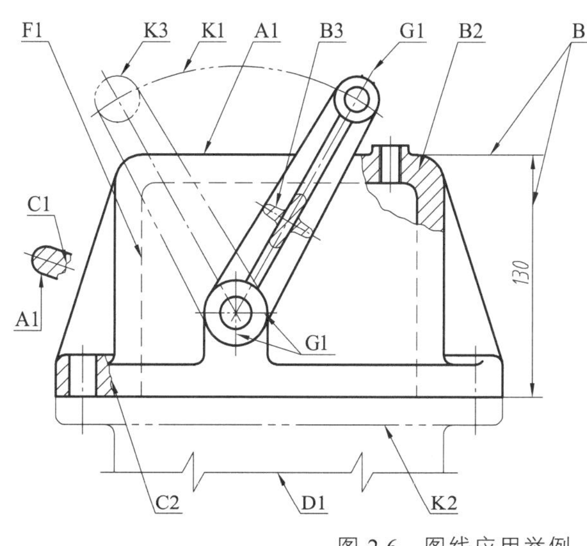

A1—可见轮廓线；
B1—尺寸线和尺寸界线；
B2—剖面线；
B3—重合断面的轮廓线；
C1—断裂处的边界线；
C2—视图和剖视的分界线；
D1—断裂处的边界线；
F1—不可见轮廓线；
G1—对称中心线；
K1—轨迹线；
K2—相邻辅助零件的轮廓线；
K3—极限位置的轮廓线

图 2.6　图线应用举例

表 2.4　图线编号说明

A1	可见轮廓线	D1	断裂处的边界线
B1	尺寸线和尺寸界线	F1	不可见轮廓线
B2	剖面线	G1	对称中心线
B3	重合断面的轮廓线	K1	轨迹线
C1	断裂处的边界线	K2	相邻辅助零件的轮廓线
C2	视图和剖视的分界线	K3	极限位置的轮廓线

5. 尺寸标注

尺寸标注是机件尺寸量化的唯一手段。

尺寸标注的基本规则：

① 机件的真实大小以标注尺寸为准。

② 尺寸一般以“mm”为单位，如采用其他单位要在技术要求中特别注明。

③ 尺寸要标注清晰，不多不少。

尺寸组成：尺寸由尺寸界线、尺寸线、箭头、尺寸数字组成。

*要点：

① 尺寸界线一般与尺寸线垂直，超出 2 mm，尺寸界线由中心线、轮廓线引出。

② 尺寸线平行于所标线段，大尺寸在小尺寸外，标直径、半径时要通过圆心。

③ 尺寸线、尺寸界线都为细实线。

④ 尺寸线端头为箭头（1∶4，3.5 ~ 4 mm）或 45°斜线（h）。

⑤ 尺寸数字在尺寸线对中处（可断开或上方），参见图 2.7。

⑥ 标半径加 R，直径加 Φ，球加 $S\Phi$、SR。

⑦ 标半径、直径、尺寸线一般要通过圆心。

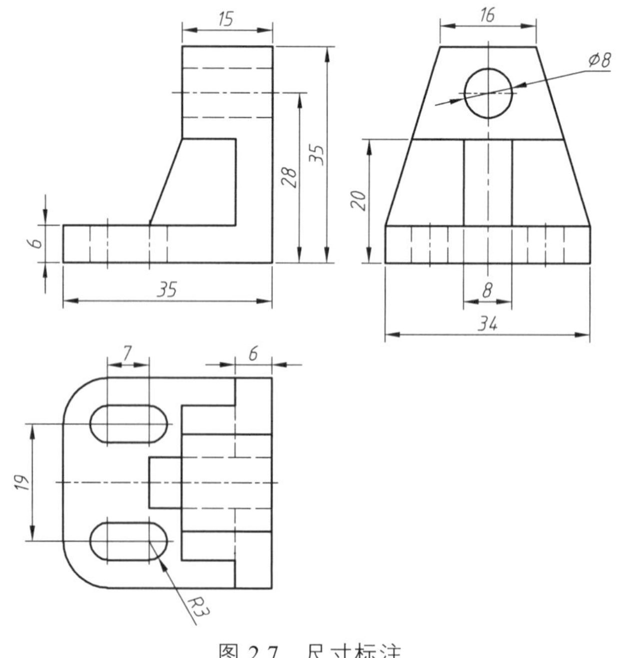

图 2.7　尺寸标注

表 2.5 列出了 GB/T 4458.4—2003 规定的一些尺寸注法示例，未详尽处可查阅该标准。

表 2.5　尺寸注法示例

标注内容	示　例	说　明
尺寸注法示例	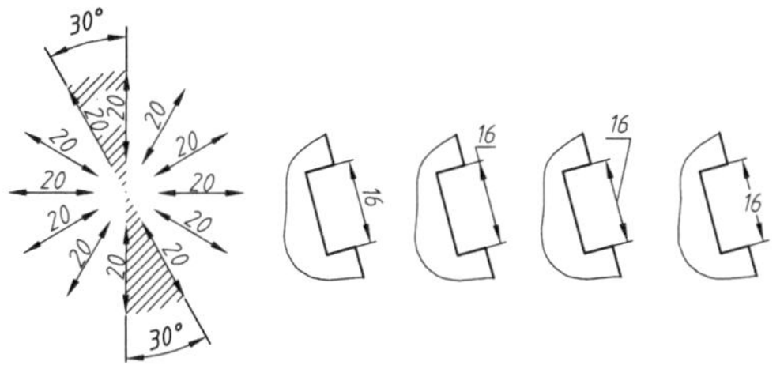 30° 20 20 20 20 20 20 20 20 20 20 20 30° 16 16 16 16	尺寸数字的方向应按图示方向注写，并尽可能避免在图示 30°范围内标注尺寸。当无法避免时可按左图的形式标注
角度	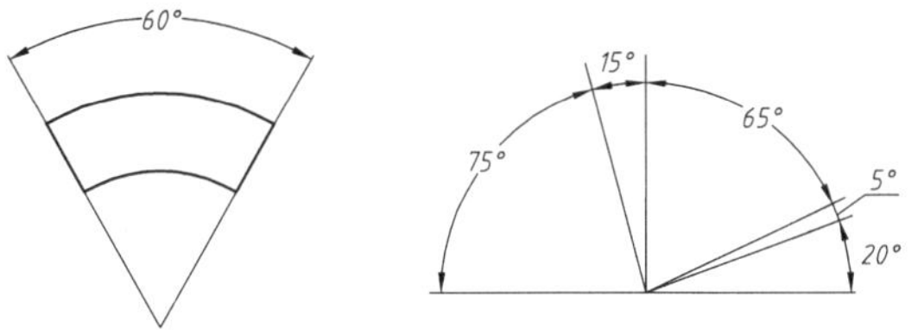 60° 15° 75° 65° 5° 20°	尺寸界线沿径向引出，尺寸线画成圆弧，圆心是该角的顶点。尺寸数字应一律水平书写，一般注在尺寸线的中断处，必要时也可按左图的形式标注
圆的直径	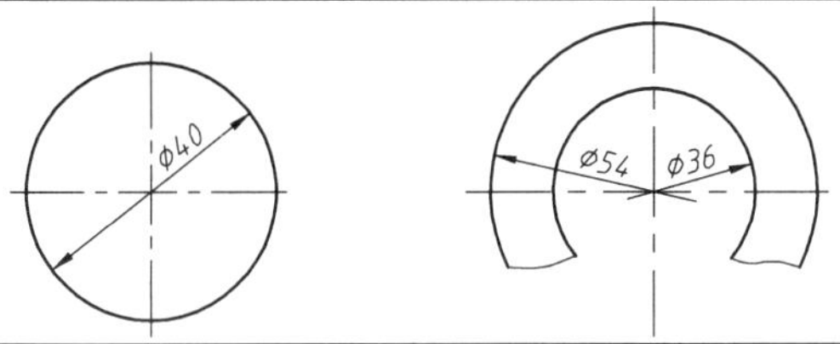 ϕ40 ϕ54 ϕ36	圆直径尺寸的一般标注方法
圆弧半径	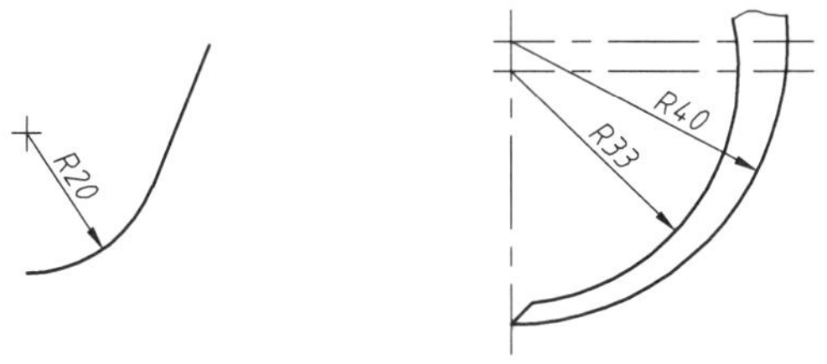 R20 R40 R33	圆弧半径尺寸的一般标注方法
	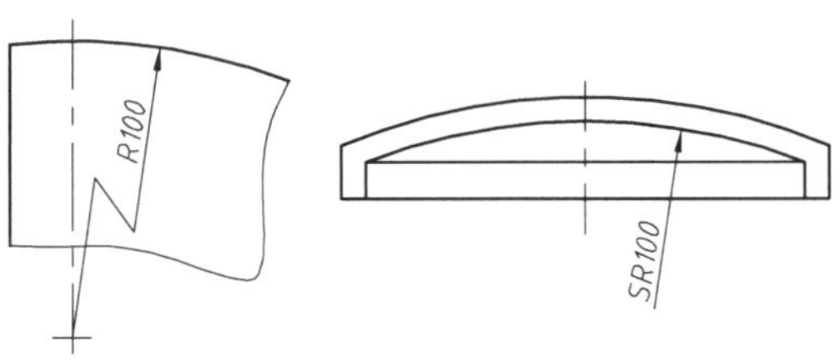 R100 SR100	在图纸范围内无法标出圆心位置时，可按左图标注；不需标出圆心位置时，可按右图标注
小尺寸	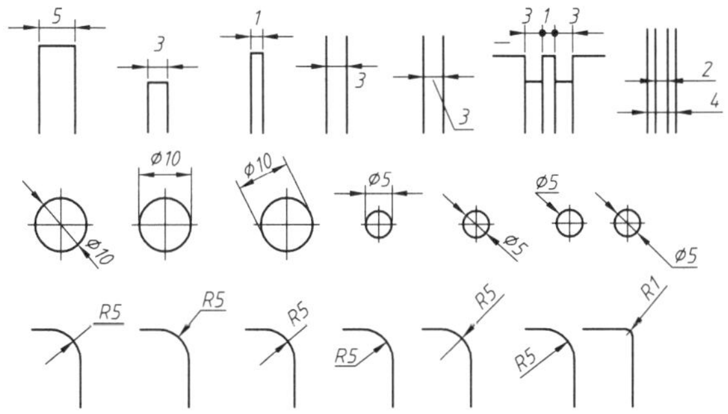 5 3 1 3 3 3 1 3 2 4 ϕ10 ϕ10 ϕ10 ϕ5 ϕ5 ϕ5 ϕ5 R5 R5 R5 R5 R5 R1	没有足够位置时，箭头可画在外面，或用小圆点代替两个箭头；尺寸数字也可写在外面或引出标注。圆和圆弧的小尺寸，可按图示标注

续表

标注内容	示　例	说　明
球面	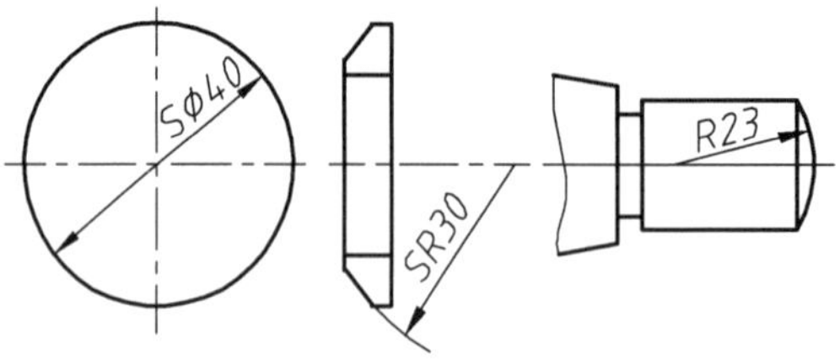	标注球面的尺寸，应在ϕ或R前加注“S”。不致引起误解时，可省略
弦长和弧长	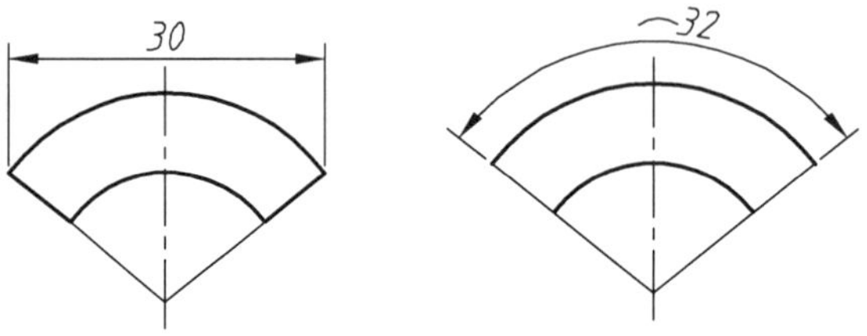	标注弦长和弧长时，尺寸界线应平行于弦的垂直平分线。标注弧长时，尺寸线用圆弧，并应在尺寸数字左方加注符号“⌒”
对称机件	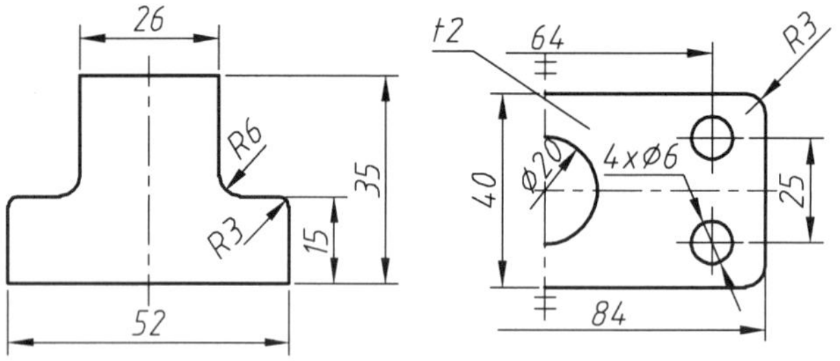	分布在对称线两侧的相同结构，仅标注其一侧的结构尺寸。 当对称机件只画出一半或略大于一半时，它们的尺寸线应略超过对称中心线或断裂处的边界线，仅在尺寸线的一端画出箭头。其在对称中心线两端分别画出的两条与其垂直的平行细实线是对称符号
板状零件		相同直径的圆孔只要在一个圆孔上标注直径尺寸，并在其前加注“个数×”
尺寸相同的孔、槽等要素		标注板状零件的尺寸时，在厚度的尺寸数字前加注符号“t”
光滑过渡处的尺寸	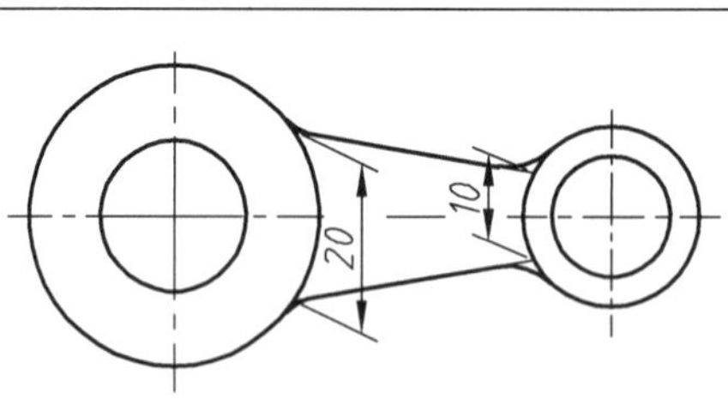	在光滑过渡处，必须用细实线将轮廓线延长，并从它们的交点引出尺寸界线
允许尺寸界线倾斜		尺寸界线一般应与尺寸线垂直，必要时允许倾斜
正方形结构	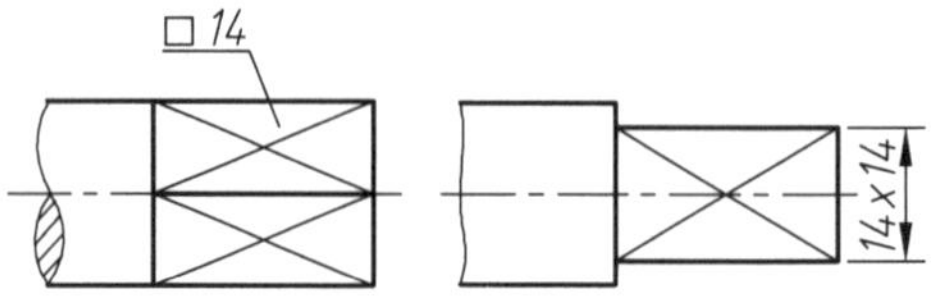	标注机件断面为正方形结构的尺寸时，可在边长尺寸数字前加注符号“□”，或用14×14代替“□14”，如右图所示；图中相交的两条细实线是平面符号

续表

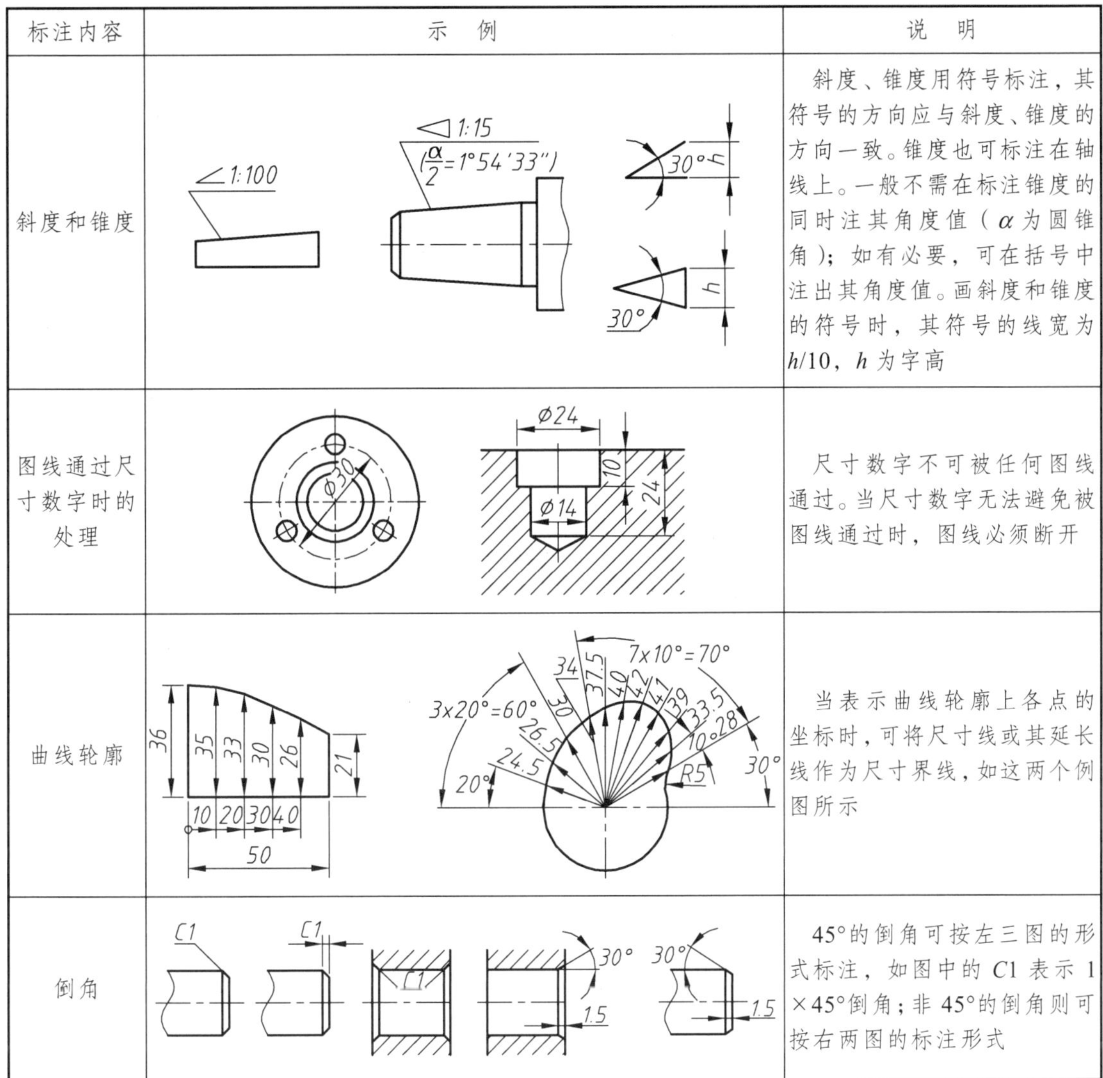

标注内容	示　例	说　明
斜度和锥度		斜度、锥度用符号标注，其符号的方向应与斜度、锥度的方向一致。锥度也可标注在轴线上。一般不需在标注锥度的同时注其角度值（α 为圆锥角）；如有必要，可在括号中注出其角度值。画斜度和锥度的符号时，其符号的线宽为 $h/10$，h 为字高
图线通过尺寸数字时的处理		尺寸数字不可被任何图线通过。当尺寸数字无法避免被图线通过时，图线必须断开
曲线轮廓		当表示曲线轮廓上各点的坐标时，可将尺寸线或其延长线作为尺寸界线，如这两个例图所示
倒角		45°的倒角可按左三图的形式标注，如图中的 C1 表示 1×45°倒角；非 45°的倒角则可按右两图的标注形式

2.2　绘图工具和仪器的使用方法

要准确而又迅速地绘制图样，必须正确合理地使用绘图工具，经常练习，总结经验。常用的绘图工具有图板、丁字尺、三角板和绘图仪器等。正确熟练地使用绘图工具，掌握正确的绘图方法，既能保证绘图质量，又能提高绘图速度。下面介绍一些最常用的绘图工具及其使用方法。

1. 图　板

画图时，需将图纸平铺在图板上，所以图板的表面必须平坦光洁。图板的左侧边称为导边，必须平直，以保证与丁字尺尺头的内侧边准确接触。常用的图板规格有 0 号、1 号和 2 号。

2. 丁字尺

丁字尺主要用于配合图板画水平线。它由尺头和尺身组成。尺头和尺身的连接处必须牢固，尺头的内侧边与尺身的上边（称为工作边）必须垂直。画线时左手扶住尺头，将尺头的内侧边紧贴图板的导边，上、下移动丁字尺，使尺身工作边处于所需的准确位置，按自左向右的顺序，可画出一系列不同位置的水平线。

3. 三角板

一副三角板有两块，一块是两锐角均为45°的等腰直角三角形，另一块是两锐角分别为30°和60°的直角三角形。将一块三角板与丁字尺、图板配合使用，按自下向上的顺序，可画出一系列不同位置的垂直线，如图2.8所示；还可画出与水平线成特殊角度，如30°，45°，60°的倾斜线，将两块三角板与丁字尺配合使用，可画出与水平线成15°，75°的倾斜线。

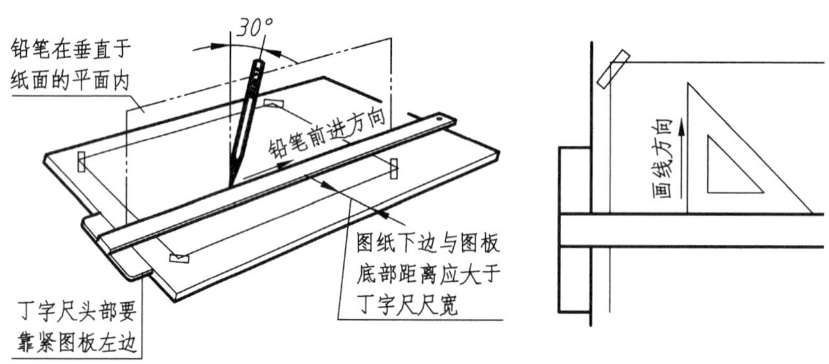

图 2.8　图板、丁字尺、三角板、铅笔配合使用示例

4. 比例尺

比例尺是用来量取各种比例的尺寸。目前最常用的一种比例尺的形状为三棱柱，故又名三棱尺，它有三个侧棱面，每个侧棱面上有两种比例刻度，共有六种比例刻度，通常为1∶100，1∶200，1∶250，1∶300，1∶400和1∶500。

现以1∶100和1∶200的比例尺为例来说明其原理和用法。例如，长度为2 000，按1∶100绘制，从比例尺上量取后，可知其绘制长度为20 mm；长度为2 000，按1∶200绘制，从比例尺上量取后，可知其绘制长度为10 mm。每种尺面除用于标明的比例外，只要改变尺面刻度读数的单位，还可作为多种其他的缩小或放大的比例之用。

5. 铅　笔

绘图铅笔一般根据铅芯的软硬不同，分为H～6H，HB和B～6B共13种规格，绘图铅笔分为软与硬两种型号，字母“B”表示软铅芯，字母“H”表示硬铅芯。“B”之前数值越大，表示铅芯越软，“H”之前数值越大，表示铅芯越硬。字母“HB”表示软硬适中的铅芯。

绘制机械图样时，常用H或2H铅笔画底稿线和加深细线；用HB或H的铅笔写字；用B或HB铅笔画粗线；将B或2B铅笔的铅芯装入圆规的铅芯插脚内，来加深粗线的圆或圆弧。

铅芯的伸出长度以4～6 mm为宜，其常用的削制形状有两种：

① 圆锥形——主要用于画宽度为$d/2$的细实线等各种线型，写字时则可削制成钝圆锥形；

② 矩形——用于画宽度为 d 的粗实线，一方面可加快画图速度，另一方面又可减少削制次数。

2.3 几何作图

机件的轮廓有多种多样，但它们的图样基本上都是由直线、圆、圆弧或其他曲线所组合而成的。因此，熟练地掌握几何图形的基本作图方法，是绘制好机械图形的基础。

1. 等分直线段

将已知线段 AB 分成五等份的画图步骤如下（见图 2.9）：

（1）过端点 A 任作一直线 AC，用分规以任意相等的距离在 AC 上量得 1，2，3，4，5 五个等分点。

（2）连接点 5 和点 B，过 1，2，3，4 等分点作线段 $5B$ 的平行线，与 AB 相交即得等分点 1′，2′，3′，4′。

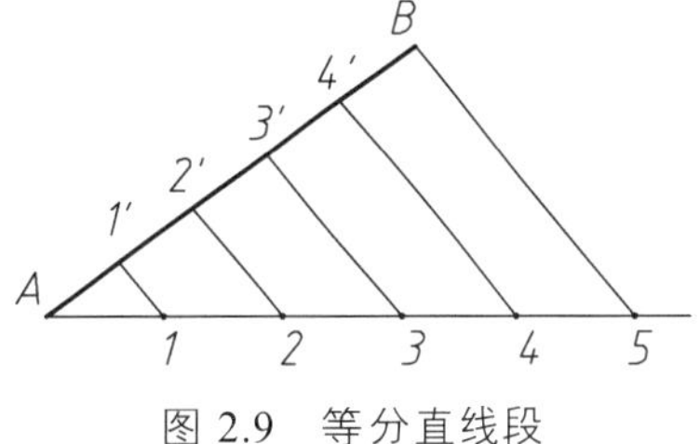

图 2.9　等分直线段

2. 等分圆周和作正多边形

1）圆内接正五边形

圆内接正五边形的作图法如图 2.10 所示。

（a）以 N 为圆心，NO 为半径作圆弧，交圆于 F，G；连接 F，G 与 ON 相交得点 M。

（b）以 M 为圆心，过点 A 作圆弧，交水平直径于 H，再以 A 为圆心，过 H 作圆弧，交外接圆于 B，E。

（c）分别以 B，E 为圆心，弦长 BA 为半径作圆弧，交得 C，D；连接 A，B，C，D，E 即为正五边形。

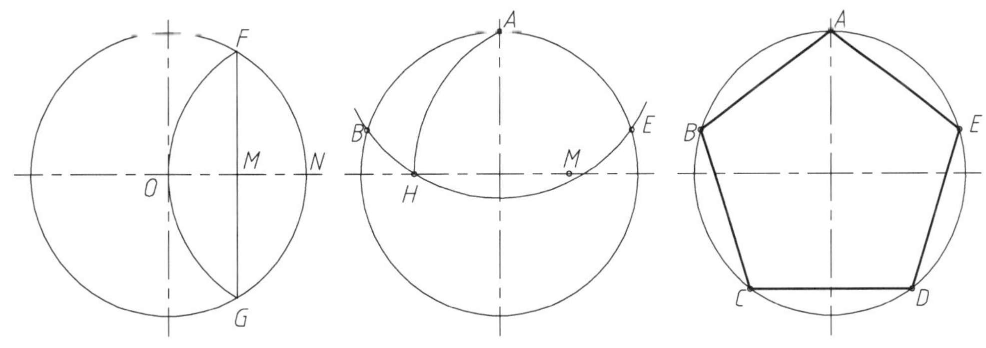

图 2.10　圆内接正五边形的作法

2）圆内接正六边形

如果已知正六边形外接圆的半径，可以有两种作图方法。

方法一：以圆的半径为弦长，直接在圆周上顺次截取六点，依次连接六点即为该圆的内接正六边形。

方法二：利用正六边形相邻两边夹角为 120°进行作图。

3. 圆弧连接

在绘制机械图样时，经常遇到要用一已知半径的圆弧同时与两个已知线段（直线或圆弧）彼此光滑过渡（即相切）的情况，称为圆弧连接。此圆弧称为连接弧，两个切点称为连接点。为了保证光滑地连接，必须正确地定出连接弧的圆心和两个连接点，且两相互连接的线段都要正确地画到连接点为止。

圆弧连接作图的要点是根据已知条件准确地定出连接圆弧 R 的圆心及切点。圆弧连接的作图步骤：

① 求出连接弧的圆心；

② 定出切点的位置；

③ 准确地画出连接圆弧。

下面分几种情况来讨论圆弧连接的画法。

1）用半径为 R 的圆弧连接两条已知直线

与已知直线相切的圆，其圆心的轨迹是一条与该直线平行的直线，两线的距离等于半径 R，其作图方法如图 2.11 所示。

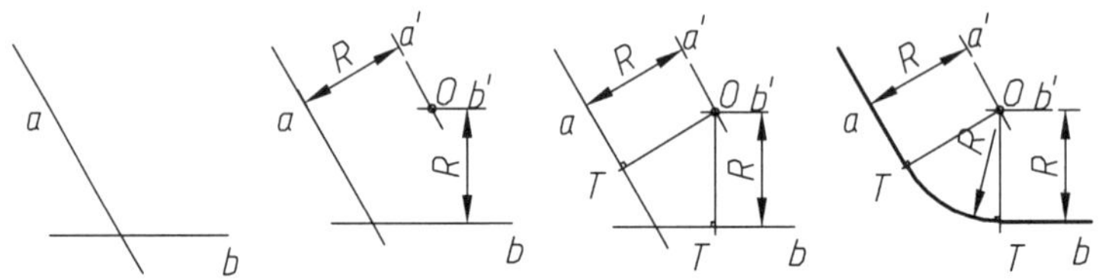

图 2.11　用圆弧连接两条已知直线

图 2.12（a）是呈锐角的两直线用圆弧连接；图 2.12（b）是呈直角的两直线用圆弧连接的情形。

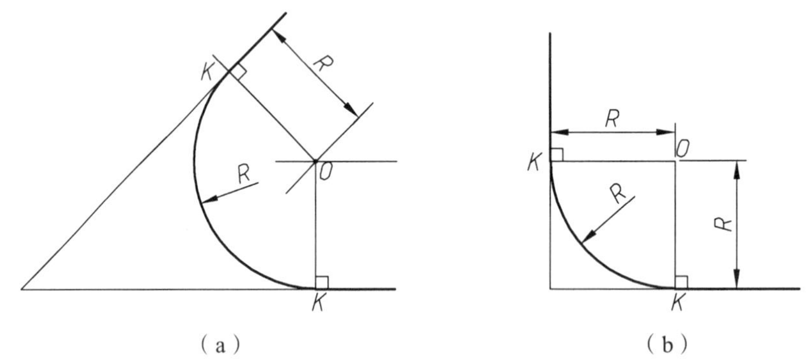

图 2.12　用圆弧连接两条已知直线

2）用半径为 R 的圆弧连接两已知圆弧

当半径为 R 的圆与半径为 R_1 的已知圆相切，其圆心轨迹为已知圆的同心圆，其半径为 R_x。

当两圆外切时，$R_x = R_1 + R$，见图 2.13（a）；

当两圆内切时，$R_x = R_1 - R$，见图 2.13（b）。

而切点 K 为两圆的连心线或连心线的延长线与圆弧的交点。

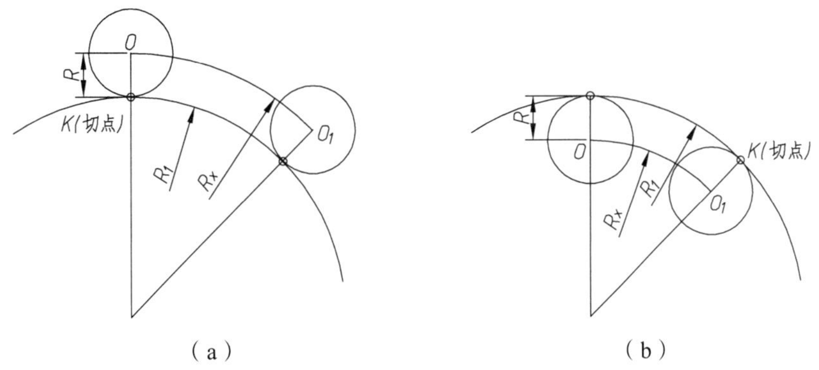

图 2.13　圆相切的几何关系

① 作半径为 R 的圆弧与已知半径为 R_1 的圆弧和半径为 R_2 的圆弧外切，如图 2.14 所示。

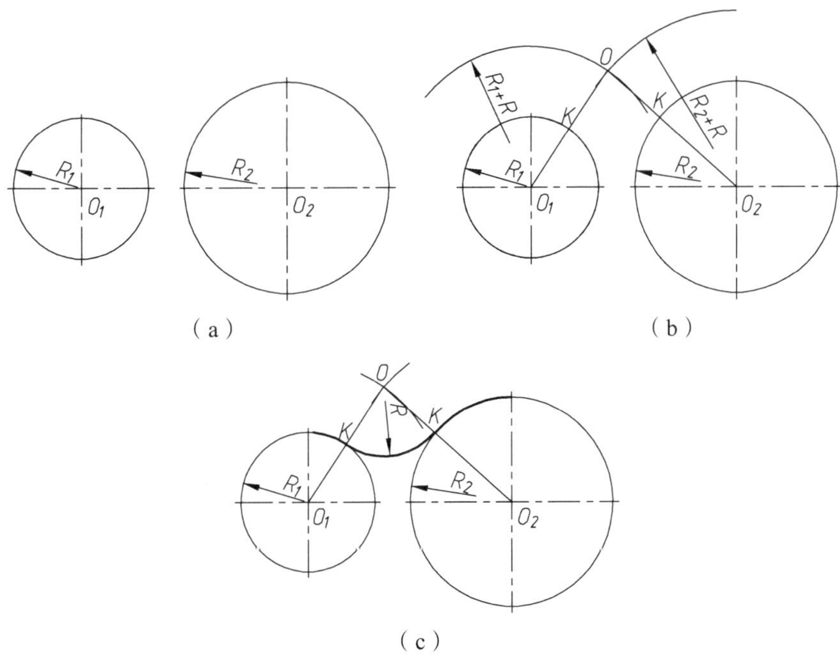

图 2.14　圆与两已知圆外切的作图方法

② 作半径为 R 的圆弧与已知半径为 R_1 的圆弧和半径为 R_2 的圆弧内切，如图 2.15 所示。

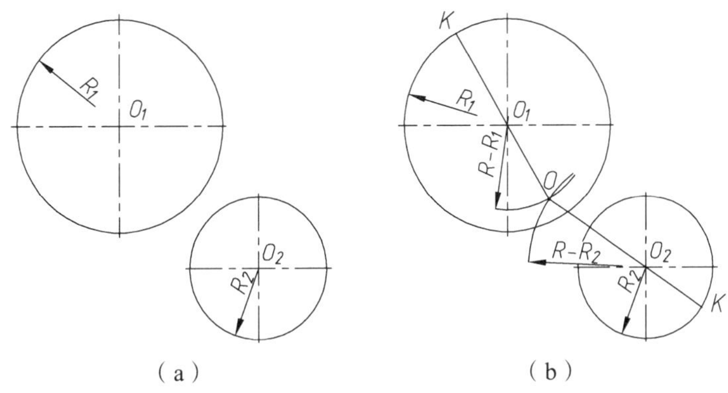

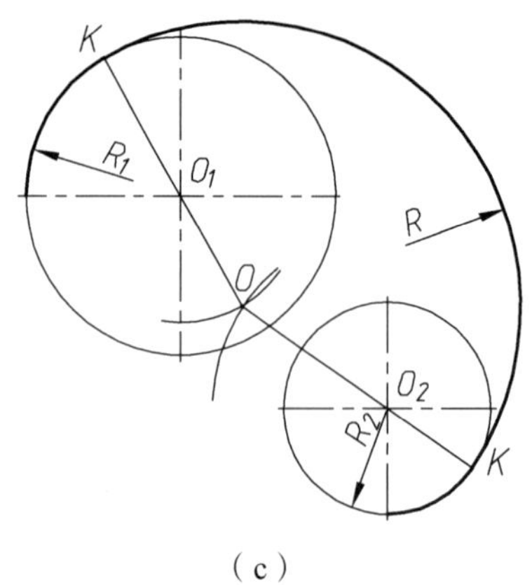

（c）

图 2.15　圆与两已知圆内切的作图方法

③ 作半径为 R 的圆弧与已知半径为 R_1 的圆弧外切，与已知半径为 R_2 的圆弧内切，如图 2.16 所示。

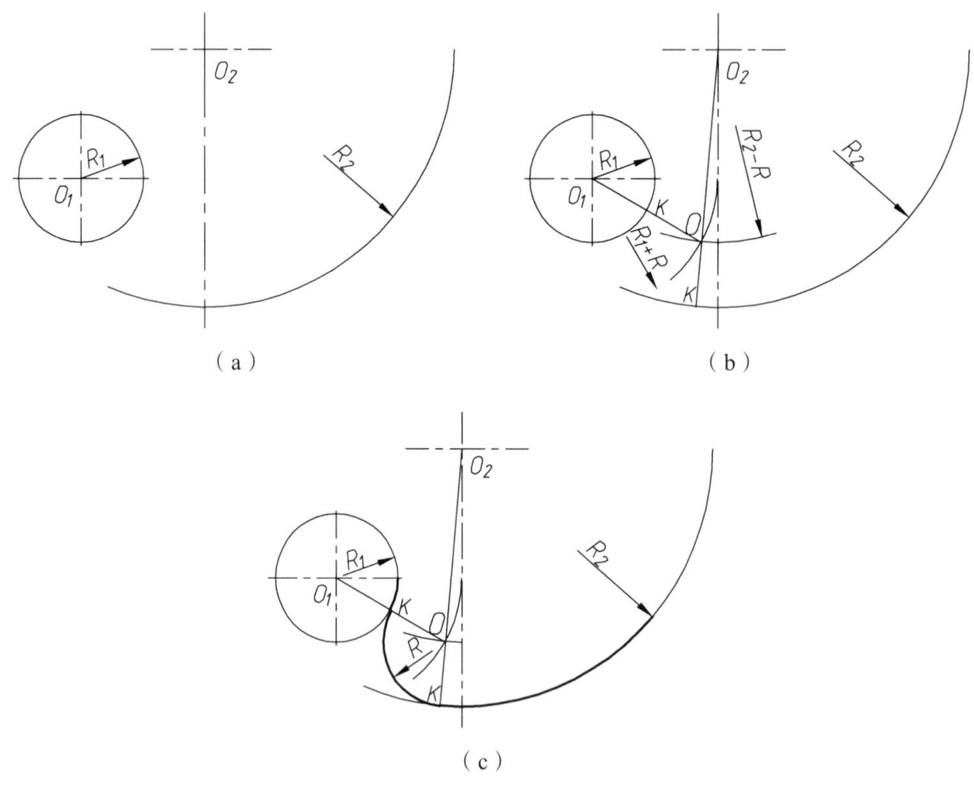

（a）　（b）

（c）

图 2.16　圆与两已知圆外切和内切的作图方法

3）用半径为 R 的圆弧连接一已知直线和一圆弧

① 作半径为 R 的圆弧与已知直线相切并与已知半径为 R_1 的圆弧外切，如图 2.17 所示。

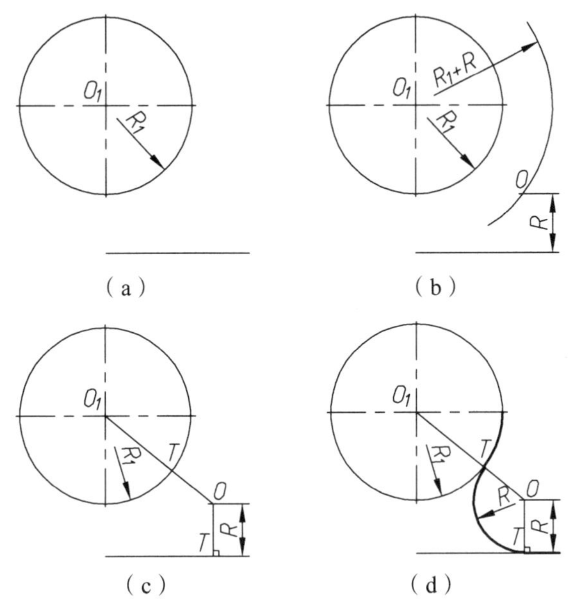

图 2.17　圆与已知圆和直线相切的作图方法

② 作半径为 R 的圆弧与已知直线相切并与已知半径为 R_1 的圆弧内切，如图 2.18 所示。

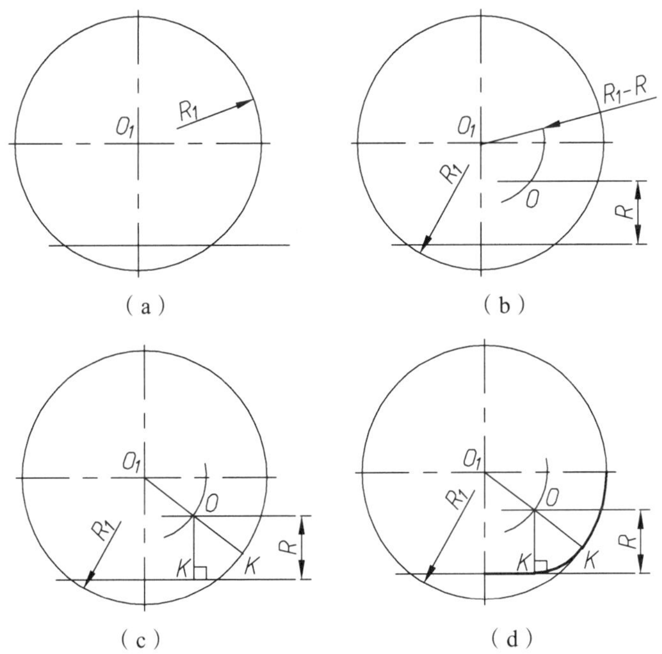

图 2.18　圆与已知圆和直线相切的作图方法

2.4　平面图形的尺寸标注和线段分析

平面图形由几何图形与连线组成。

尺寸标注是为了确定图形的大小和相对位置；尺寸标注要齐全，不要自相矛盾。

1. 尺寸分析的三个重要概念

1）尺寸基准

尺寸基准是标注定位尺寸的起点，对于平面而言，基准有两个：横向、垂向。

2）定形尺寸

确定平面图形各线段形状大小的尺寸。

3）定位尺寸

确定平面图形中各部分之间相对位置的尺寸。

2. 平面图形的线段分析

线段分三类：

1）已知线段

直接包含完整的定形尺寸、定位尺寸的线段。

2）中间线段

缺少一个定位尺寸，需要依据其与相邻线段相切才能得出的线段。中间线段（圆弧）必须根据与相邻已知线段的相切关系才能完全确定。

3）连接线段

缺少两个定位尺寸，需要依据其与相邻线段的关系才能得出的线段。连接线段（圆弧）必须根据与相邻中间线段或已知线段的连接关系，用几何作图方法画出。

2.5 绘图方法和步骤

1. 机械制图的一般方法和步骤

（1）准备工作。

① 备齐工具；② 固定图纸。

（2）画图框、标题栏、明细表。

（3）布置图形的位置。

（4）绘制底稿（包括尺寸）。

（5）铅笔加深（从细到粗）。

（6）检查。

2. 徒手绘图

徒手绘图是绘制草图的基本方法，是产品概念设计阶段的重要绘图手段，是同学们必须掌握的绘图基本技能。目前还未有合适的计算机绘图软件可以全面替代徒手绘图功能。

1）画直线

徒手画较短的线段时，主要靠手指握笔动作，小手指及手腕不宜紧贴纸面。画较长线段时，眼睛看着线段终点，移动小臂沿要画的方向画直线，手指一般握在高于笔尖约 35 mm 处。

2）圆及圆角的画法

画圆时，首先过圆心画出两条互相垂直的中心线，再根据半径大小在中心线上定出四点，然后过这四点画圆，如图 2.19（a）所示。画较大的圆时，可过圆心加画两条 45°斜线，在斜线上再定出四点，然后过这八点画圆，如图 2.19（b）所示。

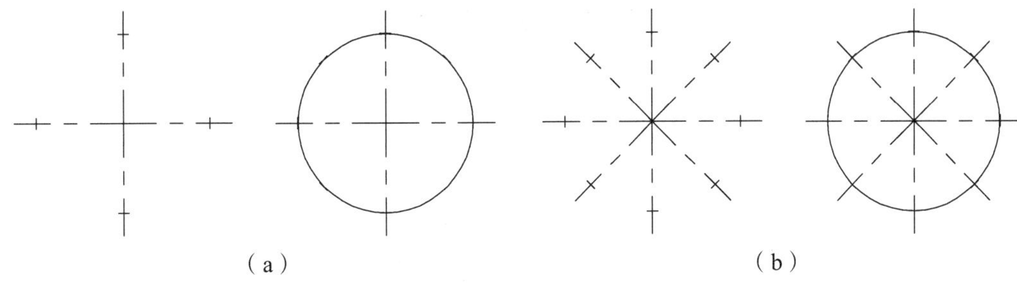

（a）　　　　（b）

图 2.19　圆的画法

画圆弧的方法如图 2.20 所示。其画法步骤是：首先根据圆角半径的大小，在分角线上定出圆心位置；然后过圆心分别向两边引垂线定出圆弧的起点与终点，同时在分角线上也定一圆弧上的点；最后过这三点作圆弧。

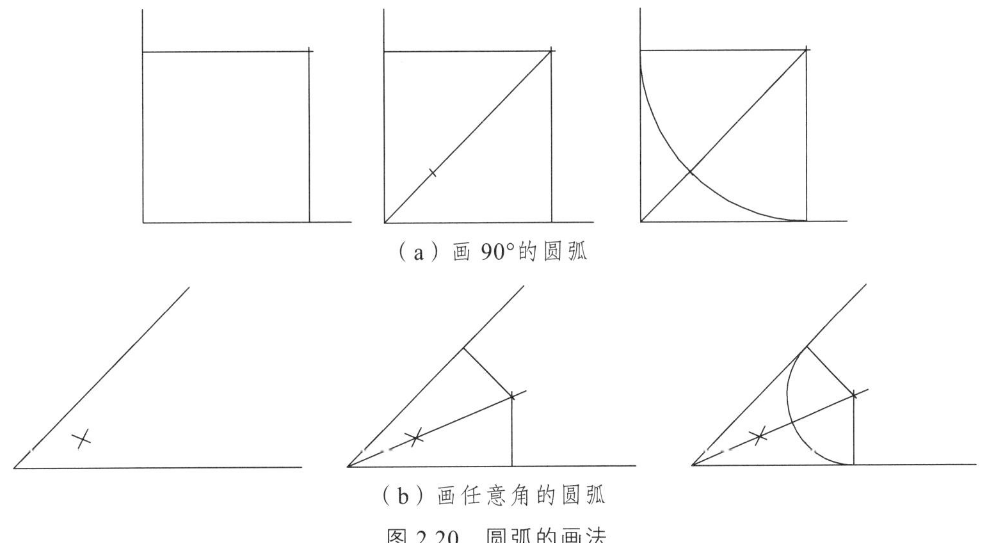

（a）画 90°的圆弧

（b）画任意角的圆弧

图 2.20　圆弧的画法

3）椭圆的画法

椭圆的画法见图 2.21。其画法步骤是：先画椭圆长、短轴，定出长、短轴顶点；然后过四个顶点画出矩形；最后徒手作椭圆与此矩形相切。

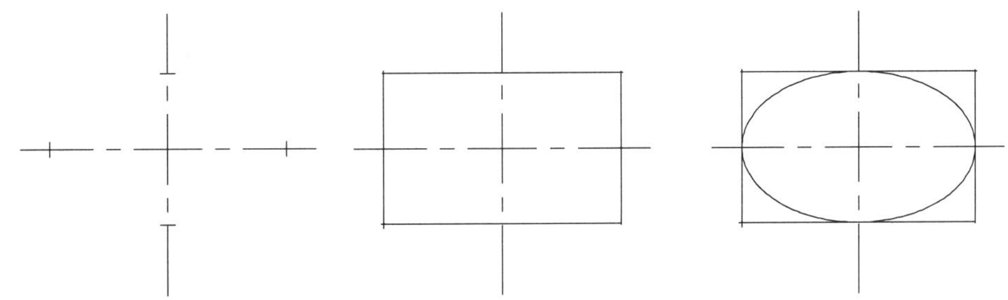

图 2.21　利用矩形画椭圆的方法

第 3 章　投影理论及点的投影

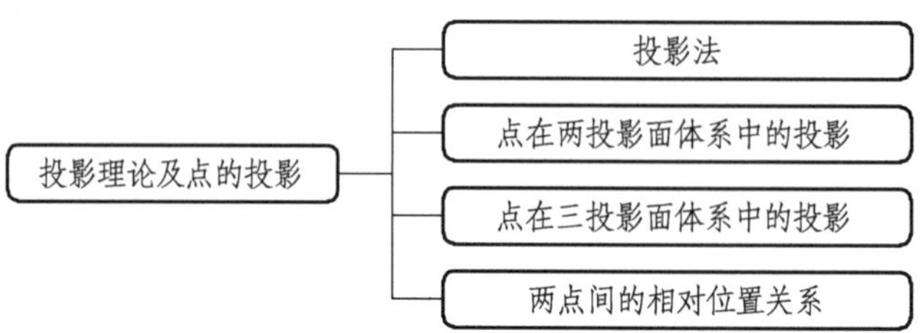

3.1　投影法

如图 3.1 所示，空间有一平面 H 和不在该平面上的一点 A，过点 A 作一直线 L，令其向 H 面投射，得交点 a。a 就是 A 在 H 面上的对应图形，通过空间点 A 的直线 L 称为投射线。

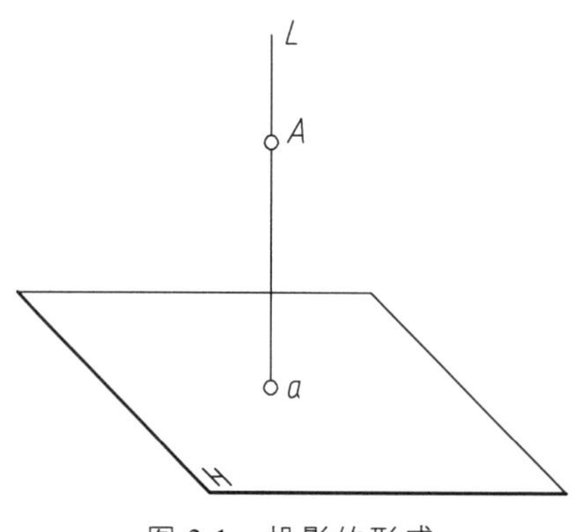

图 3.1　投影的形成

这种利用投射线通过物体，向选定的面投射，并在该面上得到图形的方法称为投影法；根据投影法所得到的图形称为投影（投影图），得到投影的面称为投影面。

投影法分为两类：中心投影法和平行投影法。

中心投影法：投射线交汇一点的投影法称为中心投影法，如图 3.2 所示。根据中心投影法得到的投影称为中心投影。投影线汇交之点 S，即所有投射线的起源点，称之为投影中心。

中心投影通常用来绘制建筑物或产品的富有逼真感的立体图，也称为透视图。

平行投影法：投射线相互平行的投影法称为平行投影法。

投射线与投影面相垂直的平行投影法称为正投影法，如图 3.3 所示。根据正投影法所得到的图形称为正投影。

投射线与投影面相倾斜的平行投影法称为斜投影法，如图 3.4 所示。根据斜投影法所得到的图形称为斜投影。

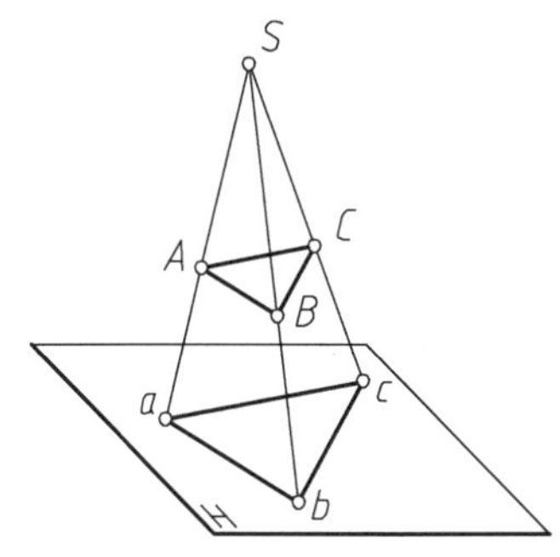

图 3.2 中心投影法

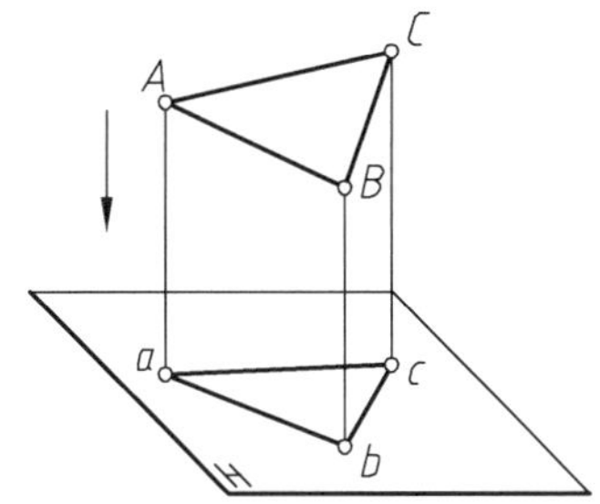

图 3.3 平行投影法正投影

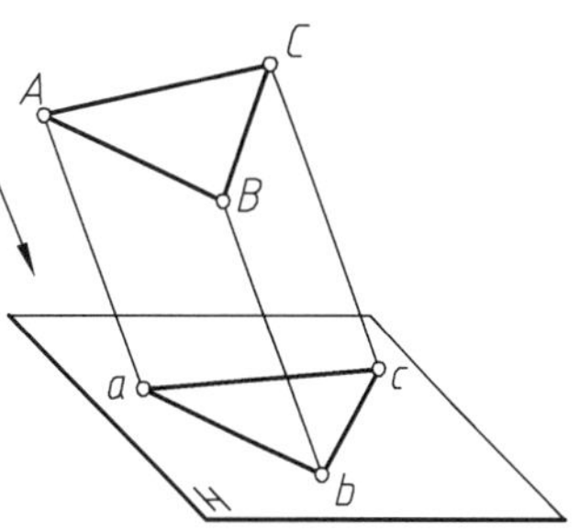

图 3.4 平行投影法斜投影

工程图样主要采用正投影法，今后就将“正投影”简称为“投影”。

1. 正投影的基本投影特性

在正投影法中，立体上的平面和直线的投影有以下三个特性（见图 3.5）：

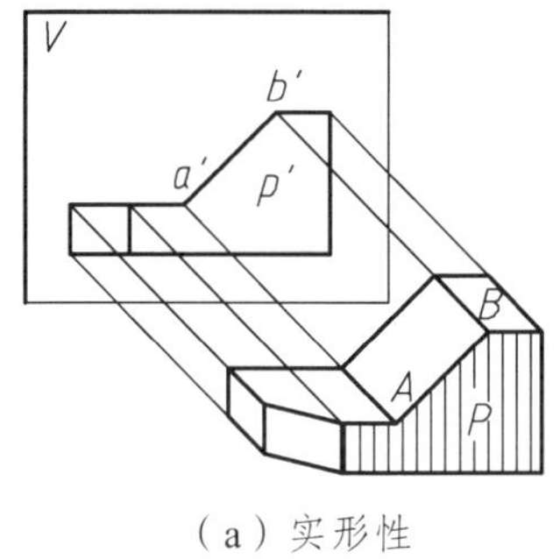

（a）实形性

（b）积聚性

（c）类似性

图 3.5 正投影的基本投影特性

1）实形性

当立体上的平面图形和直线平行于投影面时，它们的投影反映平面图形的真实形状和直线段的实长。

2）积聚性

当立体上的平面图形和直线垂直于投影面时，它们的投影分别积聚成直线和点。

3）类似性

当立体上的平面图形和直线倾斜于投影面时，平面的投影体现为平面的类似形。类似形的特点是两图形间对应线段保持定比，表现为边数、平行、凸凹、曲直关系不变。直线的投影仍为直线，但长度缩短。

2. 三投影面体系及其投影特性

参见图 3.6，当空间一点 A 的位置及投影方向 L 已确定时，它在投影面上的投影 a 是唯一确定的。但反过来，根据 a 却不能确定产生此投影的空间点是 A 还是 A_1 或 A_2。

同样，在图 3.7 中根据投影 $\triangle abc$ 也不能确定产生它的空间三角形是 $\triangle ABC$ 还是 $\triangle A_1B_1C_1$；仅有一个投影也不能唯一地反映空间形体的形状和位置。要使投影能唯一确定它们的形状和位置，则有必要建立一个多面投影体系。

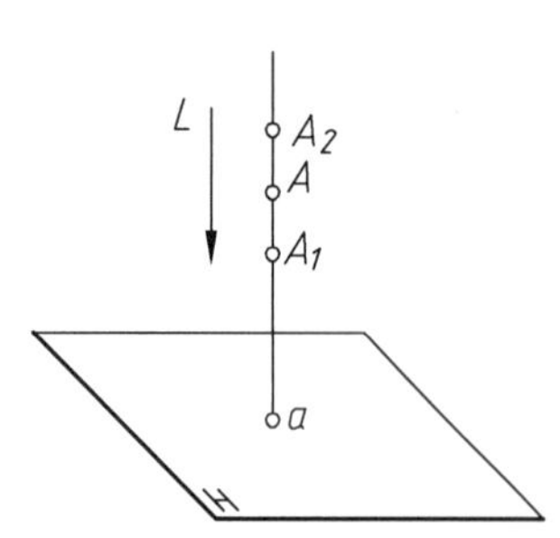

图 3.6　一个投影不能确定点的空间位置

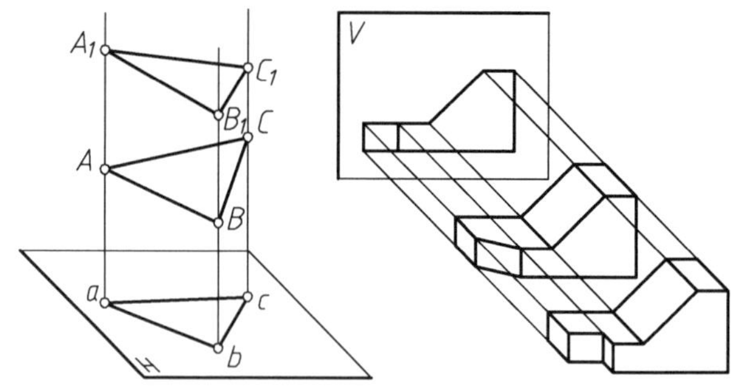

图 3.7　一个投影不能确定空间物体的形状和位置

1）两投影面体系

设立互相垂直的正立投影面（简称正面或 *V* 面）和水平投影面（简称水平面或 *H* 面），组成两投影面体系。*V* 面与 *H* 面的交线称为投影轴 *OX*，它将空间划分为四个分角，如图 3.8 所示。

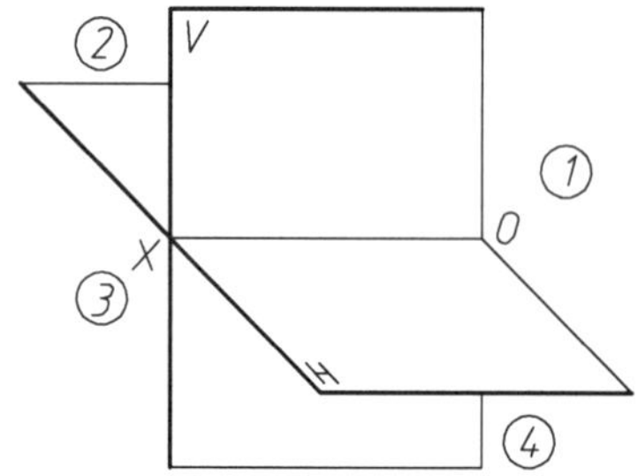

图 3.8　两投影面体系及分角示意

根据国家标准《技术制图　投影法》的规定，绘制技术图样时，应优先采用第一分角画法。因此，我们着重讨论在第一分角中的几何形体的投影。

把形体放在两投影面体系中，可获得形体的两面投影图，如图 3.9 所示，*V* 面保持不动，将 *H* 面绕 *OX* 轴向下旋转 90°，与 *V* 面展开成同一个平面。

形体在 *V*、*H* 面上的投影分别称为正面投影、水平投影。

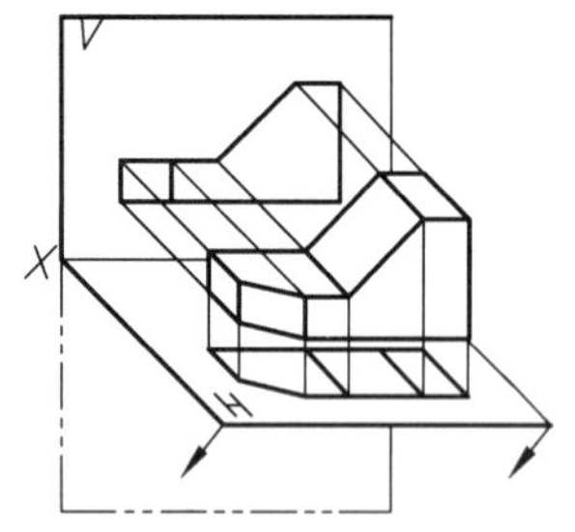

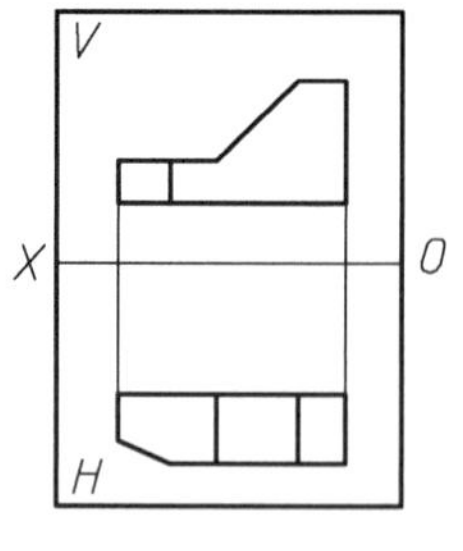

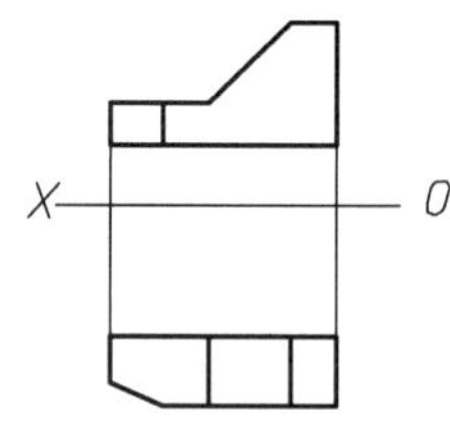

图 3.9　两面投影图的形成

2）三投影面体系

有的形体只有两个投影是不能确定其形状的，这时就需要设立一个与 *V* 面、*H* 面都垂直的侧立投影面（简称侧面或 *W* 面），如图 3.10 所示，三个投影面之间的交线，即三条投影轴 *OX*、*OY*、*OZ* 必定互相垂直，形成三投影面体系，用三面投影表达几何形体。

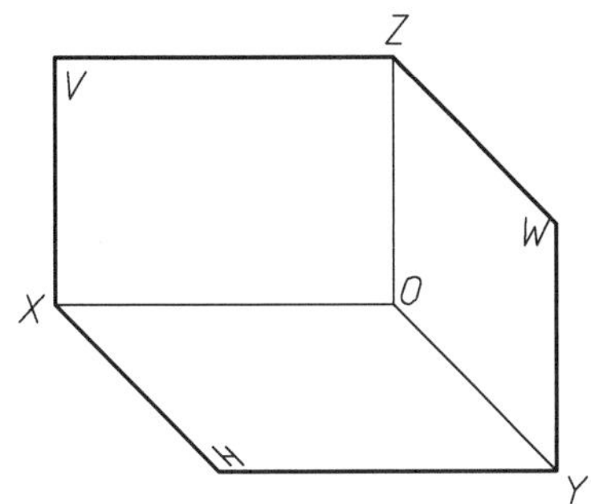

图 3.10　三投影面体系

如图 3.11 所示，沿 OY 轴分开 H 面和 W 面，V 面保持不动，H 面向下旋转，W 面向右旋转，使三个投影面展开成一个平面。如图 3.11 所示，得到形体的三面投影图。形体在 V、H、W 面上的投影分别称为正面投影、水平投影、侧面投影。

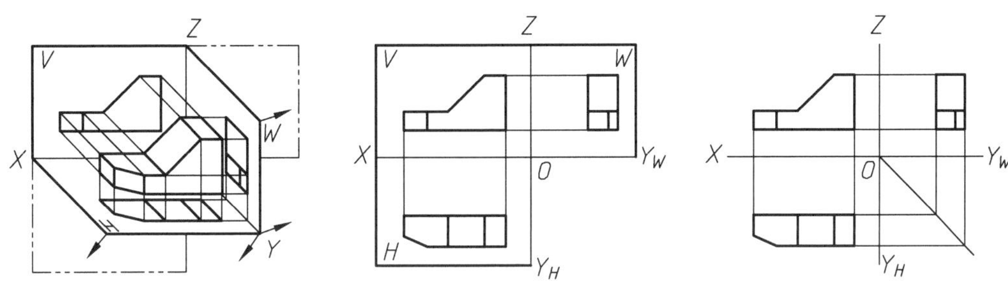

图 3.11　三面投影图的形成

3）三面投影图的特性

如果把形体沿 OX（左右）方向的尺寸称为长，沿 OY（前后）方向的尺寸称为宽，沿 OZ（上下）方向的尺寸称为高，从图 3.12 中可以看出：正面投影反映形体的长和高；水平投影反映形体的长和宽；侧面投影反映形体的宽和高。

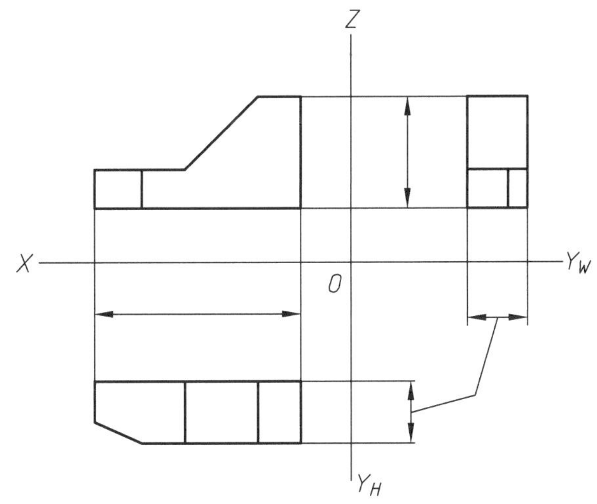

图 3.12　三面投影图的特性

由于三个投影表达的是同一个形体，因此三个投影是不可分割的一个整体，它们之间存在着以下关系：

正面投影与水平投影：**长对正**；

正面投影与侧面投影：**高平齐**；

水平投影与侧面投影：**宽相等**。

“长对正、高平齐、宽相等”是三面投影图的投影特性，不仅适用于整个形体的投影，还适用于形体的局部投影。

特别要注意形体的前后位置在投影图上的反映：水平投影的下方和侧面投影的右方，表示形体的前方；水平投影的上方和侧面投影的左方，表示形体的后方。

在机械制图中，把机件的多面正投影称为视图。机件的正面投影称为主视图，水平投影称为俯视图，侧面投影称为左视图。这三个视图同样具有“长对正、高平齐、宽相等”的投影特性。图 3.13 所示为一机件的三视图。

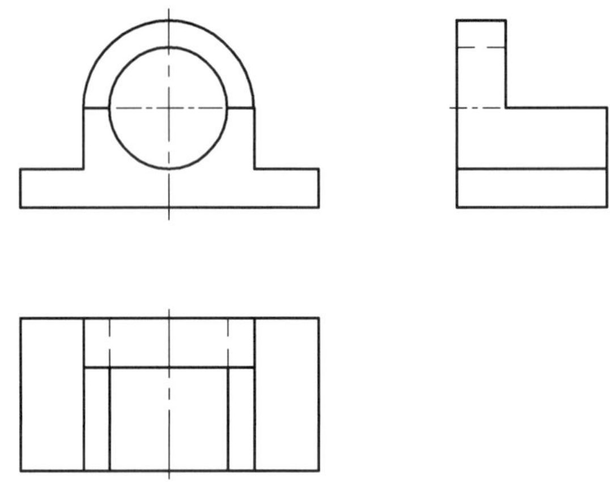

图 3.13　机件的三视图

3.2　点在两投影面体系中的投影

如图 3.14（a）所示，把点 A 放入两投影面体系中，由点 A 作垂直于 V 面、H 面的投射线 Aa'、Aa，分别与 V 面、H 面交得点 A 的正面（V 面）投影 a'和水平（H 面）投影 a。

我们规定用大写字母 A 表示空间点，分别用小写字母 a 和 a'表示点的水平投影和正面投影。

将 H 面向下旋转与 V 面展开成同一个平面，如图 3.14（b）所示，即可得到点 A 的两面投影图，如图 3.14（c）所示。投影图不必画出投影图的边框和 a_x。

从图 3.14（a）中可以看出，因为 $Aa\perp H$ 面、$Aa'\perp V$ 面，所以 Aa 和 Aa'所组成的平面，不仅垂直于 V 面和 H 面，而且也垂直于它们的交线 OX 轴。又因 $a'a_x$ 和 aa_x 相交于点 a_x，所以在展开后的投影图上，a、a_x、a'三点必在同一直线上，且 $aa'\perp OX$ 轴。aa'称为投影连线。

此外，因为 Aa_xa'是个矩形，所以 $aa_x = Aa'$，$a'a_x = Aa$。由此可得出点在两投影面体系中的投影特性：

（1）点的正面投影和水平投影的连线垂直于投影轴，即 $aa' \perp OX$ 轴。

（2）点的投影与投影轴的距离，等于该点与相邻投影面的距离，即 $aa_x = Aa'$，$a'a_x = Aa$。

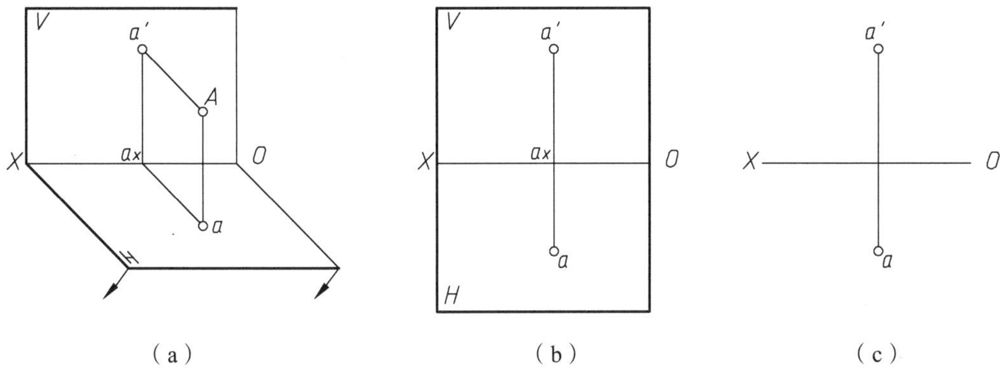

图 3.14　点的两面投影

图 3.15 所示为点在投影面内的情况，其投影特点是：

（1）点的一个投影落在 OX 轴上。

（2）点的另一个投影与其本身重合。

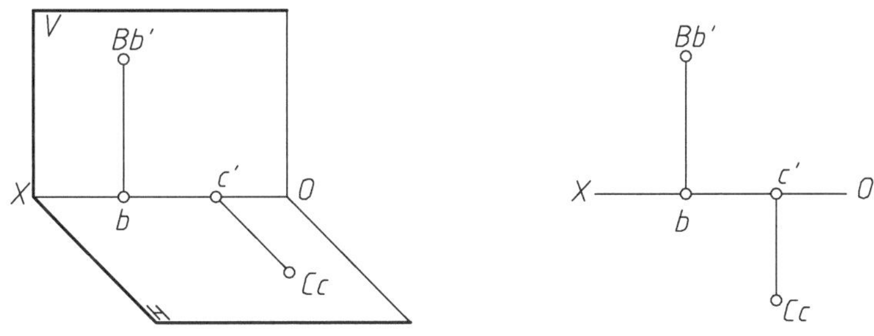

图 3.15　点在投影面内的投影

3.3　点在三投影面体系中的投影

虽然由点的两面投影已能确定该点的空间位置，但有时为了更清晰地图示某些几何形体，往往需要增添第三个投影，即侧面投影。

如图 3.16（a）所示，把点 A 放入三投影面体系中，由点 A 作垂直于 V 面、H 面、W 面的投射线 Aa'、Aa、Aa''，分别与 V 面、H 面、W 面交得点 A 的正面（V 面）投影 a'和水平（H 面）投影 a、侧面（W 面）投影 a''。规定点 A 的侧面投影用小写字母 a''表示。

将 H 面向下旋转、W 面向右旋转与 V 面展开成同一个平面，应注意的是，展开后 OY 轴成为 H 面上的 OYH 和 W 面上的 OYW，如图 3.16（b）所示；点 A 的三面投影图，如图 3.16（c）所示。

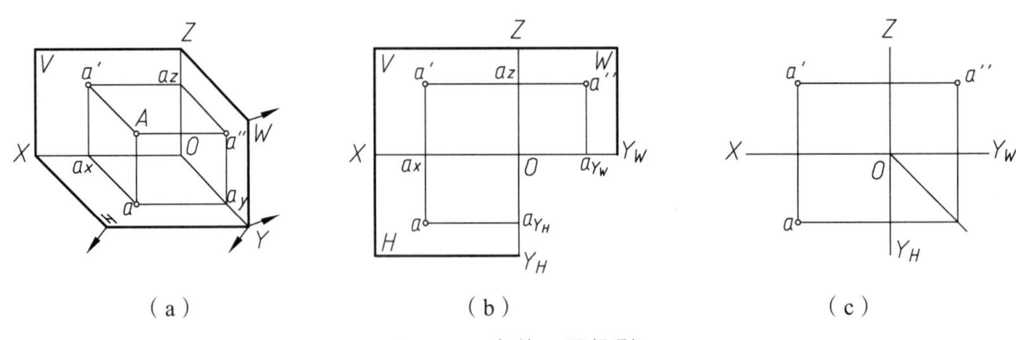

图 3.16　点的三面投影

从图 3.16 中可看出点在三投影面体系中的投影特性：

（1）点的正面投影和水平投影的连线垂直于 OX 轴，即 $aa' \perp OX$ 轴。

（2）点的正面投影和侧面投影的连线垂直于 OZ 轴，即 $a'a'' \perp OZ$ 轴。

（3）点的水平投影到 OX 轴的距离等于点的侧面投影到 OZ 轴的距离，即 $aa_x = a''a_z$。

重影点及其投影的可见性：从图 3.17 中可以看出，当空间两点位于垂直于某投影面的同一条投射线上时，两点在该投影面上的投影重合，则该两点称为重影点。

图中 a'（b'）是对 V 面的重影点 A、B 在 V 面上的投影；c（d）是对 H 面的重影点 C、D 在 H 面上的投影；e''（f''）是对 W 面的重影点 E、F 在 W 面上的投影。显而易见，重影点必有两对同名坐标值相等，而另一对坐标值不等。如 A、B 两点的 x、z 坐标值相等，而 y 坐标值不等。

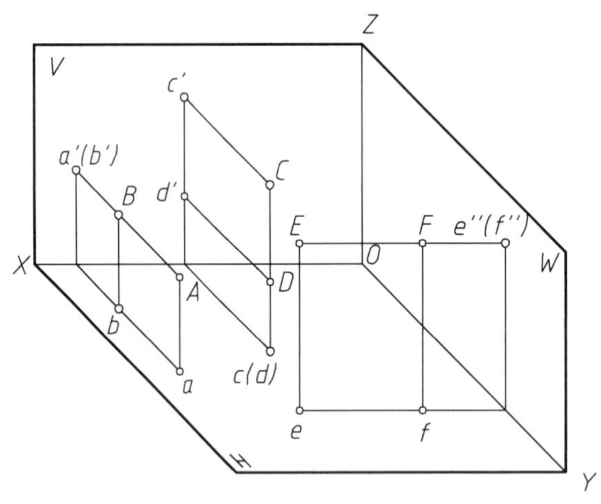

图 3.17　重影点

若将投射线比作“视线”，将投影过程比作“观察”过程。则在重影的两点中，先遇“视线”者为“可见”，后遇“视线”者被前者遮挡，为“不可见”。规定将不可见的点的投影符号加上圆括号，如图 3.17 中的（b'）。

对正面投影、水平投影、侧面投影的重影点的投影的可见性，分别应该是前遮后、上遮下、左遮右，如图 3.18 所示。

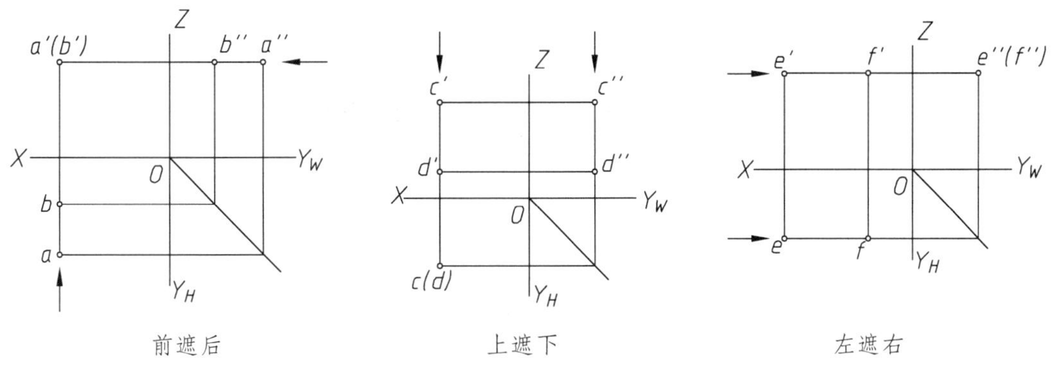

图 3.18 重影点可见性的判断

3.4 两点间的相对位置关系

若将三投影面体系看作直角坐标系，则投影轴、投影面、点 *O* 分别为坐标轴、坐标面、原点。规定 *OX* 轴从点 *O* 向左为正，*OY* 轴从点 *O* 向前为正，*OZ* 轴从点 *O* 向上为正。反之为负。

点到 *W* 面的距离 = x 坐标；

点到 *V* 面的距离 = y 坐标；

点到 *H* 面的距离 = z 坐标。

如图 3.19 所示，*A*、*B* 两个点的投影沿左右、前后、上下三个方向所反映的坐标差，即这两个点对投影面 *W*、*V*、*H* 的距离差，能确定两点的相对位置；比较两点的坐标，x 大者为左、y 大者为前、z 大者为上。反之，若已知两点的相对位置以及其中一个点的投影，也能作出另一个点的投影。

以点 *A* 为基准，从图中可以看出：

由于 $x_B < x_A$，即 $\Delta x < 0$，点 *B* 在点 *A* 之右；

由于 $y_B > y_A$，即 $\Delta y > 0$，点 *B* 在点 *A* 之前；

由于 $z_B > z_A$，即 $\Delta z > 0$，点 *B* 在点 *A* 之上。

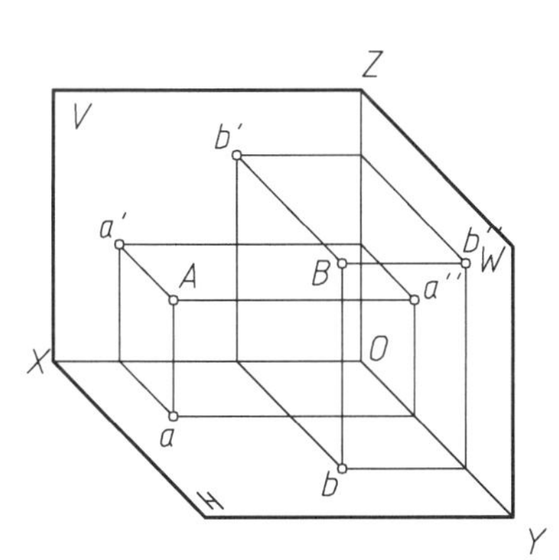

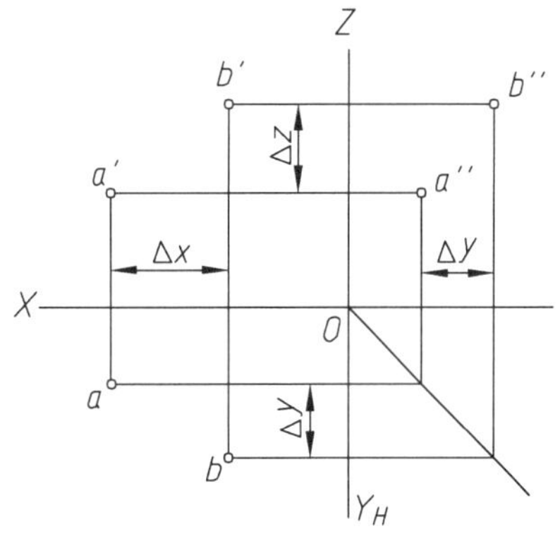

图 3.19 两点间的相对位置

第 4 章　直线的投影

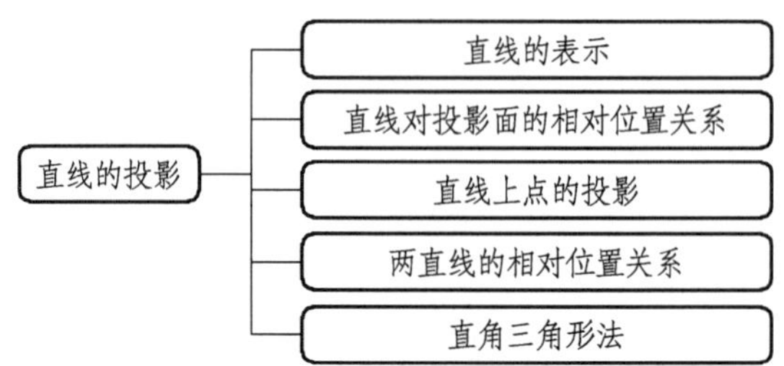

直线是线上所有点的集合，空间两点决定一直线位置。在画法几何中，一般通过有限长度的线段来表达无限延伸的直线。线段的投影用粗实线表示，投影连线用细实线表示。不垂直于投影面的直线的投影仍为直线；垂直于投影面的直线的投影积聚成一点。

4.1　直线对投影面的相对位置关系

1. 直线对一个投影面的投影（见图 4.1）

（1）当直线 AB 垂直于投影面时，它在该投影面上的投影 ab 积聚成一个点。直线上任一点 M 的投影 m，也重合在这一点上。这种性质称为积聚性。

（2）当直线 AB 平行于投影面时，它在该投影面上的投影 ab 反映实长，即投影长度与空间长度相等，$ab = AB$。

（3）当直线倾斜于投影面时，它在该投影面上的投影 ab 长度缩短，即 $ab = AB \times \cos\alpha$，其中$\alpha$为直线对投影面的夹角。

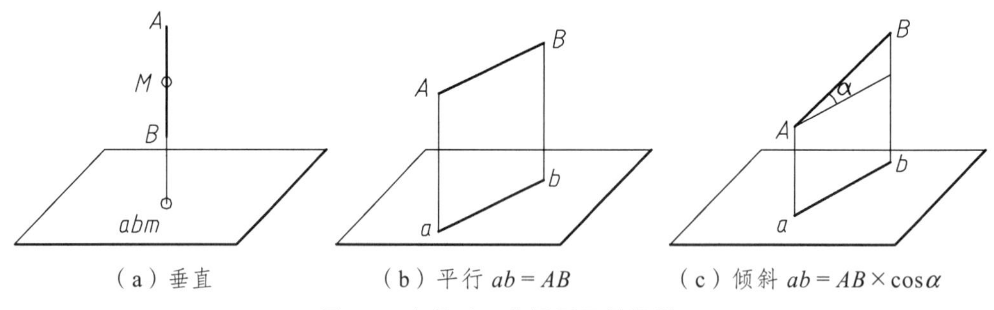

（a）垂直　　（b）平行 $ab = AB$　　（c）倾斜 $ab = AB \times \cos\alpha$

图 4.1　直线对一个投影面的投影

2. 直线对投影面的各种相对位置

直线在三投影面体系中的位置，可分为以下三类：

1）投影面垂直线

垂直于一个投影面，而与另外两个投影面都平行的直线。投影面的垂直线分为三种（见表 4.1）：

正垂线——垂直于 V 面的直线；

铅垂线——垂直于 H 面的直线；

侧垂线——垂直于 W 面的直线。

表 4.1　投影面垂直线的投影特性

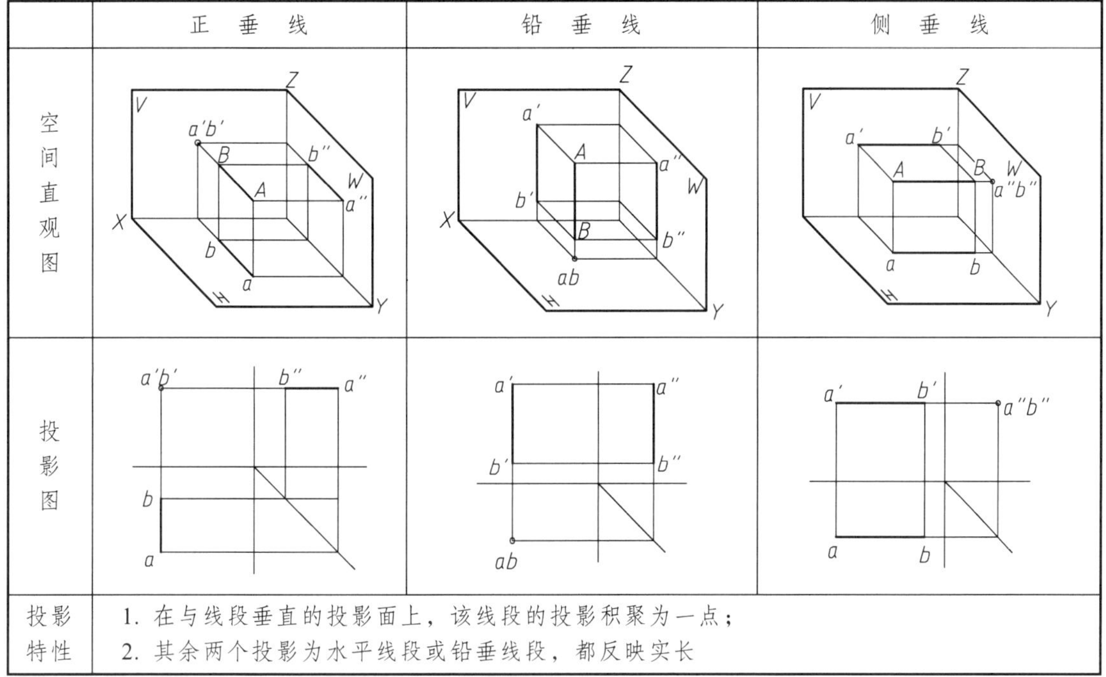

	正　垂　线	铅　垂　线	侧　垂　线
空间直观图			
投影图			
投影特性	1. 在与线段垂直的投影面上，该线段的投影积聚为一点； 2. 其余两个投影为水平线段或铅垂线段，都反映实长		

2）投影面平行线

平行于一个投影面，而与另外两个投影面倾斜的直线。投影面的平行线分为三种（见表 4.2）。

表 4.2　投影面平行线的投影特性

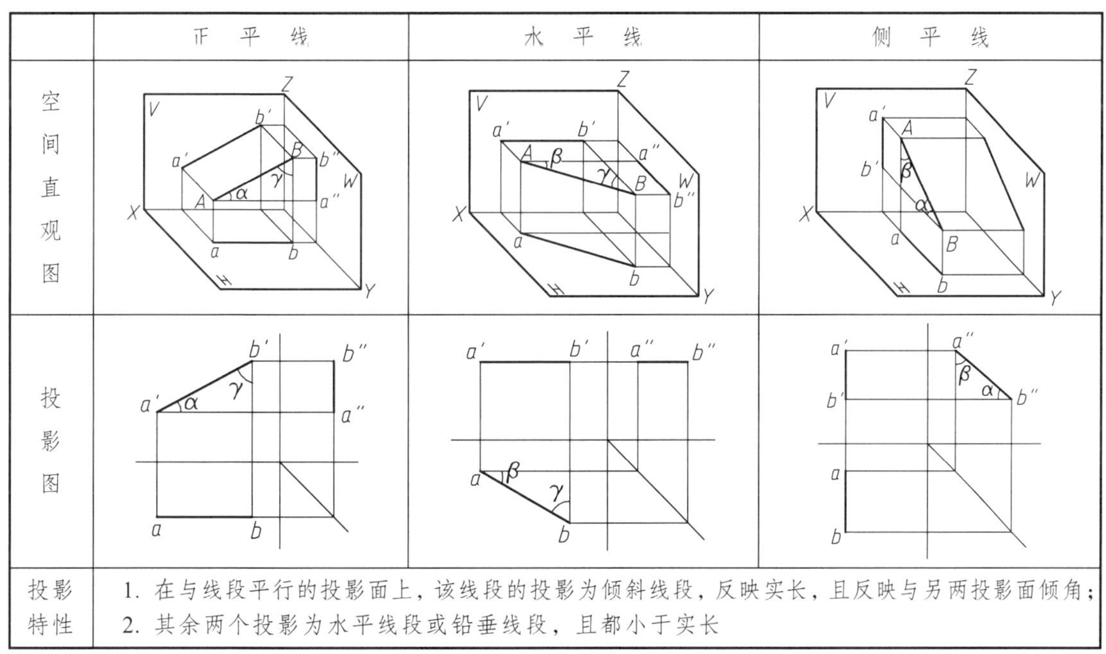

	正　平　线	水　平　线	侧　平　线
空间直观图			
投影图			
投影特性	1. 在与线段平行的投影面上，该线段的投影为倾斜线段，反映实长，且反映与另两投影面倾角； 2. 其余两个投影为水平线段或铅垂线段，且都小于实长		

正平线——平行于 V 面，且与 H、W 面都倾斜的直线；

水平线——平行于 H 面，且与 V、W 面都倾斜的直线；

侧平线——平行于 W 面，且与 V、H 面都倾斜的直线。

投影面垂直线和投影面平行线亦称为特殊位置直线。

3）一般位置直线

与三个投影面都倾斜的直线称为一般位置直线，它的三个投影均为倾斜线段，且都小于直线段的实长，如图 4.2 所示。

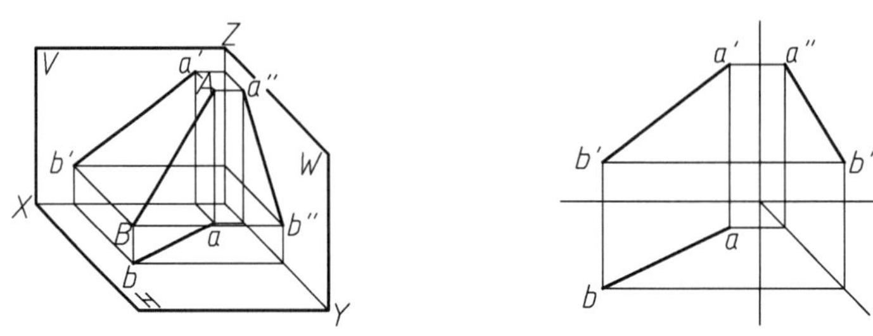

图 4.2 一般位置直线的投影

例 1 判断下列直线对投影面的相对位置（见图 4.3）。

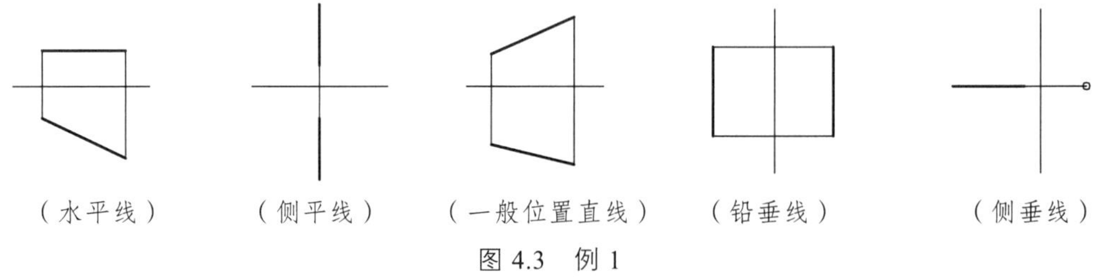

图 4.3 例 1

4.2 直线上点的投影

如果点在直线上，则点的各个投影必在该直线的同面投影上，如图 4.4 中 K 点的投影 k、k'、k''分别在 ab、$a'b'$、$a''b''$上，并将直线的各个投影分割成和空间相同的比例，即点分线段成定比。图中 $AK : KB = ak : kb = a'k' : k'b' = a''k'' : k''b''$。

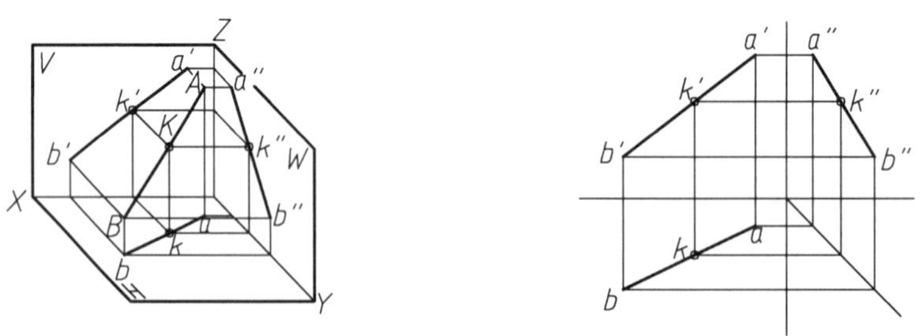

图 4.4 直线上点的投影

例 2 已知直线 AB 和点 K 的正面投影和水平投影，判断点 K 是否在直线上（见图 4.5）。

解：因为 AB 是侧平线，因此可通过求侧面投影，或用定比方法进行判断。

方法 1：先作出直线 AB 的侧面投影 $a''b''$ 和点 K 的侧面投影 k''，然后看 k'' 是否在 $a''b''$ 上。从图中可以看出，k'' 不在 $a''b''$ 上，因此点 K 不在直线 AB 上，如图 4.6 所示。

方法 2：用点分线段成正比的方法，从直线 AB 的水平投影 ab 的一个端点 a 任作一条辅助线，在其上量取 $a1 = a'k'$、$12 = k'b'$；连接 2 和 b，过 1 作 $1k_1//2b$，交 ab 于 k_1，从图中可以看出，k_1 与 k 不重合，因此点 K 不在直线 AB 上，如图 4.7 所示。

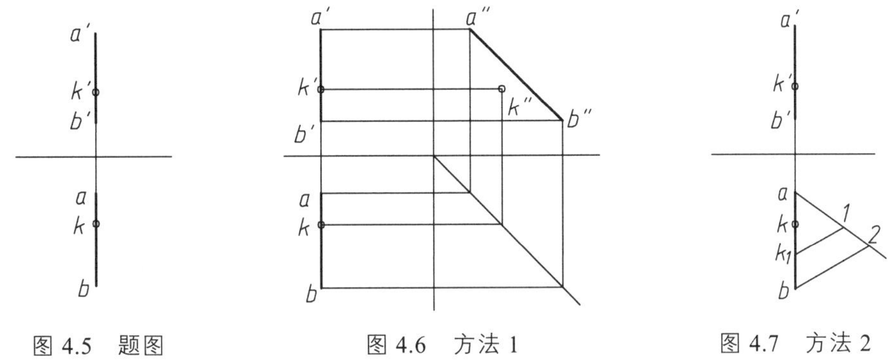

图 4.5 题图　　图 4.6 方法 1　　图 4.7 方法 2

4.3 两直线的相对位置关系

空间两直线的相对位置可以分为三种：平行、相交、交叉（见表 4.3）。

表 4.3 两直线的相对位置

	空间直观图	投影图	投影特性
平行两直线			若空间两直线相互平行，则它们的同面投影必然相互平行。反之亦然
相交两直线			若空间两直线相交，则它们的同面投影也必然相交，且交点符合点的投影规律。反之亦然

续表

	空间直观图	投影图	投影特性
交叉两直线	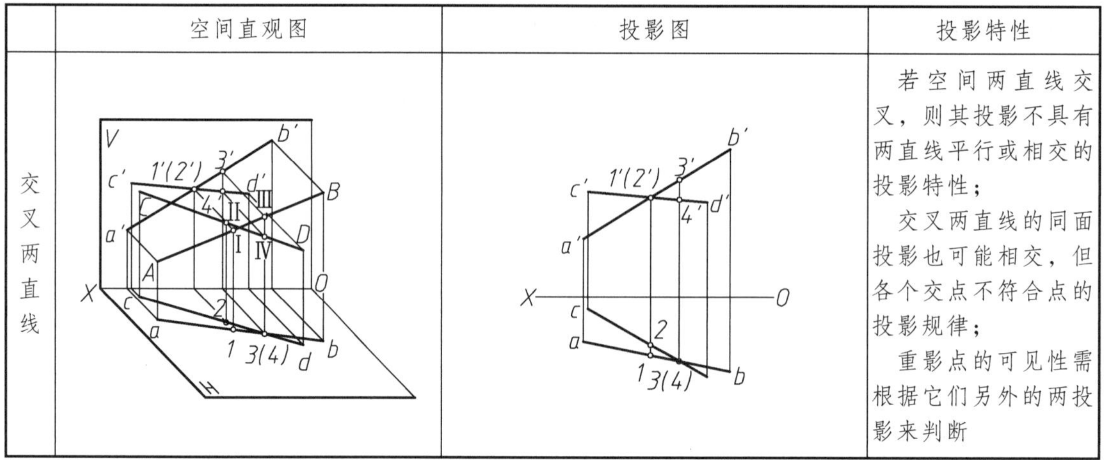		若空间两直线交叉，则其投影不具有两直线平行或相交的投影特性； 交叉两直线的同面投影也可能相交，但各个交点不符合点的投影规律； 重影点的可见性需根据它们另外的两投影来判断

交叉两直线同面投影的交点，实际上是空间两重影点的投影重合，其可见性应该从另一投影中用前遮后、上遮下、左遮右来判断。如图中点Ⅰ在 AB 上，点Ⅱ在 CD 上，它们的正面投影 1′、2′重合，从水平投影可以看出点Ⅰ在点Ⅱ前方，因此正面投影 1′遮住了（2′）。

例 3 判断两直线 AB、CD 的相对位置（见图 4.8）。

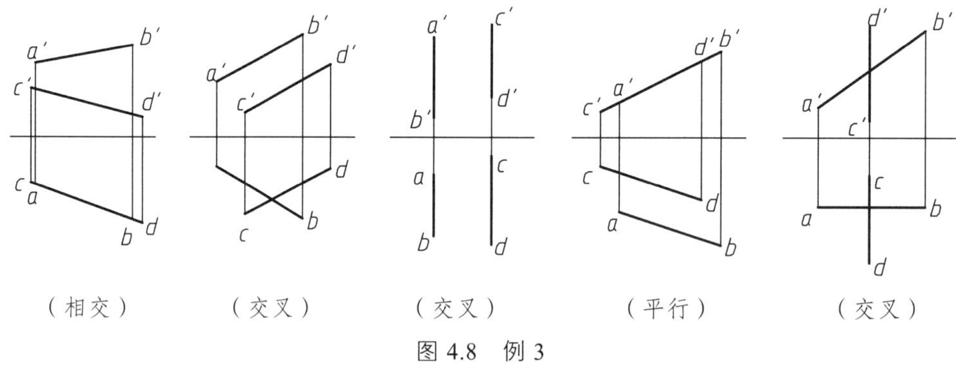

图 4.8 例 3

4.4 直角三角形法

由前述 4.1 节直线与投影面位置关系可知，当直线平行于投影面时，可由直线投影直接获取直线实长和倾角；而当直线倾斜于投影面（一般位置直线，见图 4.9）时则直线投影不反映直线实长，其夹角也不反映直线相对于投影面的倾角。那么，是否可以根据一般位置直线通过作图获取直线的实长和倾角呢？

如图 4.9 所示为一般位置线段 AB 的立体示意图及其二面投影。直线 AB 与 H、V 两个投影面都成一定的倾斜角，为一般位置直线，它的两个投影 ab、$a'b'$均不平行于 OX 轴，故不能在投影中直接显示线段的实长以及对投影面的倾角。我们不妨来构建一个直角三角形 ABB_0，如图 4.10（a）所示，其中线段 AB_0 平行于 ab，而 BB_0 则垂直于 H 面，这样就把空间直线与它的投影联系起来了，在这个直角三角形中，既能直接获取线段实长，又能得到直线与某个投影面的倾角。

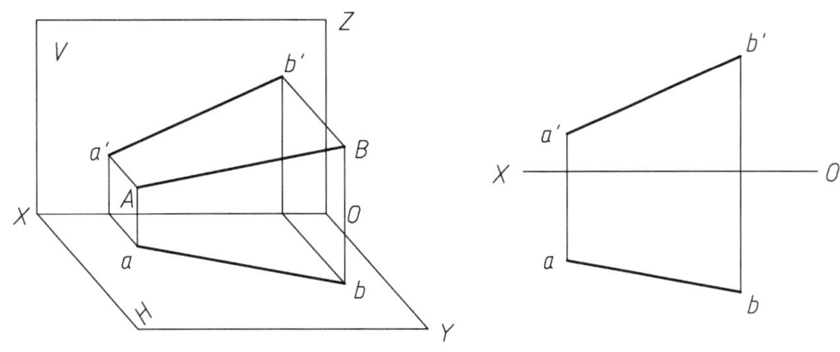

图 4.9　一般位置直线

剩下的问题是，如何根据直线的二面投影来构建出这个直角三角形。通过分析，我们可以发现，线段 BB_0 恰好等于 A、B 两点的 Z 坐标差ΔZ [见图 4.10（a），Y 坐标差则记作ΔY]。这样，我们就可以通过水平投影 ab 和 A、B 两点的 Z 坐标差来画出上述直角三角形，然后利用该直角三角形求出直线实长以及直线与相应投影面所成的倾角。

这种一般位置直线利用构建直角三角形来获取其实长及倾角的方法，称其为直角三角形法。

（1）依据直线水平投影构建直角三角形，求线段的实长以及其对 H 面所成的倾角α。

如图 4.10（a）所示，如果要求线段对 H 面的倾角α，要以线段 AB 对 H 面的投影 ab 为一个直角边，以线段 AB 在 V 面投影的 Z 坐标差为另一直角边构建直角三角形。

如图 4.10（b）所示，过点 b 作 $bb_1 \perp ab$ 且 $bb_1=\Delta Z$，以线段 AB 在 H 面的投影 ab 和 bb_1 为两直角边作直角三角形，得$\triangle abb_1$。则该三角形的斜边 ab_1 为线段 AB 的实长，$\angle bab_1=\alpha$ 为线段 AB 对 II 面的倾角。

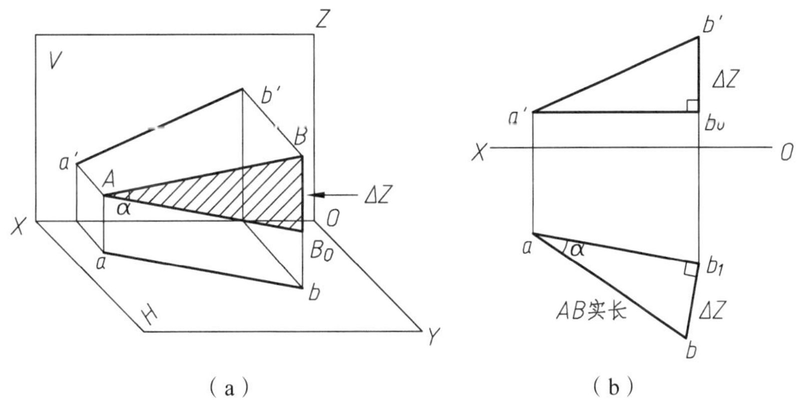

（a）　　　　　　（b）

图 4.10　求线段的实长及其对 H 面的倾角α

（2）依据直线正面投影构建直角三角形，求线段的实长以及其对 V 面所成的倾角β。

如图 4.11（a）所示，如果要求线段对 V 面的倾角β，要以线段 AB 对 V 面的投影 $a'b'$ 为一个直角边，以线段 AB 在 H 面投影的 Y 坐标差为另一直角边构建直角三角形。

如图 4.11（b）所示，过点 b' 作 $b'b_1 \perp a'b'$ 且 $b'b_1 = \Delta Y$，以线段 AB 在 V 面的投影 $a'b'$ 和 $b'b_1$ 为两直角边作直角三角形，得 $\triangle a'b'b_1$。则该三角形的斜边 $a'b_1$ 即为线段 AB 实长，$\angle b'a'b_1 = \beta$ 为线段 AB 对 V 面的倾角。

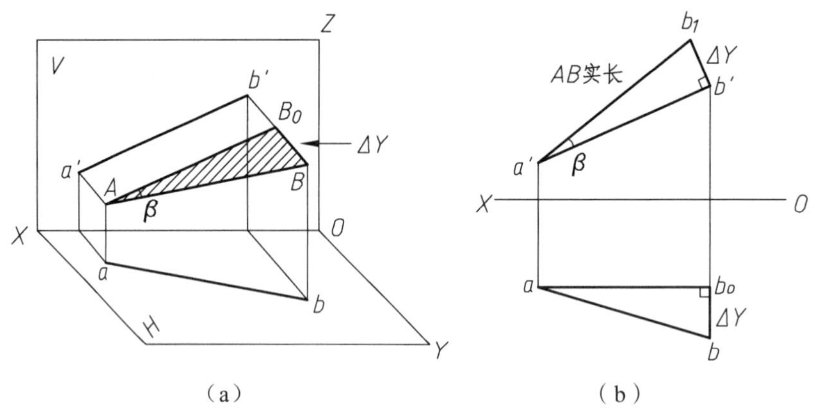

（a）　　　　（b）

图 4.11　根据 V 面投影求实长及其对 V 面的倾角 β

通过上述内容，我们可以得出直角三角形法的作图规律：要求一般位置直线对哪个投影面的倾角，就以该投影面投影作为一个直角边，以该线段在另一投影面的坐标差为另一个直角边作直角三角形，由此得出的直角三角形的斜边就是所求直线段的实长，而斜边与投影边夹角即为所求倾角。

综上所述可以看出：为了求出线段实长及其对投影面的夹角，需要构建出直角三角形。如果夹角 α 和 β 都要求出，则必须分别以 H 面的投影 ab 和 ΔZ 为直角边绘制直角三角形，再以 V 面的投影 $a'b'$ 和 ΔY 为直角边绘制直角三角形。

例 4　已知 AB=30 以及 AB 在 H 面上的投影 ab，试完成位于 V 面的投影 $a'b'$，如图 4.12 所示。

【解析】如图 4.13 所示。

第一步：以 ab 为直角边，过 b 点作直线 bk 垂直于 ab。

第二步：以 a 为圆心，$R30$ 为半径画弧，交直线 bk 于点 b_o，bb_o 长度即为 ΔZ。

第三步：过点 a' 作 $a'b_1$ 垂直于 b 投影线相交于 b_1。

第四步：在 b 投影线上取一点 b'，使得 $b'b_1=\Delta Z$，连接 $a'b'$ 即为 AB 对应的 V 面投影。

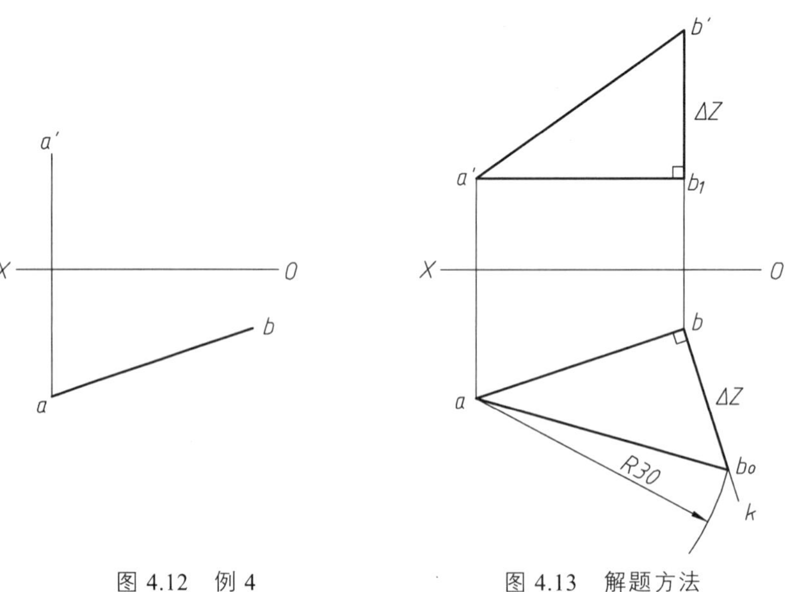

图 4.12　例 4　　　　图 4.13　解题方法

例 5 已知 $AB=CD$，求直线 AB 的实长及 CD 的水平投影和 CD 相对于 H 面的倾角，如图 4.14 所示。

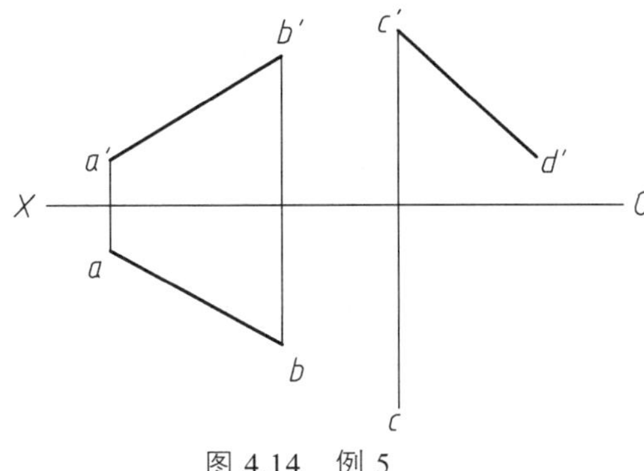

图 4.14 例 5

【解析】如图 4.15 所示。

第一步：已知直线 AB 的两面投影，过点 a'作 $a'b_1 \perp b'b_1$，则 $b'b_1=\Delta Z$。

第二步：过点 b 作 $bb_o \perp ab$，连接 ab_1，则 ab_o 就是直线 AB 的实长。由于 $AB=CD$，从而可以得出直线 CD 的实长。

第三步：过点 c'作一条垂直于 $c'd'$的直线，以 d'为圆心，直线 AB 实长为半径作圆，交 $c'd'$的垂线于点 d_1，其中，$d'd_1$ 为直线 CD 的实长，则 $c'd_1=\Delta Y$，$\angle\beta$ 为直线 CD 相对于 H 面的倾角。

第四步：过点 d'作投影轴的垂线，过点 c 向其作垂线，二者交于点 d_o。过点 d_o 作 $d_od=\Delta Y$，连接 cd，则 cd 为直线 CD 在 H 面的投影。

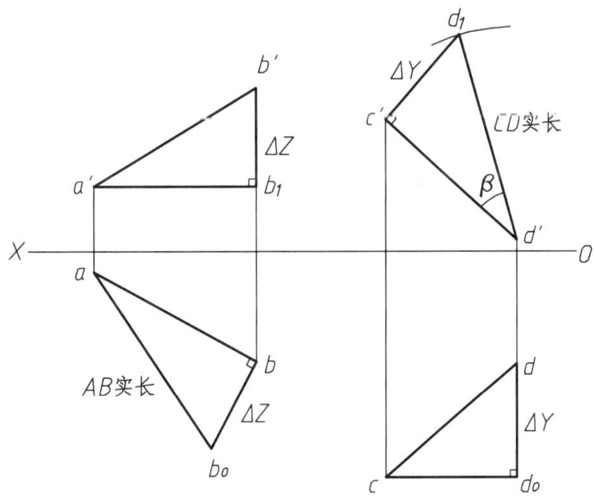

图 4.15 解题方法

第 5 章　平面的投影

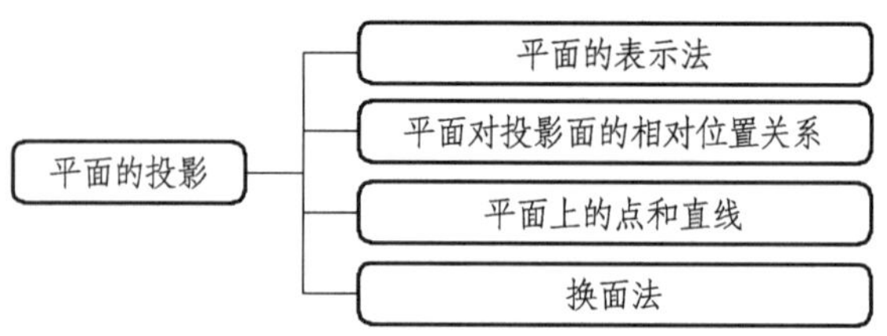

5.1　平面的表示法

平面通常用确定该平面的点、直线或平面图形等几何元素的投影表示，有以下 5 种方法（见图 5.1）。

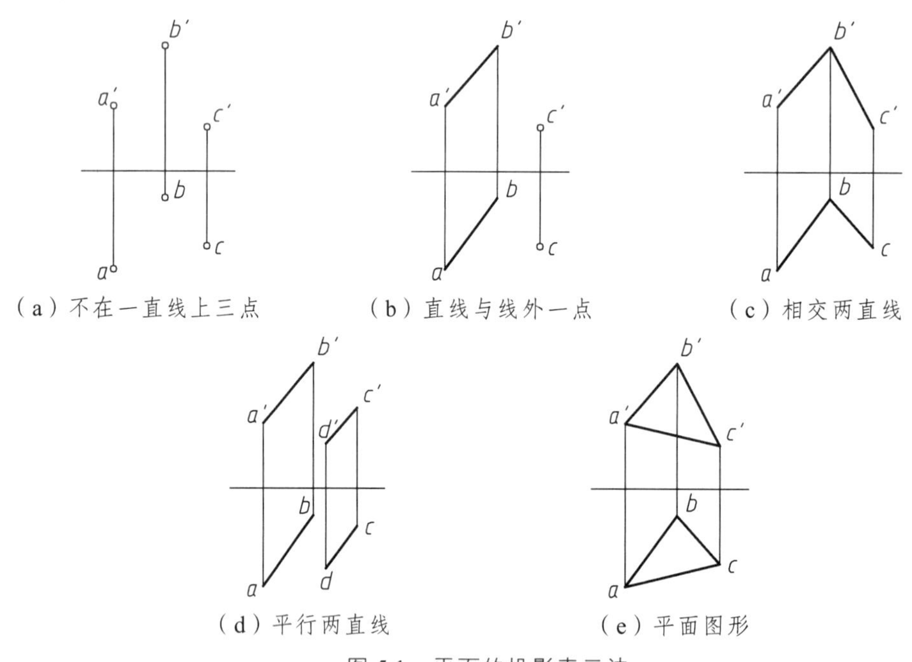

图 5.1　平面的投影表示法

5.2　平面对投影面的相对位置关系

平面在三投影面体系中的位置，可分为以下三类：

1）投影面平行面

平行于一个投影面，对另外两个投影面都垂直的平面。投影面平行面分为三种（见表 5.1）。

正平面——平行于 V 面的平面；

水平面——平行于 H 面的平面；

侧平面——平行于 W 面的平面。

表 5.1　投影面平行面的投影特性

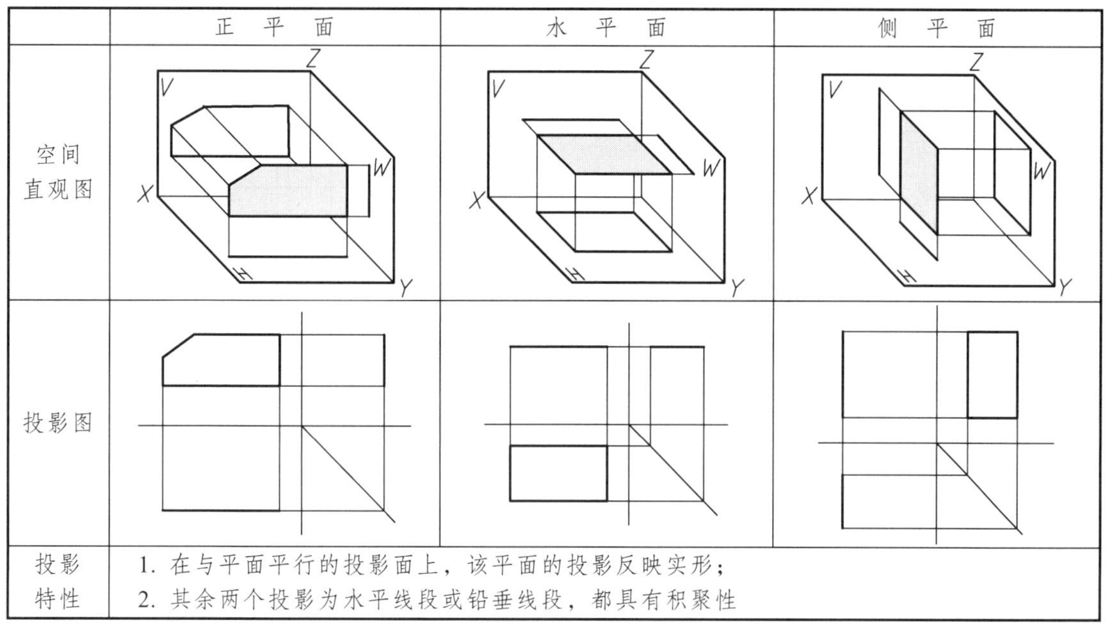

	正　平　面	水　平　面	侧　平　面
空间直观图			
投影图			
投影特性	1. 在与平面平行的投影面上，该平面的投影反映实形； 2. 其余两个投影为水平线段或铅垂线段，都具有积聚性		

2）投影面垂直面

垂直于一个投影面，对另外两个投影面都倾斜的平面。投影面垂直面分为三种，如表 5.2 所示。

正垂面——垂直于 V 面，且与 H、W 面都倾斜的平面；

铅垂面——垂直于 H 面，且与 V、W 面都倾斜的平面；

侧垂面——垂直于 W 面，且与 H、V 面都倾斜的平面。

表 5.2　投影面垂直面的投影特性

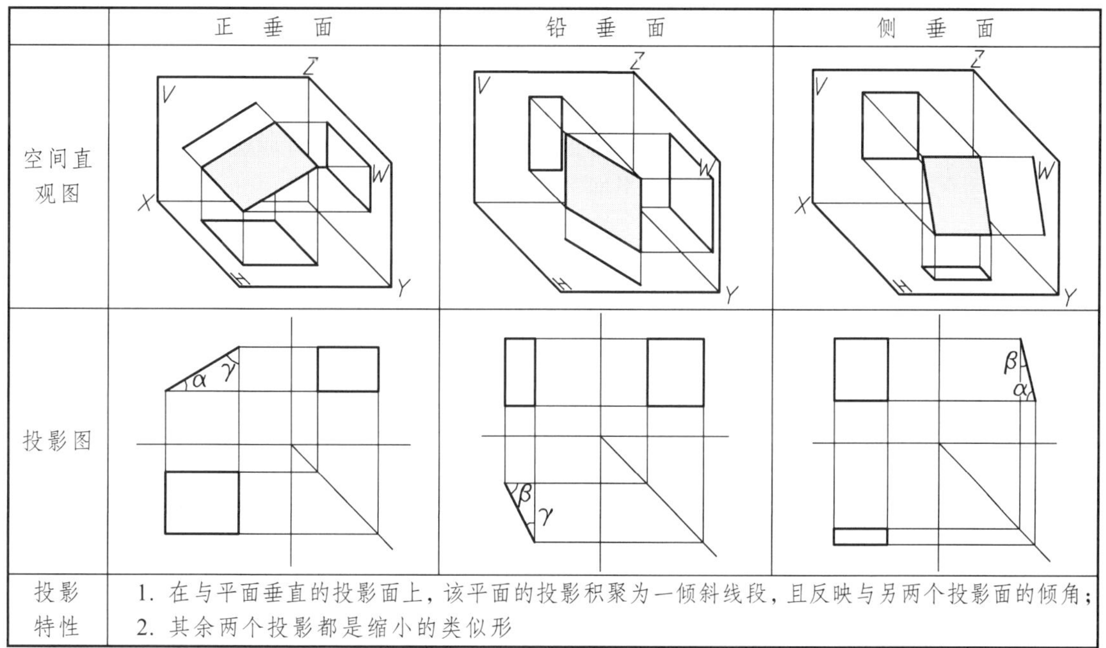

	正　垂　面	铅　垂　面	侧　垂　面
空间直观图			
投影图			
投影特性	1. 在与平面垂直的投影面上，该平面的投影积聚为一倾斜线段，且反映与另两个投影面的倾角； 2. 其余两个投影都是缩小的类似形		

3）一般位置平面

对三个投影面都处于倾斜位置的平面。它的三个投影都是小于实形的类似形，如图 5.2 所示。

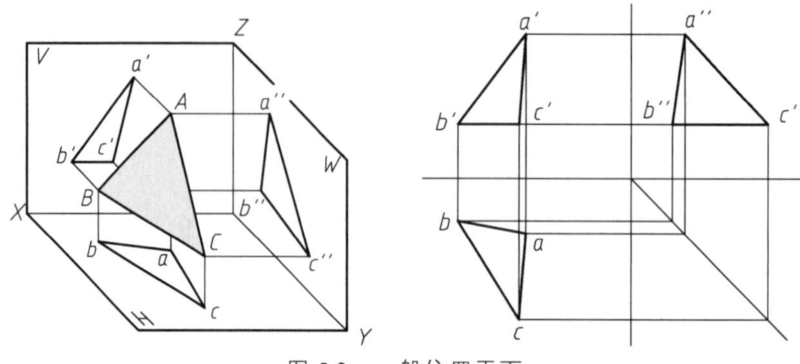

图 5.2　一般位置平面

例 1　判断下列平面对投影面的相对位置（见图 5.3）。

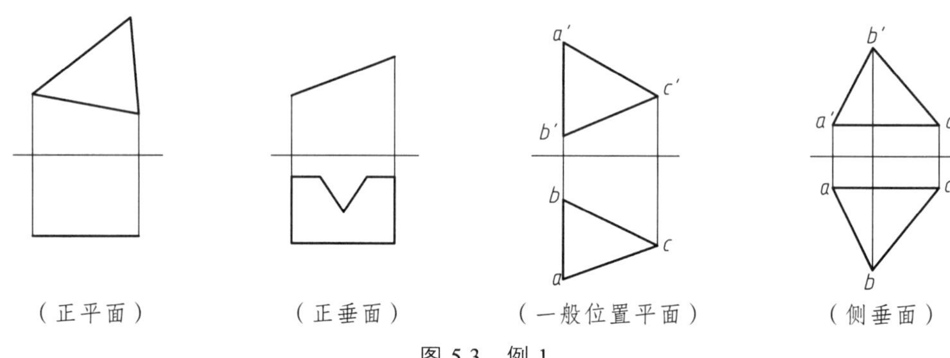

（正平面）　　（正垂面）　　（一般位置平面）　　（侧垂面）

图 5.3　例 1

5.3　平面上的点和直线

点和直线在平面上的几何条件是：

（1）点在平面上，则该点必定在这个平面的一条直线上。

（2）直线在平面上，则该直线必定通过这个平面的两个点；或者通过这个平面上的一个点，且平行于这个平面上的另一直线。平面上的点和直线如图 5.4 所示。

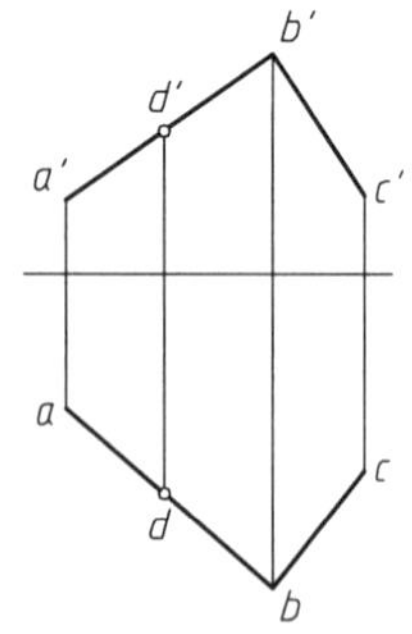

（a）点 *D* 在平面 *ABC* 的直线 *AB* 上

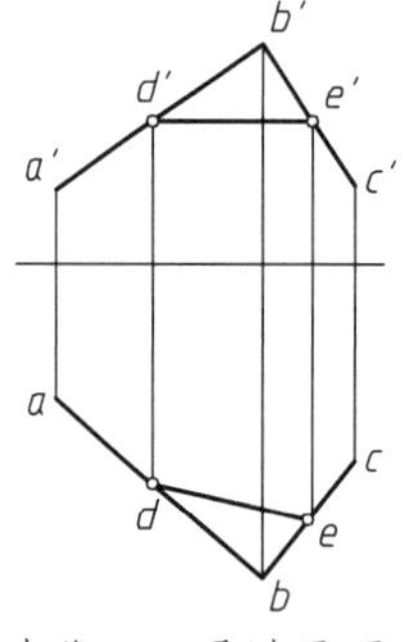

（b）直线 *DE* 通过平面 *ABC* 上的两个点 *D*、*E*

（c）直线 *DE* 通过平面 *ABC* 上的点 *D*，且平行于平面 *ABC* 上的直线 *BC*

图 5.4　平面上的点和直线

例 2 已知三棱锥的两个投影（见图 5.5），求作以下问题。

1. 判断下列直线、平面对投影面的相对位置：

SA 是（　　　　　　　　）线　　　　△*ABC* 是（　　　　　　　　）面

SB 是（　　　　　　　　）线　　　　△*SAB* 是（　　　　　　　　）面

AC 是（　　　　　　　　）线　　　　△*SAC* 是（　　　　　　　　）面

BC 是（　　　　　　　　）线

2. 作出三棱锥的侧面投影。

3. 作出三棱锥表面上点 Ⅰ 和点 Ⅱ 的其余两个投影。

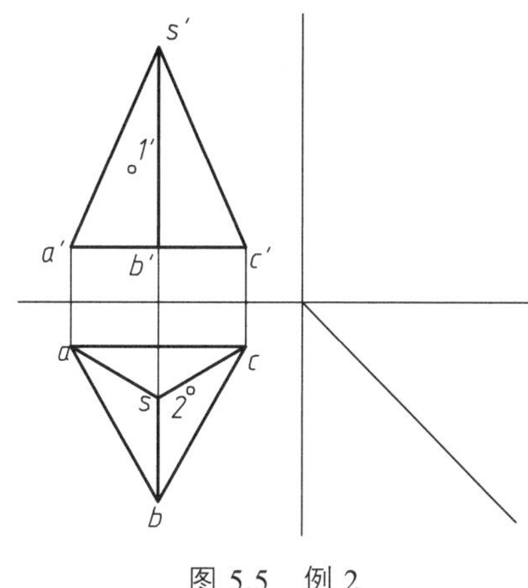

图 5.5　例 2

解：

1. 从图中可以判断：

SA 是（一般位置）线　　　　△*ABC* 是（　水平　）面

SB 是（　侧平　）线　　　　△*SAB* 是（一般位置）面

AC 是（　侧垂　）线　　　　△*SAC* 是（　侧垂　）面

BC 是（　水平　）线

2. 由三棱锥的两面投影作出侧面投影（见图 5.6）。

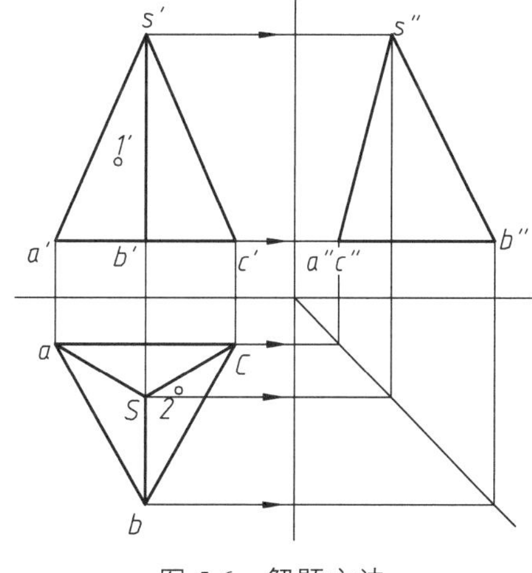

图 5.6　解题方法

3. 求三棱锥表面上的点Ⅰ和点Ⅱ的其余两个投影，可以通过点在平面上的几何条件，在点Ⅰ所在的三棱锥棱面△*SAB* 上、点Ⅱ所在的棱面△*SBC* 上，分别过点Ⅰ和点Ⅱ作一条辅助直线，即可作出它们的另一投影。

在棱锥棱面上过已知点可以作无数条直线，为了方便阅读，一般作棱面底边的平行线或过锥顶的直线。

（1）在△*SAB* 上过点Ⅰ作底边 *AB* 的平行线 *DE*，求点Ⅰ的其余两投影（见图 5.7）：

① 在△*SAB* 的正面投影中过 1′作 *d′e′*//*a′b′*分别交 *s′a′*、*s′b′*于 *d′* 和 *e′*，求出点 *D* 的水平投影 *d*；

② 过 *d* 作 *de*//*ab*，交 *sb* 于 *e*；

③ 根据点在平面上的几何条件，点Ⅰ的水平投影 1 在 *de* 上，求出 1；

④ 由 1′和 1 作出侧面投影 1″。

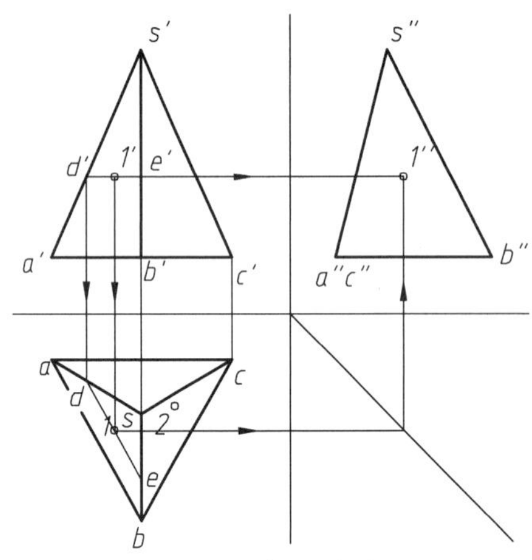

图 5.7　解题方法

（2）在△*SBC* 上过点Ⅱ作锥顶线 *SF*，求点Ⅱ的其余两投影（见图 5.8）：

① 在△*SBC* 的水平投影中过 2 作一条过锥顶的直线 *sf*，交底边 *bc* 于 *f*，作出其正面投影 *s′f′*；

② 根据点在平面上的几何条件，点Ⅱ的正面投影 2′在 *s′f′*上，求出 2′；

③ 由 2′和 2 作出侧面投影 2″。

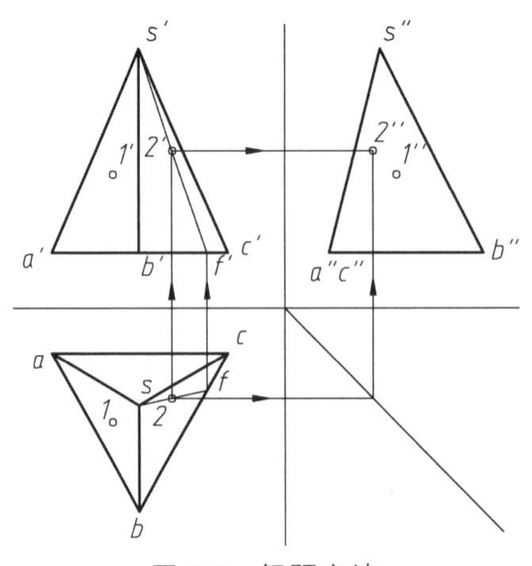

图 5.8　解题方法

5.4 换面法

5.4.1 什么是换面法

如图 5.9 所示，直线 *AB* 处于正立投影面 *V* 与水平投影面 *H* 组成的二投影面体系中，它既不平行于 *V*，也不平行于 *H*，其在两面的投影都反映不出其真实的形状和长度。由投影规律可知，想要得到线面物体实形，必须找到一个与物体平行的投影面，则在该投影面上的投影方能真实反映物体实形。因此可以作出投影面 V_1，使其与直线 *AB* 平行，同时与投影面 *H* 保持垂直关系，根据正投影法规律，直线 *AB* 在投影面 V_1 上的投影为 $a_1'b_1'$，$a_1'b_1'$ 即能反映空间直线 *AB* 的实形。

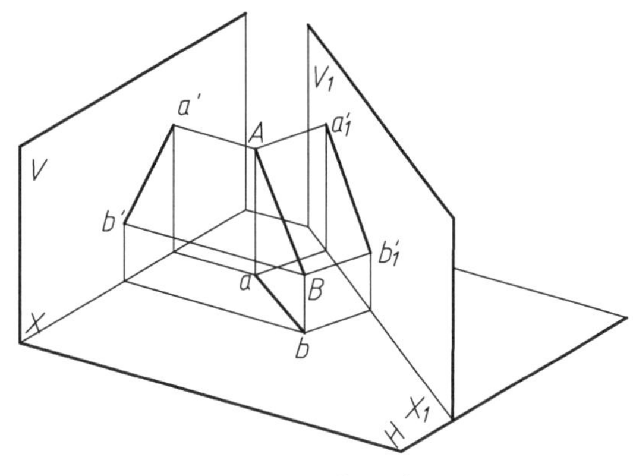

图 5.9 换面法

通过上面的例子可以得到，在用作图法解决问题时，出现三个基本投影面无法满足要求的时候，可以引进一个新的投影面，使之与空间物体处于有利的位置，从而有助于解题。

因此我们得出换面法思路：保持物体在空间中的位置不变，而用某一新投影面（辅助投影面）代替原有投影面，使物体在新投影面的投影最利于解题。

新投影面选择的原则：

（1）新投影面必须使物体相对于新投影面处于最有利于解题的特殊位置。

（2）为了能用正投影法规律，新投影面必须垂直于某一保留的投影面，以构成一个相互垂直的两投影面空间体系。

5.4.2 点的投影变换规律

点是组成几何形体最基本的元素，因此，搞清楚点的投影变换规律是学习换面法的第一步。

1. 点的一次变换

（1）如图 5.10 所示，以 *H* 面为不变投影面，用换面法对点进行一次变换。

点 *A* 在两投影面体系 *V-H* 中的投影分别是 *a′*和 *a*。现在用与 *H* 面垂直的新投影面 V_1 替换面 *V*，构成一个新的两面投影体系 V_1-*H*，面 V_1 与面 *H* 的交线为新的投影轴 X_1。根据正投影法原理，将点 *A* 向投影面 V_1 进行投射，得到投影为 a_1'。

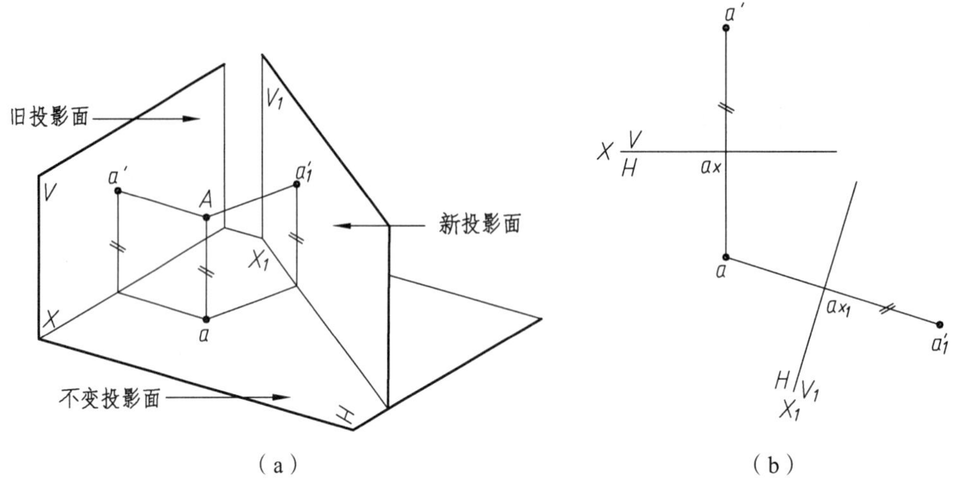

图 5.10　用 V_1 替换 V 对点进行一次变换

将图 5.10（a）的立体图与图 5.10（b）的投影图进行比较，可以得到点 A 各投影 a、a'、a_1' 之间存在的关系：当面 V_1 绕 X 轴与面 H 重合，由点的投影规律得 aa_1' 连线一定与 X_1 轴垂直，即 $aa_1' \perp X_1$。

点 A 到投影面 H 的距离在 V-H 和 V_1-H 两个投影体系中是相同的，即 $Aa=a'a_x=a_1'a_{x_1}$。

从而我们可以得到这样的投影规律：

① 点的相邻两个投影的连线垂直于其之间的投影轴。

② 点在新旧投影面的投影到各自投影轴的距离相等。

（2）作图步骤。

第一步：在投影体系 V-H 中作出点 A 的两个基本投影 a 和 a'。

第二步：选作新投影轴 X_1，引入辅助投影面 V_1，形成新投影体系 V_1-H。

第三步：过投影 a 作 X_1 的垂线，交 X_1 于 a_{x_1}。

第四步：在 aa_{x_1} 延长线上量取 $a_1'a_{x_1}=a'a_x$，得到点 A 在新投影面 V_1 上的投影 a_1'。

（3）如图 5.11（a）所示，以 V 面为不变投影面，用换面法对点进行一次变换。

用与 V 面垂直的新投影面 H_1 替换旧投影面 H，形成新的投影体系 V-H_1，其中面 V 与辅助投影面 H_1 的交线为新投影轴 X_1。

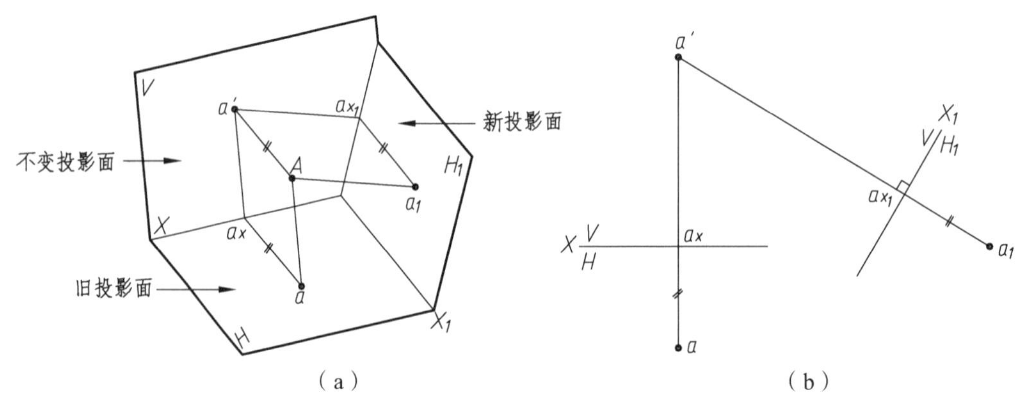

图 5.11　用 H_1 替换 H 对点进行一次变换

图 5.11（b）表明了点 A 从旧投影体系中变换到新投影体系中的过程。在旧投影体系 V-H 中作出投影 a、a'，过点 a'向新投影轴 X_1 作垂线，再量取 $a_1a_{x_1}=aa_x$，则点 a_1 即为点 A 在新投影面中的投影。

综上所述，根据前述得到的投影规律，得一次变换投影的作图方法：过不变投影面中的投影，向新投影轴作垂线，并量取一段距离，使得新投影到新投影轴的距离与旧投影到旧投影轴的距离相等。

换面法的中心任务就是确定新轴，需要注意的是，单独对一个点进行投影变换时，没有明确要求的，新轴的位置可以任意选定。

2. 点的两次变换

在实际应用中，一次换面往往解决不了问题，一般需要连续进行两次甚至多次投影的换面过程。如图 5.12（a）表示点的两次变换的情形：先用面 V_1 替换面 V，构成新的投影体系 V_1-H；再在此基础上用面 H_2 替换面 H，又构成一个新投影体系 V_1-H_2。

图 5.12（b）是点的两次变换的投影画法，两次变换都要遵循前述的投影规律，即 $a_2a_1' \perp X_2$，$aa_{x_1}=a_2a_{x_2}$。

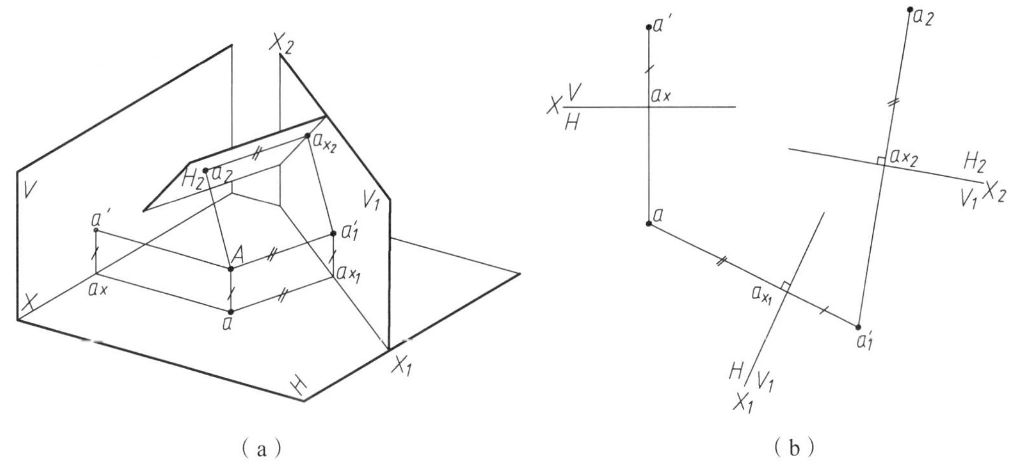

（a）　（b）

图 5.12　点的两次变换

由此可知，点的两次变换其实就是进行了两次一次变换，每次变换都只能变换一个投影面，两个投影面变换顺序可以进行调换，具体变换次序视实际情况而定。

5.4.3　换面法的四类问题

1. 把一般位置直线变换成投影面平行线

当直线平行于某一投影面时，其在该平面上的投影反映直线的真实长度，投影与投影轴的夹角即为直线与相应的投影面的倾角，通过一次换面可将一般位置直线变换为新投影面的平行线，因此，通常将一般位置直线变换为投影面平行线来求直线的真实长度和与投影面的倾角。

图 5.13 给出了一般位置直线 AB 的投影（ab，$a'b'$）。为了把直线 AB 变成投影面平行线，取铅垂面 V_1 代替 V 面，使 V_1 既平行于直线 AB 又垂直于 H 面，直线 AB 在 V_1 面上的投影就是投影面平行线。作图步骤如图 5.13 所示。

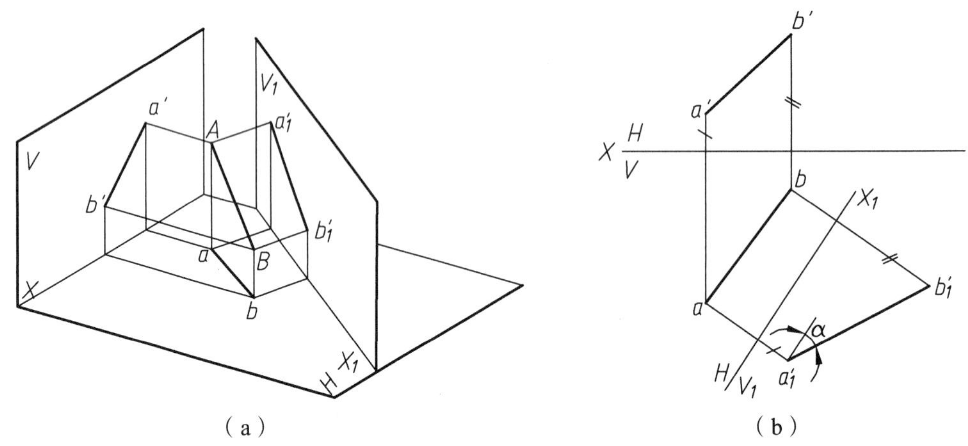

（a）　　　　（b）

图 5.13　把一般位置直线变成投影面平行线

第一步：在适当位置作 X_1 轴平行于直线 ab。

第二步：根据点的投影变换规律作出点 A 和 B 在 V_1 投影面上的投影 a_1' 、b_1' 。

第三步：连接 $a_1'b_1'$ ，直线 $a_1'b_1'$ 的长度即为直线 AB 的真实长度，$a_1'b_1'$ 与 X_1 轴的夹角即为 α 角。

同理，当求直线 AB 的真实长度和 β 角时，需作 H_1 面平行于直线 AB 且垂直于 V 面，在投影图上作 X_1 轴 $//$ $a'b'$，其他作图步骤同上，注意新投影 a_1b_1 与新投影轴的夹角为 β。

2. 把一般位置直线变成投影面垂直线

只更换一次投影面是无法将一般位置直线变成投影面垂直线的，因为假如直接取一平面垂直于一般位置直线，那么这个平面也一定是一般位置平面，它与 V 面或 H 面都不垂直，不能与原有投影面中的任何一个构成相互垂直的新投影面体系。因此将一般位置直线变换成投影面平行线需要两次换面，先将一般位置直线变换成投影面平行线，再将投影面平行线变换成投影面垂直线。

作图步骤如图 5.14 所示。

第一步：先按照前面所述把一般位置直线变成投影面平行线。

第二步：得到投影面平行线 $a_1'b_1'$ 后，在适当的位置作 X_2 轴垂直于直线 $a_1'b_1'$ 。

第三步：根据点的投影变换规律作出 $a_1'b_1'$ 在 H_2 面的新投影 a_2 和 b_2，它们必然重合于一点。

3. 把一般位置平面变成投影面垂直面

如图 5.15（a）所示，$\triangle ABC$ 表示的是一个一般位置平面，将 $\triangle ABC$ 变成投影面垂直面必须作一个辅助投影面与它垂直。由立体几何可知，当平面内存在某一直线垂直于新投影面时，则该平面垂直于新投影面，而且投影面平行线可通过一次换面变为投影面垂直线。因此把一般位置平面变为投影面垂直面，应先在该平面内取一条与投影面平行的平行线，然后再作新投影面与这条平行线垂直，则该平面变为新投影面的垂直面。

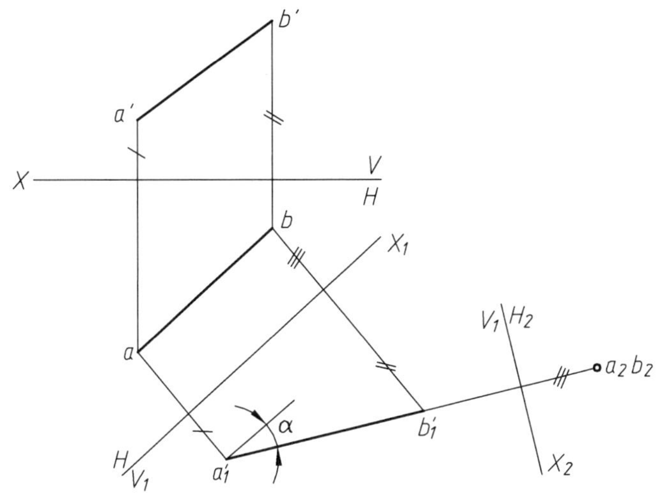

图 5.14　把一般位置直线变成投影面垂直线

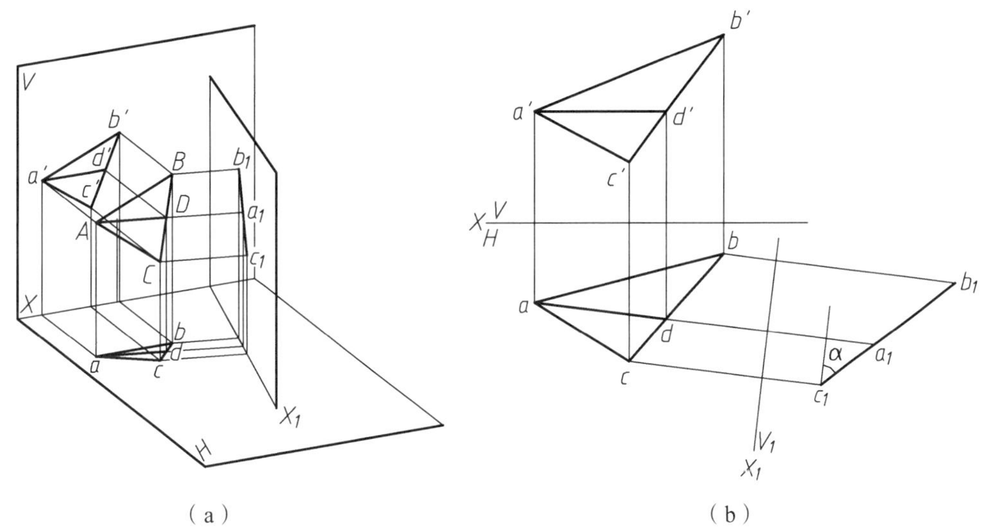

（a）　　　　（b）

图 5.15　把一般位置平面变成投影面垂直面

作图步骤如图 5.15（b）所示。

第一步：过点 a' 作直线 $a'd'$ 平行于 X 轴。

第二步：过点 d' 作垂直于 X 轴的连线，求出水平投影 d，连接 ad。

第三步：作新投影轴 X_1 垂直于直线 ad，作出 a，b，c 在新投影面的投影 a_1，b_1，c_1，并将它们连接起来，即可得到△ABC 的新投影，此时，新投影与 X_1 轴的夹角 α 就是平面 ABC 对 H 面的倾角。

4. 把一般位置平面变成投影面平行面

把一般位置平面变成投影面平行面需要取一个辅助平行面与该平面平行，而一般位置平面的平行面仍是一般位置平面，因此通过一次平面变换无法得到投影面平行面。可以先将一般位置平面变换成投影面垂直面，再将投影面垂直面变换成投影面平行面。

作图步骤如图 5.16 所示。

第一步：按照前面所述方法得到投影面垂直面。

第二步：在适当的位置作 X_2 轴平行于直线 b_1c_1。

第三步：根据点的投影变换规律作出 a_1、b_1、c_1 在新投影面上的投影 a_2、b_2、c_2，连接三点即完成作图。

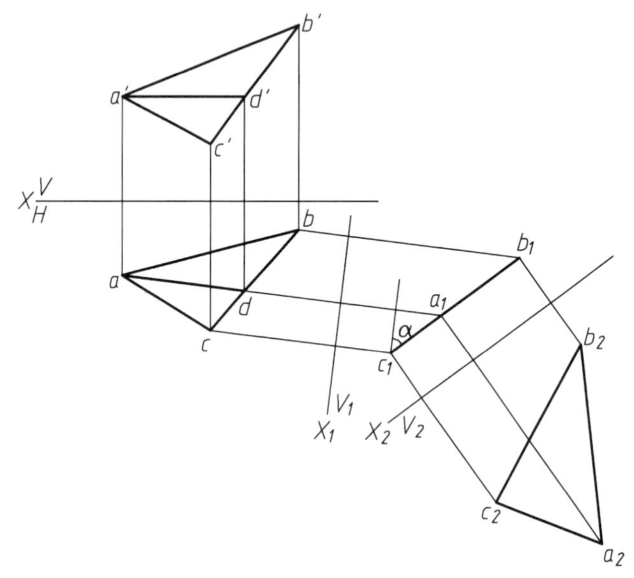

图 5.16　把一般位置平面变成投影面平行面

例 3　如图 5.17 所示，已知△*ABC* 内的直线 *CD*//*V* 面，△*ABC* 对 *V* 面的倾角为 45°，点 *B* 在 *X* 轴上，求△*ABC* 的水平投影。

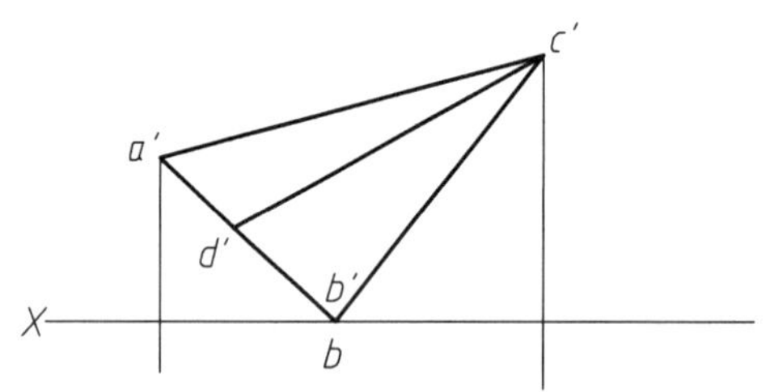

图 5.17　求△*ABC* 的水平投影

作图步骤如图 5.18 所示。

第一步：作 X_1 轴垂直于直线 $c'd'$，由点 *B* 在 *X* 轴上可求得 b_1。

第二步：由 b_1 作直线与 X_1 轴成 45°，该直线即为△*ABC* 在新投影面上的有积聚性的投影，进而求得 a_1 和 c_1。

第三步：由新投影 a_1、c_1 求得旧投影 *a*、*c*。

第四步：连接水平投影 *a*、*b*、*c*，即为△*ABC* 的水平投影。

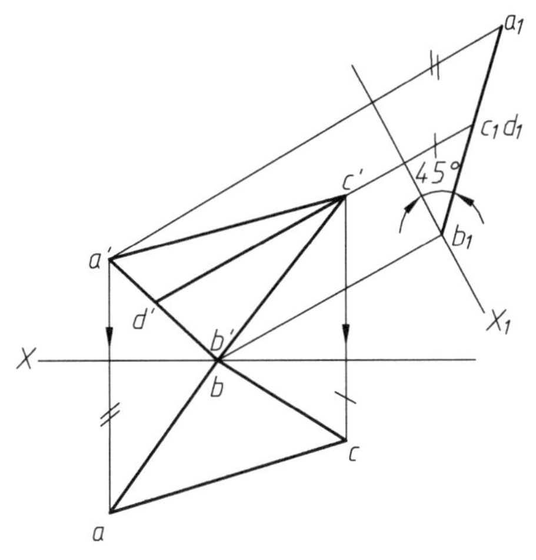

图 5.18 解题方法

5.4.4 换面法应用实例

例 4 如图 5.19（a）所示，求直线 *EF* 与平面 *ABC* 的交点。

解：

分析：题图所给直线 *EF* 是一般位置直线，平面 *ABC* 是一般位置平面，它们的投影都没有积聚性，不通过投影变换来求它们交点的投影是比较繁琐的。若通过投影变换使两者之一与投影面垂直，则可利用积聚性方便地求出交点的投影。因此，本题的有利于解题的位置是把平面 *ABC* 变换成投影面垂直面，或者把直线 *EF* 变换成投影面垂直线。

本例中采用将平面 *ABC* 变换成投影面垂直面后再求线面交点，解题方法如图 5.19（b）所示。

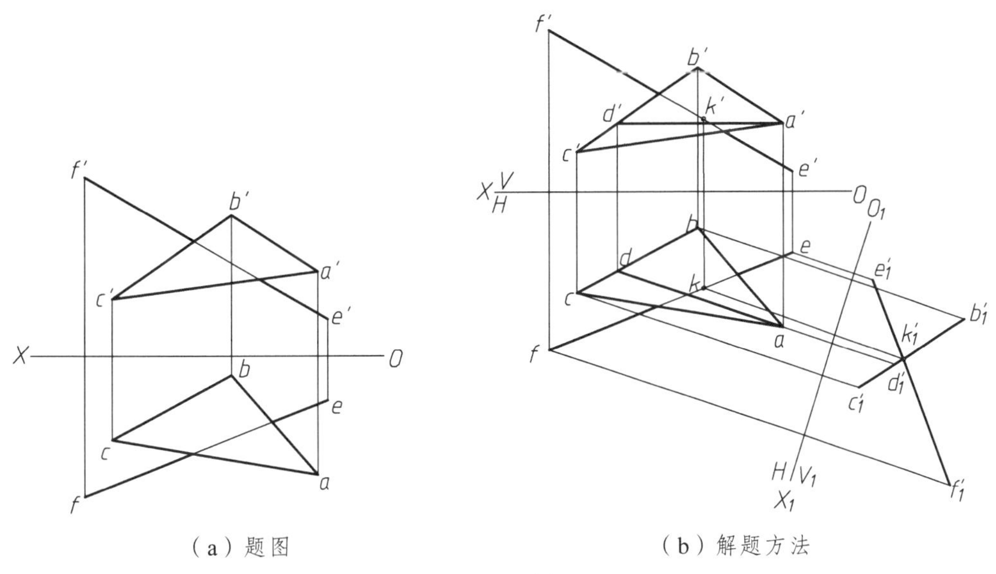

（a）题图 （b）解题方法

图 5.19 例 4

在平面 *ABC* 上作水平线 *AD*，选作投影轴 $O_1X_1 \perp ad$，使投影面垂直于平面 *ABC*。

求平面 ABC 的积聚投影 $b_1'd_1'(a_1')c_1'$ 及直线 EF 的投影 $e_1'f_1'$ 两者的交点 k_1'，即为直线 EF 与平面 ABC 的交点 K 在 V 面上的投影。因为点 K 是 EF 上的点，根据从属性，由 k_1' 即可求得 k 和 k'。

例 5 如图 5.20（a）所示，求所示两平面 ABC 和平面 ABD 的夹角。

解：

分析：当两平面同时垂直于某一投影面时，它们在该投影面上的投影直接反映二面角的真实大小，此时它们的交线必垂直于该投影面。根据题设条件，交线 AB 是一般位置直线，若把它变换为投影面垂直线，需要换面两次。

解题方法如图 5.20（b）所示：

① 选作 O_1X_1 轴//ab，使 AB 在 V_1-H 体系中为投影面 V_1 的平行线。分别作出平面 ABC 和平面 ABD 在 V_1 面上的投影。

② 选作 O_2X_2 轴 ⊥ $a_1'b_1'$，使 AB 在 V_1-H_2 体系中为投影面 H_2 的垂直线。分别作出平面 ABC 和平面 ABD 在 H_2 面上的投影；两平面同时成为投影面 H_2 的垂直面，它们的积聚投影为一对相交线 $a_2(b_2)c_2$ 和 $a_2(b_2)d_2$，则∠$c_2a_2d_2$ 即为两平面的夹角。

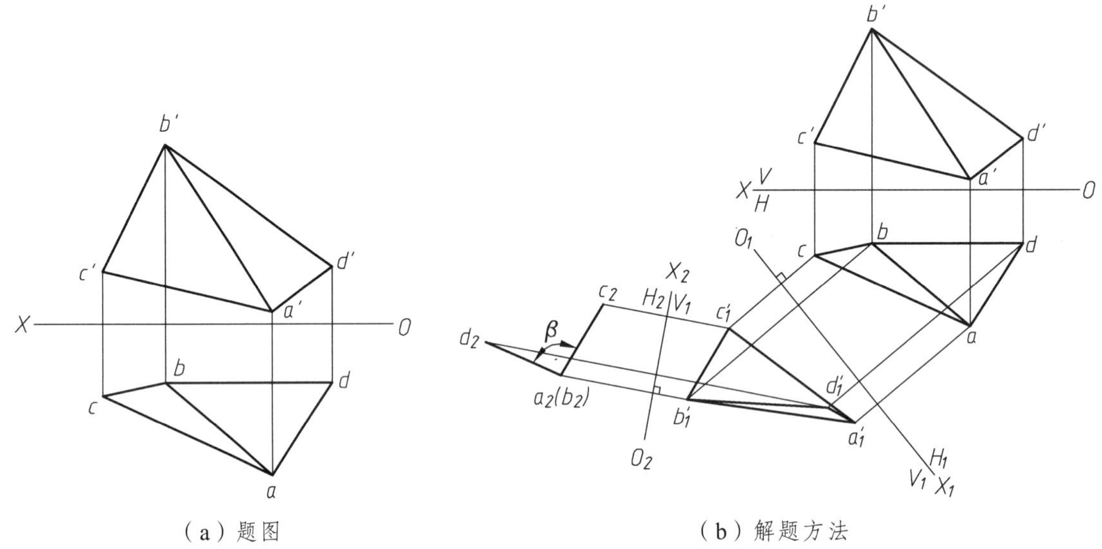

（a）题图 （b）解题方法

图 5.20 例 5

第 6 章　线面、面面关系

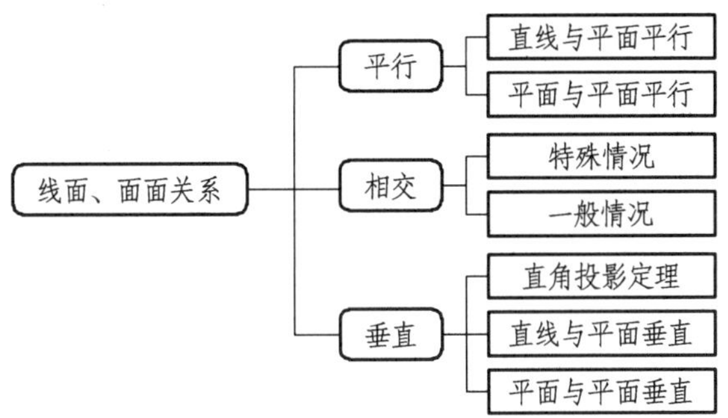

6.1　平　行

6.1.1　直线与平面平行

几何条件：若平面外的一直线与平面内的一直线平行，则此直线与平面相互平行。

例如：直线 *AB* 与平面三角形内的直线 *CD* 平行，则该直线 *AB* 与平面三角形相互平行，如图 6.1 所示。

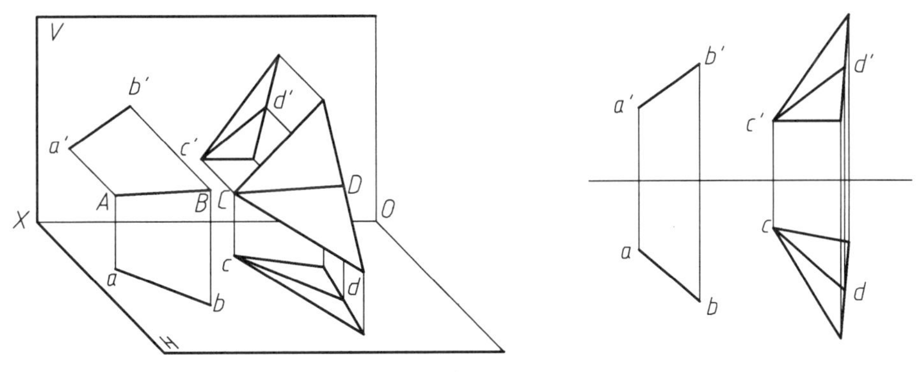

图 6.1　直线与平面平行

特例：若一直线与某一投影面垂直面平行，则该直线必有一个投影与平面具有积聚性的那个投影平行。

例如：直线 *AB* 与铅垂面 *P* 平行，则它们的水平投影必定互相平行，如图 6.2 所示。

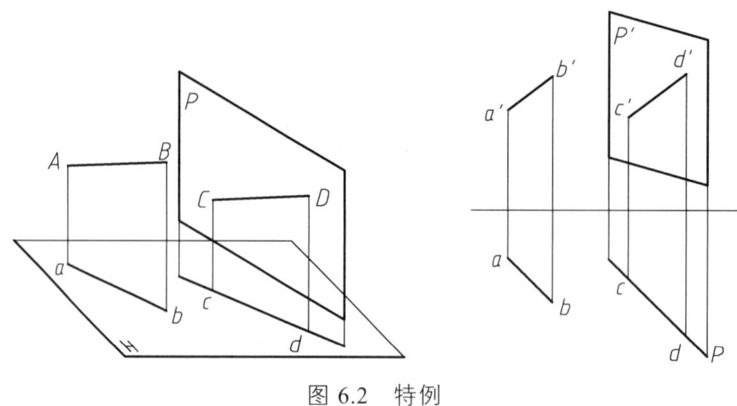

图 6.2　特例

例 1　过点 *M* 作直线 *MN* 平行于△*ABC* 与 *H* 面，且 *MN* = 20 mm，如图 6.3、图 6.4 所示。

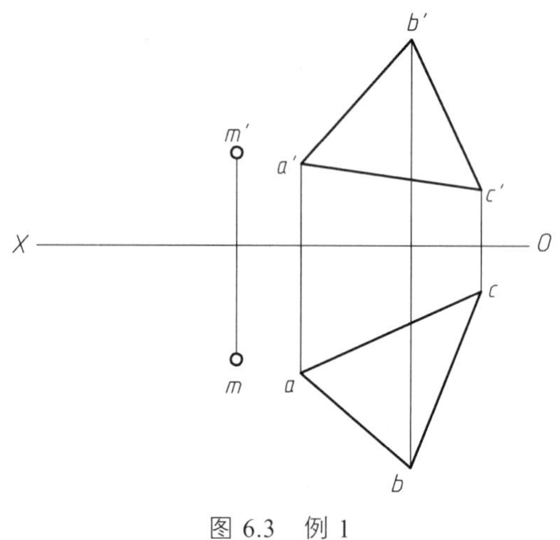

图 6.3　例 1

解：

分析：根据已知条件，*MN* 应为一条水平线，因此首先在△*ABC* 平面内找出一条水平线 *AD*，然后过点 *M* 作 *MN*//*AD*，并在 *MN* 反映实长的水平投影 *mn* 上量取 20 mm 以确定点 *N* 即可。

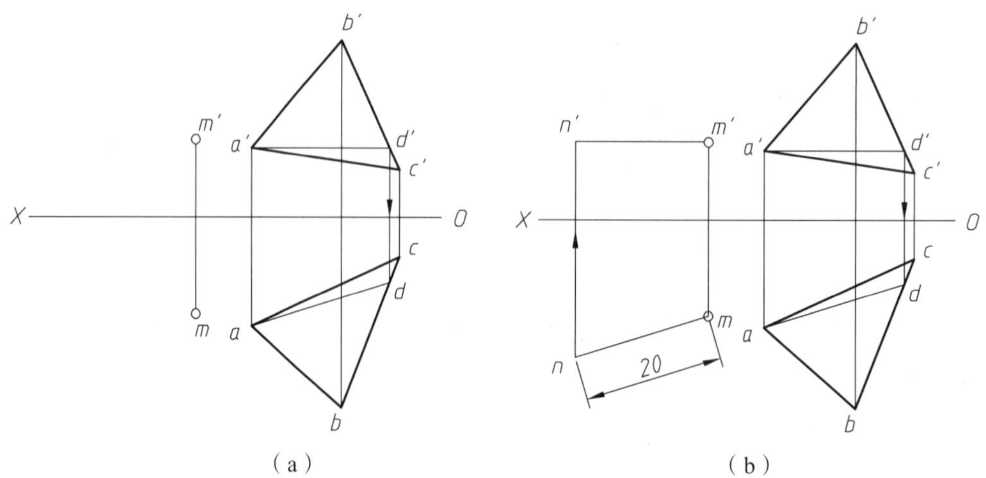

（a）　　　　　　　　　　（b）

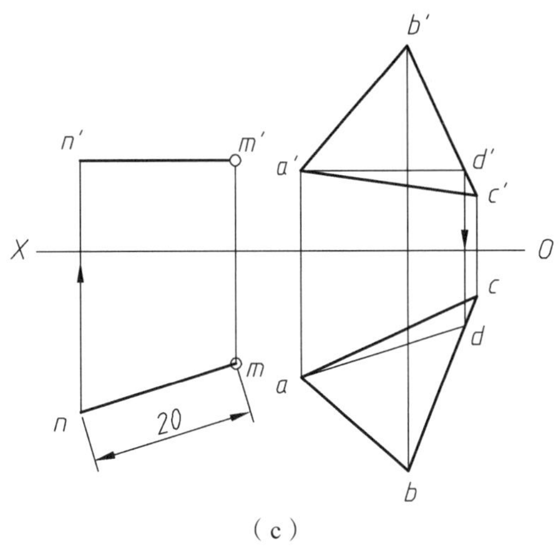

（c）

图 6.4　解题过程

作图步骤如下：

① 在正面投影中过 a'作 $a'd'//OX$ 轴，交 $b'c'$于 d'，再由 d'求出 d，连接 ad，即 AD 为△ABC 平面内的一条水平线。

② 过点 M 作 $MN//AD$：$m'n'//a'd'$、$mn//ad$，并使 MN 的水平投影 mn = 20 mm。

③ 加深 $m'n'$、mn。

6.1.2　平面与平面平行

几何条件：若一平面内的两相交直线分别平行于另一平面内的两相交直线，则这两个平面相互平行。

例如：平面 P 内一对相交直线 AB、AC 分别平行于平面 Q 内的一对相交直线 KM、KN（$AB//KM$、$AC//KN$），则平面 $P//$平面 Q，如图 6.5 所示。

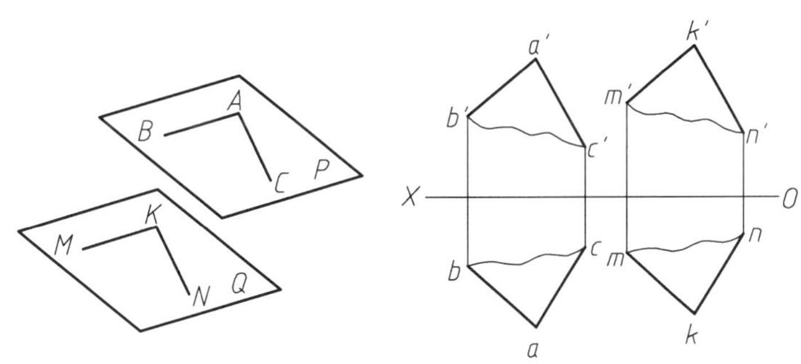

图 6.5　两平面平行

特例：若两投影面垂直面互相平行，则它们具有积聚性的那组投影必定互相平行。

例如：互相平行的△ABC 与四边形 $KLMN$ 同为铅垂面，则它们有积聚性的水平投影也互相平行，如图 6.6 所示。

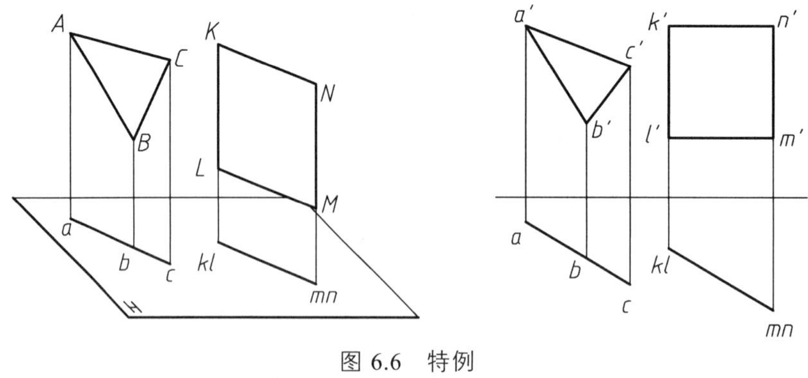

图 6.6　特例

例 2　过 A 作一平面平行于相交直线 BC、BD 所确定的平面，如图 6.7、图 6.8 所示。

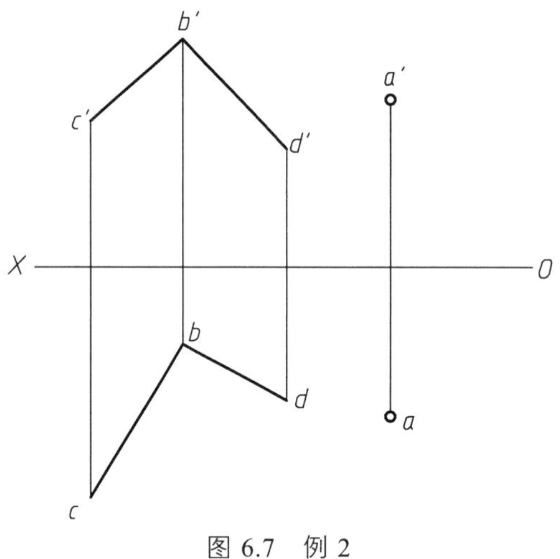

图 6.7　例 2

解：

分析：只要通过点 A 作直线 $AM//BC$、$AN//BD$，则 AM、AN 所确定的平面 AMN 即为所求。

作图步骤如下：

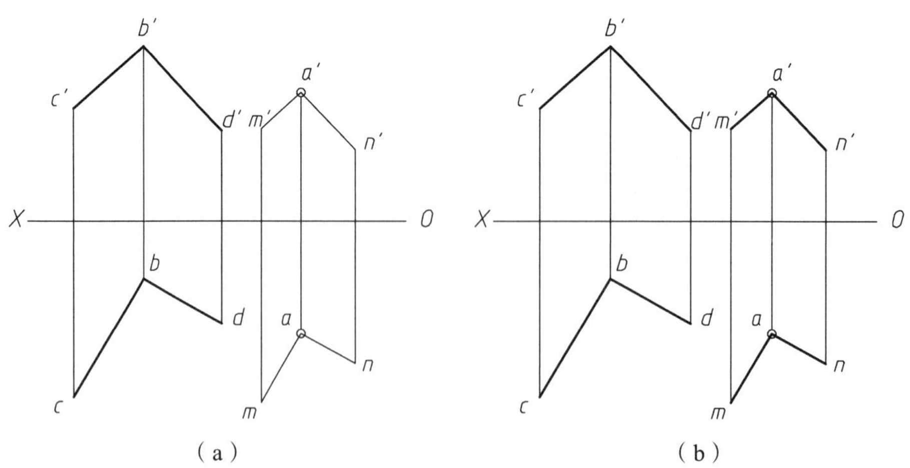

（a）　　（b）

图 6.8　解题过程

① 过 a' 作 $a'm'//b'c'$、$a'n'//b'd'$，过 a 作 $am//bc$、$an//bd$；$a'm'n'$、amn 即为所求平面 AMN 的两面投影，直线 AM、AN 可以是任意长度。

② 加深所求直线 AM、AM 的两面投影。

例 3 平面△*ABC* 与△*DEF* 相互平行，完成平面△*DEF* 的投影，如图 6.9、图 6.10 所示。

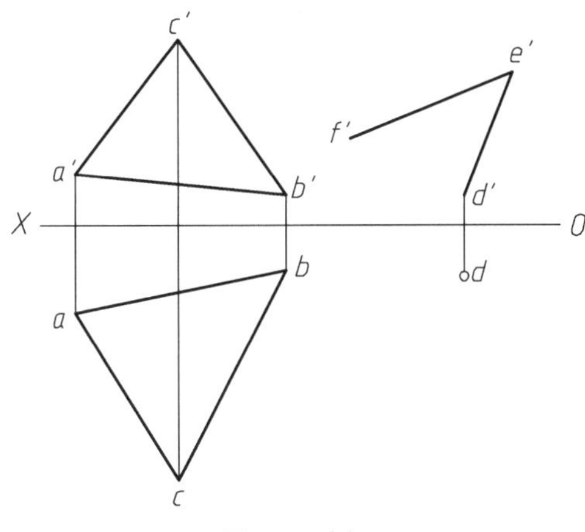

图 6.9 例 3

解：

分析：可根据两平面平行的几何条件，即在平面 *ABC* 内找一对相交直线 *CM*、*AN* 分别平行于 *DE* 和 *EF*，进而求得平面 *DEF* 的水平投影 *de*、*ef*。

作图步骤如下：

① 首先过 c' 作 $c'm'∥e'd'$ 交 $a'b'$ 于 m'，由 m' 求出 m，连接 cm，然后过 d 作 $de∥cm$，求出 e。

② 过 a' 作 $a'n'∥e'f'$ 交 $b'c'$ 于 n'，由 n' 求出 n，连接 an，再过 e 作 $ef∥an$，求出 f；de、ef 即为所求。

③ 加深 de、ef。

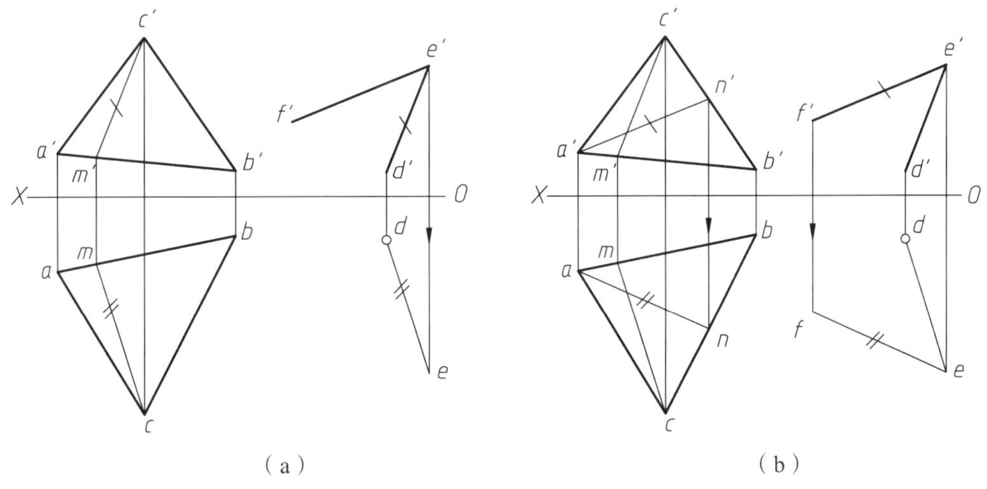

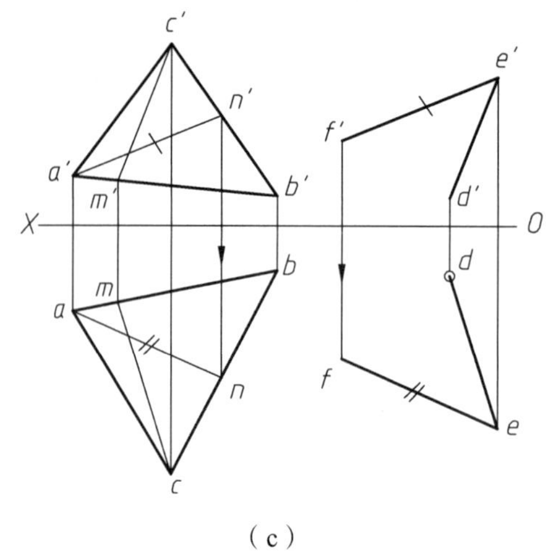

（c）

图 6.10　解题过程

6.2　相　交

直线和平面不平行，则必相交，其交点是直线和平面的共有点；直线与平面相交时存在遮挡关系，其投影应判断可见性，交点是可见与不可见的分界点。

两平面不平行，则必相交。其交线是两平面的共有线；两平面相交时同样存在遮挡关系，其投影应判断可见性，交线是可见与不可见的分界线，如图 6.11 所示。

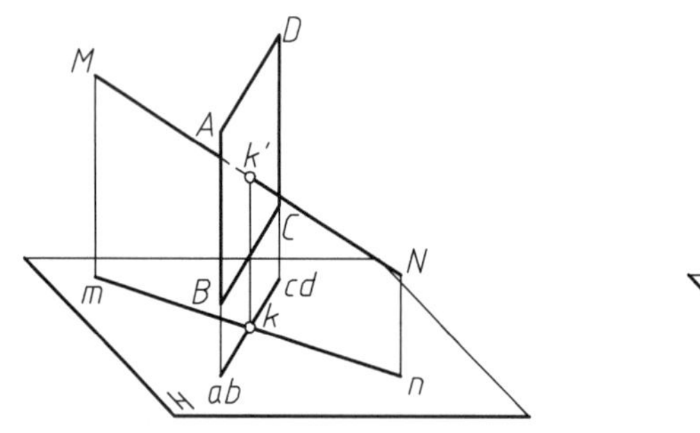

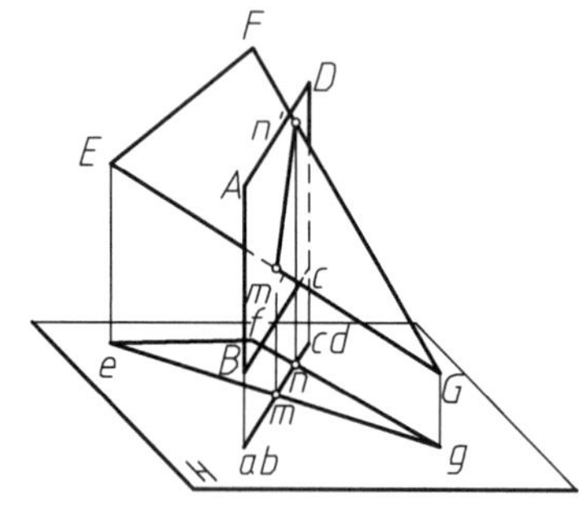

图 6.11　线面、面面相交特殊情况

6.2.1　特殊情况

当直线和平面相交，或两平面相交时，若其中有一个位置特殊，即其投影有积聚性时，应该充分利用其积聚性，简便地求出交点或交线。

1. 一般位置直线与特殊位置平面相交

例 4　求一般位置直线 *MN* 与铅垂面 *ABCD* 的交点 *K*，并判断可见性，如图 6.12 所示。

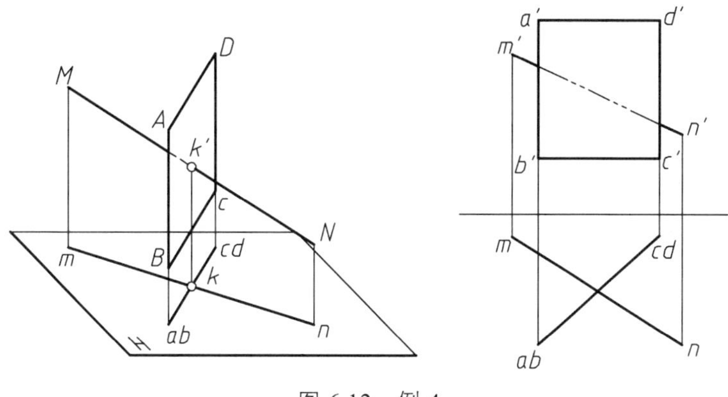

图 6.12　例 4

解：

分析：由于平面四边形 *ABCD*⊥*H*，所以它的水平投影 *abcd* 积聚成一条直线。因为交点 *K* 是 *MN* 与四边形 *ABCD* 的共有点，因此水平投影 *mn* 与 *abcd* 的交点处即为交点 *K* 的水平投影 *k*，再由 *k* 在 *m′n′*上作出 *k′*，点 K（*k*，*k′*）即为所求交点的两面投影。

在投影图中可直接判断直线 *MN* 的可见性，四边形的水平投影有积聚性，因此与 *mn* 不存在遮挡问题。而直线和四边形的正面投影存在遮挡关系，需判断其可见性，有以下两种判断方法：

① 直观法。

从水平投影中可直观地看出直线 *MN* 的 *KN* 段在四边形 *ABCD* 的前方，因而其正面投影 *k′n′*在 *a′b′c′d′*内的一段是可见的，应画成粗实线；而 *KM* 段在四边形 *ABCD* 的后方，因而其正面投影 *k′m′*不可见，应画成虚线。

② 重影点法。

利用交叉直线的重影点进行判断。例如为了判断 *k′m′*段在平面内的可见性，可取交叉两直线 *AB*、*MN* 上对正面投影的重影点Ⅰ、Ⅱ，由 1′（2′）作出 1、2，确定出四边形 *AB* 边上的点Ⅰ在前，*MN* 上的点Ⅱ在后，1′可见，（2′）不可见，于是直线的正面投影在 *k′*左上方的 2′*k′*段不可见，而交点 *k′*是 *m′n′*在四边形 *a′b′c′d′*的轮廓线内的可见段与不可见段的分界点，因此在 *k′*右下方的一段为可见（见图 6.13）。同学们还可用另一个重影点Ⅲ、Ⅳ进行验证。

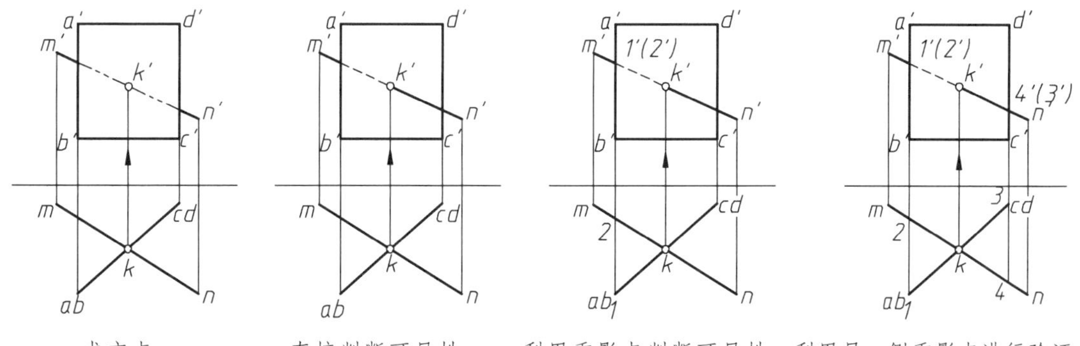

图 6.13　线面求交及可见性判断

由此可知：直线与投影面垂直面相交，平面的有积聚性的投影与直线的同面投影的交点，就是交点和一个投影，从而可以作出交点的其他投影；并可在投影图中直接判断直线投影的可见性，或利用交叉直线的重影点进行判断。

2. 投影面垂直线与一般位置平面相交

例 5 求铅垂线 *MN* 与△*ABC* 的交点，并判断可见性，如图 6.14、图 6.15 所示。

解：

分析：由于 *MN* 是铅垂线，*mn* 积聚成一点，交点 *K* 的水平投影 *k* 必定与 *mn* 重合。又因点 *K* 是 *MN* 与△*ABC* 的共有点，所以就转化为：已知△*ABC* 上的点 *K* 的水平投影 *k*，求正面投影 *k′*。至于可见性，可以从水平投影直观看出或利用交叉直线对 *V* 面投影的重影点来判断。

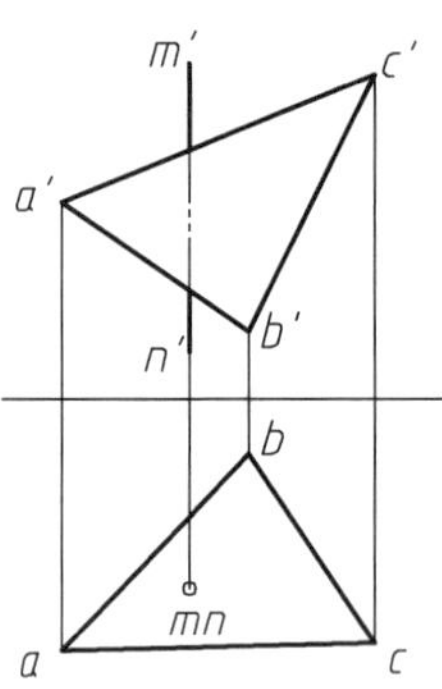

图 6.14　例 5 题图

作图步骤如下：

① 交点 *K* 的水平投影 *k* 可直接得到，*k* 与 *mn* 重合。

② 通过点在平面内的几何条件，作辅助直线 *AD* 求出 *k′*：延长 *ak*，与 *bc* 交于 *d*，由 *d* 作出 *d′*，连接 *a′*与 *d′*，*a′d′*与 *m′n′*的交点即为 *k′*。点 *K*（*k*，*k′*）即为所求交点的两面投影。

③ 判断可见性。

*m′n′*在△*a′b′c′*中存在遮挡问题，可从水平投影中直观看出，例如 *mn* 在 *ac* 的后方，即 *m′k′*在△*a′b′c′*内的一段不可见，应画成虚线；根据 *k′*为可见与不可见的分界点，*k′n′*在△*a′b′c′*内的一段为可见，应画成粗实线。

请同学们用重影点进行验证。

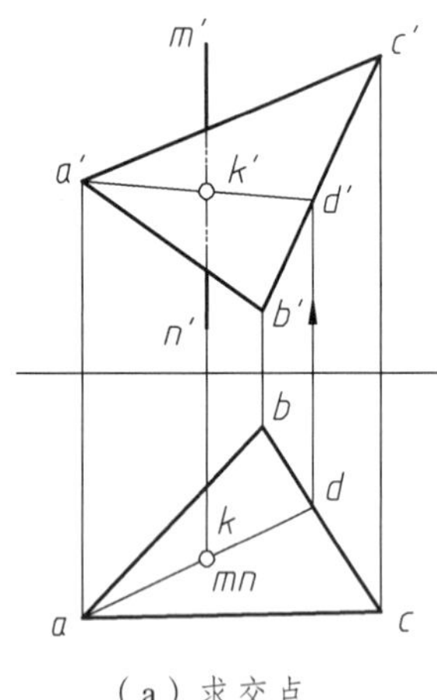

（a）求交点

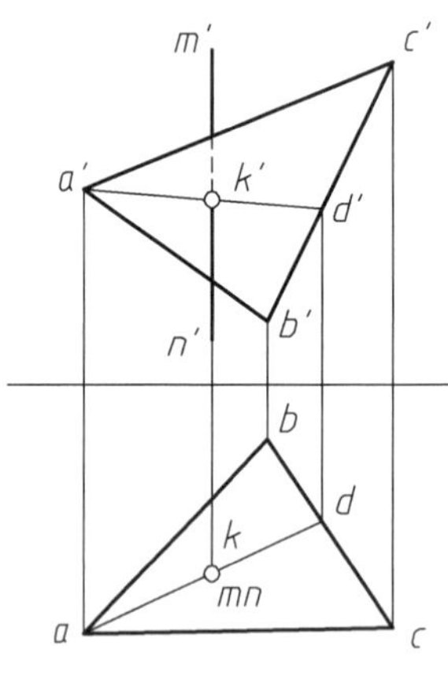

（b）直接判断可见性

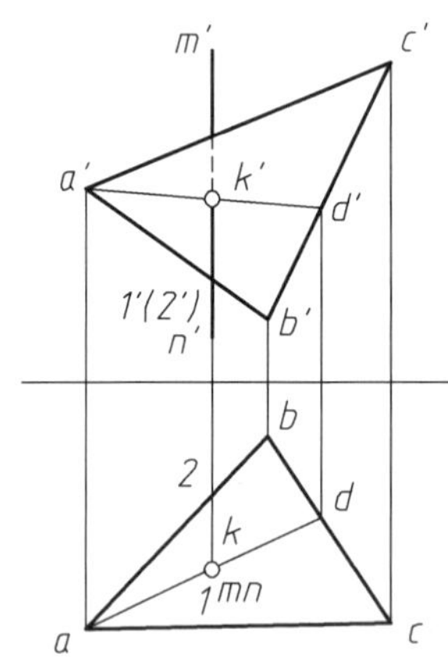

（c）利用重影点判断可见性

图 6.15　线面求交及可见性判断

由此可知：投影面垂直线与平面的交点的一个投影，就积聚在该直线的积聚成一点的同面投影上，其他的投影可按平面上取点的方法作出；并可在投影图中直接判断直线投影的可见性，或利用交叉直线的重影点进行判断。

3. 特殊位置平面与一般位置平面相交

例 6 求铅垂的四边形 *ABCD* 与一般位置平面△*EFG* 的交线 *MN*，并判断可见性，如图 6.16、图 6.17 所示。

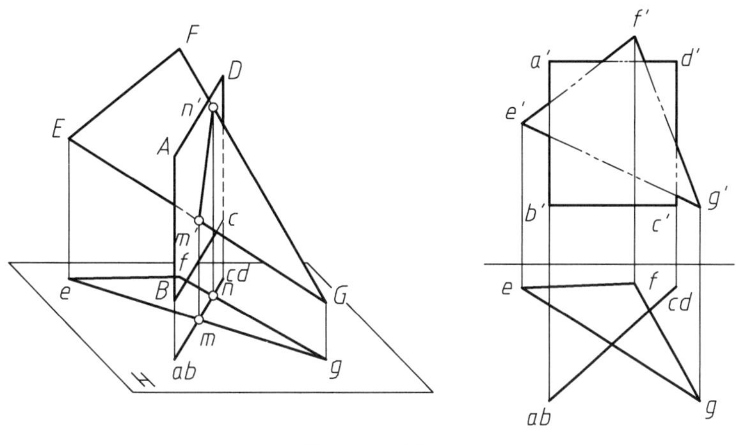

图 6.16 例 6

解：

分析：因为四边形 *ABCD* 的水平投影有积聚性，所以交线 *MN* 的水平投影 *mn* 应在有积聚性的 *abcd* 上。根据 *M*、*N* 分别在△*EFG* 的 *EG*、*FG* 边上，可求出 *m′*、*n′*，连接 *m′*和 *n′*，则 *MN*（*mn*，*m′n′*）即为所求。

两平面正面投影的可见性可从水平投影中直观看出，△*EFG* 的 *MNG* 部分在四边形的前方，因此这部分的正面投影 *m′g′*、*n′g′*可见，被 *m′n′g′*遮挡住的四边形 *c′d′*边不可见；根据交线是可见与不可见的分界线，可判断出其余部分的可见性。

请同学们用重影点进行验证。

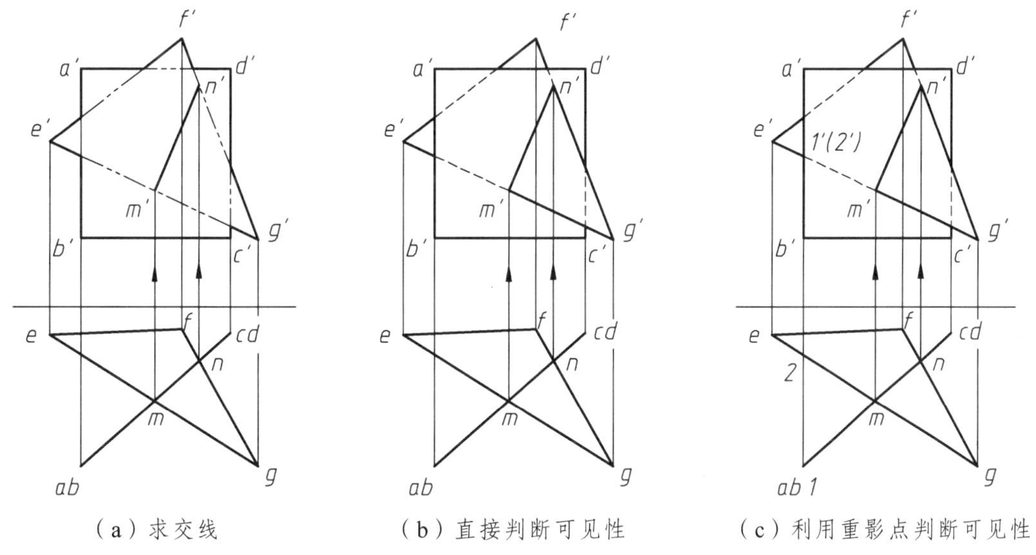

（a）求交线　（b）直接判断可见性　（c）利用重影点判断可见性

图 6.17 面面求交及可见性判断

由此可知：一般位置平面与垂直于投影面的平面相交，可以作出前者的任两直线与后者的交点，然后连成交线；并可在投影图中直接判断两平面投影重合处的可见性。

6.2.2　一般情况

1. 一般位置直线与一般位置平面相交

例 7　求直线 *EF* 与平面△*ABC* 的交点 *K*，并判断可见性，如图 6.18 所示。

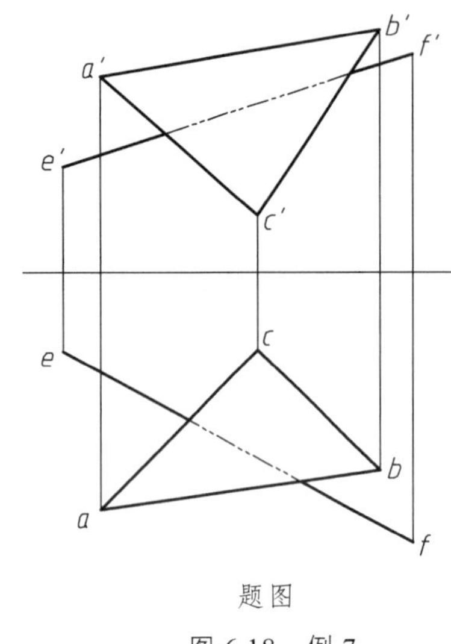

题图

图 6.18　例 7

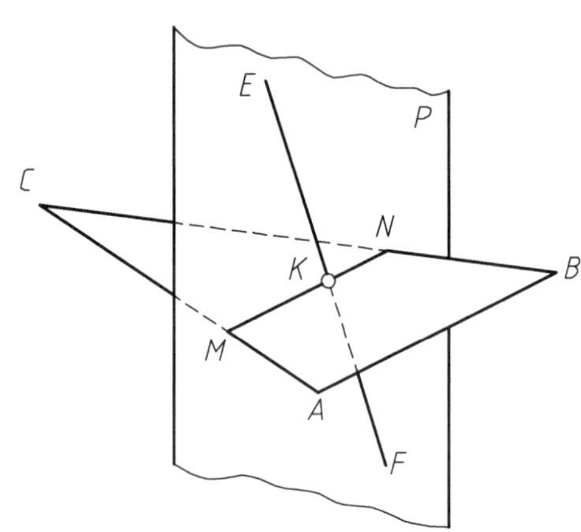

用辅助平面求直线与平面的交点

图 6.19　辅助平面法

解：

分析：当直线和平面都处于一般位置时，只能应用作辅助平面的方法来求交点。其原理如图 6.19 所示。首先包含直线 *EF* 作一辅助平面 *P*，则 *P* 面与△*ABC* 必有一交线 *MN*，它是两个平面的共有线，因此 *EF* 与 *MN* 的交点就是 EF 与△*ABC* 的共有点，即 *EF* 与△*ABC* 的交点 *K*。

作图步骤如下（见图 6.20）：

① 包含直线 *EF* 作铅垂面 *P* 作为辅助平面：因为铅垂面的水平投影有积聚性，所以 *p* 与 *ef* 重合。

② 求 *P* 面与△*ABC* 的交线。

交线 *MN* 的水平投影应与 *p* 重合，其上两点 *m*、*n* 是 *p* 与 *ac*、*ab* 的交点，由 *m*、*n* 可求出交线的正面投影 *m′n′*。

③ 求交线 *MN* 与直线 *EF* 的交点。

根据 *m′n′* 与 *e′f′* 的交点 *k′*，在 *ef* 上求出 *k*，则 *K*（*k*，*k′*）即为所求直线 *EF* 与△*ABC* 的交点。

④ 判断直线 *EF* 的可见性。

只能用重影点来判断，正面投影的可见性可利用交叉直线 *EF* 与 *BC* 在 *V* 面上的重影点Ⅰ、Ⅱ判断，水平投影的可见性可利用交叉直线 *EF* 与 *AB* 在 *H* 面上的重影点Ⅲ、Ⅳ判断。

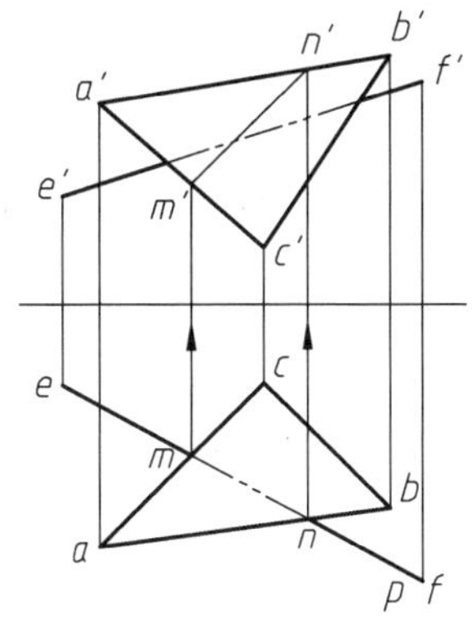

求辅助平面 P 与 $\triangle ABC$ 的交线 MN

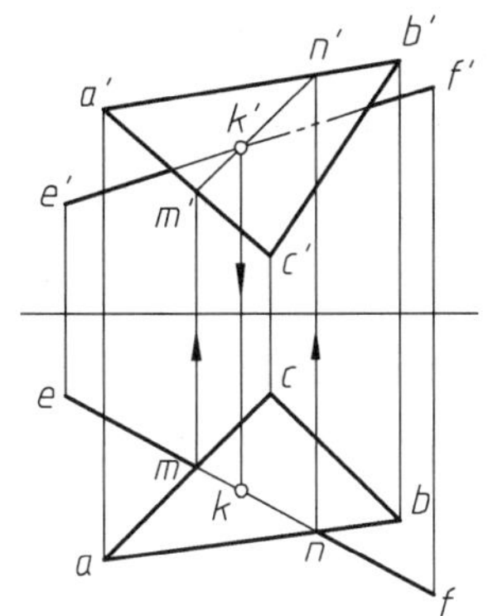

求交线 MN 与直线 EF 的交点 K

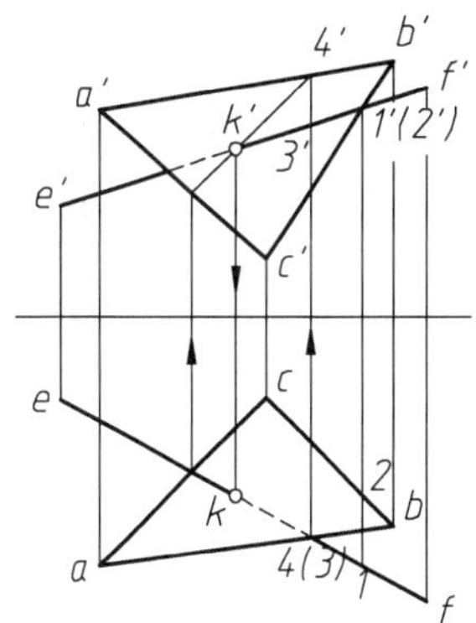

利用重影点判断可见性

图 6.20　线面求交及可见性判断

由此可知，求直线与平面交点的一般步骤如下：

（1）包含已知直线作一辅助平面，为作图方便，一般选择投影面的垂直面为辅助平面。

（2）求出辅助平面与已知平面的交线，即求特殊位置平面与一般位置平面的交线。

（3）求出此交线与已知直线的交点，即为所求直线与平面的交点。

求出交点后，再利用交叉直线的重影点判断可见性。

2. 两一般位置平面相交

因为两平面的交线是它们的共有线，可由两个共有点确定，所以可按下述步骤求作两个一般位置平面的交线：

（1）按求作直线与一般位置平面的交点的三个步骤，作出一个平面上任一直线与另一平面的交点。

（2）用上述方法再作出一个交点。

（3）将这两个交点连成所求的交线。

求出交线后，再利用交叉直线的重影点判断可见性。

例 8　求 $\triangle ABC$ 和平面四边形 $DEFG$ 的交线，并判断可见性，如图 6.21 所示。

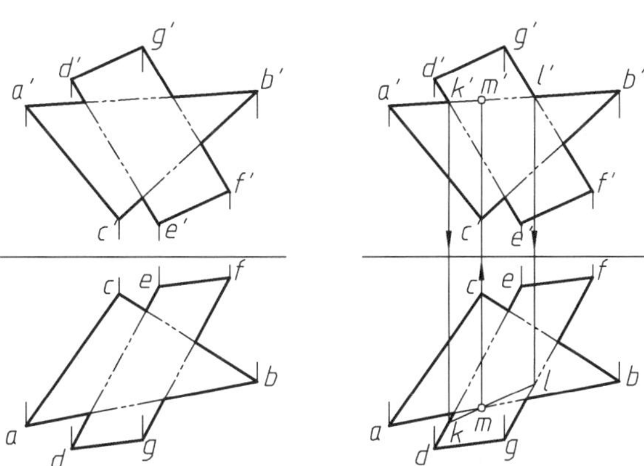

题图　　求 $\triangle ABC$ 的 AB 边与四边形 $DEFG$ 的交点 M

图 6.21　例 8

作图步骤如下（见图 6.22、图 6.23）：

① 求△*ABC* 的 *AB* 边与四边形 *DEFG* 的交点 *M*。

包含△*ABC* 的 *AB* 边作正垂面为辅助平面，求出辅助平面与四边形 *DEFG* 的交线 *KL*，*KL* 与 *AB* 的交点 *M* 即为△*ABC* 和四边形 *DEFG* 的一个共有点。

② 求△*ABC* 的 *BC* 边与四边形 *DEFG* 的交点 *N*。

包含△*ABC* 的 *BC* 边作铅垂面为辅助平面，求出辅助平面与四边形 *DEFG* 的交线 *SR*，*SR* 与 *BC* 的交点 *N* 即为△*ABC* 和四边形 *DEFG* 的另一个共有点。

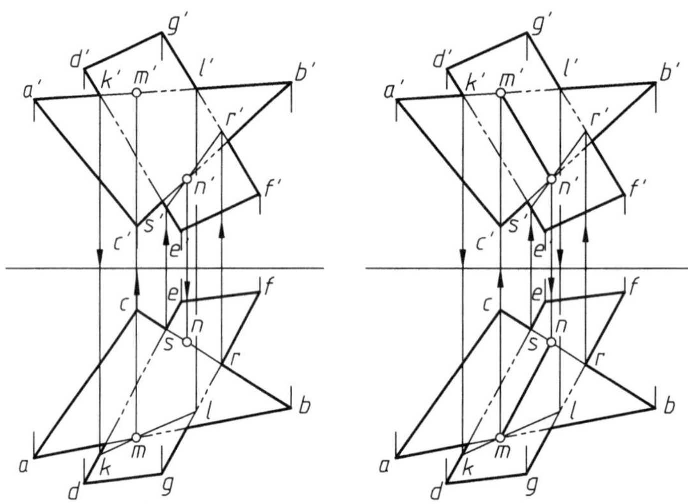

求△*ABC* 的 *BC* 边与四边形 *DEFG* 的交点 *N*　　连接交线 *MN*

图 6.22　交线的作图过程

③ 分别连接 *MN* 的同面投影，*MN*（*mn*，*m′n′*）即为△*ABC* 与四边形 *DEFG* 的交线。

④ 判断两平面的可见性：利用交叉直线的重影点来判断（请同学们自行判断）。

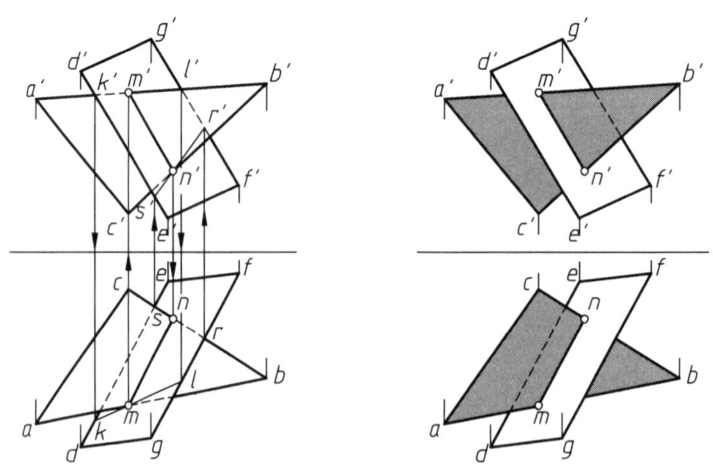

图 6.23　可见性判断

注意：在按上述步骤作一个平面上的直线与另一个平面的交点时，有时交点可能在该直线的延长线上，也可能在另一平面的扩展面上，这样的交点仍可用来连成交线，但所连出的交线的投影，只有分别位于两个平面的同面投影重合处的一段，才是两平面的实际的交线的投影，其余部分是实际的交线的延长线的投影。

当两平面都是一般位置平面且面内不相交时，它们的共有点不能用上述方法求出，则可以利用作三面共点法来得到。

利用三面共点法求两平面交线的基本原理如图 6.24 所示。为了求出两个基本点（以确定一般位置平面 *P* 和 *Q* 的交线），我们可以用一个辅助平面 *R* 同时与它们相交，交线分别为 *AK* 和 *BK*。*AK* 与 *BK* 的交点 *K* 即为 *P*、*Q* 两平面的共有点。

用同样的方法，再以平面 *S* 作辅助面，可以求出第二个共有点 *L*。直线 *KL* 即为 *P*、*Q* 两平面的交线。

例 9　求作平面 *P*（$AB \times BC$）与平面 *R*（$DE//FG$）的交线，如图 6.24 所示。

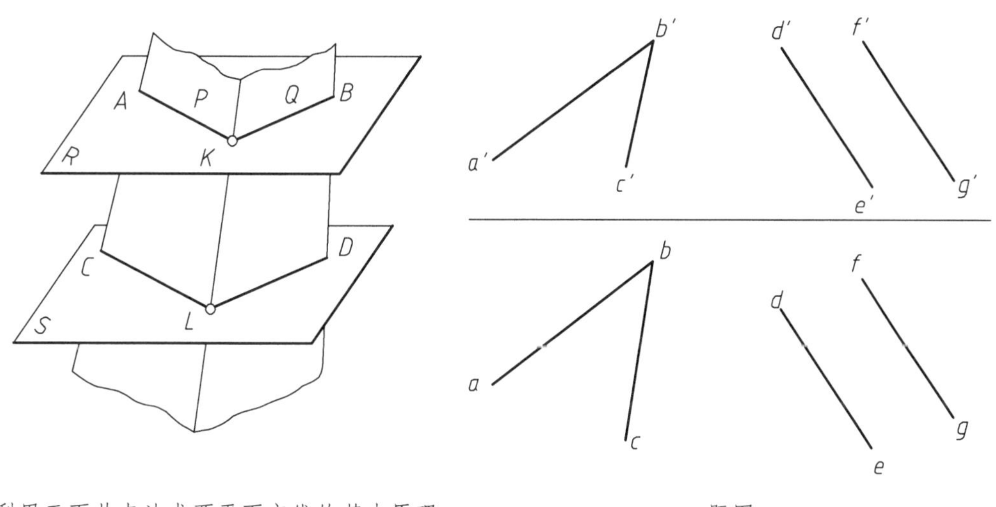

利用三面共点法求两平面交线的基本原理　　　　题图

图 6.24　例 9

解：

求出两平面的一个共有点：可先用水平面 *R* 作为辅助面，求出 *R*′与已知直线的正面投影的交点 1′、2′和 3′、4′；再求出这些点对应的水平投影 1、2、3、4。它们的连线 12 和 34 就是平面 *R* 与两已知平面的交线的水平投影。这两条直线的交点 *k* 就是所求的一个共有点的水平投影，它的正面投影 *k*′应该积聚在 *R*′上。

用同样的方法，借助水平面 *S* 求出第二个共有点 *L*（*l*，*l*′）。连接点 *K* 和 *L* 的同面投影 *kl*、*k*′*l*′，即为所求 *P*、*Q* 两平面的交线的投影。解题过程如图 6.25 所示。

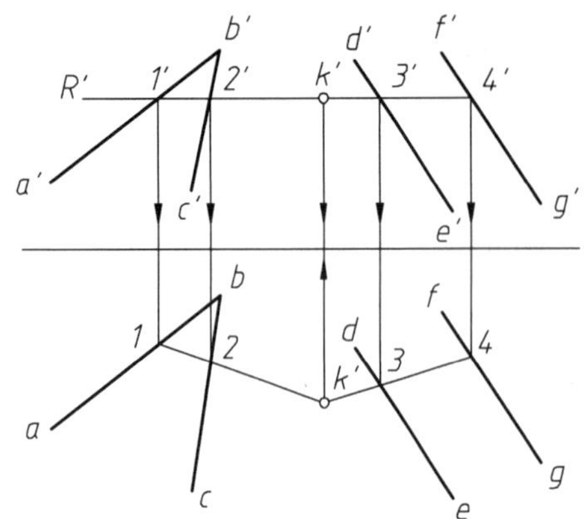

利用水平面 *R* 作出第一个共有点 *K*

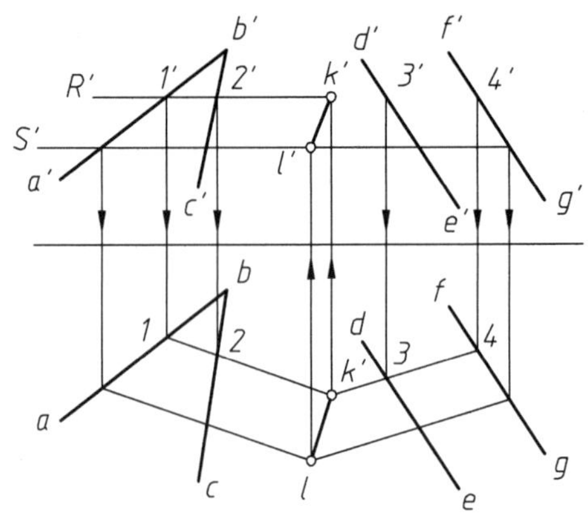

利用水平面 *S* 作出第二个共有点 *L*，*KL* 即为所求

图 6.25 解题过程

6.3 垂 直

6.3.1 直角投影定理

直角投影定理：垂直相交的两直线，若其中一直线平行于某投影面，则两直线在该投影面上的投影仍然反映直角关系。

直角投影定理的逆定理：若相交两直线在某一投影面上的投影为直角，且其中一条直线平行于该投影面，则该两直线在空间必相互垂直。

由此可得：

（1）若直角中有一边平行于某一投影面，则它在该投影面上的投影仍为直角。

（2）反之，若一直角的投影仍是直角，则被投影的角至少有一边平行于该投影面。

总之，相互垂直的两直线当中，至少有一条直线平行于投影面时，这两直线在该投影面上的投影才会垂直，如图 6.26 所示。

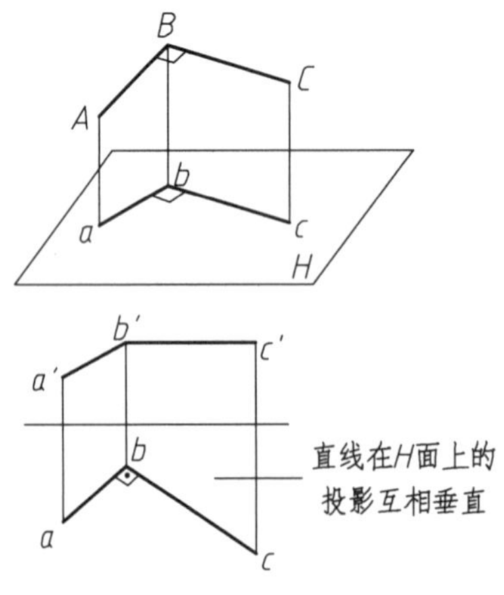

图 6.26 直角投影特性

证明：

设　　直角边 $BC//H$ 面

因　　$BC \perp AB$，同时 $BC \perp Bb$

所以　$BC \perp ABba$ 平面

又因　$BC//bc$

故　　$bc \perp ABba$ 平面

因此　$bc \perp ab$

即　　$\angle abc$ 为直角

例 10　过 C 点作直线与 AB 垂直相交（其中，AB 为正平线，正面投影反映直角），如图 6.27 所示。

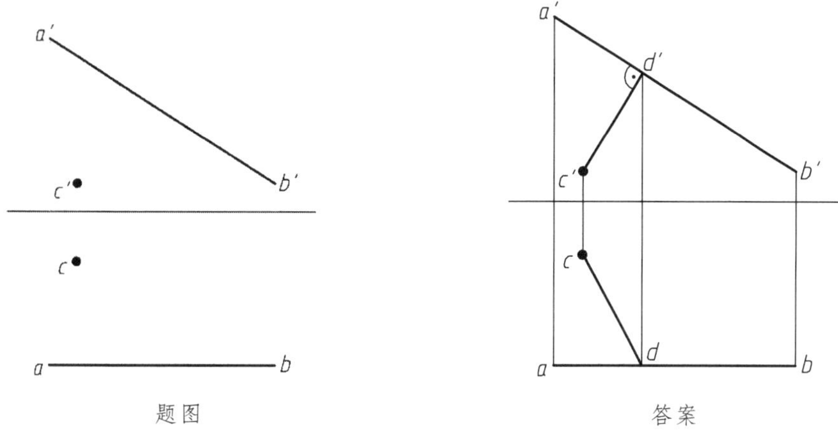

图 6.27　例 10

例 11　已知直线 AB 的两面投影和 C 点的水平投影，试过 C 点作一条直线 CE 垂直于 AB，求直线 CE 的两面投影（下图为根据直角投影定理采用的两种作图方法），如图 6.28 所示。

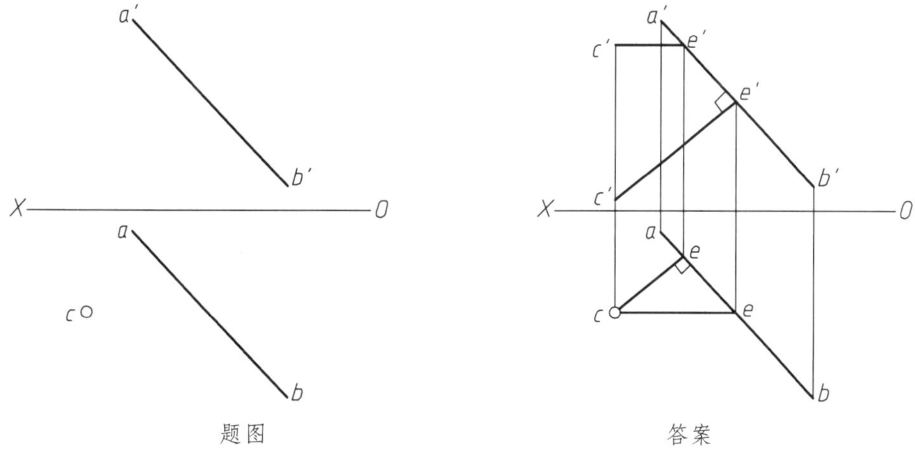

图 6.28　例 11

6.3.2 直线与平面垂直

直线与平面垂直，则直线垂直于平面上的任意直线（相交或不相交）。反之，直线垂直平面上的任意两相交直线，则直线垂直该平面，如图 6.29 所示。

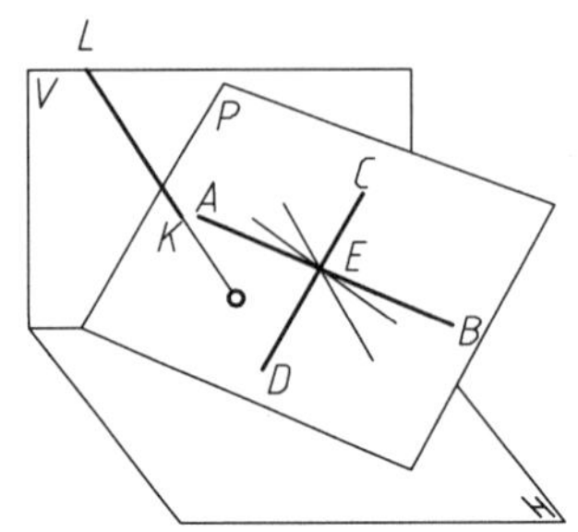

图 6.29 线面垂直几何条件

定理 1 若一直线垂直于一平面，则直线的水平投影必垂直于属于该平面的水平线的水平投影；直线的正面投影必垂直于属于该平面的正平线的正面投影，如图 6.30 所示。

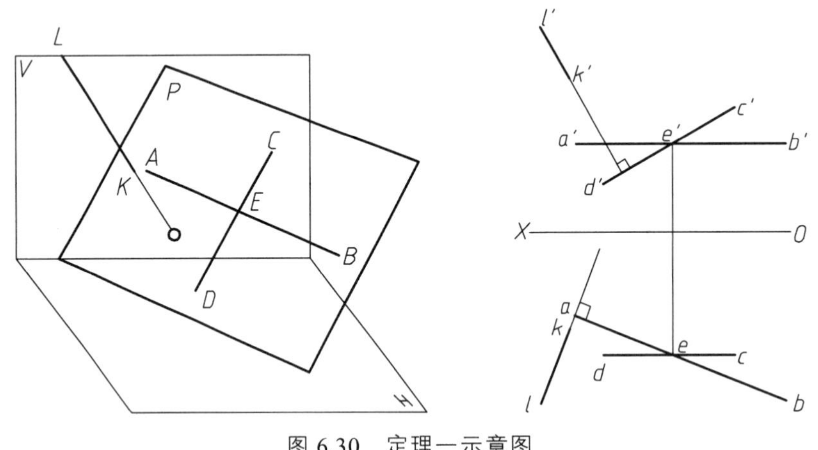

图 6.30 定理一示意图

定理 2（逆） 若一直线的水平投影垂直于属于平面的水平线的水平投影，直线的正面投影垂直于属于平面的正平线的正面投影，则直线必垂直于该平面，如图 6.31 所示。

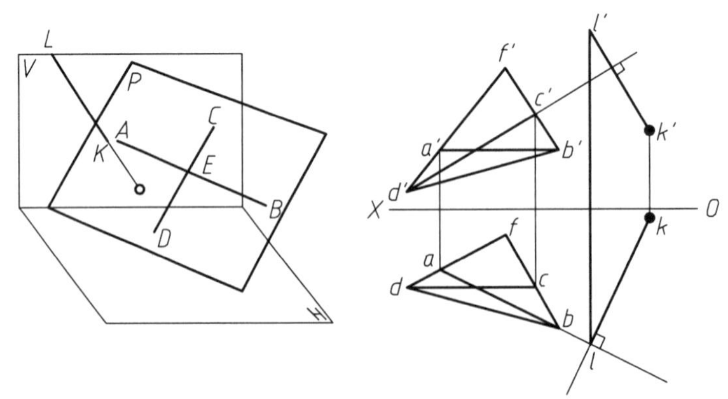

图 6.31 定理二示意图

例 12　平面由△*BDF* 给定，试过定点 *M* 作平面的法线，如图 6.32、图 6.33 所示。

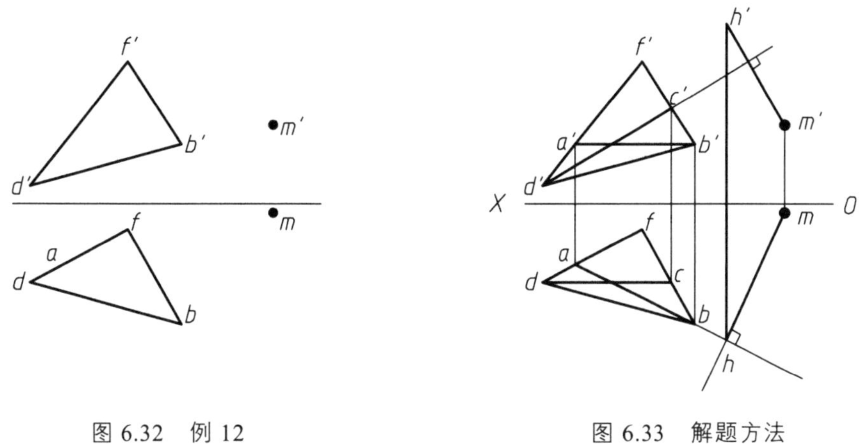

图 6.32　例 12　　　　图 6.33　解题方法

例 13　试过定点 *K* 作特殊位置平面的法线，如图 6.34、图 6.35 所示。

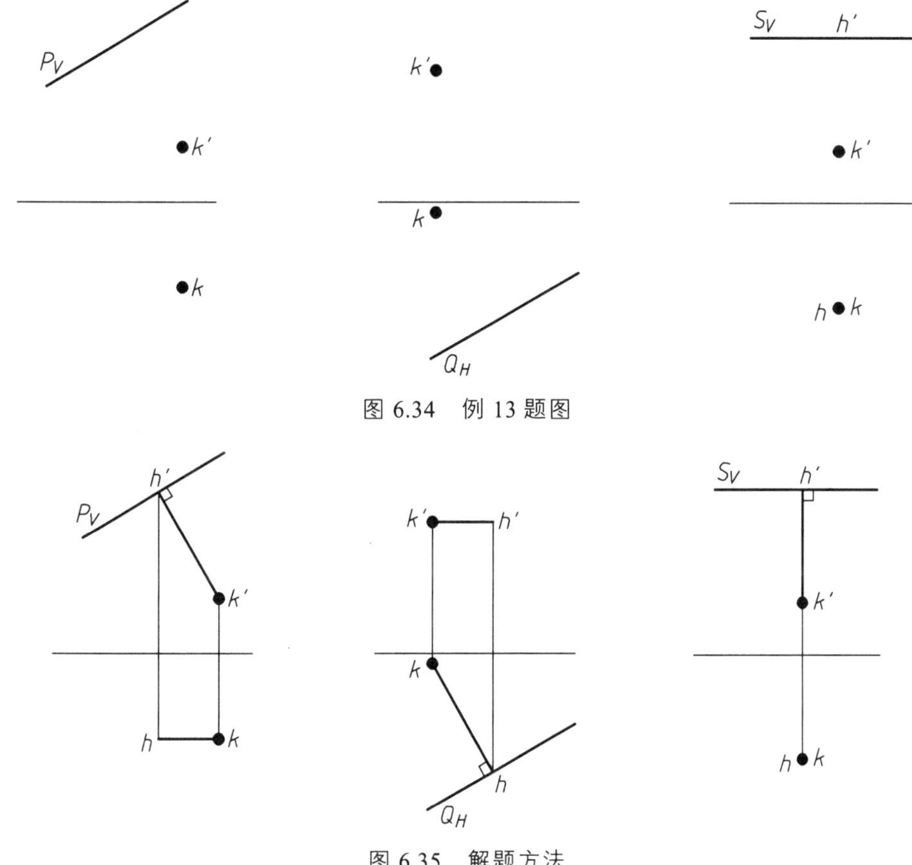

图 6.34　例 13 题图

图 6.35　解题方法

例 14　平面由两平行线 *AB*、*CD* 给定，试判断直线 *MN* 是否垂直于定平面，如图 6.36、图 6.37 所示。

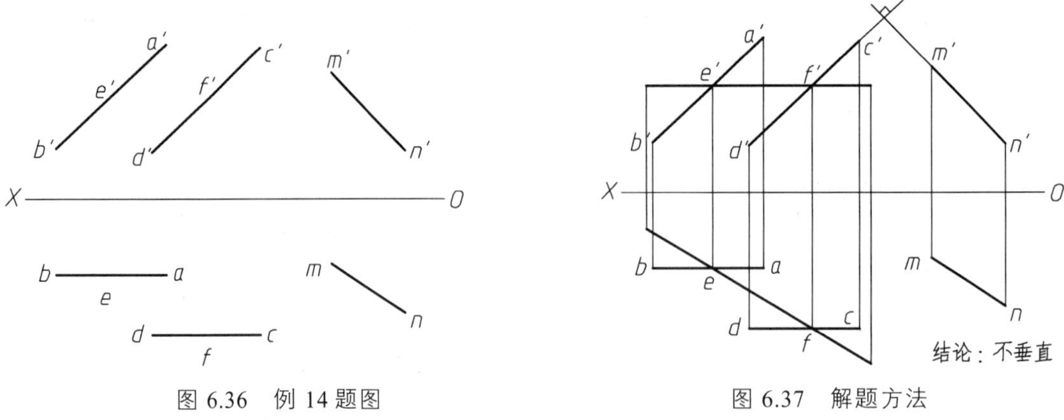

图 6.36　例 14 题图　　　　图 6.37　解题方法

6.3.3　平面与平面垂直

几何条件：若一直线垂直于一平面，则包含这条直线的所有平面都垂直于该平面，如图 6.38 所示。

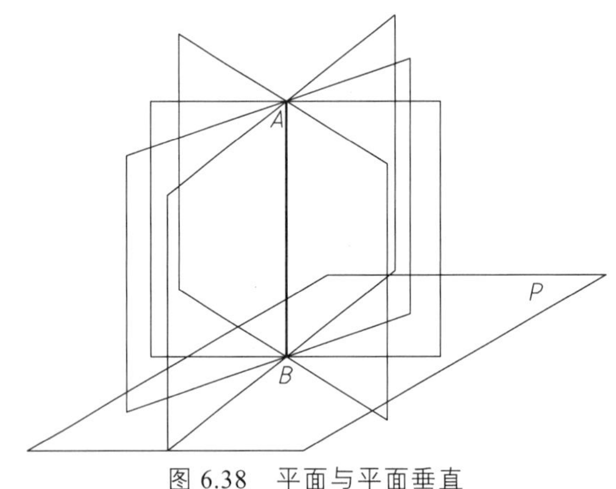

图 6.38　平面与平面垂直

由立体几何可知：若一平面通过另一平面的垂线，则此两平面相互垂直；反之，两平面相互垂直，则由属于第一个平面的任意一点向第二个平面作的垂线必属于第一个平面，如图 6.39 所示。

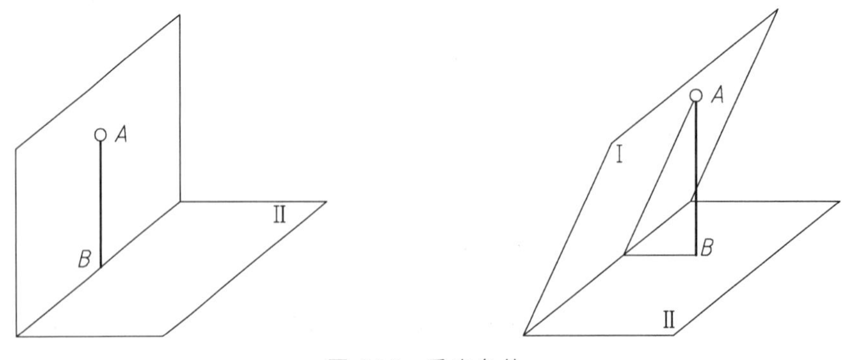

图 6.39　垂直条件

由此得出绘制相互垂直平面的两种方法：

（1）使平面 Q 经过垂直于平面 P 的直线 AB[见图 6.40（a）]。

（2）使平面 Q 垂直于平面 P 上的直线 CD[见图 6.40（b）]。

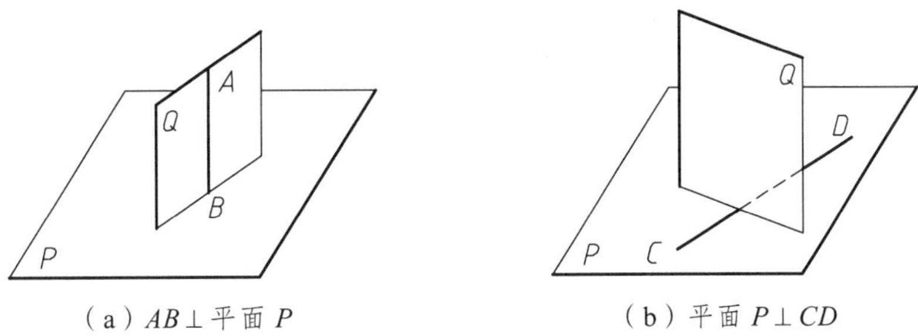

（a）$AB\perp$平面 P　　（b）平面 $P\perp CD$

图 6.40　平面与平面垂直

例 15　试判断$\triangle ABC$ 与相交两直线 KG 和 KH 所给定的平面是否垂直，如图 6.41、图 6.42 所示。

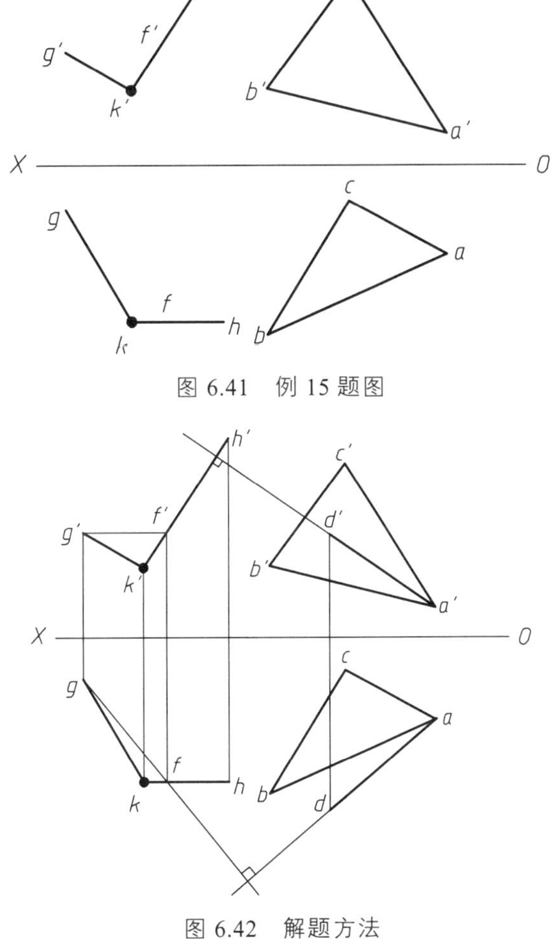

图 6.41　例 15 题图

图 6.42　解题方法

例 16 平面由△*BDF* 给定，试过定点 *K* 作已知平面的垂面，如图 6.43、图 6.44 所示。

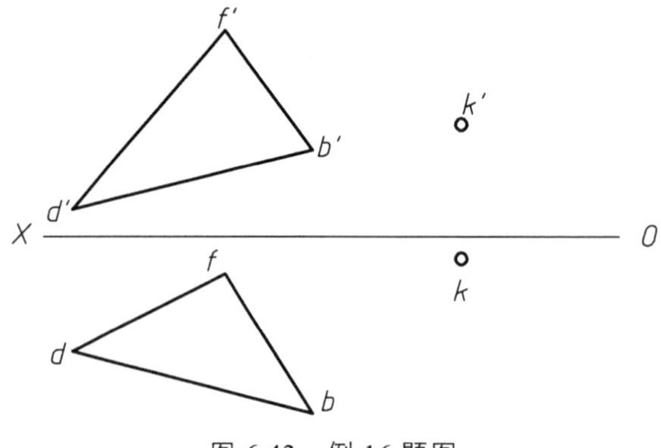

图 6.43 例 16 题图

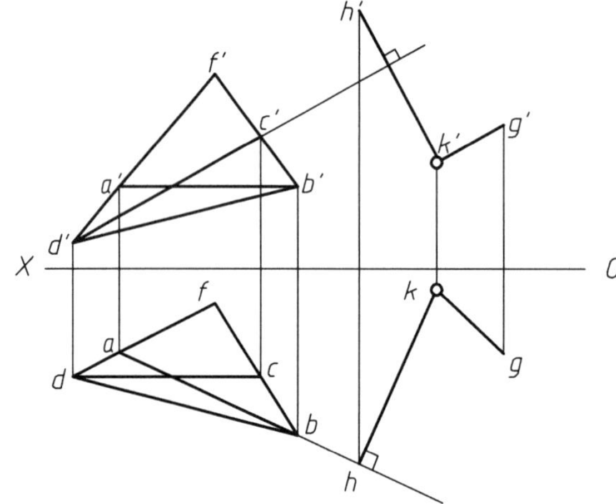

图 6.44 解题方法

第 7 章　基本立体

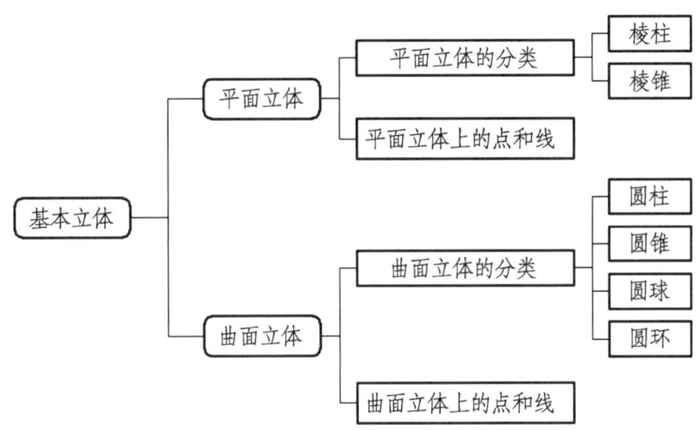

在设计和图示机械零件时，首先要构造它们的几何模型。我们把棱柱、棱锥、圆柱、圆锥、球和圆环等形状简单，形成简单，在工程上又经常使用的单一几何形体以及它们的简单变形体称为基本体，将其他较复杂形体看成是由基本体组合而成。

学习立体的图示从基本体的投影图画法开始。

常用的基本体可分为平面立体和曲面立体。

平面立体——表面都为平面的基本体。工程上常用的平面立体是棱柱和棱锥(包括棱台)。

曲面立体——表面为曲面，或平面与曲面的基本体。工程上常用的曲面立体一般为回转体，如圆柱、圆锥等。

图 7.1 为几种基本体的示例。

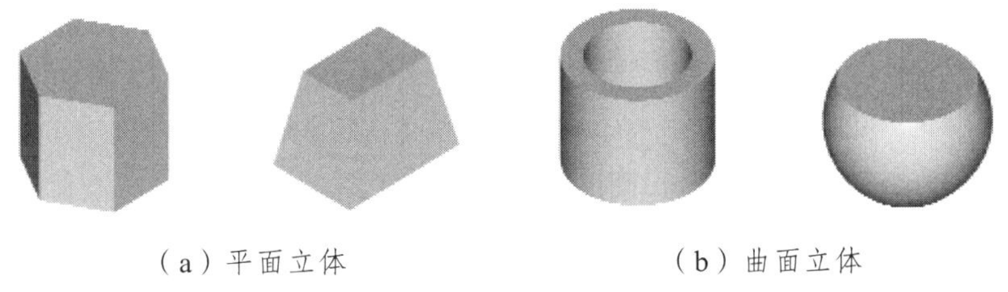

(a) 平面立体　　(b) 曲面立体

图 7.1　基本体示例

7.1　平面立体

平面立体由若干多边形所围成，因此，绘制平面立体的投影，也就是绘制它的所有多边形表面的投影，即为绘制这些多边形的边和顶点的投影。多边形的边是平面立体的轮廓线，分别是平面立体的每两个相邻多边形表面的交线。

当轮廓线的投影为可见时，画粗实线；
当轮廓线的投影为不可见时，画虚线；
当粗实线与虚线重合时，画粗实线。

1. 棱　柱

1）棱柱的形成

棱柱可以由一个平面多边形沿某一不与其平行的直线移动一段距离（又称拉伸）形成，如图 7.2 所示。

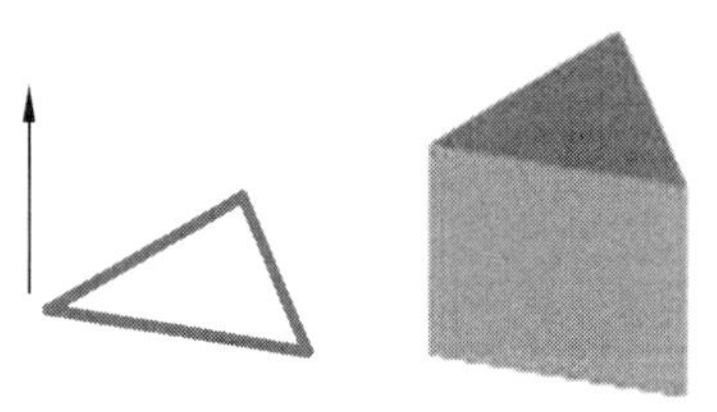

（a）三棱柱的形成

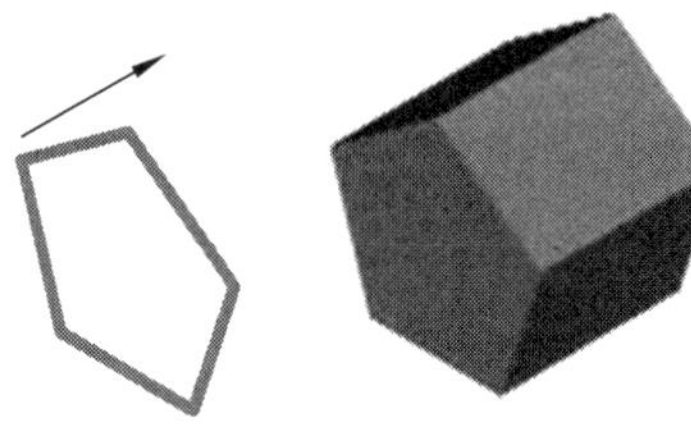

（b）五棱柱的形成

图 7.2　棱柱的形成

由原平面多边形形成的两个相互平等的面称为底面，其余各面称为侧面（或棱面）。相邻两侧面的交线称为侧棱（或棱线），各棱线相互平行且相等。棱柱的分类如图 7.3 所示。

直棱柱——侧棱垂直于底面的棱柱。

正棱柱——底面为正多边形的直棱柱。

斜棱柱——侧棱与底面斜交的棱柱。

（a）直棱柱

（b）斜棱柱

图 7.3　棱柱的分类

2）棱柱三视图的形成

如图 7.4（a）所示，正五棱柱的顶面和底面都是水平面，它们的边分别为 4 条水平线和 1 条侧垂线；棱面是 4 个铅垂面和 1 个正平面；棱线是 5 条铅垂线。根据平面的投影特性，不难画出正五棱柱的三面投影图，如图 7.4（b）所示。

请同学们自行阅读分析各棱线和棱面的投影及其可见性。

从立体开始，在投影图中将不再画出投影轴，只绘制立体的正面投影、水平投影和侧面投影，即三视图。从图 7.4（a）中可以看出，立体与各投影面的远近，并不影响立体的投影形状和大小。

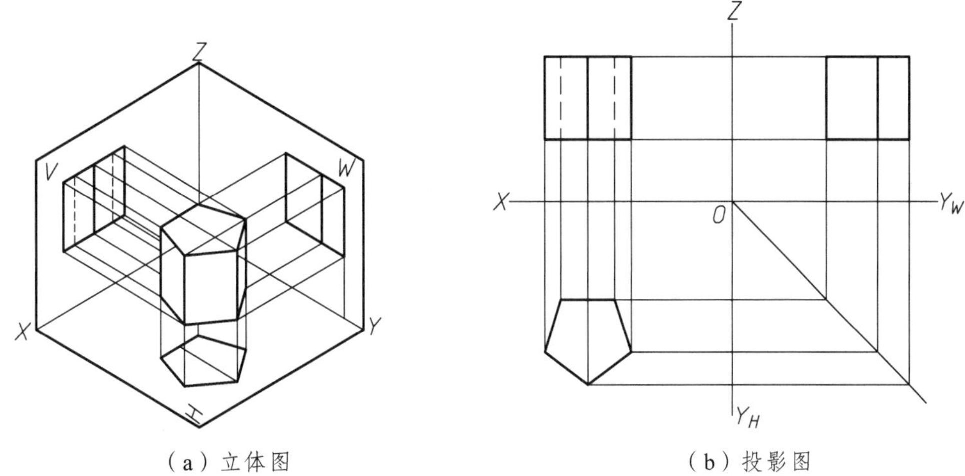

（a）立体图　　（b）投影图

图 7.4　正五棱柱的投影

主、俯、左三个视图的度量关系为“长对正、高平齐、宽相等”，如图 7.5 所示。其中“宽相等”可用分规在俯视图和左视图中直接量取相等的距离作图。

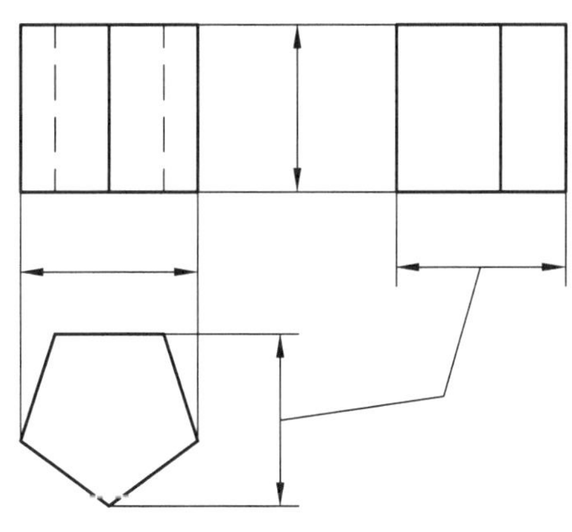

图 7.5　三视图的度量关系

三视图中立体的方位关系如图 7.6 所示，特别要注意俯视图与左视图中立体的前、后对应关系。

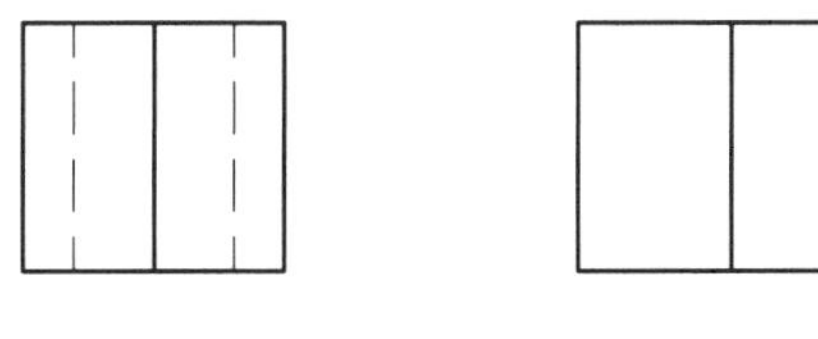

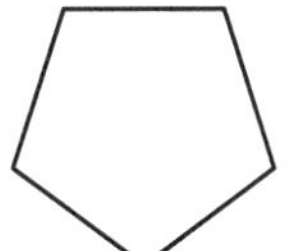

图 7.6　三视图的方位关系

注意：这种度量关系和方位关系对所有立体的整体和任一局部都是适用的。

2. 棱　锥

1）棱锥的形成

棱锥可以由一个平面多边形沿某一不与其平行的直线移动，同时各边按相同比例线性缩小（或放大）而形成（称作“线性变截面拉伸”），如图 7.7 所示。

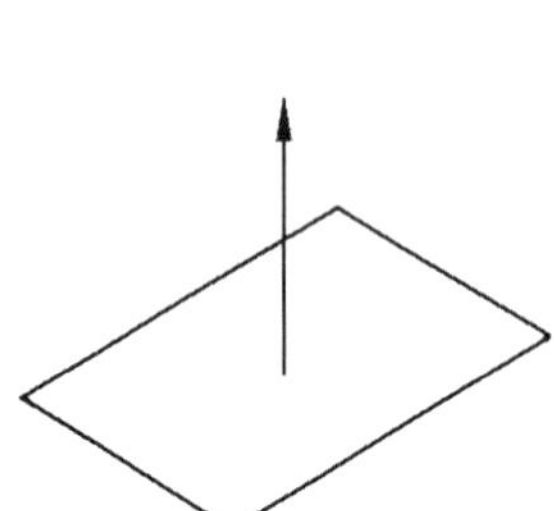

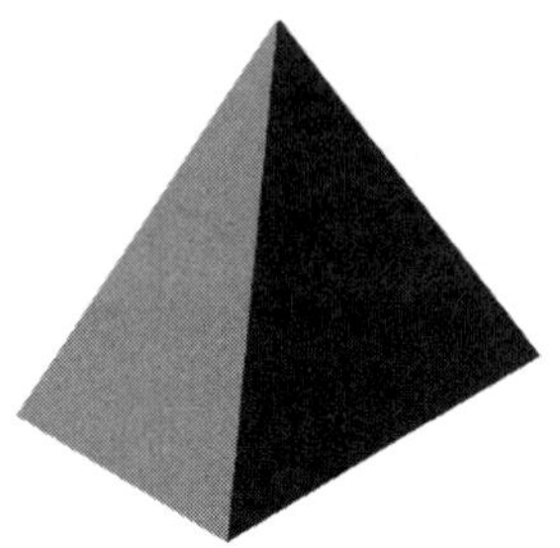

图 7.7　四棱锥的形成

2）棱锥的三视图

图 7.8（a）为正三棱锥的立体图，图 7.8（b）为正三棱锥的三视图。三棱锥的底面△*ABC* 为正三角形，为水平面，其在主视图和左视图中积聚成直线，在俯视图中反映实形。因其底边 *AC* 为侧垂线，所以其后棱面△*SAC* 为侧垂面，在左视图中积聚成一条直线。其余两个棱面△*SAB*、△*SBC* 为一般位置平面。

请注意三棱锥左视图的画法（左视图不是等腰三角形）。

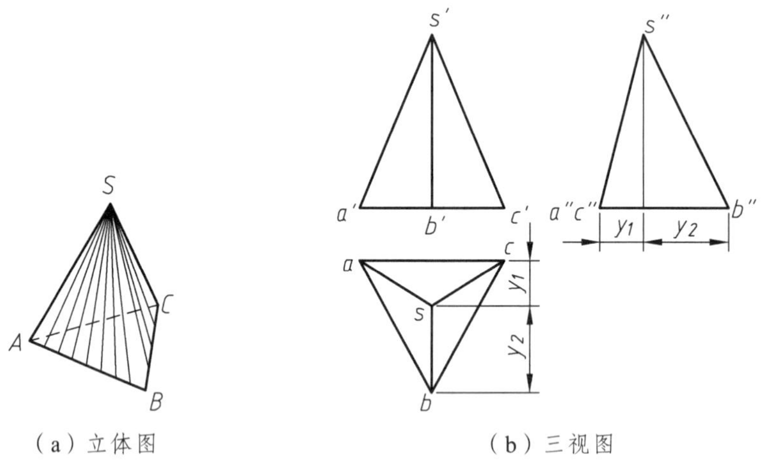

（a）立体图　　　　（b）三视图

图 7.8　三棱锥的三视图

7.2　平面立体上的点和线

1. 棱柱表面上取点和线

在平面立体表面上取点，应按以下步骤进行：

（1）首先确定该点所在平面在三视图中的投影位置。

（2）然后根据点在平面内的几何条件，求作该点的其他投影。

（3）判断可见性：如果点所在的平面在某个视图中不可见，则该点在这个视图中的投影也不可见，其投影标注应加上括号。

例 1 如图 7.9 所示，已知五棱柱表面上的点 A 和 B 的一个投影，求作它们的其他两个投影。

求作 a、a''的作图步骤：

（1）由于点 A 的正面投影 a'可见，因此可以确定点 A 所在的棱面为五棱柱的左前侧面，该棱面为一铅垂面，水平投影积聚成一条直线，侧面投影为一个矩形，如图 7.10（a）所示。

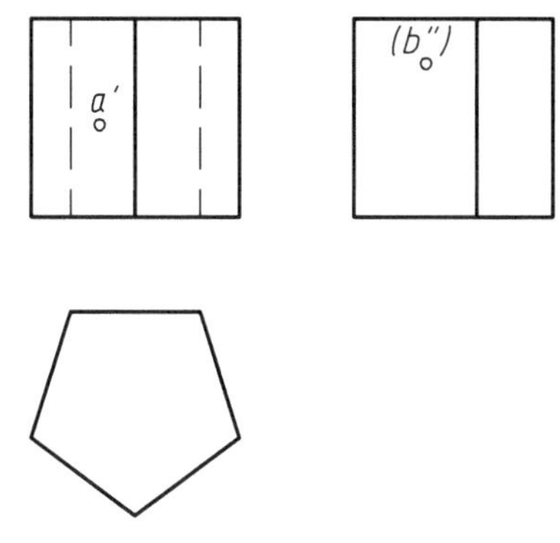

图 7.9 例 1 题图

（2）根据点在平面内的几何条件，首先由 a'作出水平投影 a，然后由 a'、a 求作第三投影 a''（注意：此时，不再画出 45°的分角线，点 A 的 y 坐标用分规分别在俯、左视图上量取相同的距离即可）。

（3）由于点 A 所在平面的侧面投影可见，则 a''可见。作图步骤如图 7.10（b）所示。

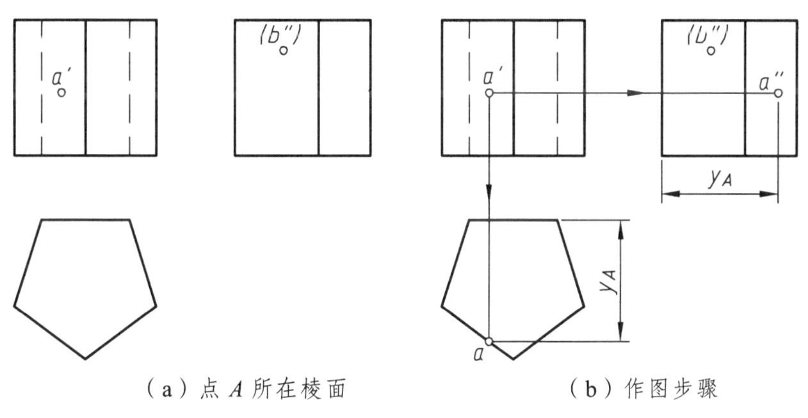

（a）点 A 所在棱面　　（b）作图步骤

图 7.10 求作 a、a''

求作 b'、b 的作图步骤：

（1）由于点 B 的侧面投影 b''可见，因此可以确定点 B 所在的棱面为五棱柱的右后侧面，该棱面为一铅垂面，水平投影积聚成一条直线，正面投影为一个矩形，不可见（有 1 条边为虚线），如图 7.11（a）所示。

（2）根据点在平面内的几何条件，首先由 b'' 通过量取 y 坐标作出水平投影 b，然后由 b''、b 求作第三投影 b'。

（3）由于点 B 所在平面的正面投影不可见，则 b' 也不可见。作图步骤如图 7.11（b）所示。

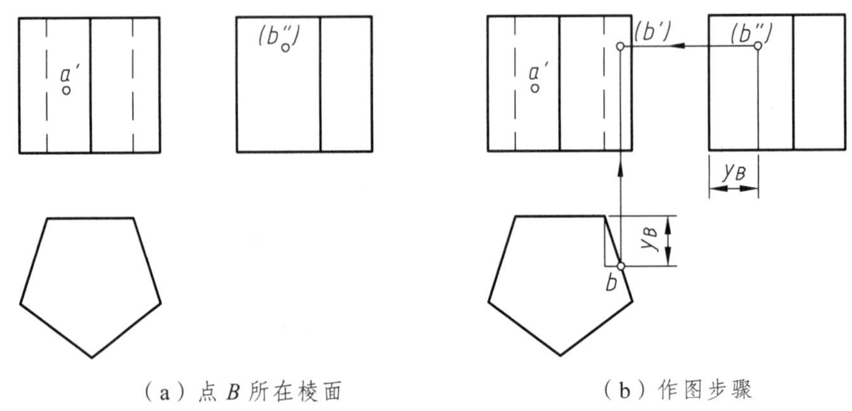

（a）点 B 所在棱面　　（b）作图步骤

图 7.11　求作 b、b'

2. 棱锥表面上取点和线

在棱锥表面上取点，应首先确定该点所在的棱锥表面，如平面有积聚性，则可先作出有积聚性投影的那个视图上点的投影，再求作第三投影。如平面为一般位置平面，则可根据点在平面上的几何条件，过点的已知投影在棱面上作任何直线，都可作出它的另一投影。在棱面上取线常用以下方法：

（1）平行线法：过已知点作棱面底边的平行线。

（2）锥顶线法：过已知点作锥顶线。

例 2　如图 7.12 所示，已知三棱锥表面上的点 1 和点 2 的一个投影，求作它们的其他两个投影。

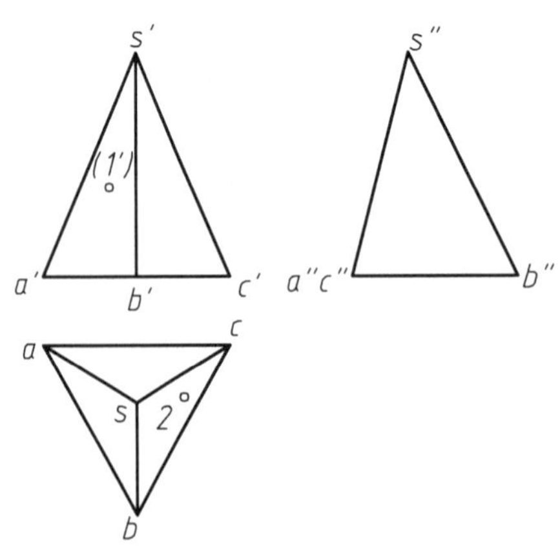

图 7.12　例 2 题图

求作 1″、1 的作图步骤：

（1）由于点 1 的正面投影（1′）不可见，因此可确定点 1 位于棱面△*SAC* 上，如图 7.13（a）所示。

（2）又因△*SAC* 是侧垂面，其侧面投影积聚成一条直线 *s″a″c″*，1″也应在该直线上，因此首先由（1′）作出 1″，如图 7.13（b）所示。

（3）由（1′）、1″求作水平投影 1，如图 7.13（c）所示。

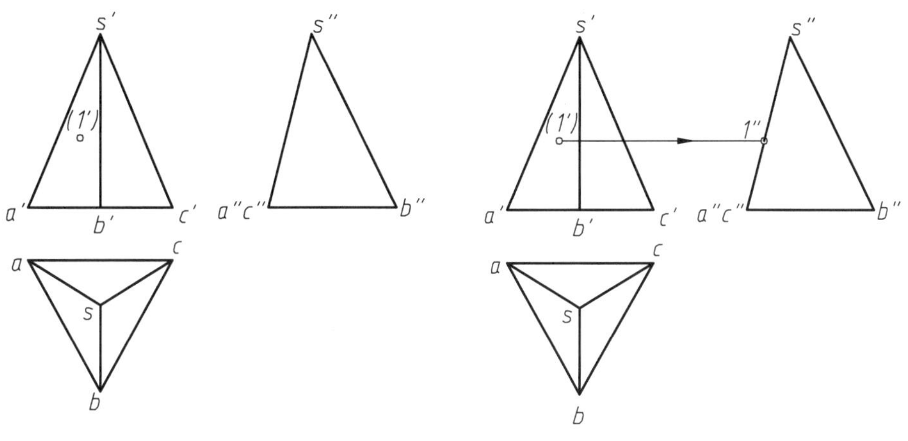

（a）确定点 1 所在棱面　　　　（b）由（1′）作出 1″

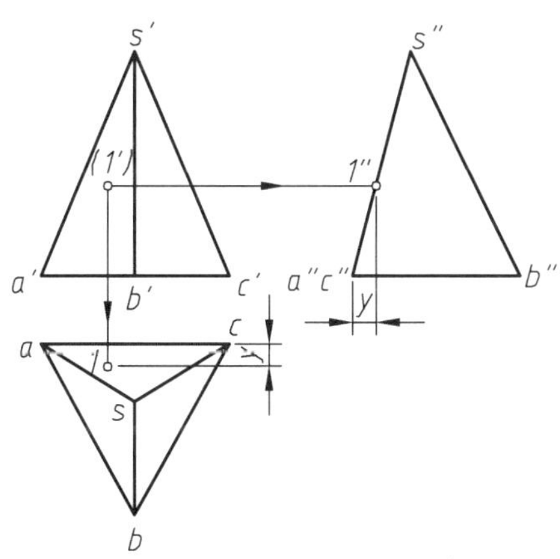

（c）由（1′）、1″求作水平投影 1

图 7.13　求作点 1 的投影

求作 2″、2′的作图步骤：

（1）由于点 2 的水平投影 2 可见，因此可确定点 2 位于棱面△*SBC* 上，如图 7.14（a）所示。

（2）因△*SBC* 为一般位置平面，需在平面上作辅助直线，以求出 2′。图 7.14（b）所示为两种取线方法的作图过程。

（3）由 2、2′求作侧面投影 2″，由于△*SBC* 的侧面投影不可见，则 2″也不可见，如图 7.14（c）所示。

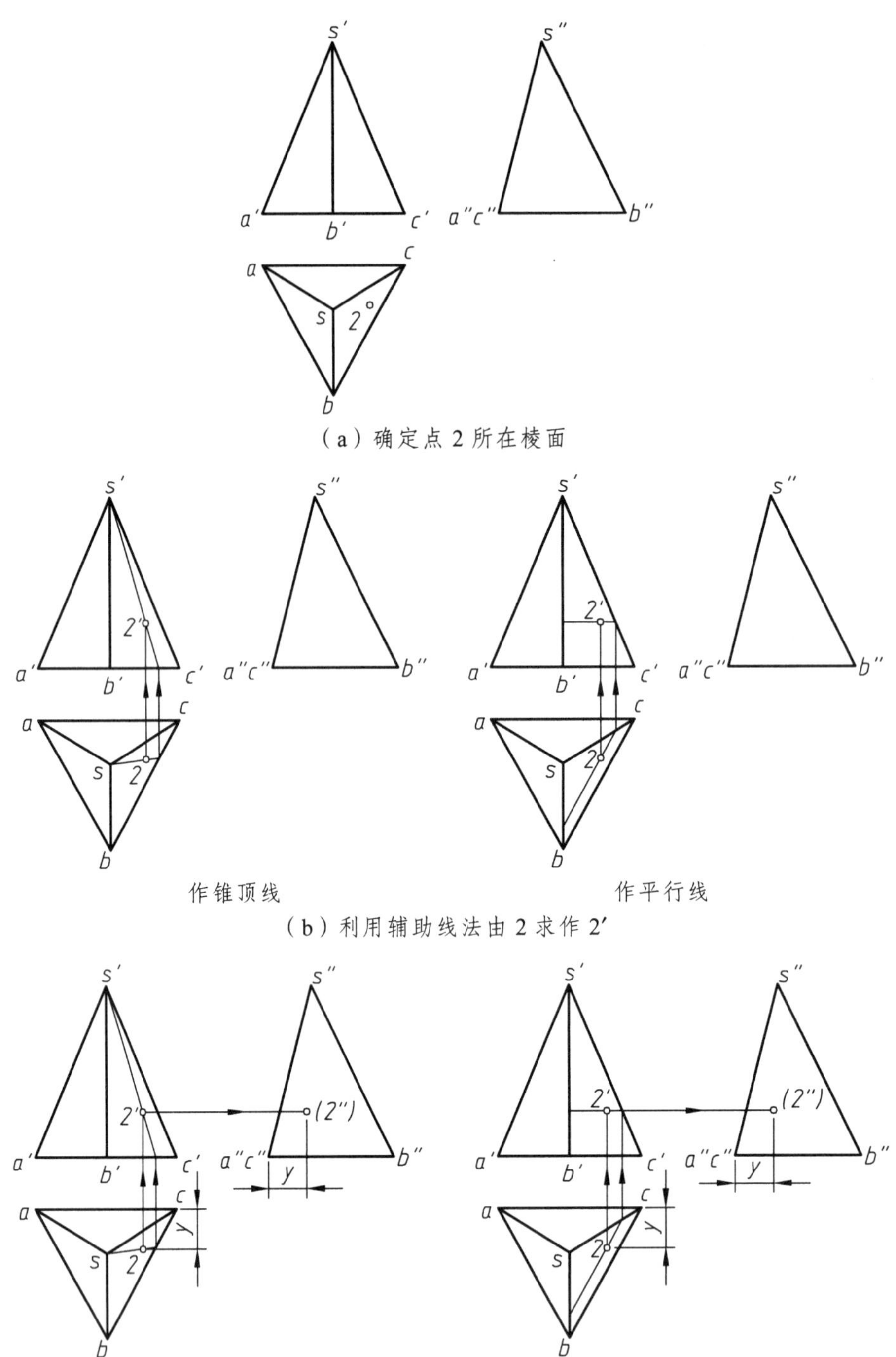

(a) 确定点 2 所在棱面

作锥顶线　　作平行线

(b) 利用辅助线法由 2 求作 2′

(c) 由 2、2′求作侧面投影 2″

图 7.14　求作点 2 的投影

7.3　曲面立体

曲面立体由曲面或曲面和平面所围成。常见的曲面立体是回转体，工程上常用的回转体为圆柱、圆锥、圆球，有时也用到圆环和具有环面的回转体。

在画图和看图时，要抓住回转体的特殊本质，即回转体的形成规律和回转体轮廓的投影。

1. 圆　柱

1）形成

圆柱由圆柱面和上、下两个底平面所组成。如图 7.15（a）所示，圆柱面可以看成是由直线 AA_1 绕与它相平行的轴线 OO_1 旋转而成。

圆柱面上任意一条平行于轴线的直线，称为圆柱面的素线。

2）投影画法

如图 7.15（b）所示，当圆柱面的轴线垂直于水平投影面时，圆柱面上所有素线都是铅垂线，圆柱面的水平投影积聚成一个圆，圆柱面上的任何点和线的投影都积聚在这个圆上。圆柱的主视图和左视图是两个相同的矩形。矩形的上下两条水平边分别为圆柱上下底面的投影。主视图上矩形的左右两边是圆柱面上最左、最右两条素线 AA_1 和 BB_1 的正面投影，左视图上矩形的左右两边是圆柱面上最后、最前两条素线 DD_1 和 CC_1 的投影。

画图时，首先画出主、左视图上轴线的投影和俯视图上的一对垂直的中心线，其次画出俯视图上的圆，最后画其余两视图上的矩形，如图 7.15（c）所示。

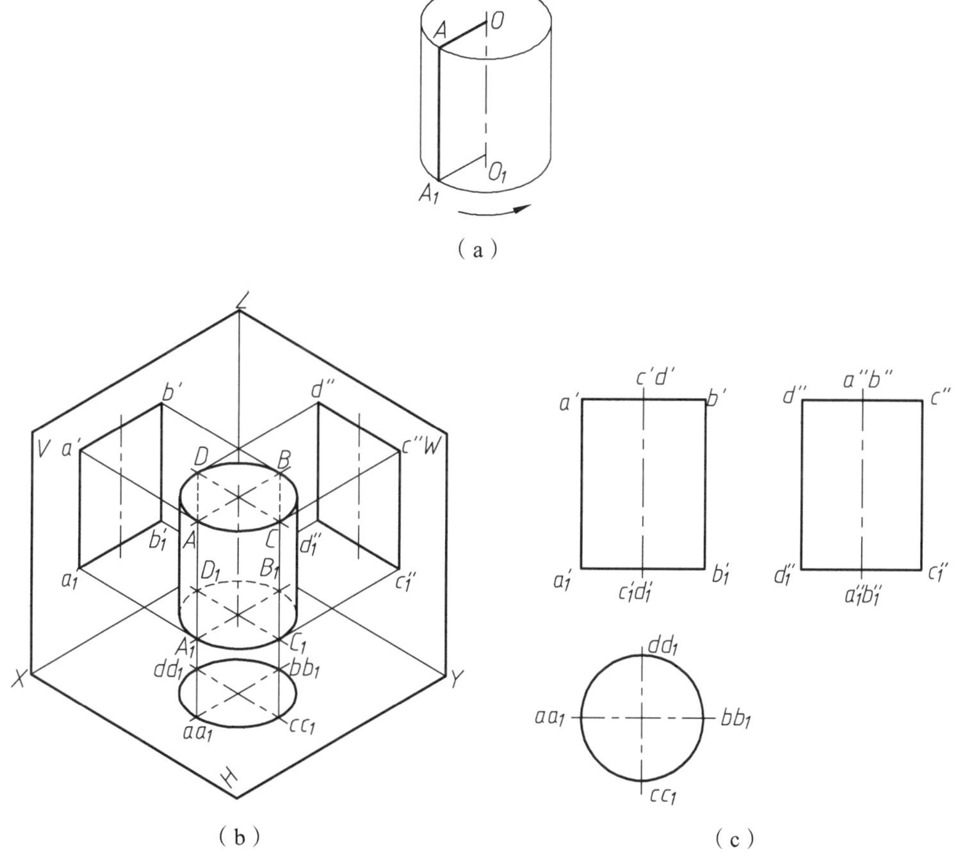

图 7.15　圆柱的三视图

3）圆柱面的轮廓线和可见性

（1）从不同方向投射时，圆柱面视图的轮廓线对应的空间素线是不同的。形成主视图时，最左、最右的素线 AA_1 和 BB_1 的投影 $a'a_1'$ 和 $b'b_1'$ 称为圆柱面主视图轮廓线，其在左视图上对应的投影 $a''a_1''$ 和 $b''b_1''$ 与轴线的投影相重合，画图时不必画出。形成左视图时，最前、最后的素线 CC_1 和 DD_1 的投影 $c''c_1''$ 和 $d''d_1''$ 的投影称为圆柱面左视图轮廓线，其在主视图上对应的投影与轴线的投影重合，不必画出。

（2）主视图轮廓线 $a'a_1'$ 和 $b'b_1'$ 是圆柱面在主视图上可见与不可见部分的分界线。这可从俯视图上看出，前半个圆柱面在主视图上为可见，后半个圆柱面在主视图上为不可见。左视图轮廓线 $c''c_1''$ 和 $d''d_1''$ 是圆柱面在左视图上可见与不可见部分的分界线。同样可从俯视图上看出，左半个圆柱面在左视图上为可见，右半个圆柱面在左视图中为不可见。

2. 圆　锥

1）形成

如图 7.16（a）所示，圆锥由圆锥面和底平面组成。圆锥面可以看成是直线 SA 绕与其倾斜相交的轴线 OO_1 旋转而成。直线 SA 称为母线，圆锥面上通过锥顶 S 的任一直线称为圆锥面的素线。

2）投影画法

圆锥面的三个投影都没有积聚性，如图 7.16（b）所示，当圆锥的轴线垂直于水平面时，圆锥的俯视图为一个圆（底面圆的投影），它的主视图和左视图为相同的等腰三角形。

画图时，首先画出主、左视图上轴线的投影和俯视图上的一对垂直的中心线，其次画出俯视图上的圆，再根据圆锥的高度，画其余两视图上的等腰三角形，如图 7.16（c）所示。

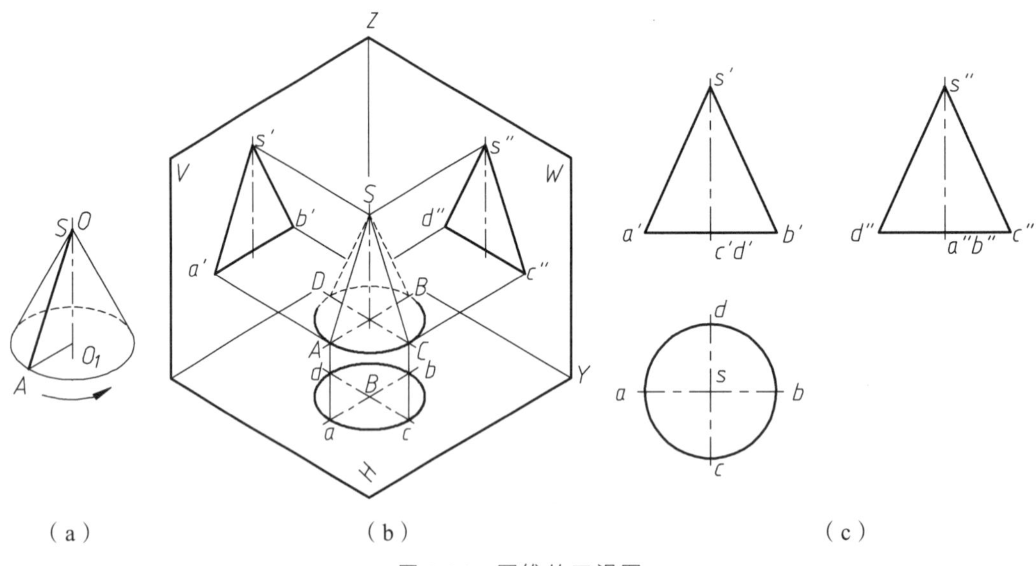

图 7.16　圆锥的三视图

3）圆锥面的轮廓线和可见性

（1）从不同方向投射时，圆锥面视图的轮廓线对应的空间素线是不同的。形成主视图时，最左、最右的素线 SA 和 SB 的投影 $s'a'$ 和 $s'b'$ 称为圆锥面主视图轮廓线，其在左视图上对应的

投影 $s''a''$和 $s''b''$与轴线的投影相重合，画图时不必画出。形成左视图时，最前、最后的素线 SC 和 SD 的投影 $s''c''$和 $s''d''$的投影称为圆锥面左视图轮廓线，其在主视图上对应的投影与轴线的投影重合，不必画出。

（2）主视图轮廓线 $s'a'$和 $s'b'$是圆锥面在主视图上可见与不可见部分的分界线。这可从俯视图上看出，前半个圆锥面在主视图上为可见，后半个圆锥面在主视图上为不可见。左视图轮廓线 $s''c''$和 $s''d''$是圆锥面在左视图上可见与不可见部分的分界线。同样可从俯视图上看出，左半个圆锥面在左视图上为可见，右半个圆锥面在左视图中为不可见。

3. 圆　球

1）形成

如图 7.17（a）所示，球面可看成是一圆母线绕其直径 OO_1 旋转而成。

2）投影画法及轮廓线分析

如图 7.17（b）所示，球的三个视图均为圆，其直径与球的直径相同。这三个圆不是球上某一个圆的三个投影，而是从三个不同的方向上球的最外素线 A、B、C 的投影。从图 7.17（c）可看出，球的主视图轮廓线 a'是主视图上球面可见与不可见部分的分界线，把球分为前后两部分。其对应投影 a、a''均为与相应视图上的中心线重合而不必画出。球的俯视图轮廓线 b'是俯视图上球面可见与不可见部分的分界线，把球分为上下两部分。其对应投影 b'、b''均为与相应视图上的中心线重合而不必画出。球的左视图轮廓线 c'是左视图上球面可见与不可见部分的分界线，把球分为左右两部分。其对应投影 c、c'均为与相应视图上的中心线重合而不必画出。

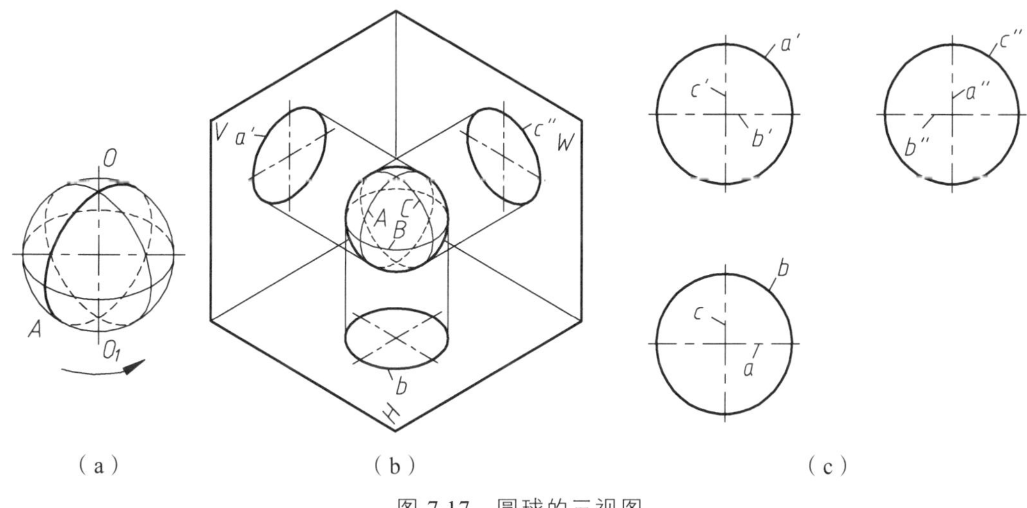

（a）　　（b）　　（c）

图 7.17　圆球的三视图

4. 圆　环

1）形成

如图 7.18（a）所示，圆环可看成是以圆为母线，绕与圆在同一平面内，但不通过圆心的轴线 OO_1 旋转而成。圆环外面的一半表面，称为外环面，由母线圆的 ABC 弧旋转而成；里面的一半表面，称为内环面，由母线圆的 ADC 弧旋转而成。

2）法线及轮廓线分析

如图 7.18（b）所示，圆环主视图上两个小圆是圆环最左、最右两个素线圆的正面投影，称为主视图轮廓线。由于内环面从前面看为不可见，因此靠近圆环轴线投影的两个半圆画成虚线。与两个小圆上下相切的轮廓线为内外环面分界圆（分别过点 *A* 和 *C*）的投影。在主视图上，前半个外环面为可见，整个内环面和后半个外环面均不可见。俯视图上的点画线圆为母线圆中心运动轨迹的投影。两个实线圆分别为上下半个环面的分界圆（分别过点 *B* 和 *D*）的投影，称为圆环俯视图轮廓线。在俯视图上，上半个环面为可见，下半个环面为不可见。

画图时，首先画出主视图上圆环轴线的投影、两个小圆的中心线和俯视图上圆的中心线和点画线圆，其次画主视图上两个小圆和切于小圆的上下两条切线，最后画俯视图上的两个实线圆。

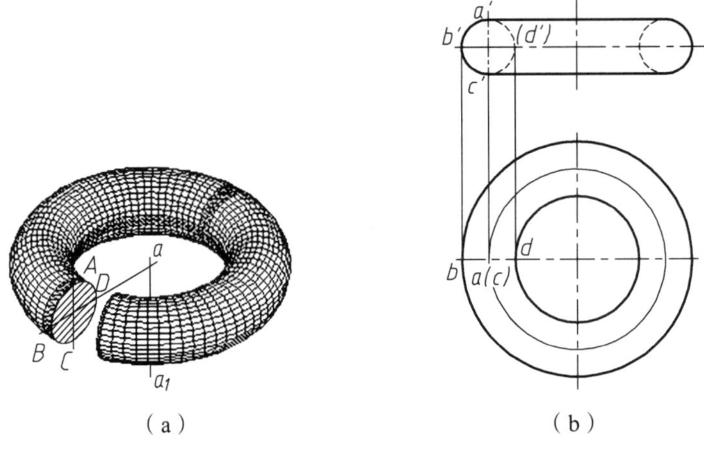

（a）　　（b）

图 7.18　圆环的两视图

图 7.19 所示是工程上常见的各种不完整的回转体，应熟悉它们的形状和投影。

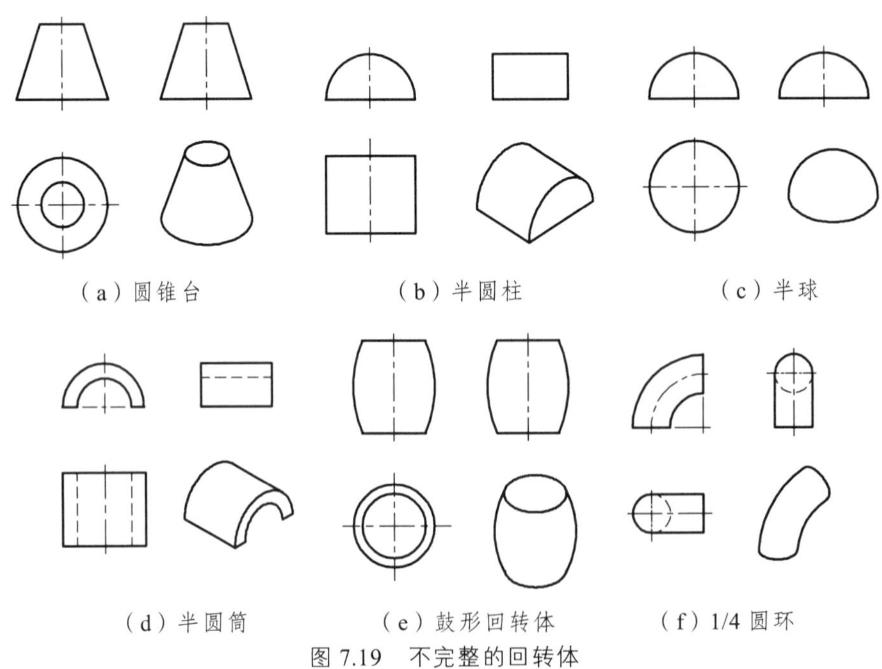

（a）圆锥台　　（b）半圆柱　　（c）半球

（d）半圆筒　　（e）鼓形回转体　　（f）1/4 圆环

图 7.19　不完整的回转体

7.4 曲面立体上的点和线

例 3 如图 7.20（a）所示，已知圆柱面上点 *K* 和线 *AB* 的正面投影 *k*′和 *a*′*b*′，求作它们的其余两个投影。

解：

（1）作点 *K* 的其余两个投影。

由于圆柱面的水平投影有积聚性，因此点 *K* 的水平投影 *k* 应积聚在圆周上。根据正面投影 *k*′可见，可得知水平投影 *k* 应在前半个圆柱面上，因而求得 *k*。然后再由 *k*′、*k* 求出 *k*″，如图 7.20（b）所示。

可见性判断：由俯视图可以看出，点 *K* 位于右半个圆柱面上，在左视图上不可见，*k*″应加上括号。

（2）作线 *AB* 的其余两个投影。

由于圆柱面上除了素线以外作不出其他直线，因此 *AB* 其实是圆柱面上的一条平面曲线（椭圆弧），*a*′*b*′是这条曲线的积聚投影。根据其正面投影可见，可得知它的水平投影 *ab* 积聚在前半个圆周上。为了作出侧面投影，除了作出两个端点 *A*、*B* 的侧面投影 *a*″、*b*″外，还应在曲线上找出特殊点，如点 *C*，它是最前素线上的点，*c*′在轴线上，*c*″在左视图轮廓线上[见图 7.20（c）]。此外，为了能光滑连接椭圆弧，还应在曲线上作出一些中间点，如 *D*、*E*[见图 7.20（d）]。

可见性判断：由于点 *C* 在左视图轮廓线上，它的侧面投影 *c*″为椭圆弧可见与不可见的分界点，*a*″*d*″*c*″可见，画成粗实线，*c*″*e*″*b*″不可见，应画成虚线，如图 7.20（e）所示。

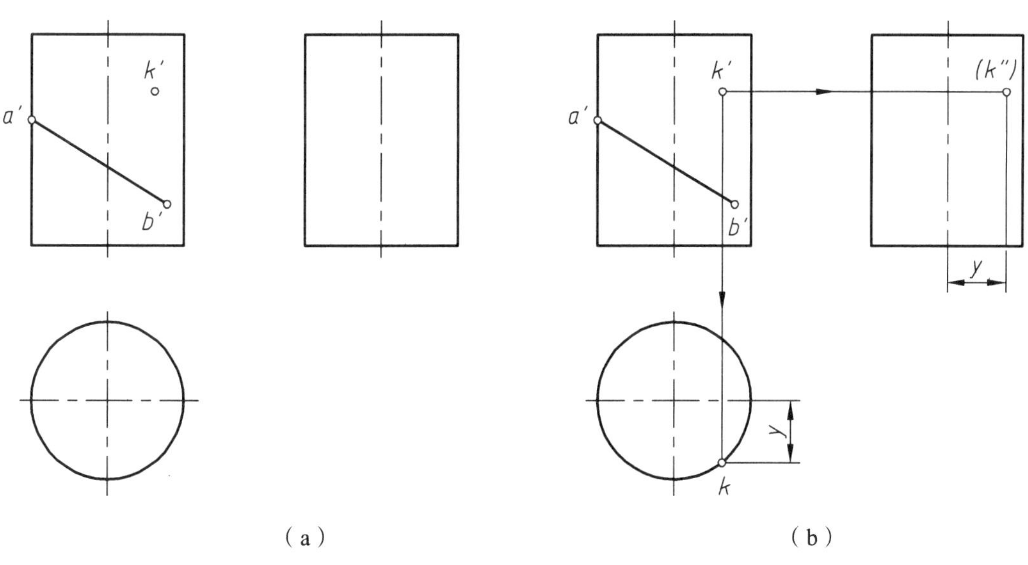

（a）　　　　（b）

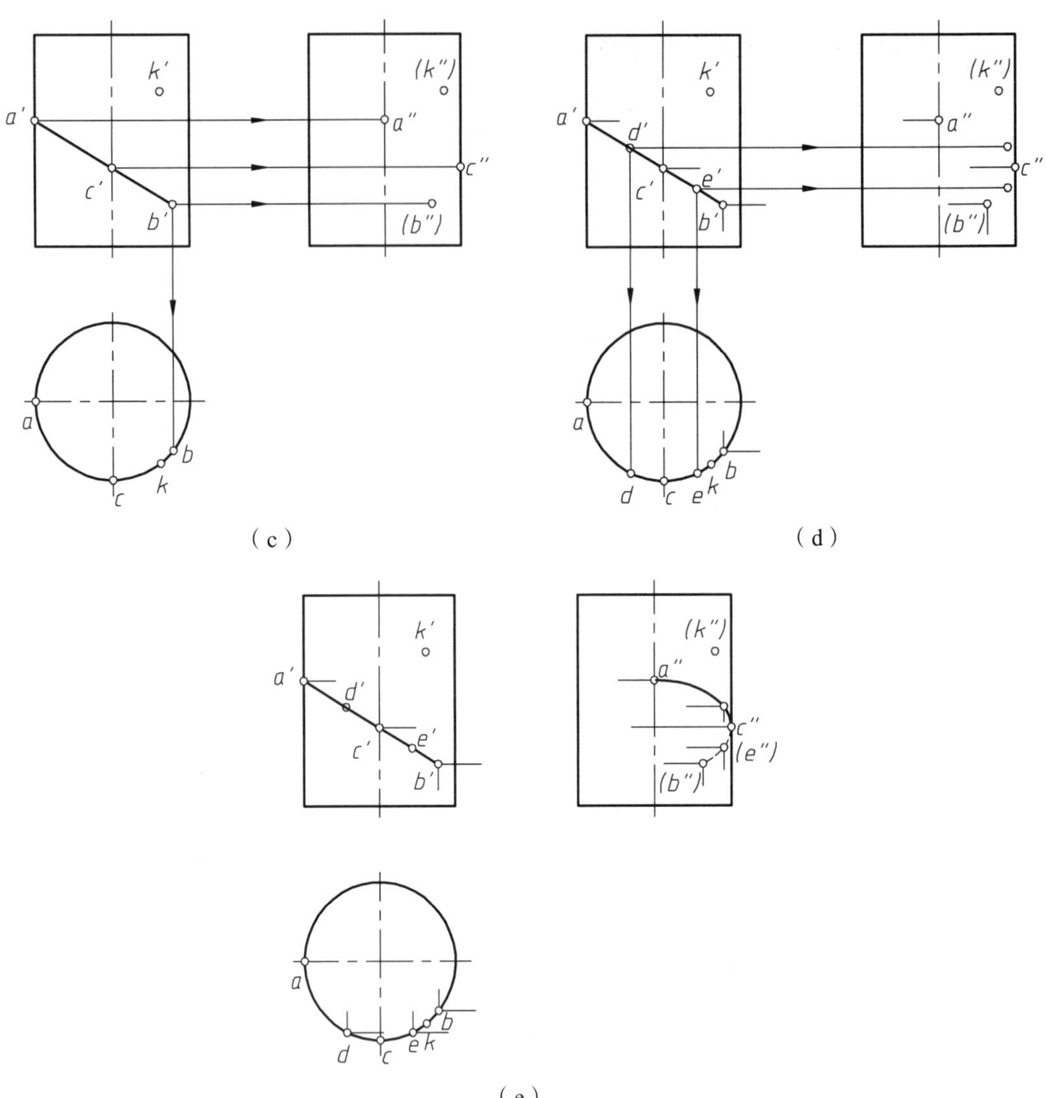

图 7.20　圆柱面上取点、线

第 8 章　平面与立体相交——截交线

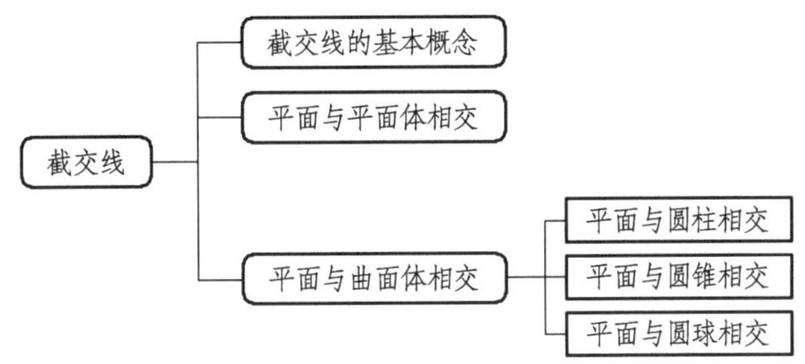

8.1　平面与平面体相交

与立体相交的平面称为截平面，截平面与立体表面的交线称为截交线，截交线围成的图形称为截断面，如图 8.1 所示。

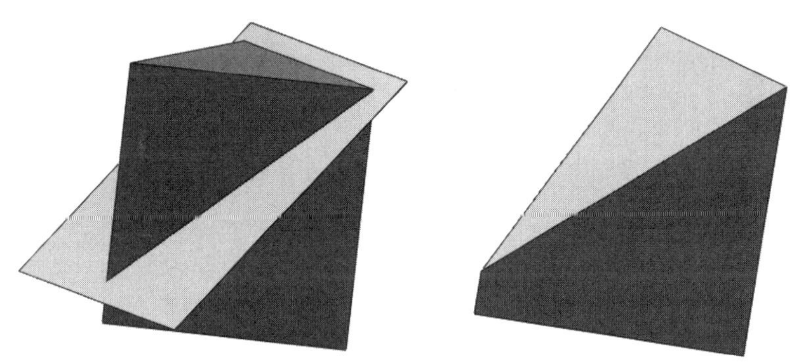

图 8.1　平面与立体相交

1. 截交线的特性

平面体的截交线是截平面和平面立体表面的共有线。

截交线是由直线围成的平面封闭多边形。多边形的顶点是截平面与立体各棱线的交点，其数目取决于立体上与截平面相交的棱线数目。

2. 作截交线的方法

作平面体截交线的方法是：先作出平面体各棱线与截平面的交点，然后依次连成截交线。

例 1　求作五棱柱被正垂面 P 截切后的左视图，并补全俯视图（见图 8.2）。

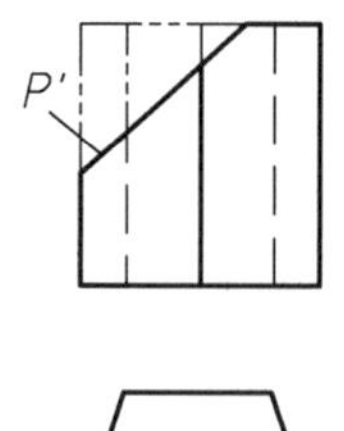

图 8.2　例 1 题图

解：

（1）空间分析：

截平面 P 与五棱柱的 4 个棱面和顶面相交，截交线即为 P 与这 5 个平面的交线 $ABCDE$，为一个五边形。截切过程如图 8.3 所示。

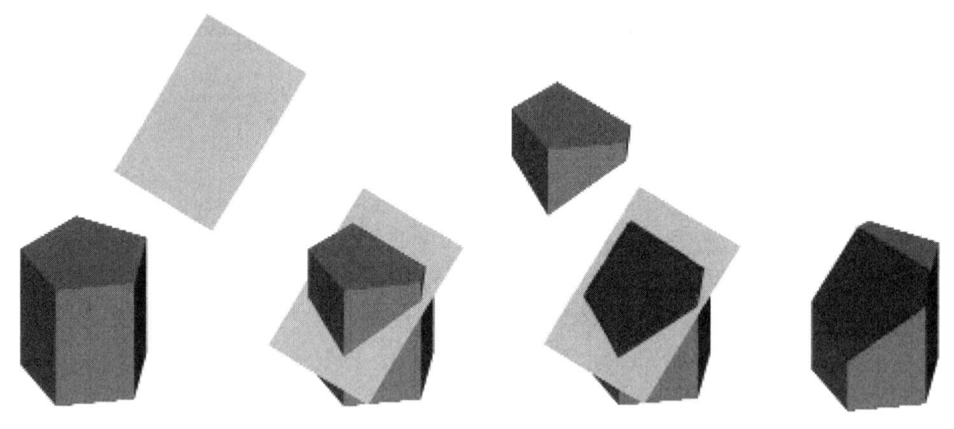

图 8.3　截切过程

（2）投影分析：

由图 8.2 和 8.3 可知，截平面 P 为正垂面，所以截交线的正面投影为已知，积聚在 P'上。五棱柱被截切后的主视图也已知。只要作出截交线的水平投影，就可以作出五棱柱被截切后的俯视图。再根据五棱柱的主、俯视图，作出它的左视图；根据截交线的正面投影和水平投影，作出它的侧面投影。

（3）作图过程：

① 作出未截切的五棱柱的左视图[见图 8.4（a）]。

② 在截交线已知的正面投影上，标注出截平面 P 与五棱柱左边 3 条棱线的正面投影 a'、e'、b'，标注出截平面 P 与五棱柱顶面的交线（正垂线）CD 的正面投影 c'、d'（积聚成一点），这样就表明了截交线五边形 $ABCDE$ 的正面投影 $a'b'c'd'e'$[见图 8.4（b）]。

③ 由截交线五边形 $ABCDE$ 的正面投影 $a'b'c'd'e'$作出其水平投影 $abcde$[见图 8.4（b）]。

④ 根据截交线的正面投影和水平投影，作出其侧面投影 a″b″c″d″e″[见图 8.4（c）]。

⑤ 分清可见性，左视图上 a″以上的棱线已变为立体右侧棱线的投影，应为不可见线，注意画成虚线。

⑥ 整理，将截去的侧面投影的轮廓线擦去（或改为双点画线），检查后描深[见图 8.4（d）]。

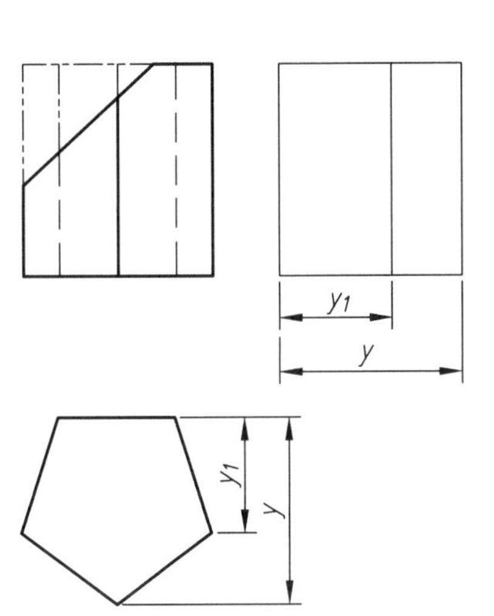

（a）作出五棱柱的左视图

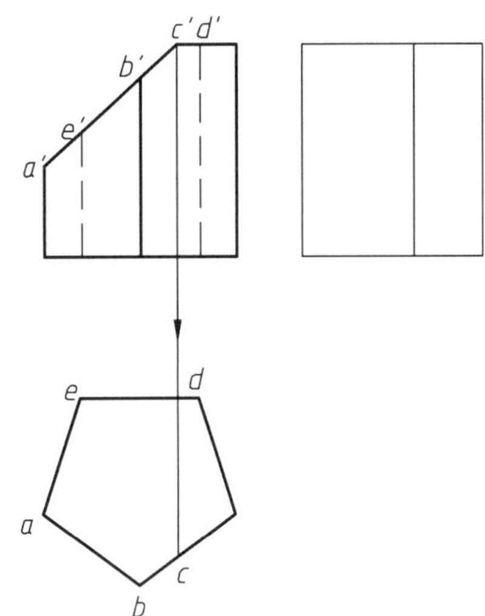

（b）标出截交线的正面投影和水平投影

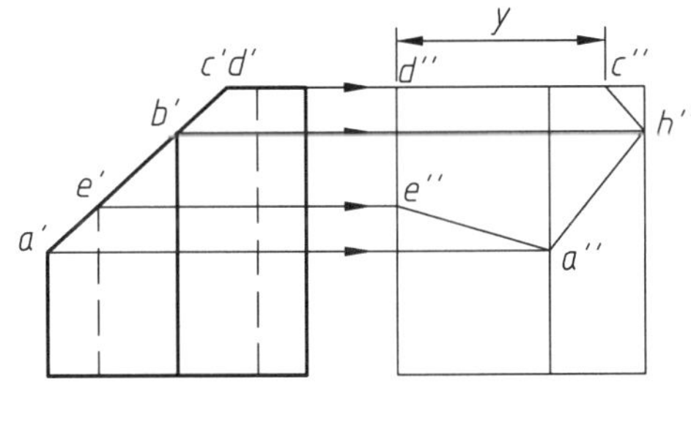

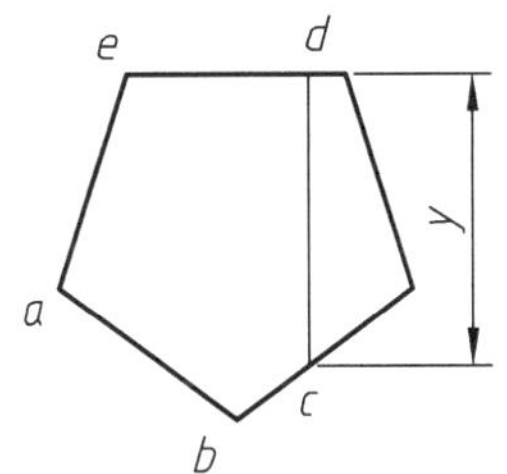

（c）作出截交线的侧面投影

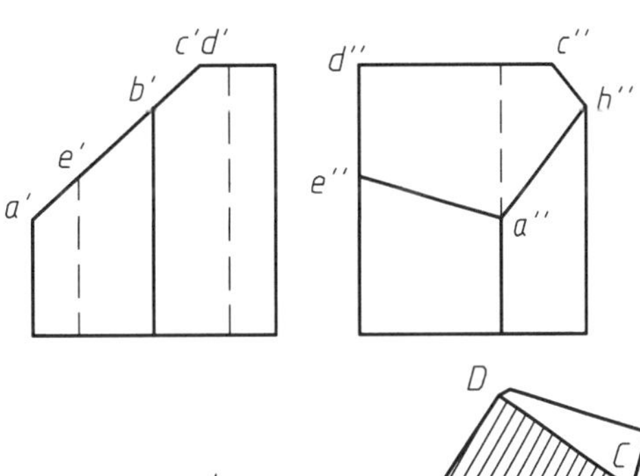

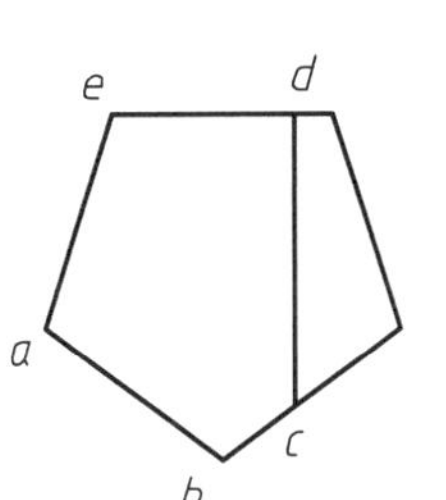

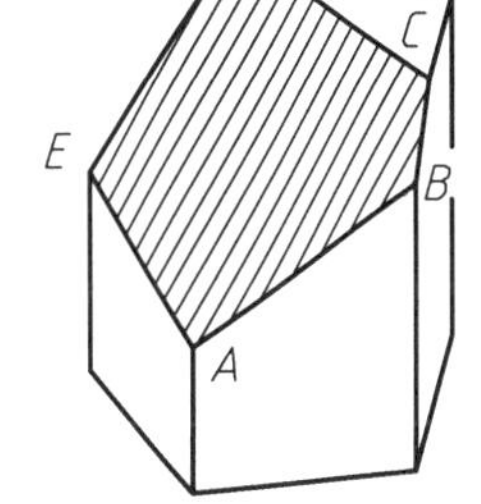

（d）整理、描深

图 8.4　作图过程

例 2　完成带切口的四棱台的俯视图，并求作其左视图（见图 8.5）。

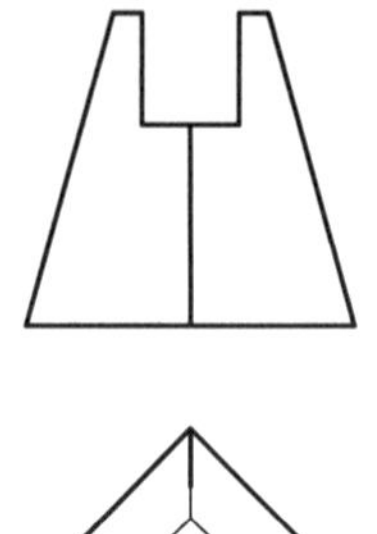

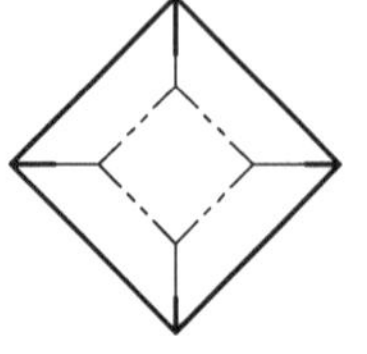

图 8.5　例 2 题图

解：

（1）空间与投影分析：

四棱台的切口可看作是由一个水平面 S、两个侧平面 P 和 Q 截切而成。

作有多个平面截体的方法是：逐个截面分析和绘制截交线，并作出截平面之间的交线。

水平面 S 与 4 个棱面都相交，形成 4 条交线，同时它也与两个侧平面 P、Q 相交，交线为两条正垂线，因此水平面 S 与四棱台的截断面为一个六边形；侧平面 P 与四棱台的两个棱面相交，形成两条交线，同时又与顶面和水平面 S 相交，交线为两条正垂线，因此侧垂面 P 与四棱台的截断面为一个四边形，侧平面 Q 也类似。由于三个截切平面的正面投影都具有积聚性，所以截交线的正面投影为已知，积聚成 3 条直线（见图 8.6）。

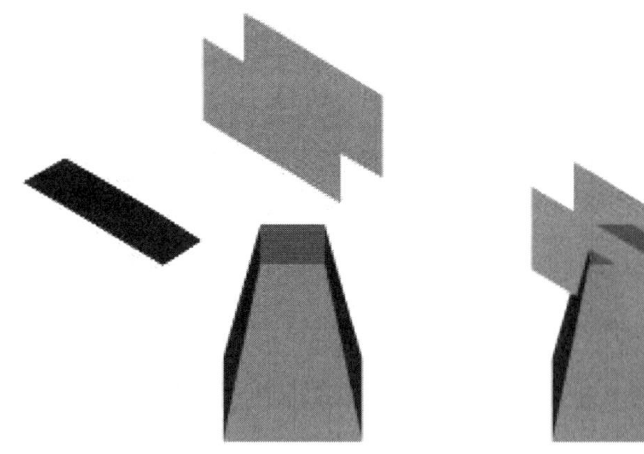

图 8.6　四棱台切口的形成过程

（2）作图过程：

① 作出未截切四棱台的左视图[见图 8.7（a）]。

② 作出水平面 S 与前后棱线的交点 B 和 E，S 与 P、Q 平面的交线 AF、CD 与各棱面的交点 A、F、C、D，总共 6 个点的水平投影和侧面投影，可用平行线法求作[见图 8.7（b）]。

③ 作出两个侧平面 P、Q 与四棱台顶面的两条交线 GH、IJ 的四个端点 G、H、I、J 的水平投影和侧面投影[见图 8.7（c）]。

④ 依次连接各点的同面投影[见图 8.7（d）]。

⑤ 分清可见性：S 与 P、Q 两截平面的交线的侧面投影 $a''f''$、$c''d''$不可见，应画成虚线。

⑥ 整理：在俯视图和左视图中擦去四棱台被截去的棱线，检查后描深[见图 8.7（e）]。

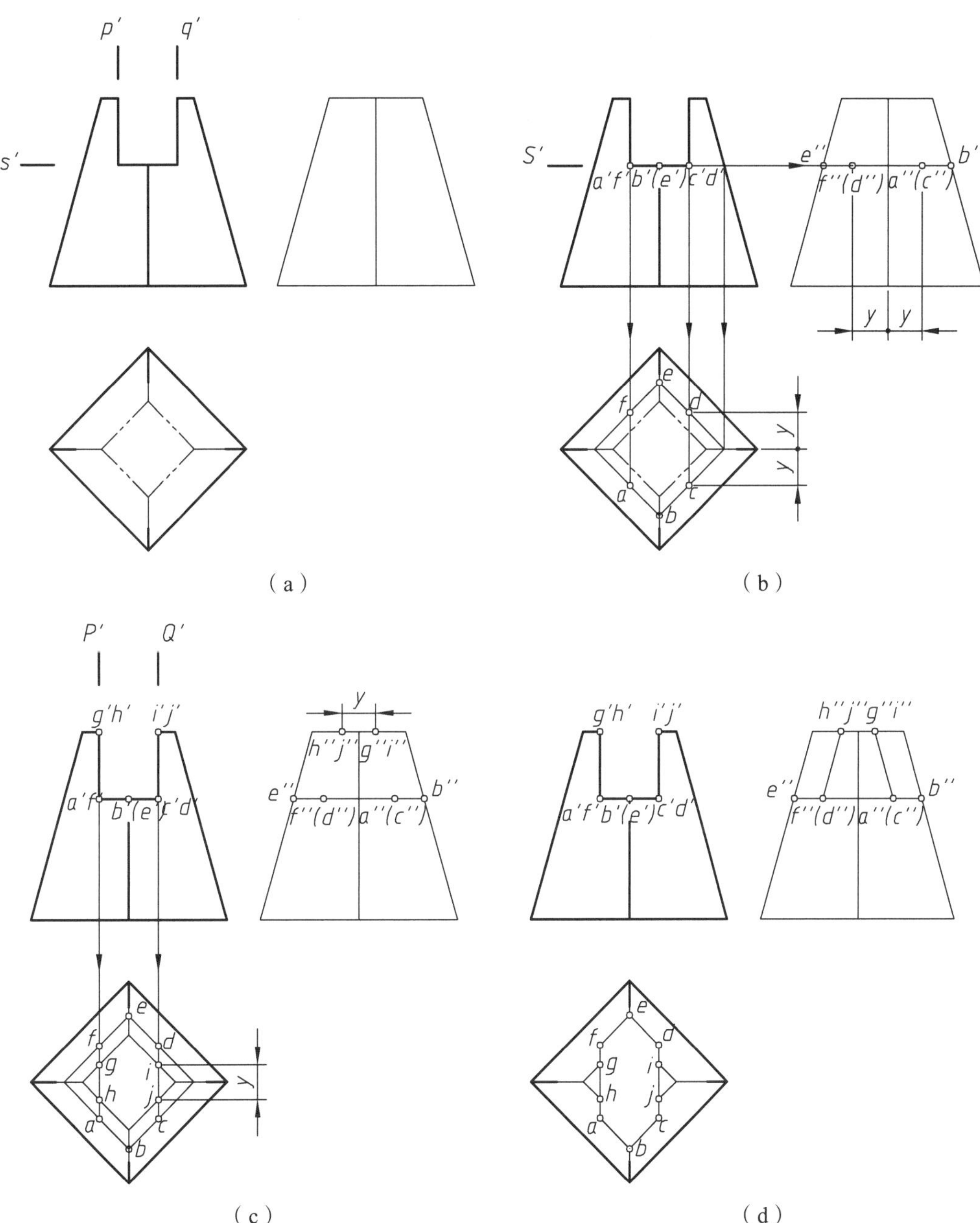

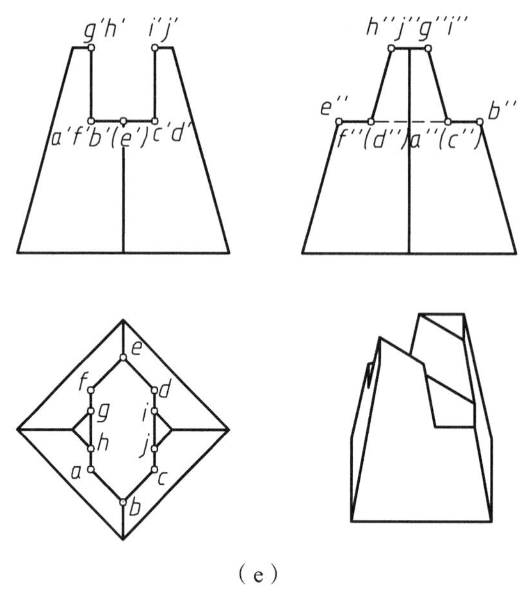

（e）

图 8.7　作图过程

例 3　如图 8.8 所示，完成带切口的三棱锥的俯视图，并求作其左视图。

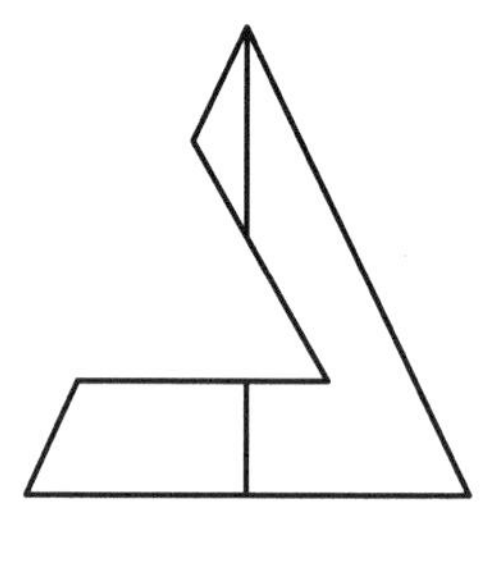

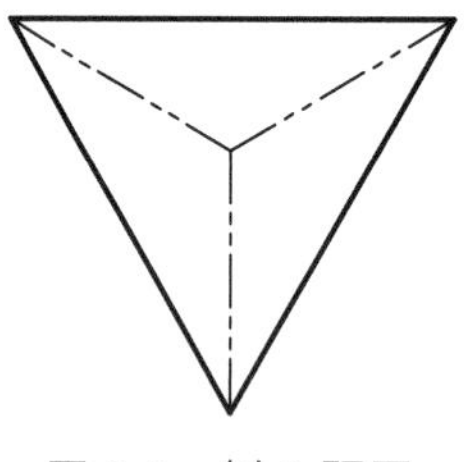

图 8.8　例 3 题图

解：

（1）空间与投影分析：

三棱锥的切口是由正垂面 P 和水平面 Q 截切形成。水平面 Q 与 3 个棱面都相交，形成 3 条交线，同时它也与正垂面 P 相交，交线为 1 条正垂线ⅢⅣ，因此水平面 S 与三棱锥的截断面为四边形ⅠⅡⅢⅣ；正垂面 P 与三棱锥的 3 个棱面相交，形成 3 条交线，加上与水平面 Q 的交线（正垂线），正垂面 P 与四棱台的截断面为四边形ⅢⅣⅤⅥ（见图 8.9）。

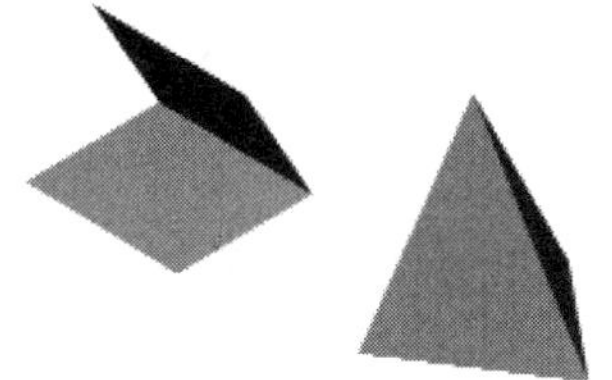

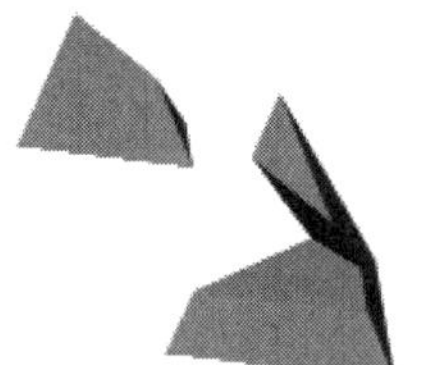

图 8.9　形成过程

（2）作图过程：

① 作出未截切三棱锥的左视图。其中 AC 为侧垂线，因此棱面 SAC 为侧垂面，在左视图中积聚成直线 $s''a''c''$[见图 8.10（a）]。

② 首先作出水平面 Q 与棱线 SA、SB 的交点Ⅰ、Ⅱ的侧面投影 1″、2″和水平投影 1、2，然后作出 Q、P 两个截平面的交线，其端点Ⅲ、Ⅳ分别在棱面 SBC 和棱面 SAC 上，可用平行线法求作，依次连接各点的同面投影，得到水平面 Q 与三棱锥的截断面：四边形ⅠⅡⅢⅣ[见图 8.10（b）]。

③ 作出正垂面 P 与棱线 SA、SB 的交点Ⅴ、Ⅵ的侧面投影 5″、6″和水平投影 5、6，依次连接Ⅲ、Ⅳ、Ⅴ、Ⅵ的同面投影，得到正垂面 P 与三棱锥的截断面：四边形ⅢⅣⅤⅥ[见图 8.10（c）]。

④ 分清可见性：在俯视图中，P、Q 两个截平面的交线ⅢⅣ的水平投影 3、4 被三棱锥的锥顶遮挡，应画成虚线。

⑤ 整理：首先检查棱线的投影，由主视图可见，棱线 SA 和 SB 是中断的，因此在俯视图上，点 1 与 5 之间、点 2 与 6 之间不应有线。在左视图上，点 2″与 6″之间也不应有线，而点 1″与 5″之间的线是棱面 SAC 的积聚性投影。检查斜面的类似形，正垂面 P 的水平投影和侧面投影的形状应为相类似的四边形。最后描深图线[见图 8.10（d）]。

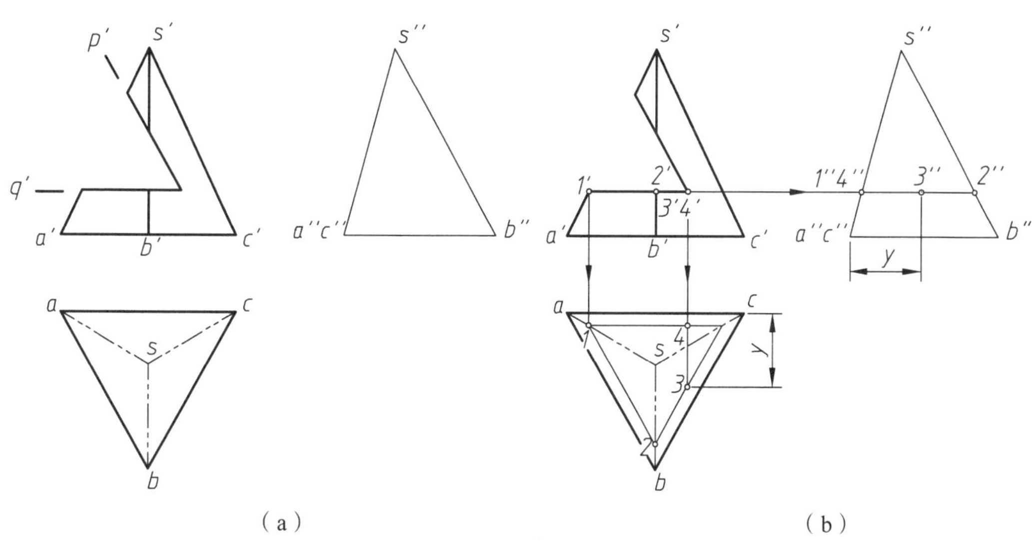

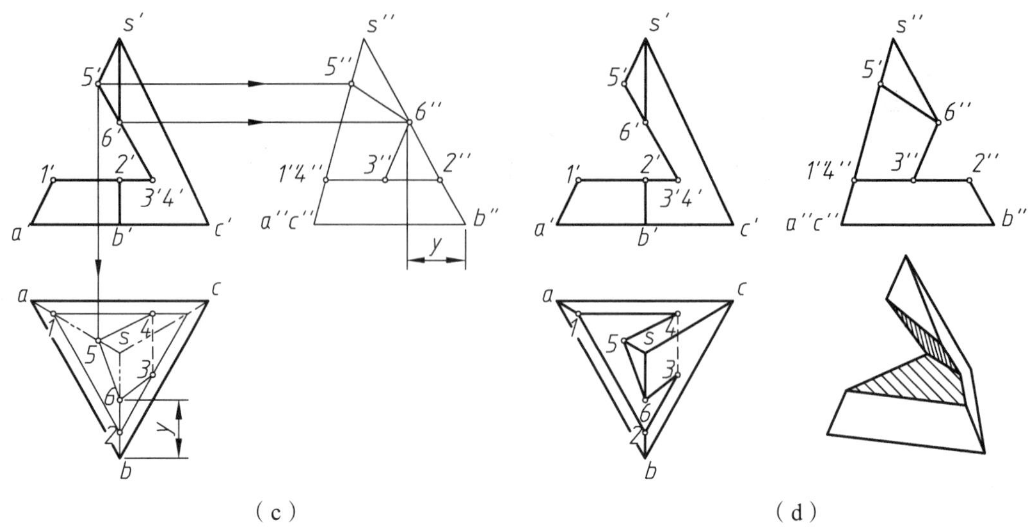

（c）　　　　　　　　　　　　（d）

图 8.10　作图过程

8.2　平面与常用回转体相交

8.2.1　回转体截交线的特性和作图方法

平面与回转体相交时，平面可能只与其回转面相交，也可能既与其回转面相交，又与其平面（端面）相交。

1. 特　性

回转体的截交线通常是一条封闭的平面曲线，也可能是由截平面上的曲线和直线所围成的平面图形或多边形（见图 8.11）。截交线的形状与回转体的几何性质及其与截平面的相对位置有关。

截交线是截平面与回转体表面的共有线，截交线上的点是它们共有点的集合。

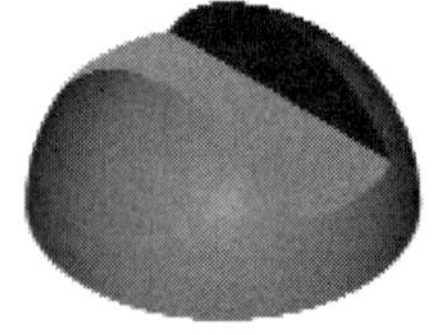

图 8.11　截交线示例

2. 作图方法

当截平面为特殊位置平面时，截交线的投影就积聚在截平面的有积聚性的同面投影上，可用在回转体表面上取线和点的方法作截交线。

在作图过程中，应首先作出一些能确定截交线的形状和范围的特殊点，如最高最低点、最前最后点、最左最右点，椭圆长、短轴的端点，以及抛物线、双曲线的顶点，投影上截交线可见与不可见的分界点等，这些特殊点的投影绝大多数位于回转体的视图轮廓线上。然后再作出其上若干个一般点（也称中间点），最后将这些共有点连成光滑曲线（尖点处例外），并表明可见性。

8.2.2 平面与圆柱相交

平面与圆柱面相交时，根据平面对圆柱轴线的位置不同，其截交线有三种情形——圆、椭圆、两平行直线（见表 8.1）。

表 8.1 平面与圆柱面的交线

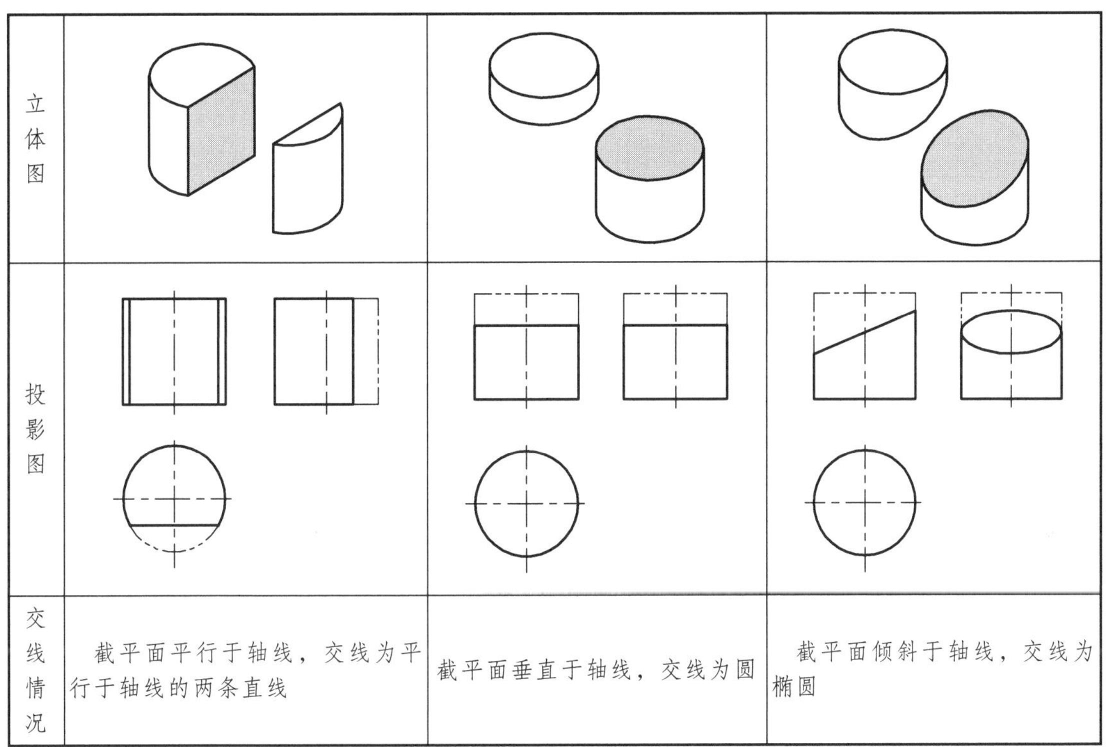

立体图			
投影图			
交线情况	截平面平行于轴线，交线为平行于轴线的两条直线	截平面垂直于轴线，交线为圆	截平面倾斜于轴线，交线为椭圆

例 4 如图 8.12（a）所示，圆柱被正垂面 P 所截，已知它的主视图和俯视图，求作左视图。

解：

（1）空间及投影分析。

截平面 P 与圆柱轴线斜交，截交线应为一个椭圆[见图 8.12（b）]。由于正垂面 P 的正面投影具有积聚性，因此椭圆的正面投影 $a'b'$ 与截平面的正面投影 p' 重合。椭圆的水平投影积聚在圆柱的水平投影圆上[见图 8.12（c）]。

（2）作图。

① 作出完整圆柱的左视图[见图 8.12（d）]。

② 作特殊点的投影。

从图中可知，点 *A*、*B*、*C*、*D* 为特殊点，它们不仅是截交线上的极限位置点，也是椭圆长短轴的端点。点 *a*′、*b*′位于圆柱正面投影轮廓线上，点 *c*′、*d*′位于 *a*′*b*′的中点处并重合于一点。它们对应的水平投影 *a*、*b*、*c*、*d* 积聚在圆上。侧面投影 *a*″、*b*″、*c*″、*d*″可直接通过投影得到，其中点 *c*″、*d*″位于圆柱左视图轮廓线上[见图 8.12（e）]。

③ 作必要的一般点。

在截交线的已知投影上定出一般点的投影；例如点 *e*′，在水平投影圆上作出点 *e*，再由 *e*′、*e* 作出 *e*″。用同样的方法再作出一些一般点[见图 8.12（f）]。

④ 连线，检查后加深。

在左视图上依次光滑地连接各点。从主视图上可知，圆柱的左视图轮廓线在 *c*″和 *d*″以上是不存在的，并在 *c*″和 *d*″处与圆柱相切，可用双点画线画出或不画[见图 8.12（g）]。

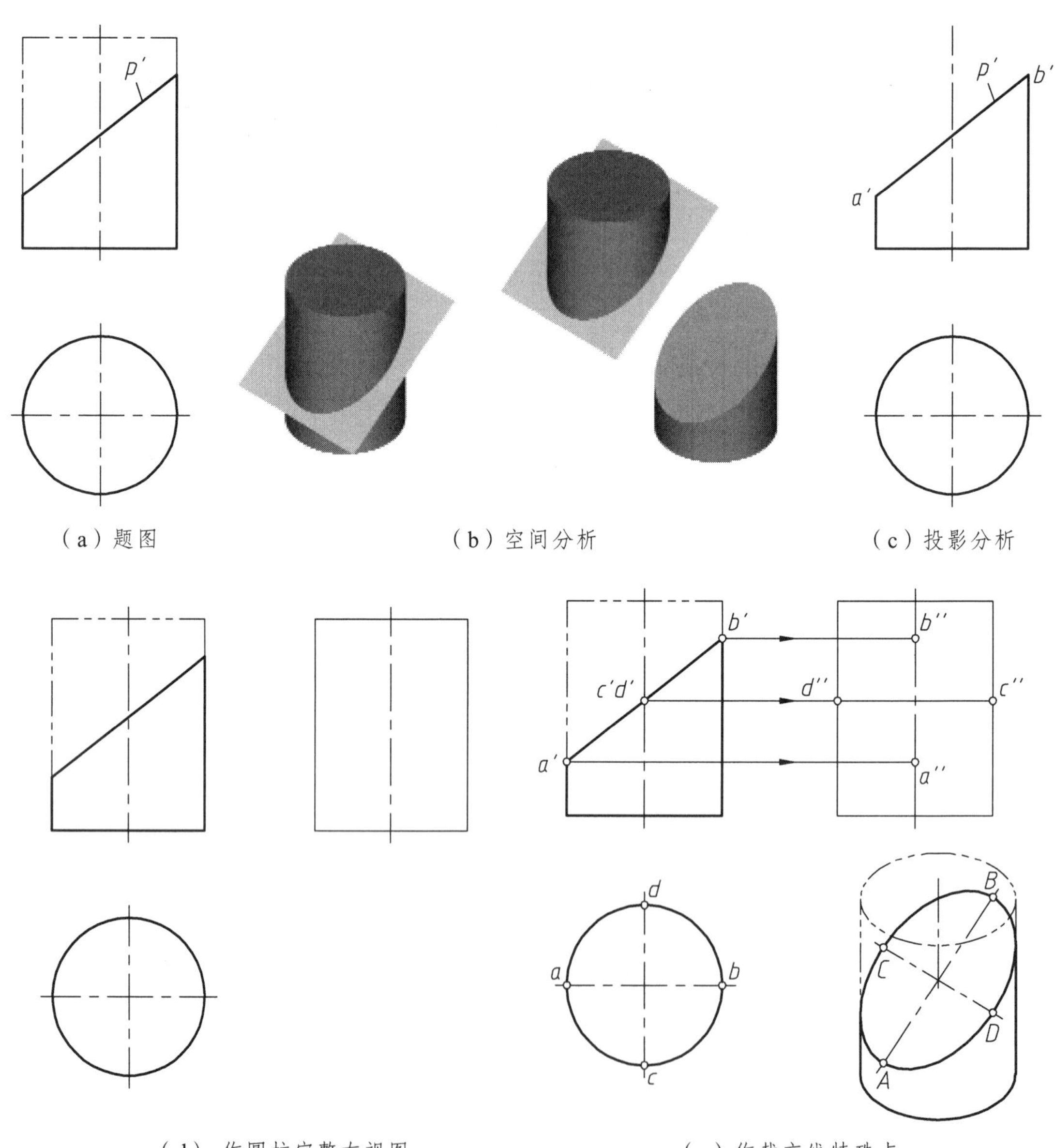

（a）题图　（b）空间分析　（c）投影分析

（d）作圆柱完整左视图　（e）作截交线特殊点

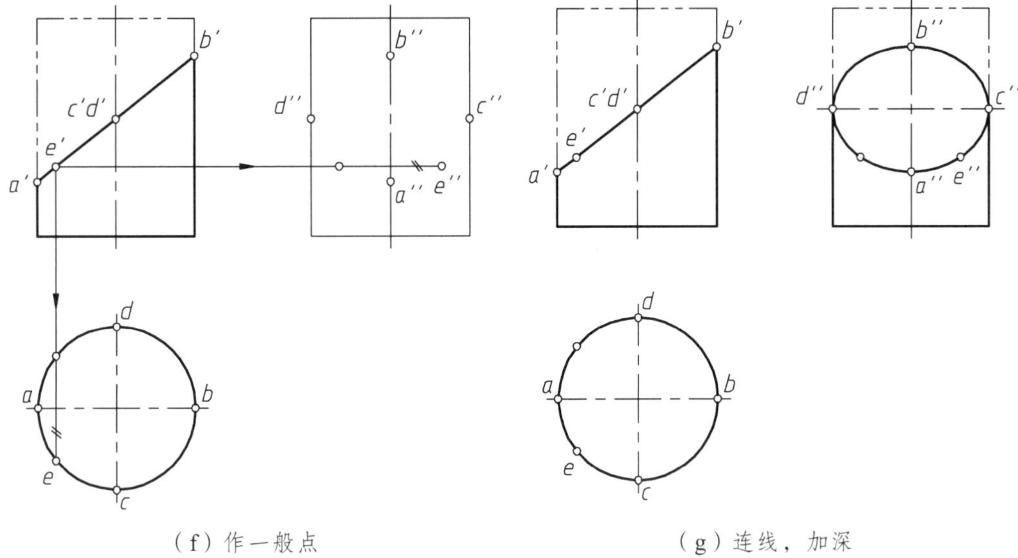

（f）作一般点　　（g）连线，加深

图 8.12　例 4

例 5　如图 8.13（a）所示，已知圆柱开一方槽后的主视图和左视图，求作其俯视图。

解：

作被两个或两个以上平面截切的回转体投影图的方法，也同样是逐个截面分析和绘制截交线，并需绘出截面之间的交线。

（1）空间和投影分析。

从图 8.13（b）中可以看出，方槽口是由两个水平面 P、Q（与圆柱轴线平行）和一个侧平面 T（与圆柱轴线垂直）切出的。前者与圆柱面的交线是直线，后者与圆柱的交线是圆弧。

由于截面 P 是一水平面，它的正面投影 p'有积聚性，所以与圆柱面的交线 AB 和 CD 的正面投影 $a'b'$和 $c'd'$与 p'重合。同时 AB、CD 为侧垂线，它们的侧面投影积聚成圆上的两个点 $a''b''$和 $c''d''$。

截面 Q 的情况与 P 相同，同学们可自行分析它的交线。

由于截面 T 是一侧平面，它的正面投影 t'有积聚性，因此交线 BEF 的正面投影 $b'e'f'$与 t'重合，而它的侧面投影 $b''e''f''$与圆柱面的侧面投影——圆重合[见图 8.13（c）]。

（2）作图。

① 作出完整圆柱的俯视图[见图 8.13（d）]。

② 按投影的对应关系，画出截交线的水平投影：根据（$a'b'$，$a''b''$）和（$c'd'$，$c''d''$）画出线段 ab 和 cd；根据 $b'e'f'$和 $b''e''f''$画出线段 bef。由于该形体前后对称，所以俯视图 d 处的交线与 bef 一样[见图 8.13（e）]。

③ 作出截面 P 与截面 T 的交线的水平投影：连接 bd，注意应为虚线。截面 Q 与截面 T 的交线水平投影与 bd 重合。

④ 整理：从主视图中可以看出，方槽口处的轴线被切掉了，因此轴线所对应的俯视图轮廓线也不应画出，即 e 左方的轮廓线是没有的。最后检查后描深[见图 8.13（f）]。

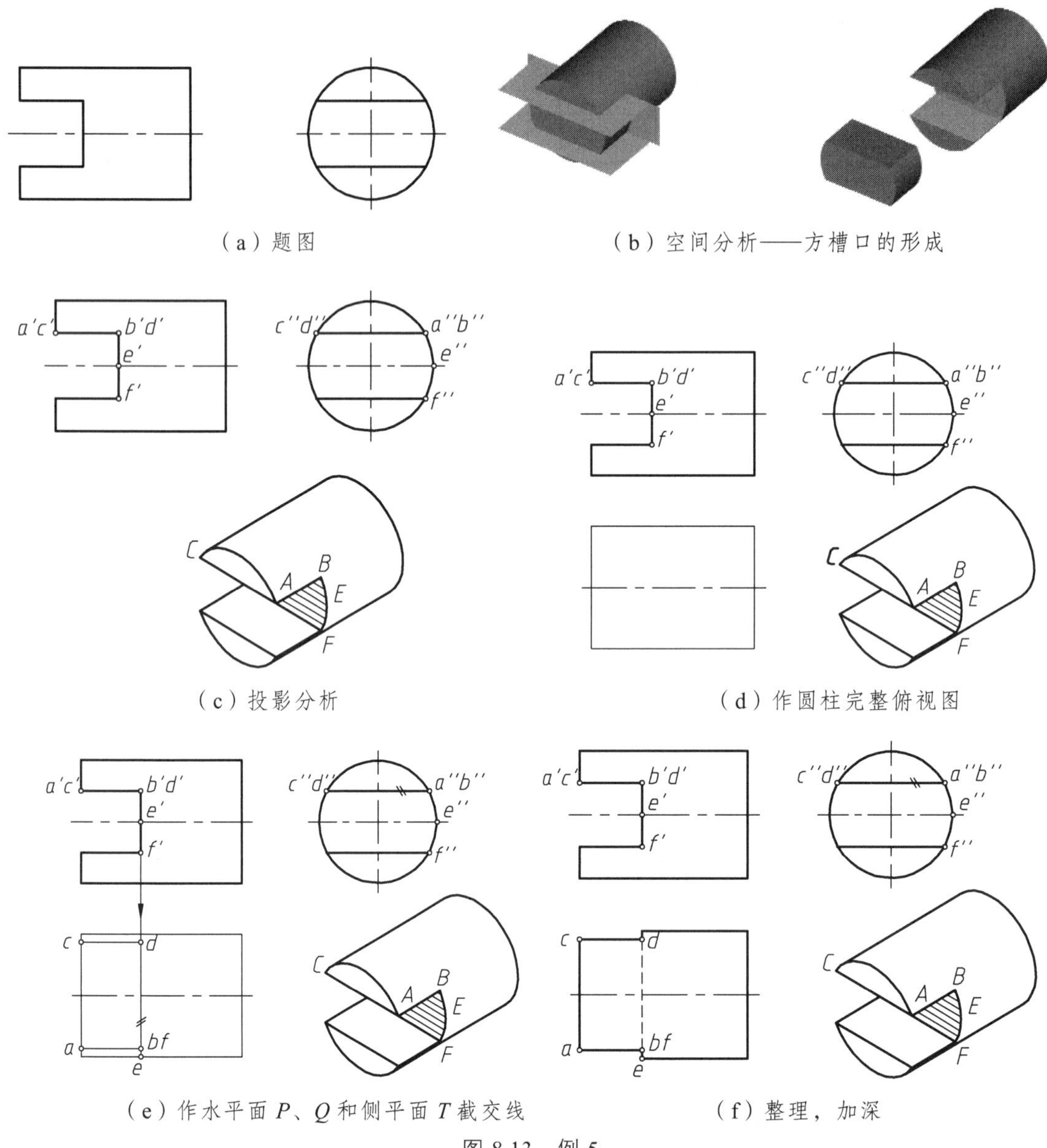

（a）题图　（b）空间分析——方槽口的形成

（c）投影分析　（d）作圆柱完整俯视图

（e）作水平面 *P*、*Q* 和侧平面 *T* 截交线　（f）整理，加深

图 8.13　例 5

例 6　如图 8.14（a）所示，补全带切口空心圆柱（圆筒）的左视图，并求作其俯视图。

解：

（1）空间与投影分析。

从图 8.14（b）中可以看出，圆筒的切口是由一个水平面 *P*（与圆筒轴线平行）和一个正垂面 *Q*（与圆筒轴线斜交）切出的。前者与圆内外表面的交线是直线，后者与圆筒内外表面的交线是两段椭圆弧。

该形体前后对称，先作出前半部分截交线：由于截面 *P* 是一水平面，它的正面投影 p' 有积聚性，所以与圆筒内外表面的交线（两条直线段）*AB* 和 *CD* 的正面投影 $a'b'$ 和 $c'd'$ 与 p' 重合。同时 *AB*、*CD* 为侧垂线，它们的侧面投影积聚成圆上的两个点 $a''b''$ 和 $c''d''$。

由于截面 Q 是一正垂面，它的正面投影 q' 有积聚性，因此与圆筒内外表面的交线（两段椭圆弧）DGH 和 BEF 的正面投影 $d'g'h'$ 和 $b'e'f'$ 与 q' 重合，而它的侧面投影 $d''g''h''$ 和 $b''e''f''$ 与两个圆柱面的侧面投影——圆重合。

截面 P 与截面 Q 相交，它们的交线为正垂线 BD，$b'd'$ 积聚成一点，侧面投影为 $b''d''$ 直线段。在左视图中作出此交线 $b''d''$ 以及与其对称的另一条，即补全了左视图[见图 8.14（c）]。

（2）作图。

① 作出完整圆筒的俯视图[见图 8.14（d）]。

② 作水平面 P 与圆筒的交线的水平投影：由 $ABDC$ 的正面投影和侧面投影求出其水平投影 $abdc$，并作出与其对称的另一部分交线[见图 8.14（e）]。

③ 作正垂面 Q 与圆筒的交线的水平投影：首先作出两段椭圆弧上的特殊点，e、g 分别为两段椭圆弧俯视图轮廓线上的点；f、h 为俯视图轴线上的点[见图 8.14（f）]。

④ 作出一些必要的一般点[见图 8.14（g）]。

⑤ 连线：在俯视图中，分别将两条椭圆弧上的各点依次光滑连接[见图 8.14（h）]。

⑥ 整理：从主视图中可以看出，正垂面 P 左侧的轴线被切掉了，因此轴线所对应的俯视图轮廓线也不应画出，即 e、g 左方的轮廓线是没有的。最后检查后描深[见图 8.14（i）]。

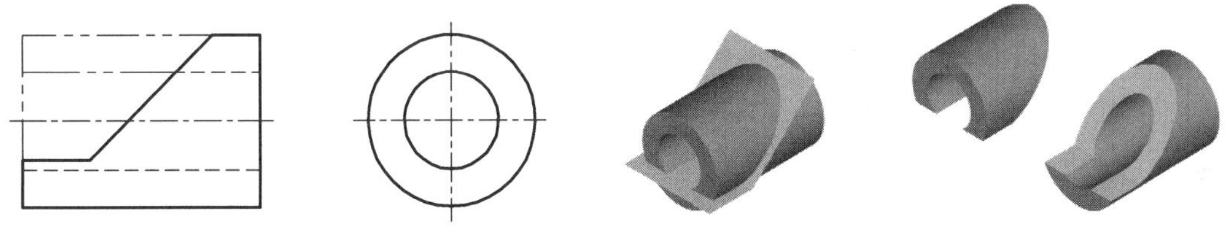

（a）题图　　　　（b）空间分析——切口的形成

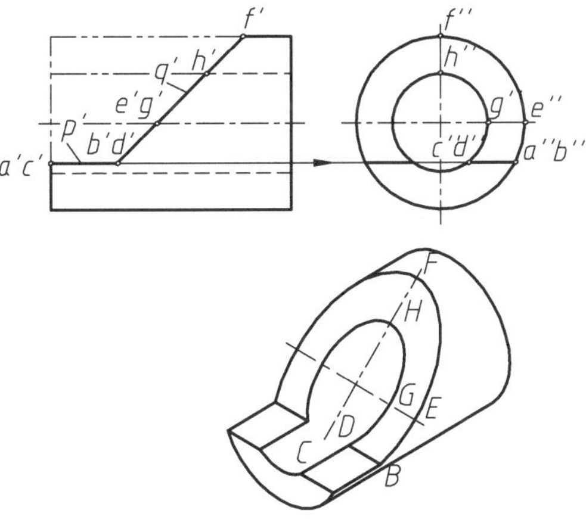

（c）投影分析

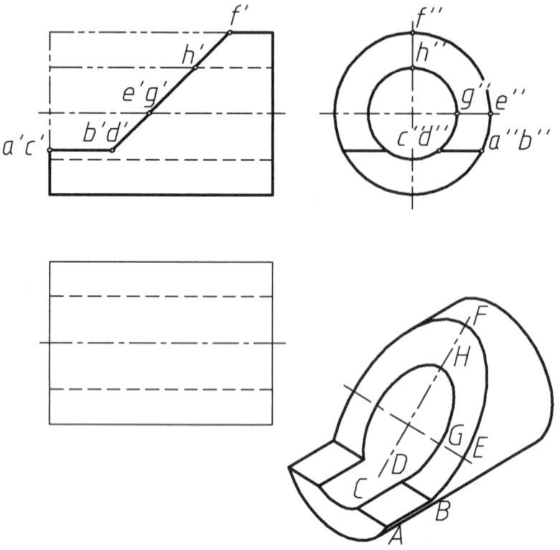

（d）作圆筒完整俯视图

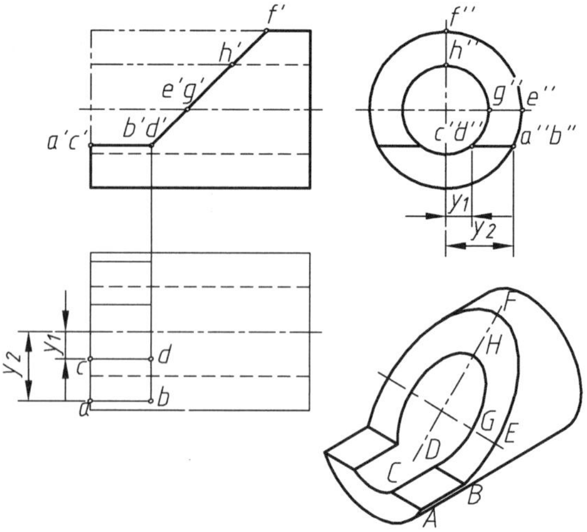

（e）作水平面 *P* 与圆筒的交线

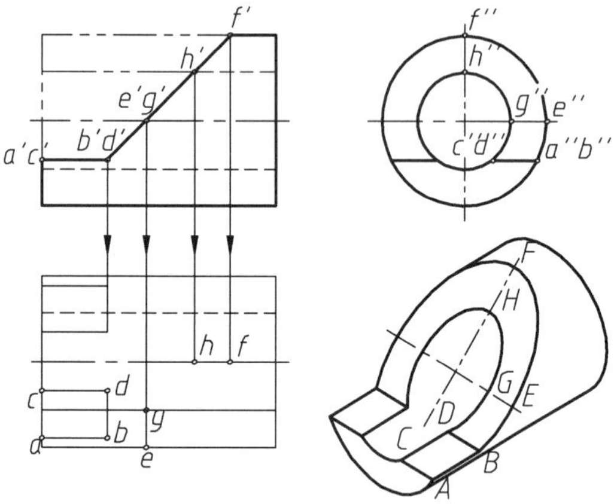

（f）作正垂面 *Q* 与圆筒的交线特殊点

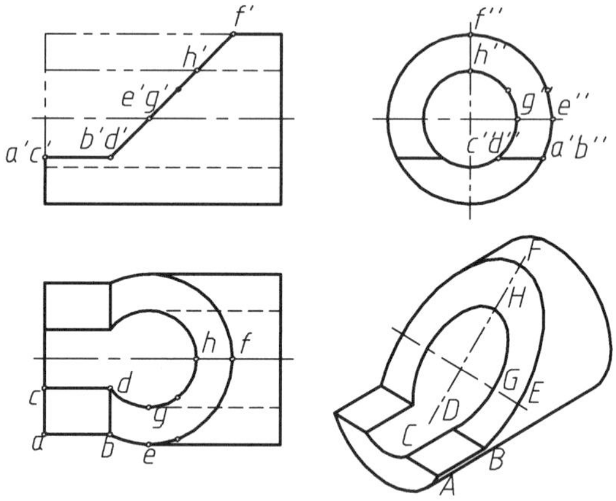

（g）作正垂面 *Q* 与圆筒的交线一般点

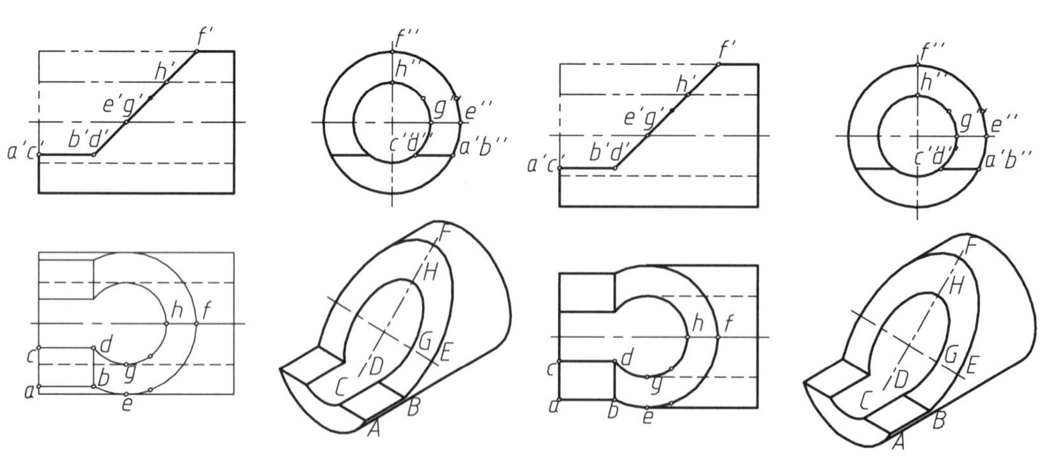

（h）连线

（i）整理，加深

图 8.14　例 6

8.2.3 平面与圆锥相交

根据截平面对圆锥轴线的位置不同，截交线有五种情况——圆、椭圆、抛物线、双曲线和两相交直线（见表 8.2）。

表 8.2 平面与圆锥面的交线

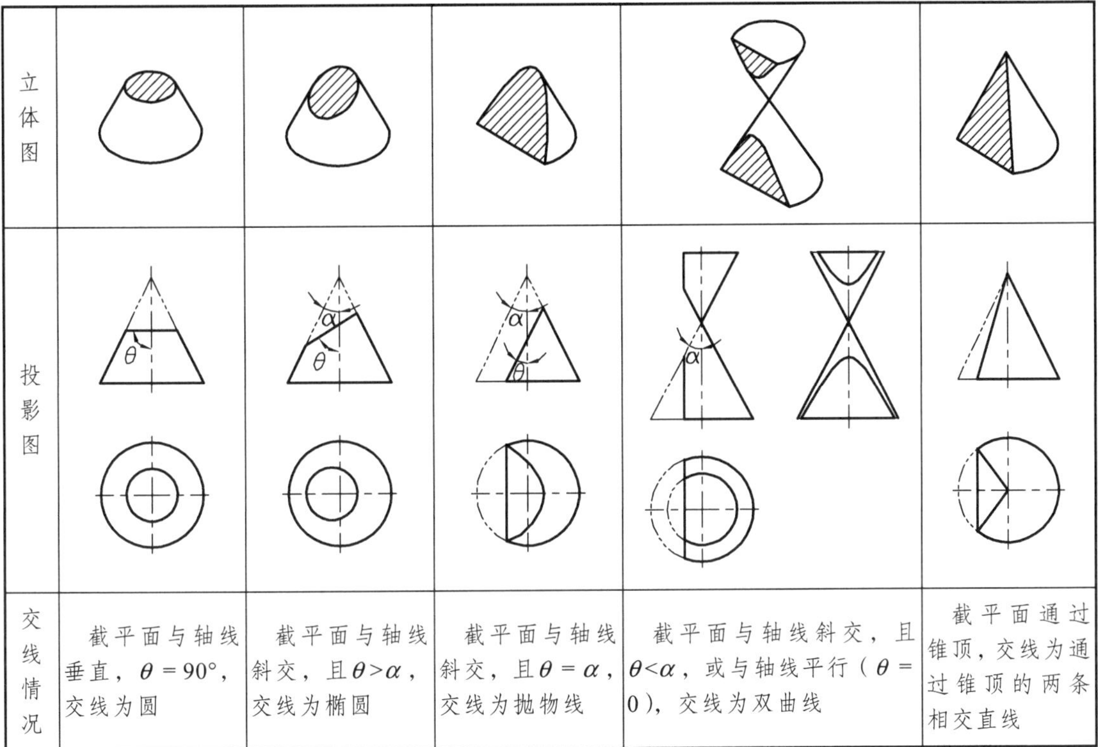

立体图					
投影图					
交线情况	截平面与轴线垂直，$\theta=90°$，交线为圆	截平面与轴线斜交，且$\theta>\alpha$，交线为椭圆	截平面与轴线斜交，且$\theta=\alpha$，交线为抛物线	截平面与轴线斜交，且$\theta<\alpha$，或与轴线平行（$\theta=0$），交线为双曲线	截平面通过锥顶，交线为通过锥顶的两条相交直线

例 7 如图 8.15（a）所示，圆锥被正垂面 *P* 所截，求作其俯视图和左视图。

解：

（1）分析。

从已知条件可以看出，截交线是一个椭圆，它的正面投影积聚成一条直线，而其水平投影和侧面投影则仍为椭圆[见图 8.15（b）]。

在作图时，应先找出椭圆长、短轴的端点和视图轮廓线上的点，再适当地作一些一般点，然后把它们用曲线光滑地连接起来即可。

（2）作图。

① 作出完整圆锥的左视图[见图 8.15（c）]。

② 作特殊点投影：从立体图可看出，空间椭圆的长轴 *AB* 和短轴 *CD* 互相垂直平分。*A*、*B* 两点的正面投影 a'、b'位于圆锥的主视图轮廓线上，其相应的水平投影 *a*、*b* 在俯视图的水平轴线上，侧面投影 a''、b''在左视图的轴线上。*C*、*D* 两点的正面投影位于 $a'b'$的中点处，并重合为一点 $c'd'$。为了求其水平投影 *c*、*d*，可用纬圆法，即经过 $c'd'$在锥面上作一个水平纬圆，作出这个圆的水平投影，则点 *c*、*d* 就位于这个圆上，由此再作出 c''、d''[见图 8.15（d）]。

点 E、F 为圆锥左视图轮廓线上的特殊点，其正面投影 e'、f'位于 $a'b'$与轴线投影的相交处，侧面投影 e''、f''位于圆锥左视图轮廓线上，水平投影 e、f 可利用其正面投影和侧面投影作出[见图 8.15（e）]。

③ 作一般点的投影：在 $a'b'$上适当地定出一些一般点，如 $g'h'$，作水平纬圆求出它们的水平投影 g、h，由此再作出 g''、h''[见图 8.15（f）]。

④ 连线：在俯、左视图中用光滑曲线依次连接各点[见图 8.15（g）]。

⑤ 整理：从主视图上可见，圆锥左视图轮廓线在主视图上对应的投影（与轴线重合）在 $e'f'$以上被平面 P 截去，因此在左视图上，点 e''和 f''以上轮廓线是不存在的（可用双点画线画出或不画），而且这两条左视图轮廓线在点 e''和 f''处分别与椭圆相切。最后，检查后加深[见图 8.15（h）]。

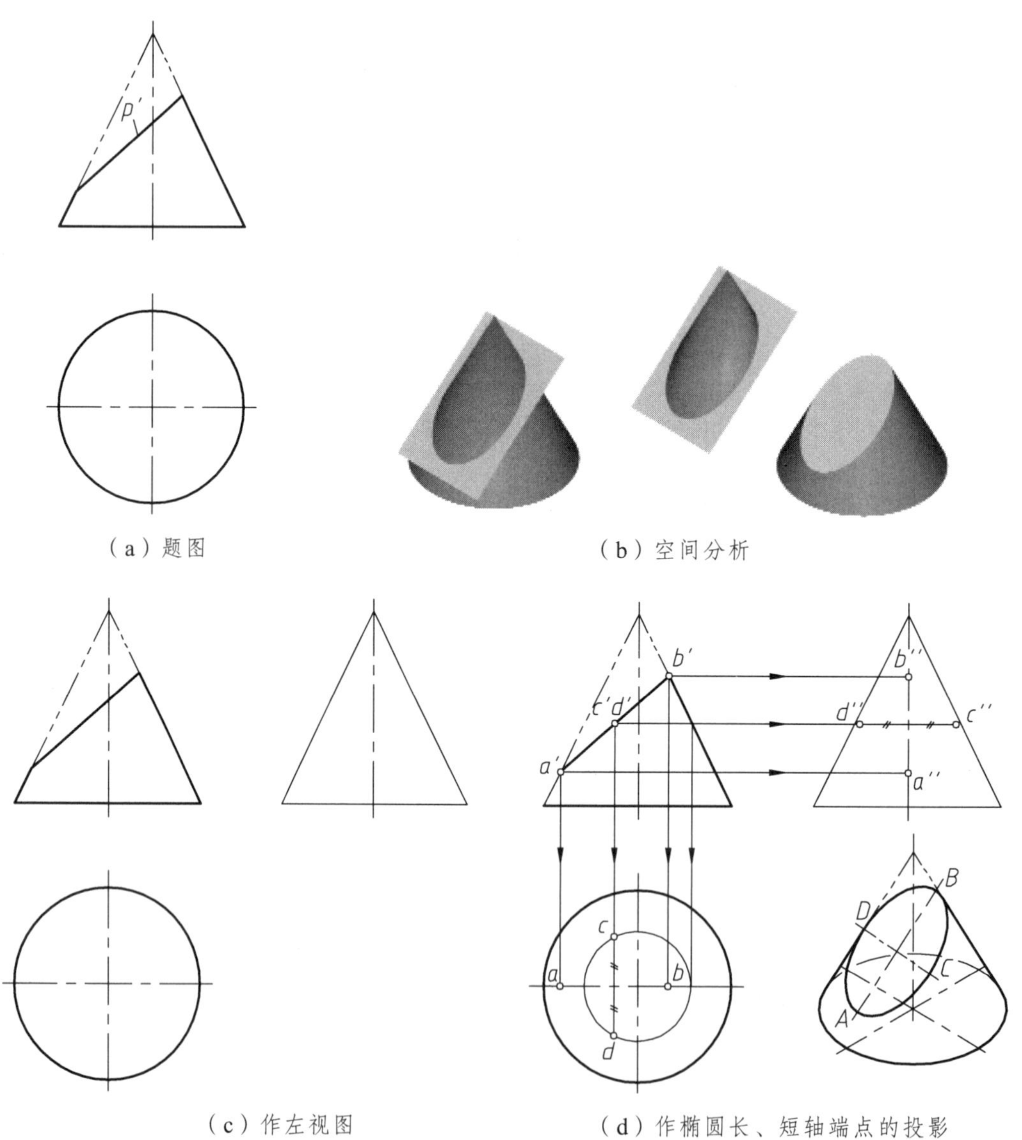

（a）题图　　（b）空间分析

（c）作左视图　　（d）作椭圆长、短轴端点的投影

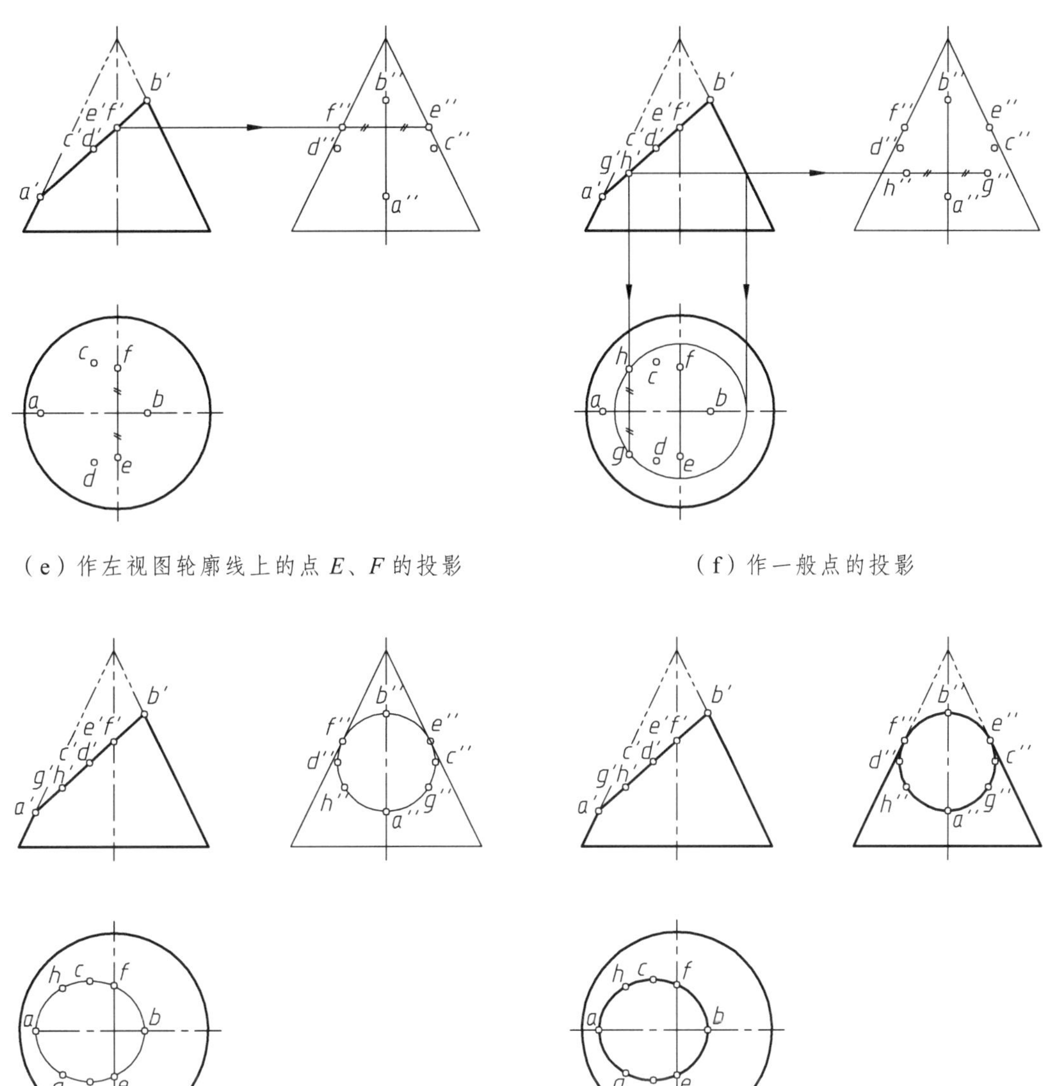

（e）作左视图轮廓线上的点 E、F 的投影

（f）作一般点的投影

（g）连线

（h）整理后的结果

图 8.15 例 7

例 8 如图 8.16（a）所示，回转体被水平面 P 所截，求作其俯视图。

解：

（1）分析。

从已知条件可看出，该回转体的原形为同轴的圆锥和圆柱组合而成，水平面 P 与轴线平行，因此，平面 P 与圆锥的交线为双曲线（$\theta = 0$），与两圆柱的交线分别为两条直线段[见图 8.16（b）]。

由于水平面 P 的正面投影 p'和侧面投影 p''都有积聚性，因此截交线的这两个投影也积聚在 p'和 p''上，为直线，通过它们，即可作出其水平投影。

（2）作图。

① 作出完整回转体的俯视图[见图 8.16（c）]。

② 作出平面 P 与圆锥的交线。

特殊点：在主视图中，p'与圆锥主视图轮廓线的交点 a'为双曲线的顶点，其侧面投影 a''和水平投影 a 都在其相应的轴线上。p'与圆锥端面（侧平圆）的两个交点 b'、c'（重合）为双曲线的两个端点，其侧面投影 b''、c''为 p''与侧平圆的交点，由此可作出水平投影 b、c[见图 8.16（d）]。

一般点：在主视图中定出点 d'、f'（重合），用纬圆法（侧平圆）作出它们的侧面投影 d''、f''，再求作其水平投影 d、f。

连线：在俯视图中，用光滑曲线依次将各点连接起来[见图 8.16（e）]。

③ 作出平面 P 与两圆柱的交线。

平面 P 与大圆柱左端面的交点 B、C 的三面投影已作出，通过 b、c 可作出平面 P 与大圆柱面的交线（两条素线）。同样作出平面 P 与小圆柱左端面的交点 G、H 的三面投影，通过 g、h 可作出平面 P 与小圆柱面的交线（两条素线）[见图 8.16（f）]。

④ 整理。

由于截交线位于回转体的上半部分，因此其水平投影可见，应画成粗实线。在俯视图中，该回转体剩余部分的轮廓线应分清其可见性，由于圆锥和两圆柱的端面圆的下半个圆周不可见，应画成虚线，与上半个圆周重合部分画成粗实线，即 bc、gh 应为虚线，其余都为粗实线。

最后检查、描深[见图 8.16（g）]。

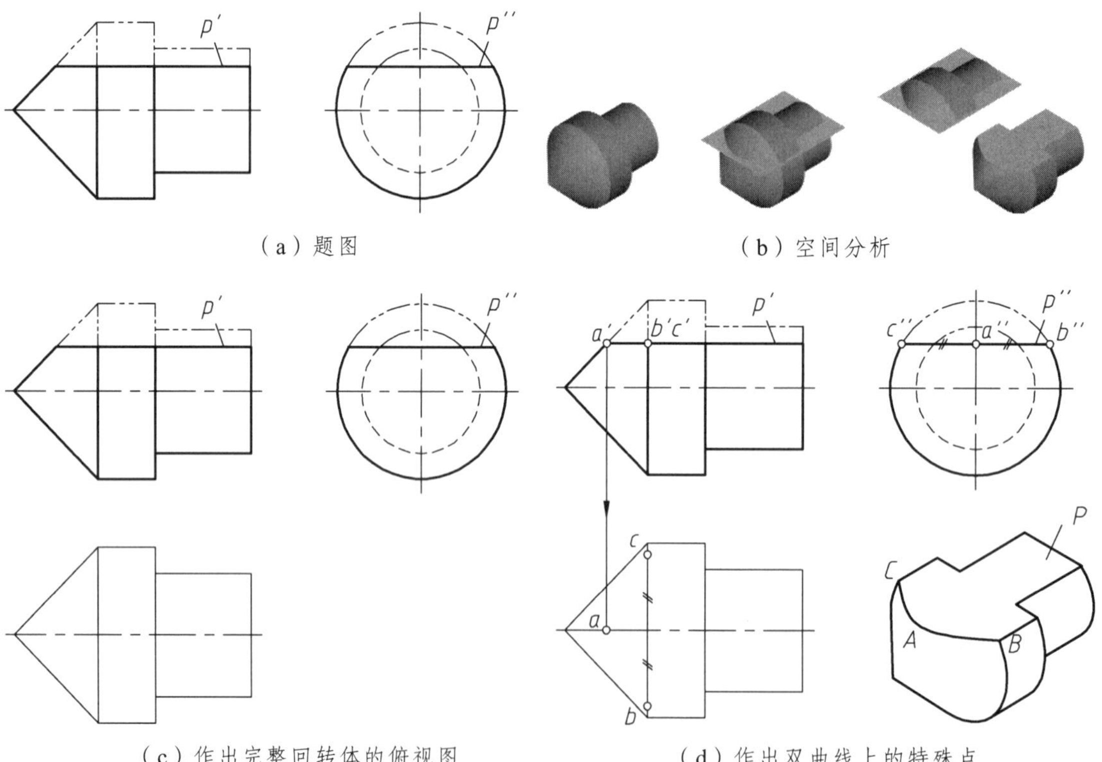

（a）题图　　（b）空间分析

（c）作出完整回转体的俯视图　　（d）作出双曲线上的特殊点

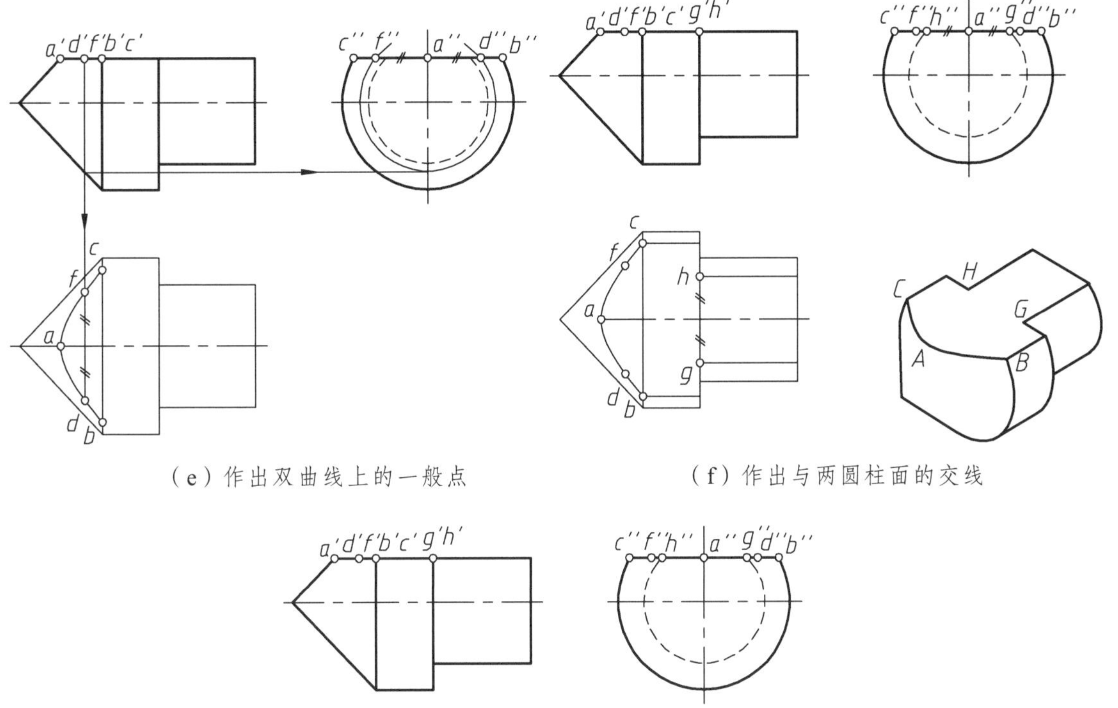

（e）作出双曲线上的一般点

（f）作出与两圆柱面的交线

（g）整理、最后结果

图 8.16　例 8

8.2.4　平面与圆球相交

平面与圆球的截交线为圆。由于截平面相对投影面的位置不同，截交线的投影也不同。当截平面垂直、倾斜、平行于投影面时，截交线在该投影面上的投影分别为直线、椭圆和圆（见图 8.17）。

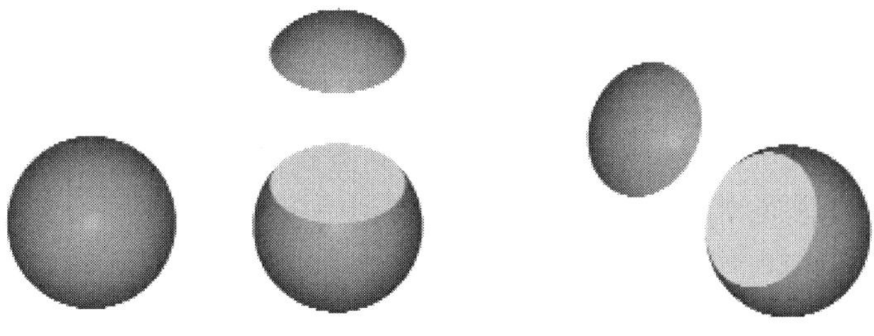

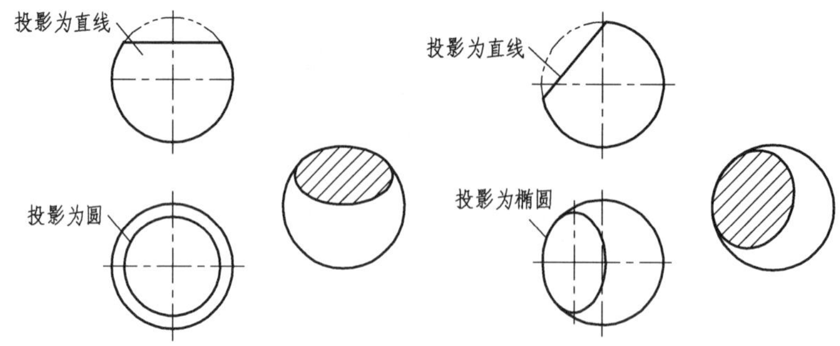

图 8.17　球的截交线

例 9　如图 8.18（a）所示，已知圆球被 P、Q 两平面截切后的主视图，求作其俯视图和左视图。

解：

（1）分析。

球被水平面 P 和正垂面 Q 截切。水平面 P 与球的截交线圆的水平投影反映实形，其正面投影和侧面投影分别积聚为水平线段。正垂面 Q 与球的截交线圆的正面投影积聚成直线段，其水平投影和侧面投影均为椭圆。

由于截平面 P 与 Q 相交，还应作出其交线 EF 的投影[见图 8.18（b）]。

（2）作图。

① 作出完整圆球的俯、左视图[见图 8.18（c）]。

② 作出水平面 P 与球的交线——水平圆的水平投影和侧面投影。平面 P、Q 的交线 EF（正垂线）的正面投影 $e'f'$ 为 p' 与 q' 的交点，由此可作出其水平投影 ef 和侧面投影 $e''f''$[见图 8.18（d）]。

③ 作出正垂面 Q 与球的交线。

特殊点：

在主视图中，q' 与球的主视图轮廓线相交于点 a' 和 b'，其水平投影 a、b 和侧面投影 a''、b'' 分别为两个视图中椭圆短轴的端点。其长轴端点的正面投影 c' 和 d' 位于 $a'b'$ 的中点，由此可用纬圆法作出其水平投影 c 和 d（或取 $cd = a'b'$，$a'b'$ 为截交线圆的直径，即为椭圆的长轴长度），进而作出侧面投影 c'' 和 d''（$c''d'' = a'b'$）[见图 8.18（e）]。

从主视图中可看出，G、H 为球的俯视图轮廓线上的点，点 g'、h' 位于 q' 与水平轴线的交点处，水平投影 g、h 在球的俯视图轮廓线上，由此可作出其侧面投影 g''、h''[见图 8.18（f）]。

一般点：

在 $a'b'$ 线段上定出一些一般点，用纬圆法作出它们的其余投影。（此处略）

用光滑曲线依次将各点连接起来[见图 8.18（g）]。

④ 整理。

从主视图上可以看出，位于交线投影 $e'f'$ 左方的水平圆部分已被正垂面 Q 截去，位于 $e'f'$ 上方的椭圆部分也被水平面 P 截去，这两部分相应的水平投影和侧面投影应画成双点画线或不画。同样，球的俯视图轮廓线的水平投影应只画到点 c 和 d，C 和 D 左端部分的球体已被正垂面 Q 截去。球的左视图轮廓线的侧面投影应只画到水平面 p''，P 平面上方的球体也已被截去。

最后检查，描深[见图 8.18（h）]。

图 8.18（i）为擦去标注和双点画线的三视图。

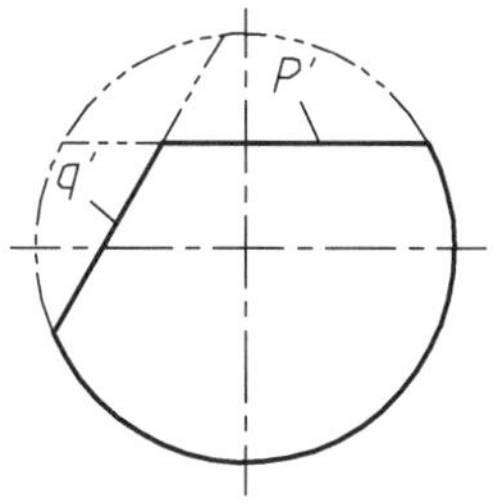

（a）题图

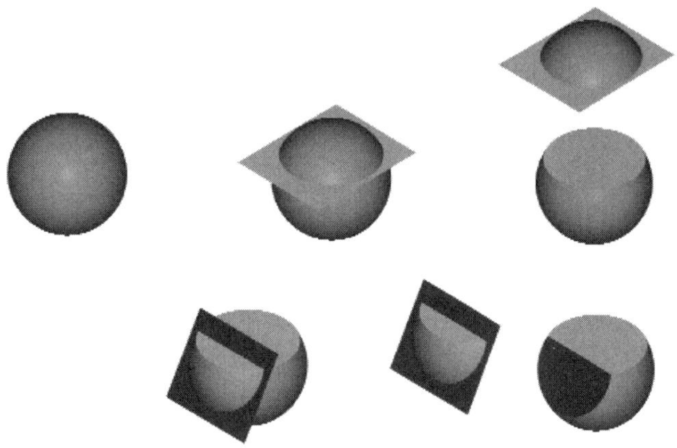

（b）空间分析

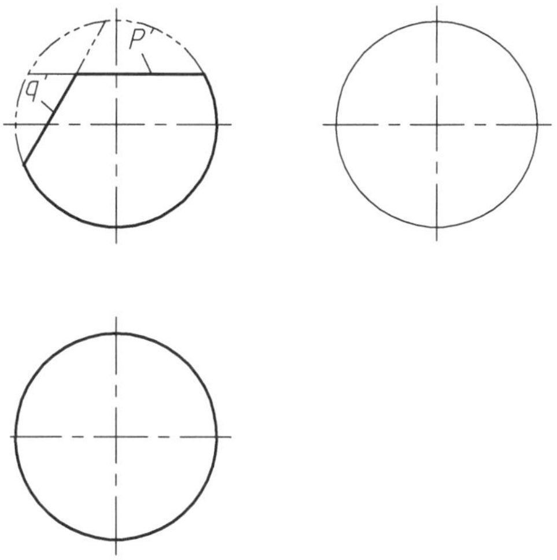

（c）作出完整圆球的俯、左视图

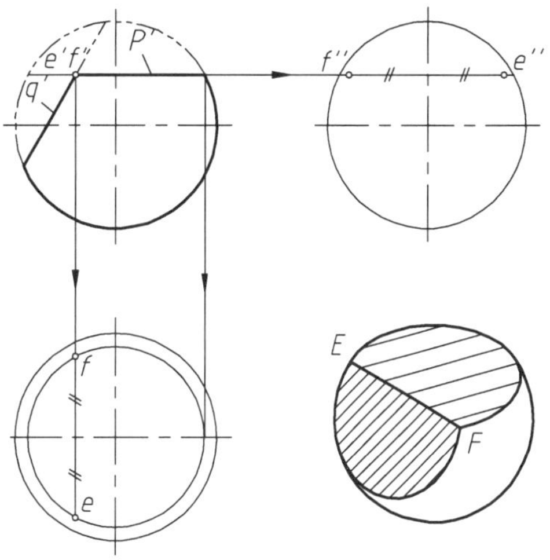

（d）作出水平面 *P* 与球的交线以及 *P*、*Q* 平面的交线 *EF* 的投影

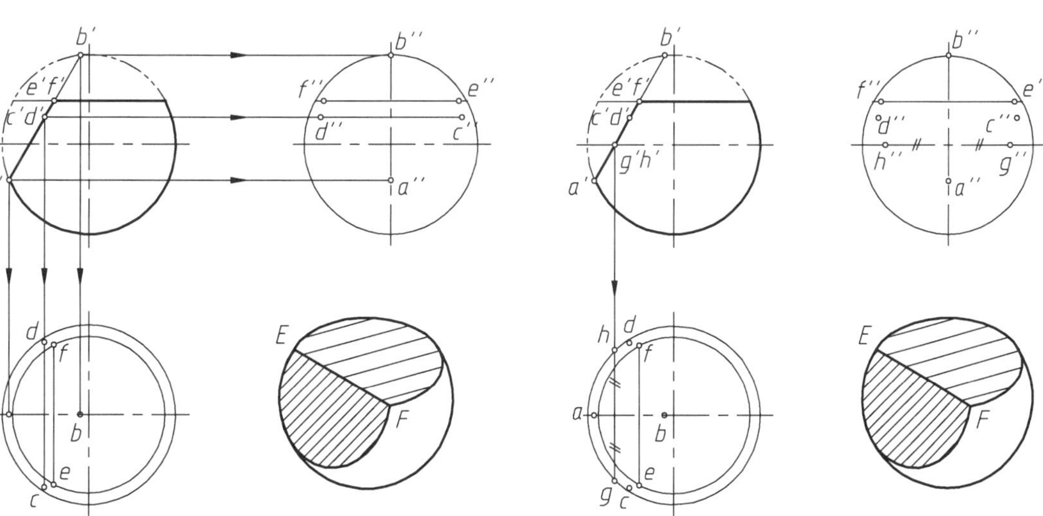

（e）作出椭圆长、短轴端点

（f）作出俯视图轮廓线上的点

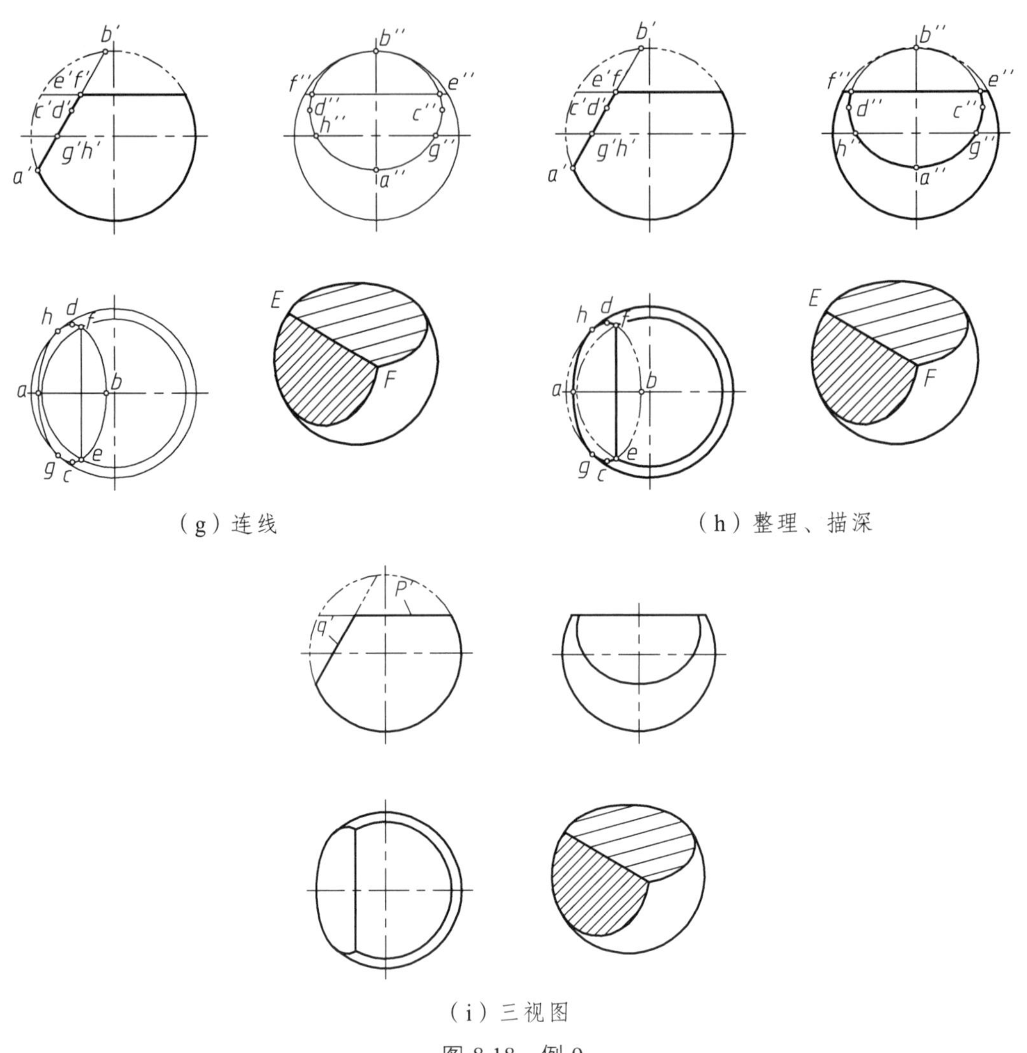

（g）连线

（h）整理、描深

（i）三视图

图 8.18　例 9

例 10　如图 8.19（a）所示，已知带切口半球的主视图，求作其俯、左视图。

解：

（1）分析。

半球的切口可看作是由一个水平面 *P* 和两个侧平面 *Q*、*T* 截切而成。水平面 *P* 与半球的交线为水平圆，其水平投影反映圆的实形，另两个投影分别积聚成直线。两个侧平面 *Q*、*T* 与半球的交线为两个侧平半圆，其侧面投影反映半圆的实形，另两个投影分别积聚成直线。由于 *P*、*Q*、*T* 三个平面并未与球完全相交，因此截交线只是水平圆和侧平半圆的一部分。另外，还需求作水平面 *P* 与侧平面 *Q*、*T* 的交线，交线为两条正垂线[见图 8.19（b）]。

（2）作图。

① 作出完整半球的俯、左视图[见图 8.19（c）]。

② 作出两侧平面 *Q*、*T* 与半球的交线：在主视图上扩展侧平面 *Q* 的正面投影，获取截交线圆弧的半径（长度为 *a′b′*），作出截交线圆弧的水平投影（积聚成左、右两条直线）和侧面投影（重合的圆弧）[见图 8.19（d）]。

③ 作出水平面 P 与半球的交线：在主视图上扩展水平面 P 的正面投影，获取截交线圆弧的半径（长度为 $c'd'$），作出截交线圆弧的水平投影（前、后两段圆弧）和侧面投影（积聚成直线）[见图 8.19（e）]。

④ 作出截平面 P 与 Q、T 的两条交线 EF 和 GH（正垂线）：两条交线的正面投影 $e'f'$、$g'h'$分别积聚在 p'与 q'、t'的交点处，其水平投影分别与已作出的侧平圆弧的投影重合，实际上也就是这两个侧平面 Q、T 的有积聚性的水平投影。由这两条交线的正面投影和水平投影即可作出它们互相重合的侧面投影[见图 8.19（f）]。

⑤ 整理：由于是上半个球，俯视图上的所有投影均可见，画成实线。在左视图上，两条交线的投影因被左半球遮挡而不可见，画成虚线，它们与已作出的两段水平圆弧的侧面投影在同一直线上。水平面 P 的侧面投影以上的左视图轮廓线应画成双点画线或不画。最后检查、描深[见图 8.19（g）]。

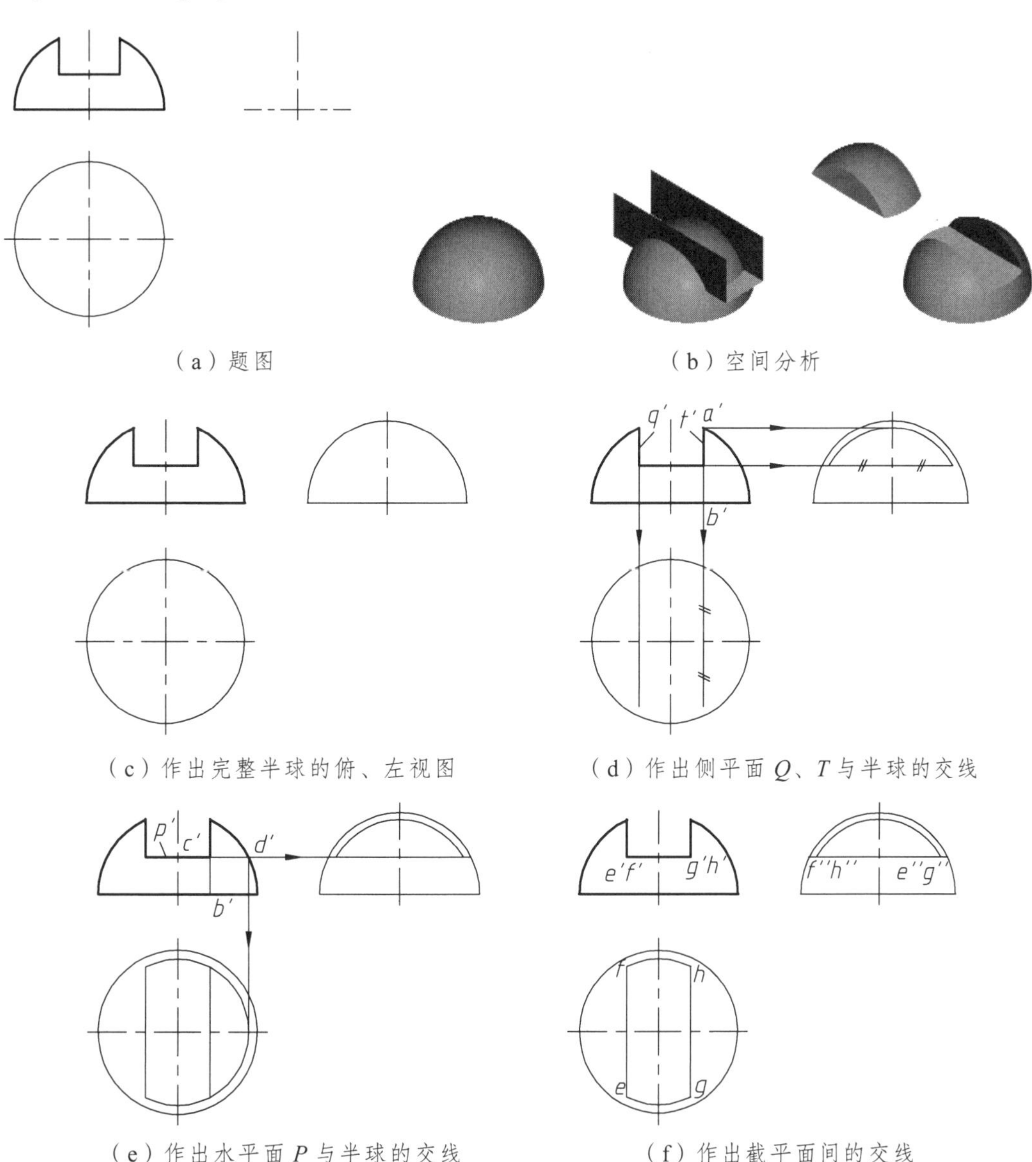

（a）题图

（b）空间分析

（c）作出完整半球的俯、左视图

（d）作出侧平面 Q、T 与半球的交线

（e）作出水平面 P 与半球的交线

（f）作出截平面间的交线

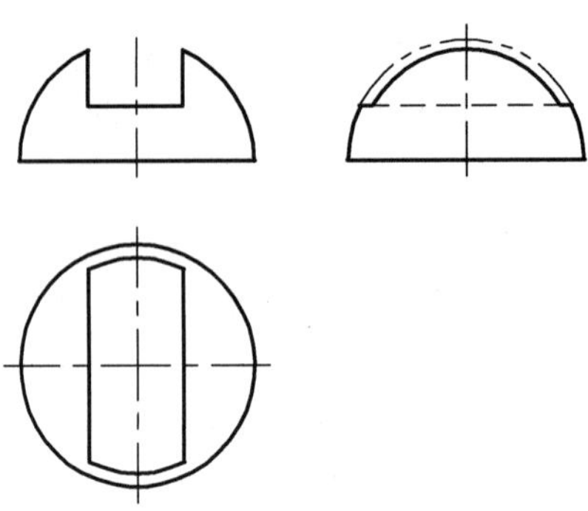

（g）整理后描深

图 8.19　例 10

第 9 章　两立体相交——相贯线

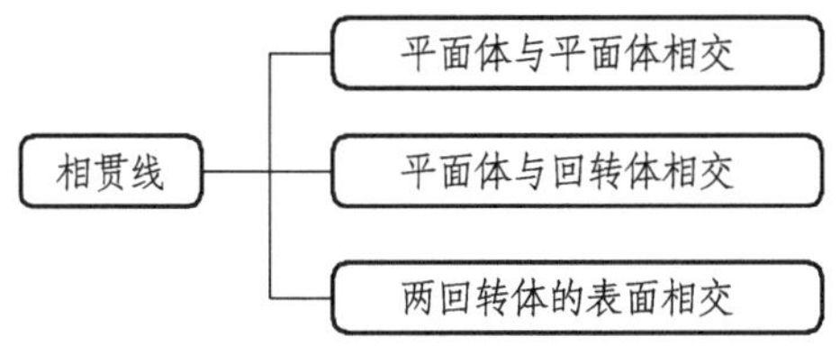

两立体表面相交时，它们表面的交线称为相贯线。

立体与立体相交可分为三种情况：

（1）两平面立体相交。

（2）平面立体与回转立体相交。

（3）两回转立体相交。

相贯线是两立体表面的共有线；也是相交两立体表面的分界线；相贯线上的点是两立体表面的共有点。

由于立体都有一定的范围，所以相贯线都是封闭的线，一般为封闭的空间折线或空间曲线。

不同的立体以及不同的相贯位置，相贯线的形状也不同——全贯和互贯。

全贯：一个立体完全穿越另外一个立体内部[见图 9.1（a）]。

互贯：两个立体部分相交并穿越[见图 9.1（b）]。

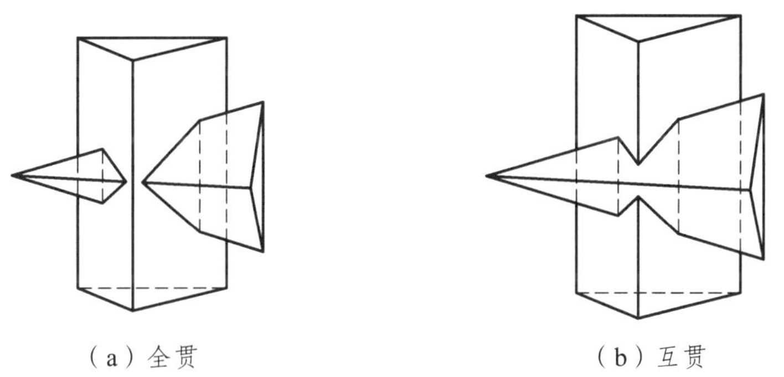

（a）全贯　　（b）互贯

图 9.1　全贯和互贯

9.1　平面体与平面体相交

平面立体与平面立体相贯时，由于平面立体是由平面组成的，因此两平面立体的相贯线由折线组成。折线的每一段都是 *A* 形体的一个侧面与 *B* 形体的一个侧面的交线，折线的转折点就是一个形体的侧棱与另一形体的侧面的交点。

相贯线实质就是平面与平面立体的截交线，整个相贯线是由封闭的若干段平面截交线组成的。

1. 外表面与外表面相交

例 1 如图 9.2（a）所示为两平面立体相贯，完成相贯线的投影。

解：

（1）分析：相贯线为左右两组折线；相贯线的正面投影已知，水平投影未知；相贯线的投影前后、左右对称。

（2）求出相贯线上的折点Ⅰ、Ⅱ、Ⅲ、Ⅳ、Ⅴ、Ⅵ，如图 9.2（b）所示。

（3）顺次地连接各点，作出相贯线，并且判断可见性，如图 9.2（c）所示。

（4）整理轮廓线。图 9.2（d）为两立体相交的轴测图。

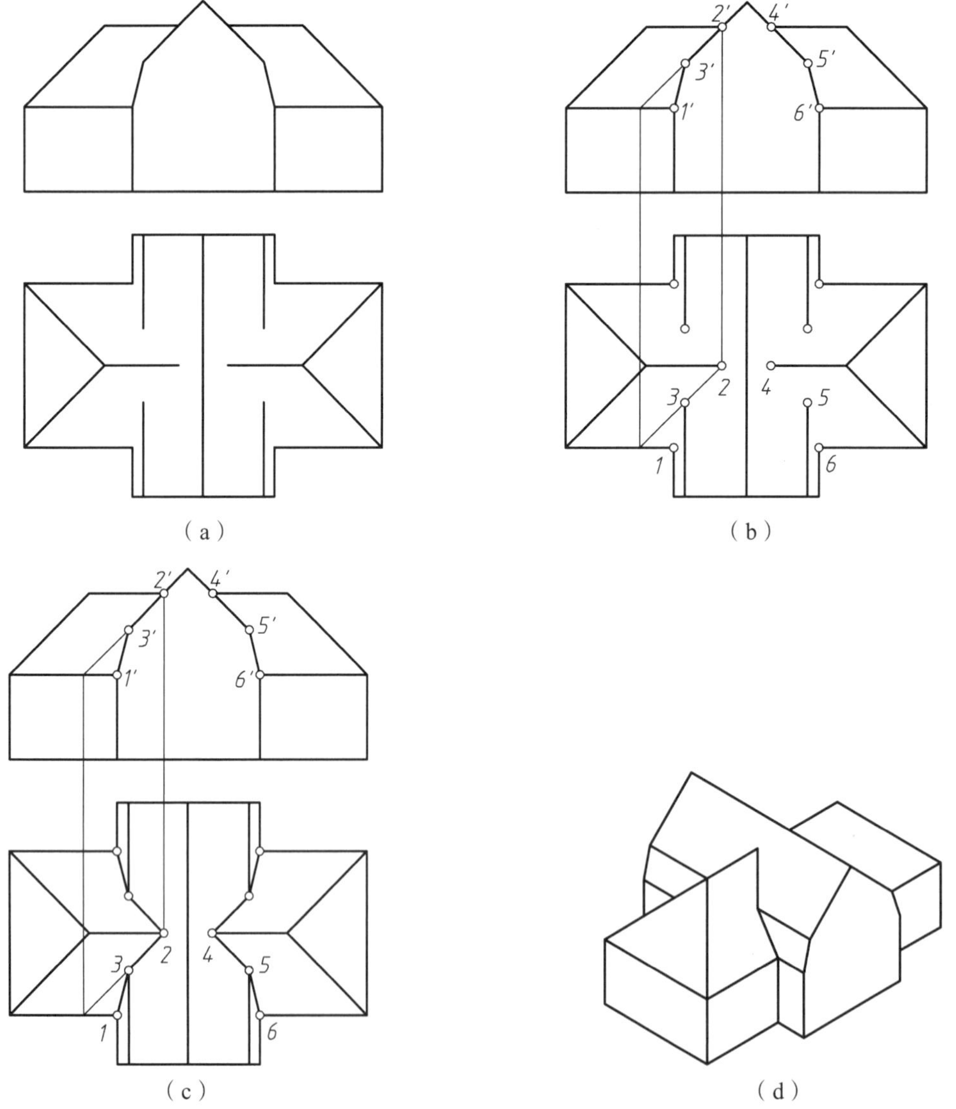

（a）（b）（c）（d）

图 9.2 例 1

例 2 如图 9.3（a）中为两平面立体相贯，完成相贯线的投影。

解：

（1）分析：相贯线为一组闭合折线，相贯线的正面投影未知，水平投影已知；相贯线的投影前后、左右对称。

（2）求出相贯线上的折点Ⅰ、Ⅱ、Ⅲ等，如图 9.3（b）所示。

（3）顺次地连接各点，作出相贯线，并且判断可见性，如图 9.3（c）所示。

（4）整理轮廓线。

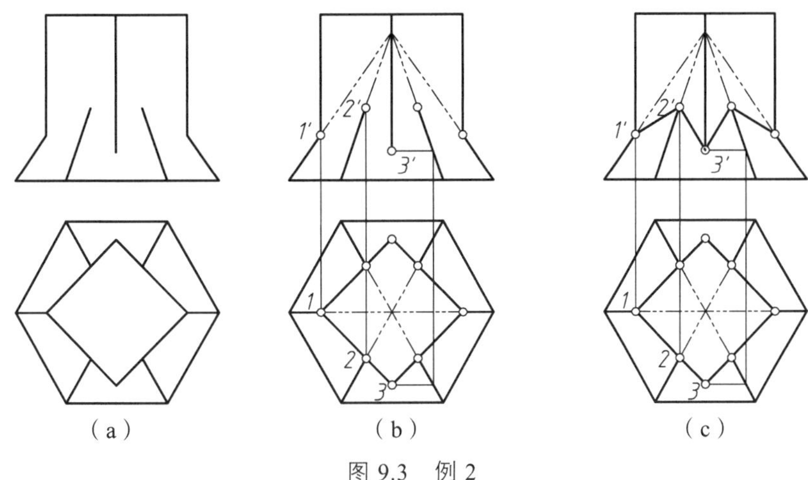

（a）　　（b）　　（c）

图 9.3　例 2

2. 外表面与内表面相交

例 3 求图 9.4（b）中两平面立体相贯的三面投影图。

解：

（1）分析：相贯线为一组折线，相贯线的侧面投影未知；相贯线的投影前后、左右对称。

（2）求出相贯线上的折点Ⅰ、Ⅱ等，如图 9.4（b）所示。

（3）顺次地连接各点，作出相贯线，并且判断可见性。

（4）整理轮廓线。

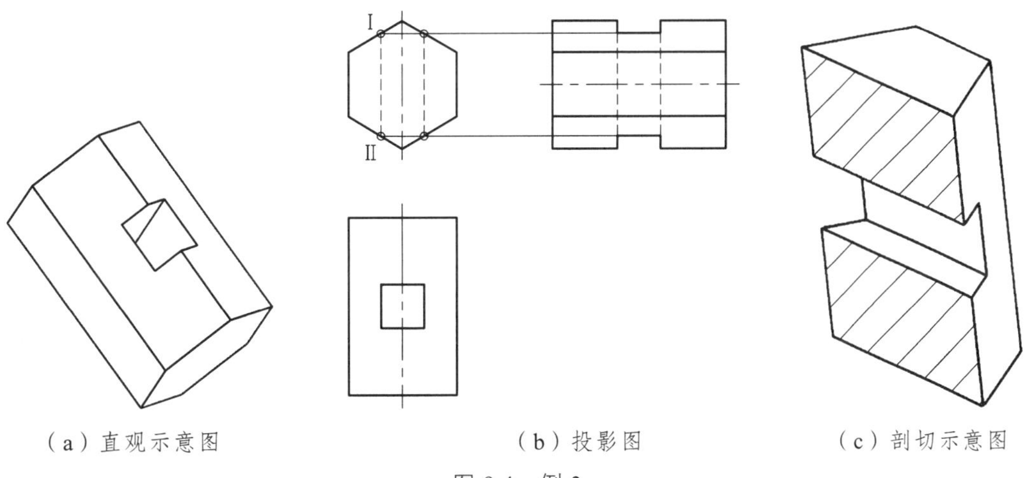

（a）直观示意图　　（b）投影图　　（c）剖切示意图

图 9.4　例 3

3. 内表面与内表面相交

例 4　如图 9.5（b）中为两平面立体相贯，完成相贯线的投影。

解：

（1）分析：相贯线为一组折线，相贯线的侧面投影未知；相贯线的投影前后、左右对称。

（2）求出相贯线上的折点Ⅰ、Ⅱ、Ⅲ等，如图 9.5（b）所示。

（3）顺次地连接各点，作出相贯线，并且判断可见性。

（4）整理轮廓线。

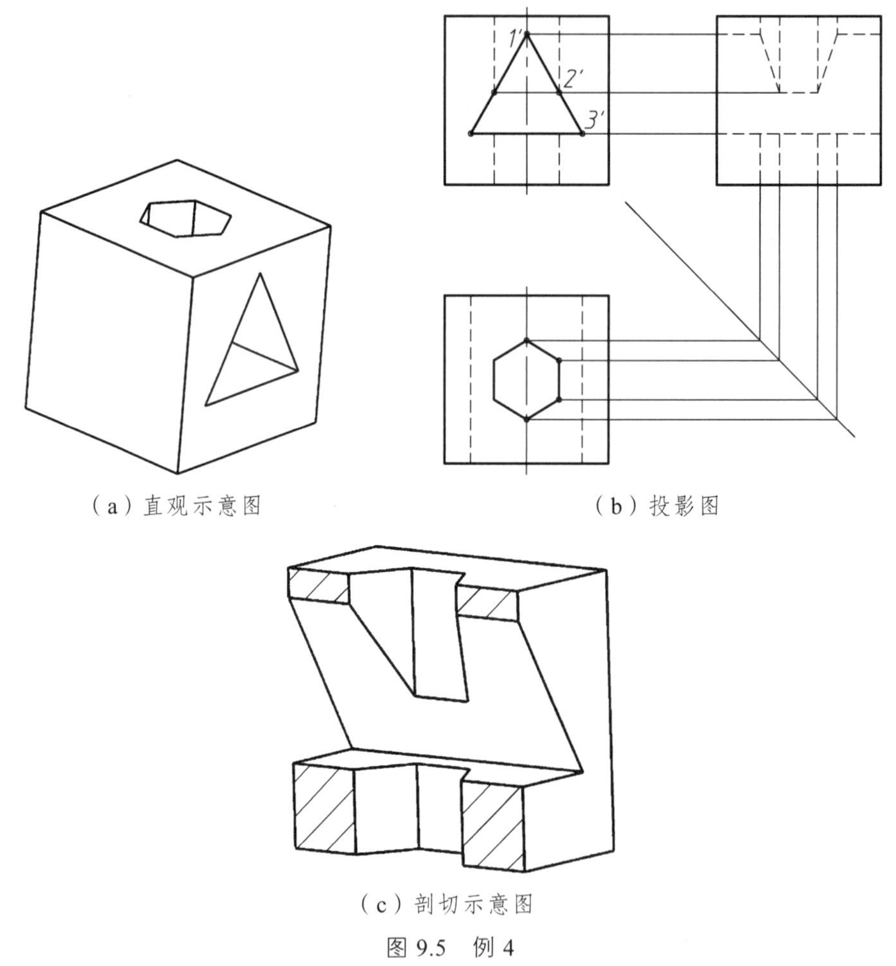

（a）直观示意图　　（b）投影图

（c）剖切示意图

图 9.5　例 4

9.2　平面体与回转体的表面相交

平面体与回转体表面相交，所得的相贯线是由若干段平面曲线（有时为直线）组成的封闭的空间折线。相贯线上的每段平面曲线是平面体上某一棱面与回转体表面的截交线。两段截交线的交点称为结合点，它是平面体的棱线与回转体表面的交点。因此，求平面体与回转体表面的交线可以归结为两个基本问题：求棱线与回转体表面的交点和棱面与回转体表面的截交线。

例 5 如图 9.6（a）所示，求三棱柱与半球的交线。

解：

（1）分析。

三棱柱的三个棱面与半球的交线均为圆弧，因此三棱柱与半球的相贯线由三段圆弧组成。

由于三棱柱的后棱面是正平面，所以它与球面相交所得的圆弧的正面投影反映实形。而另外两个棱面为铅垂面，它们与球的交线圆弧的正面投影均为椭圆弧。相贯线的水平投影为已知，积聚在各个棱面的水平投影上[见图 9.6（a）]。

（2）作图。

① 作三棱柱三条棱线与球面的交点（结合点）。

作过点 B 的棱线与球面的交点Ⅱ：此交点的水平投影 2 与点 b 重合。用纬圆法可求作 2′（可过点 2 作正平纬圆）。

作过点 A、C 的棱线与球面的交点Ⅰ、Ⅲ：两个交点的水平投影 1、3 分别与点 a、c 重合。同样用纬圆法可求作 1′、3′（可过点 1、3 作正平纬圆）[见图 9.6（c）]。

② 作各棱面与球的截交线。

后棱面与球的截交线的正面投影就是过 1′、3′两点的正平纬圆的 1′3′圆弧。

另外两个棱面与半球的截交线的正面投影为两段椭圆弧。它们的水平投影分别积聚在 ab 和 bc 上。由于两棱面的截交线相同且左右对称，在此我们只求左边棱面的交线。

在水平投影 ab 上定出椭圆弧上的特殊点：点 4 为长轴端点的水平投影，也是正面投影上椭圆弧最高点对应的水平投影（过点 o 向 ab 作垂线得到），可用纬圆法求作 4′；点 5 为俯视图上水平轴线上的点，其正面投影 5′在球的正面投影轮廓线上[见图 9.6（d）]。

在水平投影 ab 上定出椭圆弧上的一般点：如点 6，同样用纬圆法求得 6′[见图 9.6（e）]。

③ 连线并判断可见性。

在某一视图中，只有同时位于两个立体可见表面上的线，其投影才为可见。

在主视图上，圆弧 1′3′在后半个球面上，又位于三棱柱的后棱面上，因此为不可见，画成虚线。椭圆弧 2′-4′-5′既位于前半个球面上，又位于三棱柱可见的左棱面上，因此为可见，画成实线。椭圆弧 5′-1′虽位于三棱柱可见的左棱面上，但又位于后半个球面上，因此为不可见，画成虚线。点 5′位于球的主视图轮廓线上，为椭圆弧的虚实分界点[见图 9.6（f）]。

根据其对称性，作出右半部分的截交线椭圆弧[见图 9.6（g）]。

④ 整理。

重点检查三棱柱棱线与球面轮廓线的投影。

检查三棱柱棱线的投影：棱线必须与结合点连上。在主视图中，过点 a'、b'、c'的三条棱线须分别连接到与球的交点 1′、2′、3′处，并注意过 a'、c'的两条棱线在球的正面投影轮廓线下面的一段为不可见（位于后半个球面上），应画成虚线。

检查球面轮廓线的投影：视图上的轮廓线必须与其上特殊点的投影相连。球的正面投影轮廓线在左边应延伸至点 5′，在右边应延伸至点 7′，这两段轮廓线均为可见。由俯视图可看出，球的正面投影轮廓线在 5 和 7 之间的一段被三棱柱贯穿截断，所以在正面投影上，5′和 7′之间不应有轮廓线。

最后检查、描深[见图 9.6（h）]。

除去标记后的清晰视图如图 9.6（i）所示。

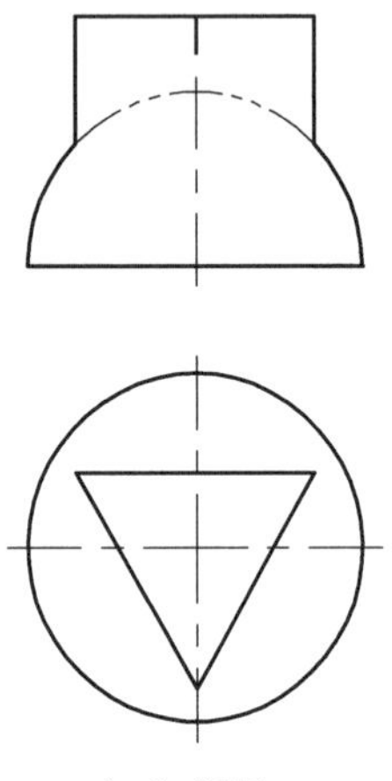

(a) 题图

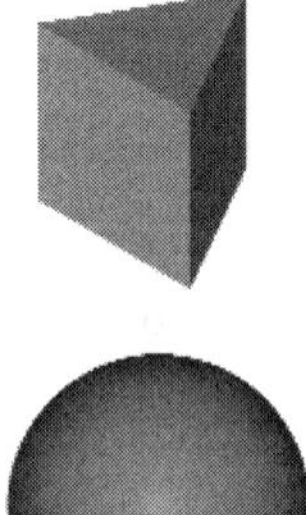

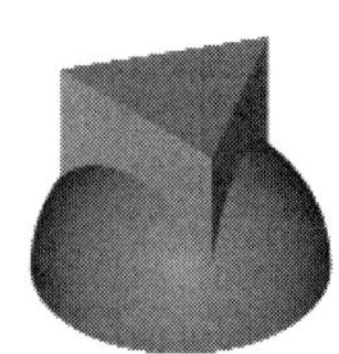

(b) 空间分析

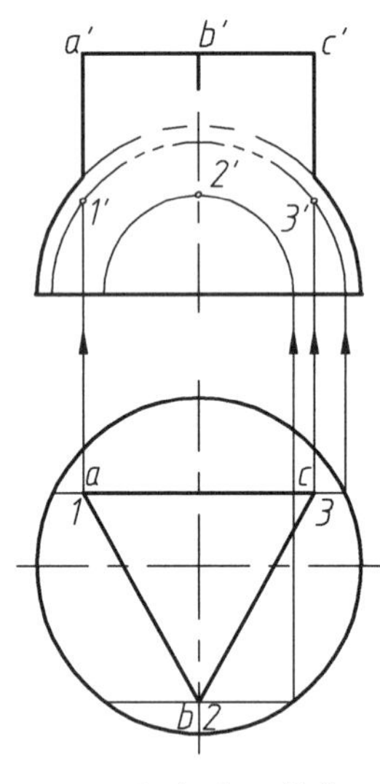

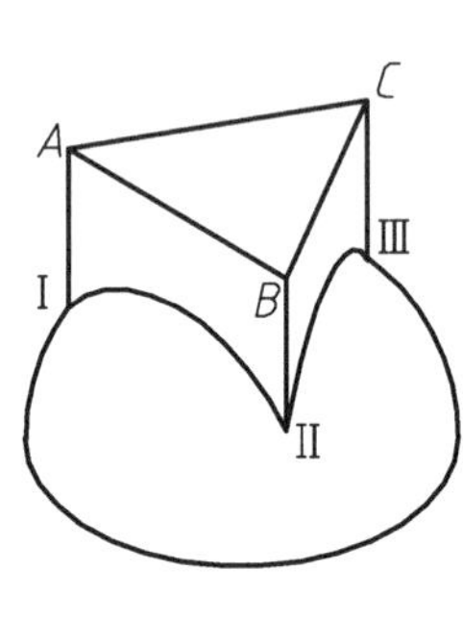

(c) 作三棱柱三条棱线与球面的交点

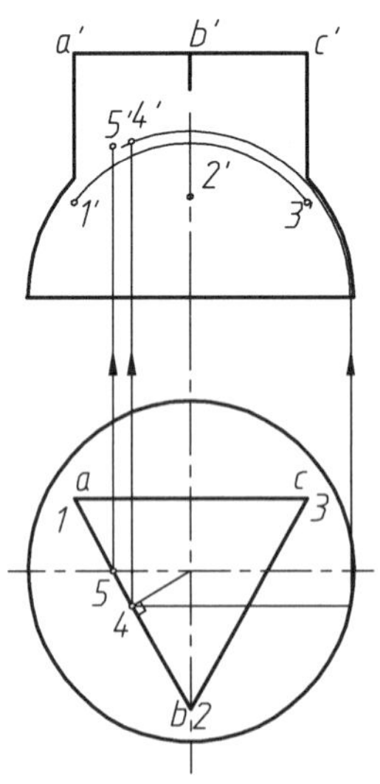

(d) 作椭圆弧的特殊点

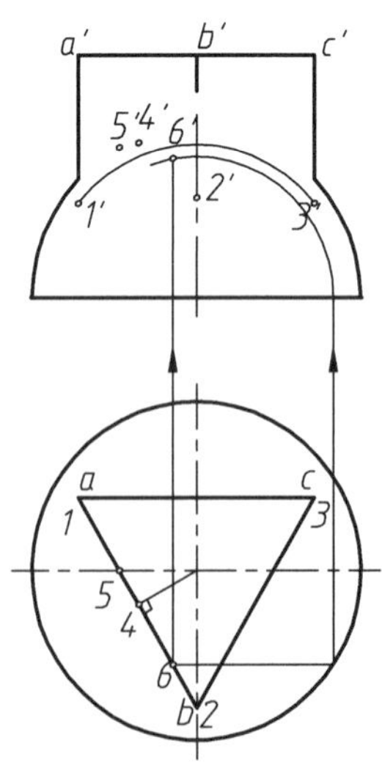

(e) 作椭圆弧的一般点

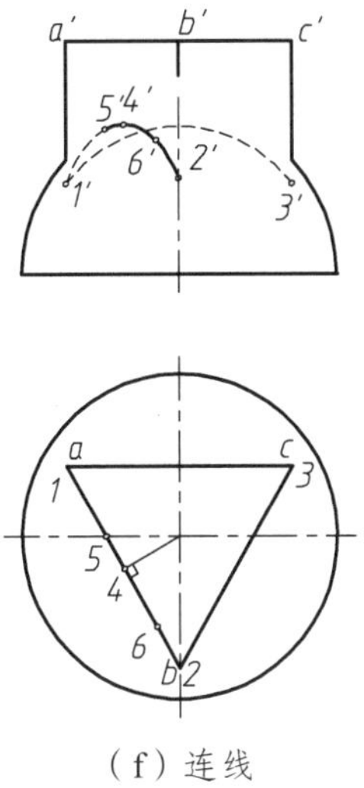

（f）连线

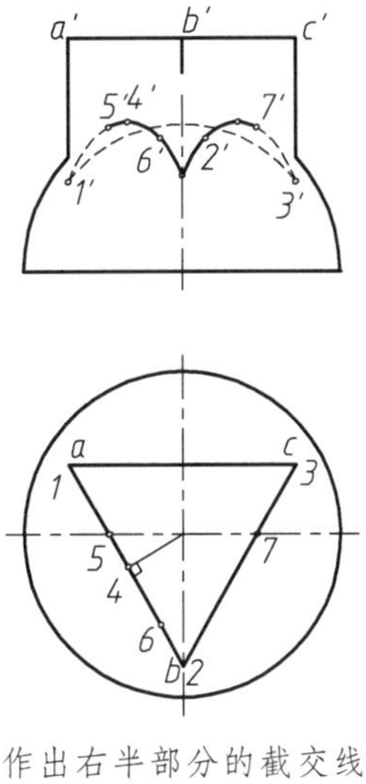

（g）作出右半部分的截交线椭圆弧

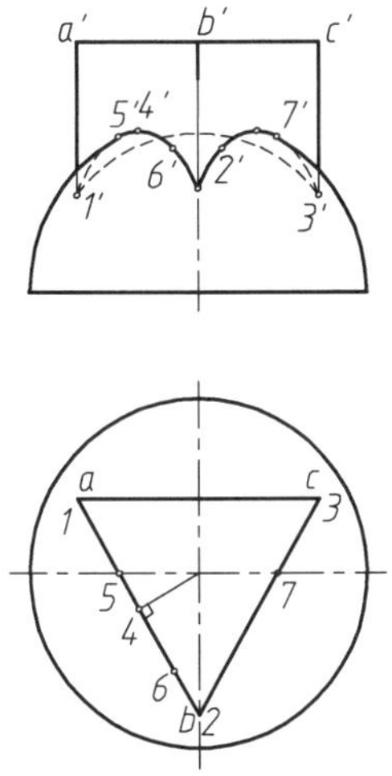

（h）整理、描深

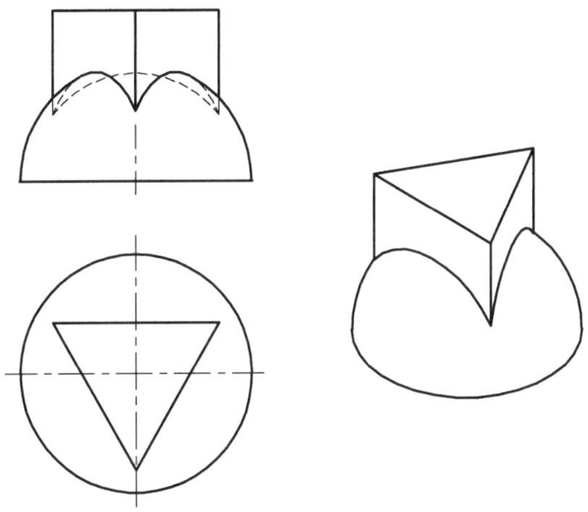

（i）除去标记后的清晰视图

图 9.6　例 5

如三棱柱在半球上穿孔，其视图如图 9.7 所示，请自行分析视图中的投影关系及可见性。

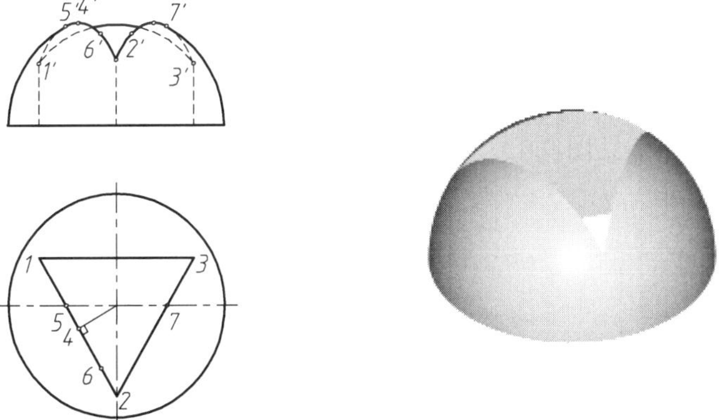

图 9.7　半球上穿孔

如图 9.8 所示为一个空心圆锥台横穿三棱柱孔，它可以看作是三棱柱与圆锥台外表面相交，三棱柱与圆柱孔内表面相交。三棱柱孔的正面投影有积聚性。图中画出了内、外表面的交线的水平投影及侧面投影，标示了特殊点的三面投影，以及一般点Ⅰ、Ⅱ的求作过程。具体作图方法，请自行分析。

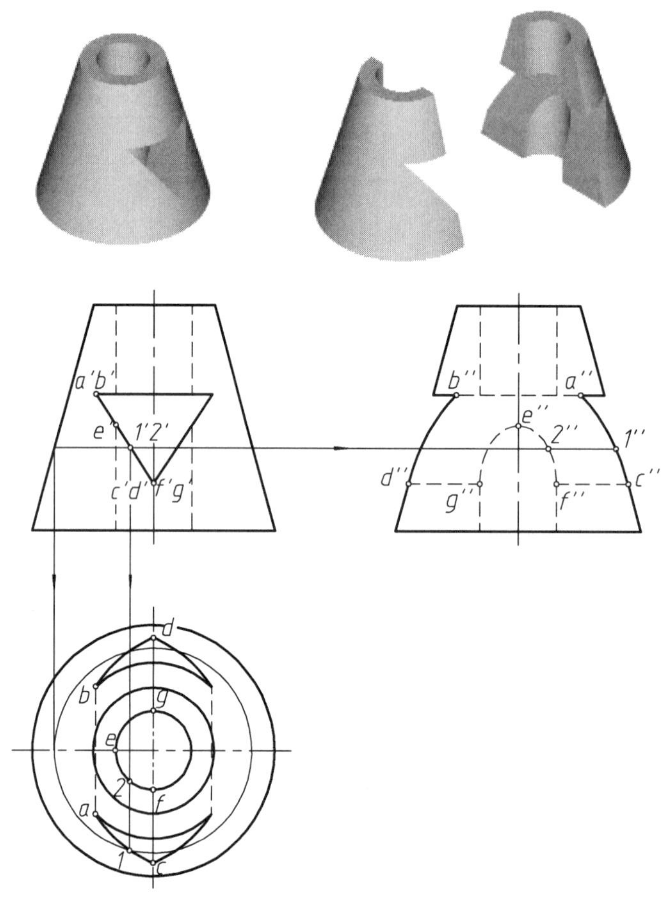

图 9.8　穿孔圆锥台的三视图

9.3　两回转体的表面相交

两回转体表面相交，其相贯线一般为光滑的、封闭的空间曲线。该曲线上的每一点都是两个回转体表面的共有点（见图 9.9）。

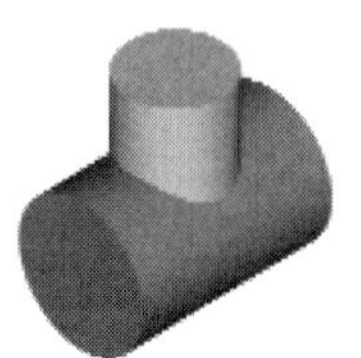

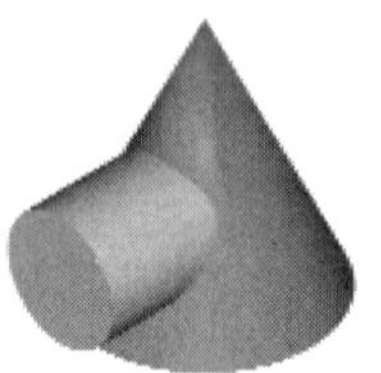

图 9.9　相贯线示例

为了较迅速、准确地求出两回转体表面的相贯线，其作图方法是：先确定相贯线上的特殊点的投影，它们是位于回转体视图轮廓线上的点以及相贯线上的最高最低点、最前最后点、最左最右点，这些特殊点能够确定相贯线的形状和范围。然后按要求再求作相贯线上一些其他的一般点，再将这些共有点的投影连接而成，并标明可见性。只有一段相贯线同时位于两个立体的可见表面时，这段相贯线才是可见的，否则为不可见。

当两个立体中有一个立体表面的投影具有积聚性（如垂直于投影面的圆柱等）时，可利用积聚性法在曲面立体表面上取点以作出两立体表面上的这些共有点。而在一般情况下，则可利用辅助面法求作这些点，也就是求出辅助面与这两个立体表面的三面共点，即为相贯线上的点。辅助面一般选用平面和球面。

下面介绍利用积聚性法和辅助平面法求作一些常见回转体的相贯线画法。

1. 积聚性法

两回转体相交，如果其中有一个是轴线垂直于投影面的圆柱，则相贯线在该投影面上的投影，就积聚在圆柱面有积聚性的投影上，于是，求圆柱和另一回转体的相贯线的投影，可以看作是已知相贯线（积聚线）的一个投影而求作其他投影的问题。这样，就可以在已知相贯线上取一些点，按已知曲面立体表面上的点的一个投影求其他投影的方法，即积聚性法，作出相贯线的投影。

例 6 如图 9.10（a）所示，已知两圆柱的三视图，求作它们的相贯线。

解：

（1）分析。

从已知条件可知：两圆柱的轴线垂直相交，有共同的前后对称面和左右对称面，小圆柱全部穿进大圆柱。因此，相贯线是一条闭合的空间曲线，且前后、左右都对称[见图 9.10（b）]。

由于小圆柱的水平投影积聚为圆，相贯线的水平投影便重合在其上；同理，大圆柱面的侧面投影积聚为圆，相贯线的侧面投影也就重合在小圆柱两轮廓线之间的一段圆弧上，且左半和右半相贯线的侧面投影互相重合。于是问题就可归结为已知相贯线的水平投影和侧面投影，求作它的正面投影。因此，可采用积聚性法，在圆柱面上取点，作出相贯线上的一些特殊点和一般点的投影，再按顺序连成相贯线的投影[见图 9.10（c）]。

（2）作图。

① 作特殊点的投影：首先在相贯线的水平投影上，定出最左、最右、最前、最后点 A、B、C、D 的投影 a、b、c、d，再在相贯线的侧面投影上相应地作出 a''、b''、c''、d''。由此作出它们的正面投影 a'、b'、c'、d'。从主视图中可以看出，点 A、B 和点 C、D 分别是相贯线上的最高、最低点[见图 9.10（d）]。

② 作一般点的投影：在相贯线的侧面投影上，定出左右、前后对称的四个点 E、F、G、H 的投影 e''、f''、g''、h''，由此可在相贯线的水平投影上作出 e、f、g、h，进而作出它们的正面投影 e'、f'、g'、h'[见图 9.10（e）]。

③ 连线并判断可见性：按相贯线水平投影所显示的诸点顺序，连接诸点的正面投影，即得相贯线的正面投影。在主视图上，前半相贯线在两个圆柱的可见表面上，所以其正面投影 $a'e'c'f'b'$为可见，画成实线；而后半相贯线的投影 $a'g'd'h'b'$为不可见，且与前半相贯线的可见投影相重合[见图 9.10（f）]。

④ 检查：在主视图上，a'、b'间的小圆柱轮廓线已不存在，不应画出。最后检查、描深[见图 9.10（g）]。

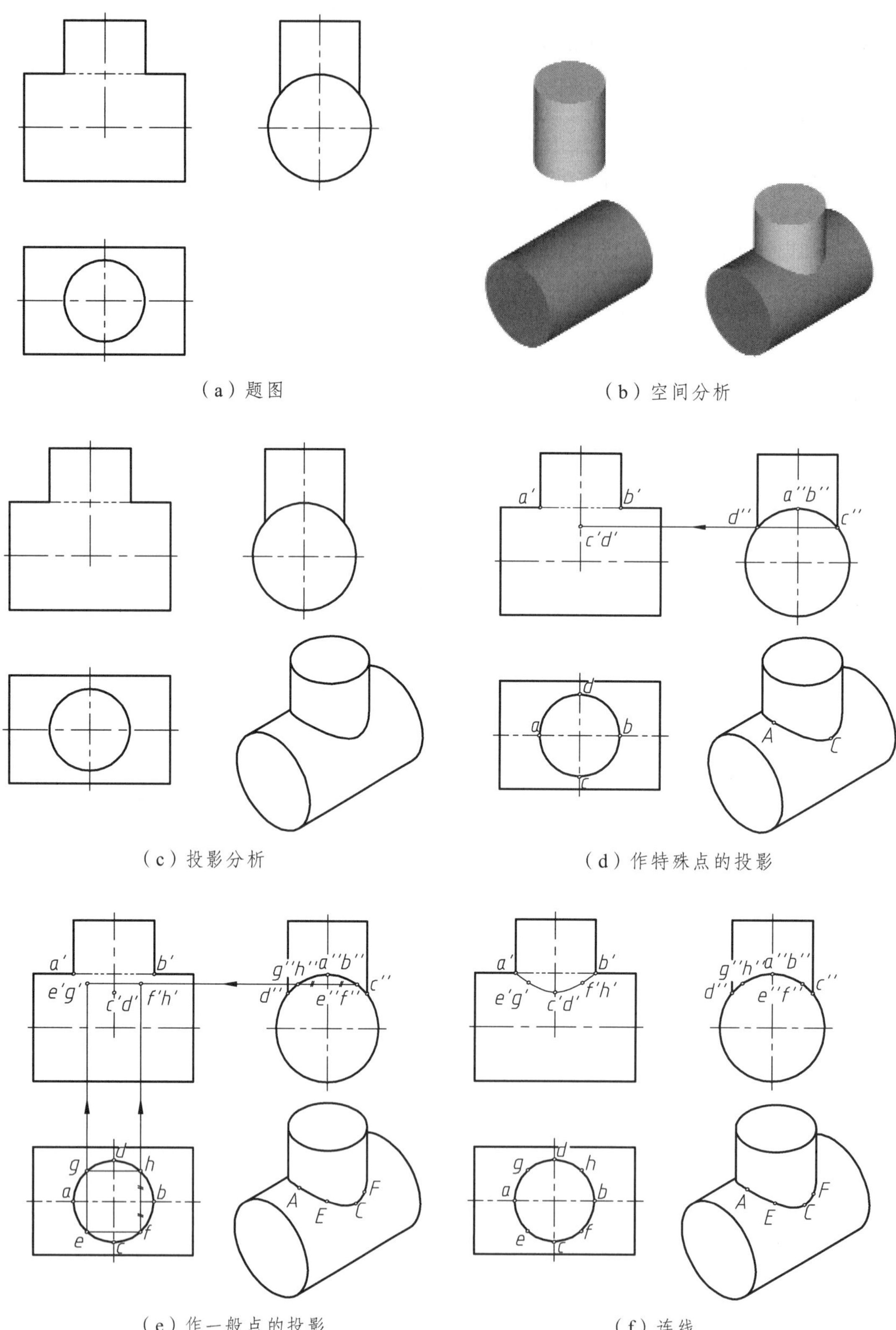

（a）题图　　（b）空间分析

（c）投影分析　　（d）作特殊点的投影

（e）作一般点的投影　　（f）连线

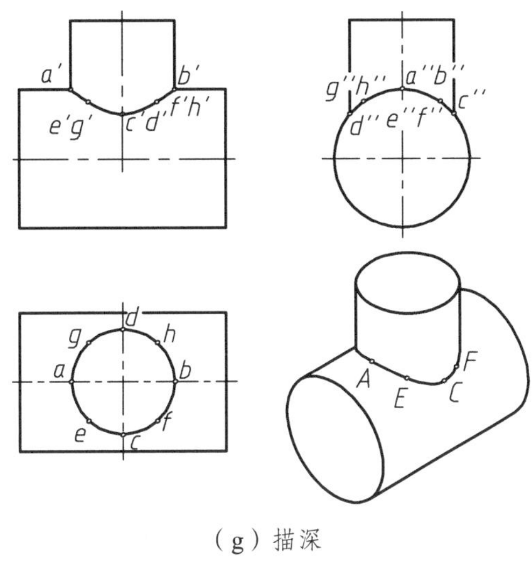

（g）描深

图 9.10　例 6

两轴线垂直相交的圆柱，在零件上是最常见的，它们的相贯线一般有如图 9.11 所示的三种形式。

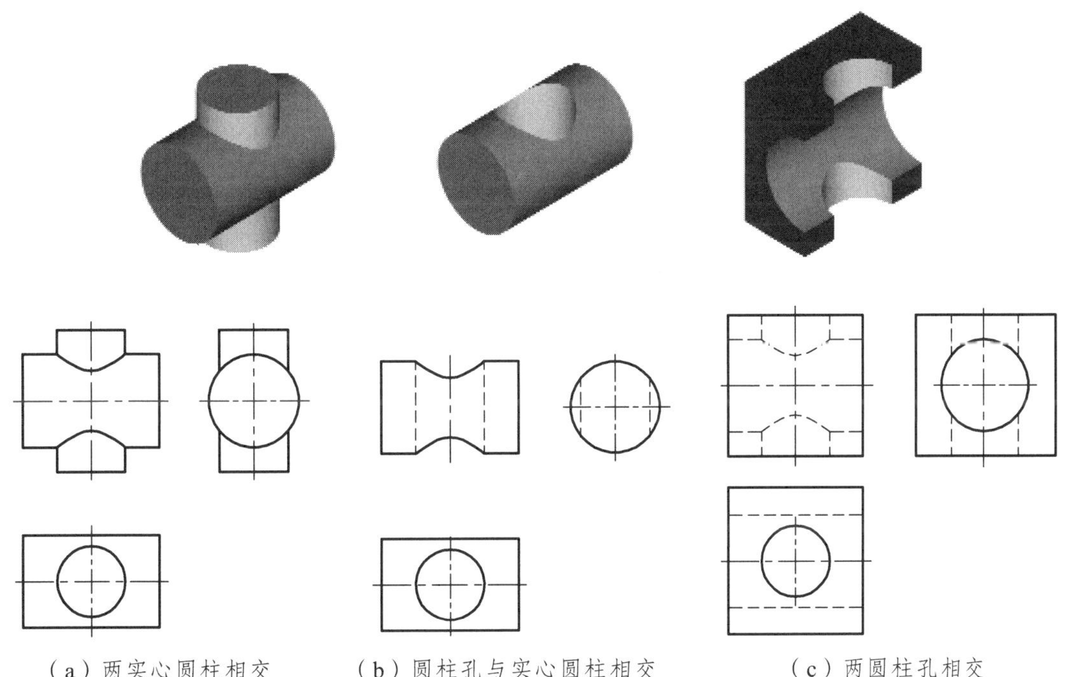

（a）两实心圆柱相交　（b）圆柱孔与实心圆柱相交　（c）两圆柱孔相交

图 9.11　两圆柱相贯线的常见情况

（1）图 9.11（a）表示小的实心圆柱全部贯穿大的实心圆柱，相贯线是上下对称的两条闭合的空间曲线。

（2）图 9.11（b）表示圆柱孔全部贯穿实心圆柱，相贯线也是上下对称的两条闭合的空间曲线，且就是圆柱孔壁的上、下孔口曲线。

（3）图 9.11（c）所示的相贯线是长方体内部两个圆柱孔的孔壁的交线，同样是上下对称的两条闭合的空间曲线。立体图所示为被切去前面一半后的长方体。

从图中可以看出，不仅两圆柱外表面相交有交线，外表面与孔相交（即内表面）、孔与孔相交同样产生交线。只要圆柱内外表面的大小和相对位置不变，其相贯线的形状和特殊点的投影是完全相同的。

例 7 如图 9.12（a）所示，已知两偏交圆柱的俯、左视图，完成其主视图上相贯线的投影。

解：

（1）分析。

从俯、左视图可知，小圆柱完全贯穿大圆柱，因此相贯线为上下对称的两支封闭、光滑的空间曲线。

由于小圆柱的水平投影积聚为圆，相贯线的水平投影便重合在其上；同理，大圆柱面的侧面投影积聚为圆，相贯线的侧面投影也就重合在小圆柱两轮廓线之间的一段圆弧上。于是问题就可归结为已知相贯线的水平投影和侧面投影，求作它的正面投影。因此，可采用积聚性法，在圆柱面上取点，作出相贯线上的一些特殊点和一般点的投影，再按顺序连成相贯线的投影[见图 9.12（b）]。

（2）作图。

由于两支相贯线上下对称，所以只讨论上面一支相贯线的画法。

① 作特殊点的投影：首先在相贯线的水平投影上，定出特殊点的投影。点 1、2 对应正面投影是大圆柱正面投影轮廓线上的点，又是交线上最高点的水平投影；点 3、4 对应的正面投影是小圆柱正面投影轮廓线上的点，又是交线上最左、最右点和虚实分界点的水平投影；点 5、6 对应的侧面投影是小圆柱侧面投影轮廓线上的点，又是交线上最前最后点的水平投影，其中点 5 又是上面一支相贯线最低点的水平投影。点 1′和点 2′可由点 1 和点 2 向上直接引投影连线得到。点 3′、4′、5′、6′可先定出 3″、4″、5″、6″后再作出[见图 9.12（c）]。

② 作一般点的投影：在相贯线的水平投影上，在特殊点之间的适当位置定出一般点的投影，如点 7、8，可用在大圆柱表面上取点的方法，作出其侧面投影点 7″、8″，由此得到其正面投影 7′、8′[见图 9.12（d）]。

③ 连线并判断可见性：在主视图中，曲线 3′-5′-4′位于大、小圆柱正面投影轮廓线之前，为可见，画成实线；曲线 3′-1′-6′-2′-4′位于小圆柱正面投影轮廓线之后，为不可见，画成虚线[见图 9.12（e）]。

④ 检查：主要检查回转体轮廓线的投影。轮廓线与相应的轮廓线上的特殊点必须相连接。小圆柱的两条正面投影轮廓线必须分别与点 3′和 4′连上，为可见。从侧面投影可知，小圆柱的正面投影轮廓线从 3′和 4′以下被大圆柱贯断，不存在轮廓线。同理，大圆柱的正面投影轮廓线必须与点 1′和 2′相连，并从俯视图中可看出，大圆柱的正面投影轮廓线有一小段位于小圆柱的正面投影轮廓线之后，为不可见[详见图 9.12（f）左边的局部放大图]。点 1′和 2′之间的一段轮廓线是没有的。最后检查、描深[见图 9.12（f）]。

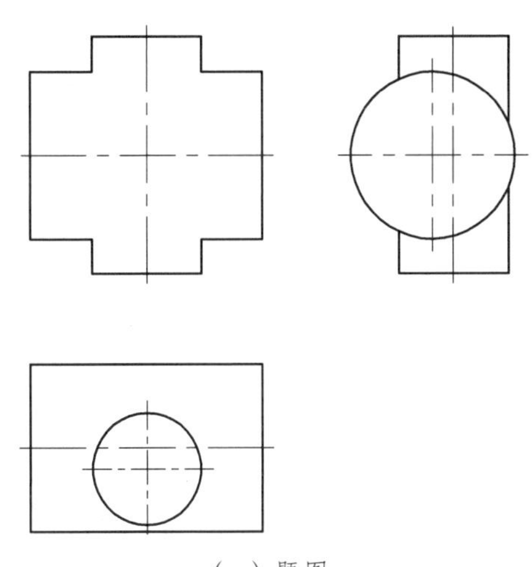

（a）题图

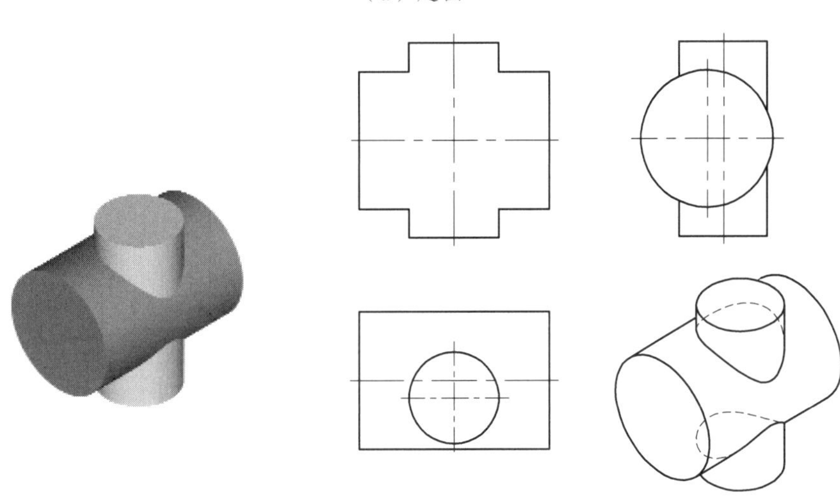

（b）投影分析

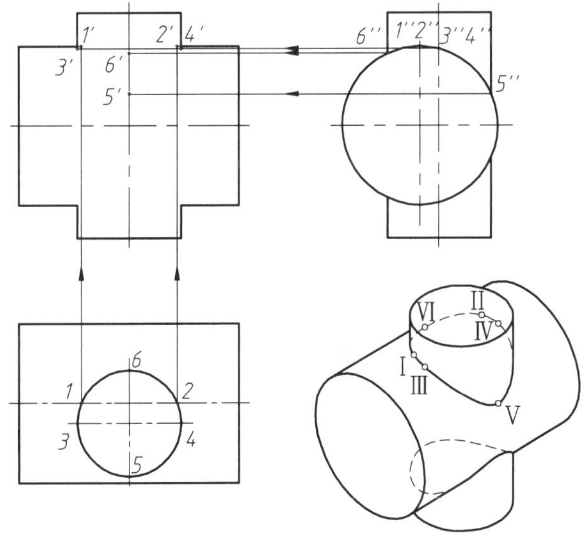

（c）作特殊点的投影

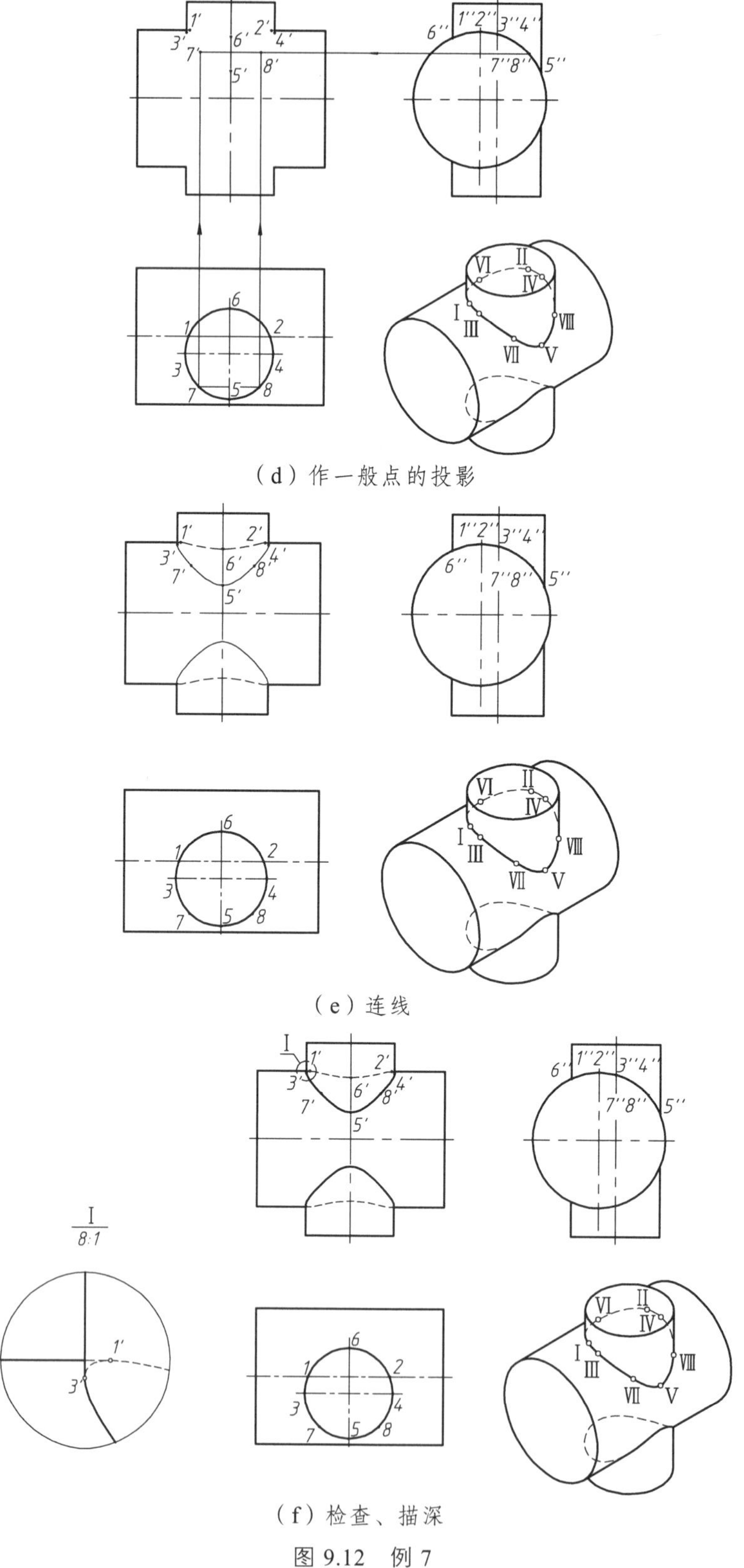

(d) 作一般点的投影

(e) 连线

(f) 检查、描深

图 9.12　例 7

2. 辅助平面法

作两曲面立体的相贯线时，可以用与两个曲面立体都相交（或相切，有切线）的辅助平面切割这两个立体，则两组截交线（或切线）的交点，是辅助平面和两曲面立体表面的三面共点，即为相贯线上的点。用这种方法求作相贯线，称为辅助平面法（见图 9.13）。

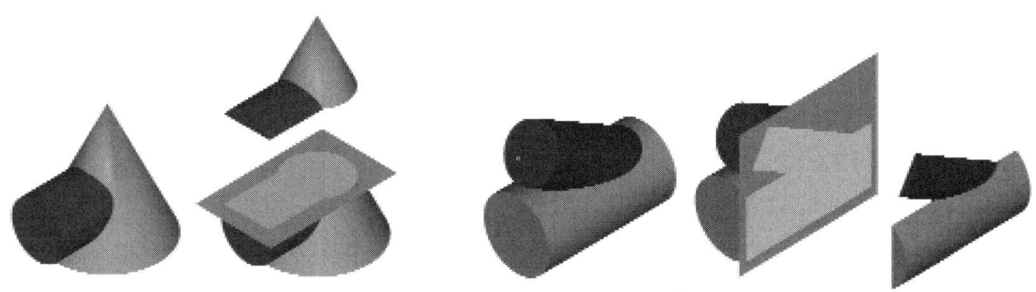

图 9.13　辅助平面法

为了能方便地作出相贯线上的点，最好选用特殊位置平面作为辅助平面，并使辅助平面与两曲面立体的截交线的投影简单易求，如截交线为直线或平行于投影面的圆。

前面所讲述的用表面取点法求作相贯线的例图，也都可以用辅助平面法求解。

例 8　如图 9.14（a）所示，求作圆柱和圆锥的相贯线，并补全相贯体的水平投影。

解：

（1）分析。

从已知条件可以看出，由于圆柱从左边全部穿进圆锥，所以相贯线是一条闭合的空间曲线。又由于这两个回转体具有公共的前后对称面，所以相贯线也前后对称，前半相贯线与后半相贯线的正面投影将互相重合。

由于圆柱面的侧面投影有积聚性，相贯线的侧面投影也必定重合在其上，于是问题可归结为已知圆锥面上相贯线的侧面投影，求作其正面投影和侧面投影。图 9.14（b）可用表面取点法，也可用辅助平面法求解。下面采用辅助平面法求解。

（2）确定辅助平面。

为了使辅助平面与圆柱、圆锥的截交线为素线或圆，对圆柱而言，辅助平面应平行或垂直于柱轴；对圆锥而言，辅助平面应垂直于锥轴或通过锥顶。综上所述，只能选择如图 9.14（c）所示的两种辅助平面。

（3）作图。

① 作特殊点的投影。

在主视图上，圆锥和圆柱正面投影轮廓线的交点 1′、2′为相贯线上的最高、最低点Ⅰ、Ⅱ的正面投影；可直接作出它们的水平投影 1、2 和侧面投影 1″、2″[见图 9.14（d）]。

为了求作相贯线上的最前、最后点Ⅲ、Ⅳ的投影，可用辅助平面法，通过柱轴作水平面 P，与圆柱面相交于最前、最后两素线，与圆锥面相交于水平纬圆，这两组截交线的水平投影的交点，即为点Ⅲ、Ⅳ的水平投影 3、4，由此作出其正面投影 3′、4′和侧面投影 3″、4″。

由于 3 和 4 是圆柱面水平投影轮廓线的端点，也就确定了圆柱面水平投影轮廓线的范围[见图 9.14（e）]。

为了求作相贯线上的最右端前后对称的两个点Ⅴ、Ⅵ的投影，可用辅助平面法，通过锥顶作与圆柱面相切的侧垂面 Q，切线为圆柱面的一条素线，其侧面投影积聚在 q''与圆柱面侧面投影的切点处，与左圆锥面相交于一条素线，其侧面投影与 q''重合。这两条素线的交点 V，就是相贯线上的点，其侧面投影 5″就重合在圆柱面的切线的侧面投影上。由此作出其水平投影点 5 和正面投影点 5′。并作出其前后对称点Ⅵ的三面投影[见图 9.14（f）]。

② 作一般点的投影。

在已作出的相贯线上的特殊点之间，作水平面 R，与圆柱面相交于两条素线，其侧面投影分别积聚在 r''与圆柱面侧面投影的交点处；与圆锥面相交于水平纬圆，其侧面投影重合于 r''。这两组截交线的交点Ⅶ、Ⅷ即为相贯线上的点，其侧面投影 7″、8″分别重合在这两条圆柱面素线的侧面投影上。由此作出其水平投影点 7、8 和正面投影点 7′、8′[见图 9.14（g）]。

③ 连线并判断可见性。

按侧面投影中各点的顺序，分别将它们的正面投影和水平投影连接起来。在主视图中，曲线 1′-7′-5′-3′-2′同时位于前半个柱面和锥面，为可见，曲线 1′-8′-6′-4′-2′位于后半个柱面和锥面，为不可见，但与前者重合，故画成实线。在俯视图中，虽然圆锥面上的点都可见，但对圆柱而言，只有位于上半个柱面的点才可见，曲线 3-5-2-6-4 位于上半个圆柱面，为可见，画成实线，而 3-7-1-8-4 位于下半个圆柱面，为不可见，应画成虚线[见图 9.14（h）]。

④ 检查。

主要检查回转体轮廓线的投影。从左视图中可以看出，圆锥的正面投影轮廓线在点 1″、2″处被圆柱贯断，因此在正面投影上，1′、2′之间圆锥的轮廓线不再存在。同样，圆柱的正面投影轮廓线也只到点 1′、2′处。从主视图中可以看出，圆柱的水平投影轮廓线在点 3′、4′处被圆锥贯断，因此，在水平投影上，圆柱的水平投影轮廓线只到点 3 和点 4 处[见图 9.14（i）]。

最后检查、描深，除去标记的三视图如图 9.14（j）所示。

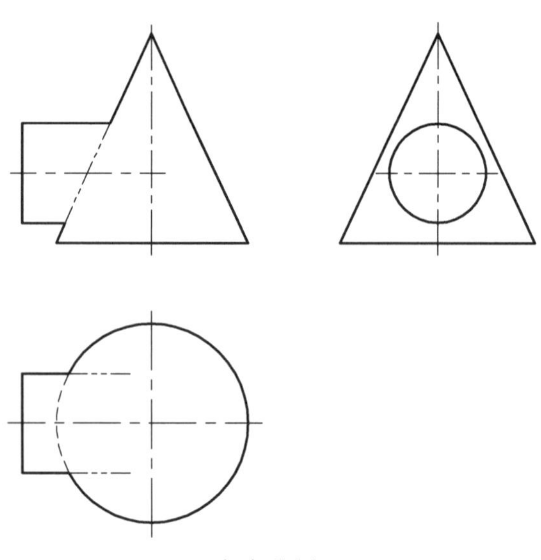

（a）题图

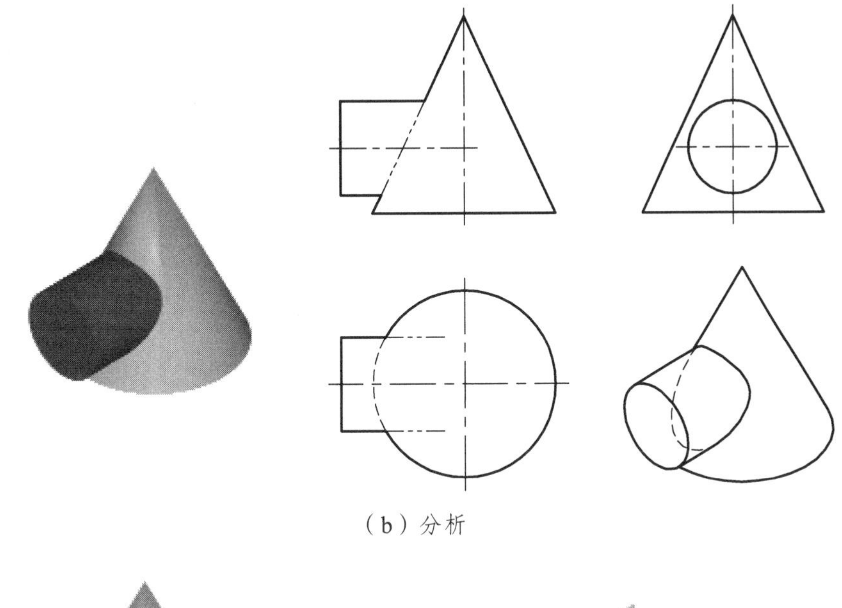

（b）分析

平行于柱轴、垂直于锥轴的水平面

通过锥顶、平行于柱轴的侧垂面

（c）确定辅助平面

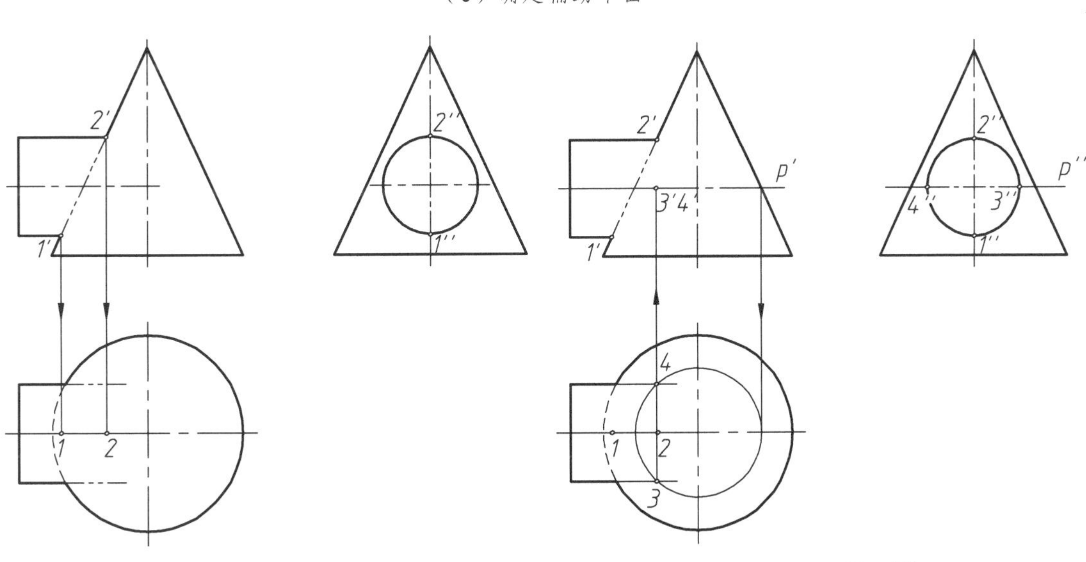

（d）作特殊点Ⅰ、Ⅱ的投影　　（e）作特殊点Ⅲ、Ⅳ的投影

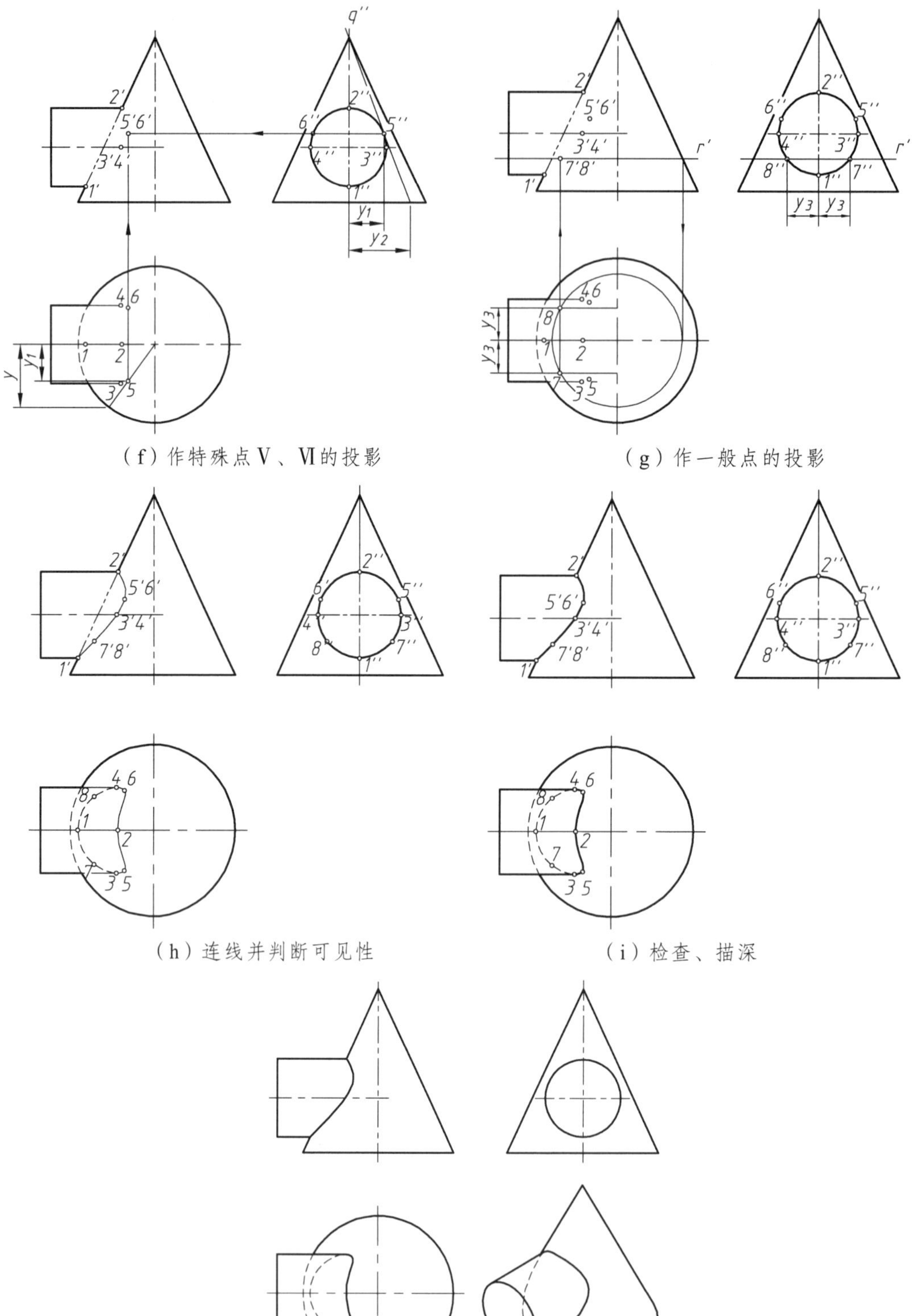

（f）作特殊点Ⅴ、Ⅵ的投影

（g）作一般点的投影

（h）连线并判断可见性

（i）检查、描深

（j）除去标记后的三视图

图 9.14　例 8

例 9 如图 9.15（a）所示，求作轴线为正平线和侧垂线的两圆柱的相贯线，并补全相贯体的水平投影。

解：

（1）分析。

由已知条件来分析相贯线的大致情况。由于轴线为正平线的小圆柱全部穿进轴线为侧垂线的大圆柱，所以相贯线是一条闭合的空间曲线。又由于这两个圆柱有公共的前后对称面，所以相贯线也前后对称，前半相贯线与后半相贯线的正面投影重合。

由于大圆柱面的侧面投影有积聚性，相贯线的侧面投影就重合在其上，可用积聚性法或辅助平面法求作相贯线[见图 9.15（b）]。

现用辅助平面法求解。

（2）确定辅助平面。

选用同时平行于两个圆柱的轴线的正平面作为辅助平面[见图 9.15（c）]。

（3）作图。

① 作特殊点的投影。

在主视图上，两圆柱正面投影轮廓线的交点 1′、2′为相贯线上的最高点Ⅰ、Ⅱ的正面投影；可直接作出它们的水平投影 1、2 和侧面投影 1″、2″，1″与 2″互相重合。可以看出，它们也是相贯线上的最左、最右点。

从左视图中可以看出，相贯线上的最低点Ⅲ、Ⅳ的侧面投影应是小圆柱侧面投影轮廓线上的点 3″、4″，该两点前后对称。由 3″、4″可直接求得其正面投影 3′、4′（在小圆柱的正平轴线上），再得到水平投影 3、4[见图 9.15（d）]。

② 作一般点的投影。

在已作出的相贯线上的特殊点之间，作正平面 P，与大圆柱的上半圆柱面交得一条素线，与小圆柱面交得两条素线，作出这两组截交线的正面投影，在它们的正面投影的相交处，即为相贯线上的一般点的交点Ⅴ、Ⅵ的正面投影 5′、6′，其侧面投影 5″、6″分别重合在大圆柱面素线的侧面投影上。由此作出其水平投影点 5、6。再作出分别与点Ⅴ、Ⅵ前后对称的点Ⅶ、Ⅷ的三面投影[见图 9.15（e）]。

③ 连线并判断可见性。

按侧面投影中各点的顺序，分别将它们的正面投影和水平投影连接起来。在主视图中，曲线 1′-5′-3′-6′-2′同时位于两个圆柱的前半个圆柱面上，为可见；曲线 1′-7′-4′-8′-2′位于两个圆柱的后半个圆柱面上，为不可见，但与前者重合，故画成实线。在俯视图中，只有都位于两个圆柱的上半圆柱面上的相贯线上的水平投影 3-6-2-8-4 是可见的，画成实线；而位于小圆柱下半圆柱面上的相贯线的水平投影 3-5-1-7-4 为不可见，应画成虚线[见图 9.15（f）]。

④ 检查。

在俯视图上，小圆柱的前后两条水平投影轮廓线应分别画到点 3 和点 4 处。最后检查、描深[见图 9.15（g）]。

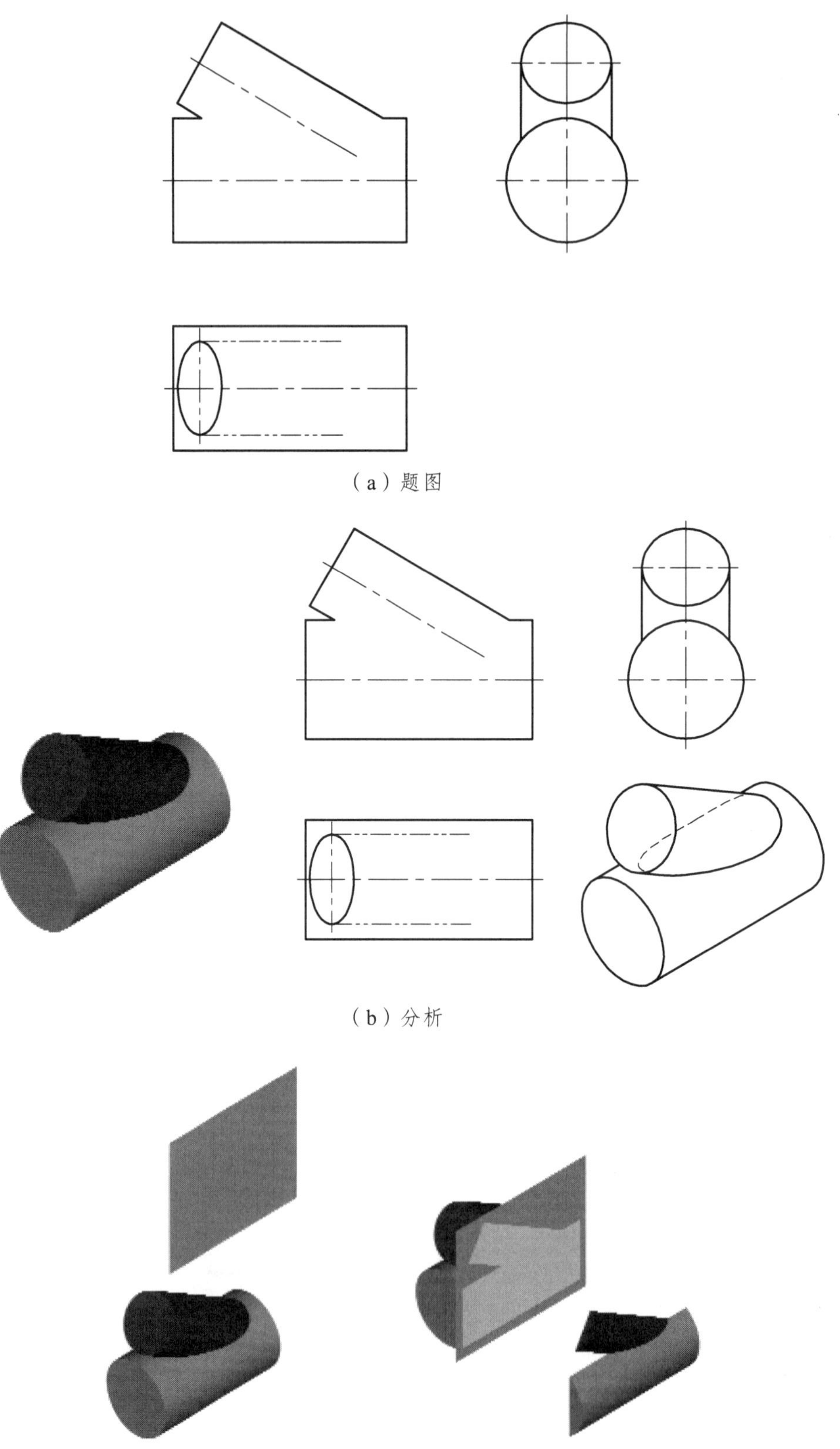

（a）题图

（b）分析

（c）确定辅助平面

p''
1'
2'
3'4'
4''
1''2''
3''
4
2
1
3
2'
5'7'
3'4'
6'8'
7''8''
5''6''
7
8
5
6
(d) 作特殊点的投影
(e) 作一般点的投影
(f) 连线并判断可见性
(g) 检查、描深

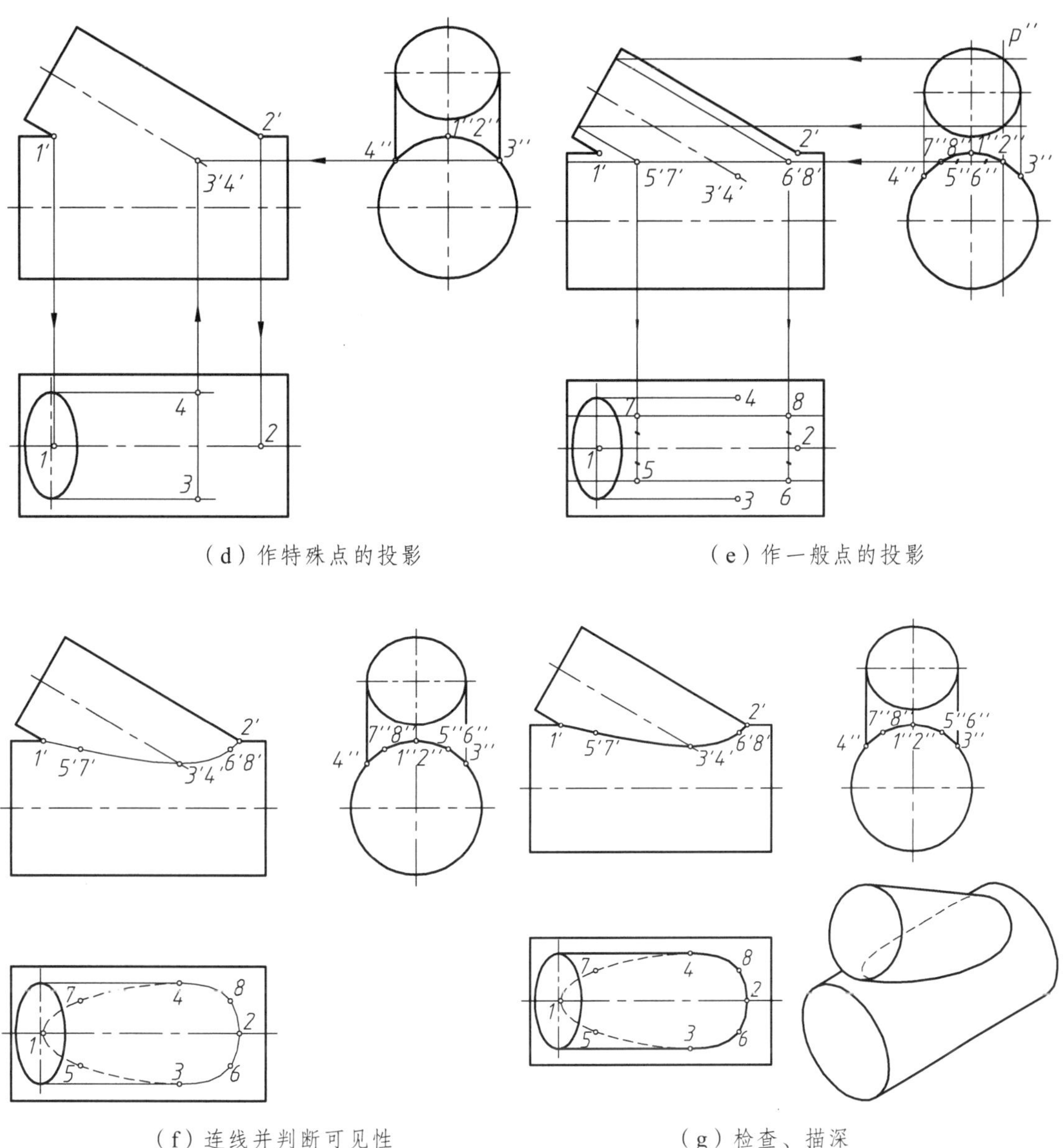

图 9.15　例 9

第 10 章　轴测投影

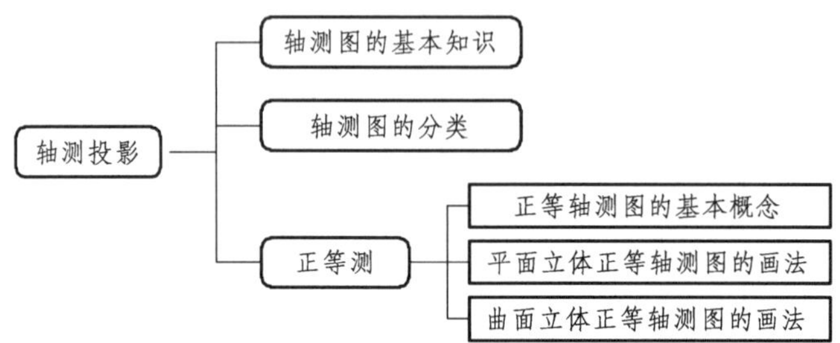

多面正投影图是工程上应用最广泛的图样，但这种图形缺乏立体感，必须经过学习、训练才能看懂物体的多面正投影图样。本章将介绍的轴测图是具有立体感的单面投影图，它作图稍复杂，但富有直观效果，有助于我们尽快了解物体宏观的结构，因此，工程上常用轴测图来绘制化工、给排水、采暖通风等管道系统图以及绘制包装箱、仪表柜等生产图样，还用作辅助手段表达机器外观、内部结构或工作原理等。因此，轴测图常作为帮助读图的辅助性图样。

10.1　轴测图的基本知识

将物体连同其参考直角坐标系沿不平行于任何坐标面的方向，用平行投影法将其投射在单一投影面 P（即轴测投影面）上所得到的图形称为轴测图，如图 10.1 所示。

用平行投影法所获得的轴测图，具有下列投影特性：

（1）物体上互相平行的线段，在轴测图上仍互相平行。

（2）物体上两平行线段或同一直线上的两线段，其长度之比在轴测图上保持不变。

（3）物体上平行于轴测投影面的直线和平面，在轴测图上反映实长和实形。

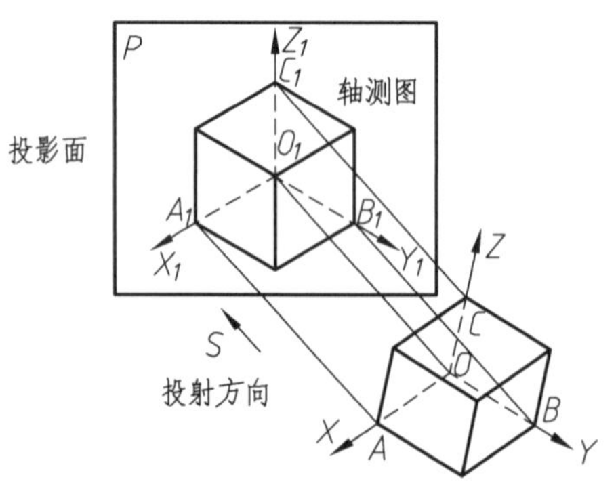

图 10.1　轴测图的形成

确定物体空间位置的参考直角坐标系的三根坐标轴 X、Y、Z 在轴测投影面上的投影 X_1、Y_1、Z_1，称为轴测轴，轴测轴各轴间的夹角称为轴间角。

物体沿坐标方向线段的轴测投影长度与其空间实长之比，称为轴向变形系数。X、Y、Z 三个轴测轴方向的轴向变形系数分别用 p_1、q_1、r_1 表示，由图 10.2 可以看出：

$$p_1 = OA/O_0A_0$$

$$q_1 = OB/O_0B_0$$

$$r_1 = OC/O_0C_0$$

在绘制轴测图时，先确定轴间角和轴向变形系数，再根据物体在坐标系中的位置，沿着平行于相应轴的方向测量物体上各边的尺寸或确定点的位置。

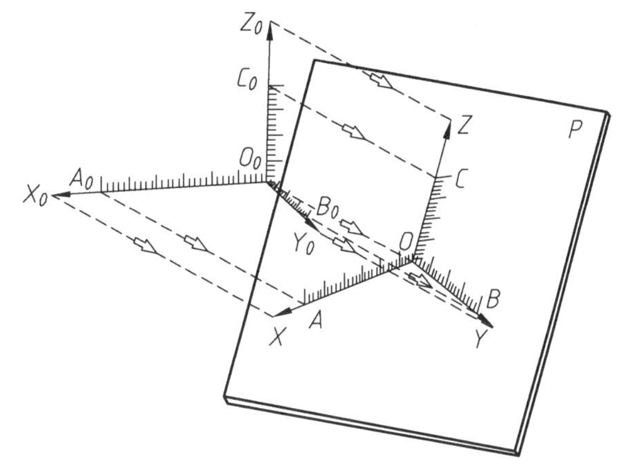

图 10.2　轴向变形系数

10.2　轴测图的分类

按投影方法的不同，投射线与轴测投影面垂直时，得到正轴测图；投射线与轴测投影面倾斜时，得到斜轴测图。

对于正轴测图，改变物体上直角坐标体系与轴测投影面的相对位置即可改变轴间角与轴向变形系数。对于斜轴测图，改变物体上直角坐标体系与轴测投影面的相对位置或改变投影方向，均可以改变轴间角与轴向变形系数。

根据轴向变形系数关系的不同，两类轴测图又各可分为三种：

① 正（斜）等轴测图：三个轴向变形系数都相等，$p_1 = q_1 = r_1$，简称正等测及斜等测。

② 正（斜）二等轴测图：任意两个轴向变形系数相等，$p_1 = q_1 \neq r_1$ 或 $p_1 \neq q_1 = r_1$ 或 $p_1 = r_1 \neq q_1$，简称为正二测及斜二测。

③ 正（斜）三轴测图：三个轴向变形系数都不等，$p_1 \neq q_1 \neq r_1$，简称正三测及斜三测。

国家标准允许选用其中绘图较为简便、立体效果较好、变形较小的几种轴测图。机械工程中常用的轴测图有三种，这三种轴测图是：正等轴测图（$p_1 = q_1 = r_1$）、正二等轴测图（$p_1 = r_1 = 2q_1$）和斜二等轴测图（$p_1 = r_1 = 2q_1$）。

对于非机械类专业要求掌握正等轴测图，了解斜二测（斜二等轴测图）。

10.3 正等测

10.3.1 正等轴测图的形成、轴间角和轴向变形系数

当物体上的三根直角坐标轴与轴测投影面的倾角相等时，用正投影法所得到的图形，称为正等轴测图，简称正等测。

正等轴测图中的三个轴间角相等，都是 120°，其中 Z 轴规定画成铅垂方向，如图 10.3 所示。正等测的各轴向伸缩系数相同，根据理论分析，可计算出 $p_1 = q_1 = r_1 = 0.82$。实际绘图时，为简化作图一般将其扩大 1.22 倍，均取为 1，即简化后的轴向变形系数 $p_1 = q_1 = r_1 = 1$。

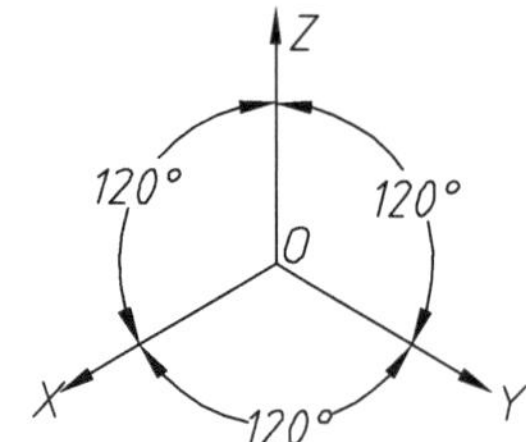

图 10.3 正等轴测图的轴间角

10.3.2 平面立体正等轴测图的画法

绘制平面立体轴测图的方法，有坐标法、切割法和叠加法三种。

对于轴测图的画法，国家标准规定，一般只用粗实线画出可见部分，必要时才用虚线画出其不可见部分。

1. 坐标法

坐标法是绘制轴测图的基本方法。根据立体表面上各顶点的坐标，分别画出它们的轴测投影，然后依次连接成立体表面的轮廓线。

例 1 根据截头棱锥的投影图，画出正等轴测图。

作图步骤如下（见图 10.4）：

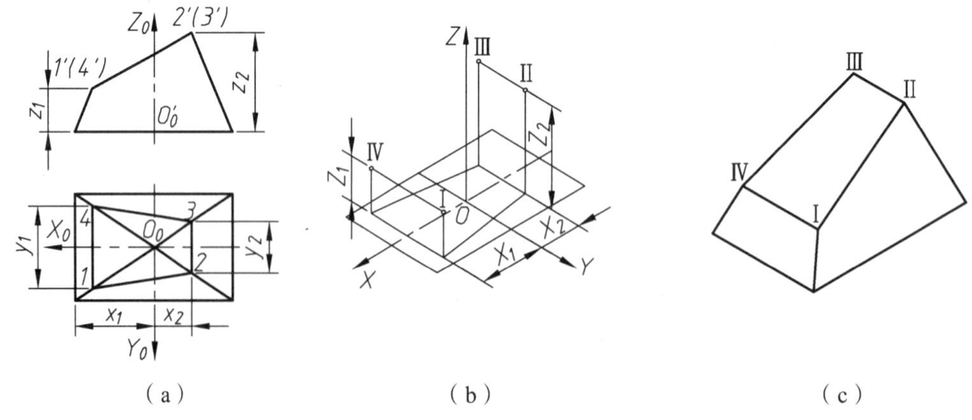

图 10.4 坐标法画平面立体正等轴测图

（1）在视图上定坐标。

（2）画轴测图，在 *XOY* 坐标面上画出低面，并定出点 1、2、3、4 的位置，再沿 *Z* 轴量出 Z_1、Z_2 得各点Ⅰ、Ⅱ、Ⅲ、Ⅳ。

（3）连接顶面各点和可见的棱线，擦去作图线，描粗、加深。

2. 切割法

切割法适用于带切面的平面立体，它以坐标法为基础，先用坐标法画出完整平面立体的轴测图，然后用切挖方法逐步画出各个切口部分。

例 2 作出如图 10.5（a）所示立体的正等轴测图。

分析：

从投影图可知，该立体是在长方形箱体的基础上，逐步切去左上方的四棱柱、右前方的三棱柱和左下端方槽后形成的。绘图时先用坐标法画出长方形箱体，然后逐步切去各个部分，绘图步骤如图 10.5 所示。

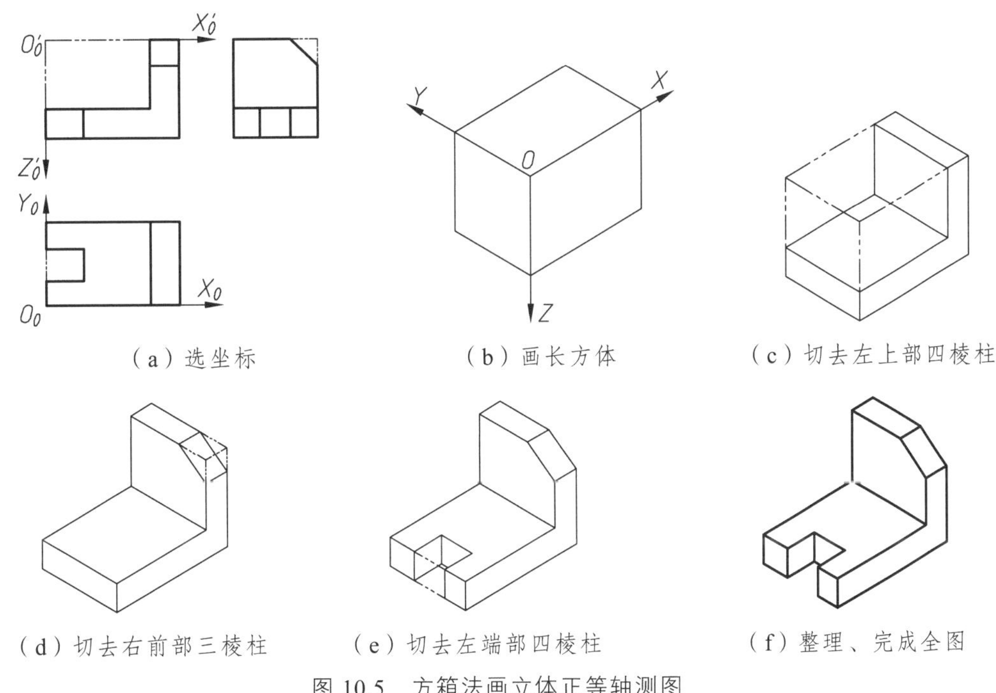

（a）选坐标　（b）画长方体　（c）切去左上部四棱柱

（d）切去右前部三棱柱　（e）切去左端部四棱柱　（f）整理、完成全图

图 10.5　方箱法画立体正等轴测图

3. 叠加法

叠加法适用于叠加而形成的组合体，它依然以坐标法为基础，根据各基本体所在的坐标，分别画出各立体的轴测图。

例 3 作出如图 10.6（a）所示组合体的轴测图。

分析：

该组合体由底板Ⅰ、背板Ⅱ、右侧板Ⅲ三部分组成。利用叠加法，分别画出这三部分的轴测投影，擦去看不见的图线，即得该组合体的轴测图。其作图步骤如下：

（1）在视图上定坐标，将组合体分解为三个基本形体。

（2）画轴测轴，沿轴向分别量取坐标 X_1、Y_1 和 Z_1，画出形体Ⅰ。
（3）根据坐标 Z_2 和 Y_2 画形体Ⅱ；根据坐标 X_3 和 Z_3 切割形体Ⅱ。
（4）根据坐标 X_2 画形体Ⅲ。
（5）擦去作图线，描粗加深。

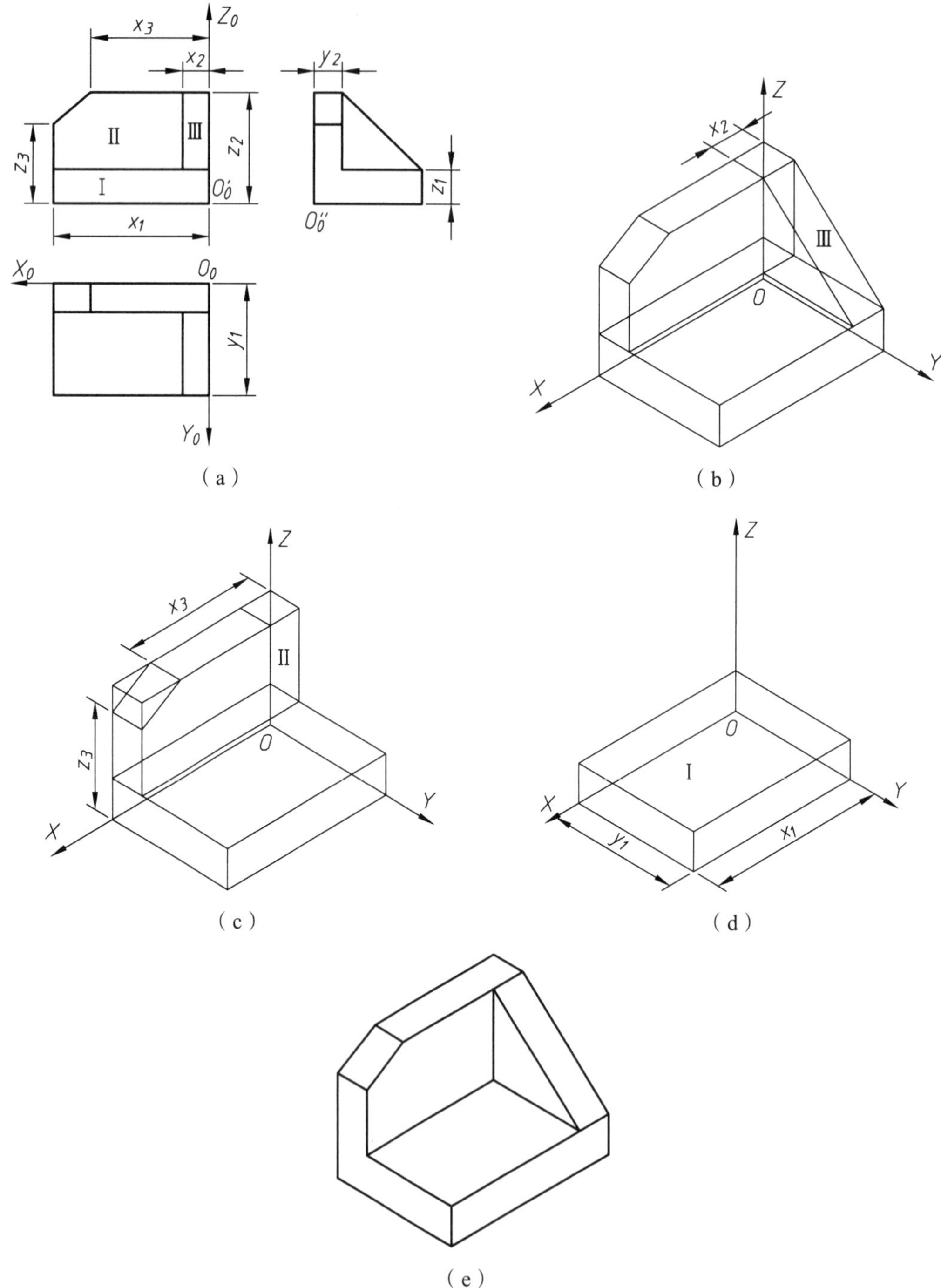

图 10.6　叠加法画立体正等轴测图

以上这三种方法不但适用于平面立体，而且适用于曲面立体，不但适用于正等测轴测图，还适用于其他轴测图。

10.3.3 曲面立体正等轴测图的画法

曲面立体表面除了直线轮廓线外，还有曲线轮廓线，工程中用得最多的曲线轮廓线就是圆或圆弧。要画曲面立体的轴测图必须先掌握圆和圆弧的轴测图画法。

1. 平行于坐标面的圆的正等轴测图

根据正等测的形成原理可知，平行于坐标面的圆的正等轴测图是椭圆。图 10.7 表示按简化伸缩系数绘制的分别平行于 *XOY*、*XOZ* 和 *YOZ* 三个坐标面的圆的正等轴测投影。这三个圆可视为处于同一个立方体的三个不同方位的表面上，对该图分析后不难得出如下结论：

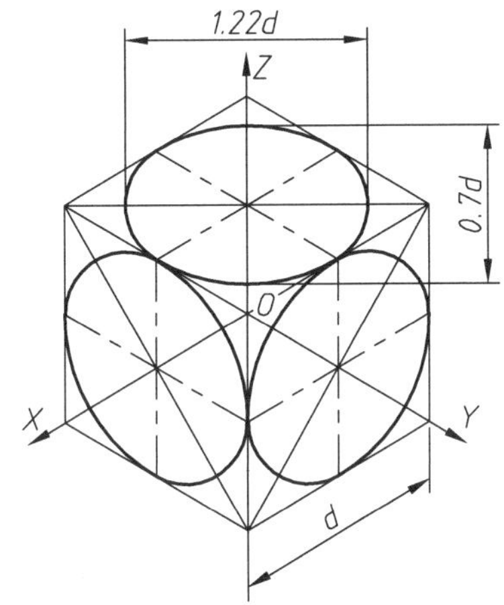

图 10.7 平行于坐标面的圆的正等轴测图

（1）直径相同平行坐标面的圆的正等轴测椭圆的形状和大小完全相同。

（2）椭圆的方位因不同的坐标面而不同，其中椭圆的长轴垂直于与圆平面相垂直的坐标轴的轴测投影（轴测轴），而短轴则平行于这条轴测轴。例如，平行于 *XOY* 坐标面圆的正等椭圆的长轴垂直 *Z* 轴，而短轴则与 *Z* 轴平行。

绘图时，为了简化作图，通常采用四段圆弧连接成近似椭圆的作图方法。如图 10.8 所示，以 *XOY* 坐标面上的圆为例，说明了这种近似画法的作图步骤。画其他坐标面上的圆时，应注意长短轴的方向。

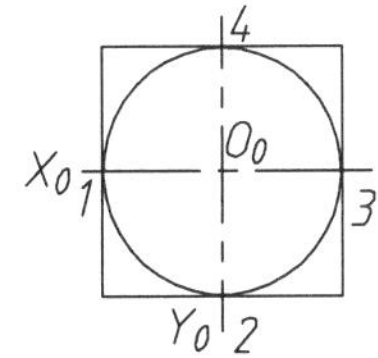

（a）选坐标，作圆的外切正方形

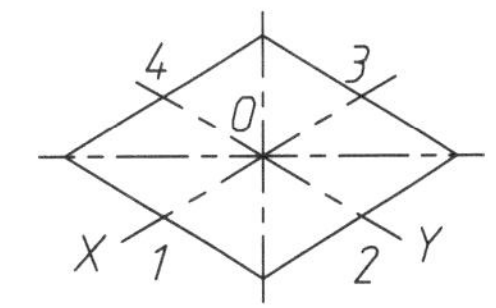

（b）作正方形轴测投影及对角线

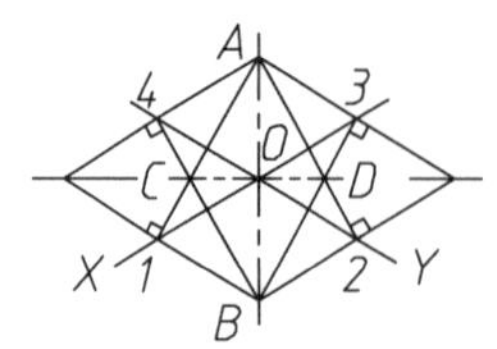

（c）如图连点定圆心 *ABCD* 及切点 1234

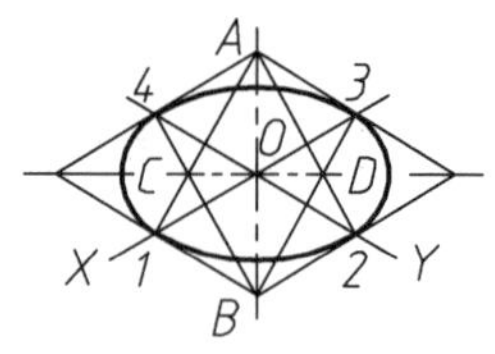

（d）分别画出四段圆弧，连成近似椭圆

图 10.8　平行于坐标面的圆的正等轴测图——椭圆的近似画法

2. 画法举例

例 4　作出如图 10.9（a）所示圆柱体的正等轴测图。

从投影图可知，这是一个直立的圆柱体，顶圆、底圆都是水平圆，可以取顶圆的圆心为原点，选取如图 10.9（a）所示坐标轴。用近似法画出顶圆的轴测投影椭圆后，为简化作图，可将绘制该椭圆各段圆弧的圆心沿 Z_1 轴向下移动一个柱高的距离，就可以得到绘制下底椭圆各段圆弧的圆心位置，如图 10.9（b）所示，判断可见性后，只画出底圆可见部分的轮廓，具体作图结果如图 10.9（c）所示。应该注意的是，两椭圆的切线即为圆柱面的轮廓线。

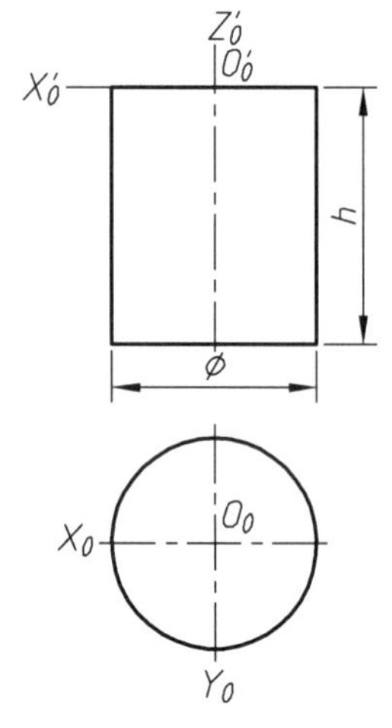

（a）选坐标

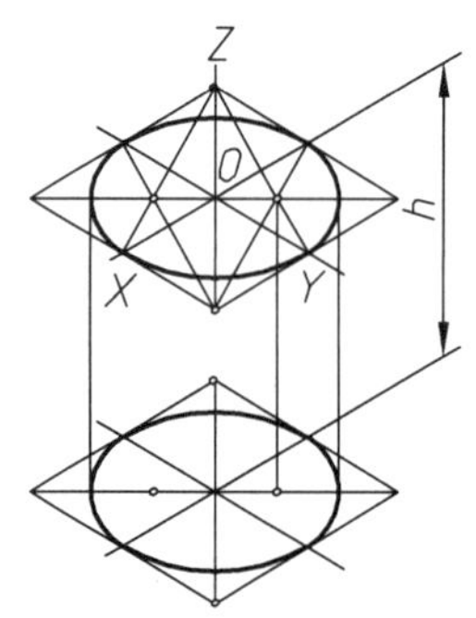

（b）画顶圆、底圆及轮廓线（两椭圆的外公切线）

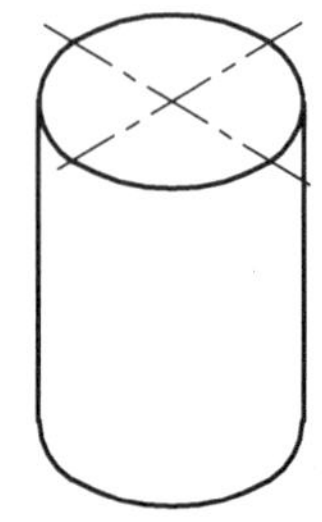

（c）作图结果

图 10.9　圆柱体的正等轴测图

例 5　作出如图 10.10（a）所示圆角的正等轴测图。

形体经常有部分圆角结构，如图 10.10（a）所示立体上的 1/4 圆柱面结构，绘图时，可先按方角画出，再根据圆角半径，参照圆的正等测椭圆的近似画法，定出近似轴测投影圆弧的圆心，从而完成圆角的正等轴测图。具体作图步骤如图 10.10 所示，图中尤其应注意的是圆角切点处的垂线，两两垂线的交点是所绘圆弧的圆心。

曲面立体上其他形状的曲线轮廓，可在曲线上定出各点的坐标，逐点作出其轴测投影，然后光滑连接，即可作出它们的轴测投影图。

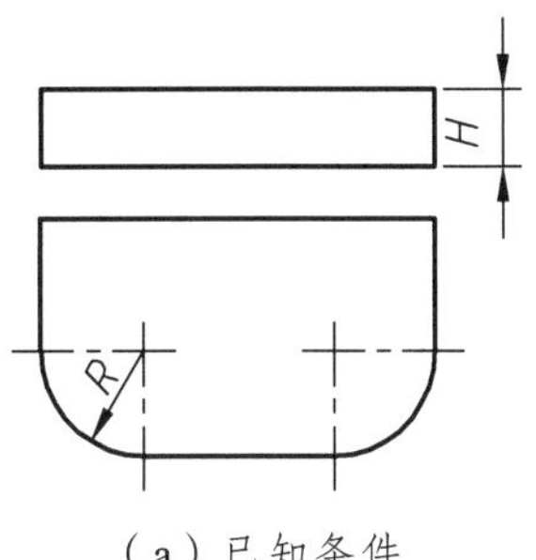

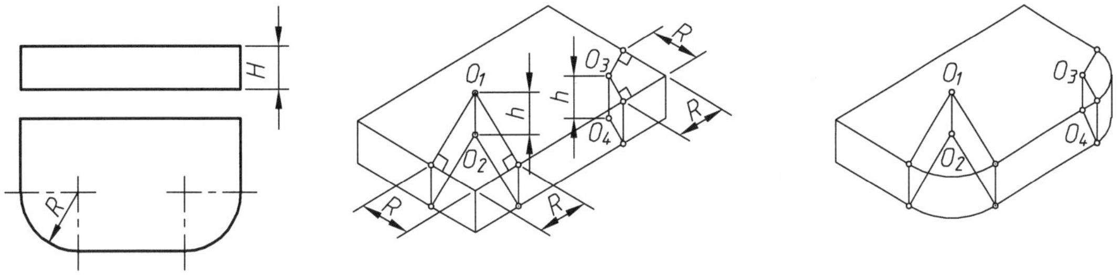

（a）已知条件

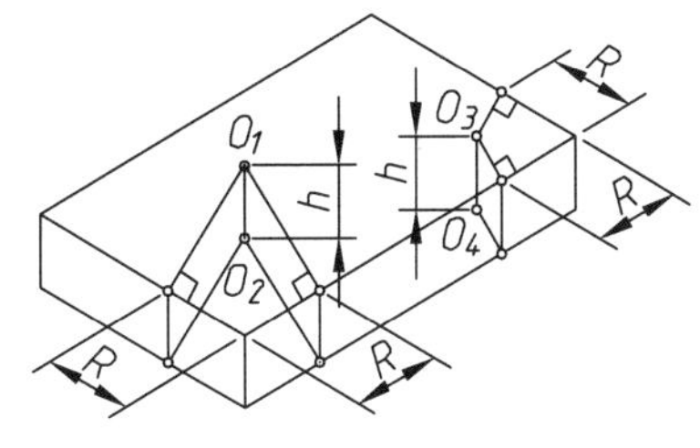

（b）画长方体正等轴测图，定出顶、底面的圆心和切点

（c）画圆弧及外公切线，完成圆角作图

图 10.10　圆角的轴测投影图

第 11 章　组合体的投影

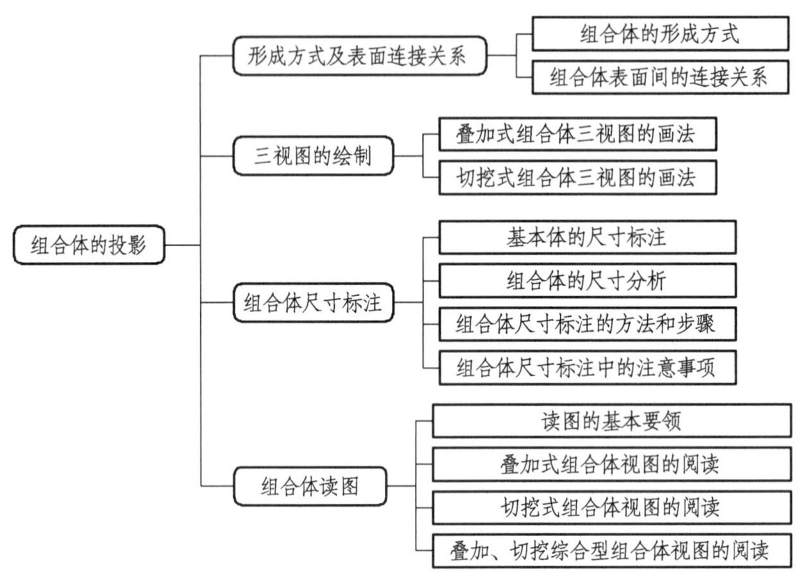

任何复杂的机器零件，从几何形体的角度看，都是由一些简单的平面体和曲面体组成的，我们将其称为组合体。

本章主要介绍如何应用前面介绍的投影理论来解决组合体的画图和读图中的问题，以及组合体的尺寸标注等内容。

11.1　组合体形成方式及表面连接关系

11.1.1　组合体的形成方式

从工程制造成型过程和读图与画图分析思考方便出发，常把组合体视为由两种方式形成，即叠加与切挖。

1. 叠　加

基本体（或稍作变形的基本体）叠加在一起可形成组合体，如图 11.1 所示。

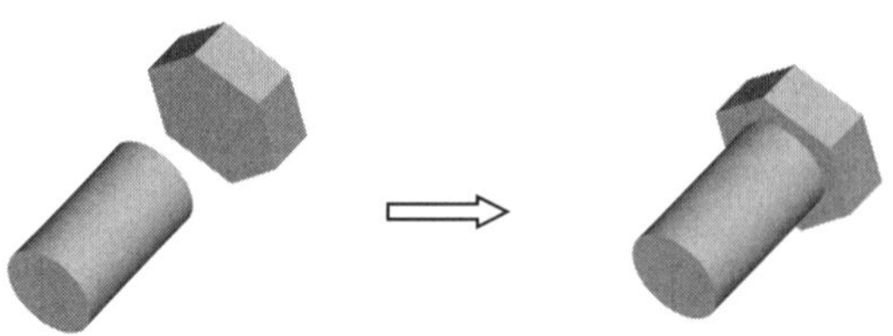

图 11.1　叠加式组合体

2. 切 挖

基本体经截切和挖孔可形成组合体，如图 11.2 所示。

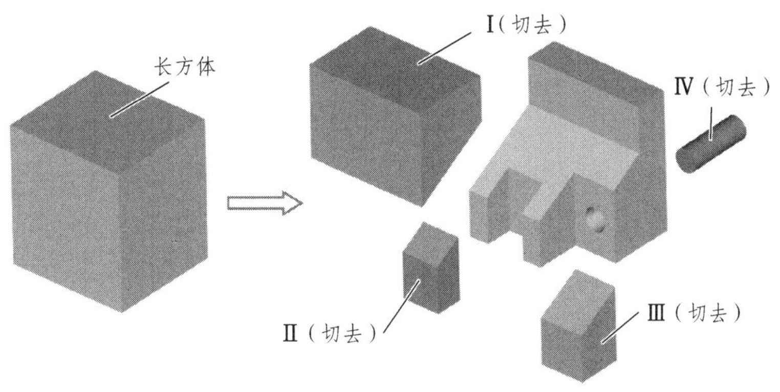

图 11.2 切挖式组合体

在分析组合体的构成时要注意以下两点：

（1）由于实际的机器零件形状有时较复杂，单一的叠加式或切挖式组合体较为少见，更多的是综合叠加和切挖而形成的组合体。图 11.3 中的组合体主要由叠加构成，但三个圆柱孔和方槽则为切挖形成。

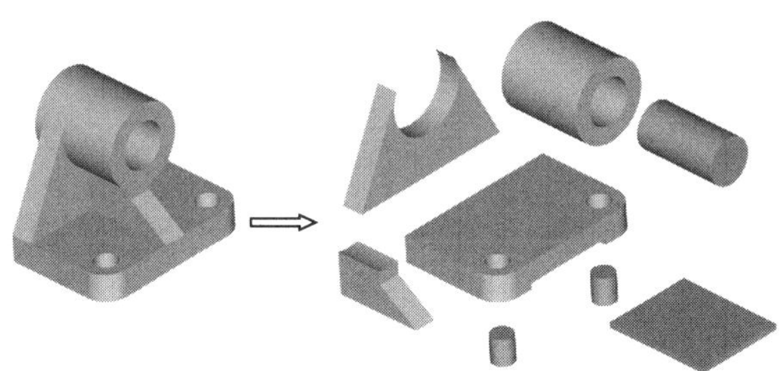

图 11.3 综合（叠加为主）的组合体

（2）同一组合体的形成方法不是唯一的。图 11.4 中的组合体列出了三种形成方式。

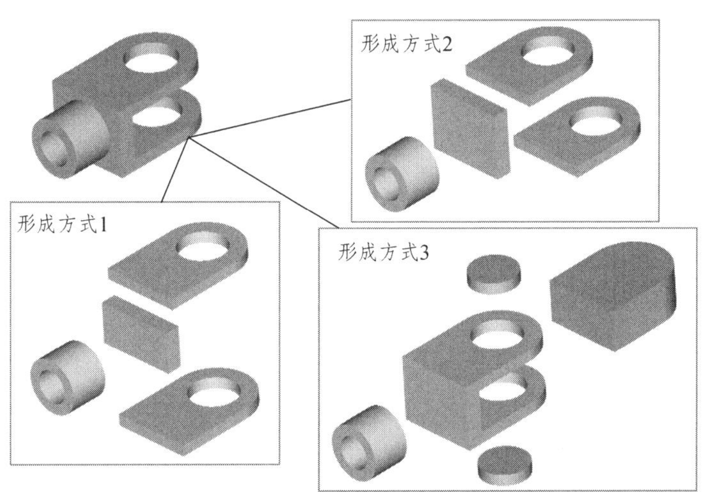

图 11.4 组合体的多种形成方式

11.1.2　组合体表面间的连接关系

组成组合体的各表面相对位置不同，其连接关系也不同，也影响到组合体视图的绘制和阅读。这里将组合体表面间的连接关系归纳为三种：共面、相交和相切。

1. 共　面

当两形体表面共面时，在分界处不画线。如图 11.5（a）所示，当 U 形柱的宽度与底板的宽度相等时，前后端面是对齐的，即为同一平面，此时在端面的连接处就不再有分界线了。图 11.5（b）所示为两形体共圆柱面，同样在分界处无线。

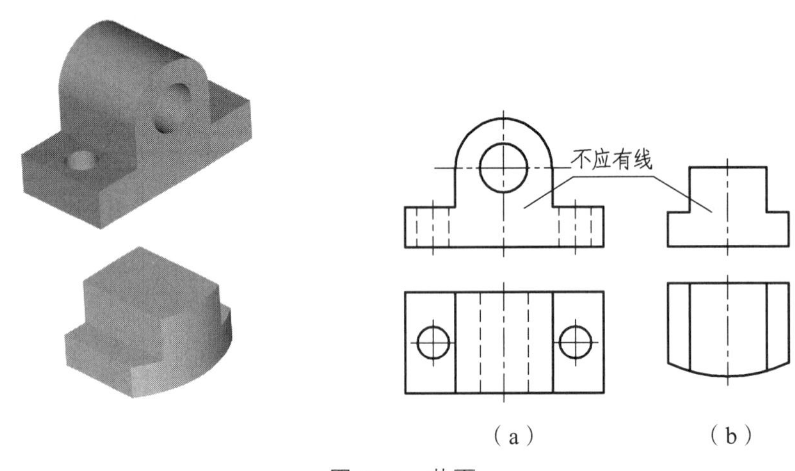

图 11.5　共面

2. 相　切

当两形体相切时，相切处的表面是光滑过渡的，不应画线，如图 11.6 所示。

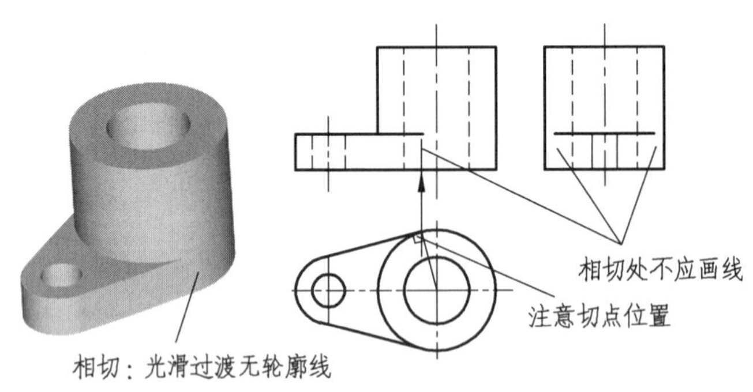

图 11.6　相切

平面与圆柱相切的情况在机器零件上经常出现，其三视图画法有以下两个特点：

（1）在圆柱面有积聚性的视图上可确定切点。

（2）在圆柱面没有积聚性的视图上出现“断头”直线（到切点上），会形成不封闭线框，如图 11.7 所示。

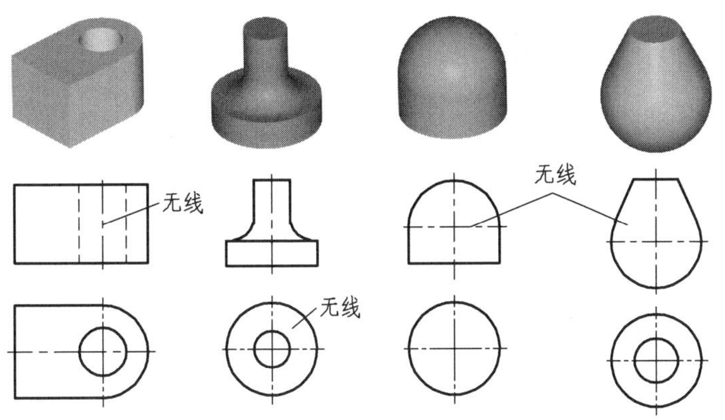

图 11.7　相切画法例图

3. 相　交

当两形体相交时，应画出两形体表面相交所产生的交线（截交线或相贯线），如图 11.8、图 11.9 所示。

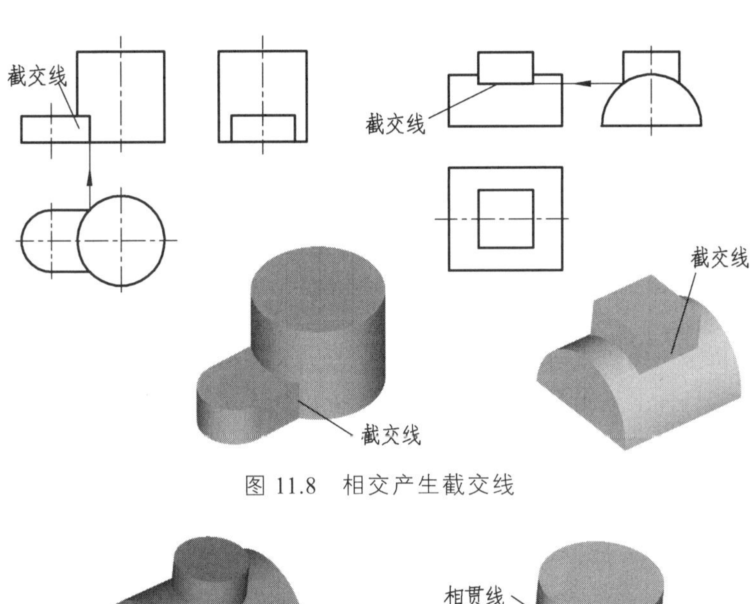

图 11.8　相交产生截交线

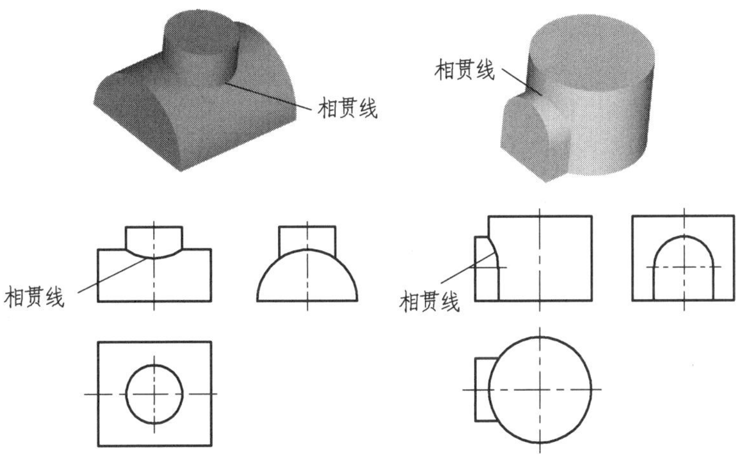

图 11.9　相交产生相贯线

11.2　组合体三视图的绘制

画、读组合体的三视图经常采用形体分析法。所谓形体分析法就是假想将组合体分解成若干简单形体，分清它们的形状、组合方式和相对位置，并分析它们的表面连接关系及投影特性，从而完成画图和读图的方法。

11.2.1　叠加式组合体三视图的画法

画此类组合体的视图时，通常采用形体分析法。

现以图 11.10 所示的轴承座为例说明此类组合体的绘图过程。

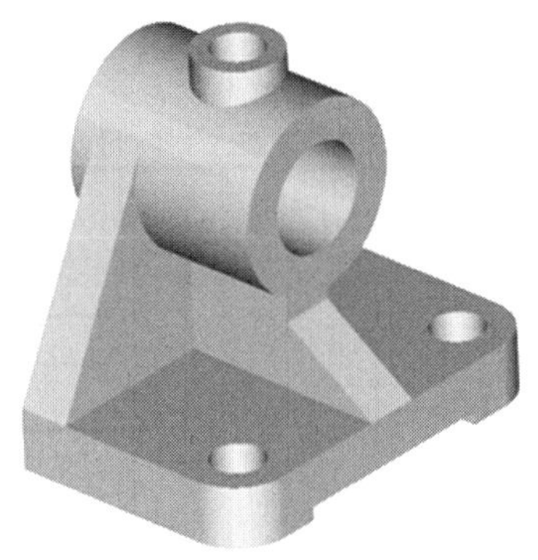

图 11.10　轴承座

1. 形体分析

应用形体分析法可将轴承座分解为四部分：套筒、底板、支承板和肋板。其中，底板、支承板和肋板三部分左、右对称叠加在一起；支承板与底板后面共面；支承板与套筒表面光滑过渡；肋板与套筒相贯，表面应有相贯线，如图 11.11 所示。

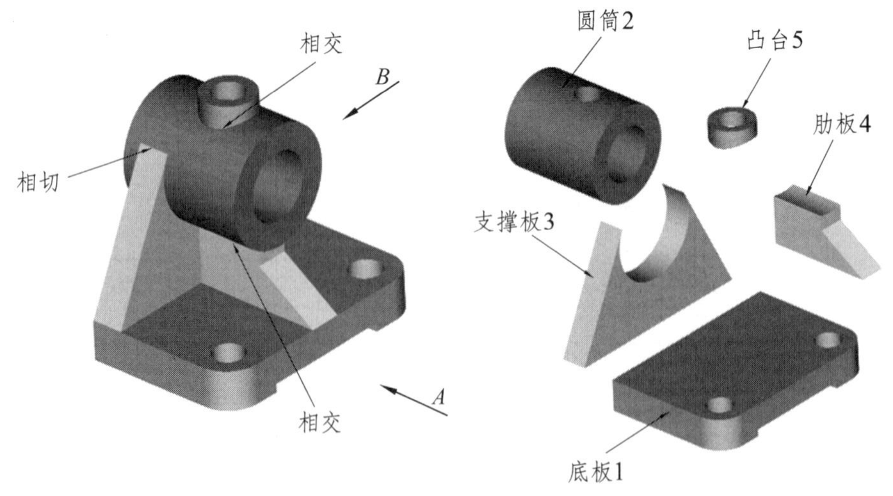

图 11.11　形体分析

2. 选择主视图

主视图主要由组合体的安放状态和投射方向两个因素确定。由画图方便和放置稳定确定组合体的安放状态，以使主视图能够较多地表达出组合体的形状特征及各部分间的相对位置关系，并使视图中不可见形体为最少来确定投射方向。如图 11.12 所示。

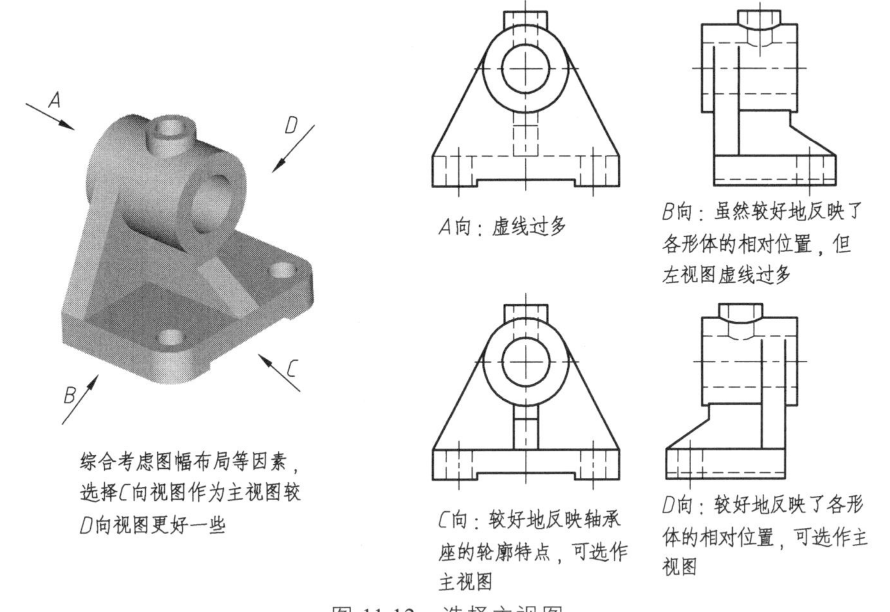

图 11.12　选择主视图

3. 选择图纸幅面进行布局

根据组合体的大小，按国标选定图样的比例（尽量按 1 : 1 绘制）和图纸幅面，绘制基准线，将三个视图的位置均匀地布置在图面内，在布局时，还应预留尺寸标注的位置，如图 11.13 所示。

4. 画图步骤

画图的一般步骤为：先画主要部分，后画次要部分；先定位置，后定形状；先画整体形状，后画细节形状。

底稿完成后，要仔细检查，修正错误，擦去多余图线，再按规定线型描深。

轴承座三视图的画图步骤按以下顺序：

底板→圆筒→支撑板→肋板→凸台

（1）画出底板的三视图：只画外形轮廓，圆角、小圆孔结构留待稍后再画，如图 11.13（b）所示。

（2）画出圆筒的三视图：圆筒顶部的小圆孔稍后与凸台一起画出，如图 11.13（c）所示。

（3）画出支撑板的三视图，如图 11.13（d）所示。

（4）画出肋板的三视图，如图 11.13（e）所示。

（5）画出凸台的三视图，如图 11.13（f）所示。

（6）画出底板上细节部分的三视图：圆角和小圆孔，如图 11.13（g）所示。

（7）检查后描深，如图 11.13（h）所示。

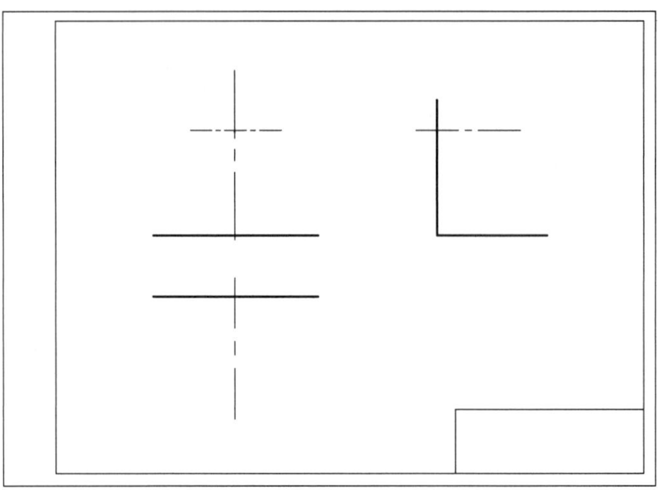

（a）布局

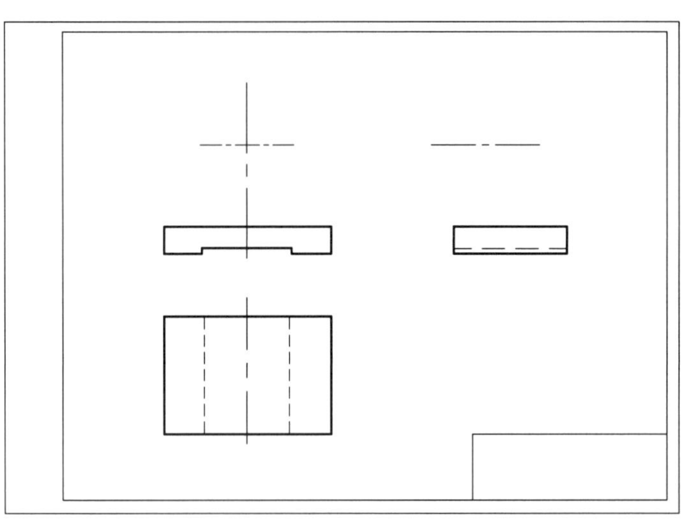

（b）轴承座的画图步骤一

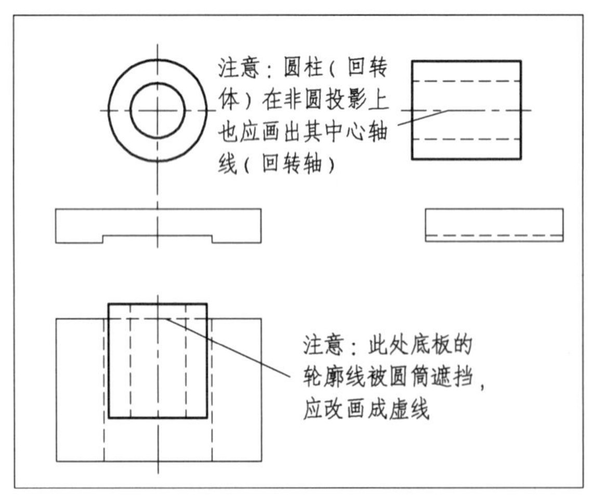

（c）轴承座的画图步骤二

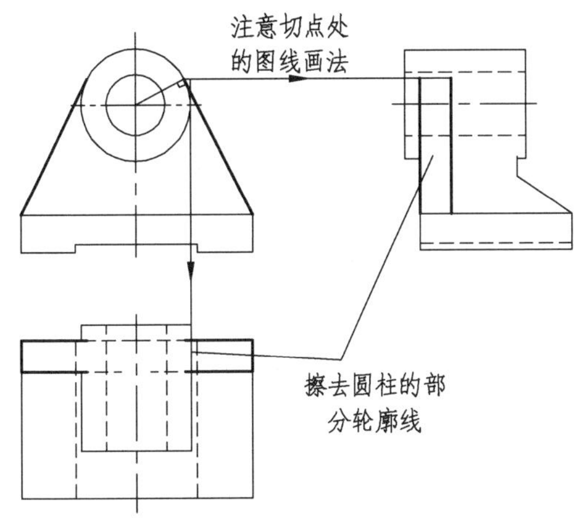

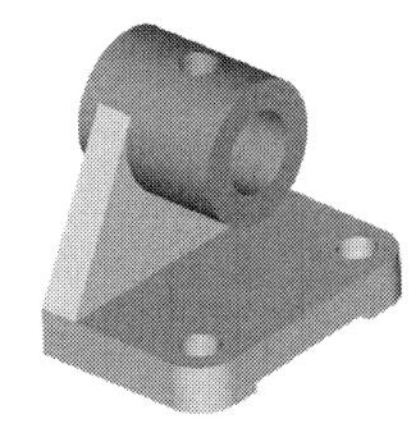

（d）轴承座的画图步骤三

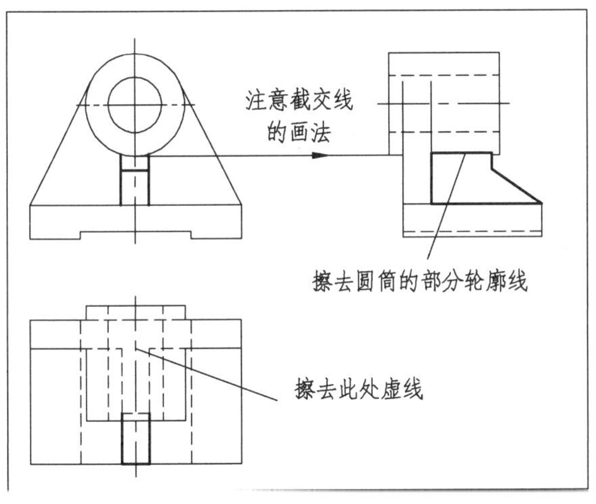

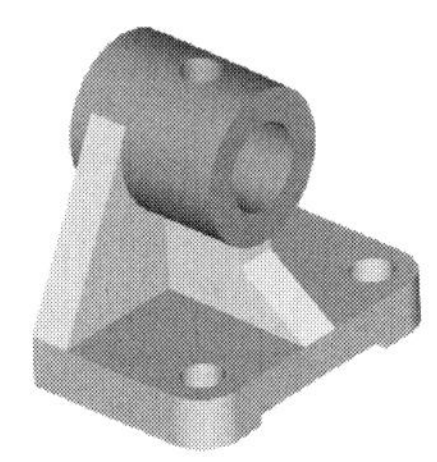

（e）轴承座的画图步骤四

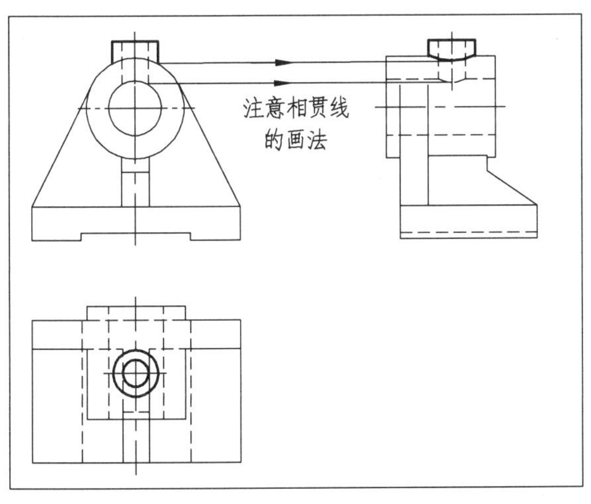

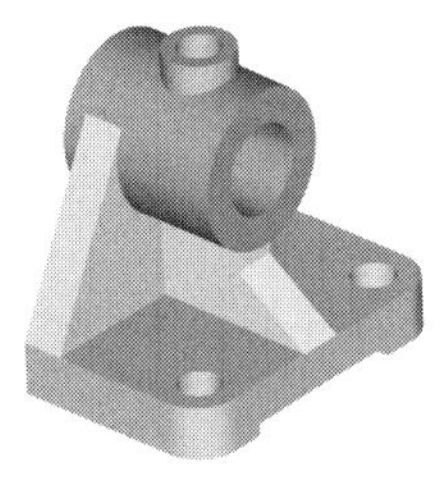

（f）轴承座的画图步骤五

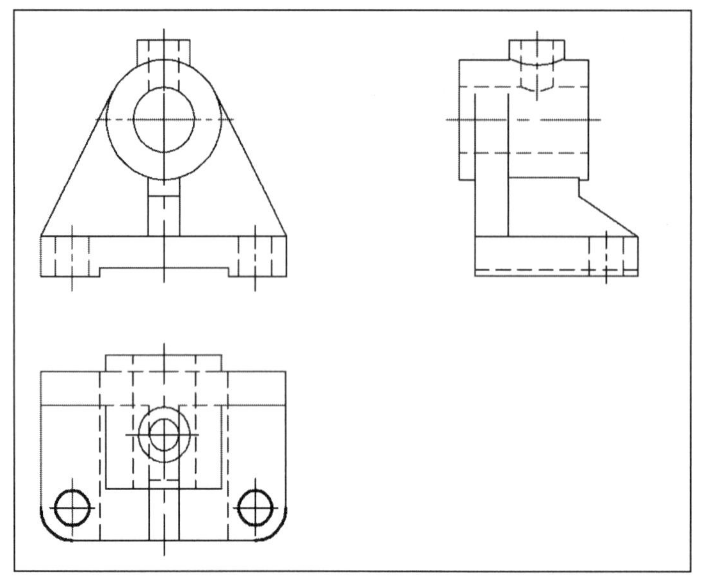

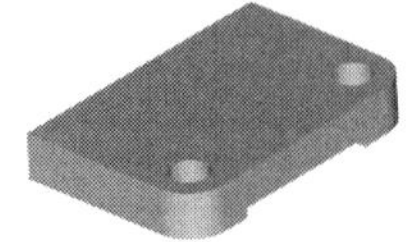

（g）轴承座的画图步骤六

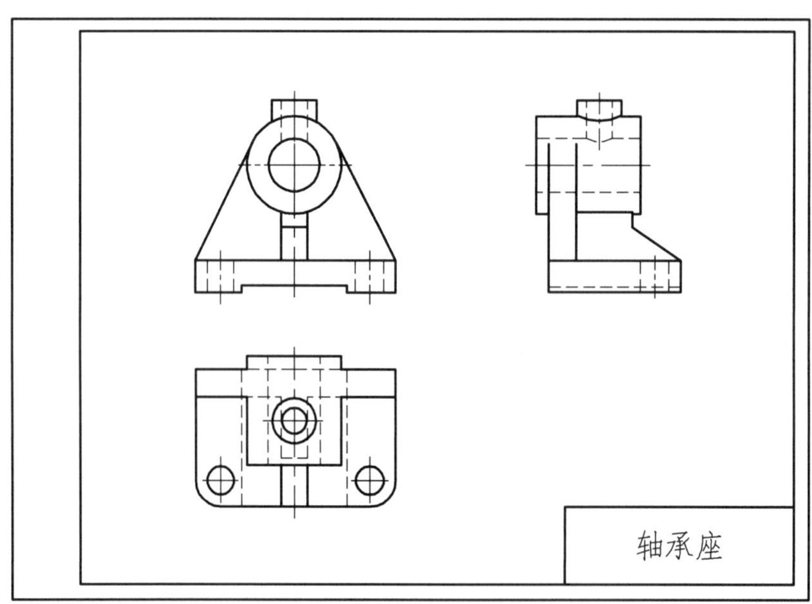

（h）轴承座的画图步骤七

图 11.13 轴承座作图过程

11.2.2 切挖式组合体三视图的画法

画此类组合体的视图时，一般仍然采用形体分析法，辅以线面分析法。所谓线面分析法，就是以空间面为分析对象，根据表面的投影特性（积聚性、实形性和类似性）分析表面的性质、形状和相对位置，以便进行画图和读图的方法。

首先应画出未切挖前完整的基本形体的投影，然后画出切挖后的形体，各切口部分应从反映其形状特征的视图开始画起，再画出其他视图。

现以图 11.14（a）所示的切挖型组合体为例，说明此类组合体的绘图过程。

画图时应注意的问题：

（1）对于被切的形体，应先画出反映其形状特征的视图。本例中，切去形体Ⅰ[见图 11.17（b）]，应先画主视图；切去形体Ⅱ[见图 11.17（c）]，应先画俯视图。

（2）切割式组合体的特点是斜面比较多，画图时，除了对物体应用形体分析法外，对一些主要的斜面还可应用线面分析法。

1. 分析形体

从实体图中不难看出，该组合体的原始形状是长方体，其组合方式如图 11.14（b）所示。

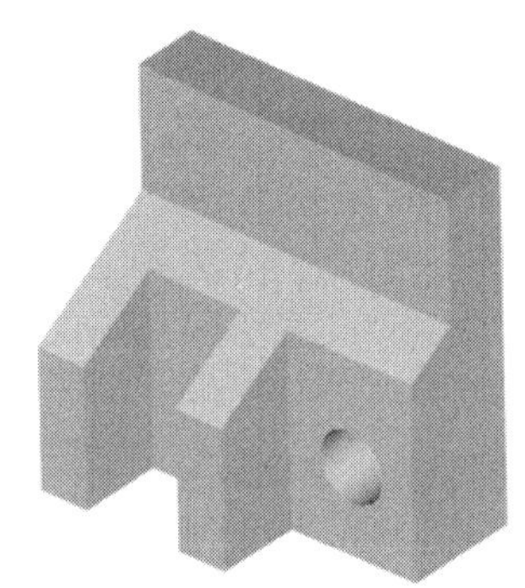

（a）切挖型组合体

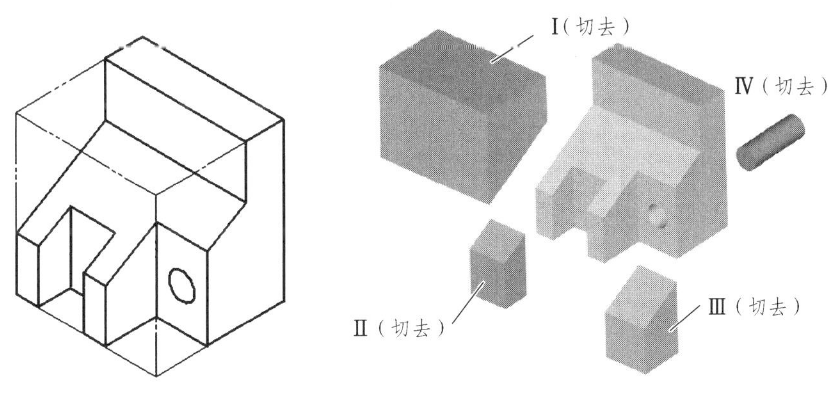

（b）组合方式

图 11.14　切挖式组合体样例

2. 选择主视图

该投射方向反映了组合体的自然放置状态，也反映了部分形体特征，如图 11.15 所示。

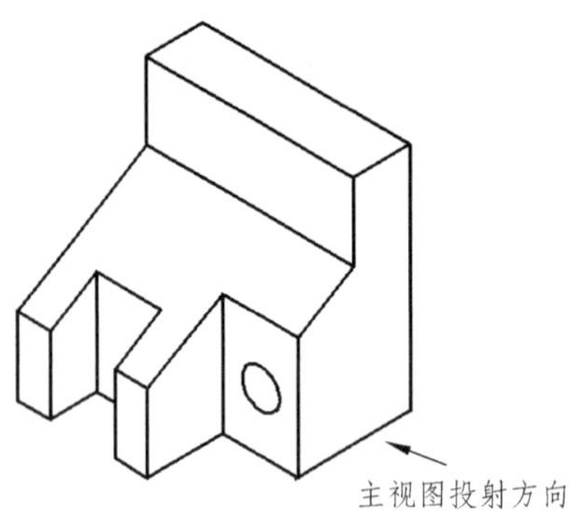

图 11.15　选择主视图

3. 选择图纸幅面进行布局

画出主、俯、左三个视图的基准线，如图 11.16 所示。

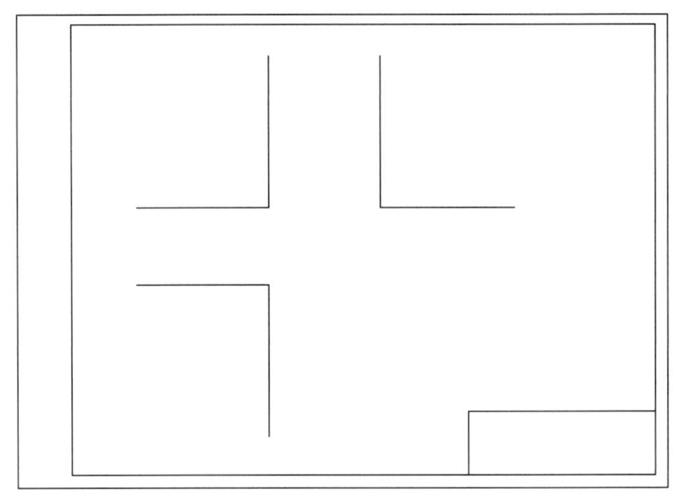

图 11.16　布局

4. 画图步骤

（1）画出长方体的三视图，如图 11.17（a）所示。

（2）切去形体Ⅰ：先画反映形体Ⅰ的特征视图——主视图，后画其他视图，如图 11.17（b）所示。

（3）切去形体Ⅱ：先画反映形体Ⅱ的特征视图——俯视图，后画其他视图，如图 11.17（c）所示。

（4）切去形体Ⅲ：先画反映形体Ⅲ的特征视图——俯视图，后画其他视图，如图 11.17（d）所示。

（5）切去形体Ⅳ：先画反映形体Ⅳ的特征视图——左视图，后画其他视图，如图 11.17（e）所示。

（6）检查各表面的三面投影是否正确，特别是正垂面 P 的类似形是否正确，最后描深图线，如图 11.17（f）所示。

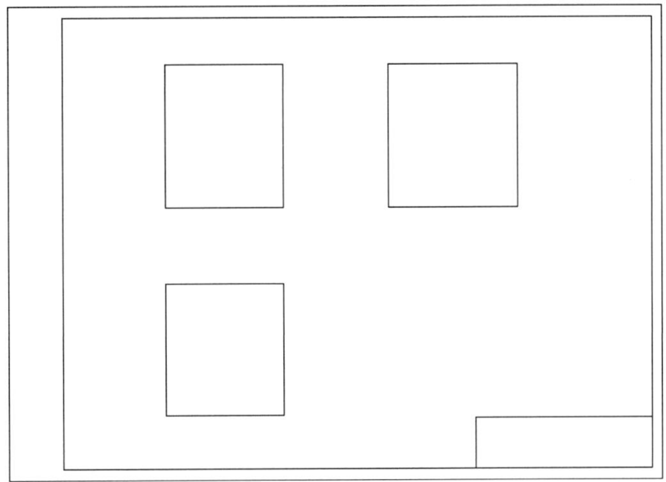

（a）画出完整长方体的三视图

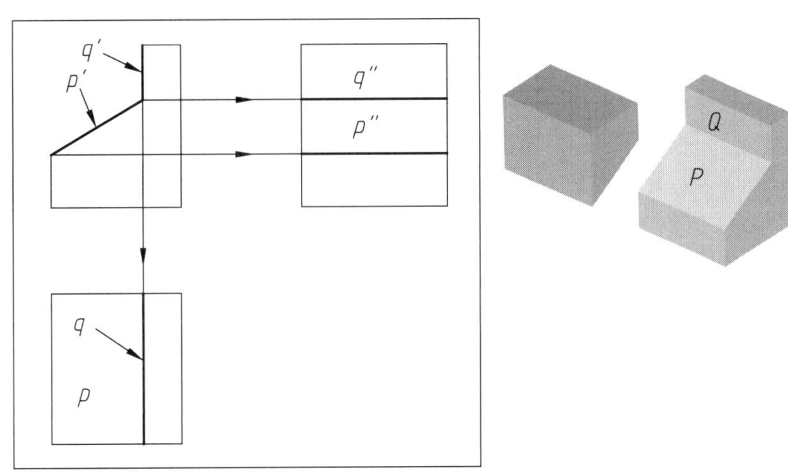

（b）切去形体Ⅰ

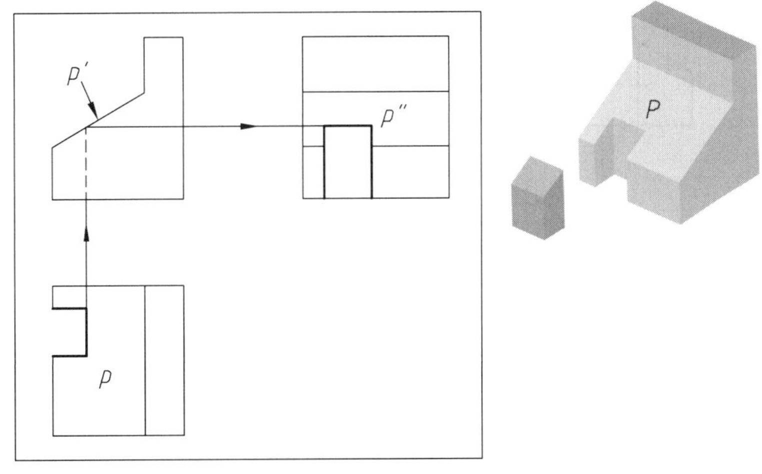

（c）切去形体Ⅱ

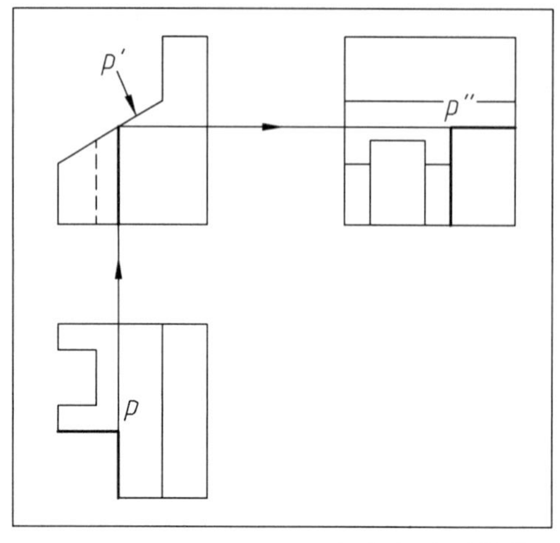

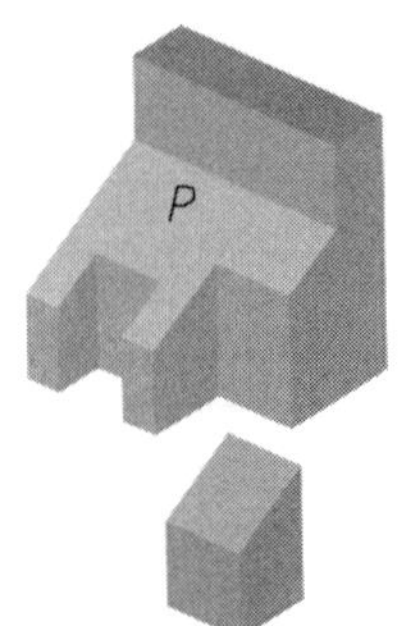

（d）切去形体Ⅲ

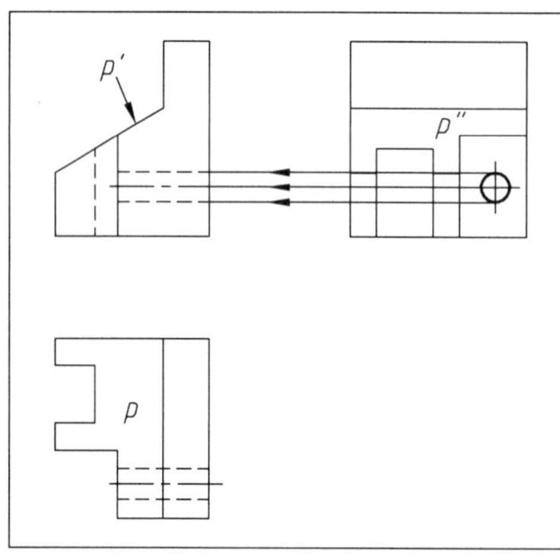

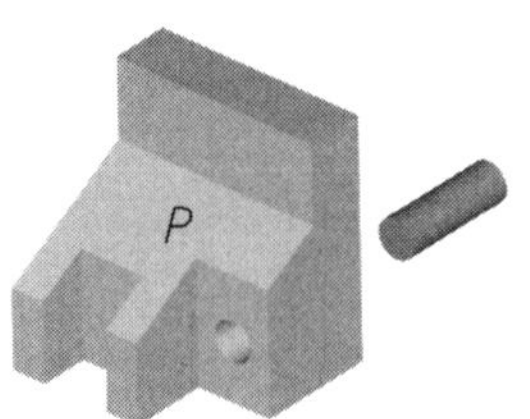

（e）切去形体Ⅳ

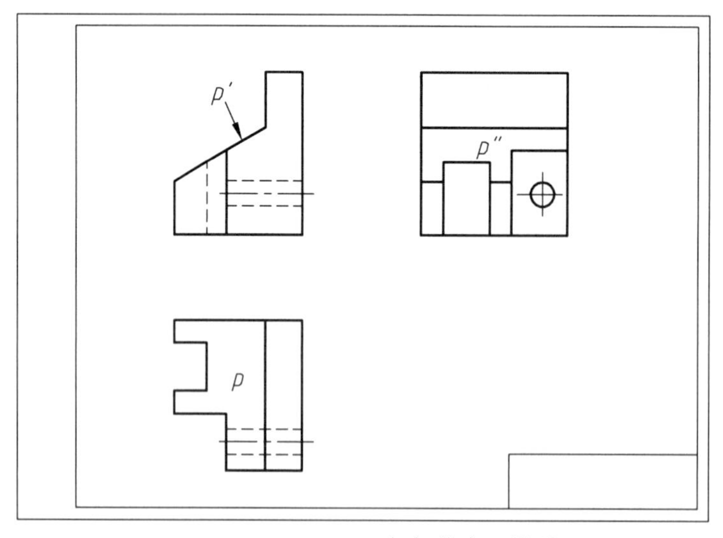

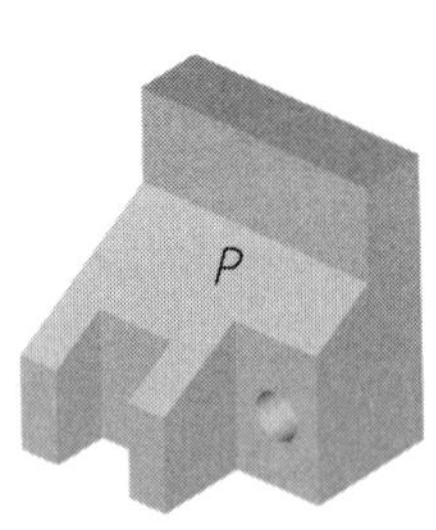

（f）检查，描深

图 11.17　切挖式组合体作图过程

11.3　组合体的尺寸标注

视图只能表达物体的形状，物体的大小则靠标注尺寸来确定。

组合体尺寸标注的基本要求是：

（1）正确：所注尺寸应符合国家标准《机械制图》中有关尺寸标注法的基本规定。

（2）完全：将确定组合体各部分形状大小及相对位置的尺寸标注完全，既不能遗漏，也不要重复。

（3）清晰：尺寸标注要布置匀称、清楚、整齐，便于阅读。

组合体的尺寸要标注完全，必须包含基本体的定形尺寸、定位尺寸和组合体的总体尺寸三方面的内容。

11.3.1　基本体的尺寸标注

为了掌握组合体的尺寸标注，必须先熟悉基本体的尺寸标注方法。一些常用的基本体的尺寸标注已形成固定形式，如图 11.18（a）、（b）所示。

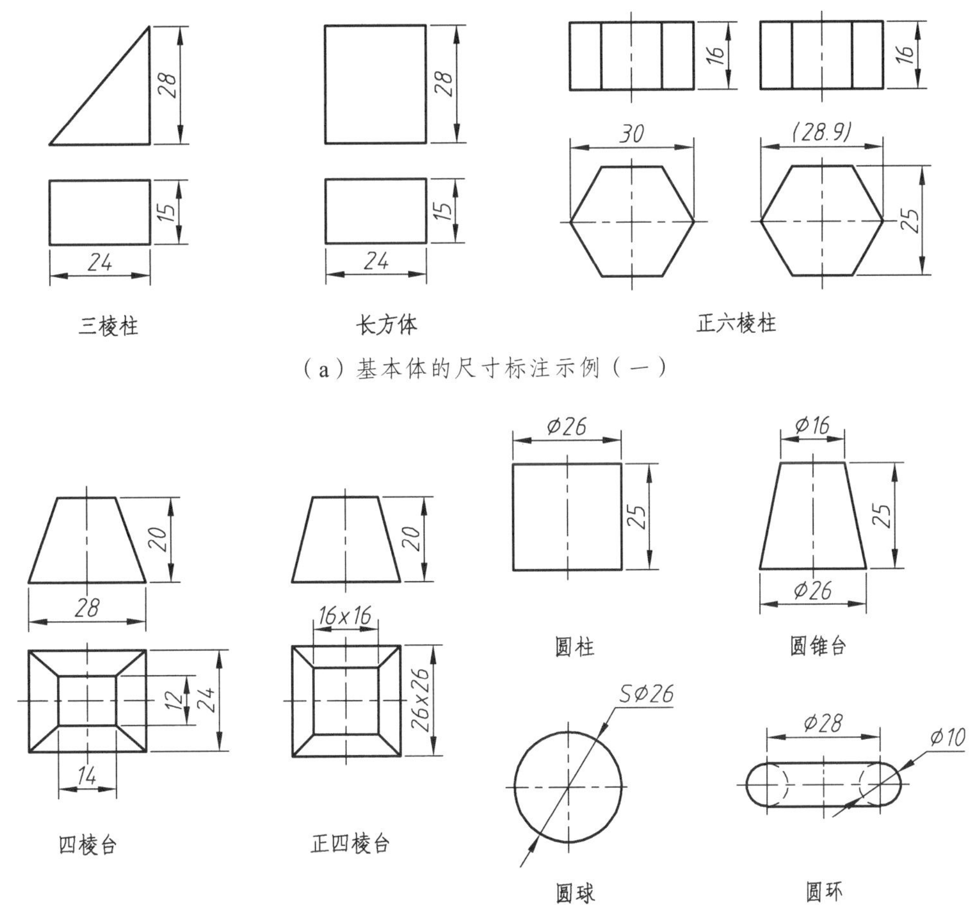

（a）基本体的尺寸标注示例（一）

（b）基本体的尺寸标注示例（二）

图 11.18　基本体尺寸标注

11.3.2 组合体的尺寸分析

1. 组合体中的三类尺寸

组合体视图上一般要标注三类尺寸：定形尺寸、定位尺寸和总体尺寸。

定形尺寸——确定组合体中各基本体大小的尺寸。

定位尺寸——确定组合体中各基本体之间相对位置的尺寸。

总体尺寸——确定组合体外形的总长、总宽、总高的尺寸。

（1）定形尺寸——如图 11.19 中被标记的尺寸。这类尺寸确定各基本体的大小。

如 50、30、7 这三个尺寸确定底板的长、宽、高；如ϕ20、12、（20）这三个尺寸确定圆筒的大小；如 R5、4 × ϕ5 这两个尺寸分别确定底板上圆角和四个圆柱孔的大小；如ϕ5 尺寸确定圆筒上圆柱孔的大小。

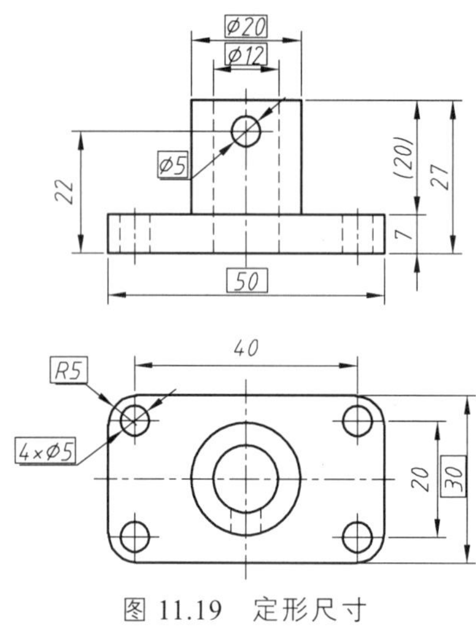

图 11.19 定形尺寸

（2）定位尺寸——如图 11.20 中被标记的尺寸。这类尺寸确定各基本体之间的相对位置。

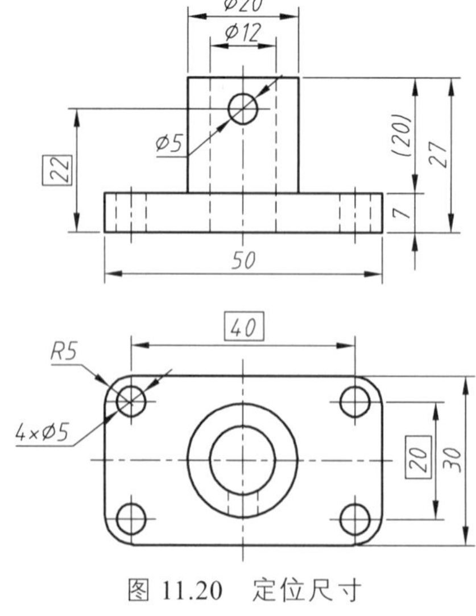

图 11.20 定位尺寸

如 40、20 这两个尺寸确定底板上四个圆柱孔的圆心位置；如 22 尺寸确定圆筒上圆柱孔的圆心位置。

（3）总体尺寸——如图 11.21 中被标记的尺寸。这类尺寸确定组合体的总长、总宽和总高。如 50、30、27 这三个尺寸确定该组合体的总体尺寸。

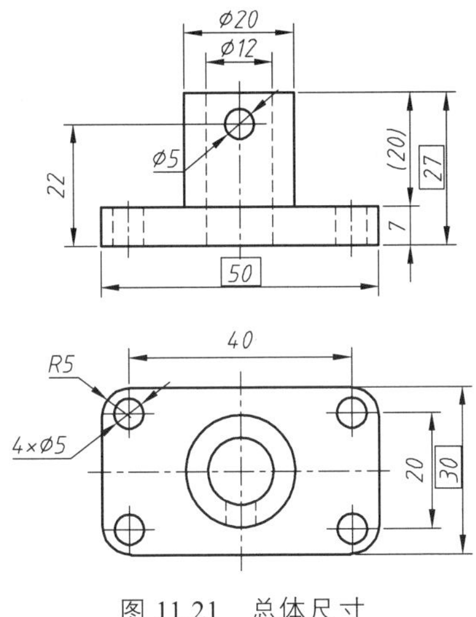

图 11.21　总体尺寸

标注总体尺寸的注意事项：

组合体的总体尺寸有时也会是较大基本体中的定形尺寸，如底板的长 50 和宽 30。

标注总体尺寸时，往往会出现多余尺寸或者重复尺寸，这时就必须对已标注的定形和定位尺寸做适当调整。如主视图中的高度尺寸，若标总高尺寸 27，则应减去一个同方向的定形尺寸（如圆柱体高度 20）。

标注总体尺寸时，如遇回转体，一般不以轮廓线为界直接标注其总体尺寸，往往标注中心高或中心距。如图 11.22 所示组合体的总高由中心高 20 和 *R*10 间接确定。

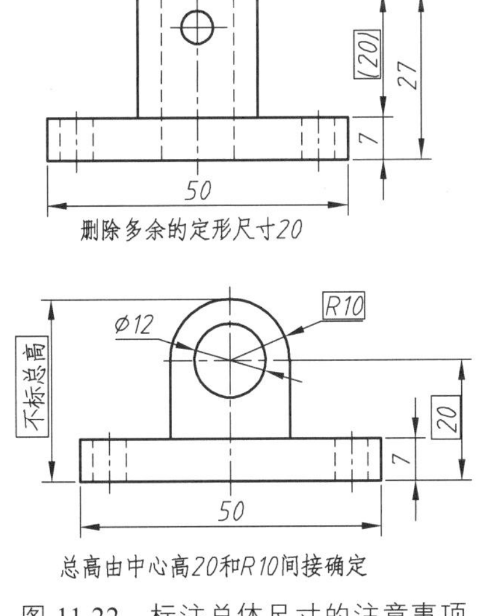

图 11.22　标注总体尺寸的注意事项

2. 组合体的尺寸基准

由于组合体中的各基本形体需要在长、宽、高三个方向定位，所以在这三个方向上都要有定位尺寸，也就要在三个方向上都有尺寸基准。虽然有时定位尺寸可以省略，但该方向的尺寸基准仍需明确。

可以选作尺寸基准的通常是某主要基本体的底面、端（侧）面、对称平面以及回转体的轴线等。

如图 11.23 所示，该组合体左右对称，因此长度方向的尺寸基准为对称平面；由此标出底板上两个圆柱孔的长度方向定位尺寸 40。

该组合体前后也基本对称，因此宽度方向的尺寸基准也为对称平面；由此标出底板上两个圆柱孔的宽度方向定位尺寸 20。

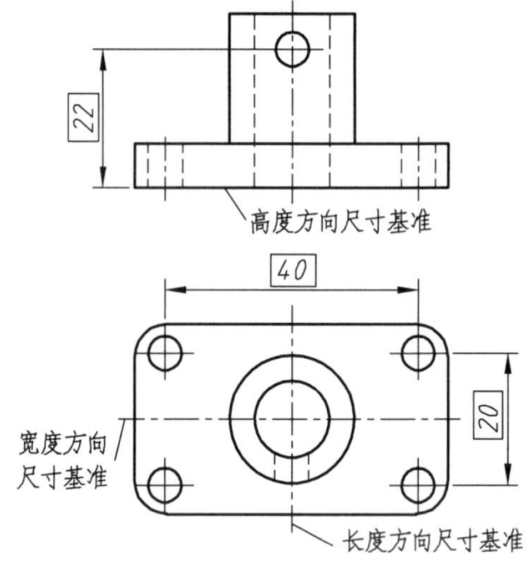

图 11.23　尺寸基准示例

高度方向的尺寸基准为底板的底面；由此标出圆筒上小圆柱孔的中心高 22。

11.3.3　组合体尺寸标注中的注意事项

（1）当组合体出现截交线时，不可直接标注交线的尺寸，而应该标注产生交线的形体或截面的定形、定位尺寸（见图 11.24）。

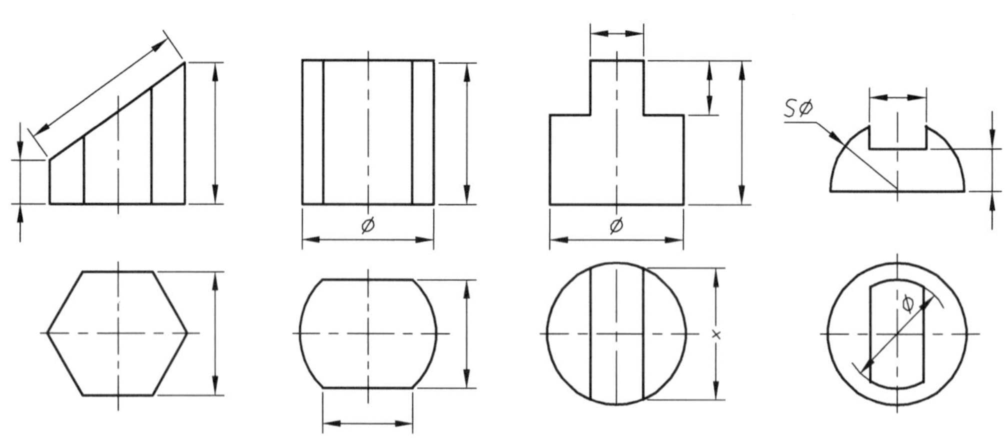

图 11.24　具有斜截面或缺口的基本体尺寸标注示例

（2）确定回转体的位置时，应确定其轴线，而不应确定其轮廓线（见图 11.25）。

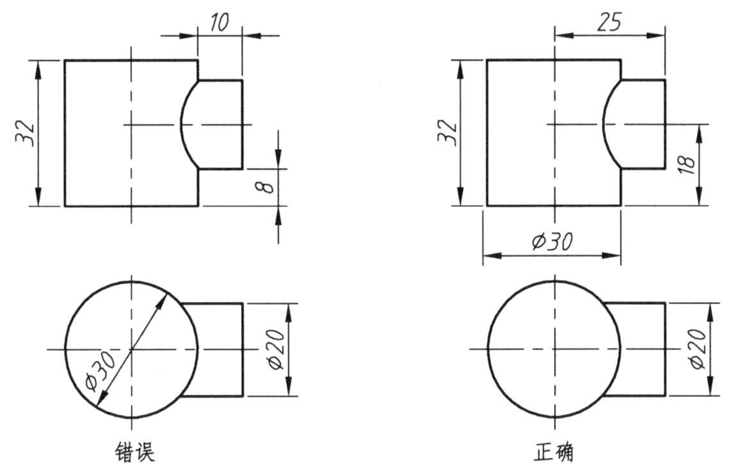

图 11.25　相交体的尺寸标注示例

（3）考虑到零件加工等因素，视图中不应出现“封闭尺寸链”（见图 11.26）。

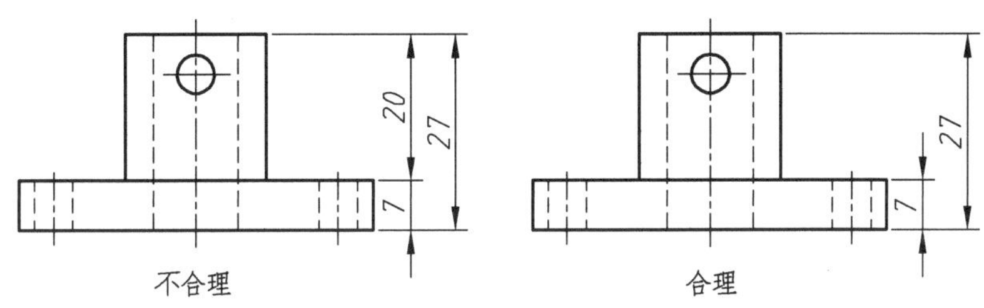

图 11.26　封闭尺寸

图 11.26 中底板高度 7、圆筒高度 20，总高 = 7 + 20 = 27，若将这三个尺寸同时标出，则形成了“封闭尺寸链”，这是不合理的，一方面三个尺寸中只要有两个确定后，第三个尺寸自然就确定了；另一方面，会给零件加工带来很大困难。所以长、宽、高三个方向的尺寸都应标注为“开式尺寸”。

（4）当以对称平面为尺寸基准时，定位尺寸应对称标注，而不能只标注一半（见图 11.27）。

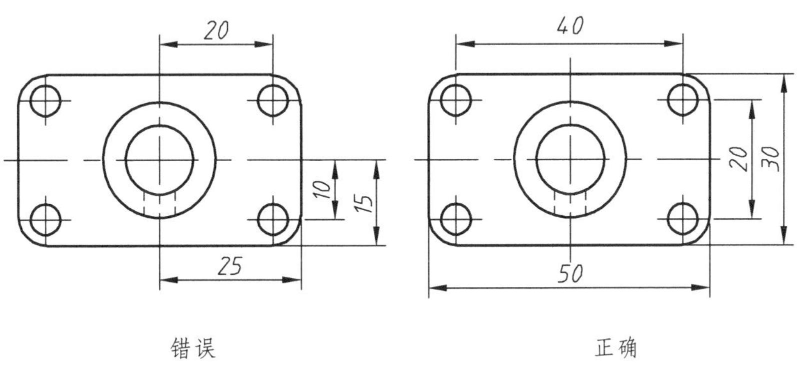

图 11.27　对称图形的尺寸标注示例

（5）半径尺寸只能标注在显示圆弧的视图上（见图 11.28）。

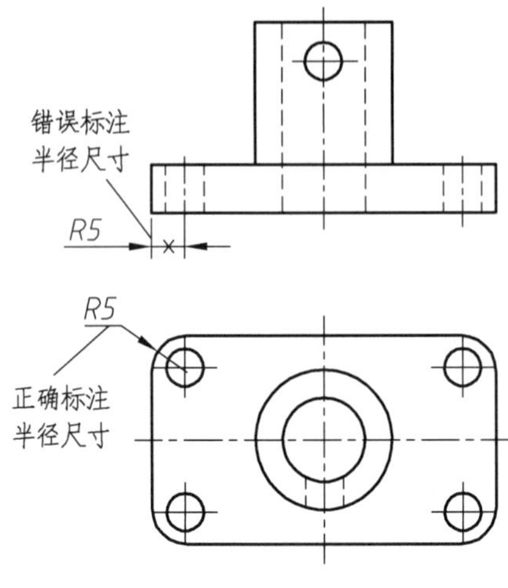

图 11.28　半径尺寸标注示例

（6）较大圆柱体或圆柱孔的直径尺寸应尽量标注在投影为非圆的视图上，而小圆柱孔的直径应尽量标注在投影为圆的视图上。这样直径尺寸就标注在了最能反映形体特征的视图上，以便于读图（见图 11.29）。

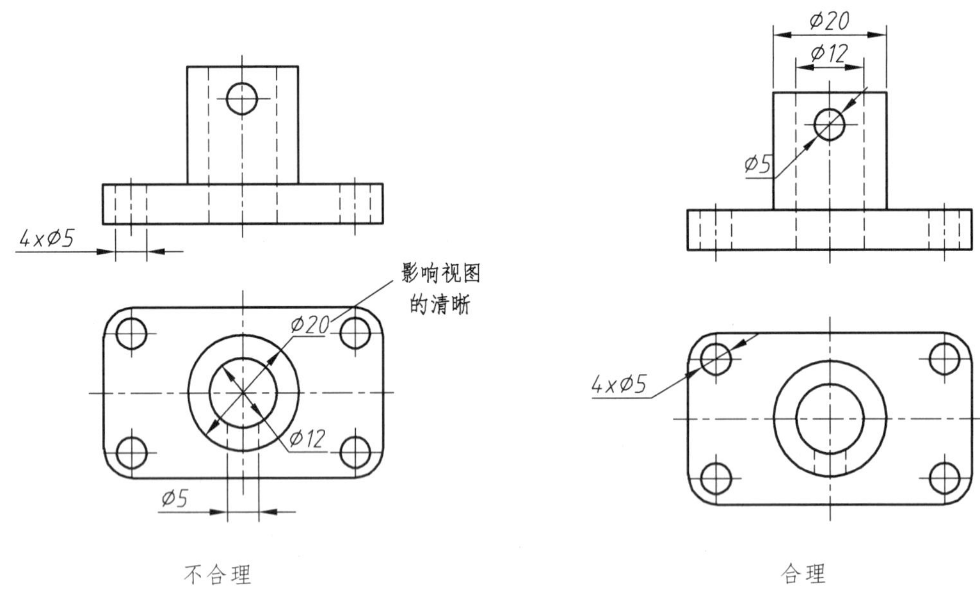

图 11.29　较大圆柱体（孔）直径标注示例

（7）槽口的尺寸应集中标注在反映其实形的视图上，而不要分散标注在各个视图上（见图 11.30）。

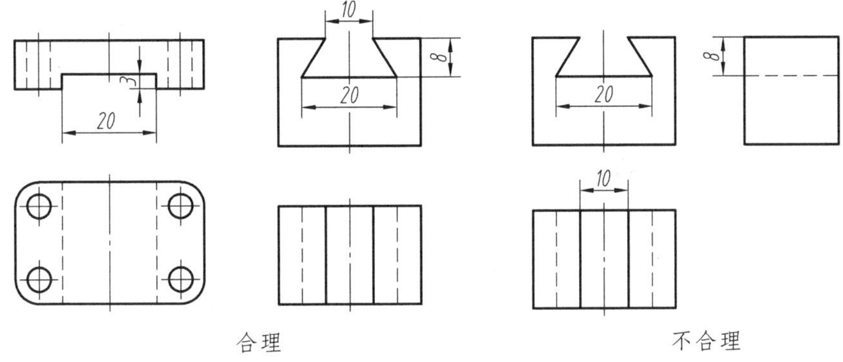

图 11.30 槽口尺寸标注示例

（8）同一基本体的定形尺寸以及有联系的定位尺寸应尽量集中标注，并且尺寸尽量标注在图形之外，但必要时也可标注在图形内（见图 11.31）。

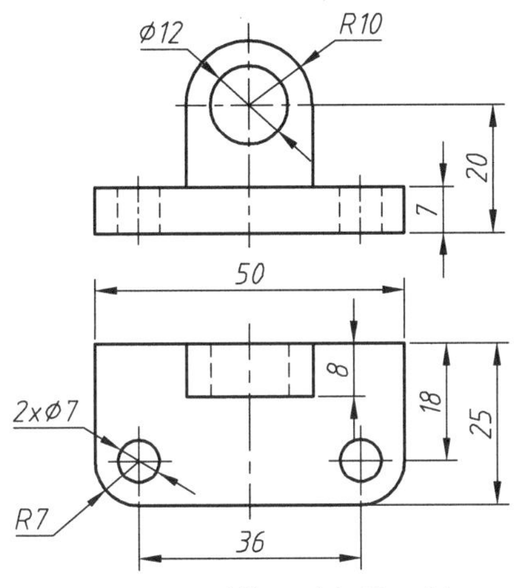

图 11.31 形位尺寸标注示例

如上示例中，有关联的尺寸集中标注在一个视图上。在长度和高度方向上，U 形板的定形尺寸以及圆孔的定位尺寸，都应集中标注在主视图上。而在长度和宽度方向上，底板的定形尺寸以及两小圆孔的定形和定位尺寸，都应集中标注在俯视图上。

（9）标注尺寸要排列整齐，同一方向上几个连续尺寸应尽量标注在同一条尺寸线上（见图 11.32）。

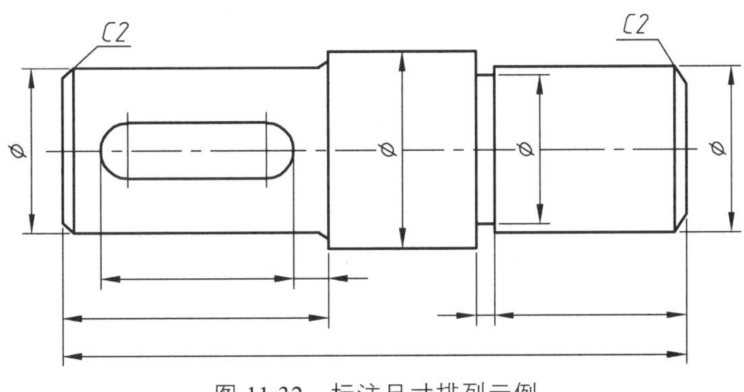

图 11.32 标注尺寸排列示例

（10）表示与两视图有关的尺寸应尽量标注在两个视图之间（见图 11.33）。

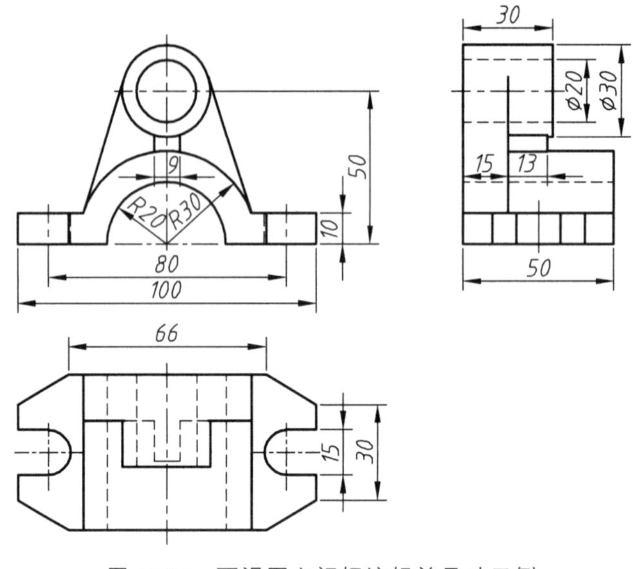

图 11.33　两视图之间标注相关尺寸示例

11.3.4　组合体尺寸标注的方法和步骤

组合体尺寸标注分为以下三个步骤：

① 首先按形体分析法将组合体分解为若干基本形体，再初步考虑各基本形体的定形尺寸。

② 选定长、宽、高三个方向的尺寸基准。

③ 逐个标注各基本形体的定形尺寸和定位尺寸。

现以图 11.34 中的轴承座为例，说明标注组合体尺寸的方法和步骤。

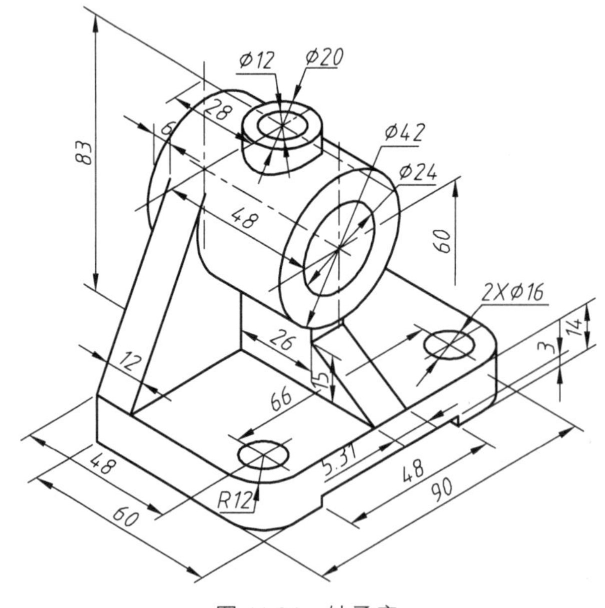

图 11.34　轴承座

1. 形体分析和初步考虑各基本形体的定形尺寸

将轴承座分成五个基本形体，初步考虑每个基本形体的定形尺寸，图 11.35 中带括号的尺寸是别的基本形体已标注或由计算可得出的重复尺寸。

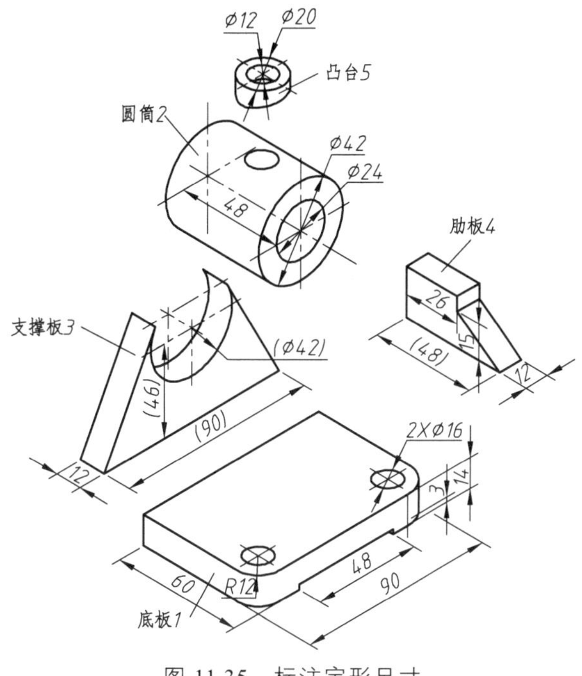

图 11.35　标注定形尺寸

2. 选定尺寸基准

如图 11.36 所示，轴承座左右对称，因此长度方向的尺寸基准为其对称面（即主、俯视图中的垂直中心线）；底板和支撑板的背面（轴承座的后端面）可作为宽度方向的尺寸基准；底板的底面（安装面）作为高度方向的尺寸基准。

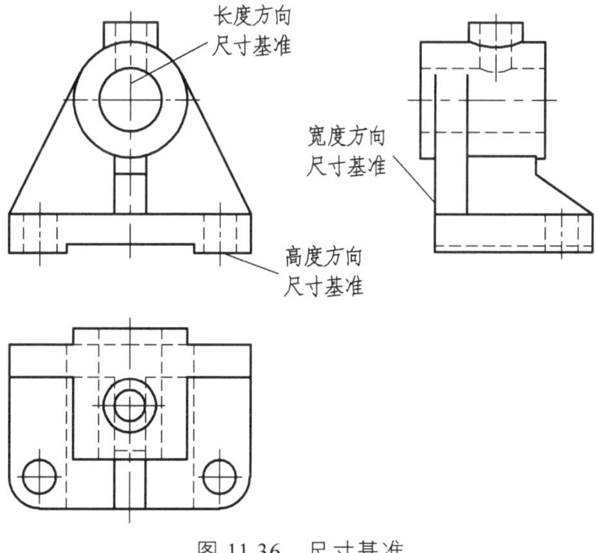

图 11.36　尺寸基准

3. 逐个标注各基本形体的定形尺寸和定位尺寸

通常先标注组合体中最主要的基本体的尺寸，在这个轴承座中是圆筒（轴承）；然后在留下的基本形体中标注与尺寸基准有直接联系的基本形体的尺寸，或标注在已标注尺寸的基本形体旁边且与它有尺寸联系的基本形体。

（1）标注圆筒。

圆筒的定形尺寸$\phi42$、$\phi24$和48，高度方向的定位尺寸60，宽度方向的定位尺寸6，如图11.37所示。

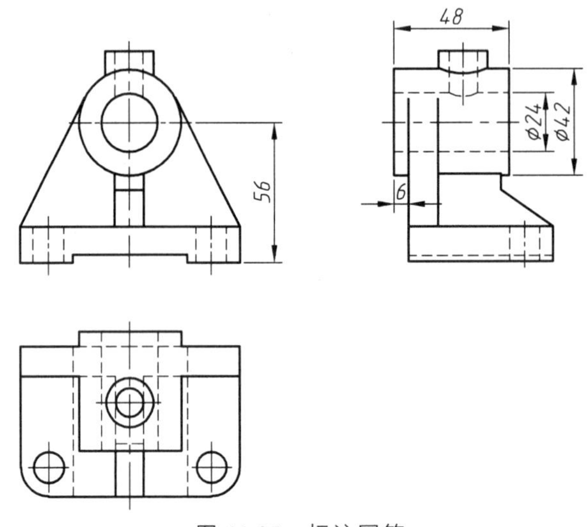

图 11.37　标注圆筒

（2）标注凸台。

凸台的定形尺寸$\phi20$、$\phi12$，高度方向的定位尺寸83定出了凸台的顶面位置，也确定了凸台的高度；宽度方向的定位尺寸28确定凸台圆柱的轴线位置，如图11.38所示。

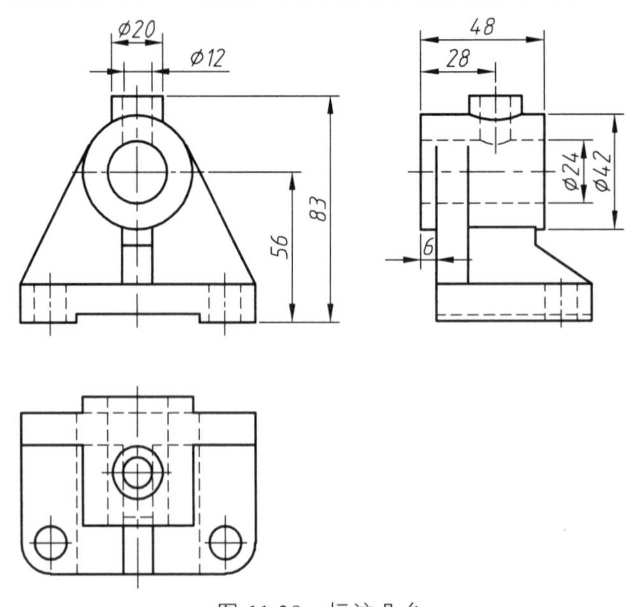

图 11.38　标注凸台

（3）标注底板。

在俯视图上集中标注底板的长 90、宽 60，圆角半径 $R12$，两小圆孔直径$\phi12$，圆心的定位尺寸 66、48；在主视图上集中标注底板上方槽的尺寸 48、3，以及底板的高度 14，如图 11.39 所示。

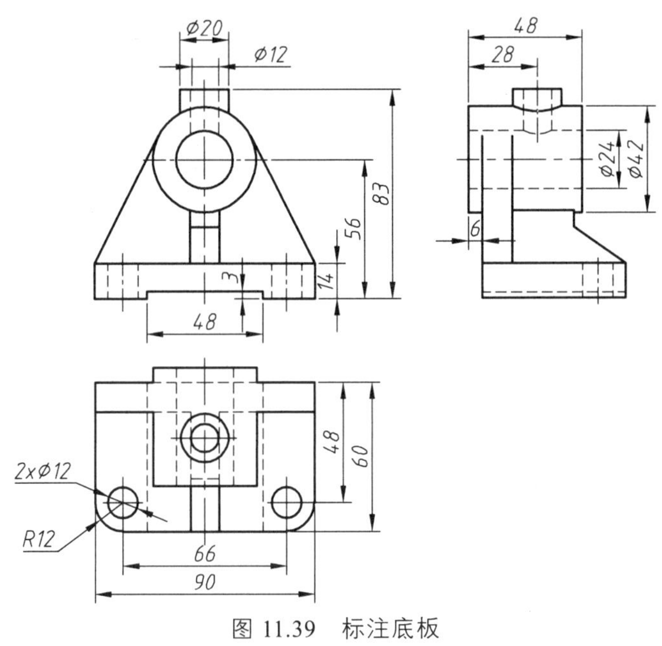

图 11.39　标注底板

（4）标注支撑板。

在左视图上标注支撑板的宽度 12，支撑板的其他尺寸已由相邻的基本形体确定，不需重复标注（注意：与圆筒相切的斜面可直接由作图确定，不应标注任何尺寸），如图 11.40 所示。

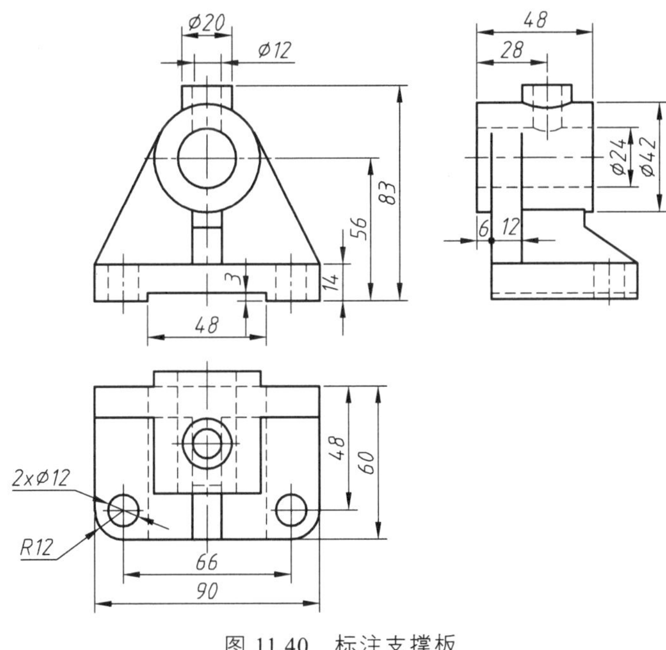

图 11.40　标注支撑板

（5）标注肋板。

在主、左视图上分别标注肋板的三个定形尺寸 12、15、26，如图 11.41 所示。

注意： 肋板两侧壁面与圆筒的截交线由作图确定，不应标注其高度尺寸。

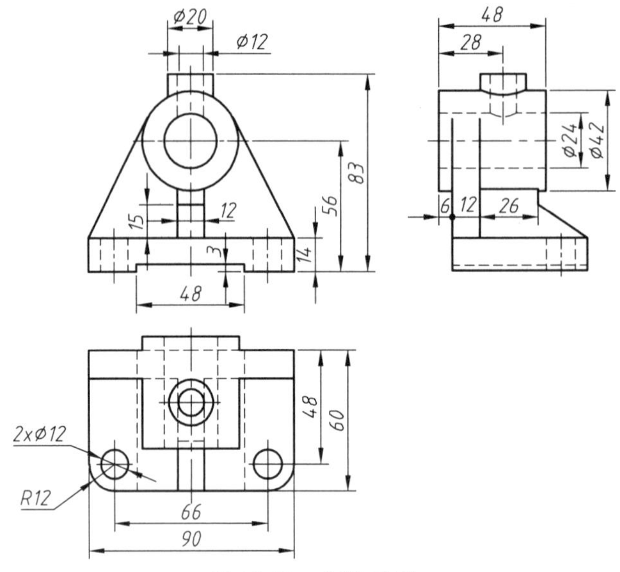

图 11.41　标注肋板

4. 标注总体尺寸

标注了组合体各基本形体的定位和定形尺寸以后，对于整个轴承座还要考虑总体尺寸的标注。

轴承座的总长 90、总高 83 都已标出；总宽尺寸应为 60 + 6 = 66，但这个尺寸以不注为宜，因为如果注出总宽尺寸，那么尺寸 6 或 60 就是不应标注的重复尺寸，然而这两个尺寸有利于明显表示底板的宽度以及圆筒的定位，不应该舍去任何一个。如果还想标注总宽尺寸，则需在 66 后再加一个括号，作为参考尺寸注出，如图 11.42 所示。

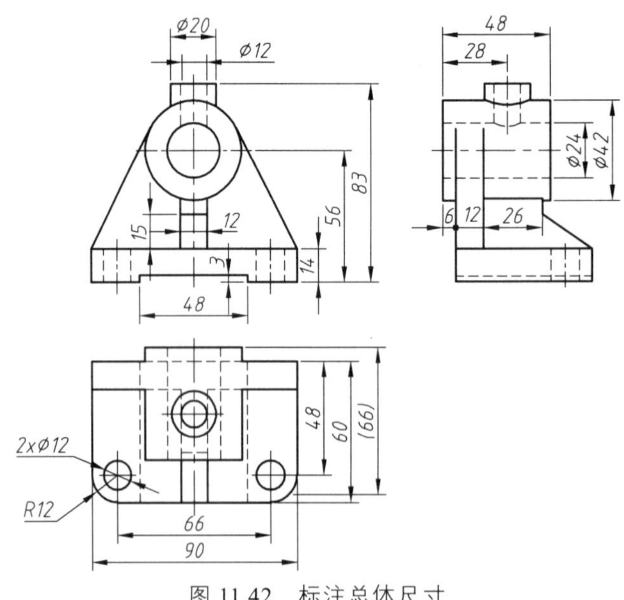

图 11.42　标注总体尺寸

5. 检查、调整

最后，对已标注的尺寸，按正确、完整、清晰的要求进行检查，如有不妥，则做适当调整修改，如图 11.43 所示。

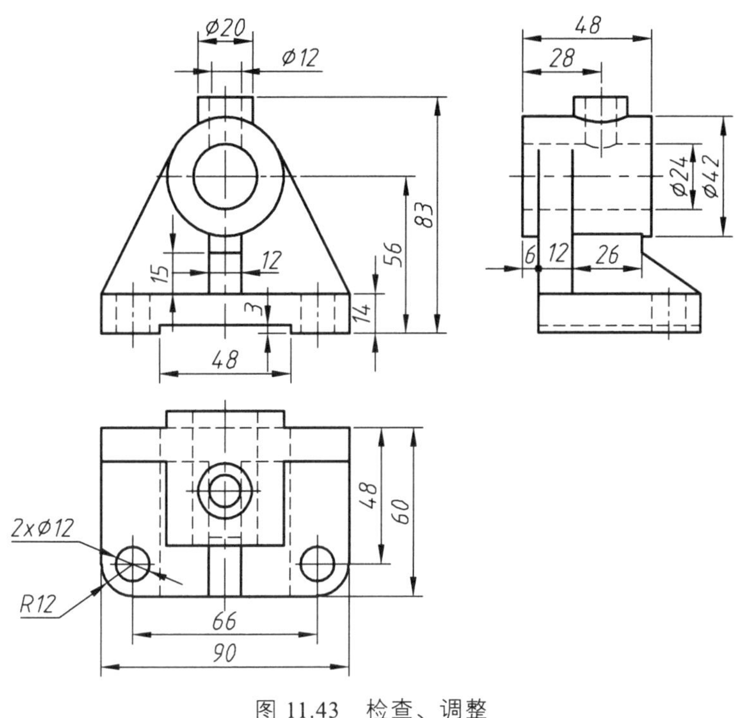

图 11.43　检查、调整

11.4　组合体视图的阅读

画图和读图是学习本课程的两个主要环节。画图时运用形体分析法按组合体的形状特点画出其视图。而读图时，也是运用形体分析法，分析构成组合体的各基本体的形状及它们之间的相对位置、连接关系，从而想象出它的空间形状。对某些局部结构，有时还要用线面分析法分析组合体表面的形状和位置，想象出局部结构的形状。

要能正确、迅速地读懂视图，必须要掌握读图的基本要领和基本方法，培养空间想象能力和构思能力，通过不断实践，逐步提高读图能力。

11.4.1　读图的基本要领

1. 将各个视图联系起来阅读

在机械图样中，机件的形状是通过几个视图来表达的，每个视图只能反映机件一个方面的形状。因此，仅仅由一个或两个视图往往不一定能唯一地表达某一机件的形状，如图 11.44 所示。

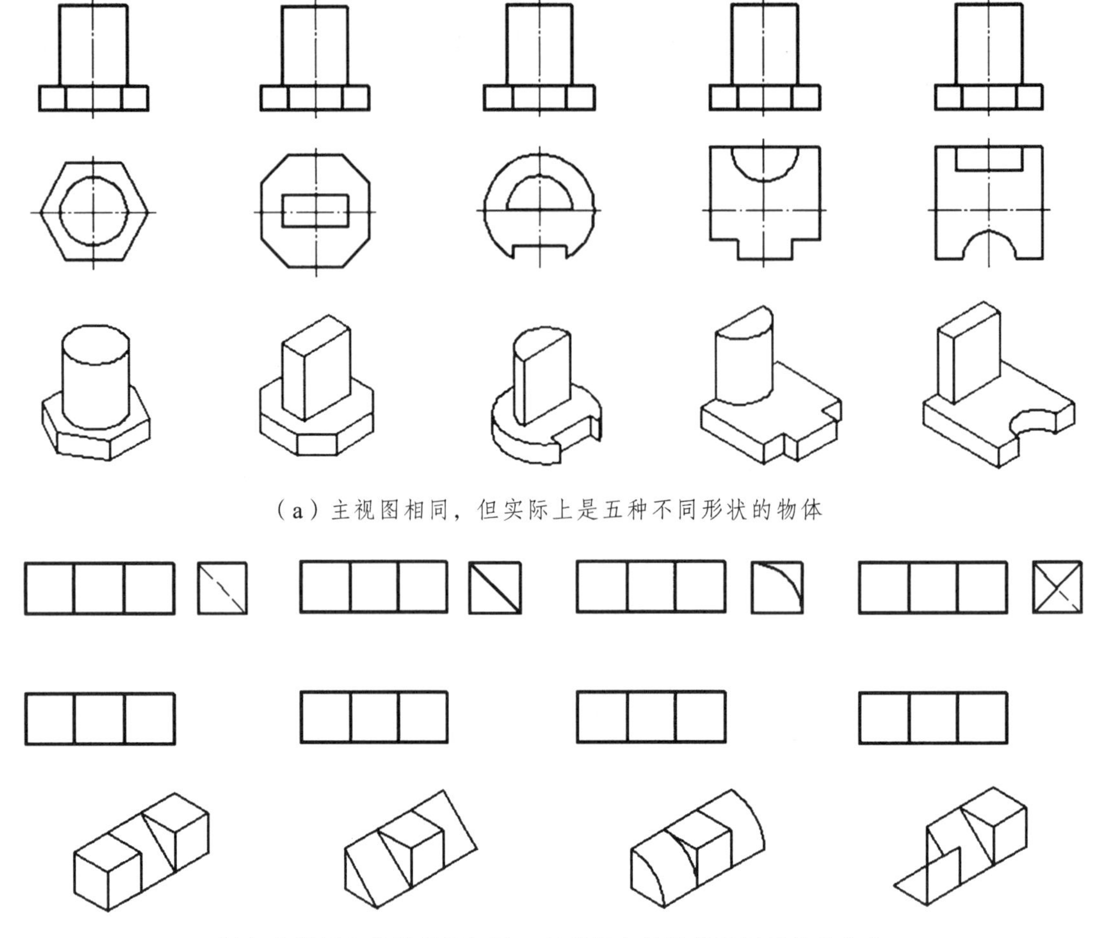

（a）主视图相同，但实际上是五种不同形状的物体

（b）主视图和俯视图都相同，但实际上是四种不同形状的物体

图 11.44　视图表达

根据以上视图，同学们还可以构思出更多不同形状的物体。由此可见，在读图时，一般都要将各个视图联系起来阅读、分析、构思，才能想象出这组视图所表示的物体的形状。

2. 明确视图中的线框和图线的含义

视图中每个封闭线框，通常都是物体上一个表面（平面或曲面）或孔的投影；每一条图线则可能是平面或曲面的积聚投影，也可能是线的投影。因此，必须将几个视图联系起来对照分析，才能明确视图中线框和图线的含义。

（1）封闭线框的含义。视图中每一个封闭的线框，可能表示：

① 平面图形的投影（见图 11.45）。若与此线框相对应的是两条直线，则为平行面，此线框反映平面图形的实形；若对应的是一条斜线和一个类似的线框，则为垂直面；若对应的是两个类似的线框，则为一般位置平面图形。

② 曲面的投影（见图 11.46）。注意圆柱、圆锥面和球面线框对应的特点。

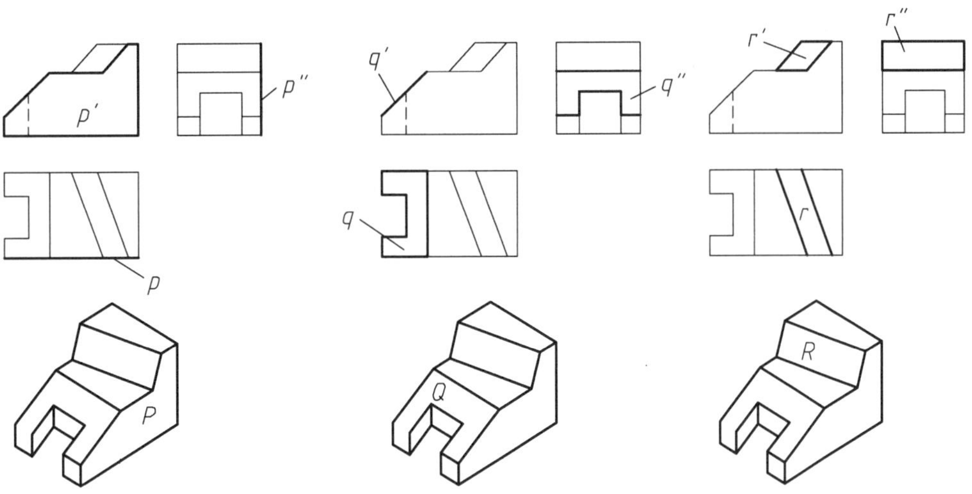

(a)　　(b)　　(c)

图 11.45　平面图形的投影分析

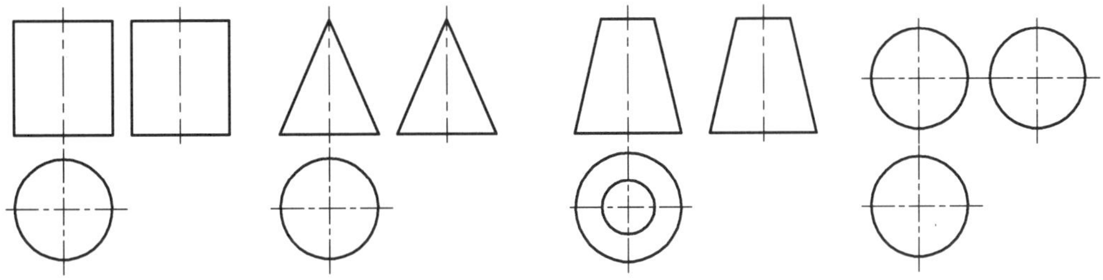

(a) 圆柱面　　(b) 圆锥面　　(c) 圆锥台　　(d) 球面

图 11.46　曲面的投影分析

（2）图线的含义。视图中的每一条图线，可能表示：

① 积聚型平面；② 两个面的交线；③ 曲面的转向轮廓线，如图 11.47 所示。

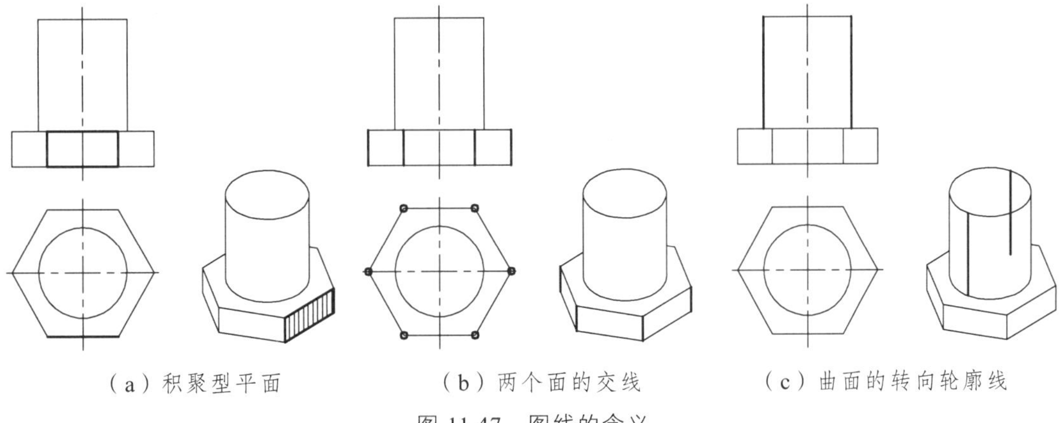

(a) 积聚型平面　　(b) 两个面的交线　　(c) 曲面的转向轮廓线

图 11.47　图线的含义

3. 善于在各视图中找出最能反映组合体各部分形体的形状特征的投影

主视图是最能反映物体形状特征的视图，这是由画图时主视图选择的原则所决定的。因此，读图一般是从主视图入手。但是，组合体的每一组成部分的形体特征并不一定都集中在主视图上，也可能在其他视图上。所以要善于在各视图中找出最能反映各部分形体特征的投影。

图 11.48 所示支座由竖板、底板和肋板三个基本形体叠加而成。主视图反映了竖板的形体特征，俯视图反映了底板的形体特征，左视图反映了肋板的形体特征。

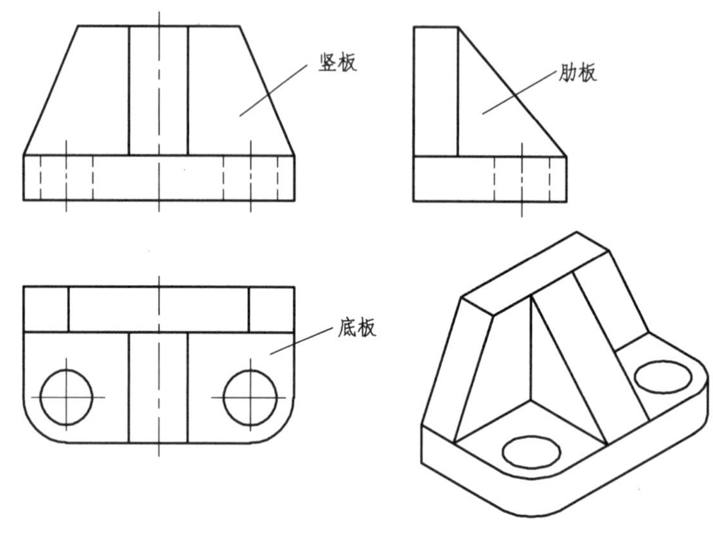

图 11.48　支座

4. 分析视图中代表基本形体投影的封闭线框，将形体进行合理分块（划线框），以便找出各形体的特征视图

分析线框想象形体是看组合体视图常用的一种方法。表示形体的封闭线框，可能是基本体（平面体或回转体），也可能是基本体的简单组合（如 U 形块、菱形块等），一般在主视图上划分线框，有时也在其他视图上划分，但必须符合以下两点：

（1）划分出的线框能代表一个基本形体的投影。

（2）划分后各基本形体的形状比较简单，并且各部分之间的连接关系比较明显。

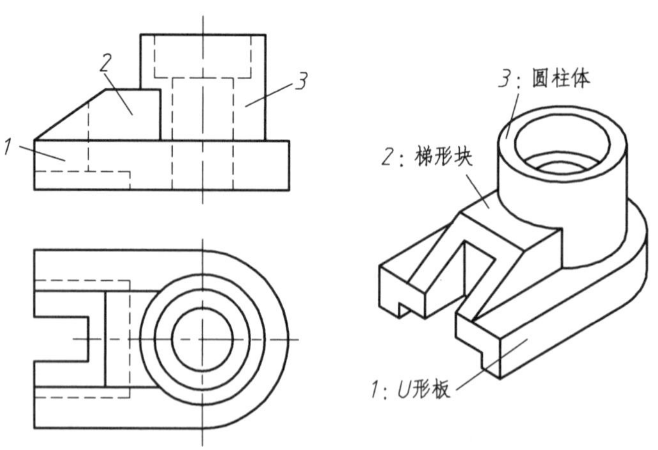

图 11.49　机座

上图 11.49 中机座的主视图划分为 3 个线框，每一个线框代表一个基本形体：线框 1 为 U 形底板，线框 2 为梯形块，线框 3 为圆柱体。

U 形板的特征视图为俯视图，梯形块和圆柱体的特征视图都为主视图。

11.4.2 叠加式组合体视图的阅读

读此类组合体的视图主要采用形体分析法。通过对所给视图的投影分析，先分别读懂组合体的各组成形体，再综合各组成形体间的表面过渡关系和相互位置，想出该组合体的整体形状。

采用形体分析法读图的一般步骤：

① 分析视图，划分线框。

② 根据所分线框，找出对应投影，想象各基本形体的形状。

③ 综合起来想出组合体的整体形状。

例 1 阅读底座的三视图，想出它的空间形状（见图 11.50）。

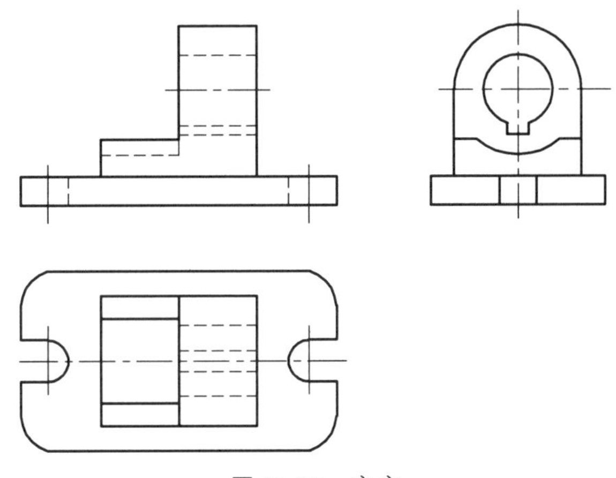

图 11.50 底座

步骤 1 分析视图划分线框：从反映底座特征的主视图入手，分析其他视图与主视图之间的关系，以及每个视图主要反映了哪部分形体的特征，如图 11.51 所示。

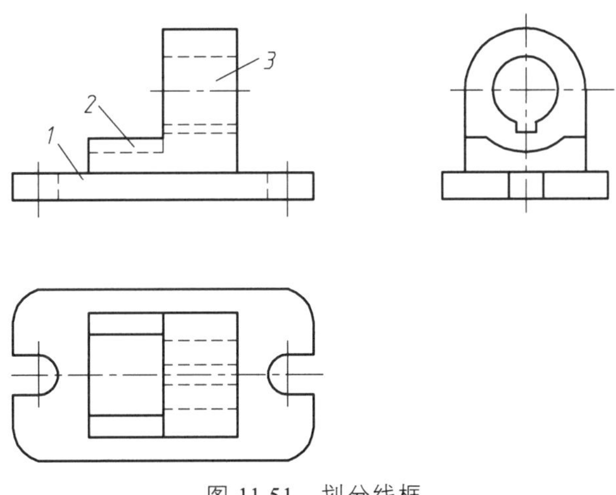

图 11.51 划分线框

按主视图中的实线线框，可初步划分为两个封闭线框，上部的“』”形线框和下部的长方形线框。而“』”形线框又可设想从中间分界分成左、右两个长方形线框，这样就将主视图分成了三个线框，即将底座分为三个部分。

步骤 2 对投影，找特征，想象各基本形体形状：按投影关系，找出各线框所代表的基本形体在其他视图上的对应关系，并抓住它们的特征视图，想象出各部分的形状，如图 11.52 ~ 图 11.54 所示。

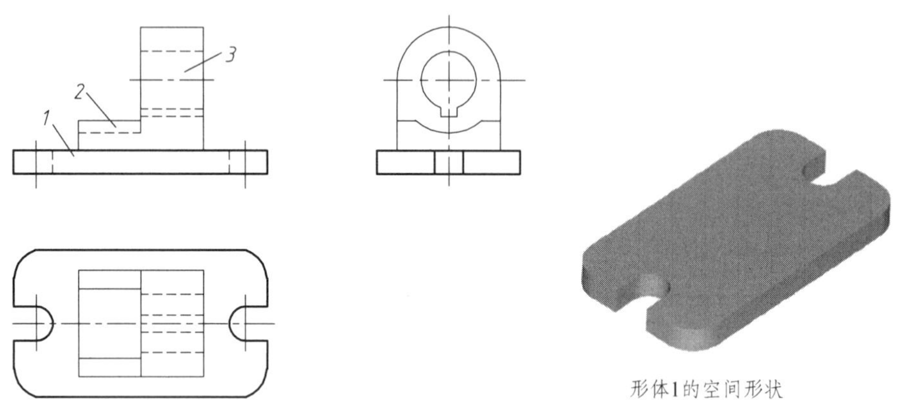

图 11.52 两端挖 U 形槽，四角倒圆的平板

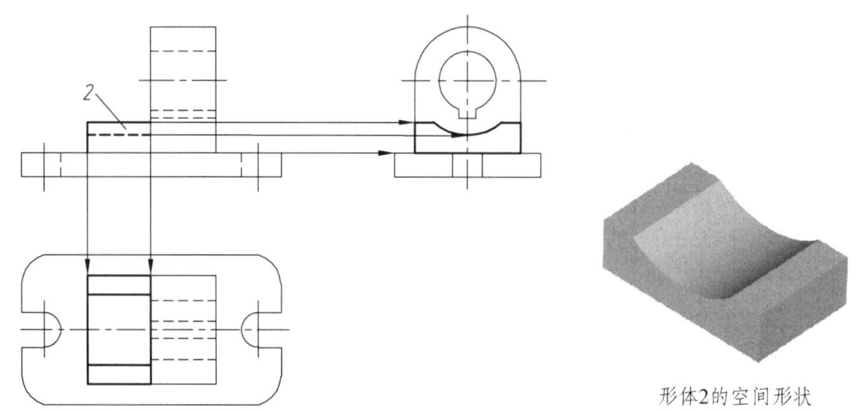

图 11.53 顶部挖去一个小半圆的长方块

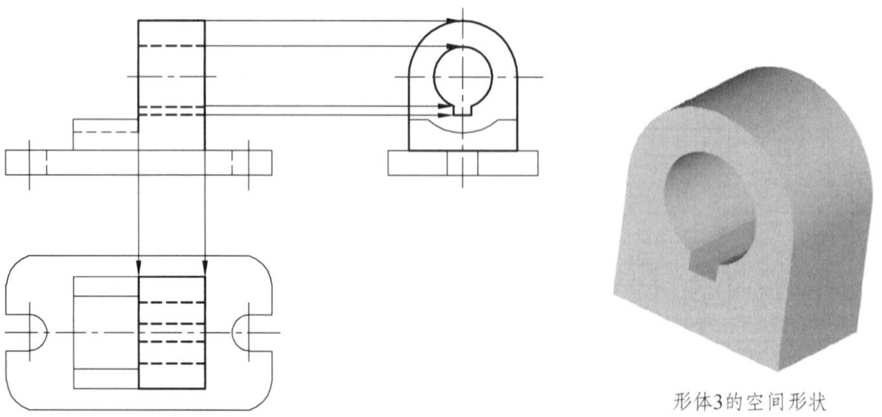

图 11.54 中间钻孔并有键槽的 U 形柱

步骤 3　综合起来想整体：在分别想出各部分的形状后，即可根据它们之间的相对位置和连接关系想象出组合体的整体形状，如图 11.55 所示。

图 11.55　底座

这是一个前后对称由一个长方形底板、一个长方块和一个 U 形柱组成的机件，形体 2 和形体 3 的宽度相等，前后表面平齐连接在一起，叠加到底板上。

由已知两视图补画第三视图（也称为二求三）是训练读图能力、培养空间想象力的重要手段。下面以机座为例说明其方法和步骤。

例 2　已知机座的主、俯视图，求作左视图（见图 11.56）。

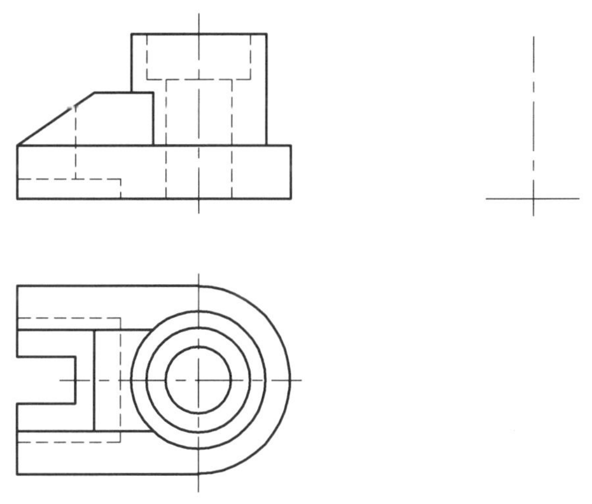

图 11.56　机座

步骤 1　分析机座的主视图和俯视图，划分线框，找出特征视图。

机座的主视图划分为 3 个线框，每一个线框代表一个基本形体。

线框 1 的特征视图为俯视图，线框 2 和线框 3 的特征视图都为主视图，如图 11.57 所示。

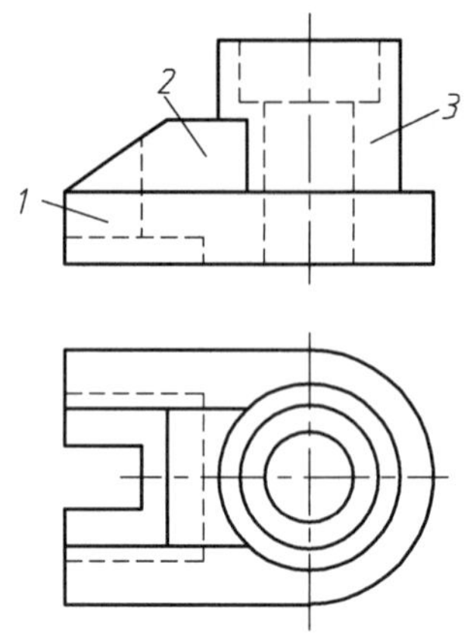

图 11.57　主视图和俯视图

步骤 2　对投影，找特征，想象各基本形体形状，画出它们的左视图。

如图 11.58 所示，补画形体 1 的左视图：形体 1 是一个 U 形板，其左视图为一矩形；补画形体 2 的左视图：形体 2 是一个圆柱体，其左视图也为一矩形；补画形体 3 的左视图：形体 3 是一个梯形块，其左视图也为一矩形。如图 11.59 所示，补画圆柱阶梯孔左视图：它们的左视图为两个矩形；补画圆柱长方形槽和梯形槽的左视图：它们的左视图都为矩形。

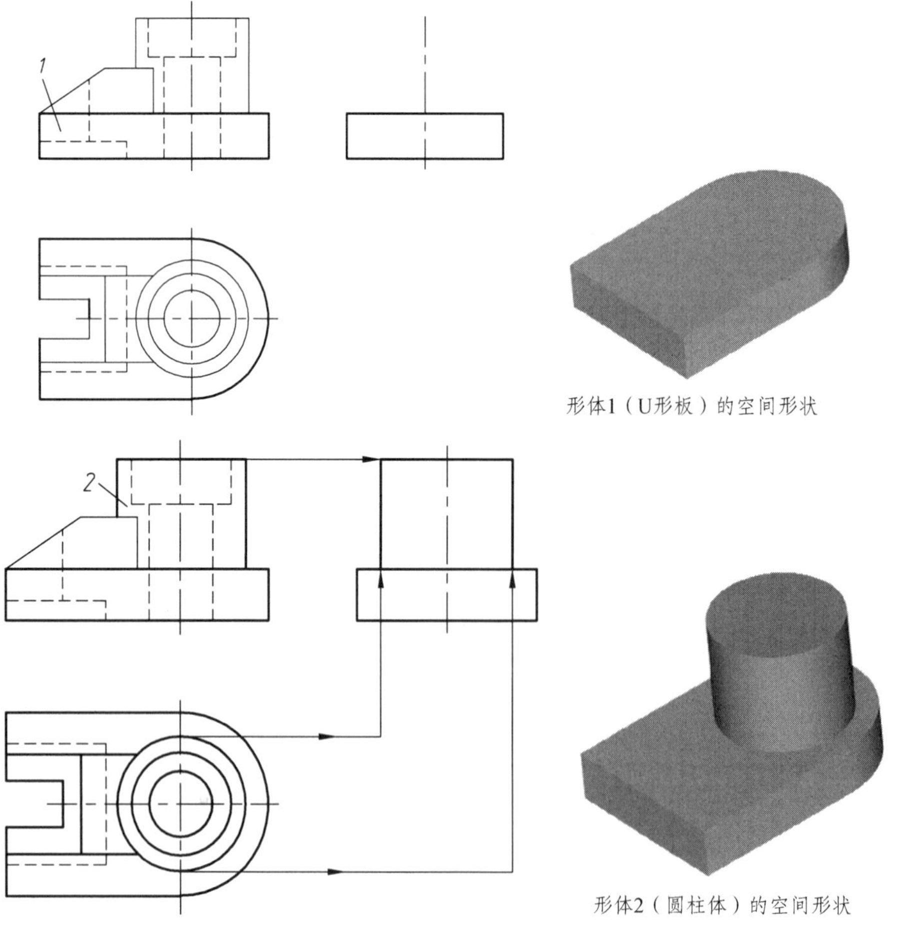

形体1（U形板）的空间形状

形体2（圆柱体）的空间形状

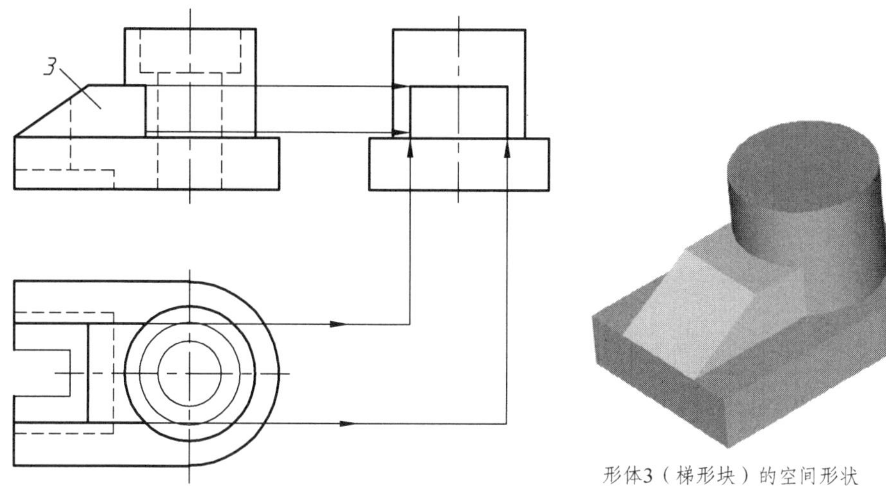

形体3（梯形块）的空间形状

图 11.58 画左视图

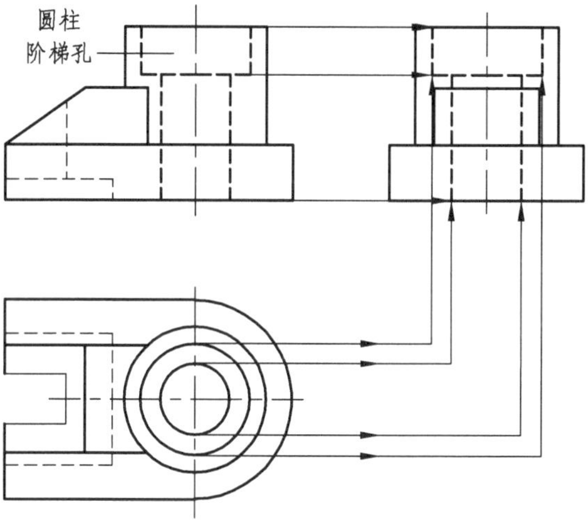

圆柱
阶梯孔

钻出圆柱阶梯孔后的空间形状

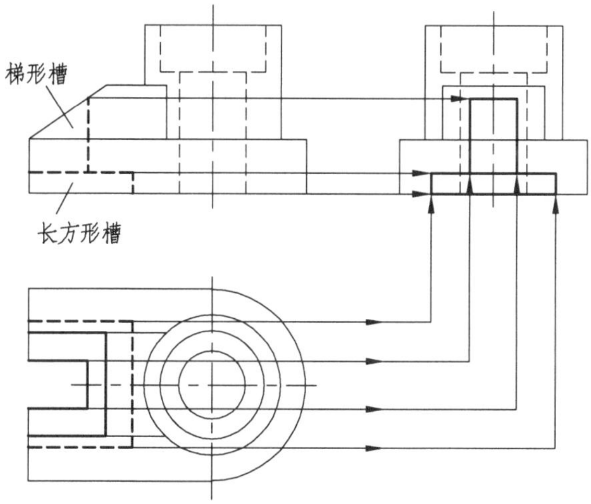

梯形槽

长方形槽

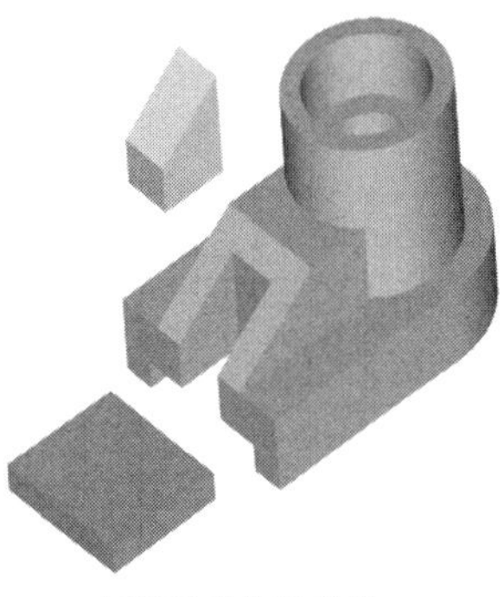

切槽后的空间形状

图 11.59 画左视图

步骤 3　检查、修改后描深（见图 11.60）。

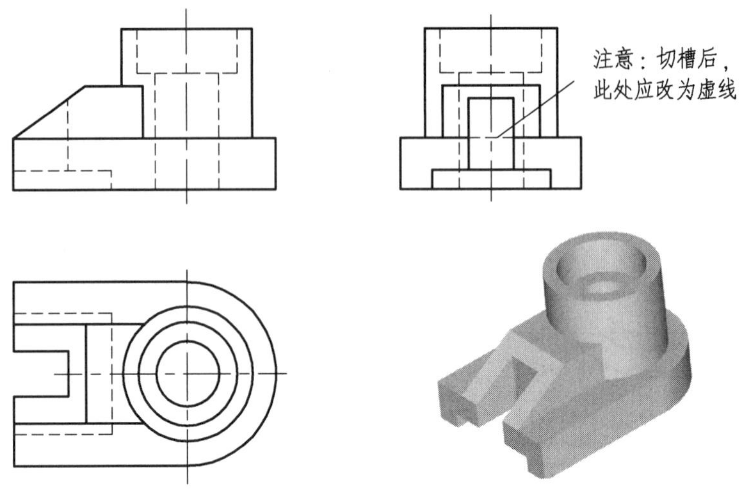

图 11.60　左视图

11.4.3　切挖式组合体视图的阅读

读此类组合体的视图仍主要采用形体分析法，辅以线面分析法。线面分析法通过“画线框对投影”以分析出各表面的形状、相对位置及表面交线等信息，然后综合起来想出组合体的整体形状。下面讨论线面分析法的应用技巧。

1. 分析面的形状

当立体被投影面垂直面截切时，截面在与截平面相垂直的投影面上的投影积聚成直线，而在另两个与截平面倾斜的投影面上的投影则是类似形，如图 11.61 所示。

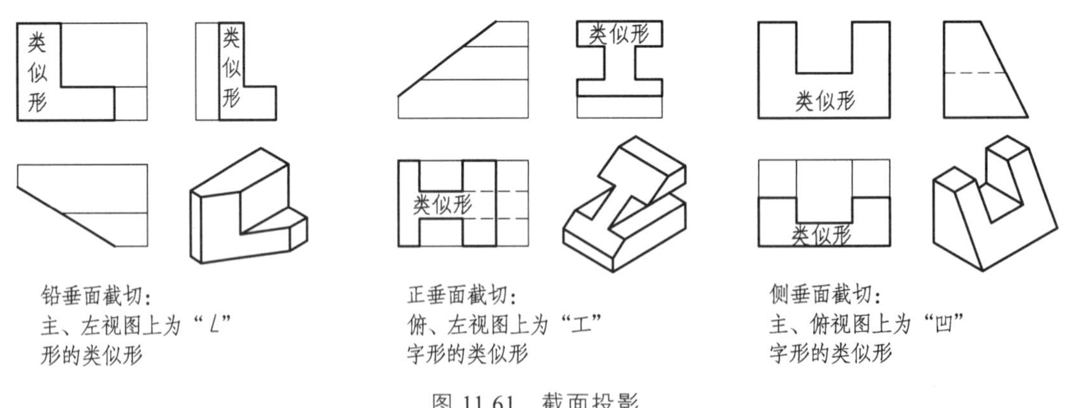

图 11.61　截面投影

例 3　由压板的主、俯视图，想象它的整体形状，并补画左视图（见图 11.62）。

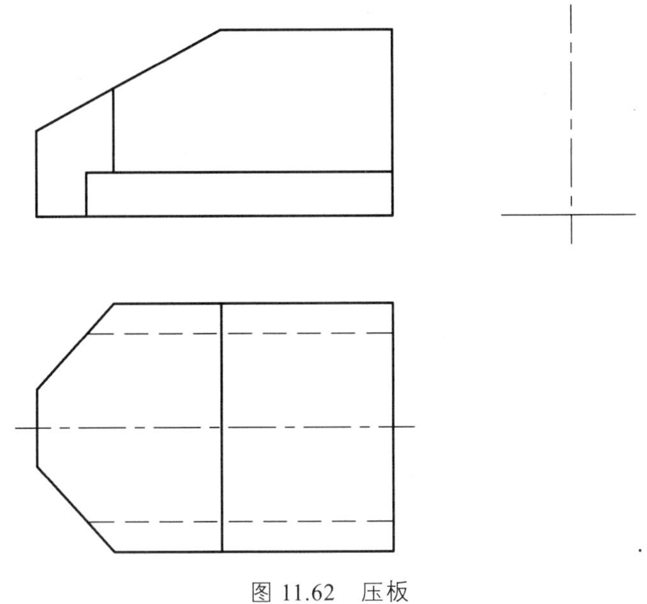

图 11.62 压板

步骤 1 形体分析。

压板是长方体经截切而成。

左端被三个平面截切：左上角被一个正垂面所截，左下角被两个前后对称的铅垂面所截。

正垂面的水平投影为六边形，铅垂面的正面投影为“「”形的六边形。

底部被前后对称的两个正平面及水平面截切，切出两个凹槽，如图 11.63 所示。

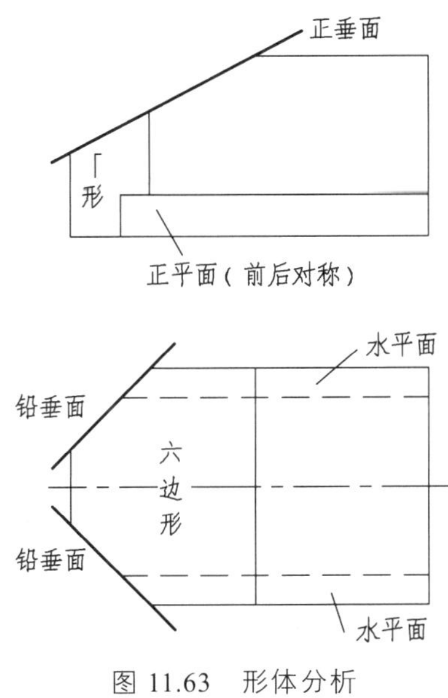

图 11.63 形体分析

步骤 2 按正垂面→铅垂面→水平面和正平面截切顺序，作出压板的左视图。

首先画出压板的原始形状——长方体被正垂面切去左上角后的俯、左视图，此时正垂面的水平投影和侧面投影都为矩形，如图 11.64 所示。

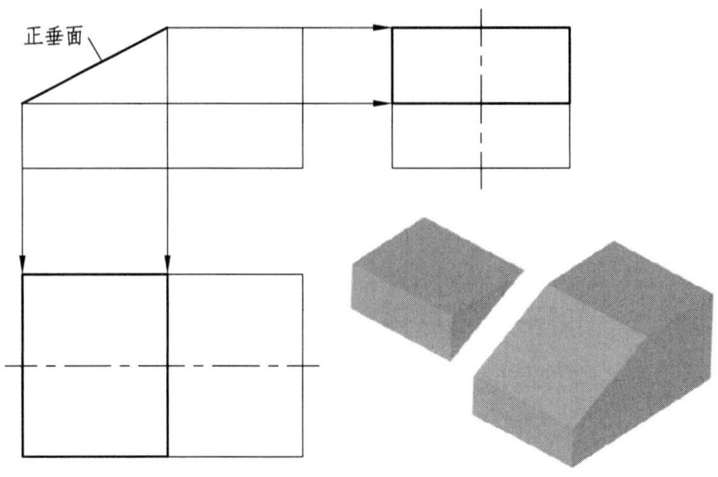

图 11.64　原始形状投影

其次画出长方体的左端被两个铅垂面切去前后两个角后的主、左视图，此时铅垂面的正面投影和侧面投影都为梯形四边形，如图 11.65 所示。

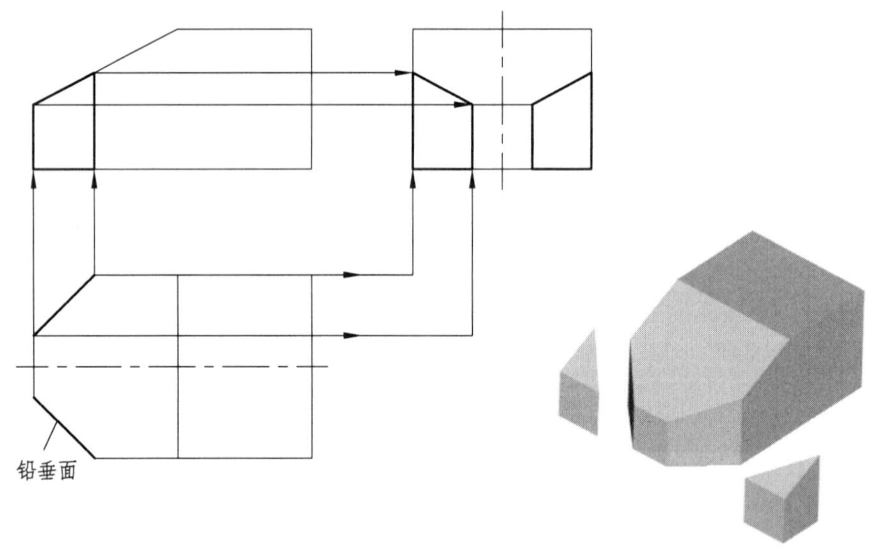

图 11.65　切去前后两个角后的主、左视图

最后画出长方体的底部被水平面和正平面切槽后的左视图。水平面的水平投影反映实形——梯形，正平面的正面投影反映实形——矩形，它们的侧面投影分别积聚成两条直线，如图 11.66 所示。

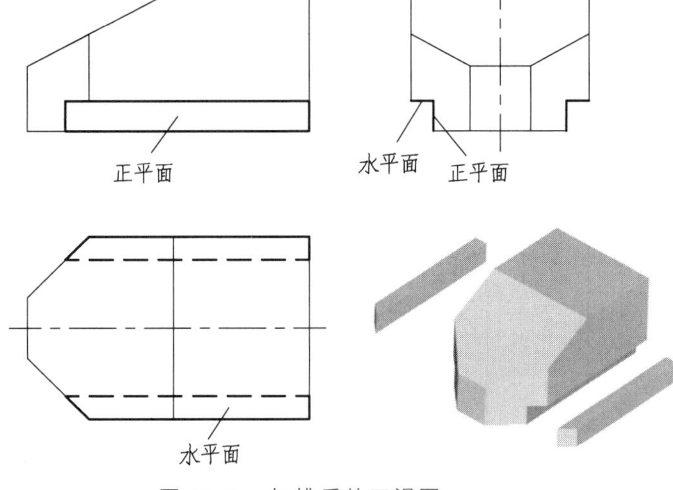

图 11.66　切槽后的三视图

步骤 3　检查：验证正垂面和铅垂面的另两个投影是否为类似形，如图 11.67 所示，最后描深图线，完成压板的左视图，如图 11.68 所示。

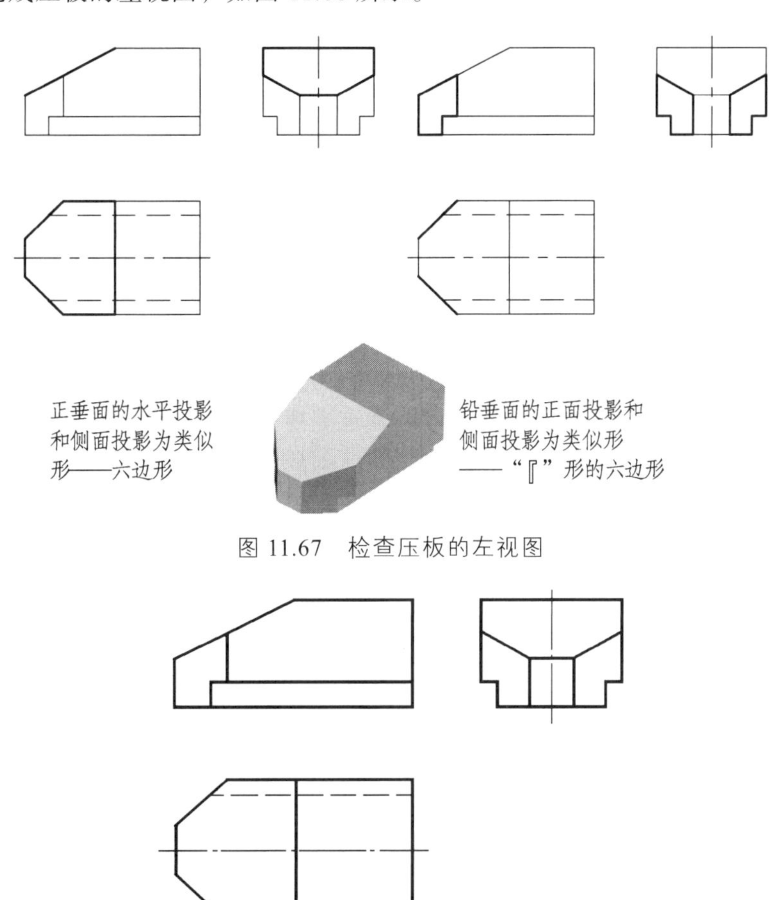

图 11.67　检查压板的左视图

图 11.68　完成压板的左视图

2. 分析面的相对位置

视图中的每个封闭线框表示组合体上的一个表面或孔洞，那么相邻的封闭线框通常是物体的两个表面。因此，视图上任何相邻的封闭线框，除通孔外，一定是物体上相交或不相交的两个面的投影，弄清它们之间的相对位置（即前后、左右、上下位置）以及它们对投影面的相对位置，对读懂视图有很大帮助。

例 4 由架体的主、俯视图，想象它的整体形状，并补画左视图（见图 11.69）。

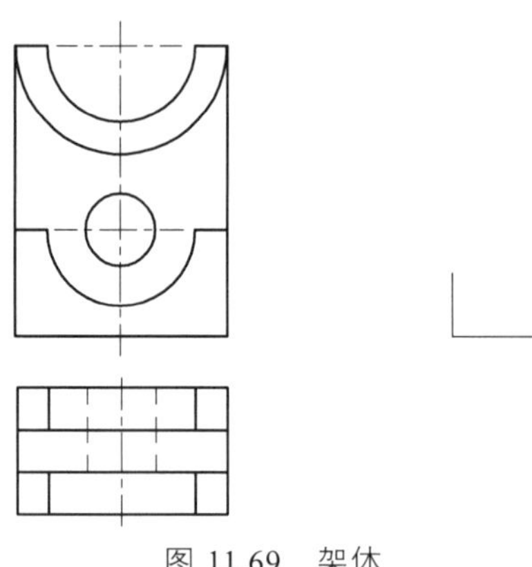

图 11.69 架体

步骤 1 形体分析。

（1）分析主视图上各封闭线框的前后位置。

从已知的主、俯视图的外形轮廓可以看出，架体是由长方体截切而成，截切面为投影面平行面和圆柱面。

首先把主视图分成 1′、2′、3′、4′ 四个封闭线框。

结合俯视图，可以看出线框 4 为一个圆柱孔，其余三个线框都为正平面，这三个正平面的水平投影分别积聚成三条水平直线。

这三个正平面的位置则有前、中、后之分。首先在俯视图中，根据圆柱孔（虚线）的起始位置，可以确定主视图中的线框 2′对应俯视图中的线段 2。

然后根据俯视图中各线段的可见性，可以确定主视图中的线框 1′在线框 2′之前（即最前面，对应俯视图中的线段 1）、线框 3′在线框 2′之后（对应俯视图中的线段 3），如图 11.70 所示。

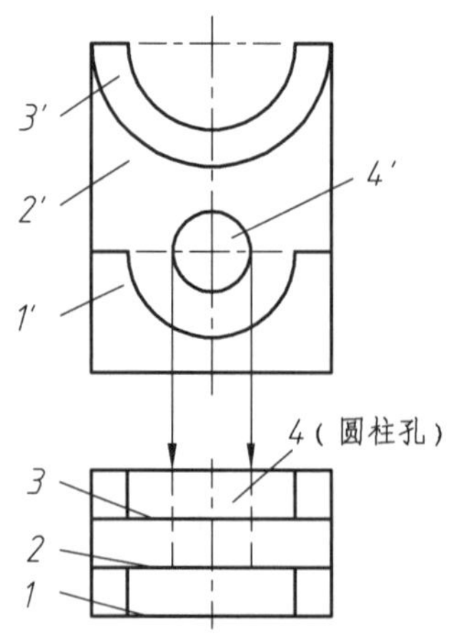

图 11.70 封闭线框的前后位置

（2）分析俯视图上各封闭线框的上下位置。

俯视图从前到后可分为 7 个封闭线框：*a*（2 个）、*b*、*c*、*d*（2 个）、*e*。

这 7 个线框的位置则有高、低之分。它们均为可见面，只有对应主视图，才能很快识别它们各自的位置和形状。

按投影关系对照主、俯视图，得知 *a*、*d* 是水平面（实形为矩形），*b*、*c*、*e* 是半圆柱面（正面投影为半圆弧，水平投影为矩形）。

7 个线框的高低位置如图 11.71 所示，由高到低顺序为：*d*→*e*→*c*→*a*→*b*。

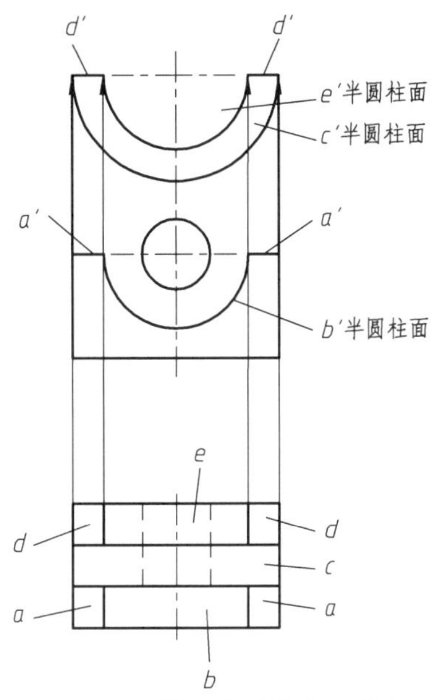

图 11.71 封闭线框的上下位置

（3）综上所述，想象架体的空间形状，确定截切顺序（见图 11.72）。

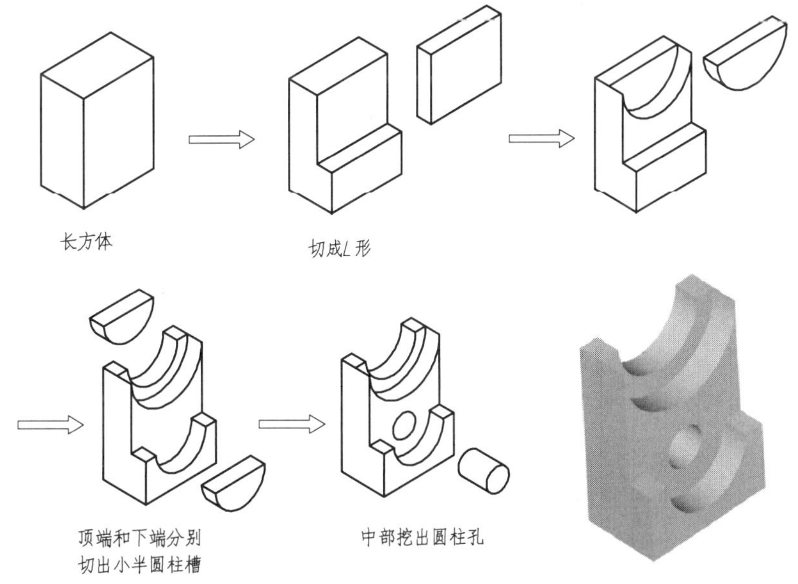

图 11.72 截切顺序

步骤 2　按前面所述的截切顺序，画出架体的左视图（见图 11.73）。

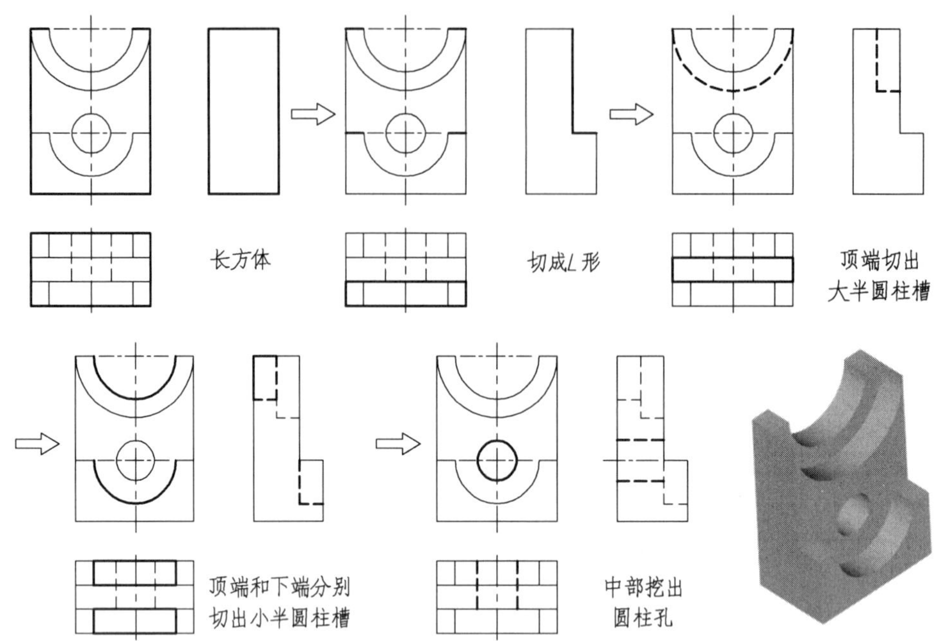

图 11.73　画架体左视图

步骤 3　检查、描深图线，完成架体的左视图，如图 11.74 所示。

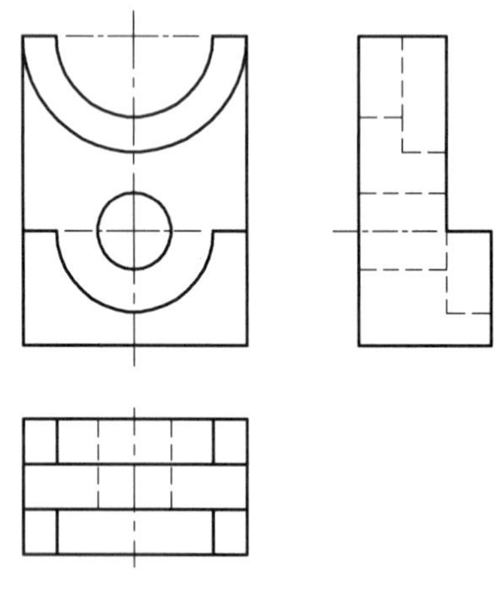

图 11.74　架体的左视图

3. 分析面与面的交线（截交线和相贯线）

当视图上出现面与面的交线，尤其是曲面的交线时，在图形比较复杂的局部，应运用投影原理，对交线的性质做投影分析，并且理解这些交线的投影是怎样作出来的，只有这样才能清晰地读懂这一局部的结构和形状。要做到这一点，同学们必须要熟练掌握常见立体截交线和相贯线的作图方法，如圆柱的截交线、两圆柱的相贯线等。

例 5 由组合体的主、俯视图，想象它的整体形状，并补画左视图（见图 11.75）。

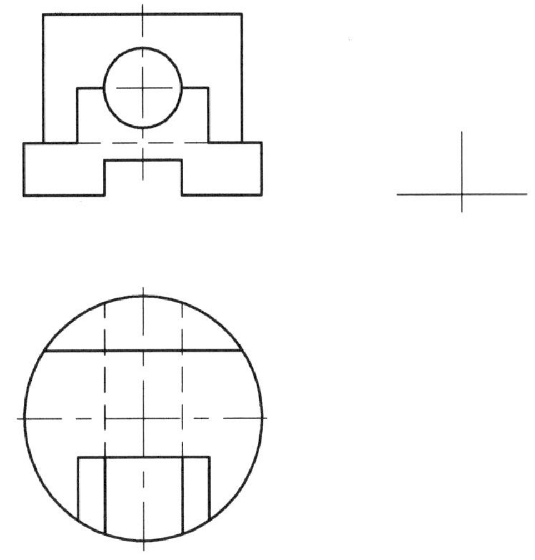

图 11.75 组合体的主、俯视图

步骤 1 形体分析：分线框、对投影，想象出各组成部分的形状。

从已知的主、俯视图的外形轮廓可以看出，该组合体的原始形状是一个圆柱体，它的组合方式主要是切挖。

把主视图分成 4 个线框：1′、2′、3′、4′，它们各自代表四种形体。

根据主、俯视图“长对正”的投影关系，在俯视图上找出这四个线框所代表的形体的水平投影，如图 11.76 所示。

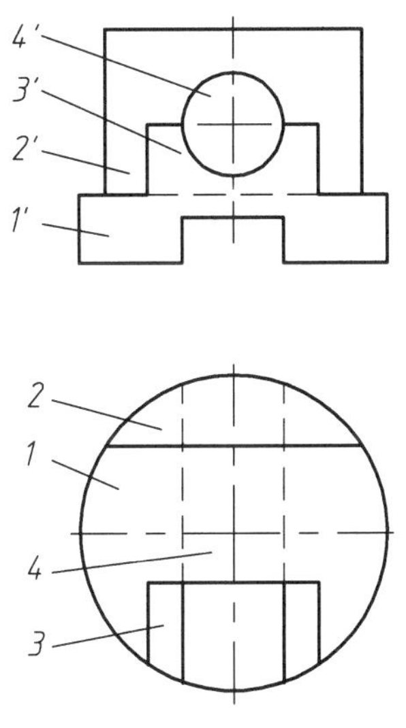

图 11.76 形体分析

（1）首先分析线框 4′的形状：线框 4′是一个圆，上半圆在形体 2 上，下半圆在形体 3 上，说明这两个半圆不共面，它们的位置应是一前一后。

这两个半圆在俯视图上的对应投影是两条实线和虚线。实线在前半个圆柱上，对应主视图上线框 4′的下半圆，代表半圆柱槽；虚线在实线的后面，则对应线框 4′的整个圆（当然包括上半圆），代表圆柱孔。

注意：俯视图上中间部位的两条虚线不对应线框 4′，它们属于底部方槽水平投影的一部分。

根据以上分析，线框 4′所代表的形体应是半圆柱槽和圆柱孔，是属于虚体，如图 11.77 所示。

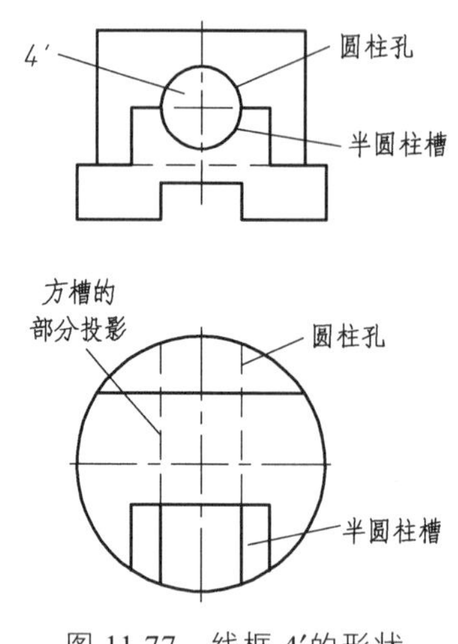

图 11.77　线框 4′的形状

（2）分析其他三个形体的形状：虽然该组合体是由一个圆柱切挖形成，但也可以将它分解为三部分，逐个想象。通过对主、俯视图的投影分析，不难想出形体 1、2、3 的空间形状，如图 11.78 所示。

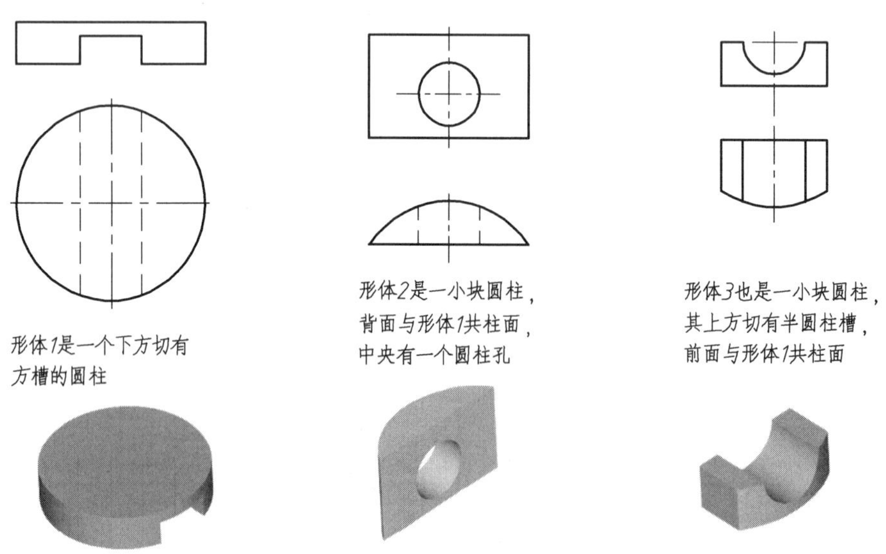

图 11.78　其他三个形体的形状

步骤 2　按照上一步的形体分析，画出左视图，如图 11.79 所示，注意圆柱截交线与相贯线的画法。

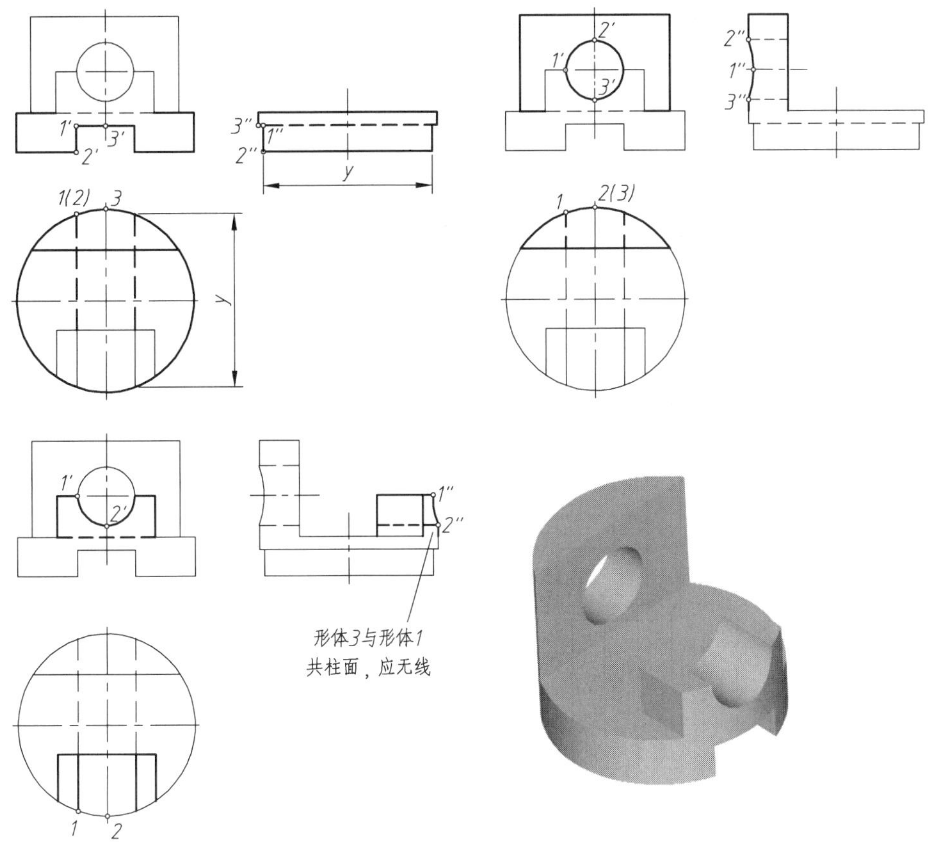

图 11.79　画左视图

根据主、俯视图，画出形体 1 的侧面投影，注意方槽处的截交线画法；根据主、俯视图，画出形体 2 的侧面投影，注意圆柱面上穿孔的相贯线画法；根据主、俯视图，画出形体 3 的侧面投影，注意半圆柱槽处的相贯线画法。

步骤 3　检查，描深图线，完成该组合体的左视图，如图 11.80 所示。

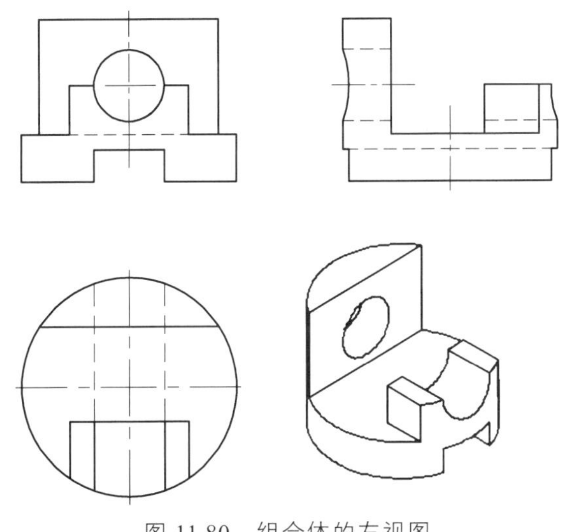

图 11.80　组合体的左视图

11.4.4 叠加、切挖综合型组合体视图的阅读

通过前面部分的学习，我们了解到对于叠加为主的组合体视图的阅读，通常采用形体分析法；对于切挖为主的组合体视图的阅读，主要以形体分析法为主，线面分析法为辅；而对于组合方式较综合的组合体视图的阅读，更需要把这两种读图方法结合起来进行分析。

例 6 由支座的主、俯视图，想象它的整体形状，并补画左视图（见图 11.81）。

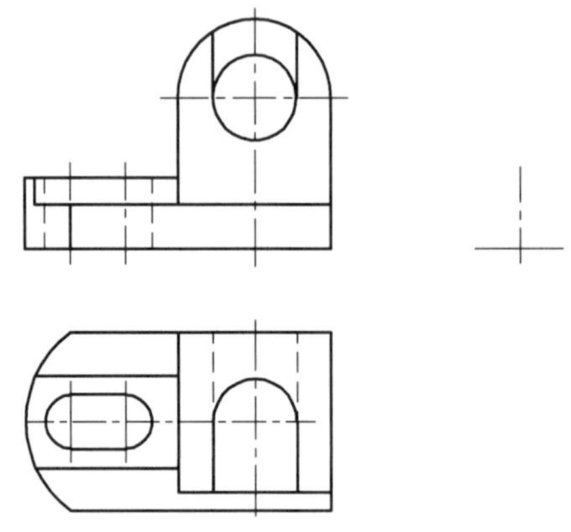

图 11.81 支座的主、俯视图

步骤 1 形体分析。

（1）用形体分析法，将支座分成三个组成部分。

通过对投影不难看出，形体 1 的外形为左端为圆柱面的底板；形体 2 是一块薄板，叠加在形体 1 上，其左端与形体 1 共圆柱面，并且从薄板的顶面向下开了一个腰形通孔；形体 3 的外形为 U 形块，叠加在底板上，如图 11.82 所示。

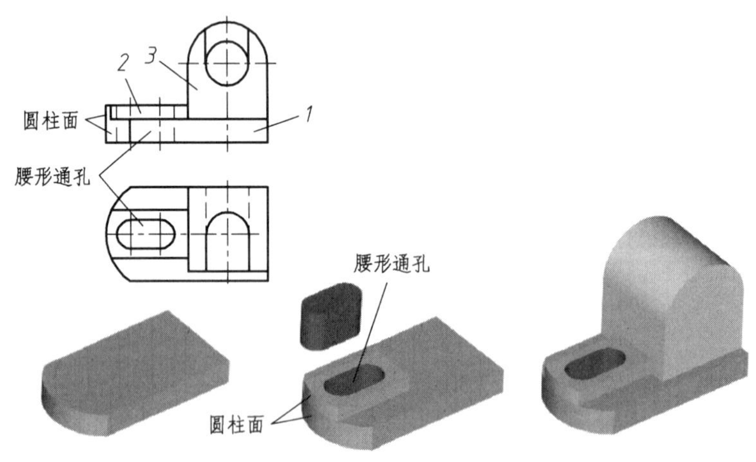

图 11.82 整体形体分析

（2）分析孔、槽部分。对形体 3（U 形块）上的孔槽需进行线面分析，才能看懂其结构。

U 形块主视图上的线框 p'对应的水平投影只可能是半圆弧 p 或直线段 p_1。若是 p_1，说明空间的面 P 与 U 形柱的前端面共面，但这与所给投影不符（同一个面只能是一个封闭线框），

因此 p'对应的投影只可能是 p。同时也不难看出，p_1 对应的正面投影应是主视图上的下半圆 p_1'。空间的 P 是一个从上到下挖的半圆柱面，说明从 U 形块的上部向下开了一个 U 形槽。从俯视图上的虚线可知，U 形块从前向后还开了一个圆柱通孔，如图 11.83 所示。

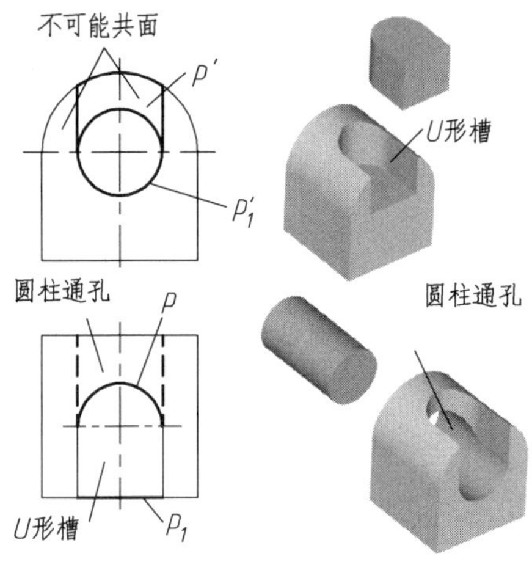

图 11.83　孔、槽部分形体分析

步骤 2　按照上一步的形体分析，画出左视图，如图 11.84 所示，注意 U 形块上截交线与相贯线的画法。

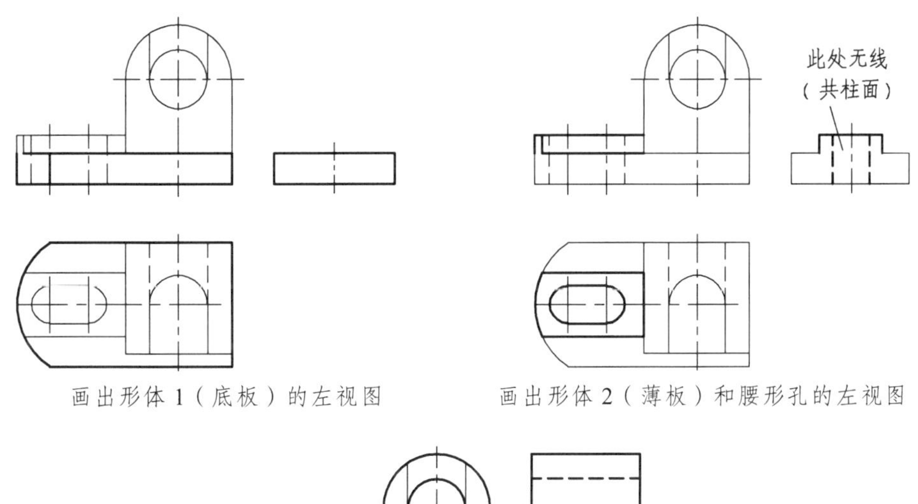

画出形体 1（底板）的左视图　　画出形体 2（薄板）和腰形孔的左视图

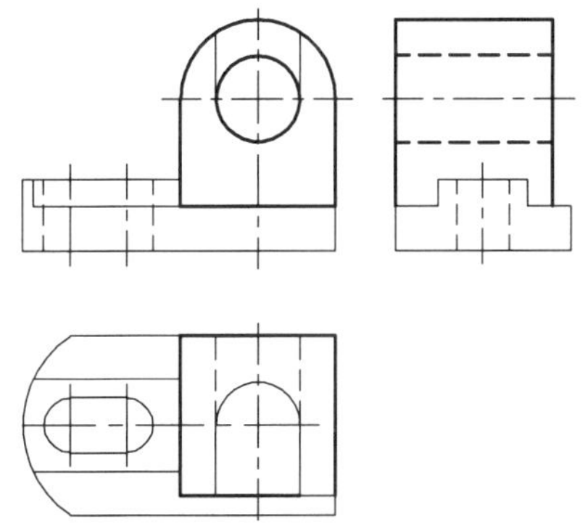

画出形体 3（穿孔后的 U 形块）的左视图

图 11.84　画左视图

画出U形块上U形槽的投影，注意相贯线的画法：空间曲线1′2′3′是U形槽与U形块外表面的相贯线；椭圆弧4′5′6′是U形槽与圆柱孔的相贯线（U形槽中的半圆柱与圆柱孔直径相等并正交，相贯线为特殊情况——椭圆弧），如图11.85所示。

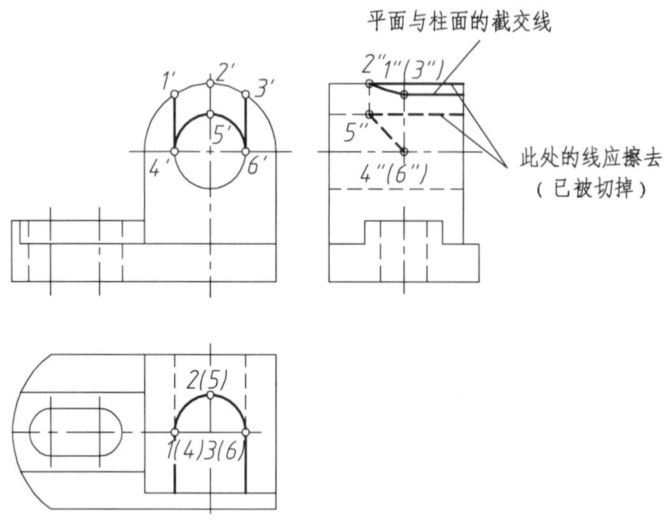

图11.85 相贯线绘制

步骤3 检查，描深图线，完成该支座的左视图，如图11.86所示。

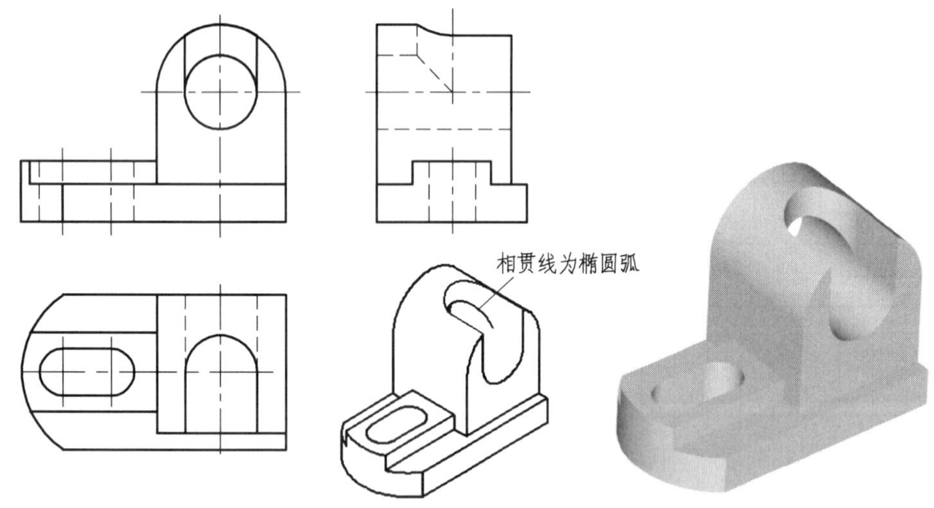

图11.86 完成支座的左视图绘制

第 12 章　机件的常用表达方法

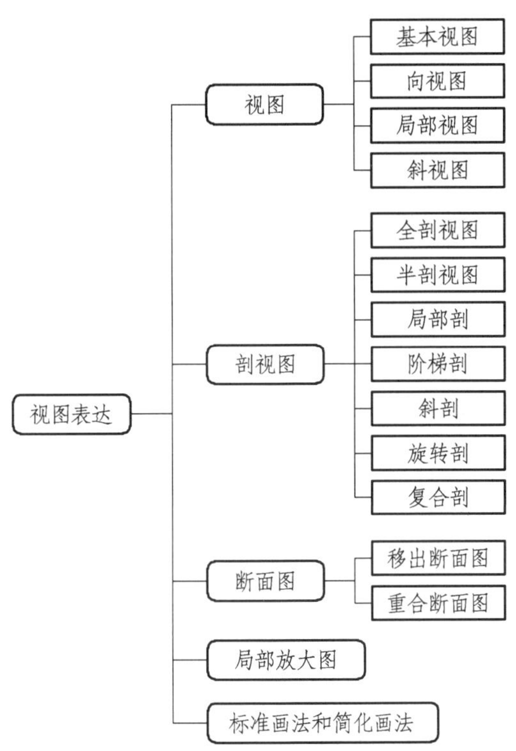

在实际工程中，当机件（包括零件、部件和机器）的形状、结构比较复杂时，如果仍采用两视图或三视图来表达，则很难把机件的内外形状和结构准确、完整、清晰地表达出来。

为了满足这些实际的表达要求，国家标准《机械制图》中规定了各种表达方法（含画法和标注）。本章将着重介绍一些常用的表达方法，主要有视图、剖视图、断面图、局部放大图、简化画法和其他规定画法等。

12.1　视　图

视图主要用来表达机件的外部结构形状，其不可见部分一般不画，必要时用虚线画出。视图分为基本视图、向视图、局部视图和斜视图。

12.1.1　基本视图

基本视图是机件向基本投影面投射所得的视图。

如图 12.1 所示，在原有三个投影面的基础上再增加三个投影面构成一个正六面体。正六面体的六个面为六个基本投影面。将机件置于六面体中间，分别向六个投影面作正投影，得到机件的六个基本视图。

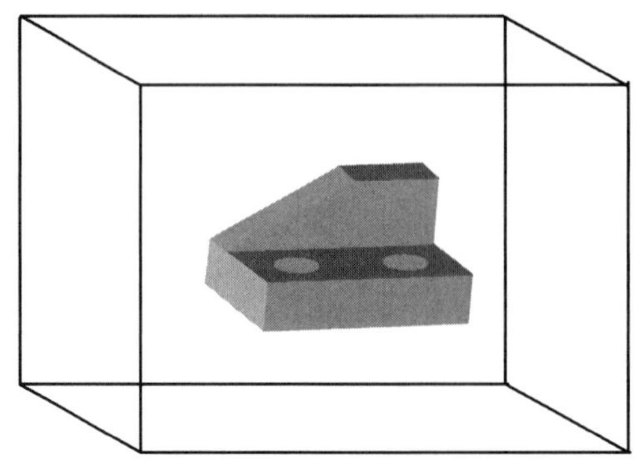

图 12.1　六个基本投影面

除前面介绍的三个基本视图（主视图、俯视图、左视图）外，新增加的三个基本视图是：

右视图——从右向左投射所得的视图；

仰视图——从下向上投射所得的视图；

后视图——从后向前投射所得的视图。

按图 12.2 所示的方法将六个基本投影面展开，展开后的六个基本视图的配置和度量、方位对应关系见图 12.3。

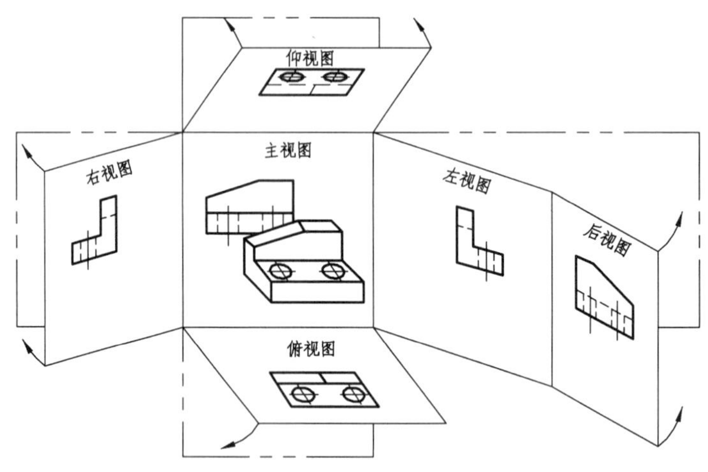

图 12.2　六个基本投影面的展开

六个基本视图和三视图一样，必须遵守点的投影规律：“长对正，高平齐，宽相等”。即：主、俯、仰视图长度方向要对齐；主、左、右、后视图高度方向要平齐；左、右、俯、仰视图宽度方向要相等。

12.1.2　向视图

向视图是可以自由配置的视图。

在同一张图纸上，基本视图按图 12.3 所示的位置配置时，一律不标注视图的名称。但在实际绘图过程中，为了合理地利用图纸，可以自由地配置视图（见图 12.4），这种可自由配置的视图称为向视图。

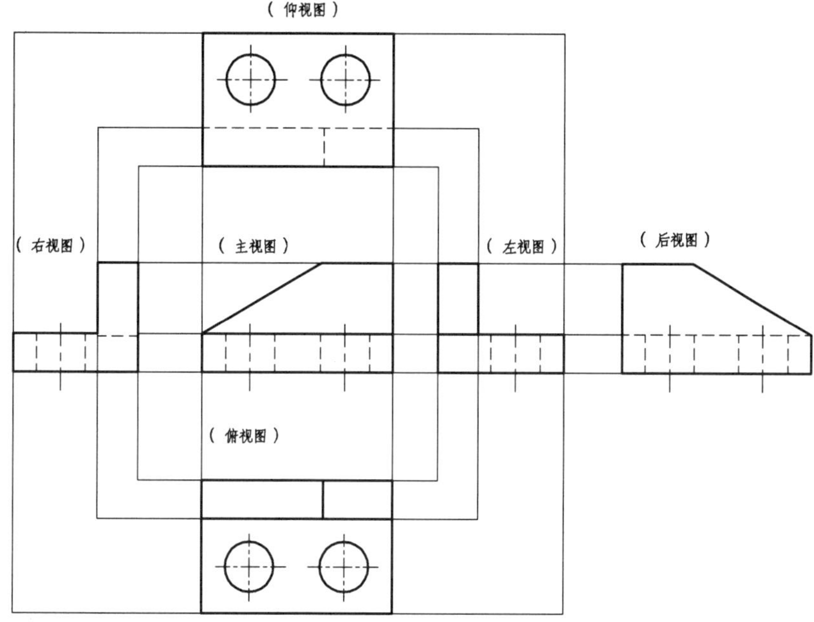

图 12.3　六个基本视图的配置和度量、方位对应关系

1. 向视图的标注

如图 12.4 所示，在向视图的上方标注大写拉丁字母，在相应的视图附近用箭头指明投射方向，并标注相同的字母。

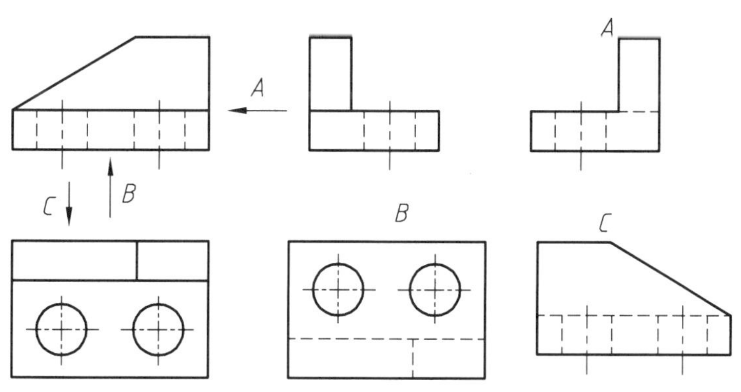

图 12.4　向视图及其标注

2. 画向视图时应注意的问题

（1）向视图是基本视图的一种表达形式，其主要差别在于视图的配置。

（2）表示投射方向的箭头应尽可能配置在主视图上。只有表示后视图的投射方向的箭头才配置在其他视图上，而且为便于读图，尽量配置在俯视图上。

12.1.3　局部视图

局部视图是将物体的某一部分向基本投影面投射所得的视图。

1. 局部视图的表达形式

（1）局部视图的断裂边界通常用波浪线或双折线表示，如图 12.5 中的 *B* 向局部视图。

（2）当所表示的机件的局部结构是完整的，且外形轮廓又是封闭状态时，可省略波浪线或双折线，如图 12.5 中的 *A* 向局部视图。

2. 局部视图的配置与标注

（1）可按基本视图的配置方式配置，这时可省略标注。

（2）可按向视图的配置方式配置并标注，如图 12.5 所示。

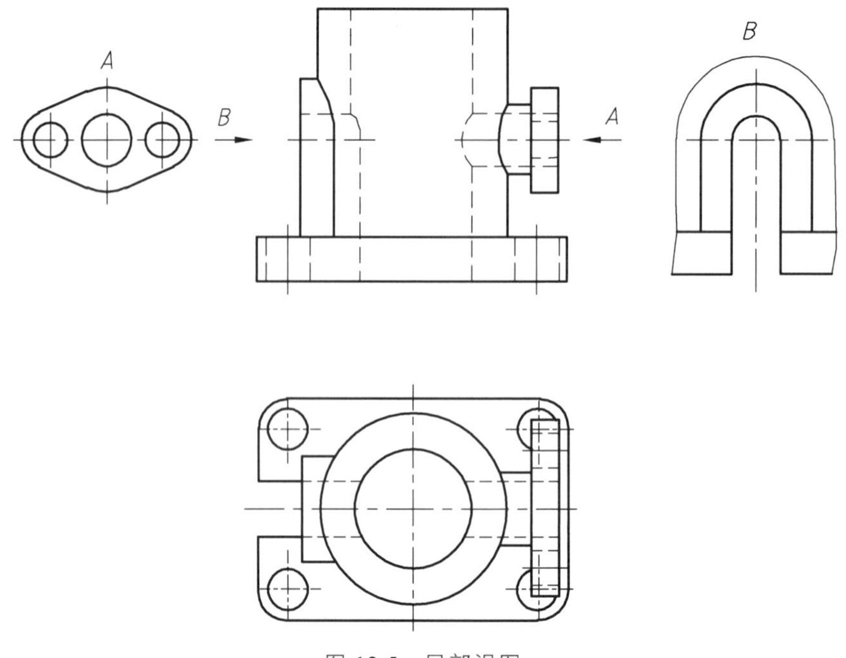

图 12.5　局部视图

12.1.4　斜视图

斜视图是物体向不平行于基本投影面的平面投射所得的视图。

图 12.6（a）所示是压紧杆的三视图。由于压紧杆的耳板是倾斜的，所以它的俯视图和左视图都不反映实形，表达不够清楚，画图又比较困难，读图也不方便。为了清晰地表达压紧杆的倾斜结构，可以如图 12.6（b）所示加一个平行于倾斜结构的正垂面作为新投影面，沿垂直于新投影面的箭头（*A*）方向投射，就可以得到反映倾斜结构实形的投影。这种将机件向不平行于基本投影面的平面投影所得到的视图称为斜视图。因为画压紧杆的斜视图只是为了表达其倾斜结构的实形，故画出其实形后，就可用波浪线断开，不必画出其余部分的视图，如图 12.7（a）所示。

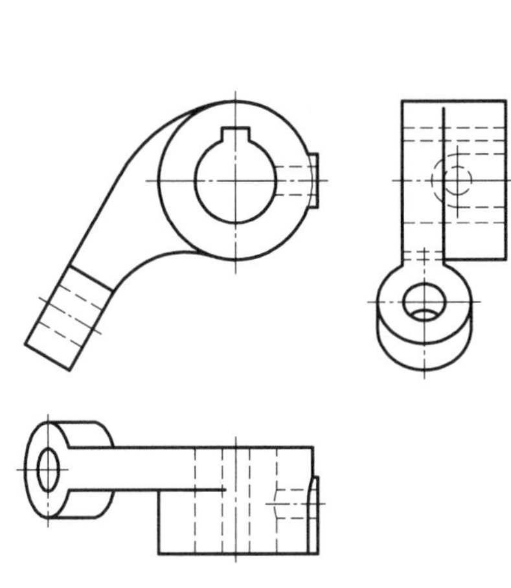
（a）压紧杆的三视图

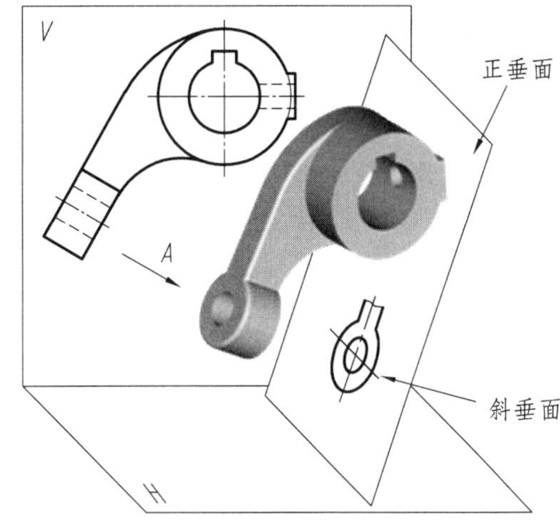

（b）倾斜结构斜视图的形成

图 12.6　压紧杆的三视图及斜视图的形成

画斜视图时应注意：

（1）必须在视图的上方中间位置处水平注写出视图的名称“*X*”，在相应的视图附近用箭头指明投射方向，并注上同样的大写拉丁字母“*X*”，如图 12.7（a）的 *A*。

（2）斜视图一般按投影关系配置，如图 12.7（a）所示，必要时也可配置在其他适当的位置，如图 12.7（b）所示。

（3）在不至于引起误解时，允许将斜视图旋转配置，标注形式为“⌒*X*”，表示该斜视图名称的大写拉丁字母应靠近旋转符号的箭头端，如图 12.7（b）所示。也允许将旋转角度（小于 90°）标注在字母后面。

（4）画出倾斜结构的斜视图后，通常用波浪线断开，不画其他视图中已表达清楚的部分，如图 12.7 所示。

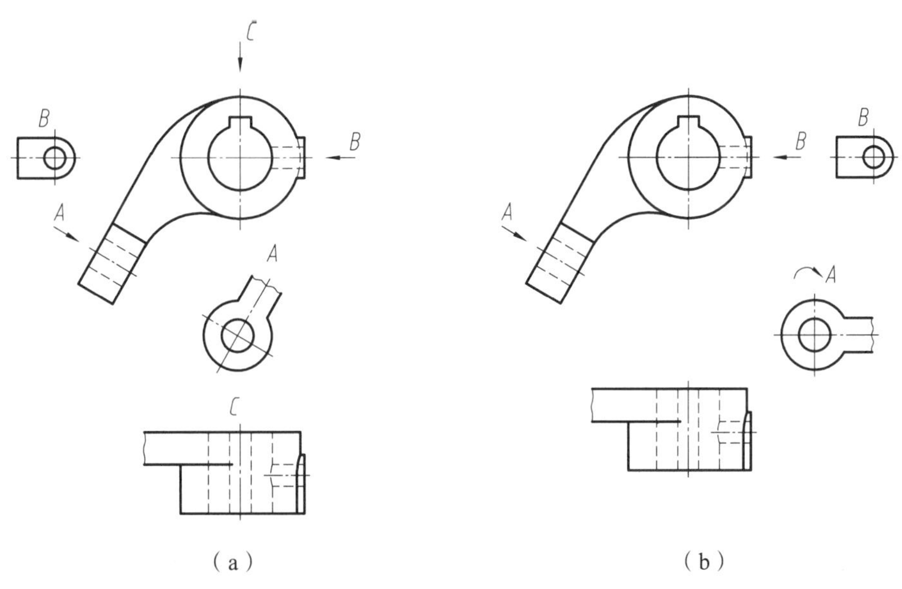

（a）　（b）

图 12.7　压紧杆的斜视图和局部视图

12.2 剖视图

如图 12.8 所示，当机件的内部结构比较复杂时，在视图中就会出现许多虚线，这些虚线与其他图线重叠往往会影响图形的清晰，给读图和标注尺寸带来不便。为了清晰地表达机件的内部结构，常采用剖视的画法。

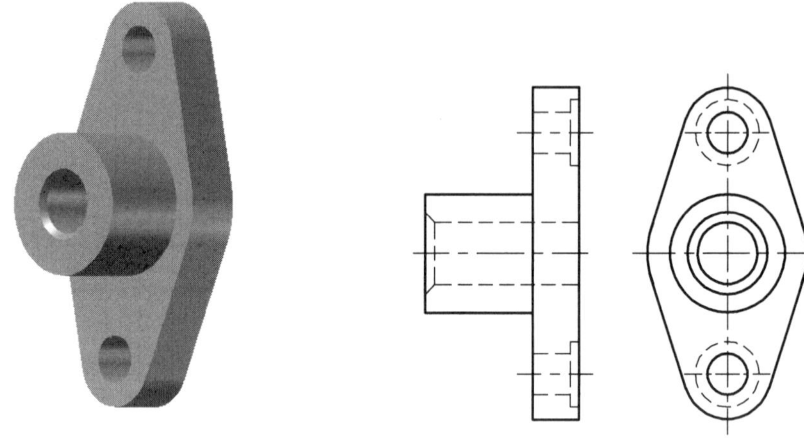

图 12.8 机件结构

1. 什么是剖视图

如图 12.9 所示，假想用剖切平面剖开机件，将处在观察者和剖切面之间的部分移去，而将其余部分向投影面投射并在剖面区域内画上剖面符号，所得到的图形叫作剖视图，简称剖视。

所谓剖面区域，是指剖切平面与被剖机件相接触的部分。

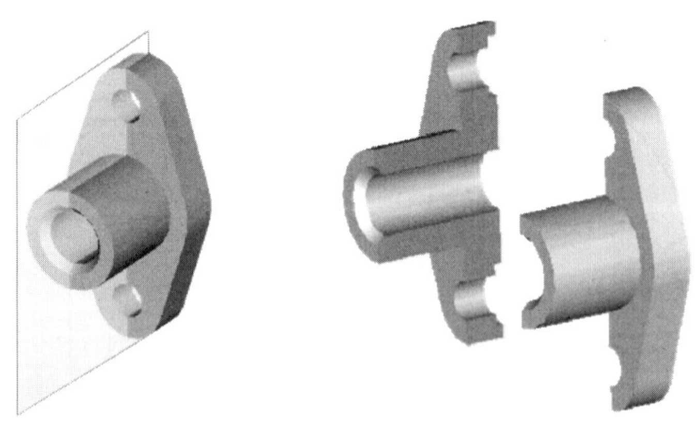

图 12.9 剖视图的形成

2. 剖视图的画法

一般用平面剖切机件，剖切平面应通过机件内部孔、槽等的轴线或对称面，且使其平行或垂直于某一投影面，以便使剖开后的结构反映实形，如图 12.10 所示。

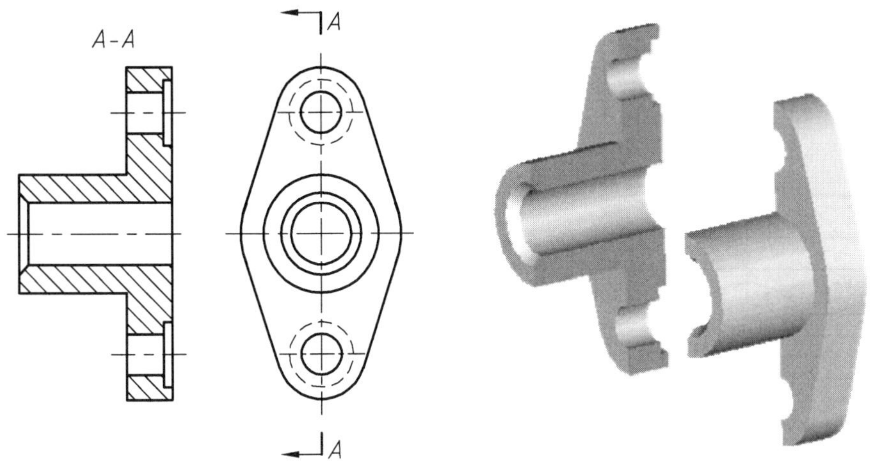

图 12.10　平面剖切机件

3. 剖视图的标注

标注的目的是看图方便。一般需标注下列内容：

（1）剖视图的名称。

在剖视图上方标注剖视图的名称“*X-X*”（*X* 为大写拉丁字母）。

（2）剖切符号。

在相应的剖视图上用剖切符号表示剖切面的起、迄和转折位置，箭头表示投射方向，并标注相同的字母，如图 12.10 所示。

（3）剖切线。

表示剖切面的位置的线（用细点画线表示），通常省略不画。

下列情况可省略标注：

（1）当剖视图按基本视图关系配置时，可省略箭头。

（2）当单一剖切面通过机件的对称平面或基本对称的平面，且剖视图按基本视图关系配置时，可不标注。

4. 画剖视图应注意的问题

（1）剖视图只是假想把机件剖开，因此除剖视图外，其他视图仍应按完整的机件画出。

（2）剖切面后面的可见部分应全部画出，不能遗漏。

（3）对于剖视或视图上已表达清楚的结构形状，在剖视或其他视图上这部分结构的投影为虚线时，一般不再画出。但没有表示清楚的结构，允许画少量虚线。

12.2.1　全剖视图

用剖切平面完全地剖开机件所得的剖视图，称为全剖视图。全剖视图主要用于表达内部结构复杂、外形比较简单的机件。

例 1　全剖视图的形成和画法（见图 12.11）。

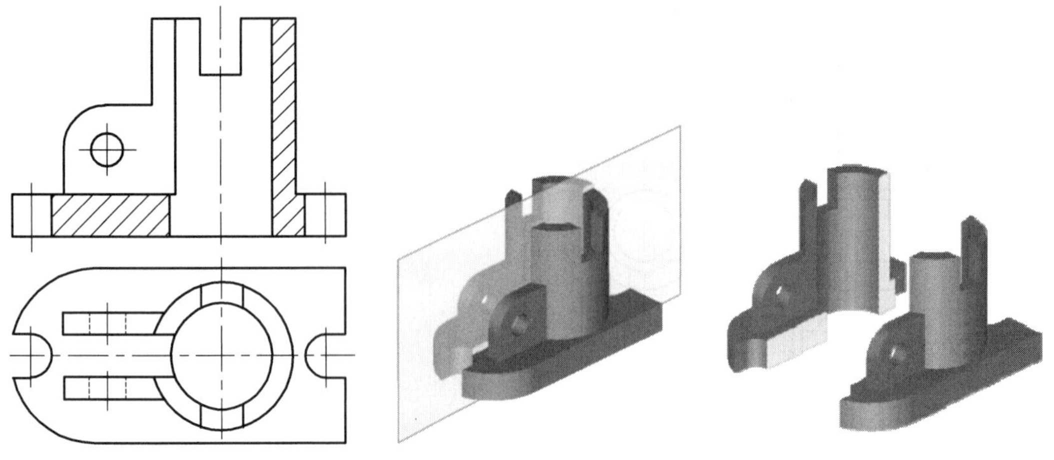

图 12.11　全剖视图

例 2　用几个全剖视图表达机件（见图 12.12）。

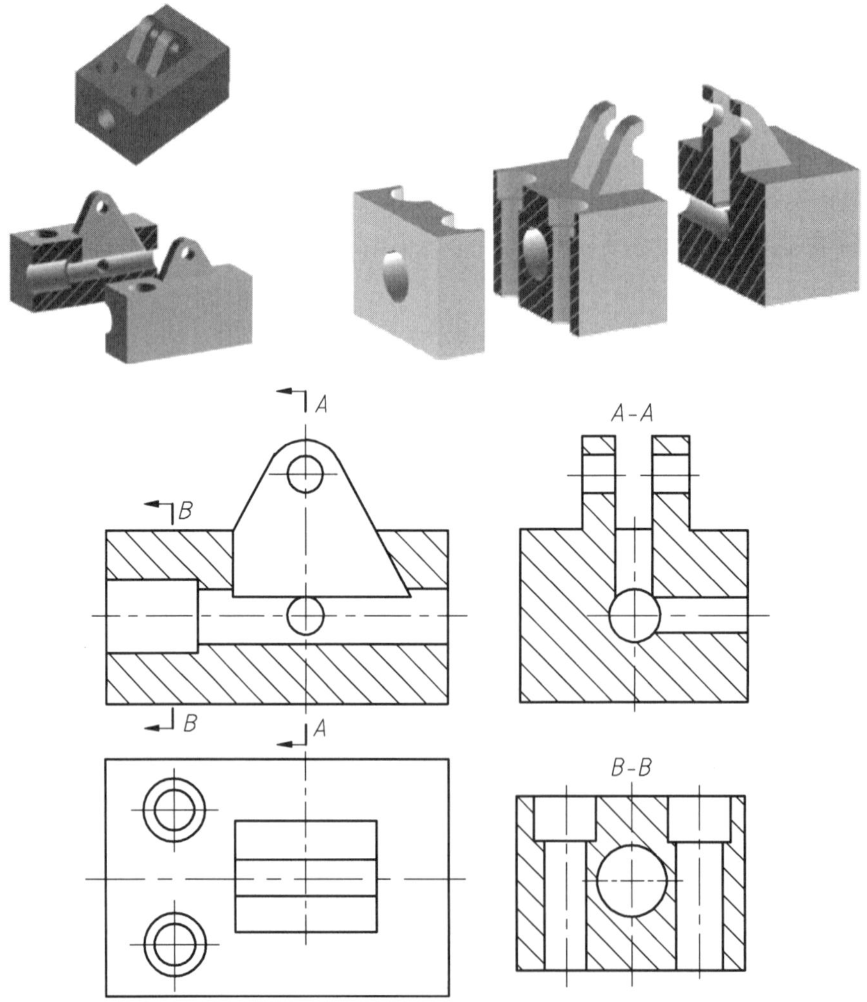

图 12.12　全剖视图表达机件

例 3 判断正误（见图 12.13）。

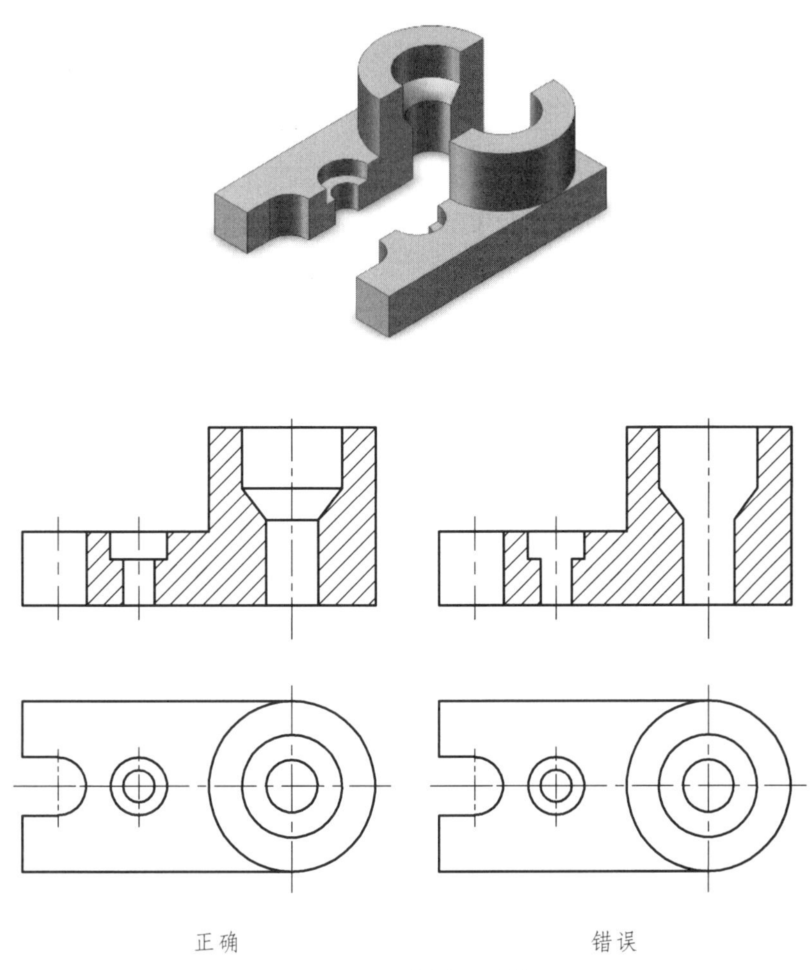

图 12.13 全剖的判断

12.2.2 半剖视图

当机件具有对称平面时，在垂直于对称平面的投影面上的投影可以对称中心线为界，一半画成剖视，一半画成视图，这样得到的图形叫作半剖视图。

半剖视图适用于机件的内、外形状均需要表达，同时机件的形状对称或基本对称的情况。

画图时必须注意：

（1）在半剖视图中，半个外形视图和半个剖视图的分界线应画成点画线。

（2）在半个外形视图中，虚线一般省略不画。

半剖视图的标注方法与全剖视图相同。

例 4 半剖视图的形成和画法（见图 12.14）。

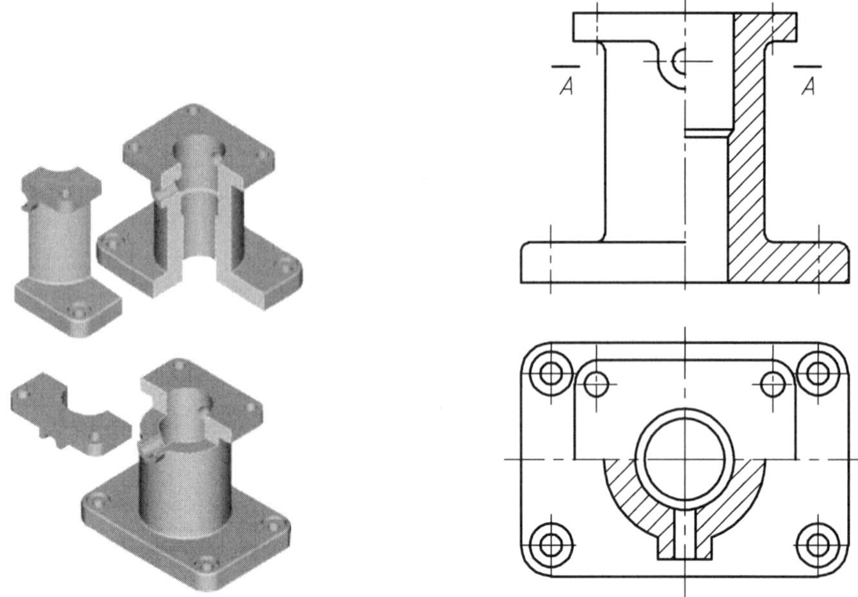

图 12.14　半剖视图

例 5　半剖视图的尺寸标注（见图 12.15）。

图 12.15 是半剖视图情况下尺寸标注的示意图。由于半剖，尺寸界线只能画一根，另外一根因没有落脚点而不画，尺寸线须超出对称中心线少许。

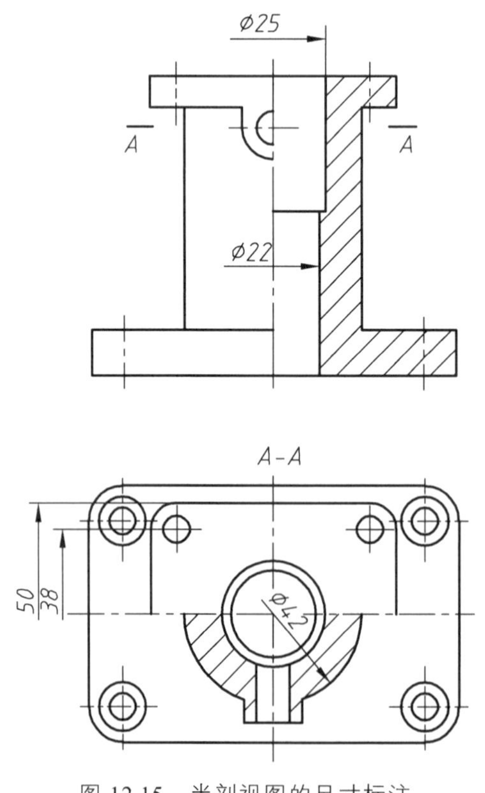

图 12.15　半剖视图的尺寸标注

12.2.3 局部剖视图

用剖切平面局部地剖开机件所得的剖视图，称为局部剖视图。局部剖视图主要用于表达不宜采用全剖视图和半剖视图的机件。

1. 局部剖视图的形成和画法（见图 12.16）

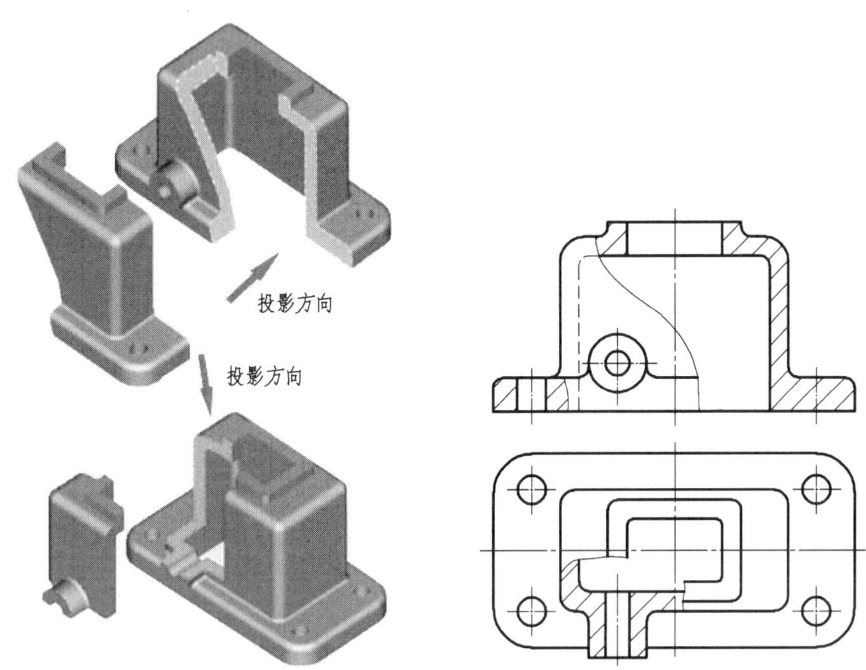

图 12.16 局部剖视图

2. 局部剖视图中内、外形之间分界线画法规则（见图 12.17）

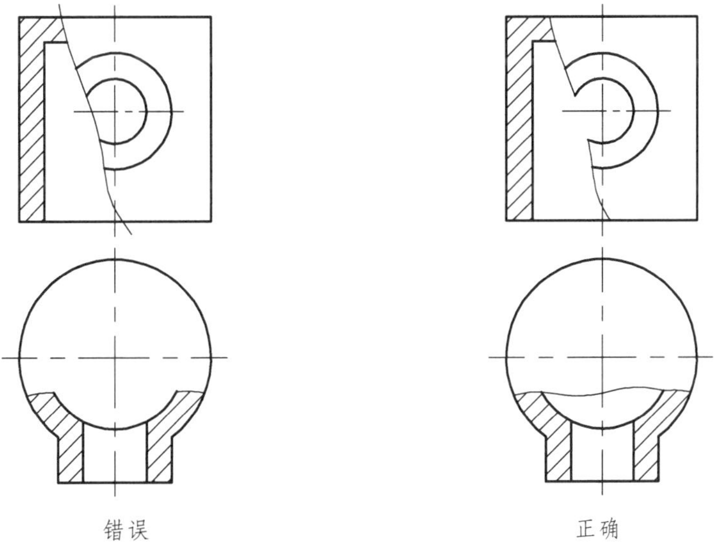

图 12.17 分界线画法

（1）分界线用波浪线表示。

（2）波浪线不要与图形中其他图线重合，也不要画在其他图线的延长线上。

（3）波浪线不应超越被剖开部分的外形轮廓线。

（4）在观察者与剖切面之间的通孔或缺口的投影范围内，波浪线必须断开。

3. 画局部剖视图应注意的问题

（1）当被剖结构为回转体时，允许将该结构的中心线作为局部剖视与视图的分界线，如图 12.18 所示。

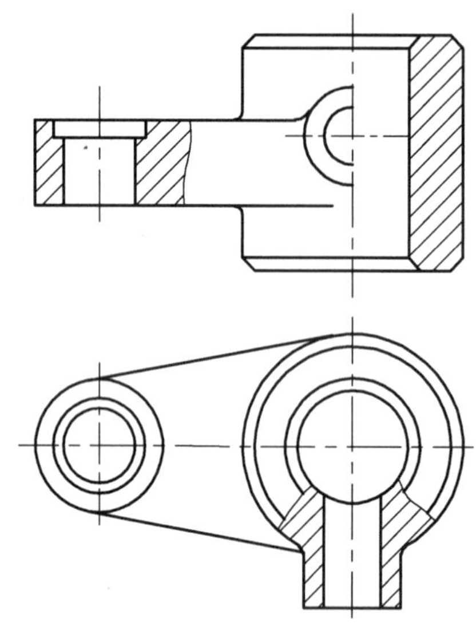

图 12.18　回转体局部剖视图

（2）允许在剖视中再作局部剖，如图 12.19 所示。

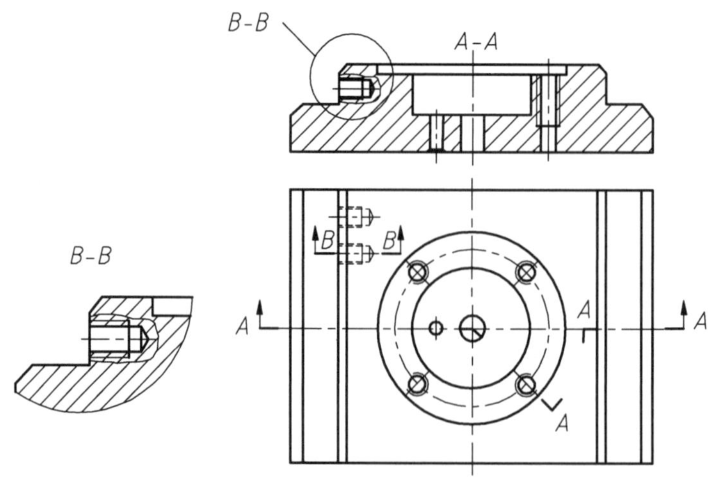

图 12.19　多次局部剖

12.2.4 阶梯剖

当机件上的孔、槽的轴线或对称面位于几个相互平行的平面上时，可以用几个与基本投影面平行的剖切平面切开机件，再向基本投影面进行投射。这种剖视称为阶梯剖视。

（1）标注方法。

如图 12.20 所示，在剖切平面迹线的起始、转折和终止的地方，用剖切符号（即粗短线）表示它的位置，并写上相同的字母；在剖切符号两端用箭头表示投影方向（如果剖视图按投影关系配置，中间又无其他图形隔开时，可省略箭头）；在剖视图上方用相同的字母标出名称“*X*-*X*”。

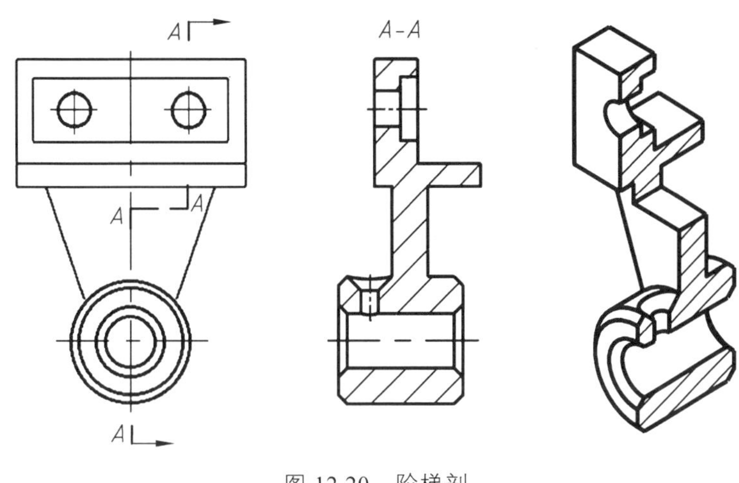

图 12.20 阶梯剖

（2）画图时应注意的问题。

① 在剖视图上不要画出两个剖切平面转折处的投影，如图 12.21 所示。

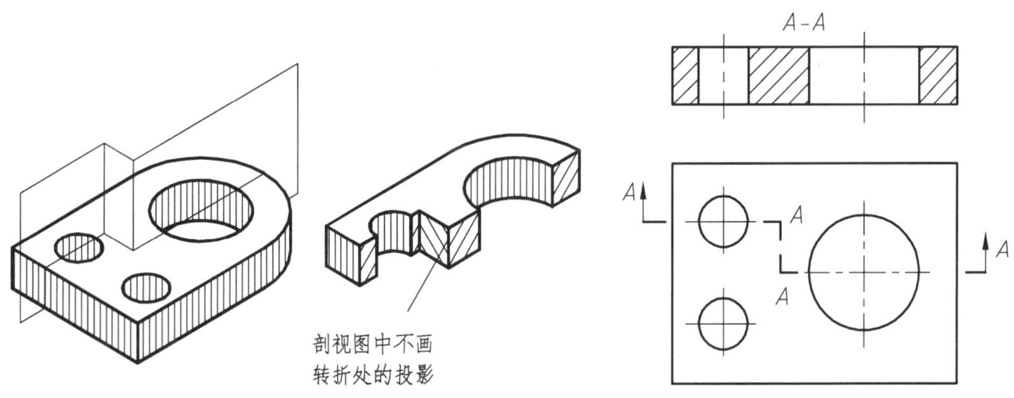

图 12.21 阶梯剖的注意事项（一）

② 剖切符号的转折处不应与图上的轮廓线重合，如图 12.22（a）所示。

③ 要正确选择剖切平面的位置，在剖视图上不应出现不完整要素，如图 12.22（b）所示。

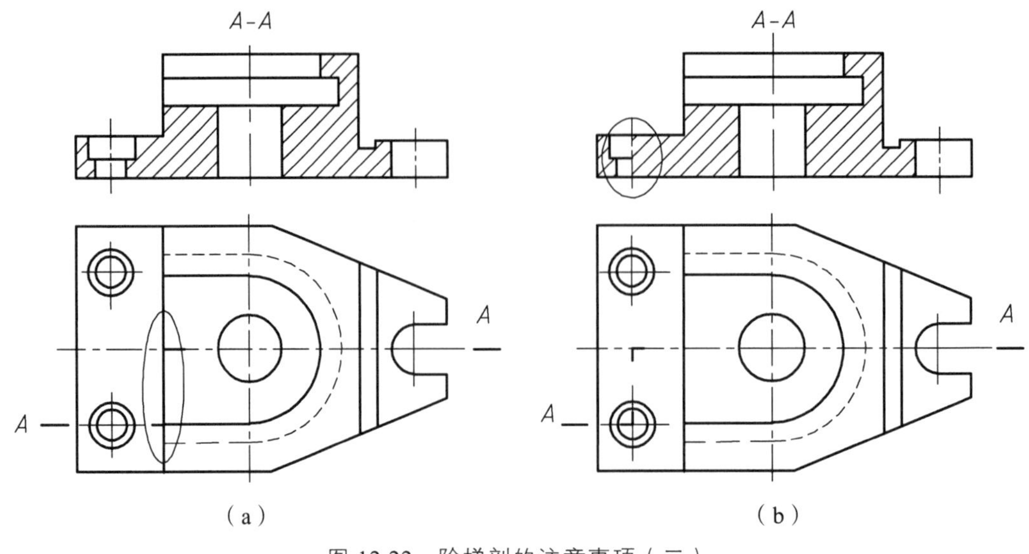

图 12.22 阶梯剖的注意事项（二）

④ 当机件上的两个要素在图形上具有公共对称中心线或轴线时，可以以对称中心线或轴线为界各画一半，如图 12.23 所示。

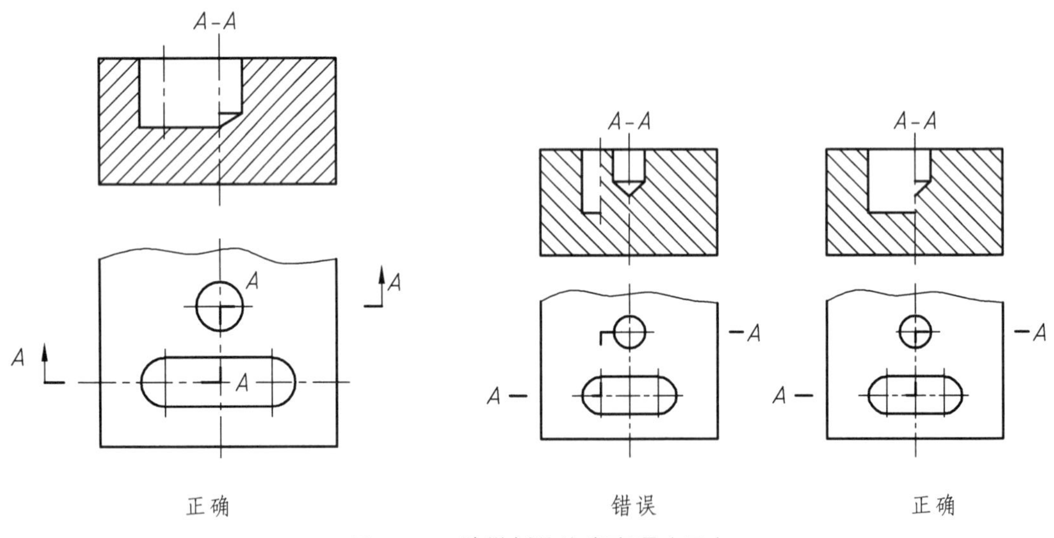

图 12.23 阶梯剖的注意事项（三）

12.2.5 斜 剖

当机件上具有倾斜部分的内部结构形状，在基本视图上不能反映其实形时，可选择与基本投影面倾斜的剖切平面剖切，再投影到与剖切平面平行的投影面上以得到实形。这种用不平行于任何基本投影面的剖切平面剖开机件的方法称为斜剖，如图 12.24 所示。

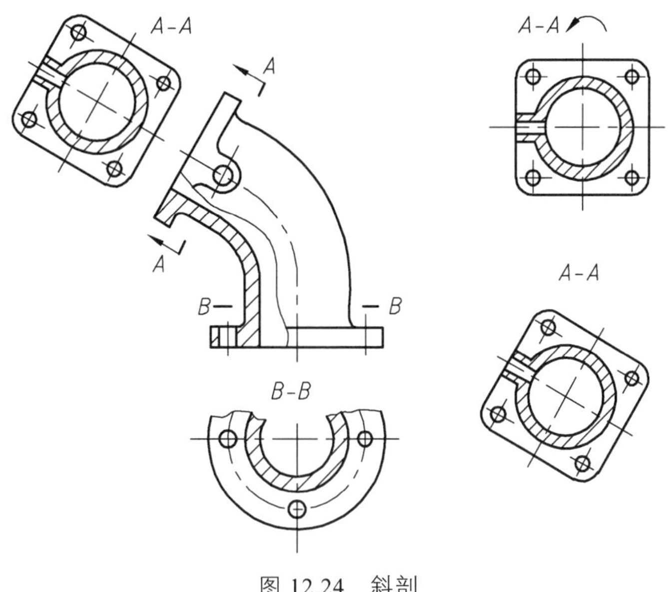

图 12.24　斜剖

画斜剖视图，应注意以下几点：

（1）剖切平面应与倾斜的内部结构平行（或垂直），但垂直于某基本投影面，剖开后向剖切平面的垂直方向投影，并将其翻转到与基本投影面重合后画出，以反映所剖内部结构的实形。

（2）斜剖视图最好配置在箭头所指的前方，以保持直接的投影关系。在不致引起误解时，允许将图形旋转，但旋转角度应小于 90°，且旋转后的标注形式为“*X*-*X*↶”。

（3）斜剖视图要标注，如图 12.25 所示。

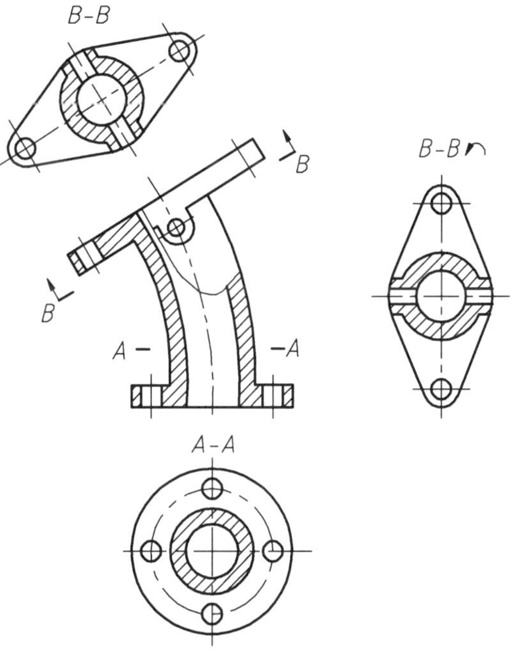

图 12.25　斜剖的标注

12.2.6 旋转剖

当机件的内部结构形状用一个剖切平面不能表达完全，而机件又具有回转轴时，可以采用两个相交的剖切平面剖开机件，并将与投影面不平行的那个剖切平面剖开的结构及其有关部分旋转到与投影面平行再进行投射。这种剖视称为旋转剖视（见图 12.26）。

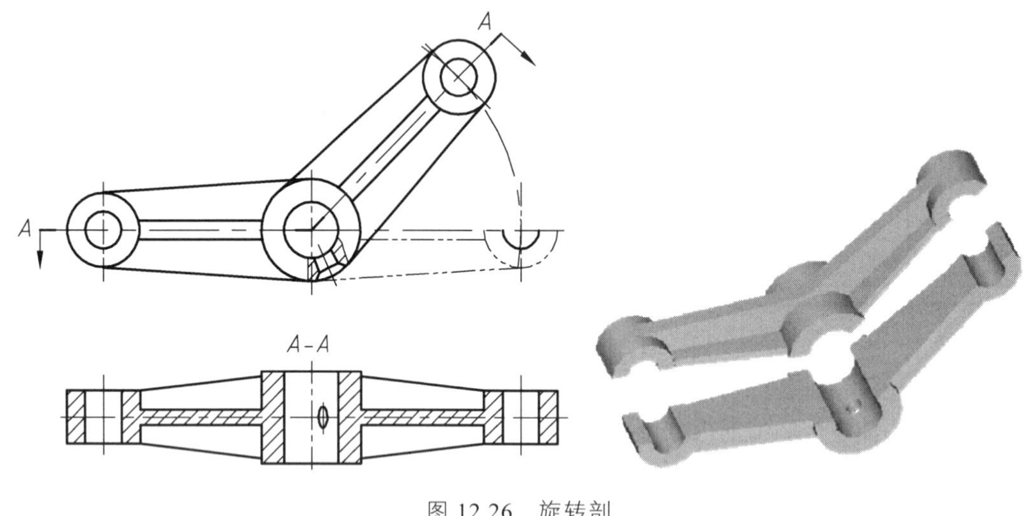

图 12.26　旋转剖

采用旋转剖画剖视图应注意以下几点：

（1）两相交的剖切平面的交线应与机件上旋转轴线重合，并垂直于某一基本投影面。

（2）剖开的倾斜结构及其有关部分应旋转到与选定的投影面平行后再投影画出，以反映被剖切结构的真实形状，但在剖切平面后的部分结构一般仍按原来位置投影画出。

（3）当两相交剖切平面剖到机件上的结构会出现不完整要素时，则这部分结构按不剖处理。

（4）采用旋转剖必须标注。其标注方法是在剖切平面的起、止和转折处用相同的大写拉丁字母及剖切符号表示剖切位置，并在起、止两端外侧画上与剖切符号垂直相连的箭头表示投影方向；在其相应的剖视图上方正中位置用相同的大写字母标注出“*X-X*”以表示剖视图的名称。但要注意的是，在标注中箭头所指方向是与剖切平面垂直的投影方向，而不是旋转方向。

12.2.7 复合剖

在以上几种方法都不能简单而又集中地表示出机件的内形时，可以把它们结合起来应用。常见的情况是把某一种剖视与旋转剖视结合起来，这样得到的图形叫作复合剖视，如图 12.27 所示。

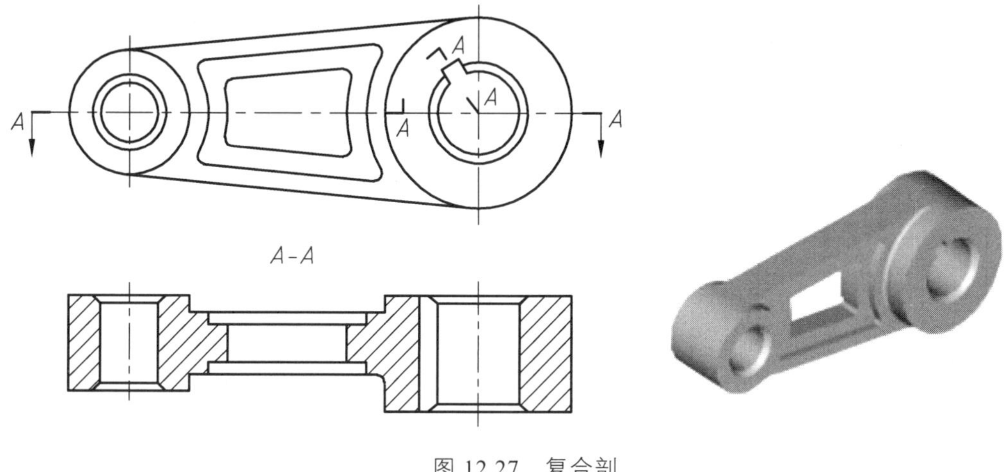

图 12.27　复合剖

采用这种方法画剖视图时，可采用展开画法，此时应标注“*X*-*X* 展开”。

复合剖必须标注，其标注方法与上述标注方法相同。

12.3　断面图

假想用剖切平面将机件的某处切断，只画出剖切面与机件接触部分（剖面区域）的图形叫作断面图（见图 12.28）。

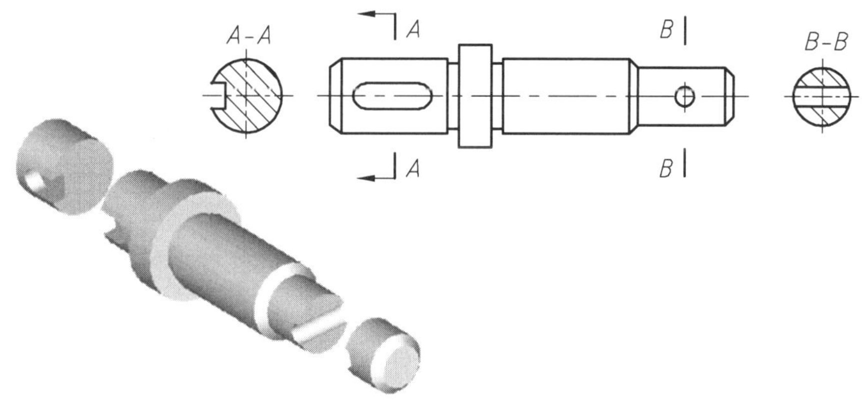

图 12.28　断面图

按断面图配置位置的不同，断面图分为**移出断面图**和**重合断面图**两种。

12.3.1　移出断面图

画在视图外面的断面图称为移出断面图。

1. 移出断面图的画法

移出断面图的轮廓线用粗实线绘制，一般只画出断面的形状，如图 12.28 所示。

2. 移出断面的配置和标注

（1）移出断面一般应用剖切符号表示剖切位置，用箭头表示投射方向，并注上字母，在断面图的上方应用同样的字母标出相应的名称“*X-X*”；经过旋转的移出断面，还要标注旋转符号，如图 12.29 所示。

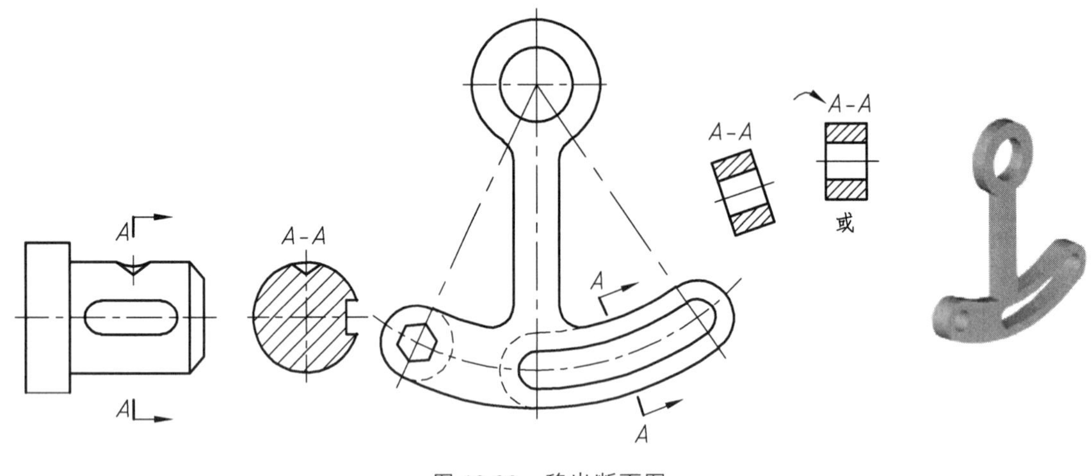

图 12.29　移出断面图

（2）移出断面图应尽量配置在剖切平面迹线（表示剖切面位置的细点画线，也称为剖切线）的延长线上。断面图的名称“*X-X*”可以省略，如图 12.30 所示。

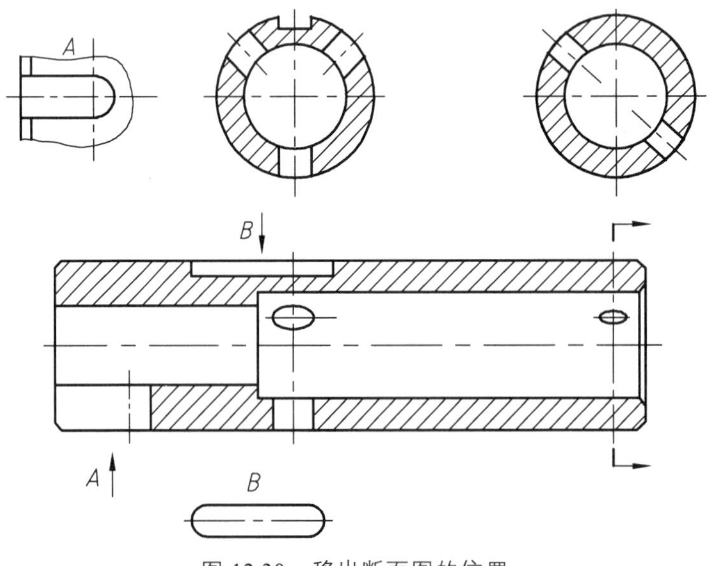

图 12.30　移出断面图的位置

（3）配置在剖切符号延长线上的不对称移出断面，由于剖切位置已很明确，可省略字母，如图 12.31 所示。

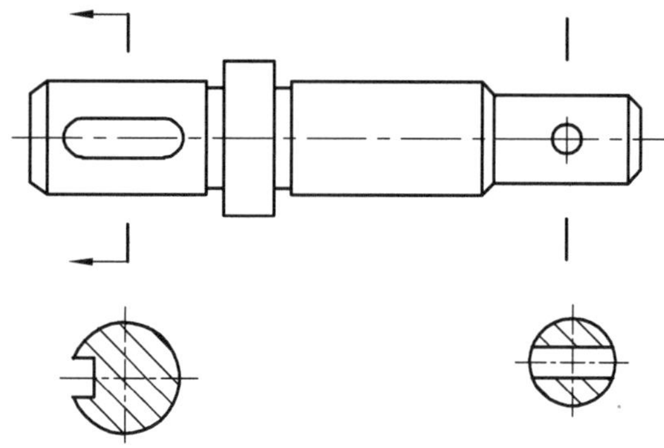

图 12.31　剖切位置明确的移出断面图

（4）不配置在剖切符号延长线上的对称移出断面，以及按投影关系配置的不对称移出断面，均可省略箭头，如图 12.32 所示。

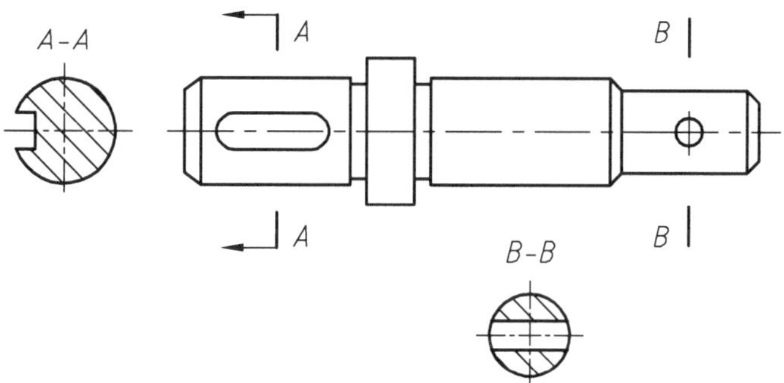

图 12.32　省略箭头的移出断面图

（5）配置在剖切平面迹线延长线上的对称移出断面可不必标注，如图 12.33 所示。

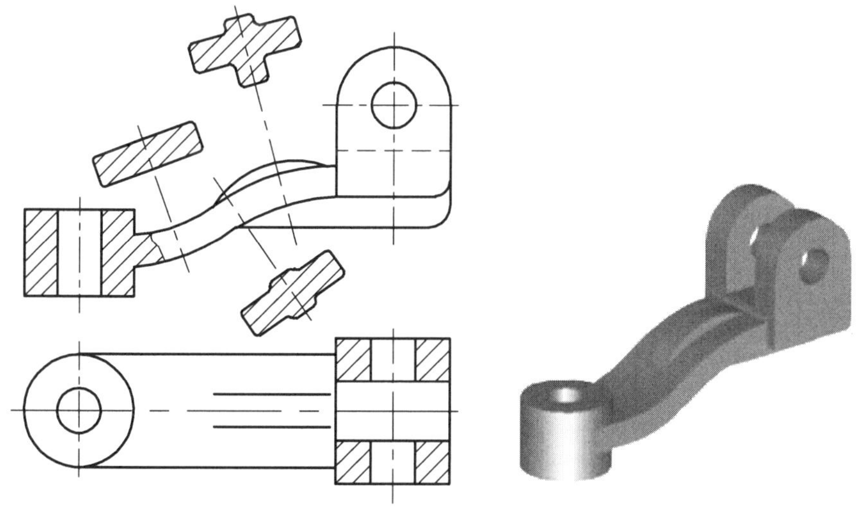

图 12.33　省略标注的移出断面图

（6）对称形状的断面图允许配置在视图的中断处，断面图的对称平面迹线即表示剖切平面位置，断面图名称、剖切平面符号及字母均可省略，如图 12.34 所示。

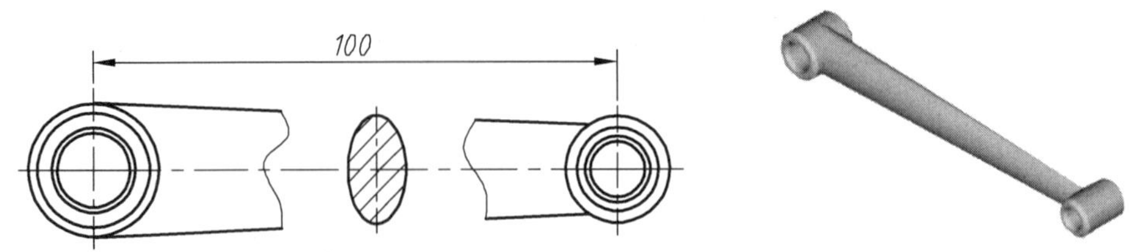

图 12.34　对称形状的断面图

（7）用两相交剖切平面作断面图，两个断面图要断开，剖切平面一定要垂直于零件的边界，如图 12.35 所示。

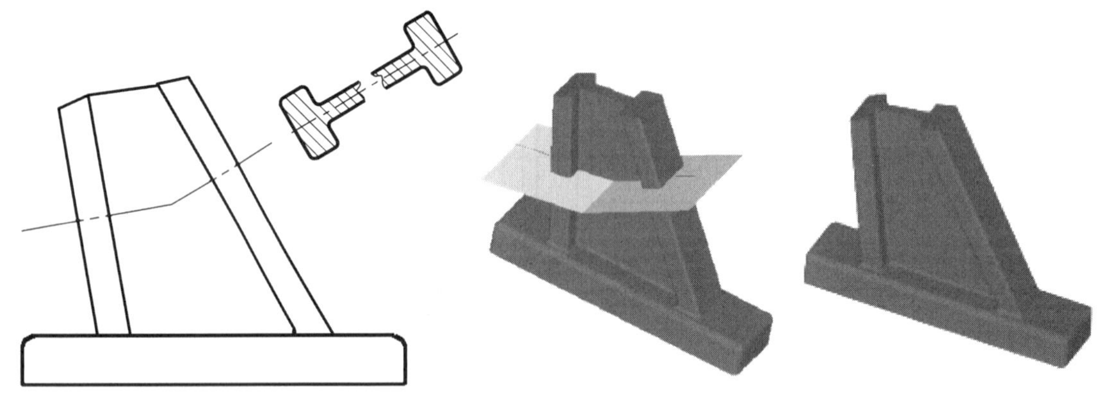

图 12.35　两相交剖切平面作断面图

3. 断面图中按剖视图绘制的情况

（1）当剖切面通过回转面形成的孔、凹坑的轴线时，这些结构按剖视绘制，如图 12.36 所示。

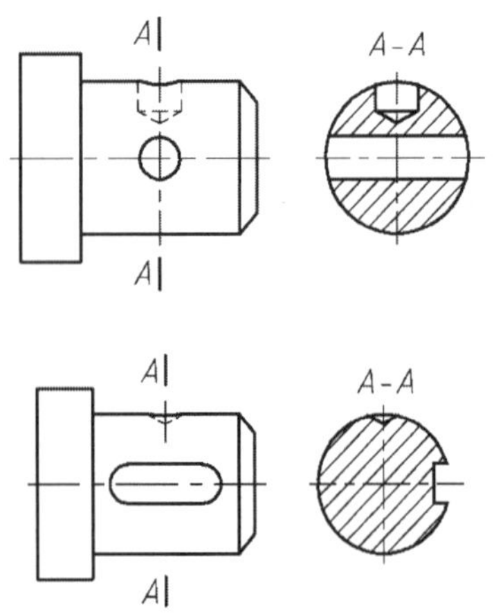

图 12.36　孔、凹坑轴线部分的断面图

（2）当剖切面剖切机件的非回转体结构，出现断面区域分离情况时，这些结构应按剖视绘制，如图 12.37 所示。

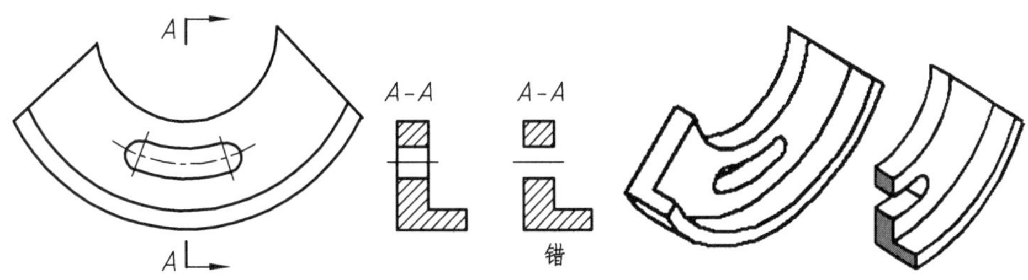

图 12.37　非回转体结构的断面图

12.3.2　重合断面图

画在视图内的断面图称为重合断面图。

1. 重合断面图的画法

重合断面图的边界线用细实线表示。这样细实线能与原视图中的投影有明显区别。原视图仍应完整绘制，即断面图与原视图重影，原视图中机件边界投影并不因为有断面图而中断，如图 12.38 所示。

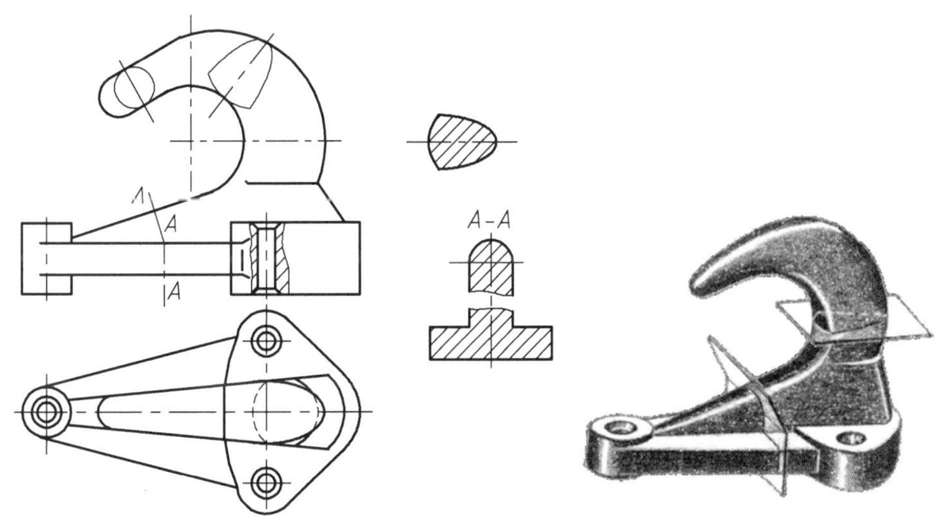

图 12.38　重合断面图

2. 重合断面图的配置和标注

（1）对称的重合断面可不必标注，只需画出剖切线。

如图 12.39 所示，肋的断面在这里只需表示其端部形状，因此画成局部的，习惯上可省略波浪线。

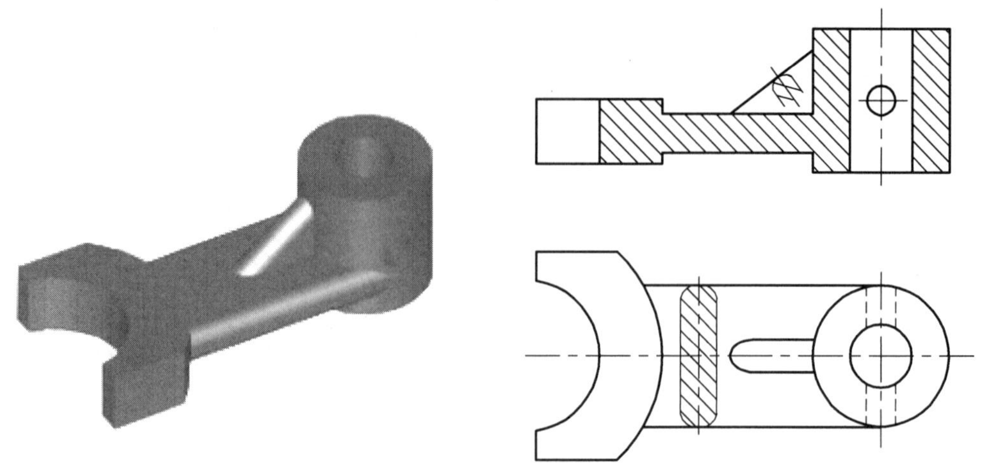

图 12.39　肋的断面

（2）不对称的重合断面只要画出剖切符号与箭头。

如图 12.40 示例，当视图中的轮廓线与重合断面的图形重叠时，视图中的轮廓线仍应连续画出，不可间断。

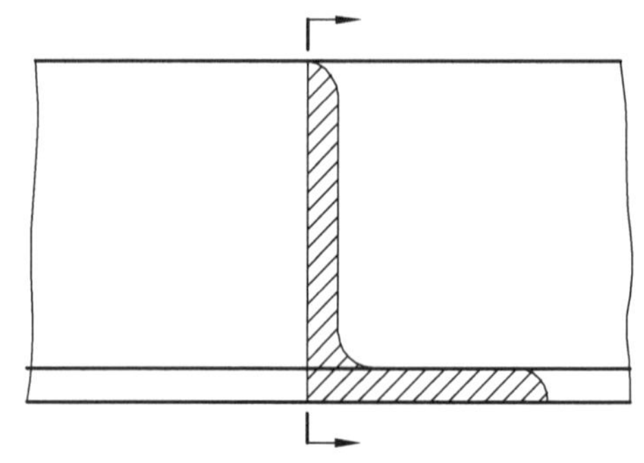

图 12.40　不对称的重合断面

12.4　局部放大图

将零件的部分结构，用大于原图形所采用的比例放大画出的图形称为局部放大图。

1. 局部放大图的画法和配置

局部放大图可画成视图、剖视图、断面图，它与被放大部分的表达方式无关；局部放大图应尽量配置在被放大部位的附近，可以用几个图形表达一个放大结构，如图 12.41 所示。

画局部放大图应注意两点：

（1）局部放大图的比例是指放大图与机件的对应要素之间的线性尺寸比，与被放大部位的原图所采用的比例无关。

（2）局部放大图采用剖视图和断面图时，其图形按比例放大，断面区域中的剖面线的间距必须仍与原图保持一致。

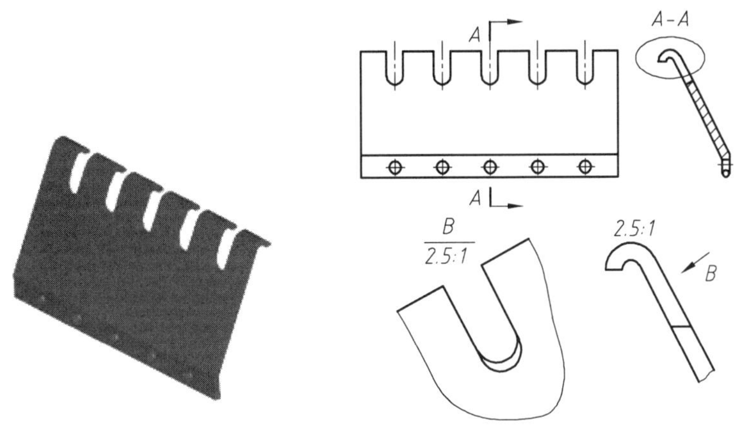

图 12.41　多个图形表达一个放大结构

2. 局部放大图的标注

（1）一般应用细实线圈出被放大的部位。

（2）当同一零件上有几个被放大的部分时，必须用罗马数字依次标明被放大的部位，并在局部放大图的上方标注出相应的罗马数字和所采用的比例，如图 12.42 所示。

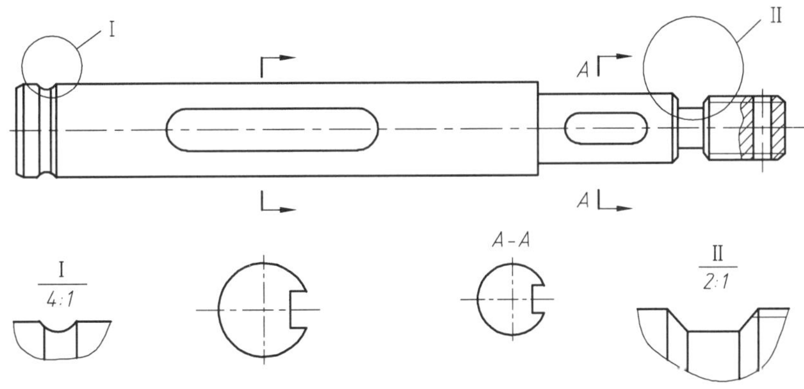

图 12.42　多个局部放大图

（3）当零件上被放大的部分仅一个时，在局部放大图的上方只需注明所采用的比例，如图 12.43 所示。

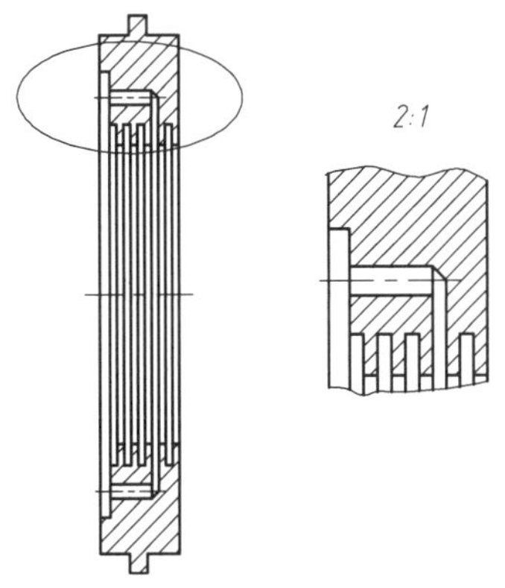

图 12.43　局部放大图的比例

12.5 标准画法和简化画法

1. 用标注规定符号减少视图和剖视图的简化画法

（1）小圆角或小倒角的省略画法。

机件中除了确属需要表示的设计结构圆角外，其他工艺圆角在零件图中均可不画，但必须注明尺寸，或在技术要求中加以说明，如图 12.44 所示。

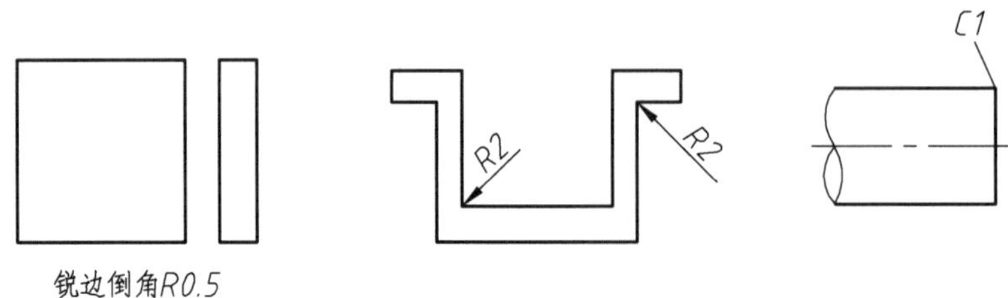

图 12.44　小圆角或小倒角的省略画法

（2）滚花的简化与省略。

对机件中的滚花一般采用在其边界线附近用细实线局部画出的方法表示，也可以省略不画，但在图上要标注规定符号或在技术要求中标明其具体要求，如图 12.45 所示。

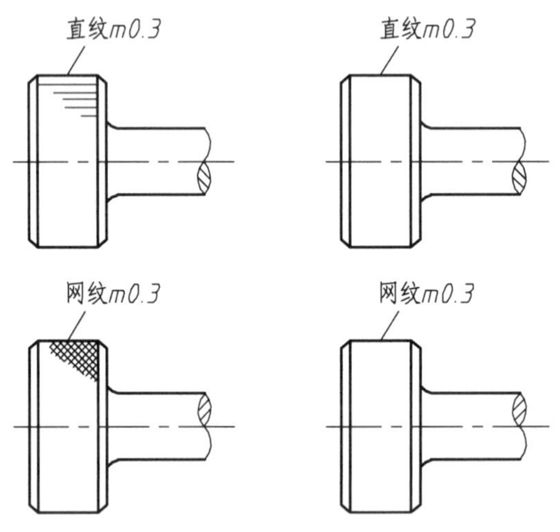

图 12.45　滚花的简化与省略

2. 对相同结构要素的简化画法

（1）按规律分布的相同结构的简化画法。

机件中按规律分布的相同结构形状只需画出几个完整的，其余可用细实线连接表示或只画出它们的中心位置，但在图中必须标注该结构的总数，如图 12.46 所示。

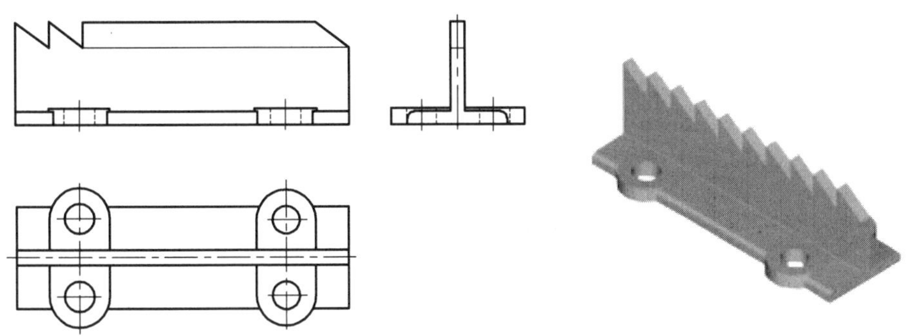

图 12.46　规律分布的相同结构的简化画法

（2）按规律分布的等直径孔的简化画法。

机件中按规律分布的等直径孔，可以只画出一个或几个，其余只需表示出孔的中心位置，并注明孔的总数，如图 12.47 所示。

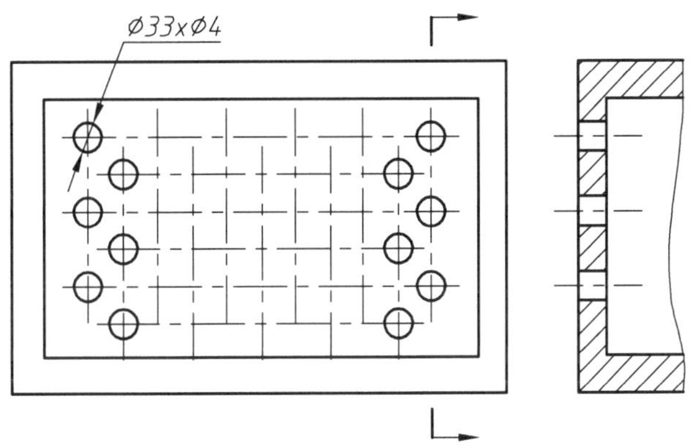

图 12.47　规律分布的等直径孔的简化画法

（3）按规律均布的孔、肋、轮辐等形状的简化画法。

表达机体回转体结构上未剖切到的均布的孔、肋、轮辐等形状时，可以将这些形状自动转到剖切平面位置按剖切到处理，不需任何标注和说明，如图 12.48 所示。

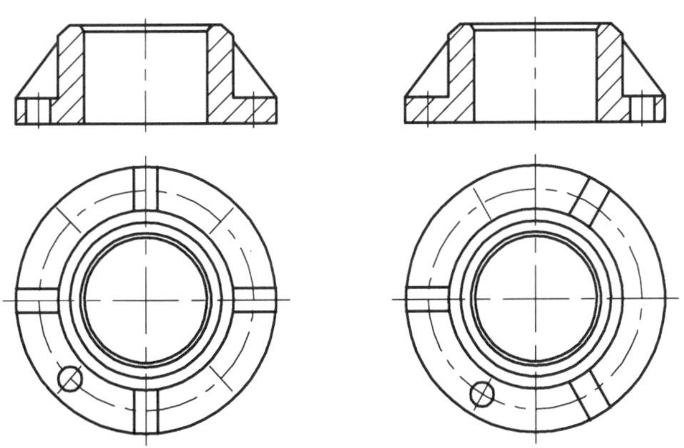

图 12.48　规律均布的孔、肋、轮辐等形状的简化画法

（4）图形对称时的简化画法。

图形对称时，可画略大于一半，也可只画出一半或 1/4，并在对称中心线的两端画出两条与其垂直的两平行细实线，如图 12.49 所示。

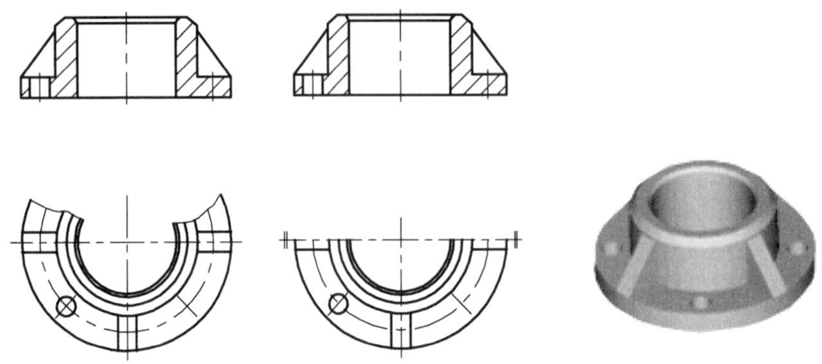

图 12.49　图形对称时的简化画法

3. 对机件投影的简化

（1）与投影面倾斜角度小于或等于 30°的圆或圆弧，其投影可以用圆或圆弧来代替真实投影的椭圆，各圆的中心按投影决定，如图 12.50 所示。

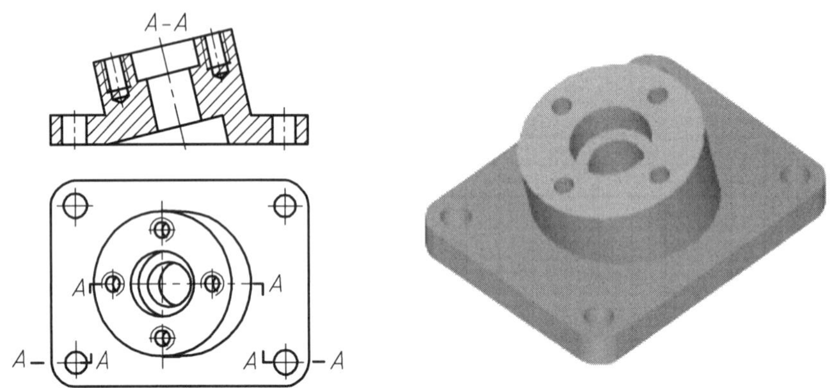

图 12.50　小于或等于 30°的圆或圆弧的画法

（2）机件中圆柱法兰和类似结构上均匀分布的孔的简化表示，如图 12.51 所示。

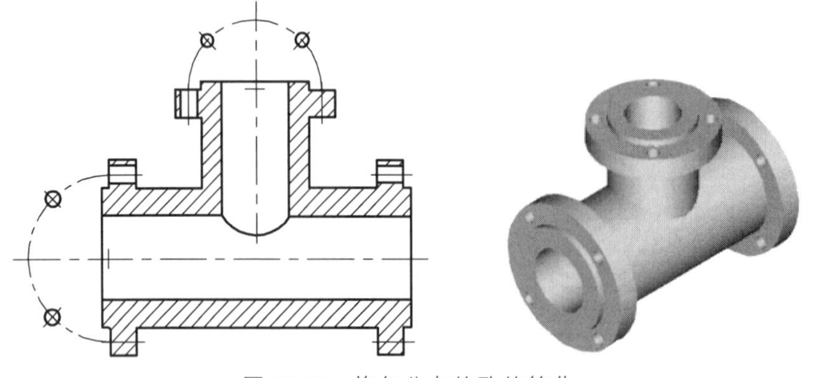

图 12.51　均匀分布的孔的简化

（3）较小结构的简化与省略画法。

机件上某些较小结构的形状已在一个视图中表达清楚时，则在其他视图中应当简化或省略，不必按投影画出所有线条，如图 12.52 所示。

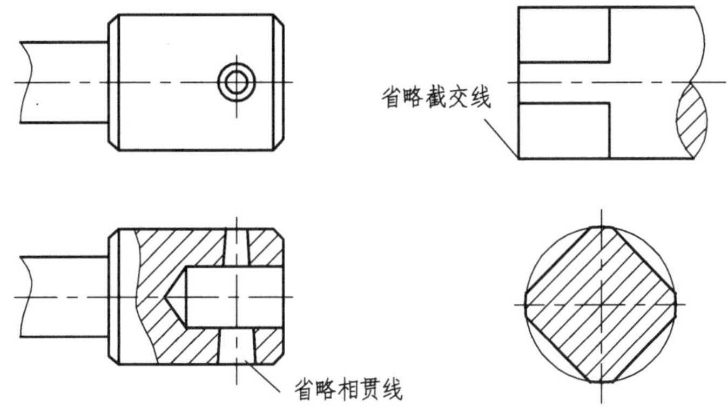

图 12.52　较小结构的简化与省略画法

（4）当回转体零件上的平面在图形中不能充分表达时，可用两条相交的细实线表达这些平面，如图 12.53 所示。

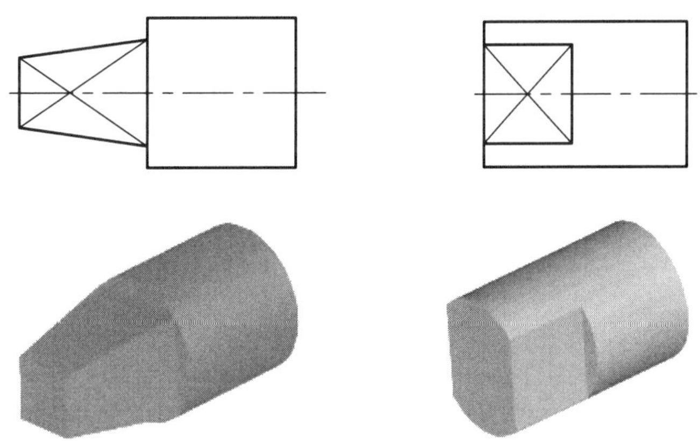

图 12.53　平面表达

（5）斜度不大的斜面只按小端画出，如图 12.54 所示。

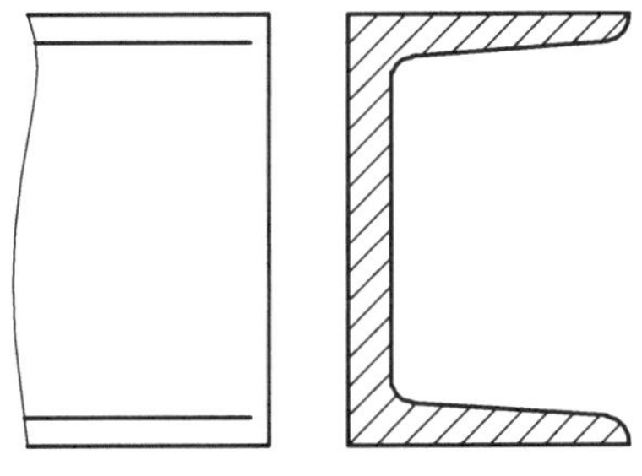

图 12.54　斜度不大的斜面

4. 对较长机件的折断画法

对较长机件沿长度方向的形状相同或按一定规律变化时，可假想将机件折断后缩短绘制，如图 12.55 所示。

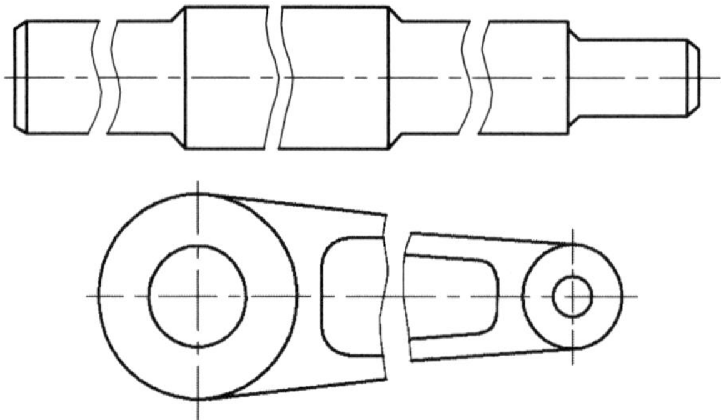

图 12.55　较长机件的折断画法

第 13 章　标准件与常用件

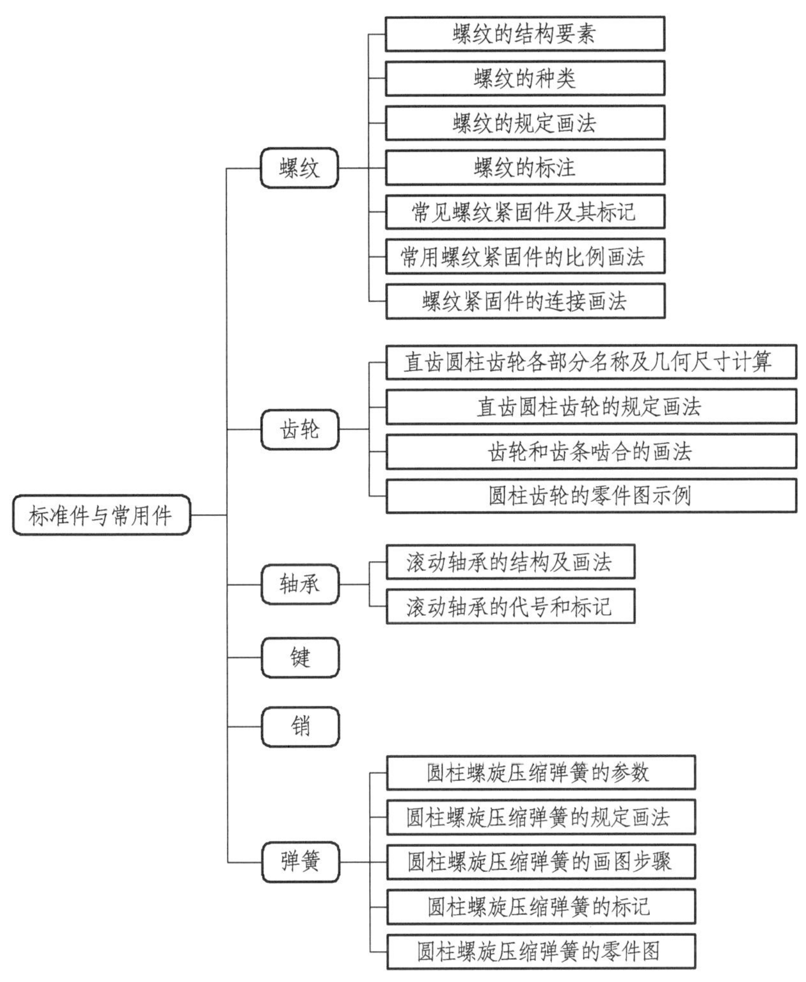

在各种机器设备中，除一般的零件外，还大量使用螺钉、螺母、垫圈、键、销、滚动轴承、齿轮、弹簧等标准件和常用件进行紧固、连接、支承、传动及减振等。由于这些零部件的用途十分广泛，而且用量又大，国家有关部门批准并发布了各种标准件和常用件的相关标准。

对于结构、尺寸均已进行标准化的，称为标准件，如螺栓、双头螺柱、螺钉、螺母、垫圈、键、销、滚动轴承等；对于仅将部分结构和参数进行标准化、系列化的，称为常用件，如齿轮、弹簧和花键等。

使用标准件和常用件的优点有：① 提高零部件的互换性，利于装配和维修；② 便于大批量生产，降低成本；③ 便于设计选用，以避免设计人员的重复劳动和提高绘图效率。

本章主要介绍标准件和常用件的有关基本知识、规定画法、代号与标记方法，以及有关标准的查阅方法，为下一阶段绘制和阅读零件图和装配图打下基础。

13.1　螺纹结构与螺纹紧固件

13.1.1　螺纹的结构要素

螺纹结构具有五要素：

1. 牙　型

在通过螺纹轴线的剖面上，螺纹的牙齿轮廓形状称为牙型。它由牙顶、牙底和两牙侧构成，形成一定的牙型角。常见的螺纹牙型有三角形、梯形、锯齿形和矩形等。螺纹的牙型不同，其用途也不同。

2. 螺纹直径（见图 13.1）

（1）大径：与外螺纹的牙顶和内螺纹的牙底相切的假想圆柱面的直径（即螺纹的最大直径）。内、外螺纹的大径分别用 D 和 d 表示。

（2）小径：与外螺纹的牙底和内螺纹的牙顶相切的假想圆柱面的直径（即螺纹的最小直径）。内、外螺纹的小径分别用 D_1 和 d_1 表示。内螺纹的小径 D_1 和外螺纹的大径 d 统称为顶径。内螺纹的大径 D 和外螺纹的小径 d_1 统称为底径。

（3）中径：是一个假想圆柱面的直径，该圆柱面母线上牙型的沟槽（相邻两牙间空槽）和凸起（螺纹的牙厚 s）宽度相等，即 $P = 2s$。内、外螺纹的中径分别用 D_2 和 d_2 表示。

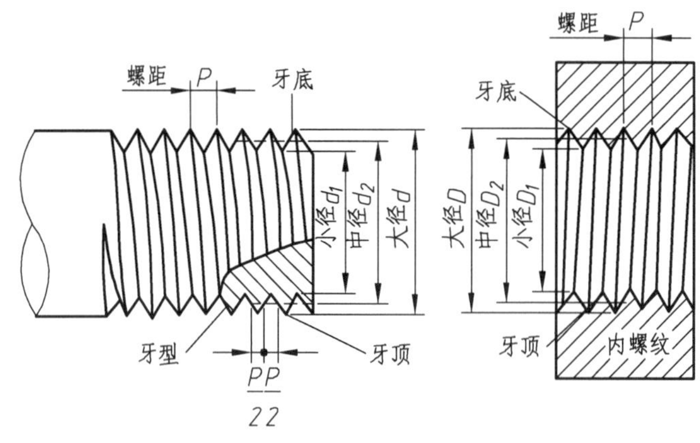

图 13.1　内外螺纹

3. 螺纹的线数

在同一圆柱（或圆锥）表面上加工螺纹的条数称为螺纹线数，用 n 表示。螺纹有单线和多线之分：沿一条螺旋线所形成的螺纹，称为单线螺纹，如图 13.2（a）所示；沿两条或两条以上，且在轴向等距分布的螺旋线所形成的螺纹，称为多线螺纹，如图 13.2（b）所示。

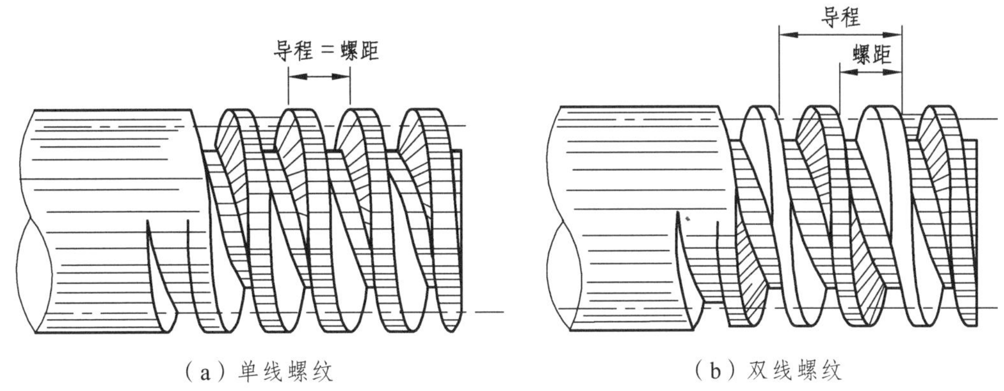

图 13.2　螺纹的线数、螺距与导程

4. 螺距 P 和导程 S

相邻两牙在中径上对应两点之间的轴向距离称为螺距，用 P 表示。同一条螺旋线上的相邻两牙在中径上对应两点之间的轴向距离称为导程，用 S 表示。如图 13.2 所示。螺距、导程、线数的关系为，对于单线螺纹：$S = P$；对于多线螺纹：$S = nP$。

5. 旋　向

螺纹旋向分为右旋（RH）和左旋（LH）两种。

如图 13.3 所示，顺时针旋转时旋入的螺纹为右旋螺纹，逆时针旋转时旋入的螺纹为左旋螺纹。判断方法为：将外螺纹竖直放置，右高左低即为右旋，而左高右低即为左旋。工程上多用右旋螺纹。因此规定在螺纹标记中“RH”不标注。

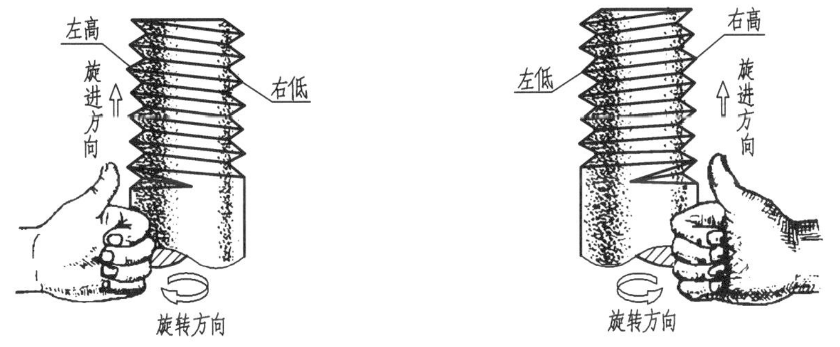

图 13.3　螺纹的旋向

13.1.2　螺纹的种类

国家标准对螺纹的牙型、直径和螺距三要素做出了规定，凡三要素符合标准的螺纹，称为标准螺纹。牙型符合标准，而直径或螺距不符合标准的，称为特殊螺纹。牙型不符合标准的，称为非标准螺纹（如方牙螺纹）。

螺纹种类不仅可按牙型分，也可以按用途分为连接螺纹和传动螺纹两类。表 13.1 列举了常用标准螺纹的分类和有关说明。

表 13.1　常用标准螺纹的分类和有关说明

螺纹种类			牙型符号	外形图	用　途
连接螺纹	粗牙	普通螺纹	M		是最常用的连接螺纹
	细牙				用于细小的或精密的薄壁零件
	管螺纹		G		用于水管、油管、气管等薄壁管子上，用于管路的连接
传动螺纹	梯形螺纹		Tr		用于各种机床的丝杠，起传动作用
	锯齿形螺纹		B		只能传递单方向的动力

13.1.3　螺纹的规定画法（摘自 GB/T 4459.1—1995）

为方便作图，国家标准规定了螺纹的简化画法。

（1）螺纹的牙顶（外螺纹的大径、内螺纹的小径）用粗实线表示。牙底（外螺纹的小径、内螺纹的大径）用细实线表示，并画进螺杆头部的倒角或倒圆部分。螺纹终止线用粗实线表示。在螺纹投影为圆的视图中，表示牙底的细实线圆只画约 3/4 圈，倒角圆省略不画，如图 13.4、13.5 所示。

（2）在螺纹的剖视图或断面图中，剖面线都必须画到粗实线。

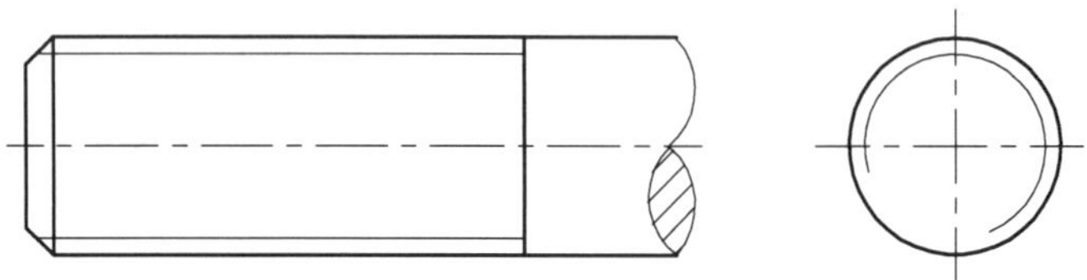

图 13.4　外螺纹的规定画法

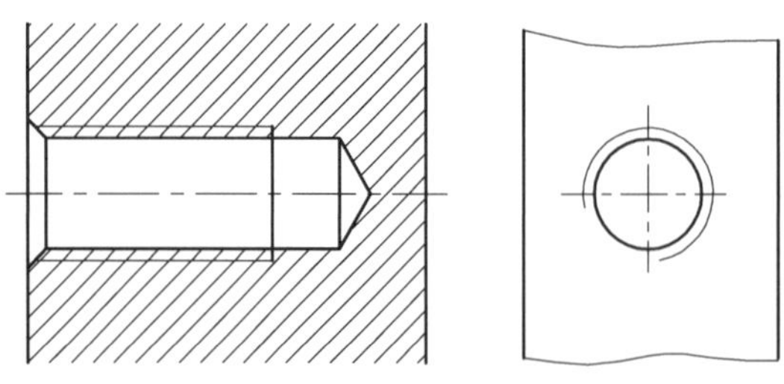

图 13.5　内螺纹的规定画法

（3）当需要表示螺纹收尾时，螺尾部分的牙底用与轴线成 30°的细实线绘制，如图 13.6 所示。一般情况下不需要画出螺尾。

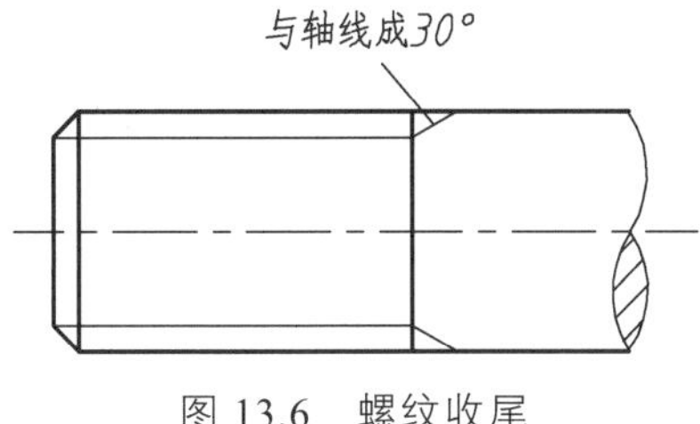

图 13.6　螺纹收尾

（4）绘制不穿通螺纹孔时，一般应将钻孔深度与螺纹部分的深度分别画出，钻头头部形成的锥顶角画成 120°，如图 13.7 所示。

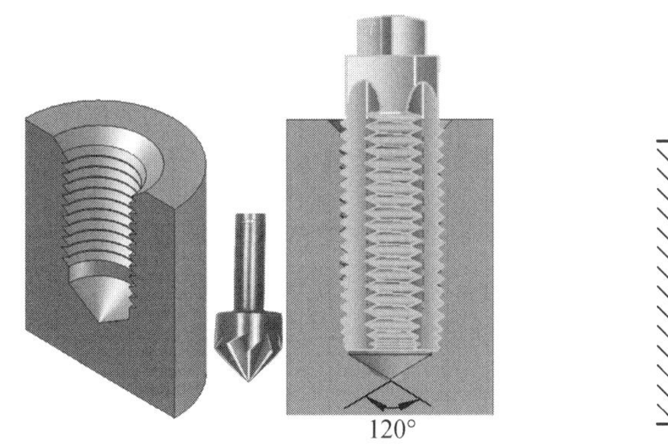

图 13.7　绘制不穿通螺纹孔

（5）当需要表示螺纹牙型时，如图 13.8 所示。

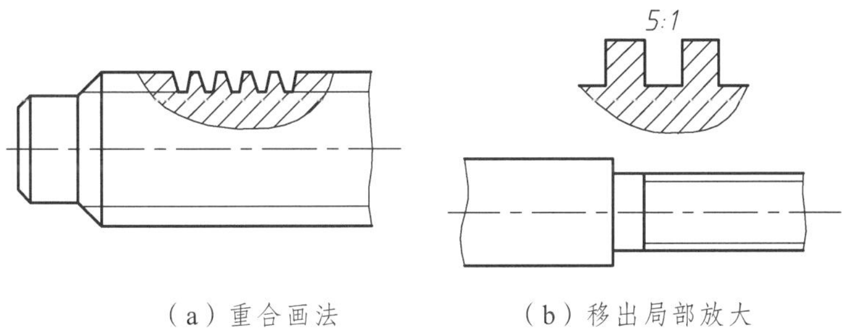

（a）重合画法　　（b）移出局部放大

图 13.8　表示牙型的方法

（6）螺纹孔相交的画法。螺纹孔相交时，只画出钻孔的交线，如图 13.9 所示。

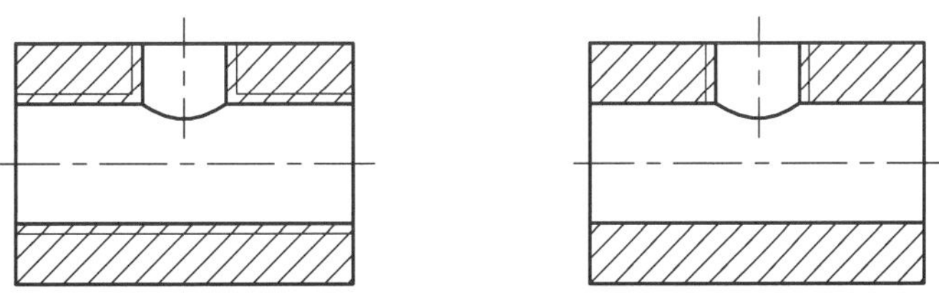

图 13.9　螺纹孔相交的画法

（7）螺纹连接的画法。

内、外螺纹的连接以剖视图表示时，其旋合部分按外螺纹画出，其余各部分仍按各自的画法表示。当剖切平面通过螺杆轴线时，螺杆按不剖绘制。内、外螺纹的大径线和小径线，必须分别位于同一条直线上，即：表示大、小径的粗实线和细实线应分别对齐，与外螺纹倒角的大小无关，如图 13.10 所示。

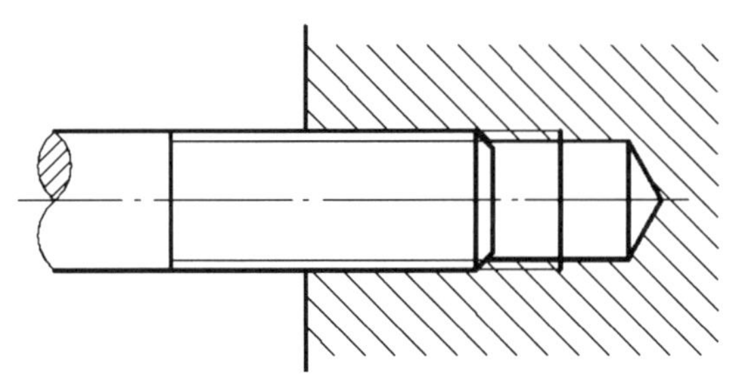

图 13.10　螺纹连接的画法

13.1.4　螺纹的标注

由以上内容可知，各种不同螺纹的画法都是相同的，从图形当中无法区分出螺纹的种类，因此必须通过标注予以明确。

普通螺纹的标注：

完整的螺纹标记由螺纹特征代号、尺寸代号、公差带代号及其他有必要做进一步说明的个别信息组成。其标记格式一般为：

特征代号　　公称直径×导程（P 螺距）—旋向—公差带代号—旋合长度代号

单线螺纹的螺距与导程相同，导程（P 螺距）一项只注螺距，查标准确定。

（1）螺纹特征代号。

普通螺纹牙型特征代号为“M”。

（2）公称直径。

一般为螺纹大径，但在管螺纹标注中，螺纹特征代号（G）后面为尺寸代号，它是管子的内径，单位为英寸，管螺纹的直径要查其标准确定。

（3）旋向。

左旋时要标注“LH”，右旋时不标注。

（4）公差带代号。

公差带代号由表示其大小的公差等级数字和表示其位置的基本偏差代号（字母）所组成。一般要同时注出中径在前、顶径在后的两项公差带代号。中径和顶径公差带代号相同时，只注一个，如 6g，7H 等。代号中的字母外螺纹用小写，内螺纹用大写。

（5）旋合长度代号。

两个互相配合的螺纹，沿其轴线方向相互旋合部分的长度，称为旋合长度。螺纹旋合长度分为短、中、长三组，分别用代号 S，N 和 L 表示，中等旋合长度 N 不标注。

13.1.5 常见螺纹紧固件及其标记

常见螺纹紧固件有螺栓、螺柱、螺钉、螺母和垫圈等，如图 13.11 所示。其结构形式和尺寸都已标准化，又称为标准件。因此，对符合标准的螺纹紧固件，不需再详细画出它们的零件图。螺纹紧固件的标记为：

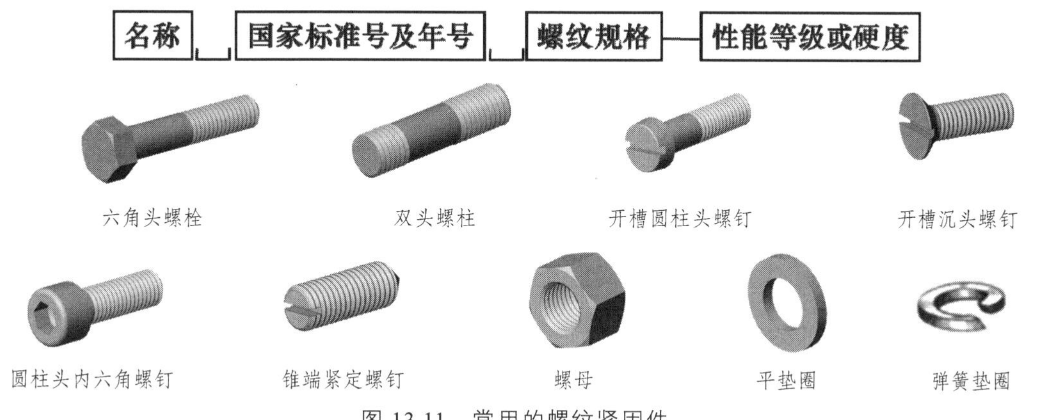

图 13.11 常用的螺纹紧固件

表 13.2 列出了常用螺纹紧固件的结构型式和标记。

表 13.2 常用螺纹紧固件及其标记

名称及视图	规定标记示例	名称及视图	规定标记示例
开槽盘头螺钉 (M10, 45)	螺钉 GB/T 67—2000 M10×45	双头螺柱 (M12, 50)	螺柱 GB/T 899 M12×50
内六角圆柱头螺钉 (M16, 40)	螺钉 GB/T 70.1—2008 M16×40	1 型六角螺母 (M16)	螺母 GB/T 6170—2000 M16
开槽锥端紧定螺钉 (M12, 40)	螺钉 GB/T 71 M12×40	平垫圈 A 级 (ø17)	垫圈 GB/T 97.1—2002 16-200HV
六角头螺栓 (M12, 50)	螺栓 GB/T 5782—2000 M12×50	标准型弹簧垫圈 (ø20.2)	垫圈 GB/T 93—1987 20

13.1.6 常用螺纹紧固件的比例画法

螺纹紧固件都是标准件，根据它们的标记，在有关标准中可以查到它们的结构型式和全部尺寸。为了作图方便，在画图时，一般不按实际尺寸作图，而是采用按比例画出的简化画法。即除公称长度 l 需经计算，并查其标准选定标准值外，其余各部分尺寸都按与螺纹大径 d（或 D）成一定比例确定。图 13.12、13.13、13.14 为几种零件的比例画法。

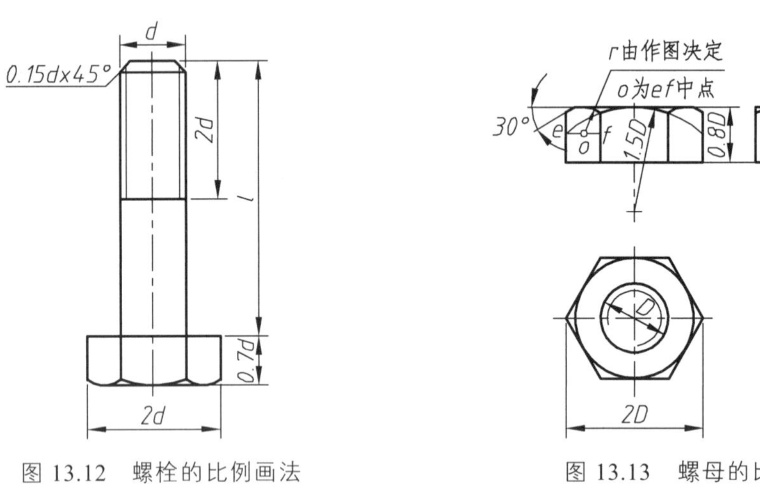

图 13.12　螺栓的比例画法　　图 13.13　螺母的比例画法

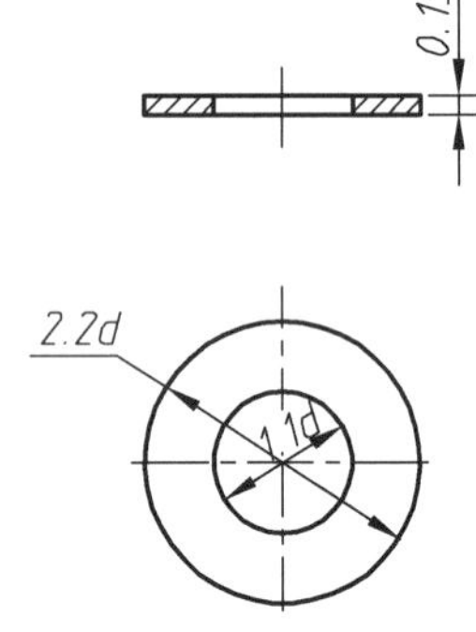

图 13.14　垫圈的比例画法

13.1.7 螺纹紧固件的连接画法（GB/T 4459.1—1995）

通常螺纹紧固件的连接形式分为螺栓连接、螺柱连接和螺钉连接三类。

绘图时应遵守下列基本规定：① 零件的接触表面只画一条轮廓线，而凡不接触的相邻表面（无论间隙多小）都应画出两条轮廓线。② 在剖视图、断面图中，相邻两零件的剖面线应画成不同方向或同向而不同间距，加以区别。同一零件在各个剖视图、断面图中，其剖面线方向和间距必须相同。③ 当剖切平面通过紧固件的轴线时，紧固件零件都按不剖绘制。

1. 螺栓连接

螺栓连接一般适用于两个不太厚并允许钻成通孔的零件连接，可承受较大的力，由螺栓、螺母和垫圈配套使用，如图 13.15 所示。连接前，先在两个被连接件上钻出通孔，通孔的直径一般取 1.1d；将螺栓从一端穿入孔中，然后在另一端加上垫圈、拧紧螺母，如图 13.16 所示。

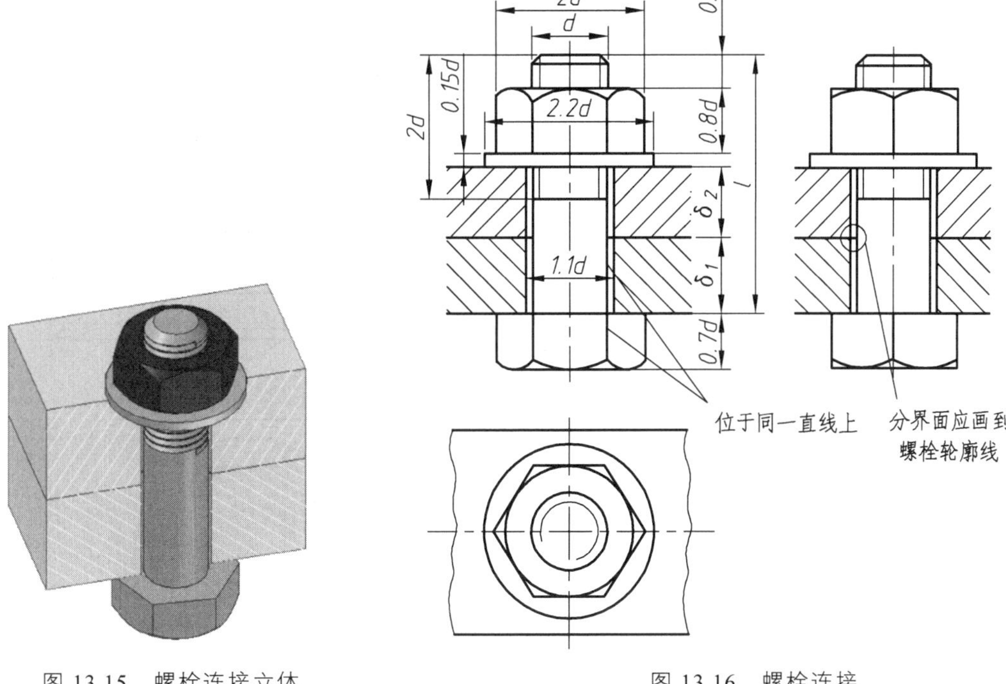

图 13.15　螺栓连接立体　　　图 13.16　螺栓连接

从图中可以看出，螺栓的长度 l 应符合下列关系：

$$l = \delta_1 + \delta_2 + 0.15d（垫圈厚）+ 0.8d（螺母厚）+ 0.3d（螺栓伸出长度）$$

式中　δ_1，δ_2——被连接件的厚度；

h——垫圈厚度，$h = 0.15d$；

m——螺母厚度，$m = 0.8d$；

a——螺栓伸出长度，$a =（0.2 \sim 0.3）d$。

选择螺栓规格时，先按上式计算出长度，再查标准选取最接近的标准值。

画螺栓连接图时应注意：螺栓上的螺纹终止线应画出，表示螺母还有拧紧的余地，而两个被连接件之间无间隙存在。

2. 双头螺柱连接

双头螺柱连接由双头螺柱、螺母、垫圈组成。连接时，一端直接拧入被连接零件的螺孔中，另一端用螺母拧紧。螺柱连接一般适用于两个被连接件中有一个零件较厚或不允许钻成通孔时；螺柱连接可承受较大的力，允许频繁拆卸。它由螺柱、螺母和垫圈配套使用，如图 13.17 所示。

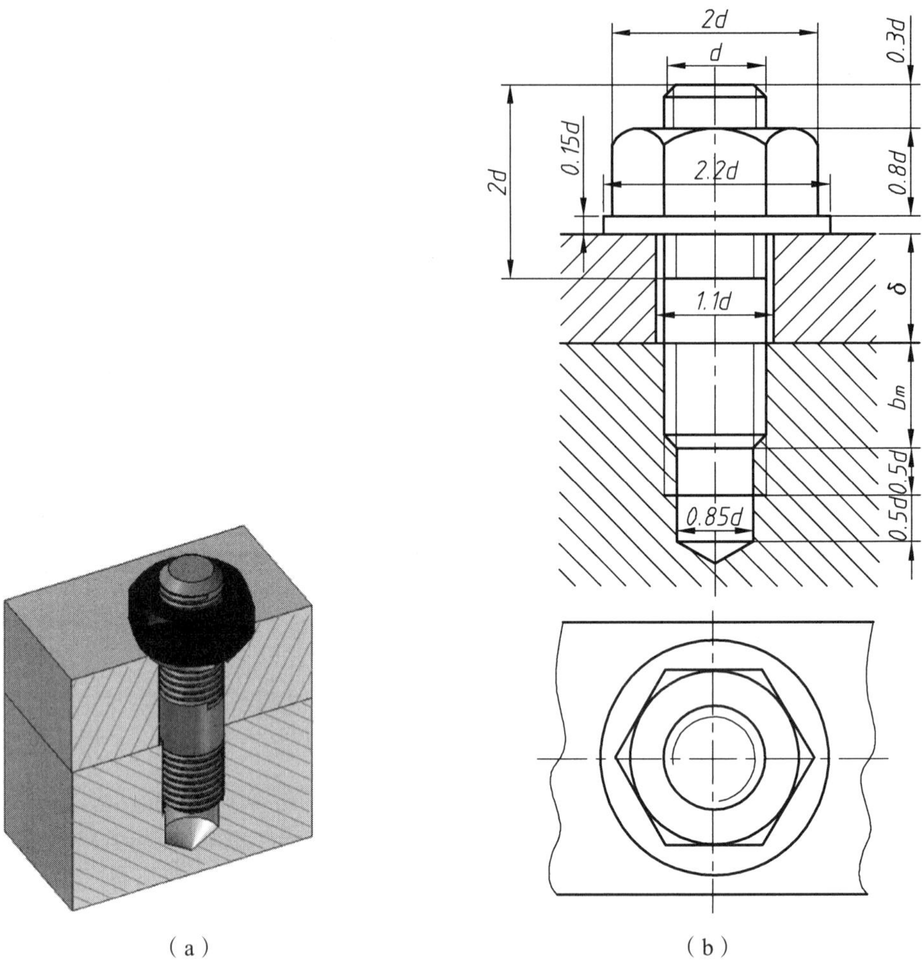

图 13.17　双头螺柱连接

双头螺柱装配图的比例画法，如图 13.17（b）所示。在画图时应注意下列几点：

（1）双头螺柱的有效长度 l 应按照下式估算：

$$l = \delta + 0.15d\text{（垫圈厚）} + 0.8d\text{（螺母厚）} + 0.3d$$

（2）双头螺柱旋入机件的一端的长度 b_m 的值与机件的材料有关。对于钢和青铜 $b_m \geqslant d$，铸铁 $b_m \geqslant 1.5d$，铝 $b_m \geqslant 2d$。旋入端应全部拧入机件的螺孔内，所以螺纹终止线与机件端面应平齐。

（3）在装配图中，对于不穿通的螺孔，也可以不画出钻孔深度，而仅按螺纹的深度画出[见图 13.18（a）]；六角螺母及螺杆头部的倒角也可忽略不画。

3. 螺钉的连接画法

螺钉按用途分为连接螺钉和紧定螺钉两类。

连接螺钉一般用于受力不大而又不需经常拆卸的零件连接中。它的两个被连接件，较厚的零件加工出螺孔，较薄的零件加工出通孔；将螺钉穿过通孔拧入螺孔当中，靠螺钉头部的压紧使两个零件连接起来，如图 13.18 所示。

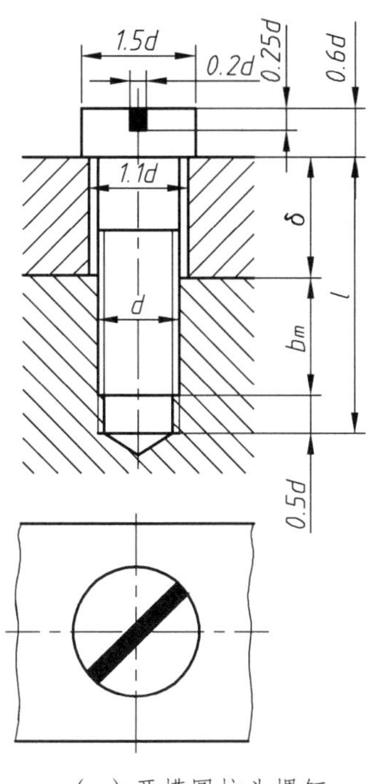

（a）开槽圆柱头螺钉

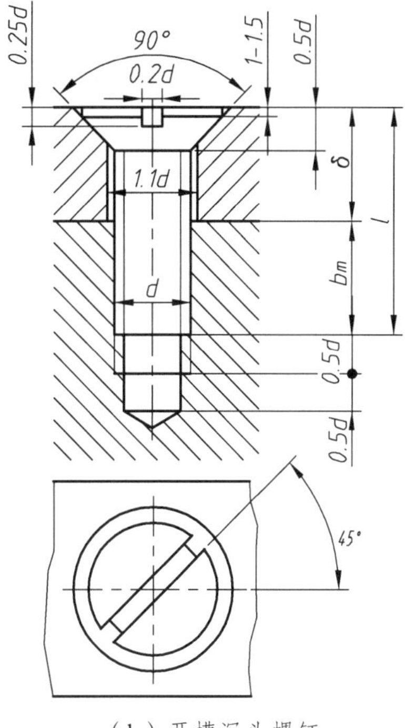

（b）开槽沉头螺钉

图 13.18　螺钉的连接画法

画螺钉连接装配图时，应注意以下几个问题：

（1）螺钉的有效长度 l 应按下式估算：

$$l = \delta + b_{\mathrm{m}} \quad （b_{\mathrm{m}}\text{根据被旋入零件的材料而定}）$$

查标准，选取与 l 相接近的标准数值。

（2）为了使螺钉头能压紧被连接零件，螺钉的螺纹终止线应高于螺孔的端面，或在螺杆的全长上都有螺纹。

（3）螺钉头部的一字槽和十字槽的投影可以涂黑表示。在投影为圆的视图上，这些槽按习惯应画成与中心线成 45°（见图 13.18）。

13.2　齿　轮

13.2.1　概　述

齿轮是机器中的传动零件，它用来将主动轴的转动传送到从动轴上，以完成传递功率、变速及换向等功能。齿轮的参数中只有模数、齿形角已经标准化，因此它属于常用件。

按两轴的相对位置不同，常用的齿轮可分为三大类，如图 13.19 所示。

圆柱齿轮：用于传递两平行轴的运动。

圆锥齿轮：用于传递两相交轴的运动。

蜗轮、蜗杆：用于传递两交叉且垂直轴的运动。

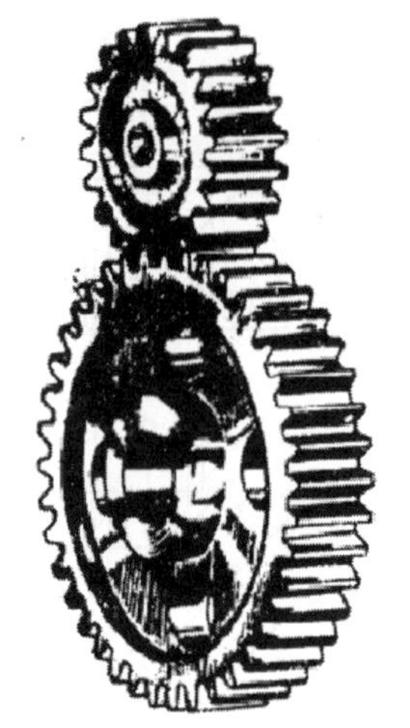
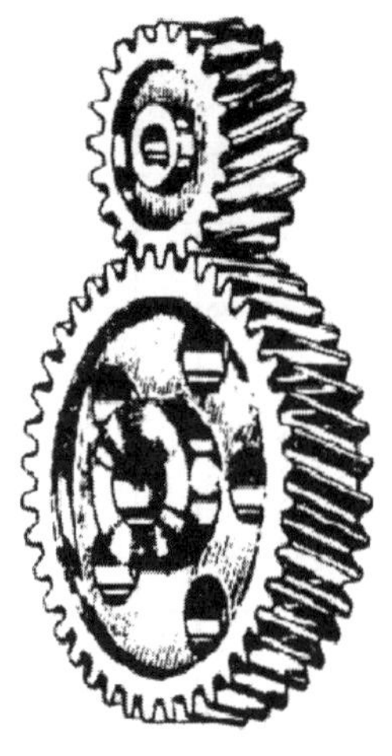

（a）圆柱齿轮

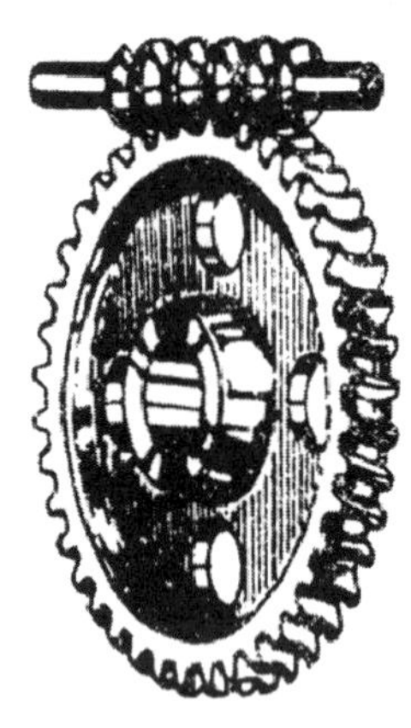

（b）圆锥齿轮　　　　（c）蜗轮、蜗杆

图 13.19　常见的齿轮传动

本书仅介绍直齿圆柱齿轮的画法，锥齿轮、蜗轮与蜗杆的画法可查阅 GB/T 4459.2—2003《机械制图 齿轮表示法》。

圆柱齿轮的轮齿有直齿、斜齿和人字齿等，下面主要介绍直齿圆柱齿轮的几何要素和规定画法。

13.2.2　直齿圆柱齿轮各部分名称及几何尺寸计算

1. 齿轮各部分的名称（见图 13.20）

（1）齿顶圆直径（d_a）是通过轮齿顶部的圆周直径。

（2）齿根圆直径（d_f）是通过轮齿根部的圆周直径。

（3）分度圆直径（d）是齿顶圆和齿根圆之间的一个圆的直径，在该圆的圆周上齿厚（s）和齿槽宽（e）相等（对标准齿轮而言）。其中，每个齿廓在分度圆上的弧长，成为分度圆齿厚 s。对于标准齿轮来说，齿厚为齿距的一半，即 $s = p/2$。

（4）齿距（p）在分度圆上，是两个相邻齿对应点间的弧长，标准齿轮 $s = e$，$p = s + e$。

（5）齿高（h）是从齿顶到齿根的径向距离，$h = h_a + h_f$；其中，齿根高（h_f）是从分度圆到齿根圆的径向距离；齿顶高（h_a）是从齿顶圆到分度圆的径向距离。

（6）节圆直径 d'。

当两齿轮啮合时，在中心的连线上，两齿廓的接触点称为节点（p_1）。以 O_1，O_2 为圆心，分别过节点 p_1 所作的两个圆，称为节圆，两节圆相切，其直径分别用 d_1'、d_2' 表示，如图 13.21 所示。

一对标准齿轮处在正确安装位置时，即两齿轮的分度圆相切时，此时的分度圆与节圆重合。

（7）中心距。

两啮合齿轮轴线之间的距离，称为中心距，用 a 表示，即 $a = (d_1' + d_2')/2 = m(z_1 + z_2)/2$，如图 13.21 所示。

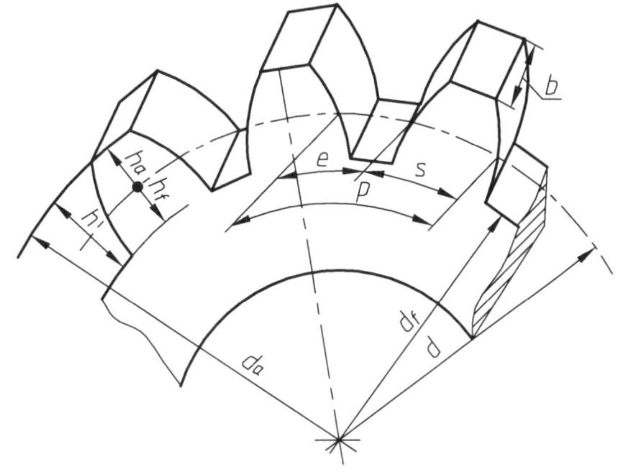

图 13.20　齿轮参数

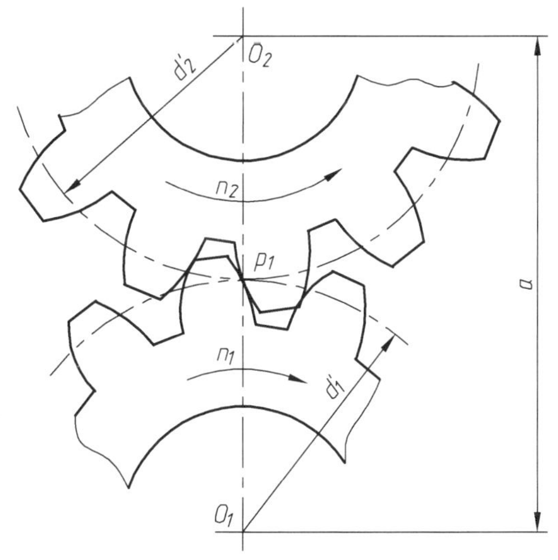

图 13.21　啮合的圆柱齿轮示意图

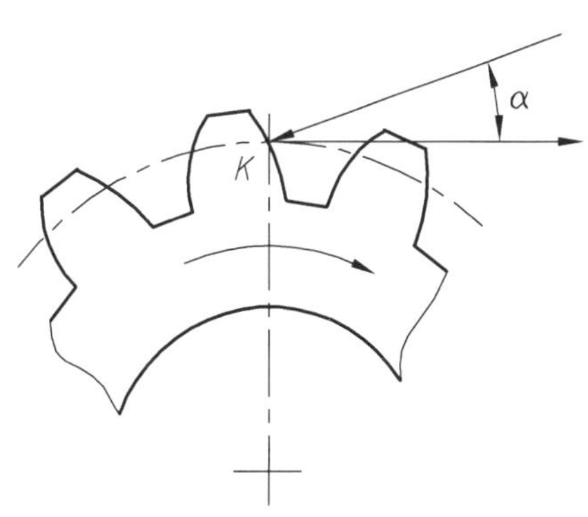

图 13.22　齿形角

2. 直齿圆柱齿轮的基本参数

（1）齿数。

齿轮上轮齿的个数，用 z 表示。

（2）模数。

设齿轮的齿数为 z，分度圆周长 = $\pi d = zp$，则有 $d = p/\pi \times z$，令 $p/\pi = m$，则 $d = mz$。这里，m 就是齿轮的模数，它等于齿距 p 与π的比值。因为两啮合齿轮的齿距 p 必相等，所以它们的模数也必须相等。

模数 m 是设计、制造齿轮的重要参数。模数大，则齿距也增大，随之齿厚也增大，因而齿轮承载能力大。不同模数的齿轮，要用不同模数的刀具来加工制造。为了便于设计和加工，模数的数值已系列化，其数值如表 13.3 所示。

表 13.3　齿轮模数系列（GB/T 1357—2008）

第一系列	1	1.25	1.5	2	2.5	3	4	5	6	8	10	12
	16	20	25	32	40	50						
第二系列	1.125	1.375	1.75	2.25	2.75	3.5	4.5	5.5	（6.5）			
	7	9	11	14	18	22	28	36	45			

注：选用模数时，应优先选用第一系列；其次选用第二系列；括号内的模数尽可能不用。

（3）压力角、齿形角。

分度圆齿廓上的点 K 在齿轮转动时，它的运动方向（分度圆的切线方向）和正压力方向（渐开线的法线方向）所夹的锐角，称为压力角。而加工齿轮用的基本齿条的法向压力角，称为齿形角。压力角和齿形角均以 α 表示。我国标准规定 α 角为 20°，如图 13.22 所示。

3. 直齿圆柱齿轮各部分尺寸的计算公式

齿轮的基本参数 z，m，α 确定之后，齿轮各部分的尺寸可按表 13.4 中的公式计算。

表 13.4　标准直齿圆柱齿轮几何尺寸计算公式

基本几何要素：模数 m，齿数 z，压力角 20°		
名称	代号	计算公式
齿顶高	h_a	$h_a = m$
齿根高	h_f	$h_f = 1.25\ m$
齿高	h	$h = 2.25\ m$
分度圆直径	d	$d = mz$
齿顶圆直径	d_a	$d_a = m(z + 2)$
齿根圆直径	d_f	$d_f = m(z - 2.5)$

只要已知齿轮的模数、齿数，就能按上表计算出各几何要素的尺寸。

13.2.3 直齿圆柱齿轮的规定画法

根据国家标准 GB/T 4459.2—2003 的齿轮画法，规定如下。

1. 单个齿轮的画法

单个齿轮的画法，一般用全剖的非圆视图和端视图两个视图表示，如图 13.23 所示。

（1）在视图中，齿顶圆和齿顶线用粗实线表示。分度圆和分度线用点画线表示（分度线应超出轮廓 2 ~ 3 mm）。齿根圆和齿根线画细实线或省略不画。

（2）在剖视图中，齿根线用粗实线表示，轮齿部分不画剖面线。在端视图中齿根圆用细实线表示或省略不画。

（3）齿轮的其他结构，按投影画出。

（4）当需要表示斜齿与人字齿的齿线的形状时，可用三条与齿线方向一致的细实线表示，如图 13.24 所示。

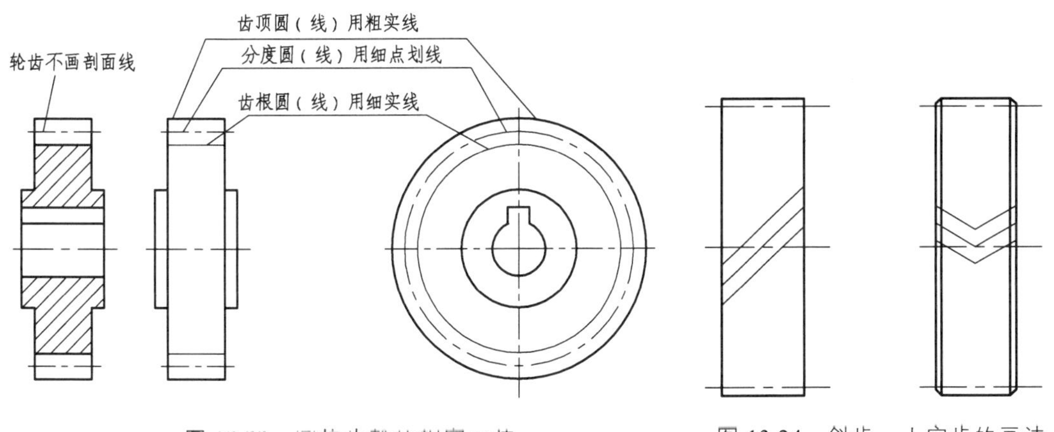

图 13.23　圆柱齿轮的规定画法　　图 13.24　斜齿、人字齿的画法

2. 两圆柱齿轮啮合的画法

两标准齿轮相互啮合时，两轮分度圆处于相切的位置，此时分度圆又称为节圆。啮合区的规定画法如下：

（1）在投影为圆的视图（端视图）中，两齿轮的节圆相切。齿顶圆和齿根圆有两种画法：

① 啮合区的齿顶圆画粗实线，齿根圆画细实线或不画，如图 13.25（a）所示。

② 啮合区的齿顶圆省略不画，整个齿根圆可都不画，如图 13.25（b）所示。

（2）在非圆投影的剖视图中，两轮节线重合，画点画线。齿根线画粗实线。齿顶线的画法是将一个轮的轮齿作为可见，画成粗实线，另一个轮的轮齿被遮住部分画成虚线，如图 13.25（a）、（c）所示。

（3）在非圆投影的外形图中，啮合区的齿顶线和齿根线不必画出，节圆画成粗实线，如图 13.26 所示。

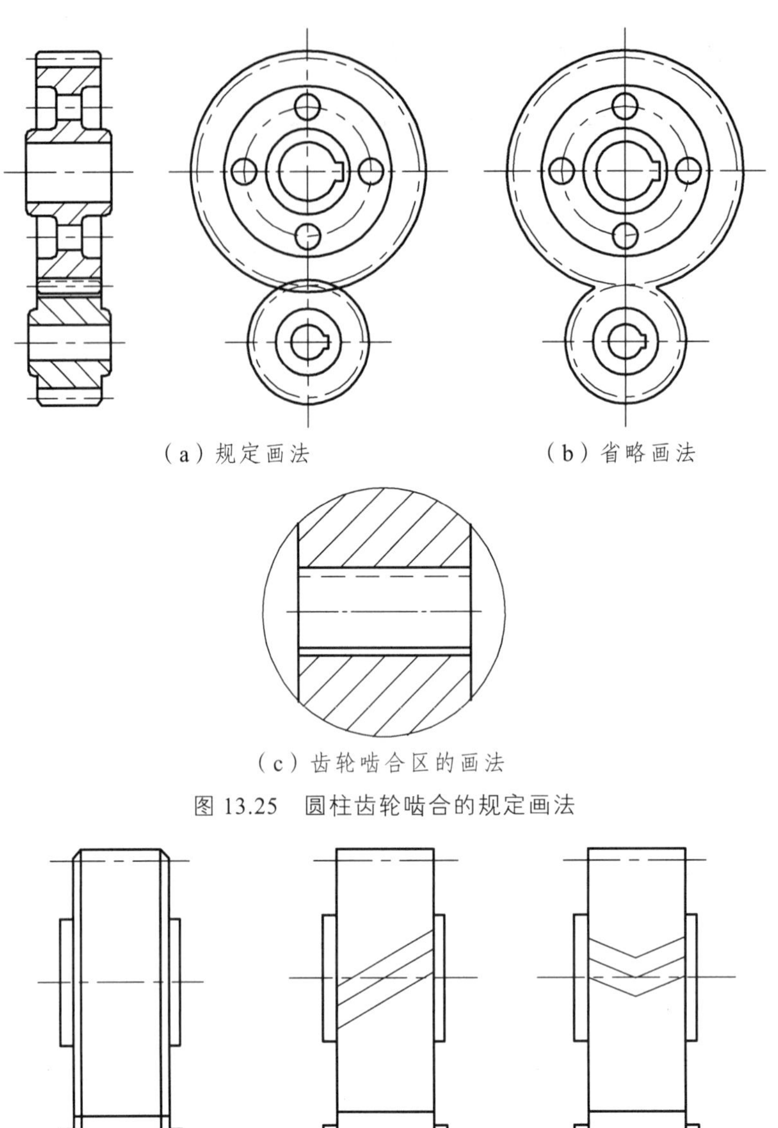

（a）规定画法　　（b）省略画法

（c）齿轮啮合区的画法

图 13.25　圆柱齿轮啮合的规定画法

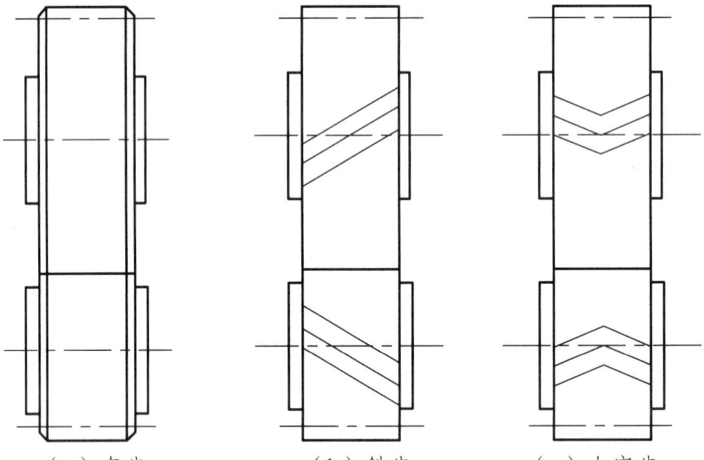

（a）直齿　　（b）斜齿　　（c）人字齿

图 13.26　外形视图

13.2.4　齿轮和齿条啮合的画法

当齿轮直径无限大时，它的齿顶圆、齿根圆、分度圆和齿廓都变成了直线，齿轮变成为齿条。齿轮齿条啮合时，可由齿轮的旋转带动齿条直线移动，或反之。齿轮和齿条啮合的画法与齿轮啮合画法基本相同。在剖视图中，应将啮合区内齿顶线之一画成粗实线，另一轮齿被遮部分画成细虚线或者省略不画，如图 13.27 所示。

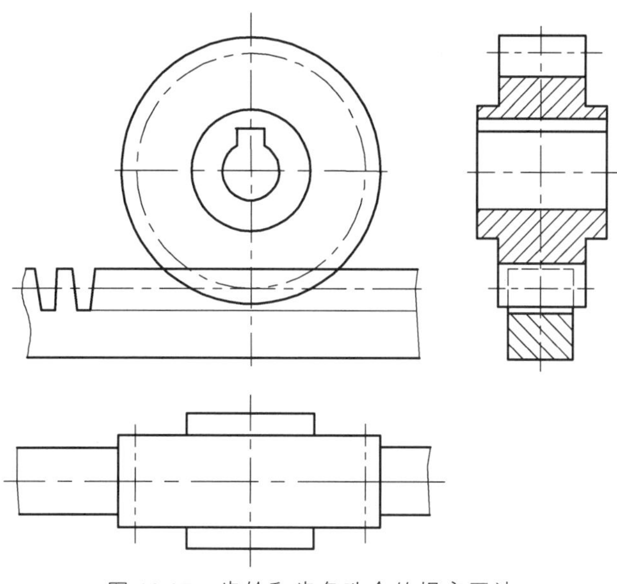

图 13.27　齿轮和齿条啮合的规定画法

13.2.5　圆柱齿轮的零件图示例

图 13.28 所示是直齿圆柱齿轮的零件图，与其他零件图不同的是，除了要表示出齿轮的形状、尺寸和技术要求外，还要注明制造齿轮所需要的基本参数。

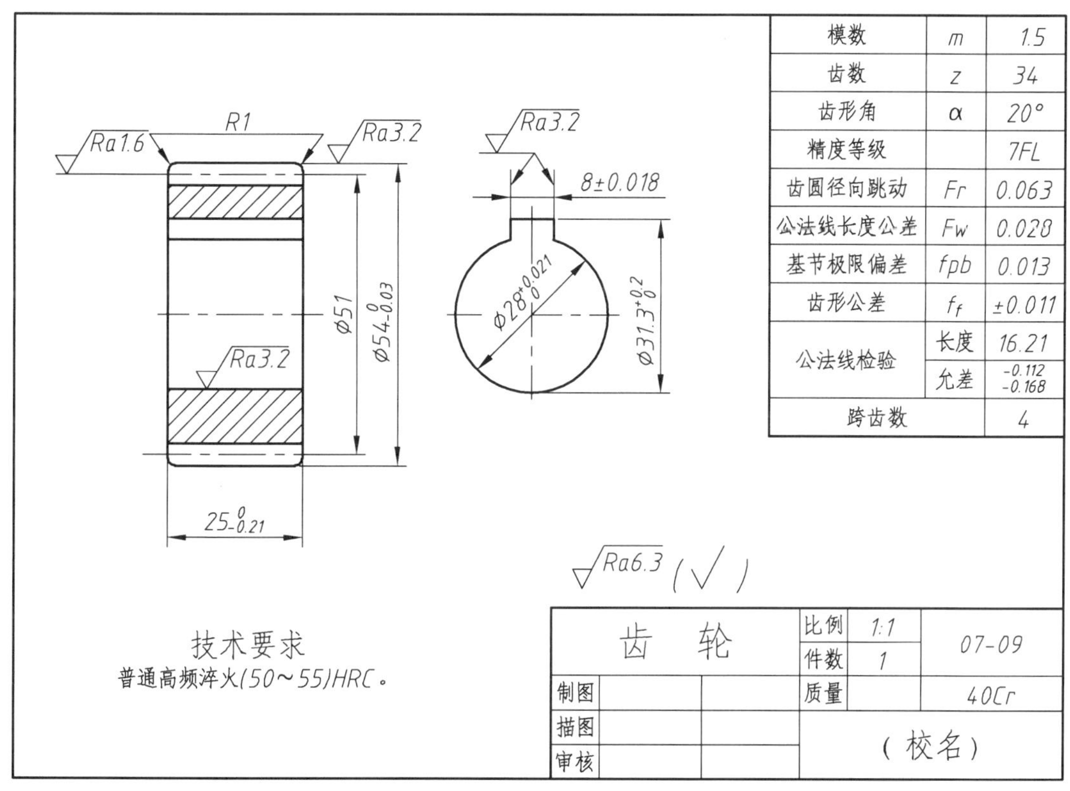

图 13.28　圆柱齿轮零件图示例

13.3 轴 承

轴承分为滑动轴承和滚动轴承，用于支撑轴。滚动轴承的摩擦阻力小，转动灵活，维修方便，在机械设备中应用广泛，因此本书介绍三种常用的滚动轴承。

13.3.1 滚动轴承的结构及画法

1. 滚动轴承的结构

如图 13.29 所示，滚动轴承是一种标准组合件，一般由内圈、外圈、滚动体和保持架组成。内圈上有凹槽，以形成滚动体圆周运动时的滚动道。保持架把滚动体彼此隔开，避免滚动体相互接触，以减少摩擦与磨损。滚动体有球、圆柱滚子、圆锥滚子等。使用时，一般内圈套在轴颈上随轴一起转动，外圈安装固定在轴承座孔中。

（a）深沟球轴承

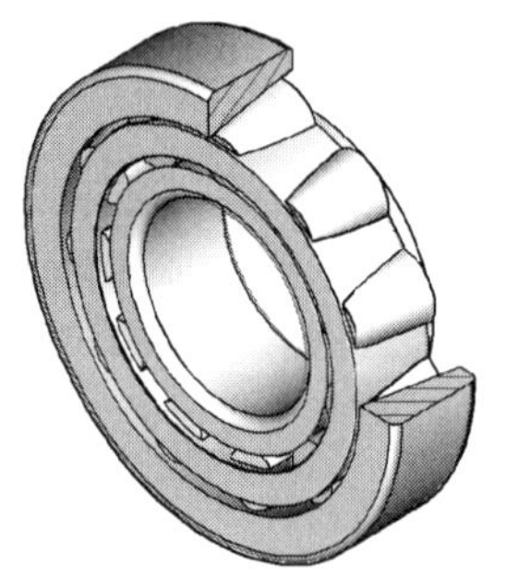

（b）圆锥滚子轴承

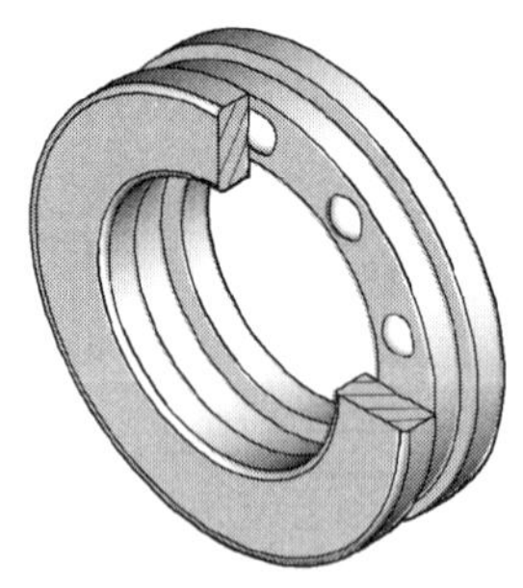

（c）推力球轴承

图 13.29 滚动轴承

2. 滚动轴承的类型

滚动轴承按其所能承受的载荷方向分为：

（1）向心轴承。

主要用于承受径向载荷，如图 13.29（a）中的深沟球轴承。

（2）推力轴承。

只承受轴向载荷，如图 13.29（c）中的推力球轴承。

（3）向心推力轴承。

能同时承受径向载荷和轴向载荷，如图 13.29（b）中的圆锥滚子轴承。

3. 滚动轴承的画法

滚动轴承通常可采用三种画法绘制，即通用画法（见图 13.30）、特征画法和规定画法。一般在画图前，根据轴承代号从其标准中查出外径 D、内径 d、宽度 B、T 后，按表 13.5 中所示的比例画图。

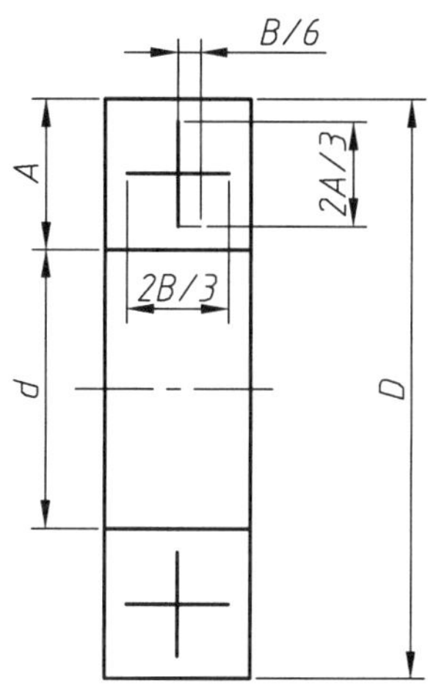

图 13.30　通用画法

表 13.5　常用滚动轴承的类型、画法和用途

轴承类型及标准编号	主要尺寸	规定画法	特征画法
深沟球轴承 60000 型 （GB/T 276—2013）	D，d，b		

续表

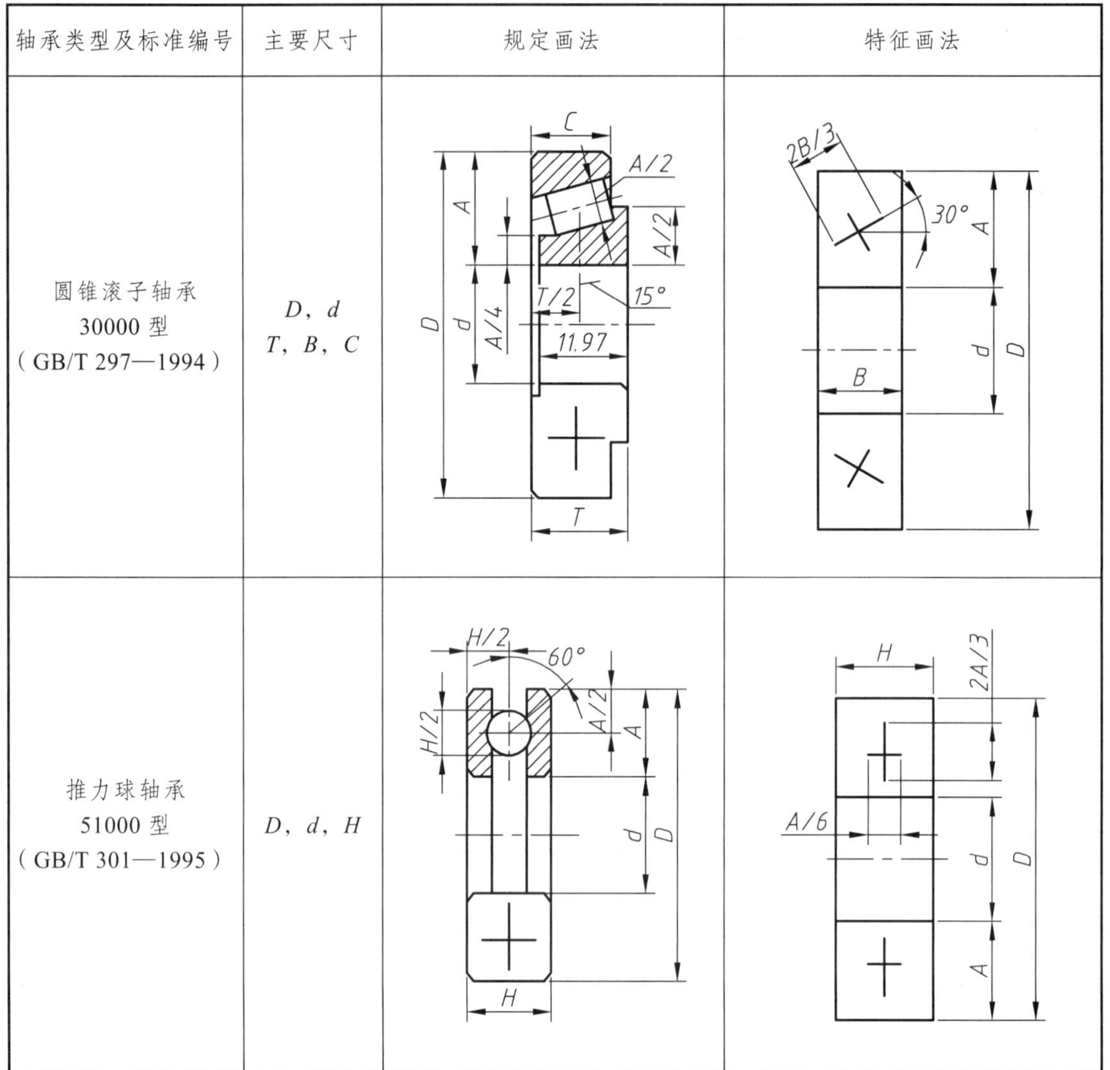

轴承类型及标准编号	主要尺寸	规定画法	特征画法
圆锥滚子轴承 30000 型 （GB/T 297—1994）	D，d T，B，C		
推力球轴承 51000 型 （GB/T 301—1995）	D，d，H		

13.3.2　滚动轴承的代号和标记

按国家标准规定，滚动轴承的结构尺寸、公差等级、技术性能等特性由滚动轴承代号来表示。代号由前置代号、基本代号和后置代号组成。其排列顺序为：

前置代号　　基本代号　　后置代号

（1）基本代号表示滚动轴承的基本类型、结构和尺寸，是滚动轴承代号的基础。基本代号由滚动轴承的类型代号、尺寸系列代号和内径代号组成。

① 类型代号：用阿拉伯数字或大写拉丁字母表示，见表 13.6。

表 13.6　滚动轴承的类型代号

代号	轴承类型	代号	轴承类型
0	双列角接触球轴承	7	角接触球轴承
1	调心球轴承	8	推力圆柱滚子轴承
2	调心滚子轴承和推力调心滚子轴承	N	圆柱滚子轴承（双列或多列用字母 N 表示）
3	圆锥滚子轴承		
4	双列深沟球轴承	U	外球面球轴承
5	推力球轴承	QJ	四点接触球轴承
6	深沟球轴承		

② 尺寸系列代号：由轴承的宽（高）度系列代号和直径系列代号组合而成，一般用两位数字表示。它表示同一内径的轴承，其内、外圈的宽度和厚度不同，其承载能力也不同。

③ 内径代号：内径代号表示轴承的公称内径（轴承内圈的孔径），一般也由两位数字组成。当内径尺寸在 20 ~ 480 mm 的范围内时，内径尺寸 = 内径代号 × 5。

例如：轴承代号 6206。

6——类型代号，表示深沟球轴承。

2——尺寸系列代号，原为 02，对此种轴承首位 0 省略。

06——内径代号（内径尺寸 = 6 × 5 = 30 mm）。

（2）滚动轴承代号中的前置代号和后置代号是轴承在结构形状、尺寸、公差、技术要求等有改变时，在其基本代号的左、右添加的补充代号。需要时可查阅有关国家标准。滚动轴承的标记内容：名称、代号和国标号。

例如：滚动轴承 6206 GB/T 276—2013。

13.4　键

键是标准件，用于连接轴和轴上的传动件（如齿轮、皮带轮等），使轴和传动件不发生相对转动，以传递扭矩或旋转运动，如图 13.31 所示。

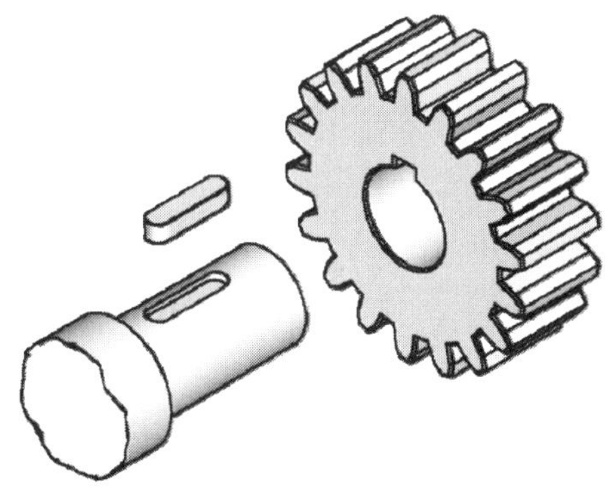

图 13.31　键连接

常用键的型式有：普通平键、半圆键和钩头楔键，普通平键又可以分为 A 型、B 型、C 型，如图 13.32 所示。

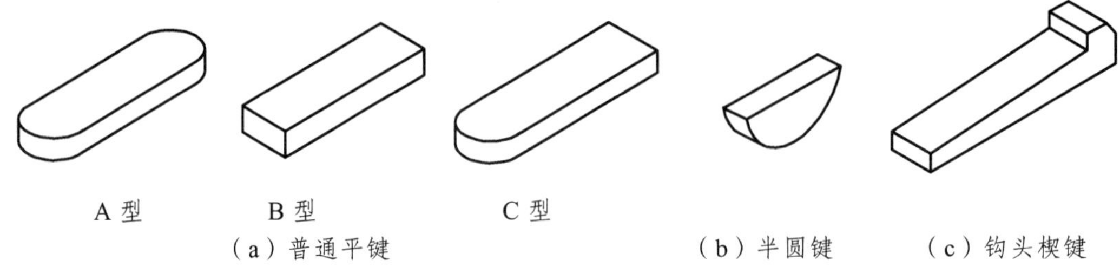

图 13.32 常用键

常用键的标记和连接画法：

（1）普通平键。

普通平键及其连接的画法如图 13.33 所示。在标记时，A 型平键省略字母 A，而 B 型、C 型应写出字母 B 或 C。例如 $b = 18$ mm、$h = 11$ mm、$L = 100$ mm 的普通 A 型平键可标记为：GB/T 1096 键 18 × 11 × 100，又如 $b = 18$ mm、$h = 11$ mm、$L = 100$ mm 的普通 C 型平键可标记为：GB/T 1096 键 C18 × 11 × 100。

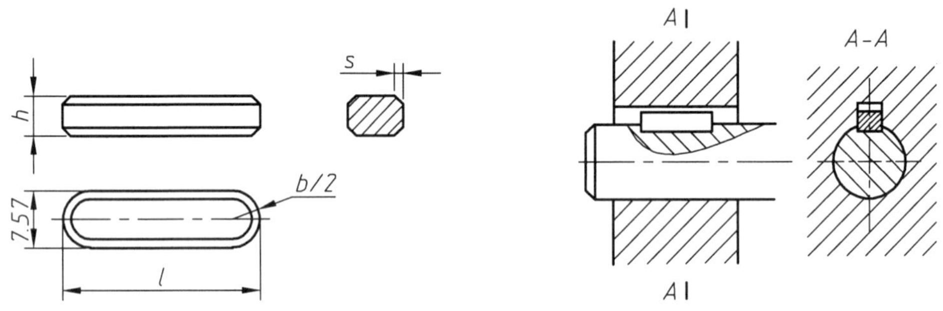

图 13.33 普通平键及其连接画法

（2）半圆键。

半圆键及其连接的画法如图 13.34 所示。

如表示 $b = 6$ mm、$h = 10$ mm、$D = 25$ mm 的半圆键可标记为：GB/T 1099 键 6 × 25。

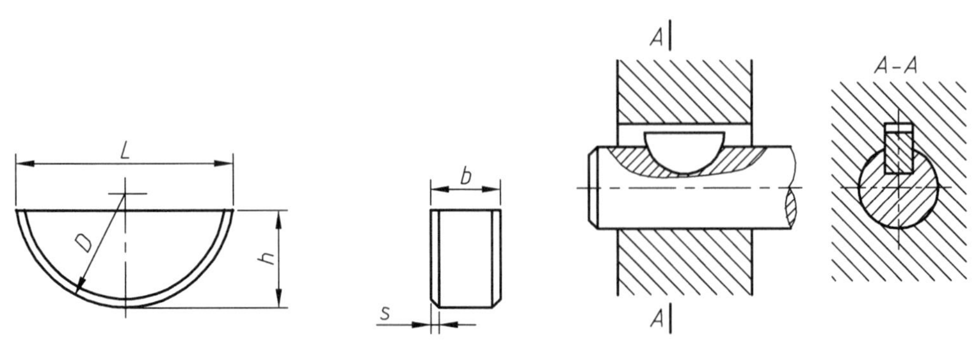

图 13.34 半圆键及其连接画法

（3）钩头楔键。

钩头楔键及其连接的画法如图 13.35 所示。

如表示 $b = 16$ mm、$h = 10$ mm、$L = 25$ mm 的钩头楔键，可标记为：GB/T 1565 键 16×25。

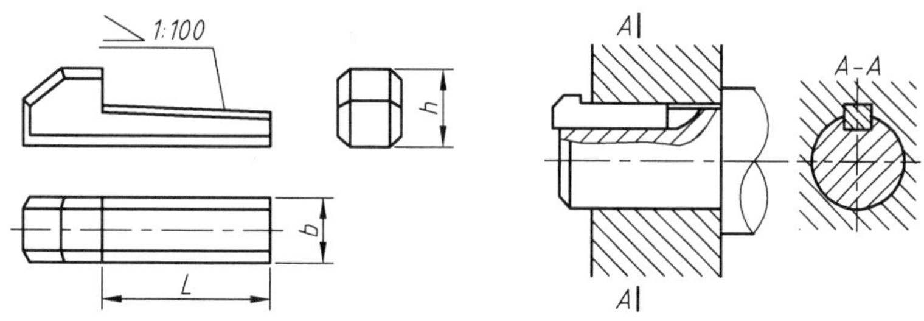

图 13.35　钩头楔键及其连接画法

13.5　销

销是标准件，其种类较多，主要用于零件之间的定位，也可用于零件之间的连接，但只能传递不大的扭矩。

常用的销有圆柱销、圆锥销和开口销，开口销常与槽型螺母配合使用，起防松作用，如图 13.36 所示。

图 13.36　常用销

销的标记和连接画法：

（1）圆柱销。

圆柱销及其连接的画法如图 13.37 所示。

在表示公称直径 $d = 16$ mm、公差 m6、公称长度 $L = 30$ mm 的圆柱销可标记为：销 GB/T 119.1 6 m6×30。

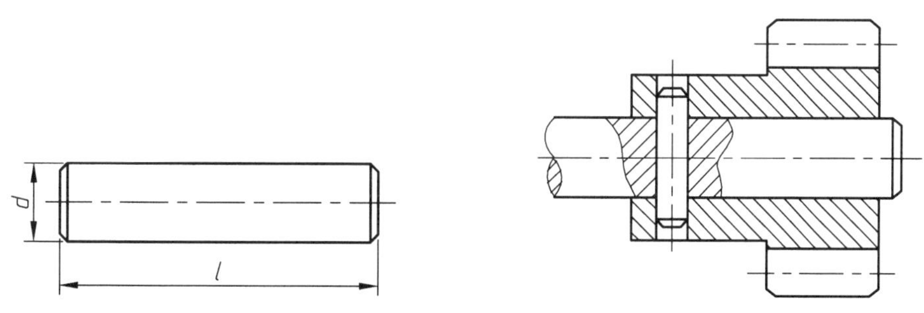

图 13.37　圆柱销及其连接画法

（2）圆锥销。

圆锥销及其连接的画法如图 13.38 所示。

在表示公称直径 $d = 10$ mm、公称长度 $L = 60$ mm 的圆锥销可标记为：销 GB/T 117 10 × 60。

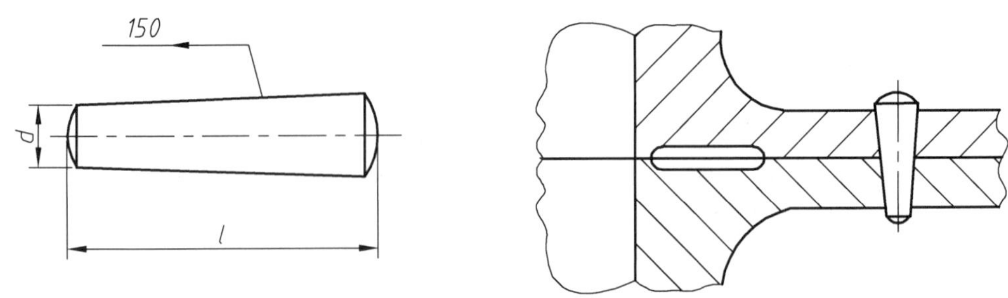

图 13.38　圆锥销及其连接画法

（3）开口销。

开口销及其连接的画法如图 13.39 所示。

在表示公称直径 $d = 5$ mm、公称长度 $L = 50$ mm 的开口销可标记为：销 GB/T 91 5 × 50。

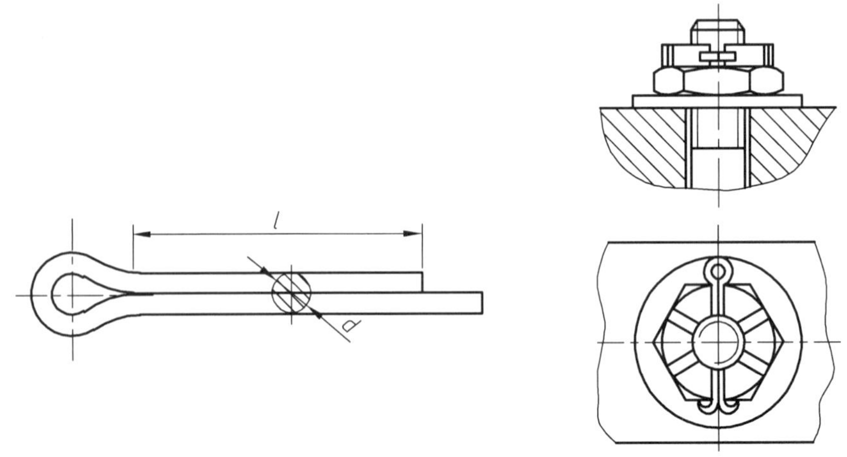

图 13.39　开口销及其连接画法

注意：

（1）画销连接图时，当剖切平面通过销的轴线时，销按不剖绘制，轴取局部剖，如图 13.37 所示。

（2）圆锥销的公称直径是小端直径，在圆锥销孔上需用引线标注尺寸，如图 13.40 所示。

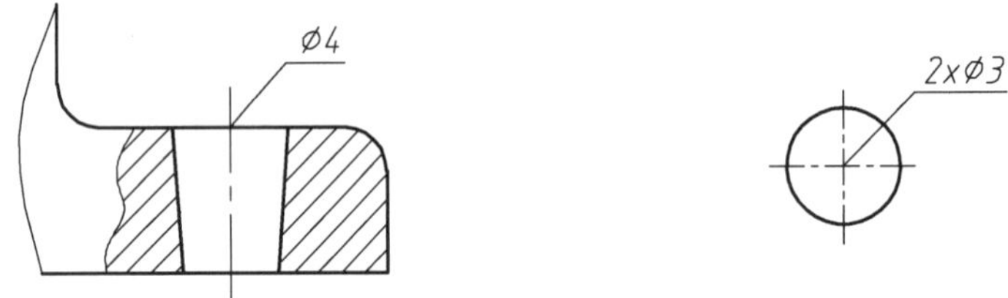

图 13.40　圆锥销的公称直径

13.6 弹　簧

弹簧是一种常用零件，是一种能储存能量的零件，可用来减震、夹紧、储能和测量等。弹簧的特点是外力去除后能恢复原形。一般对弹簧按如下方式分类。

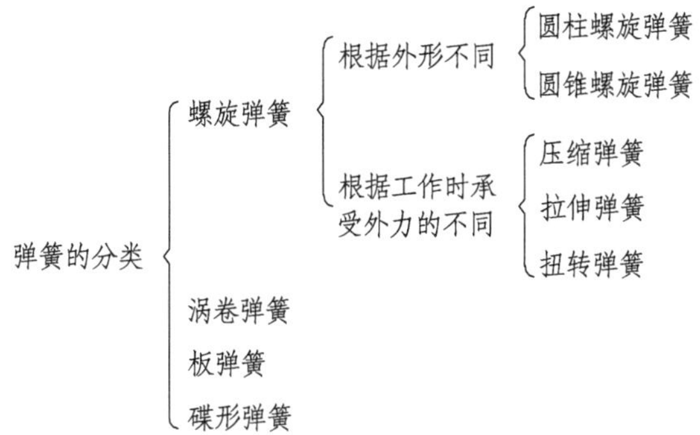

在机械制图中，弹簧应按 GB/T 4459.4—2003《机械制图 弹簧表示法》绘制。本节着重介绍圆柱螺旋压缩弹簧的画法和尺寸计算。

13.6.1 圆柱螺旋压缩弹簧的参数

圆柱螺旋压缩弹簧由钢丝绕成，一般将两端并紧后磨平，使其端面与轴线垂直，便于支承。

圆柱螺旋压缩弹簧的形状和尺寸参数（见图 13.41）：

（1）簧丝直径 d。

弹簧的簧丝直径。

（2）弹簧外径 D。

弹簧的最大直径。

（3）弹簧内径 D_1。

弹簧的最小直径，$D_1 = D - 2d$。

（4）弹簧中径 D_2。

弹簧的平均直径，$D_2 = D - d$。

（5）节距 t。

两相邻有效圈截面中心线的轴向距离。

（6）有效圈数 n。

弹簧中参加弹性变形进行有效工作的圈数，称为有效圈数。

（7）总圈数 n_1（$n_1 = n +$ 支承圈数）。

为使弹簧受力均匀，放置平稳，一般都将弹簧两端并紧磨平，工作时起支撑作用，这部分圈称为支撑圈。支撑圈有 1.5 圈、2 圈、2.5 圈三种，后两者较为常见。弹簧的有效圈与支撑圈之和为总圈数

（8）自由高度 H_0。

弹簧并紧磨平后在不受外力情况下的全部高度，称为自由高度。

支承圈为 2.5 时，$H_0 = nt + 2d$；

支承圈为 2 时，$H_0 = nt + 1.5d$；

支承圈为 1.5 时，$H_0 = nt + d$。

（9）展开长度 L。

制造弹簧时坯料的长度，$L \approx n_1\sqrt{(\pi D_2)^2 + t^2}$。

（10）旋向（分右旋和左旋，常用右旋）。

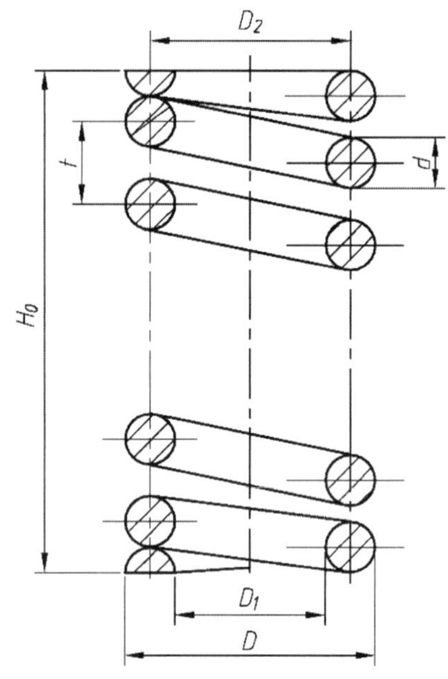

图 13.41　圆柱螺旋压缩弹簧的参数

13.6.2　圆柱螺旋压缩弹簧的规定画法

（1）螺旋弹簧在平行于轴线的投影面上所得的图形，可画成视图[见图 13.42（a）]，也可画成剖视图[见图 13.42（b）]，其各圈的轮廓线应画成直线。

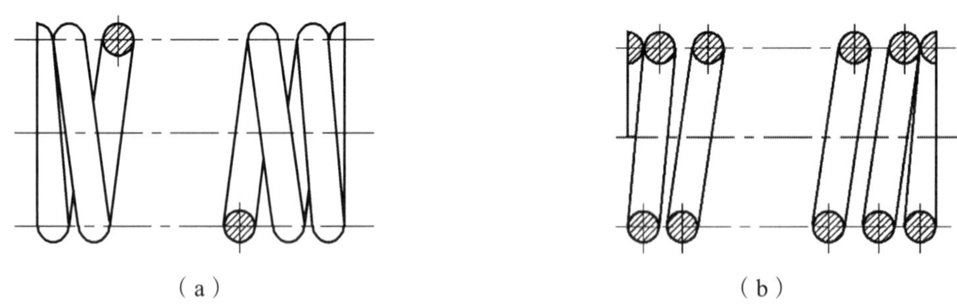

图 13.42　圆柱螺旋压缩弹簧的画法

（2）螺旋弹簧均可画成右旋，但对左旋的螺旋弹簧，不论画成左旋或右旋，一律要注出旋向“左”字。

（3）螺旋弹簧有效圈数多于四圈时，中间各圈可省略不画。当中间各圈省略后，可适当缩短弹簧的长度，并将两端用细点画线连起来。

（4）弹簧画法实际上只起一个符号的作用，因此不论支承圈的圈数多少和并紧情况如何，均按图 13.42 的形式绘制（支承圈为 2.5 圈）；必要时也可按支承圈的实际结构绘制。

（5）在装配图中，被弹簧遮挡的结构一般不画出，可见部分应从弹簧的外轮廓线或从弹簧钢丝剖面的中心线画起，如图 13.43 所示。

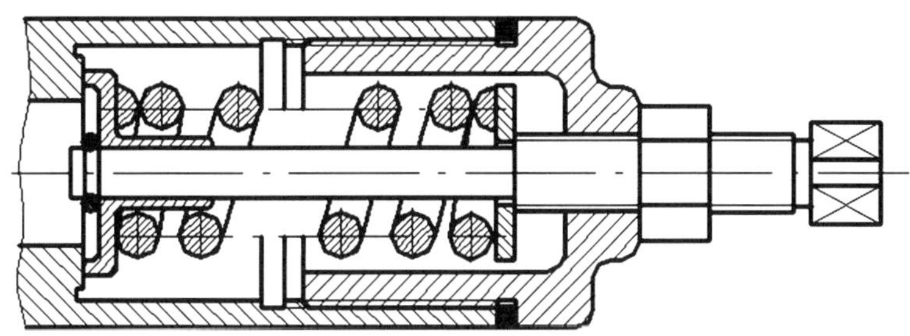

图 13.43　圆柱螺旋压缩弹簧在装配图中的画法

（6）在装配图中，型材直径或厚度在图形上等于或小于 2 mm 的螺旋弹簧、碟形弹簧允许用示意图绘制，如图 13.44 所示；当弹簧被剖切时，剖面直径或厚度在图形上等于或小于 2 mm，也可用涂黑表示，如图 13.45 所示。

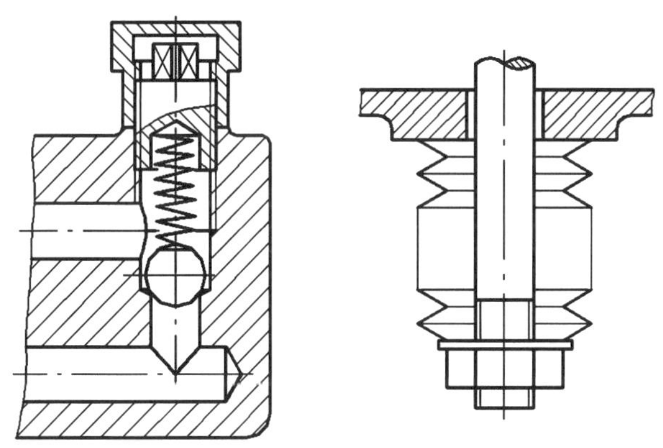

图 13.44　示意画法

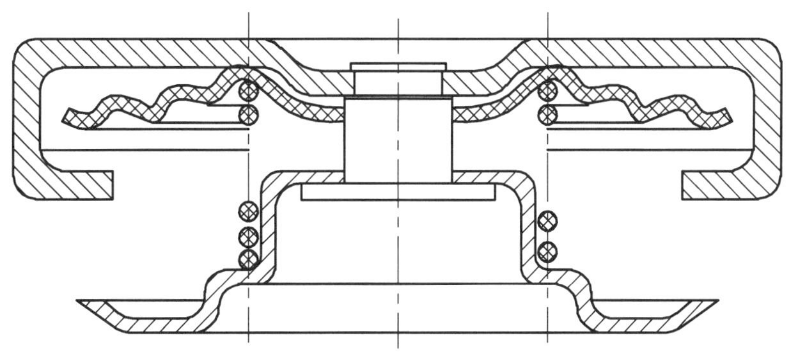

图 13.45　断面涂黑

（7）如果弹簧内部还有零件时，为了便于表达，则可按图 13.46 中的示意图形式绘制。

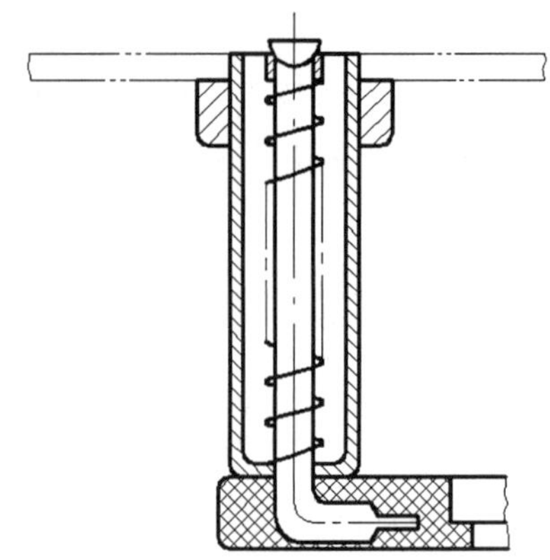

图 13.46　示意图形式

13.6.3　圆柱螺旋压缩弹簧的画图步骤

若已知弹簧的中径 D_2、簧丝直径 d、节距 t 和圈数（n，n_1），先算出自由高度 H_0，然后按下列步骤作图：

（1）据 D_2 和 H_0 画矩形 $ABCD$[见图 13.47（a）]。

（2）根据簧丝直径 d，画支撑部分的圆和半圆[见图 13.47（b）]。

（3）据节距画有效圈部分的圆[见图 13.47（c）]。

（4）按右旋方向作相应圆的公切线及剖面线，加深，完成作图[见图 13.47（d）]。

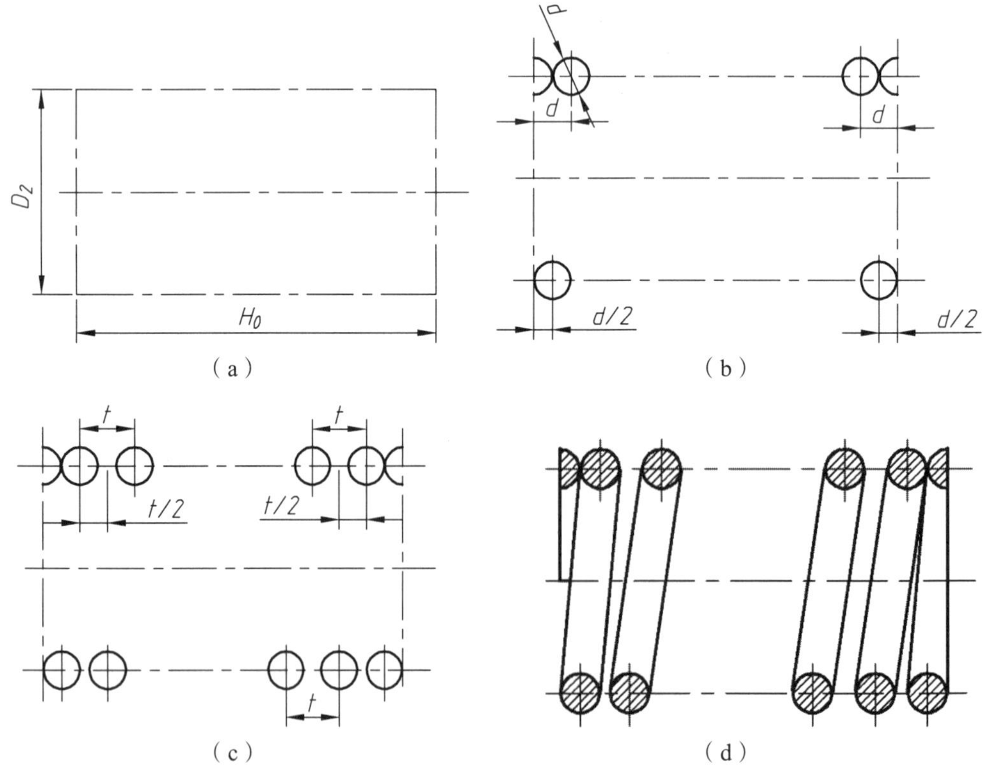

图 13.47　圆柱螺旋压缩弹簧的作图步骤

13.6.4 圆柱螺旋压缩弹簧的标记

GB/T 2089—2009 规定了圆柱螺旋压缩弹簧的标记，由类型代号、规格、精度代号、旋向代号和标准编号组成，规定如下：

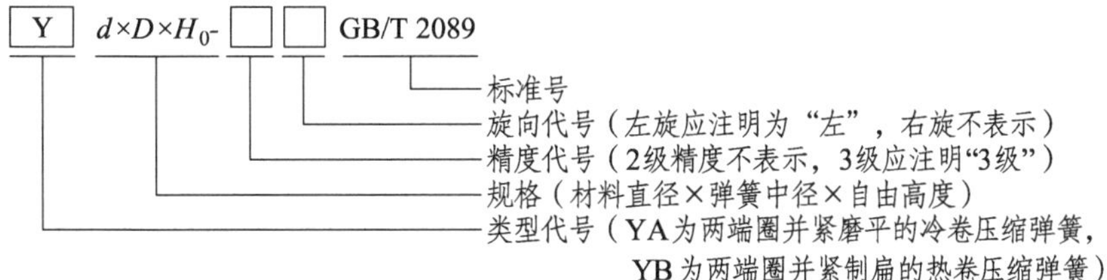

例如：YB 型弹簧，材料直径为 30 mm，弹簧中径为 160 mm，自有高度为 310 mm，精度等级为 3 级，右旋的并紧制扁的热卷压缩弹簧的标记应为：

YB　30 × 160 × 310-3　　GB/T 2089

13.6.5 圆柱螺旋压缩弹簧的零件图

图 13.48 为圆柱螺旋压缩弹簧的零件图，画图时应注意以下几点：

（1）弹簧的参数应直接注在图形上，如有困难，可在技术要求中说明。

（2）当需要说明弹簧的负荷与高度之间的变化关系时，必须用图解表示。螺旋压缩弹簧的机械性能曲线为直线。

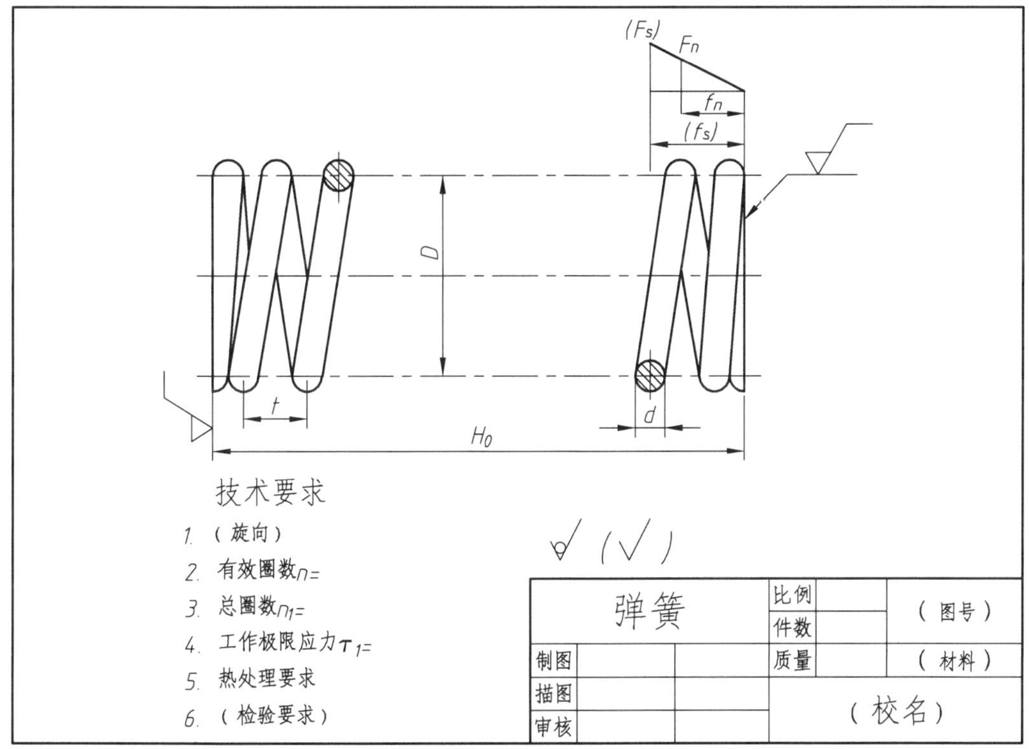

图 13.48　圆柱螺旋弹簧零件图

第 14 章　零件图机械图样

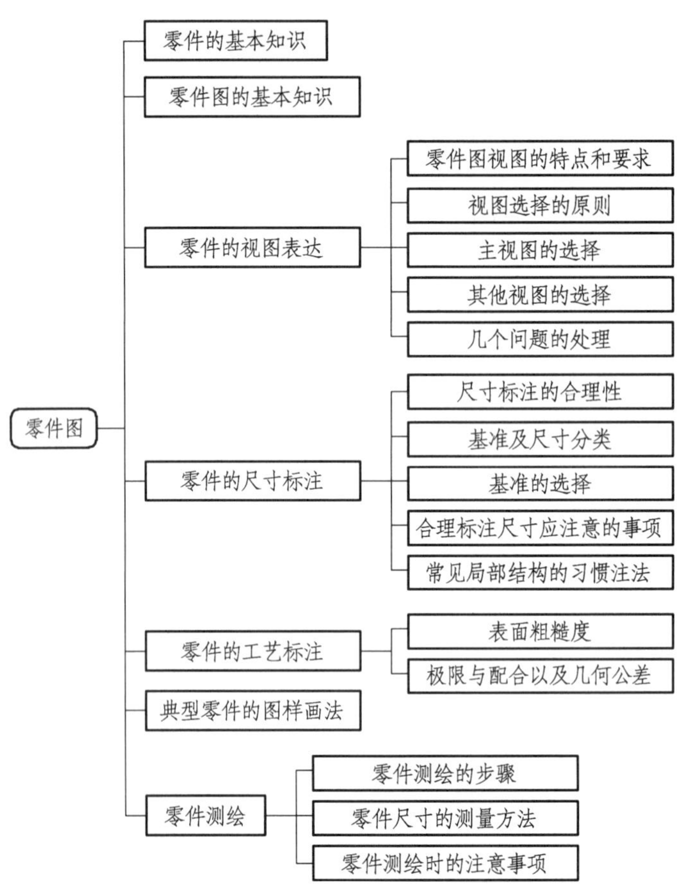

14.1　零件的基本知识

任何一台机器或一个部件，都是由若干零件按一定的装配关系装配组成的。

14.1.1　零件概述

1. 零件的功能特性

机器及其部件由零件装配而成。每台机器及其部件都有特定的功能和用途，其中的各个零件也都有各自的功能。

图 14.1 所示为一台叶片泵，功能是对油加压并进行输送。泵由泵体、泵盖、叶片等 14 个零件装配而成。其主要零件的功能如下：

泵体——包容、支撑其他零件和连接输油管道。

泵盖——支撑轴并配合泵体、衬套形成封闭空间。

轴和带轮——传递运动。

叶片——压挤油液。

其他各零件也各有各的功能。

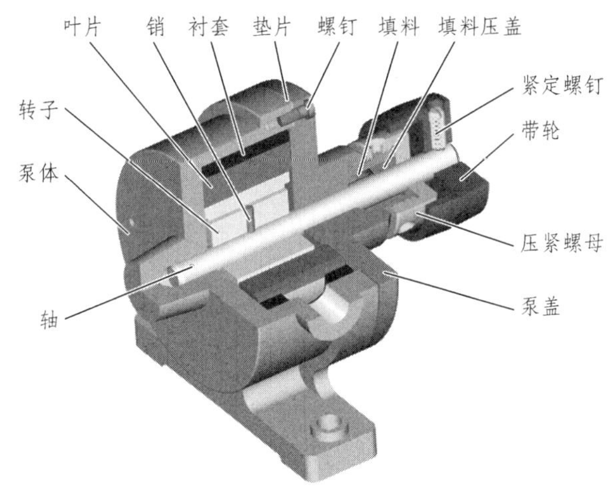

图 14.1　叶片泵

每个零件都具有特定功能的这一特性称为零件的功能特性。

在设计、制造零件和绘制、阅读零件图时必须明确零件的功能。

功能分析法——分析零件及其各组成部分的功能以及零件在加工和工作时的状态，进行画图和读图的方法。

强调功能，进行功能分析是学习零件图和学习组合体的一人区别和一大进步。在进行组合体读图与画图时仅使用形体分析法和线面分析法，而在绘制和阅读零件图时必须在使用形体分析法和线面分析法的基础上再使用功能分析法。

2. 零件加工方法简介

零件加工常用以下几种方法：铸造、锻造、冲压、焊接、切削加工、热处理表面处理、塑料成形、3D 打印等方法。

零件的功能不同，要求各异，加工方法也不相同。有的零件只用一种方法加工即可，有的则要用几种方法先后进行加工。最常见的是金属零件先用铸造（结构复杂时）或锻造（机械性能要求较高时）形成毛坯，再对其形状、尺寸和表面质量要求较高部分进行切削加工，中间穿插热处理以改善切削性能和保证机械性能。

设计零件时要考虑零件的加工方法和加工过程，以使所设计的零件合理，便于加工。在绘制零件图时只有了解零件的加工方法和加工过程，才能合理选择视图、标注尺寸和技术要求，使所绘图样便于加工者阅读。在阅读零件图时，若同时从加工角度对零件进行分析，可有助于对图样的理解和零件的想象。因此，学习零件的加工知识是十分必要和重要的，要结合工程实践不断积累。

14.1.2 零件结构分析

零件结构可以分为主体结构、局部功能结构和局部工艺结构三个层次。

1. 主体结构

主体结构是指零件中那些体积相对较大的主要基本形体及其相对关系，它们是形成零件的基础。图 14.2 所示为齿轮轴的主体结构图。

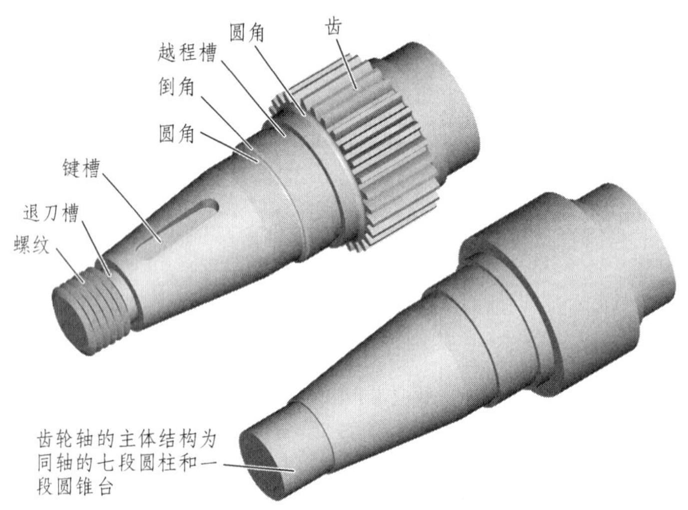

图 14.2 齿轮轴的主体结构

设计零件时总是先进行主体结构造型，再以此为基础进行变化和细化。

在绘图和读图时，可以把零件先抽象成由主体结构形成的组合体，使用前面章节介绍的组合体画图、读图和尺寸标注的方法进行分析和表达。

2. 局部功能结构

局部功能结构是指为实现传动、连接等特定功能，在主体结构上制造出的局部结构，如图 14.3 所示。

如齿轮上的齿用来传动，螺纹用来连接固定，键槽用来装键以实现连接和传动。它们都是在各圆柱、圆锥上制造出来的局部功能结构。

局部功能结构在绘图时应如实绘出（如键槽和销孔）或用规定画法画出（如螺纹、轮齿和花键），再辅以规定标注。

3. 局部工艺结构

局部工艺结构是指为确保加工和装配质量而构造的较细微的结构。

最常见的局部工艺结构有因铸造所致的铸造圆角、起模斜度和因切削加工和装配所需的倒角、螺纹退刀槽和砂轮越程槽。

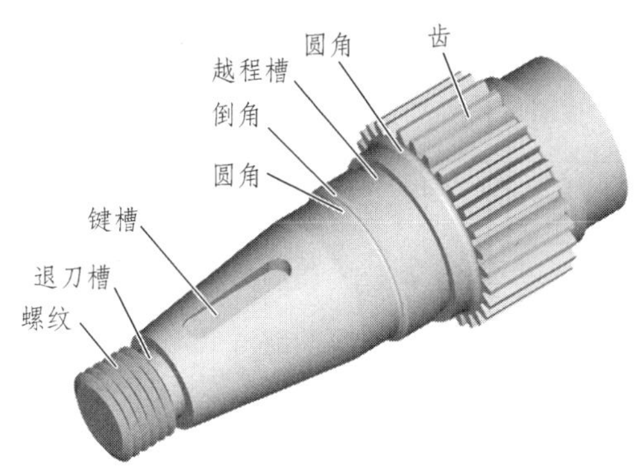

图 14.3 局部功能结构

（1）铸造圆角。

在铸件转角处应当做成圆角，否则砂型在尖角处容易落砂，同时金属冷却时要收缩，在尖角处容易产生裂纹和缩孔，如图 14.4 所示。

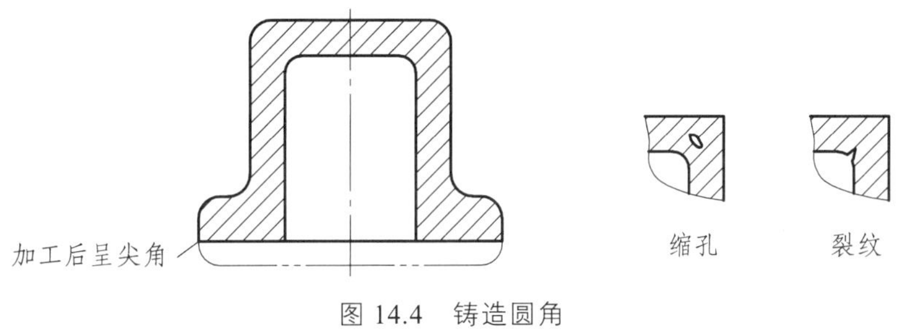

图 14.4 铸造圆角

（2）起模斜度。

为了起模方便，铸件的内、外壁沿起模方向应带有斜度，一般为 1∶20。因斜度较小，在图上可以不必画出。若斜度较大，则应画出，如图 14.5 所示。

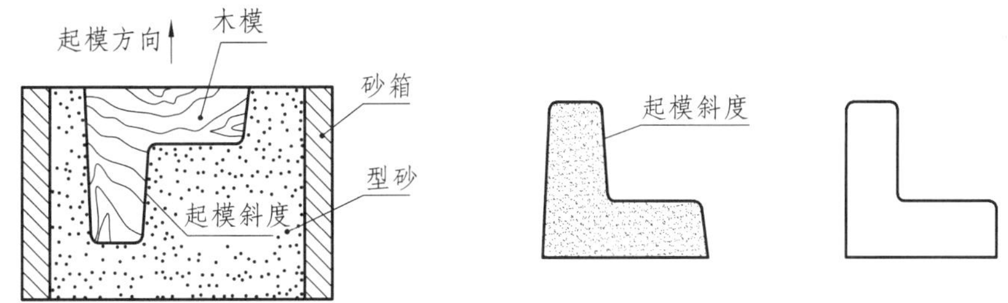

图 14.5 起模斜度

（3）倒角。

倒角是在轴端做出的小圆锥台和在孔口做出的小圆锥台孔，如下图 14.6 所示。其作用是便于将轴装入孔内和保证操作安全。确定倒角的参数是倒角的宽度 b 和锥面母线与轴线的角度 α。α 一般取 45°，特殊情况下可取 30°或 60°。宽 2 mm、$\alpha = 45°$的倒角记作 2×45°或 C2。

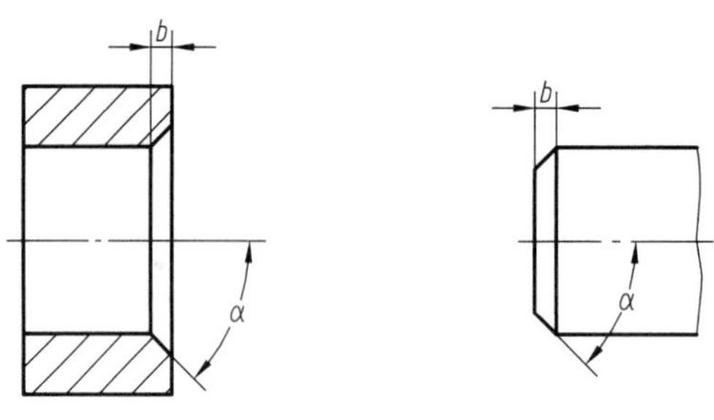

图 14.6　倒角

（4）退刀槽和越程槽。

退刀槽和砂轮越程槽是在轴的根部和孔的底部做出的环形沟槽。沟槽的作用一是保证加工到位，达到设计要求质量；二是保证装配时相邻零件的端面靠紧，确保功能实现，如图 14.7 所示。

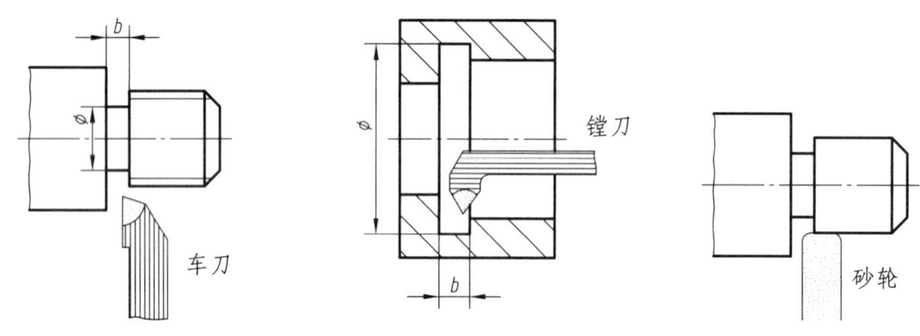

图 14.7　退刀槽和越程槽

零件的局部工艺结构在绘图时如实画出可使图形细致、逼真，按国家标准规定简化或省略不画可以提高画图效率。必须详尽表达和标注时，多采用局部放大图。

14.1.3　零件的分类

为便于分析、论述、绘图和读图，常用零件可按以下两种方法进行分类。

1. 综合考虑功能、结构特点、加工方法和视图特点

按此方法可将零件分为轴套类、轮盘类、叉架类、箱壳类、薄板弯制件和镶合件六类。

在前述的叶片泵中，轴、衬套、填料压盖、压紧螺母属轴套类；泵盖和带轮属轮盘类；泵体属箱壳类。

2. 按标准化

按标准化程度可将零件分为标准件和非标准件。

标准化——为适应科学发展和合理组织生产的需要，在产品质量、品种规格、零件部件通用等方面规定统一的技术标准。

标准件——经过优选、简化、统一，并给予标准代号的通用零、部件。

标准件结构、形状、尺寸、规格都已按国家标准统一固定，由专业厂家生产，在各种机器中广泛、大量使用。前一章介绍的螺纹紧固件、键、销和滚动轴承都是标准件。在设计机器时不必画出它们的零件图，一般也不自行制造，只需按规格选用即可。

14.2 零件图的基本知识

机器或部件由许多零件组成，根据零件的形状和功用可分为轴类（如齿轮轴）、盘类（如齿轮、端盖）、箱体类（如箱体、箱盖）等。用于表达单个零件的结构形状、大小和技术要求的图样，称为零件图。它是生产过程中，加工制造和检验测量零件的基本技术文件。零件结构是指零件的各组成部分及其相互关系，而技术要求是指为保证零件功能在制造过程中应达到的质量要求。

零件图是表达设计信息的主要载体，是制造和检验零件的依据。培养绘制和阅读零件图的基本能力是本课程的主要任务之一。

图 14.8 是阀芯零件图。由图可知，零件图应包括以下四个方面的内容：

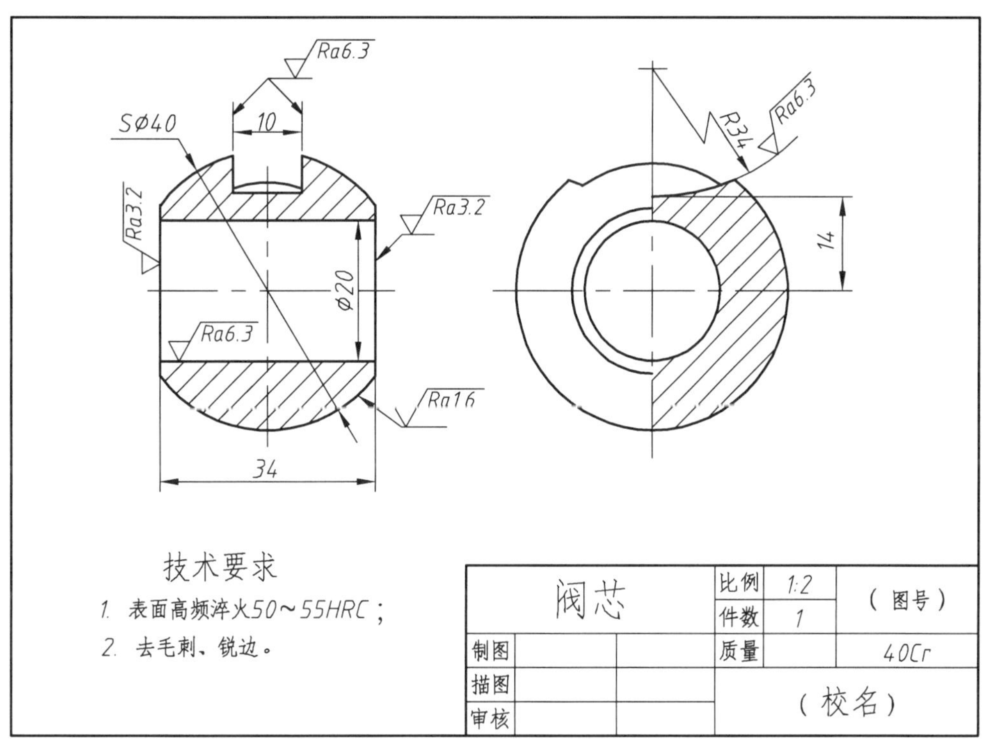

图 14.8 阀芯零件图

（1）一组视图。

包括视图、剖视图、断面图等，用于表达零件的结构形状。

（2）一组尺寸。

用于确定零件各部分的形状大小及其相对位置。

（3）技术要求。

说明零件在加工和检验时应达到的技术指标，如零件的表面粗糙度、尺寸公差、形状和位置公差、材料的热处理等。

（4）标题栏。

说明零件的名称、材料、数量、绘图比例和必要的签署等。

14.2.1 铸造圆角对零件图形的影响

如前所述，铸造圆角是零件上最常见的局部工艺结构。圆角的存在将对零件及其图形产生以下两点影响。

1. 圆角与尖角

零件上未经切削加工的铸造毛坯表面相交处呈现“圆角”；零件上经过切削加工的表面与铸造毛坯表面相交，或两切削加工后表面相交时呈现“尖角”，如图 14.9 所示。

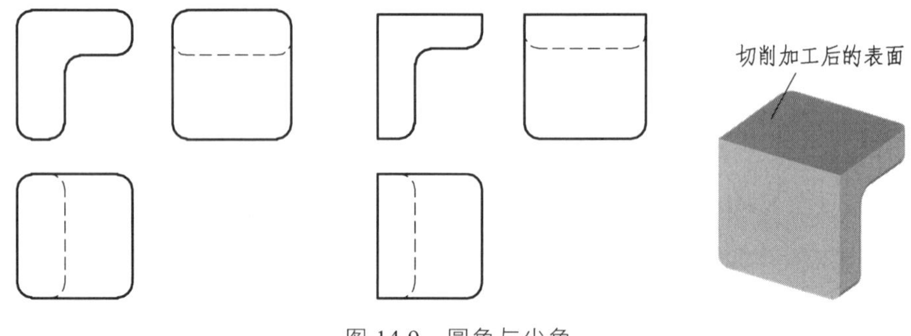

图 14.9 圆角与尖角

2. 过渡线的画法

由于有铸造圆角的存在，两铸造毛坯面产生的交线变得不够明显、清晰。为了便于看图时区分不同表面，想象零件形状，在图上仍旧画出这种交线——此时称为过渡线。过渡线用细实线绘制。

（1）当两曲面相交时，过渡线应不与圆角轮廓接触，如图 14.10 所示。

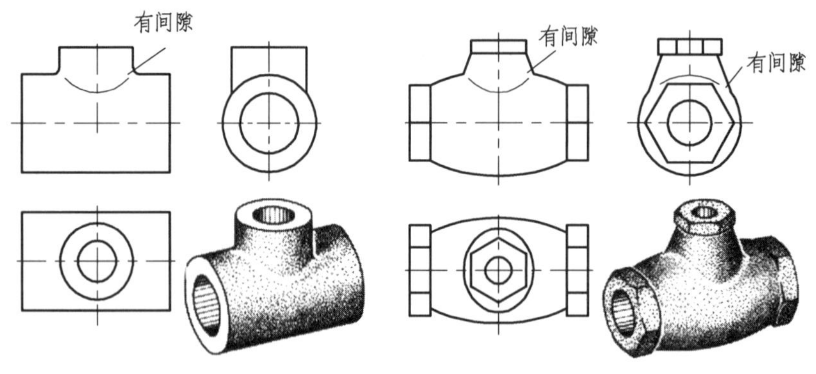

图 14.10 过渡线（一）

（2）当两曲面的轮廓线相切时，过渡线在切点附近应当断开，如图 14.11 所示。

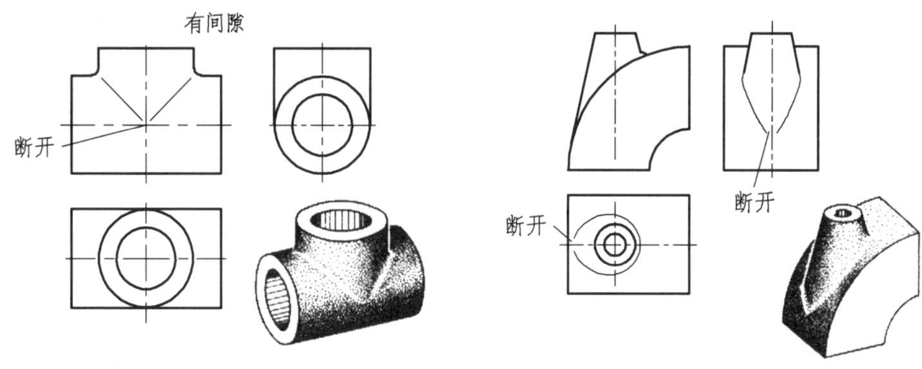

图 14.11　过渡线（二）

（3）在绘制平面与平面、平面与曲面的过渡线时，应该在转角处断开，并加画过渡圆弧，其弯向与铸造圆角的弯向一致，如图 14.12 所示。

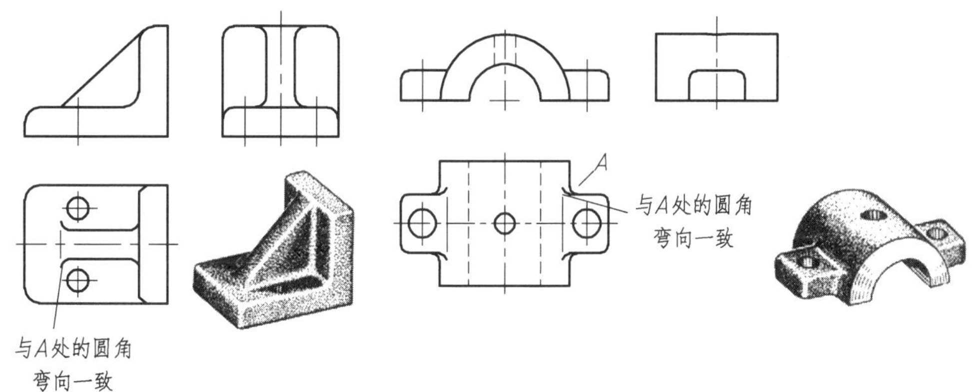

图 14.12　过渡线（三）

（4）当三条过渡线汇集于一点时，在该点附近应当都断开，如图 14.13 所示。

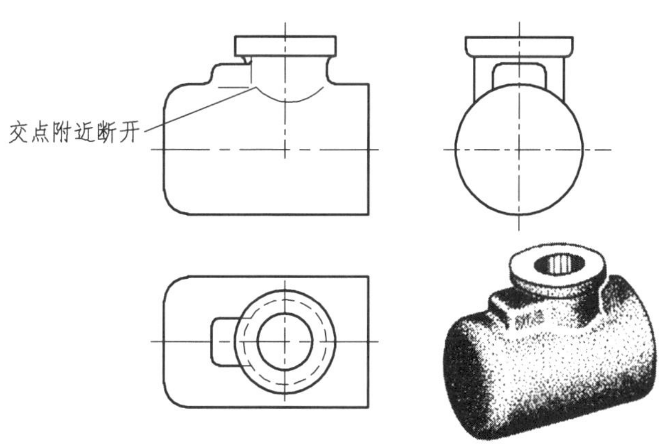

图 14.13　过渡线（四）

（5）图 14.14 所示为零件上常见的肋与圆柱的组合在有圆角过渡时的画法。从图中可以看出，过渡线的形状取决于肋的断面形状及相交或相切的关系。

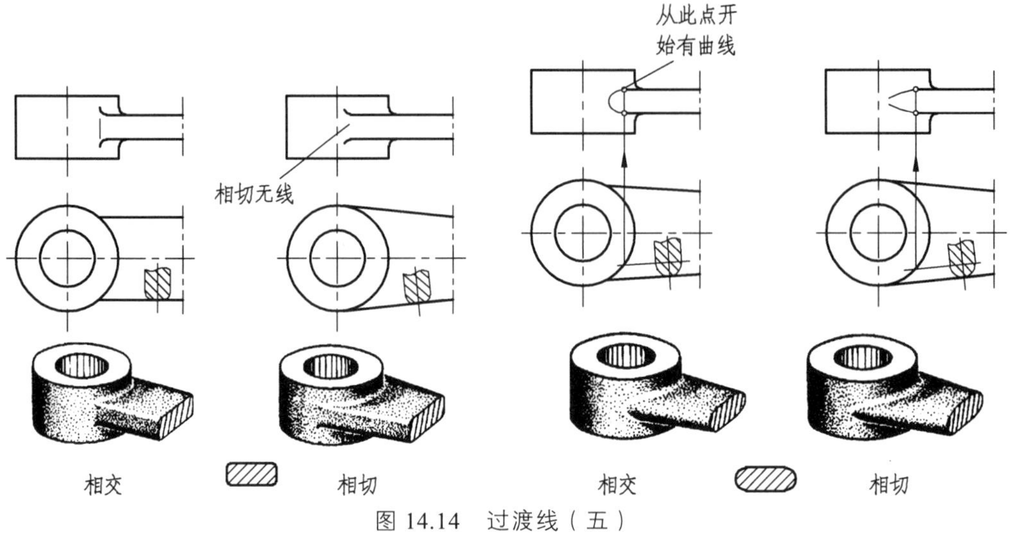

图 14.14　过渡线（五）

14.2.2　绘制零件图的两种途径

在实际工作中绘制零件图，可分为测绘和拆图两种途径。

1. 通过测绘绘制零件图

测绘是根据已有的零件画出图来，多在无图样又需要仿制已有机器或修配损坏的零件时进行。

在测绘时，因受时间及工作场所的限制，往往先画出零件草图，整理以后再根据草图画出正规零件图。画零件草图时，不用绘图仪器，完全徒手在白纸或方格纸上画出。先画图形，后量尺寸。尺寸的真正大小是在布置全部尺寸画完尺寸线后，才一起测量，得出数据，再填到图上去。

零件草图虽然名为草图，但绝不可以潦草从事，草图同样必须有图框、标题栏等要求，其画图步骤与正规图基本相同。图 14.15 所示为零件草图的样例。

零件草图的要求是：视图和尺寸要齐全、字体清楚、线型分明、图面整洁、技术要求完全。

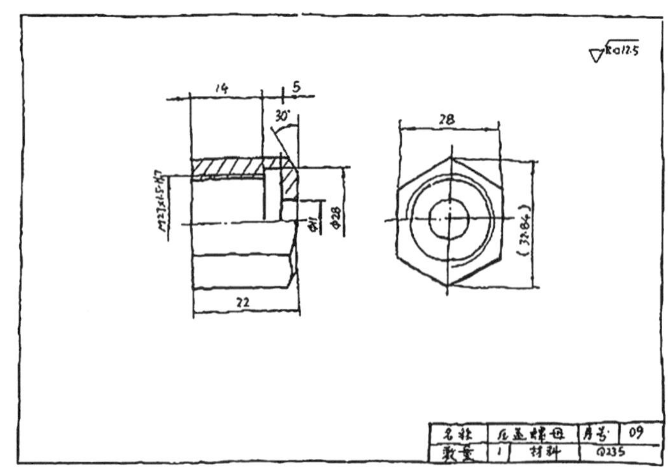

图 14.15　零件草图的样例

2. 通过拆装配图绘制零件图

在设计新机器时，先要画出机器的装配图，定出机器的主要结构，再根据装配图画出各零件的零件图，这称为拆图。

14.2.3　零件图的画图步骤

画零件图大致按下面的步骤进行，如图 14.16 所示。

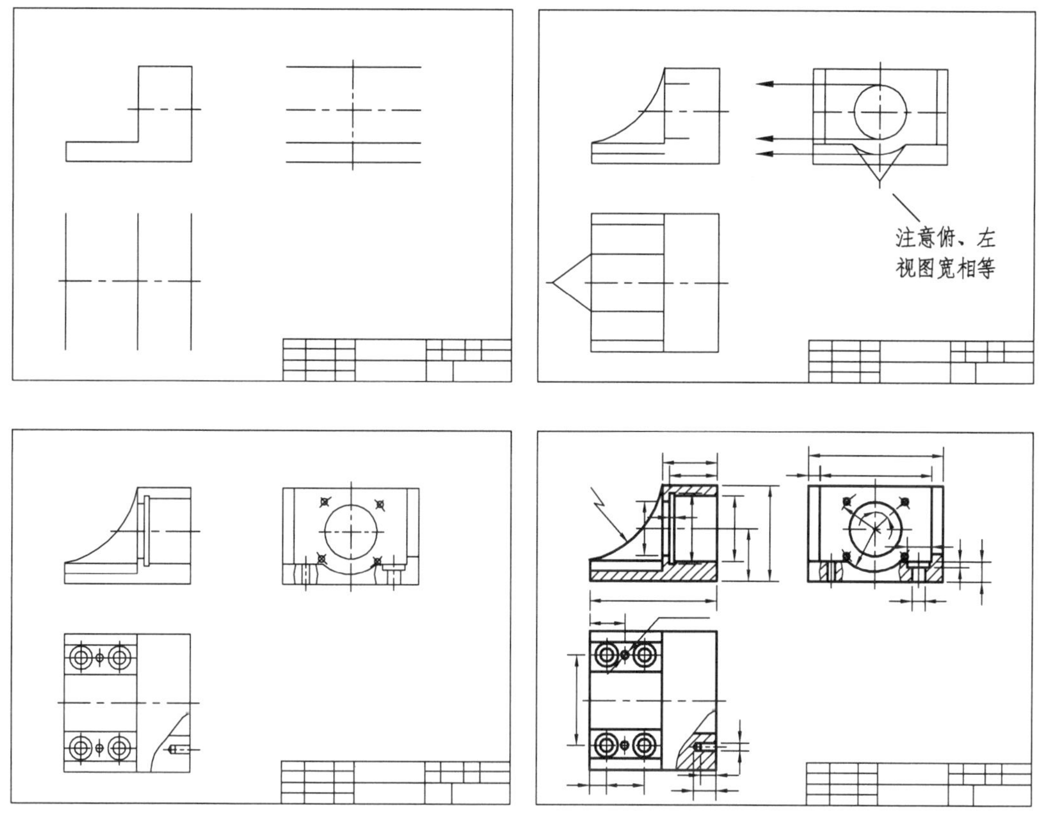

图 14.16　零件图的画图步骤

（1）根据零件的功能、结构和加工方法等选取主视图和其他视图。

（2）确定适当比例，并选择合适的标准图幅（草图可以不选标准图幅）。

（3）画出图框和标题栏。

（4）画出各视图的中心线、轴线、基准线，以确定各视图的位置，注意各视图之间应留有充分的标注尺寸的余地。

（5）由主视图开始，画各视图的主要轮廓线，画图时要注意各视图间的投影对应关系。

（6）画出各视图上的细节部分，如螺钉孔、销孔、倒角、圆角等。

（7）仔细检查草稿后，描黑。

（8）进行尺寸标注，先分析、布置尺寸，再画出全部尺寸界线和尺寸线，如图 14.16 所示。最后测量（画草图时）、填写尺寸。

（9）注出公差及表面粗糙度。

（10）注写技术要求和填写标题栏。

（11）最后进行检查，没有错误后，在标题栏内签字。

14.3 零件的视图表达

14.3.1 零件图视图的特点和要求

零件图的一组视图有以下 3 个特点：

（1）既使用基本视图，又使用辅助视图（如局部视图、斜视图等）。视图数目根据零件的复杂程度不同可多可少，不再是单调的主、俯、左三视图，每个视图都有明确的功能。

（2）充分利用剖视、断面等各种图样画法，而不再是简单的“可见画实线，不可见画虚线”的处理方法。

（3）视图方案是经过认真分析、对比和选择的，选择时既考虑零件的结构、形状，又考虑其工作状态和加工状态。

对视图的要求如下：

（1）正确——投影关系正确，图样画法和各种标注方法符合国家标准规定。

（2）完全、确定——在尺寸的配合下，把零件整体和各部分的形体结构、形状、位置和相对关系表达得完全且唯一确定，无不同理解。

（3）清晰、合理——图形清晰，便于阅读者能迅速地读懂、理解和进行空间想象。

（4）利于绘图和尺寸标注——便于画图，视图要为尺寸标注提供方便。

14.3.2 视图选择的原则

（1）表示零件信息量最多的那个视图应作为主视图。

（2）在满足要求的前提下，使视图（包括剖视图和断面图）的数量最少，力求制图简便。

（3）尽量避免使用虚线表达零件的结构。

（4）避免不必要的细节重复。

14.3.3 主视图的选择

主视图是零件一组视图中最重要的视图，它反映的零件信息量最多。主视图选择是否恰当直接影响到其他视图的选择，影响到看图的便利性，甚至影响到画图时图幅的合理利用。

1. 零件安放方式和投射方向

选择零件安放方式和投射方向，使所得主视图满足以下要求：

（1）反映零件的工作状态，或加工状态，或安装状态。

（2）表示零件结构形状信息量最多——最能明显、充分地反映零件结构形状特征。

（3）形态稳定、平衡。

（4）使相应确定的其他基本视图和全组视图稳定、平衡，画图方便和宜于图纸和屏幕的利用。

以上 4 条有时能兼顾统一，有时会发生矛盾。要分析、比较，取综合效果最佳的方案。其中，前两条直接关系到“信息表达”，因此更为重要。

在实践的基础上，已形成如下规律：

（1）轴套类和轮盘类零件按加工状态选择主视图。

轴套类和轮盘类零件的主要加工方法明确——在卧式车床上车削，如图 14.17 所示。

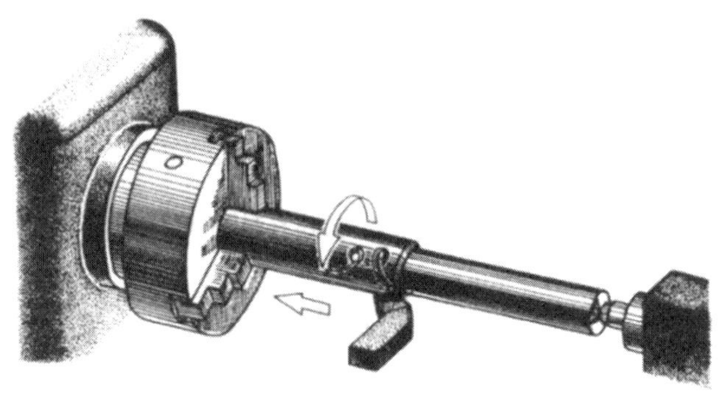

图 14.17　轴加工时的位置

主视图——取沿轴线水平的非圆图形，能反映加工状态。同时也最能反映零件的结构形状（各段圆柱的长度和直径都能表现出来，相互位置关系明显）。轴的图形亦稳定、平衡，如图 14.18、图 14.19 所示。

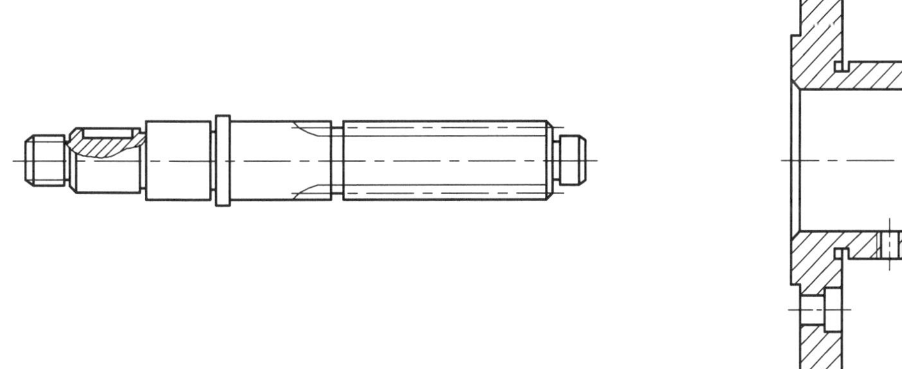

图 14.18　轴　　图 14.19　盘盖

（2）叉架类和箱壳类零件按工作状态选择主视图。

图 14.20 中车床左端的主轴箱的箱体和右端尾架的尾架体为典型的箱壳类零件，如图 14.21、图 14.22 所示。

图 14.20　车床

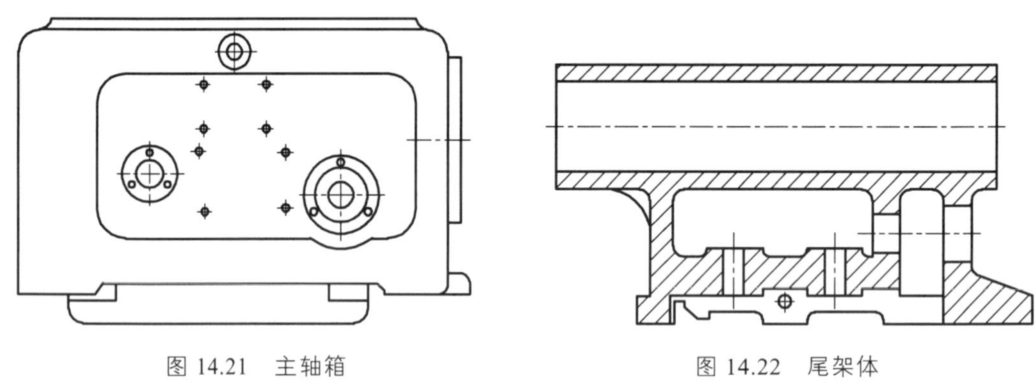

图 14.21　主轴箱　　　　图 14.22　尾架体

它们的主视图都反映了零件的工作状态，同时也满足了表示零件结构形状信息量最多的要求，并且稳定、平衡。此类零件加工复杂，有较多部位要求较高，切削加工时状态也多变；有时有明确的主要加工方法和状态，有时则没有，因此主视图不以反映加工状态为目的。

在选择此类零件的主视图时，往往要注意“综合分析，择优选取”。如图 14.23 中的两个视图都反映了尾架体的工作状态，只是投射方向不同（相当于其工作时人从不同方向观察，形态不同）。图 14.23（a）在明显、充分地反映结构形状特征方面更好，而且也同时反映了最主要的加工工序（加工主孔腔）的加工状态。所以，主视图应当选图（a）而不选（b）。

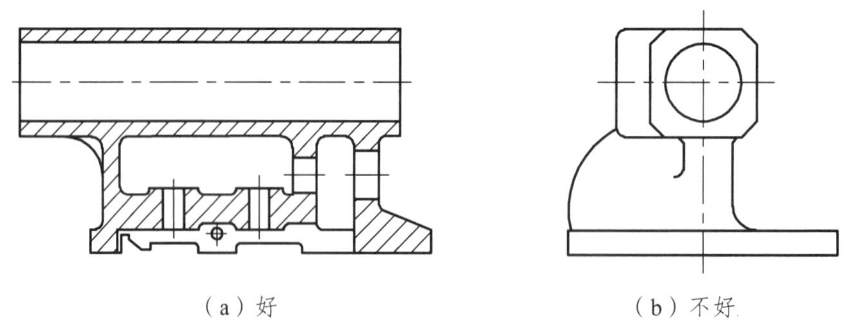

（a）好　　　　（b）不好

图 14.23　选择尾架体的主视图

当箱壳、叉架类零件以倾斜状态工作时，若简单地按工作状态选主视图，则会对画图、读图不利，亦不够稳定平衡。此时，应将零件摆正形成主视图。图 14.24 所示为汽车机油泵的主视图。

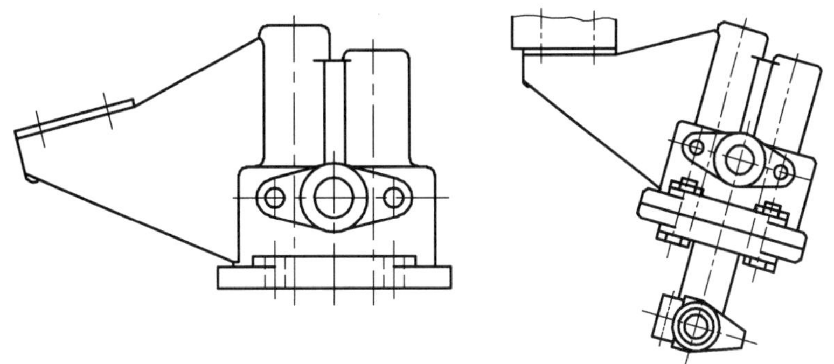

图 14.24　汽车机油泵的主视图

2. 确定主视图的画法

根据零件的功能、结构形状特征和加工方法，选用前面所介绍的各种图样画法，进一步实现主视图“表达信息量最多”。

套类和箱壳类零件功能上多用来包容其他零件，结构上多有空腔、内孔，并且腔、孔的加工要求高（对其标注也较多），多需采用剖视画法表示其内形的全部或部分。轴等实心零件则多画外形，必要时仅取小范围局部剖即可，如图 14.25 所示。

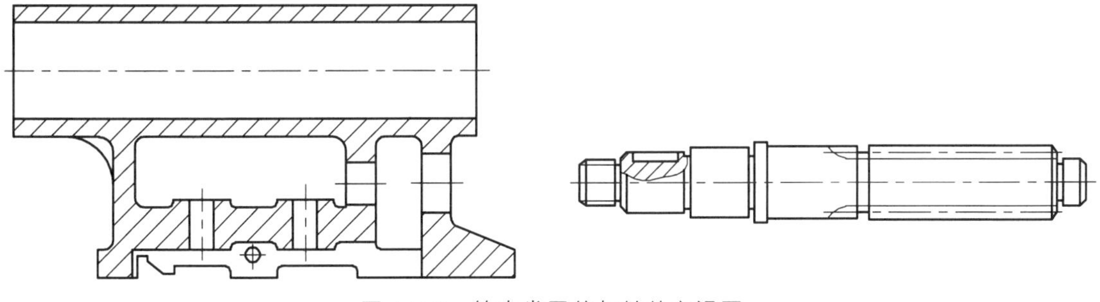

图 14.25　箱壳类零件与轴的主视图

14.3.4　其他视图的选择

选择其他视图时，应配合主视图，以完整、清晰地表达出零件的结构形状为原则，按其结构逐一分析选择其他视图，最后调整、修改，使视图配备得当，方便看图。

为此，在选择其他视图时，应考虑以下几个问题：

（1）尽量选用基本视图，并在基本视图上作适当的剖视等表达方法，表达零件主体的内外结构形状。

（2）为表达零件的局部形状或倾斜部分的内形，在采用局部视图或斜视图时，应尽可能按投影关系配置在有关视图附近。

（3）对细小结构，可采用局部放大图。

（4）每一个视图都应有表达的侧重点，各个视图要互相配合、补充而不简单重复。

在确定视图表达方案时，可将多种方案进行比较，然后改进，最后从中选取最佳的表达方案。

14.3.5 几个问题的处理

零件图的视图选择是一个灵活性较大的问题。在考虑表达方案时，会遇到很多矛盾，但要抓住主要矛盾，才能分清主、次，突出重点，使所选视图方案便于看图，符合生产实际的要求。下面讨论几个问题的处理方法。

1. 零件内形与外形的表达问题

在某一个视图上，为了清楚地表示零件的内部结构，常常采用剖视图。但剖开后，又往往影响外形的表达。解决这个问题的方法可从以下三个方面考虑：

（1）如果零件的内、外形一个复杂，一个简单，在表达时就要突出主要矛盾。当外形复杂时以外形为主，当内形复杂时以剖视为主，如图 14.26 所示。

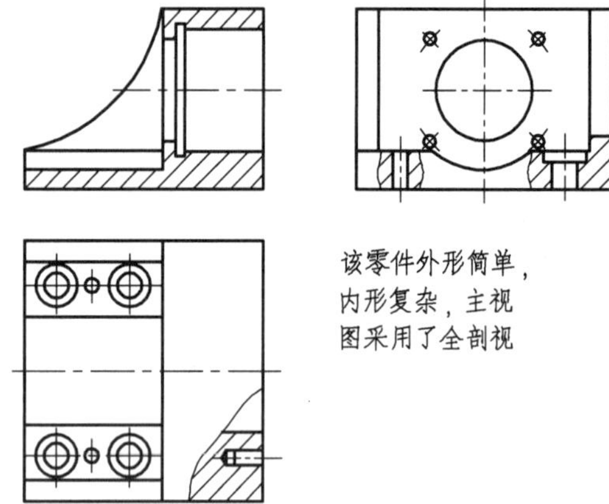

图 14.26 轴承座的视图选择

（2）如果零件的内、外形都较复杂，在同一视图上它们的投影基本上不重叠时，可以采用局部剖视的形式（如果视图对称，可采用半剖视），将内、外形同时表达清楚，如图 14.27 所示。

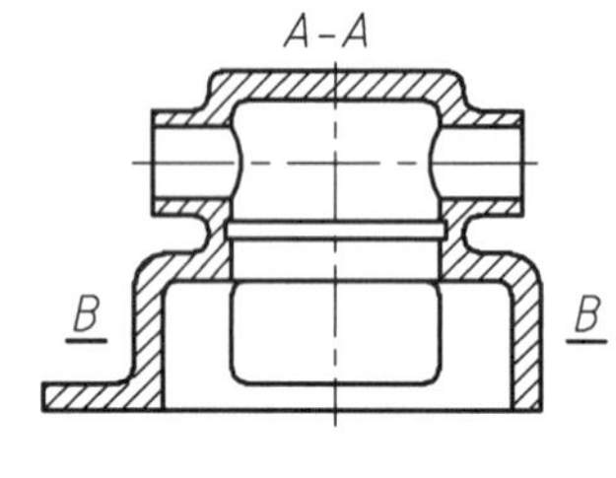

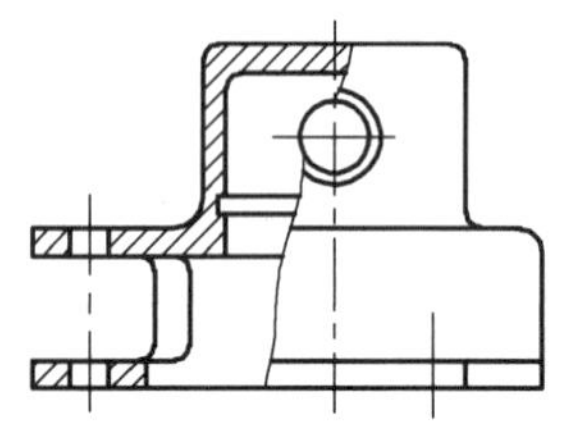

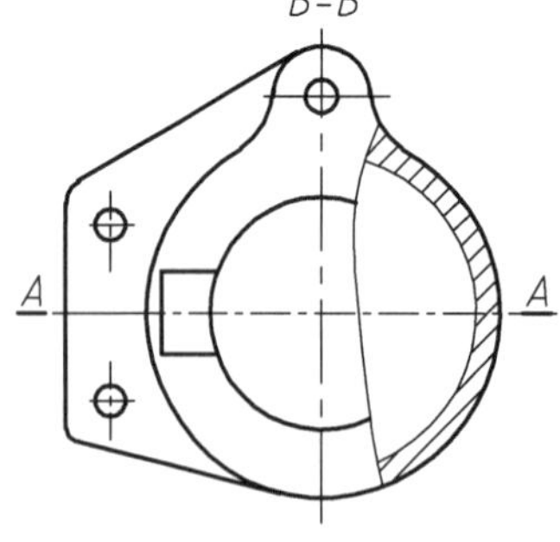

该零件内、外形都较复杂，
俯、左视图采用局部剖视，
将内、外形同时表达清楚

图 14.27 阀体的视图选择

（3）如果零件的内、外形都较复杂，在同一视图上它们的投影基本发生重叠，因而不能内外兼顾时，那么，在同一方向既要画剖视图，又要另画外形图来表示，如图 14.28 所示。

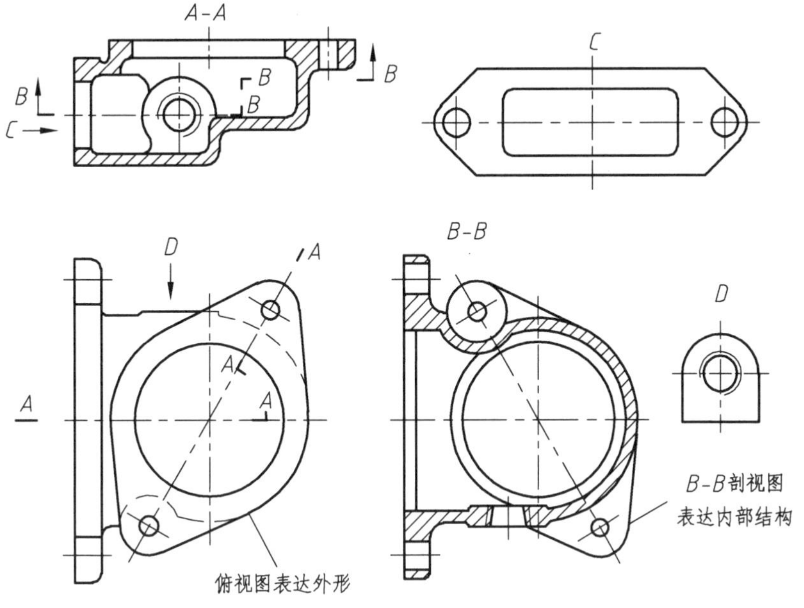

图 14.28　汽车调温器座的视图选择

2. 集中表达与分散表达的视图数量问题

把零件的各部分形状集中于少数几个视图来表示，还是分散在许多单独的图形上来表示，正确处理这个问题的原则是力求看图方便，使看图者易于想出零件的完整形状。具体的做法是每个视图所表示的内容要有合理安排，不要勉强求多（特别是在一个视图上使用较多局部剖视），以免造成图形繁杂混乱，也不要过多使用局部视图，使整体形状支离破碎。

3. 零件图上虚线的问题

在视图选择原则中已经指出“尽量避免使用虚线表达零件的结构”。当满足以下两种情况时，可以考虑少量地使用虚线：

（1）画了虚线不影响视图的清晰，也不必在虚线上标注尺寸，甚至由于虚线的使用可以省略另一个视图，如图 14.29 所示。

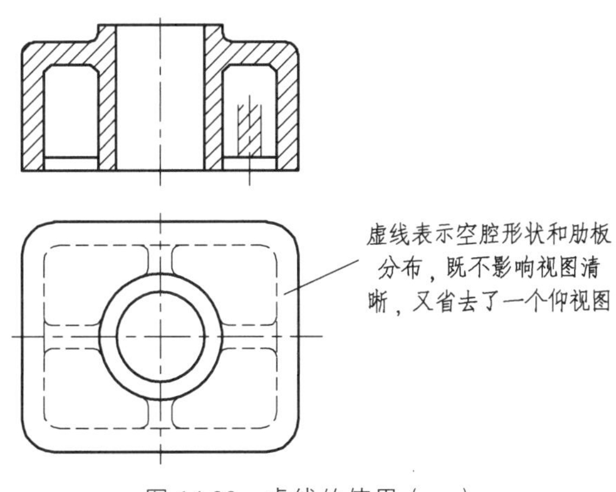

图 14.29　虚线的使用（一）

（2）能使某一部分结构形状表示得更加完整，如图 14.30 所示。

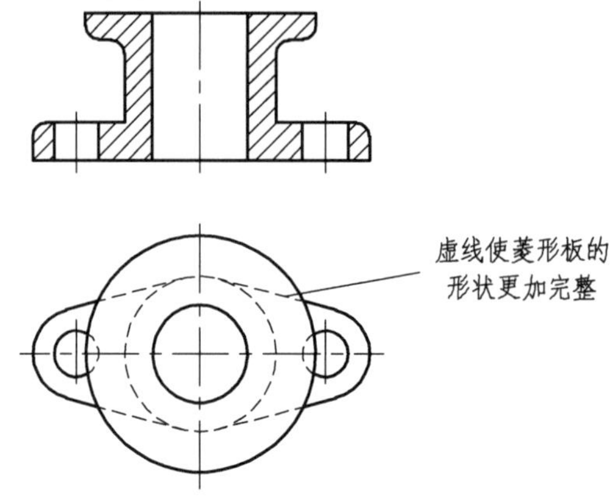

图 14.30　虚线的使用（二）

4. 尺寸的作用与要求问题

（1）在选择视图时，注意利用尺寸说明形状，有时则可省略视图。例如，圆柱、球均可用一个视图配以尺寸标注表达，如图 14.31 所示。

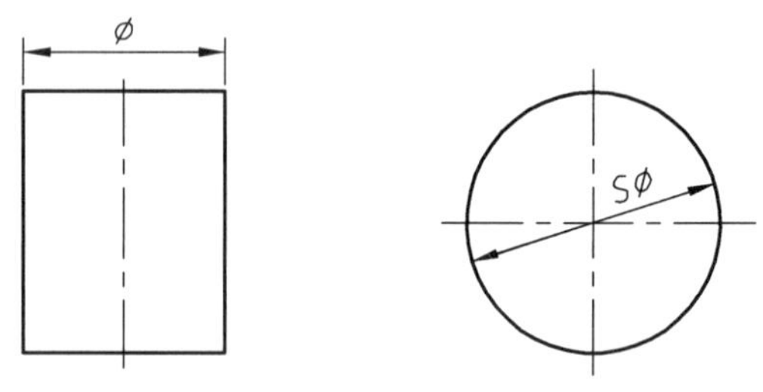

图 14.31　尺寸标注表达

（2）在调整视图方案时，有时为了避免尺寸标注过于集中而添加视图。

14.4　零件的尺寸标注

零件尺寸的标注除了第 11 章所讲的正确、完全、清晰的基本要求外，还应标注得合理。即所标注的尺寸能满足零件的设计和加工工艺的要求，保证零件的使用性能，便于零件的制造和检验测量。

14.4.1　尺寸标注的合理性

零件图中的尺寸标注，除了要符合前面所述的尺寸完整、标注清晰，并符合国家标准规定之外，还要尽量标注合理。

尺寸标注的合理性主要是：

（1）保证达到设计的要求。

（2）便于加工和测量。

为了做到合理，在标注尺寸时，必须了解零件的作用、在机器中的装配位置及采用的加工方法等，从而选择恰当的尺寸基准，结合具体情况合理地标注尺寸。

14.4.2　基准及尺寸分类

1. 基　准

基准是指确定零件上几何元素位置的一组点、线、面。基准从根本上讲是面的概念。基准线实际包含 2 个互相垂直的基准面。

根据使用不同，一般将基准分为设计基准和工艺基准。

设计基准是在设计零件时，保证功能、确定结构形状和相对位置时所选用的基准。用来作为设计基准的，大多是工作时确定零件在机器或机构中位置的面、线或点。如图 14.32 中的蜗轮轴的轴肩处 *B* 为设计基准，此处用于与蜗轮配合。

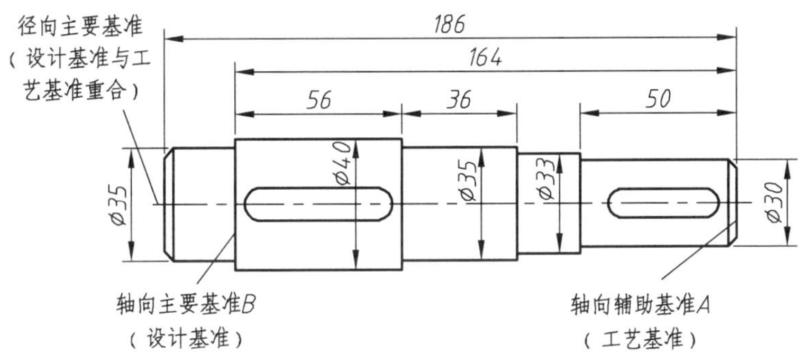

图 14.32　蜗轮轴

工艺基准是在加工零件时，为保证加工精度和方便加工与测量而选用的基准。用来作为工艺基准的，大多是加工时用作零件定位的和对刀起点及测量起点的面、线或点。如蜗轮轴的端面 *A* 为工艺基准，此基准方便加工和测量。

任何一个零件都有长、宽、高三个方向的尺寸，因而在每一个方向上至少应当选择一个基准面，这个基准面一般称为主要基准，设计基准通常为主要基准。此外，为了加工和测量的方便，还要附加一些基准，称为辅助基准，工艺基准往往作为辅助基准。主、辅基准之间应有尺寸联系，如上图 14.32 中的尺寸 164。有时工艺基准可以和设计基准重合，这是最佳选择。

2. 尺寸分类

按照零件图上尺寸的作用，尺寸可分为功能尺寸和非功能尺寸两类。

功能尺寸——保证零件在机器或机构中具有正确位置和装配精度的尺寸，这类尺寸直接影响产品的性能。例如零件的规格尺寸、配合尺寸、连接尺寸和安装尺寸等。

非功能尺寸——一般用来保证零件的力学性能（如强度、刚度等），满足工艺上（如退刀槽、凸台、凹坑、沟槽等）、质量上、装拆方便要求的尺寸。

根据零件几何特征，尺寸又可分为定形尺寸和定位尺寸。区分定形、定位尺寸有利于保证尺寸的完整性。

14.4.3 基准的选择

通常由设计基准引出的尺寸，能够保证零件在机器中的正确位置，达到较好的装配精度，从而能满足机器的性能要求。

由工艺基准引出的尺寸，能使零件与加工工艺联系起来，方便加工和测量。

因此，最优的方案是把两种基准统一起来，做到同时满足二者的要求。若二者不能统一，则功能尺寸由设计基准引出，非功能尺寸可考虑加工、测量方便，由工艺基准引出。

选择基准时，要注意以下问题：

（1）通过分析零件在机器中的作用及装配定位关系，确定设计基准；分析零件的加工过程，确定工艺基准。

（2）对称件的基准一般应选择在对称面或对称中心线上，但其尺寸不由对称线引出，而应标成对称尺寸。

14.4.4 合理标注尺寸应注意的事项

1. 零件上的功能尺寸应从设计基准出发直接注出

功能尺寸直接影响零件的装配精度和使用性能，所以必须优先保证，从设计基准出发直接注出，而不应用其他尺寸推算得到（作“空出”处理）。

如图 14.33 所示，轴承座的中心高不能由 $b+c$ 确定，底板上两个安装孔的孔心距也不能由 $d-2e$ 确定，因为中心高和孔心距是保证二轴承座轴孔同心的功能尺寸，必须直接注出。

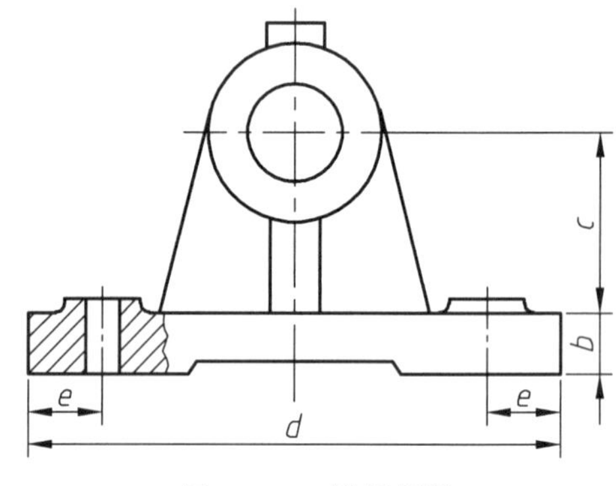

图 14.33 错误标注

2. 标注尺寸时，要考虑工艺要求

在满足零件设计要求的前提下，标注尺寸要尽量符合零件的加工顺序和测量方便。非功能尺寸可以按加工、测量方便的原则进行标注。

（1）按加工顺序标注尺寸。

按加工顺序标注尺寸，符合加工过程，方便零件的加工和测量。下图 14.34 为蜗轮轴的加工顺序和尺寸标注过程。

① 下料：长度 190、ϕ45 的棒料，切平两端面，最后保持长度为 186，再打两端的中心孔。

② 车削轴ϕ35 的一端，以 A 面为基准，长度为 186 – 164 = 22。

③ 调头。以 B 面为基准，车削ϕ40、长 56 轴段；以 C 面为基准，车削ϕ35、长 36 轴段。

④ 再以 A 面为基准，车削ϕ30、长 50 轴段；把余下的一段车削成ϕ33。

⑤ 分别以 A、B 面为轴向基准，以轴线为径向基准，铣制键槽，键槽的标注形式如图 14.34（e）所示。

⑥ 根据以上分析，即可完整地注出轴的长度和直径尺寸。尺寸标注形式如图 14.35 所示。

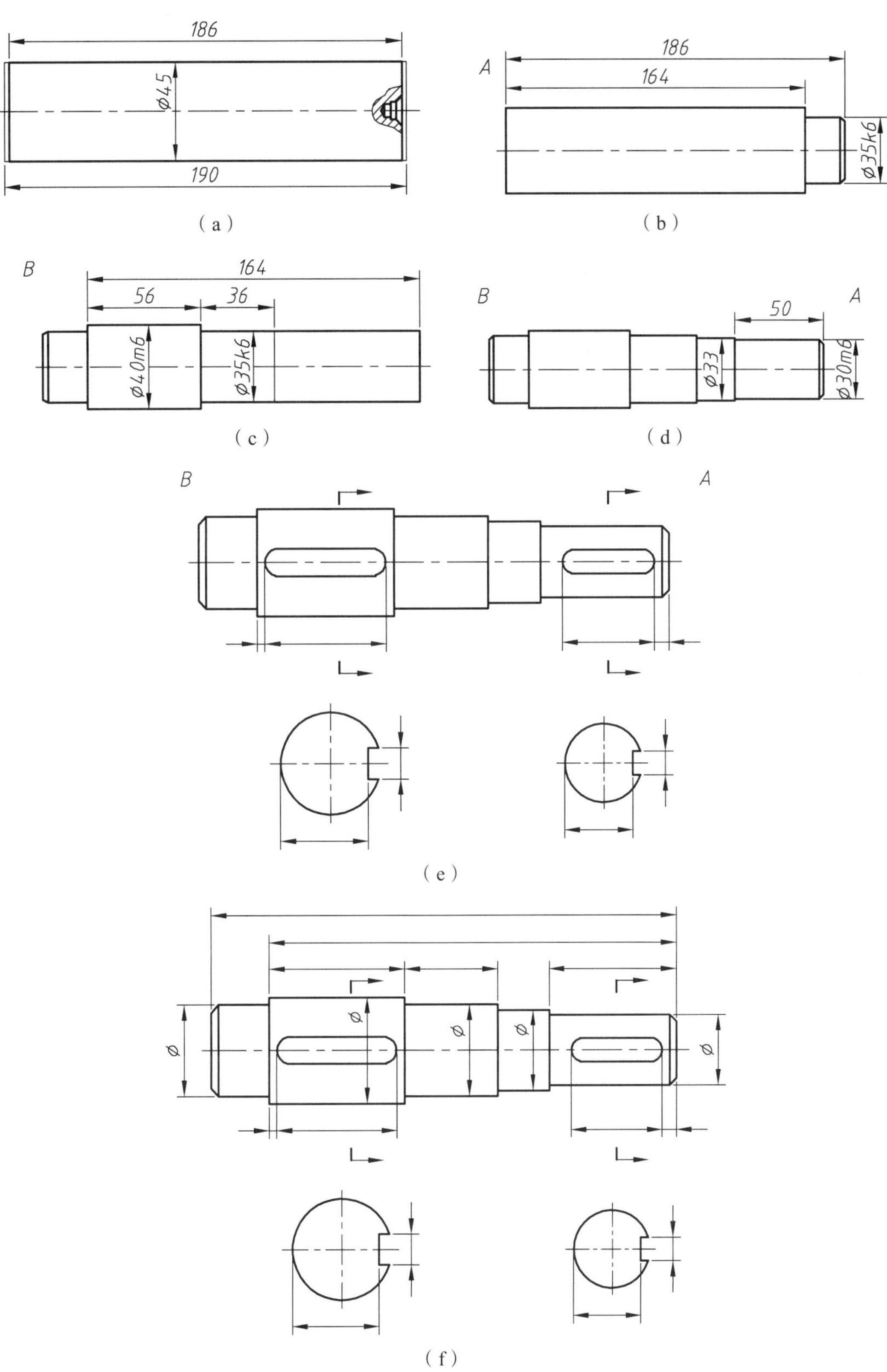

图 14.34　蜗轮轴的尺寸标注

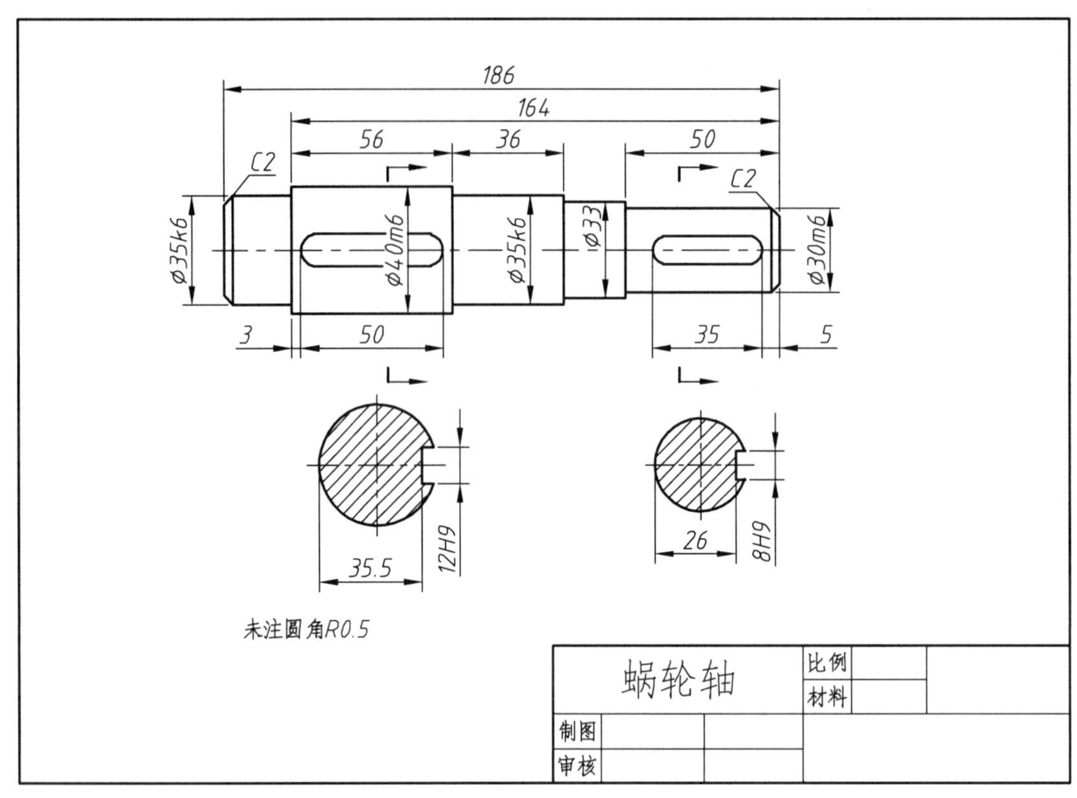

图 14.35　蜗轮轴

（2）零件上不同的加工方法所用的尺寸要分开标注，并尽可能集中在一起。

一个零件通常要经过几种加工方法才能完成。在标注尺寸时，最好将不同加工方法所用的尺寸分开标注，对同一工艺工序尺寸应尽量集中注写，如图 14.36 所示。

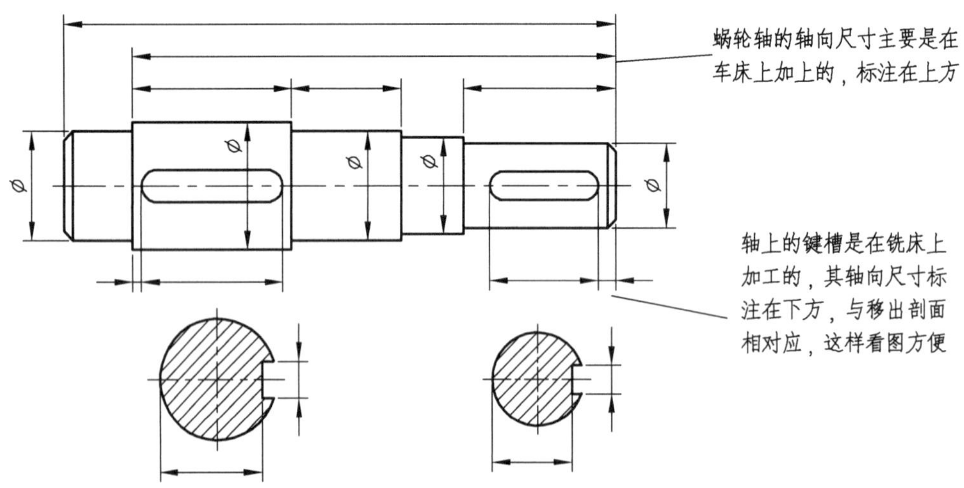

图 14.36　不同加工方法所用的尺寸分开标注

（3）标注尺寸要考虑测量方便。

尽量做到使用普通量具就能测量，以减少专用量具的设计和制造，如图 14.37 所示。

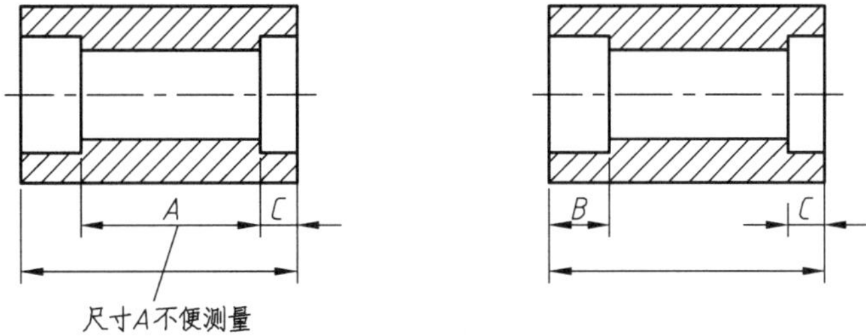

图 14.37　便于测量的尺寸标注

（4）注意毛坯面的尺寸标注。

标注零件上各毛坯面的尺寸时，在同一方向上（例如高度方向）最好只有一个毛坯面与加工面有直接尺寸联系，其他的毛坯面只与毛坯面有直接尺寸联系。

图 14.38（b）的注法虽然看上去都以底面为起点，基准分明，但并不合理。因为铸造误差较大，各毛坯面间相对关系精确度不高，如果 4 个毛坯面都与加工的底面有直接尺寸联系，在加工底面时，要同时保证这些尺寸会造成极大困难，甚至是不可能的。

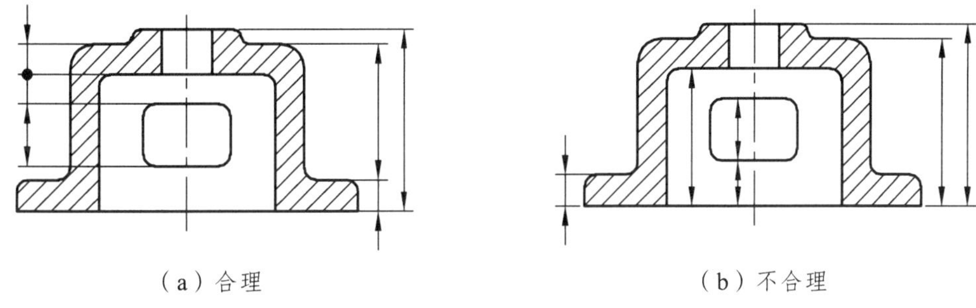

（a）合理　　（b）不合理

图 14.38　毛坯面的尺寸标注

（5）有直接装配关系的零件相关尺寸注法应一致。

图 14.39 中的镜头架和底板，其凸块和凹槽用尺寸 40 配合，装配后要求 *A* 面对齐。在二者的零件图上尺寸注法应一致。

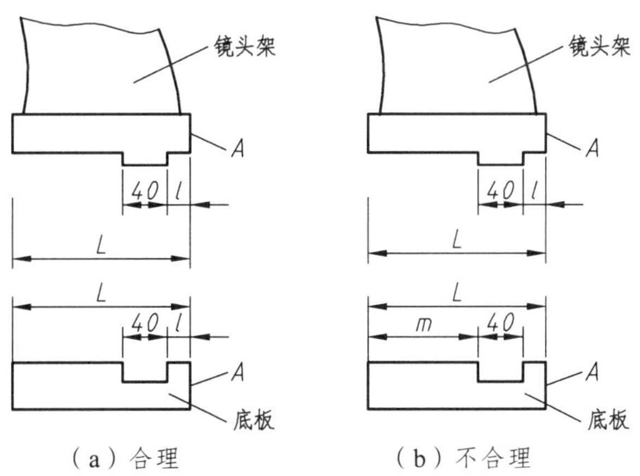

（a）合理　　（b）不合理

图 14.39　有直接装配关系的零件相关尺寸注法

3. 零件中的尺寸不允许注成封闭尺寸链

把某轴的结构简化成一个由三段圆柱组成的阶梯轴。各段长度分别为 a、b、c，总长为 d。图 14.40 中所示按一定顺序依次连接起来排成的尺寸标注形式称为尺寸链。a、b、c、d 首尾相连，顺序排列，绕成一个整圈，且有 $d=a+b+c$ 的关系，称之为封闭尺寸链（见图 14.40）。

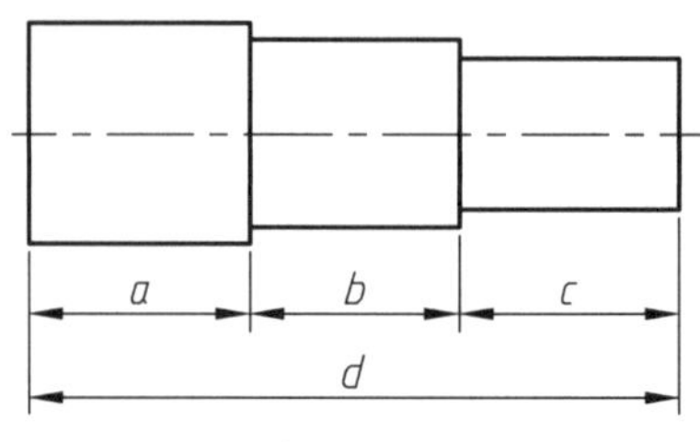

图 14.40 封闭尺寸链

4 个尺寸都标注，则意味着都要控制误差范围。在保证尺寸 d 在一定误差范围内，尺寸 a、b、c 允许误差的总和，就不能超过 d 的允许误差，这样各段的允许误差就须较小。误差越小，尺寸精度越高，这将提高加工成本，甚至给加工带来极大困难。

通常将封闭尺寸链中允许有最大误差的尺寸空出不标注。若因某种需要必须将其注出时，应将此尺寸数值加上圆括号，作为“参考尺寸”。使制造误差都集中到这个尺寸上，从而保证其他各段的尺寸精度，降低加工成本（见图 14.41）。

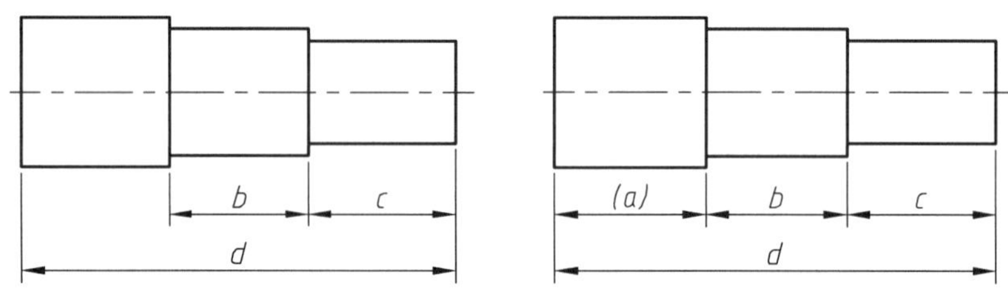

图 14.41 正确的标注方法

14.4.5 常见局部结构的习惯注法

1. 圆 角

由于铸造工艺的需要，在铸件上有许多铸造圆角。当这些圆角尺寸全部相同时，不必在图中一一注出，可在图纸空白处用文字说明，如图 14.35 所示。

2. 倒 角

一般 45°倒角按“C 倒角宽度”注出。30°或 60°倒角，应分别注出宽度和角度。

图样中倒角尺寸全部相同或某个尺寸占多数时，可在图纸空白处做总的说明，如“全部倒角 $C1$”“未注倒角 $C1$”等，而不必在图中一一注出，如图 14.42 所示。

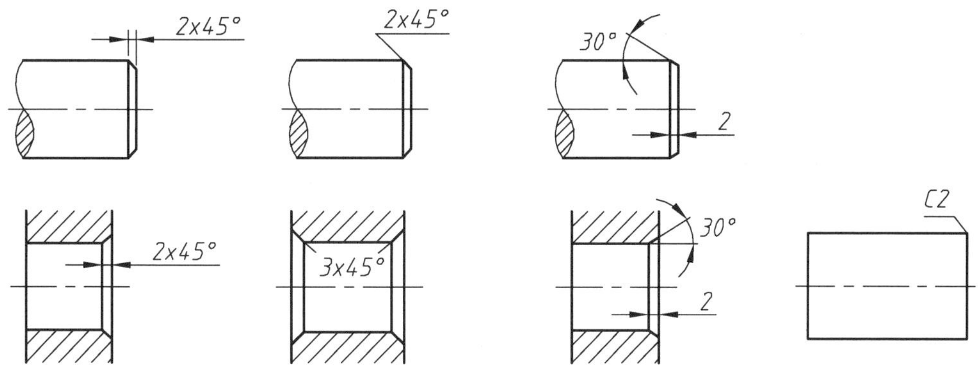

图 14.42　倒角的尺寸标注

3. 退刀槽及越程槽

退刀槽一般可按“槽宽×直径”或“槽宽×槽深”的形式标注。

砂轮越程槽常常用局部放大图表示，其尺寸数值可查零件，如图 14.43 所示。

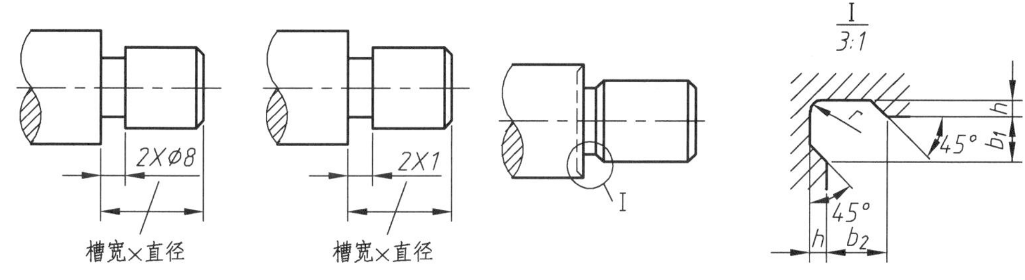

图 14.43　退刀槽及越程槽的标注

4. 滚　花

滚花是为了增加摩擦系数，避免打滑，便于操作在圆柱表面做出的网状或条状花纹（分别称为“网纹”或“直纹”）。绘图时可不必绘出，只用图示的简化注法注出即可。根据标注的代号可查出滚花规格、尺寸参数。图 14.44 中，“m5”表示滚花模数 0.5 mm；“模数”是表示滚花规格、尺寸的参数。根据“m5”可查出滚花齿高 0.652 mm，节距 1.571 mm，齿圆角半径 0.16 mm。

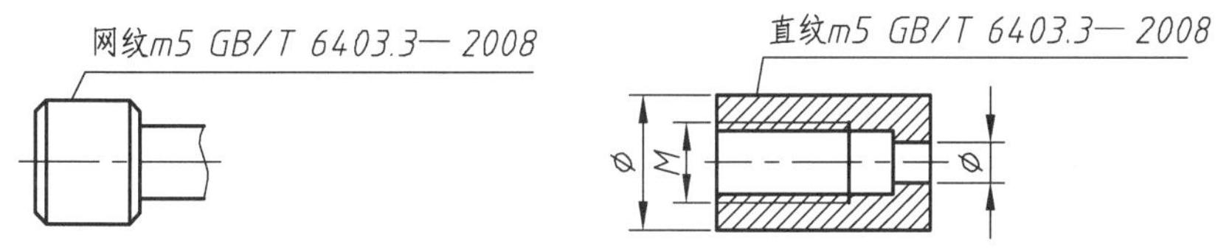

图 14.44　滚花的标注

5. 常用孔的注法

零件上经常出现光孔、螺纹孔等结构，这些孔的标注方法如表 14.1 所示。

表 14.1　常用孔的注法

常用孔名	标注示例	说明
盲孔	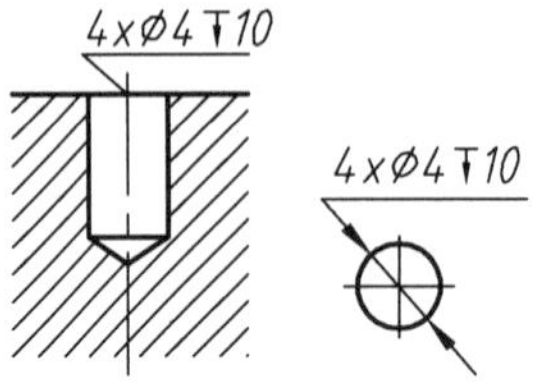 4×φ4↧10　4×φ4↧10	4×ϕ4 表示 4 个ϕ4 的孔，符号↧表示“深度”，10 表示孔的深度为 10
埋头孔	6×φ6.5 ⌵φ10×90°　6×φ6.5 ⌵φ10×90°	符号⌵表示“埋头孔（孔口做出倒圆锥台坡的孔）”，此处，锥台大头直径为 10，锥台面顶角为 90°
沉孔	8×φ6.4 ⌴φ12↧4.5　8×φ6.4 ⌴φ12↧4.5	符号⌴表示“沉孔（更大一些的圆柱孔）或锪平(孔端刮出一圆平面)”，此处的沉孔直径为 12，沉孔深 4.5；标注若无深度后跟，则表示刮出一指定直径的圆平面即可
带倒角盲孔	4×φ4↧10 C1　4×φ4↧10	4 个ϕ4、深 10 的孔，孔口有 1×45°（*C*1）倒角
螺纹通孔	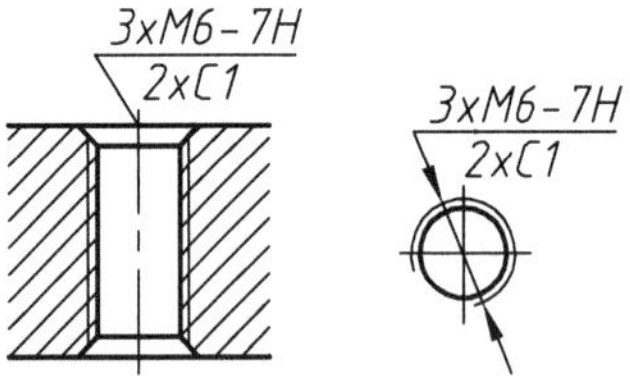 3×M6-7H 2×C1　3×M6-7H 2×C1	3 个 M6-7H 螺纹通孔，两端孔口有 1×45°（*C*1）倒角
螺纹盲孔	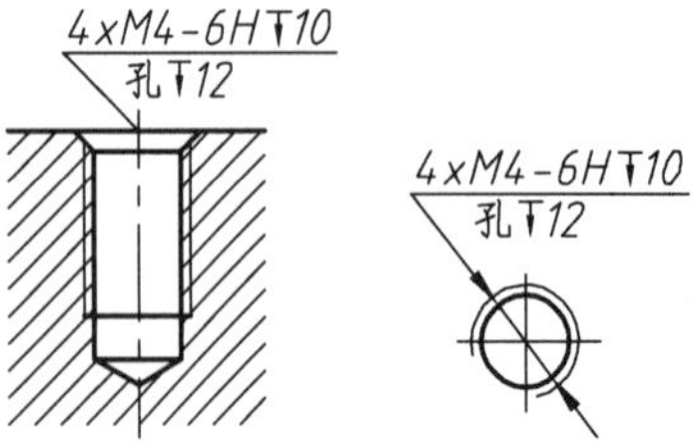 4×M4-6H↧10 孔↧12　4×M4-6H↧10 孔↧12	4 个 M4-6H 螺纹盲孔，螺纹部分深 10，作螺纹前钻孔深 14

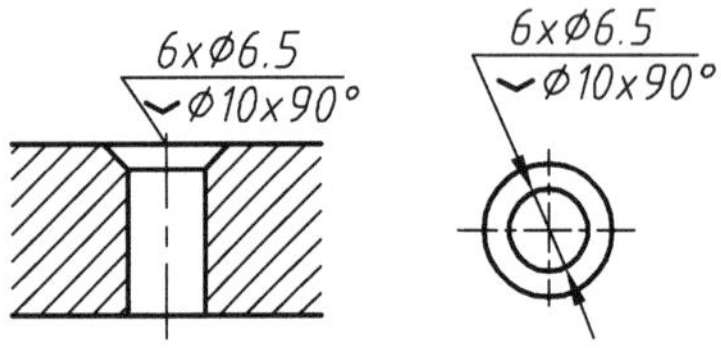

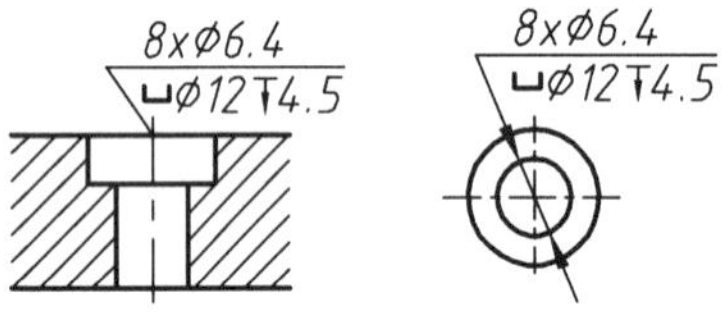

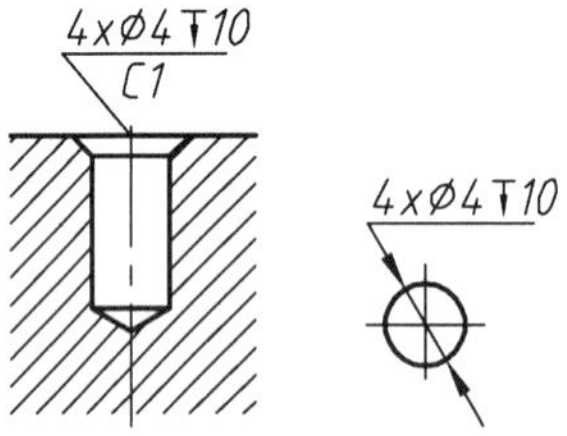

14.5 零件的工艺标注

14.5.1 表面粗糙度（摘自 GB/T 131—2006）

1. 表面粗糙度的基本概念及术语

（1）表面粗糙度：零件经过机械加工后的表面会留有许多高低不平的凸峰和凹谷，零件加工表面上具有的较小间距和峰谷所组成的这种微观几何形状特征。

表面粗糙度与加工方法、所用刀具和工件材料等各种因素都有密切关系。

表面粗糙度是评定零件表面质量的一项重要技术指标，是零件图中必不可少的一项技术要求。

（2）表面波纹度：在机械加工过程中，由于机床、工件和刀具系统的振动，在工件表面形成的间距比粗糙度大得多的表面不平度。

（3）形状误差：主要有加工机床的几何精度、工件的安装误差、热处理变形等因素造成的误差。

表面粗糙度、表面波纹度以及表面几何形状误差总是同时生成并存在于同一表面，如图 14.45 所示。

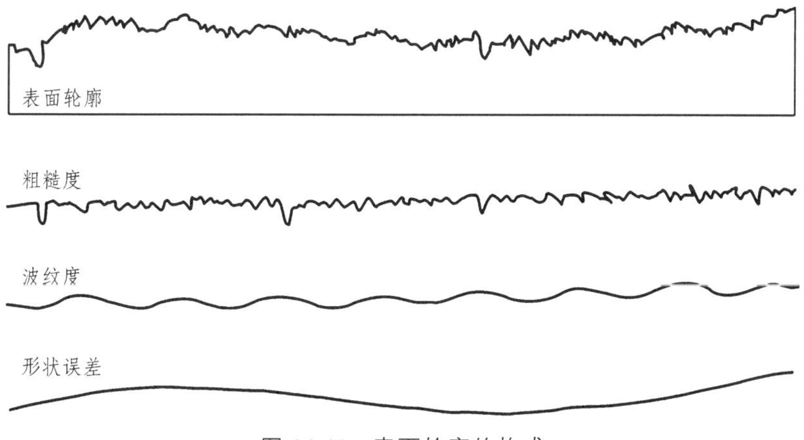

图 14.45 表面轮廓的构成

（4）评定表面结构常用的轮廓参数：算术平均偏差 *Ra* 和轮廓的最大高度 *Rz*。

对于零件表面结构的状况，可由三类参数加以评定：轮廓参数（由 GB/T 3505—2000 定义）、图形参数（由 GB/T 18618—2002 定义）、支承率曲线参数（由 GB/T 18778.2—2003 和 GB/T 18778.3—2006 定义）。其中轮廓参数是我国机械图样中最常用的评定参数。本节仅介绍轮廓参数中评定粗糙度轮廓（*R* 轮廓）的两个高度参数 *Ra* 和 *Rz*，如图 14.46 所示。

Ra（轮廓算术平均偏差）：在一个取样长度内，轮廓偏距（*Y* 方向上轮廓线上的点与基准线之间距离）绝对值的算术平均值，如下图 14.46 所示。显然，数值大的表面粗糙，数值小的表面光滑。

Rz（轮廓最大高度）：在一个取样长度内，最大轮廓峰高和最大轮廓谷深的高度之和。

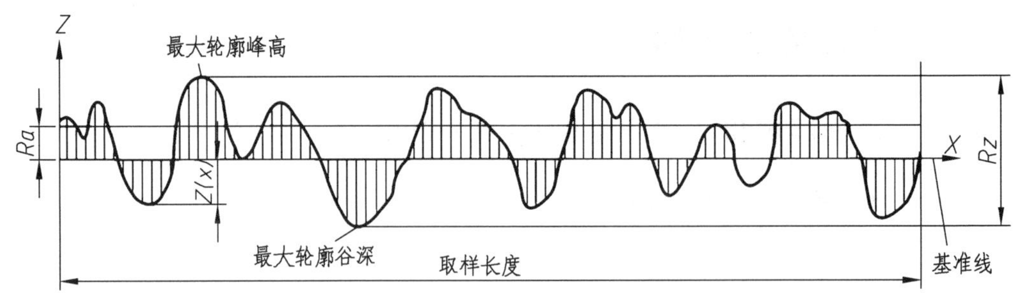

图 14.46　轮廓算术平均偏差和轮廓最大高度

Ra 值越小，零件被加工表面越光滑，但加工成本越高。因此，在满足零件使用要求的前提下，*Ra* 值应合理选用。参照 GB/T 1031—2009《产品几何技术规范（GPS）表面结构 轮廓法　表面粗糙度参数及其数值》所规定，表 14.2 列出了 *Ra* 值与其相应的加工方法、表面特征以及应用实例。

表 14.2　不同表面粗糙度的外观情况、加工方法和应用举例

Ra/μm	表面外观情况	主要加工方法	应用举例
50、100	明显可见刀痕	粗车、粗铣、粗刨、钻、粗纹锉刀和粗砂轮加工	粗糙度值最大的加工面，一般很少应用
25	可见刀痕		
12.5	微见刀痕	粗车、刨、立铣、平铣、钻	不接触表面、不重要的接触面，如螺钉孔、倒角、机座底面等
6.3	可见加工痕迹	精车、精铣、精刨、铰、镗、粗磨等	没有相对运动的零件接触面，如箱、盖、套筒要求贴紧的表面、键和键槽的工作表面；相对运动速度不高的接触面，如支架孔、衬套、带轮轴孔的工作表面
3.2	微见加工痕迹		
1.6	看不见加工痕迹		
0.80	可辨加工痕迹方向	精车、精铰、精拉、精镗、精磨等	要求很好密合的接触面，如与滚动轴承配合的表面、锥销孔等；相对运动速度较高的接触面，如滑动轴承的配合表面、齿轮轮齿的工作表面等
0.40	微辨加工痕迹方向		
0.20	不可辨加工痕迹方向		
0.10	暗光泽面	研磨、抛光、超级精细研磨等	精密量具的表面、极重要零件的摩擦面，如汽缸的内表面、精密机床的主轴颈、坐标镗床的主轴颈等
0.05	亮光泽面		
0.025	镜状光泽面		
0.012	雾状镜面		
0.006	镜面		

2. 表面粗糙度的符号和代号

（1）表面粗糙度符号。

标注表面粗糙度时的图形符号如表 14.3 所示，符号画法见图 14.48，符号尺寸见表 14.4。

表 14.3　标注表面粗糙度时的图形符号

符号	含义
	基本符号，表示表面可用任何方法获得
	基本符号加一短画，表示表面是用去除材料的方法获得
	基本符号加一小圆，表示表面是用不去除材料方法获得
	在上述三个符号的长边上均可加一横线，用于标注有关参数和说明

在完整图形符号上加上一个圆圈，表示视图上构成封闭轮廓的各个表面具有相同的表面粗糙度要求，如图 14.47 所示。

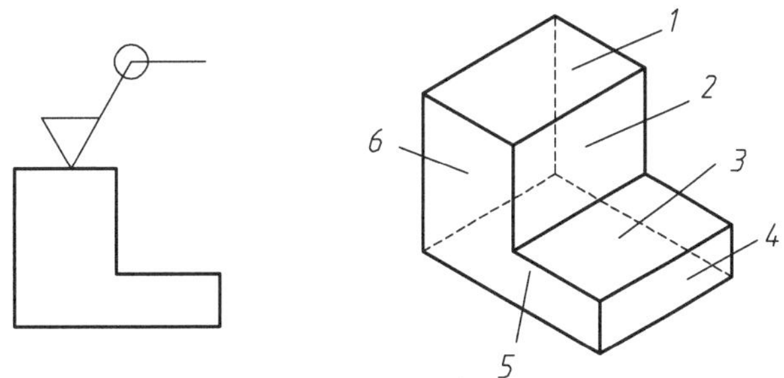

图 14.47　各个表面具有相同的表面粗糙度要求

图 14.48　符号的画法

表 14.4　符号尺寸

轮廓线的线宽 b	0.35	0.5	0.7	1	1.4	2	2.8
数字与字母的高度 h	2.5	3.5	5	7	10	14	20
符号的线宽 d' 数字与字母的笔画宽度 d	0.25	0.35	0.5	0.7	1	1.4	2
高度 H_1	3.5	5	7	10	14	20	28
高度 H_2	8	11	15	21	30	42	60

（2）表面粗糙度代号。

代号由符号和在各规定位置上标注的参数值及其他有关要求组成。代号的各部位内容如图 14.49 所示。

位置 a：

注写表面粗糙度的单一要求。

位置 a 和 b：

a：注写第一表面粗糙度要求。

b：注写第二表面粗糙度要求。

位置 c：

注写加工方法，如“车”“磨”“镀”等。

位置 d：

注写表面纹理方向，如“＝”“×”“M”等。

位置 e：

注写加工余量。

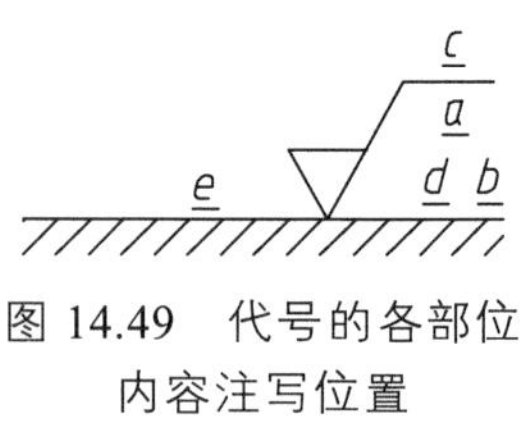

图 14.49 代号的各部位内容注写位置

（3）表面粗糙度参数值的标注。

表面粗糙度符号中注写了具体参数代号及参数值等要求后，称为表面粗糙度代号。表面粗糙度代号及其含义见表 14.5。

表 14.5 表面粗糙度代号及其含义

代号示例	含义/解释	补充说明
Ra 0.8	表示不允许去除材料，单向上限值，默认传输带，R 轮廓，算术平均偏差为 0.8 μm，评定长度为 5 个取样长度（默认），16%规则（默认）	参数代号与极限值之间应留空格，未标注传输带应理解为默认传输带
Rzmax0.2	表示去除材料，单向上限值，默认传输带，R 轮廓，轮廓最大高度的最大值为 0.2 μm，评定长度为 5 个取样长度（默认），最大规则	表示去除材料，单向上限值，默认传输带，R 轮廓，轮廓最大高度的最大值为 0.2 μm，评定长度为 5 个取样长度（默认），最大规则
0.008-0.8/Ra 3.2	表示去除材料，单向上限值，传输带 0.008～0.8 mm，R 轮廓，算术平均偏差为 3.2 μm，评定长度为 5 个取样长度（默认），16%规则（默认）	传输带“0.008-0.8”中的前后数值分别为短波和长波滤波器的截止波长（$\lambda_s \sim \lambda_c$），以示波长范围，此时取样长度等于 λ_c，即 $l_r = 0.8$ mm
-0.8/Ra 3.2	表示去除材料，单向上限值，传输带 0.002 5～0.8 mm，R 轮廓，算术平均偏差为 3.2 μm，评定长度为 3 个取样长度（默认），16%规则（默认）	传输带仅注出一个截止波长值（本例 0.8 表示 λ_c 值）时，另一截止波长值 λ_s 应理解为默认值，由 GB/T 6062 中查知 $\lambda_s =$ 0.002 5 mm
U Ramax3.2 L Ra 0.8	表示不允许去除材料，双向上限值，两极限值均使用默认的传输带，R 轮廓，上极限值：算术平均偏差为 3.2 μm，评定长度为 5 个取样长度（默认），最大规则。下极限值：算术平均偏差为 0.8 μm，评定长度为 5 个取样长度（默认），16%规则（默认）	本例为双向极限要求，用“U”和“L”分别表示上限值和下限值，在不致引起歧义时，可以不加注“U”和“L”

（4）表面粗糙度代号在图样中的注法。

① 表面粗糙度代号对每个表面只标注一次，并尽可能注在相应尺寸及其公差的同一个视图上。除非另有说明，所注的表面粗糙度代号是对完工零件表面的要求。

② 表面粗糙度的注写和读取方向与尺寸的注写和读取方向相同。

③ 表面粗糙度代号可标注在轮廓线上，其符号从材料外指向接触表面，如图 14.50 所示。必要时可用带箭头或黑点的指引线引出标注，如图 14.50 和图 14.51 所示。

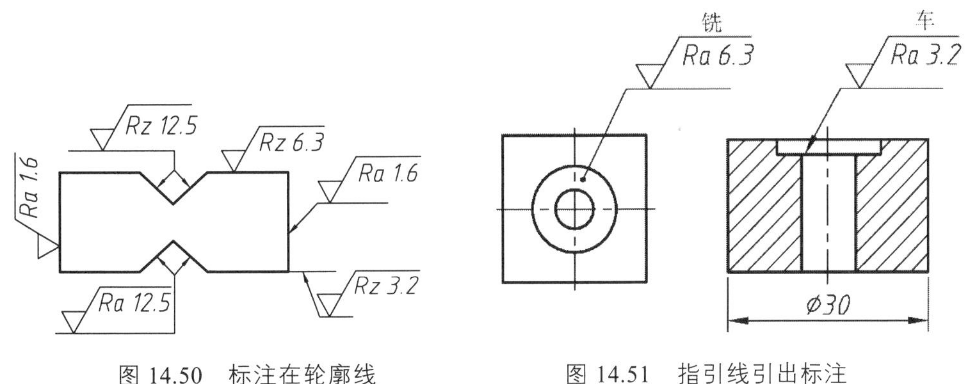

图 14.50　标注在轮廓线　　　　图 14.51　指引线引出标注

④ 在不致引起误解时，表面粗糙度代号可以标注在给定的尺寸线上，如图 14.52 所示。

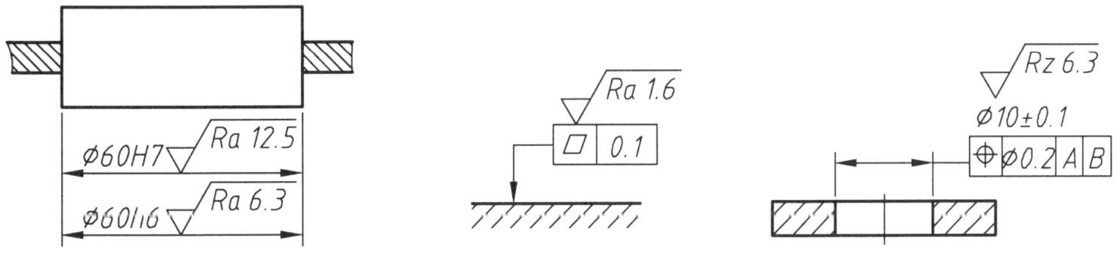

图 14.52　标注在给定的尺寸线　　　　图 14.53　标注在几何公差框格的上方

⑤ 表面粗糙度代号可以标注在几何公差框格的上方，如图 14.53 所示。

⑥ 圆柱和棱柱的表面粗糙度代号只标注一次，如图 14.54 所示。如果每个棱柱表面有不同的表面粗糙度要求，则分别单独标注，如图 14.55 所示。

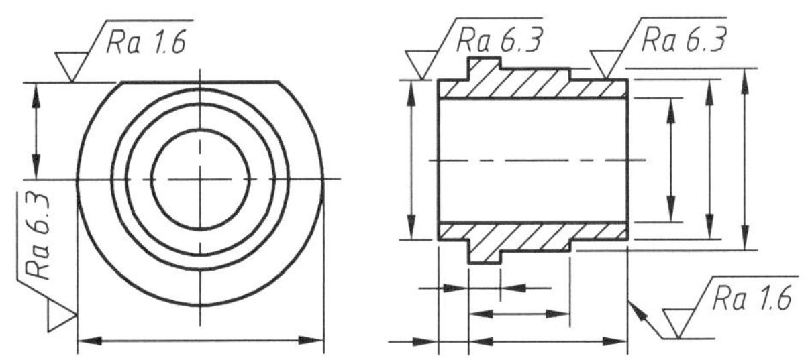

图 14.54　圆柱和棱柱的表面粗糙度标注

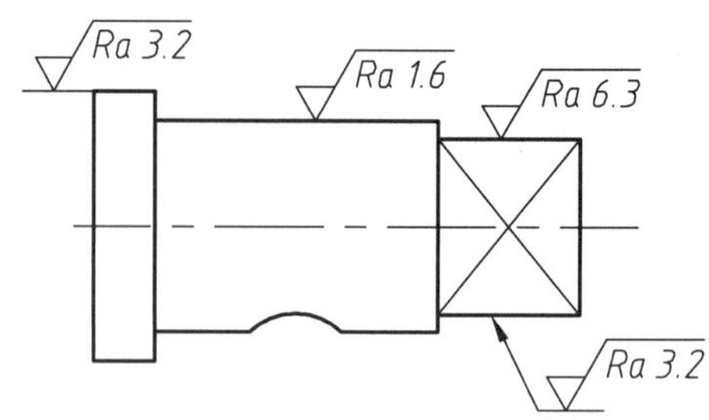

图 14.55 圆柱和棱柱的不同表面标注

（5）表面粗糙度代号在图样中的简化注法。

① 有相同表面粗糙度要求的简化注法。

表面有相同的表面粗糙度要求时，其表面粗糙度代号一般标注在图样标题栏的附近（不同要求的表面粗糙度代号应直接标注在图形中）。在相同要求的表面粗糙度代号后面应有：在圆括号内给出基本符号（见图 14.56）或在圆括号内给出其他不同的表面粗糙度要求（见图 14.57）。

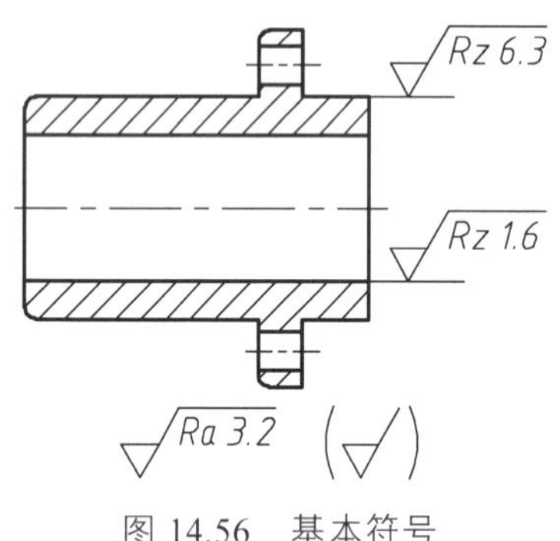

图 14.56 基本符号

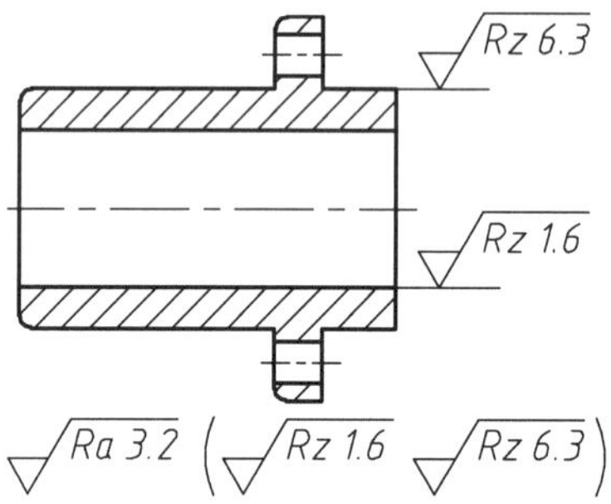

图 14.57 其他不同的表面粗糙度要求

② 其他不同的表面粗糙度要求。

a. 用带字母的完整符号的简化注法，如图 14.58 所示。

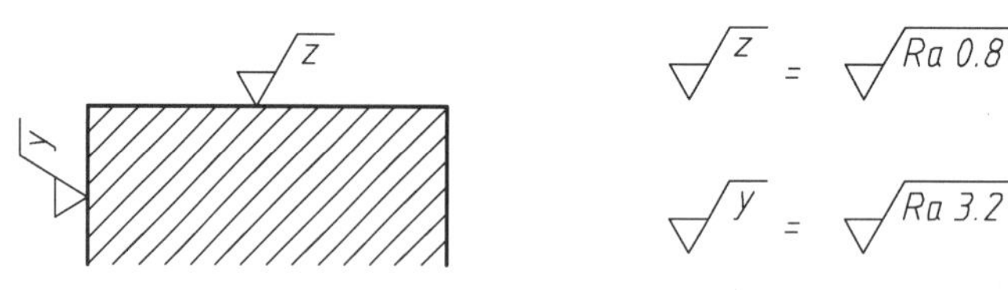

图 14.58 图纸空间有限的简化注法

b. 只用表面粗糙度符号的简化注法，如图 14.59 所示。

图 14.59 多个表面粗糙度要求的简化注法

③ 两种或多种工艺获得的同一表面的注法。

由几种不同的工艺方法获得的同一表面，当需要明确每种工艺方法的表面粗糙度要求时，可按图 14.60 所示进行标注（图中 Fe 表示基体材料为钢，Ep 表示加工工艺为电镀）。

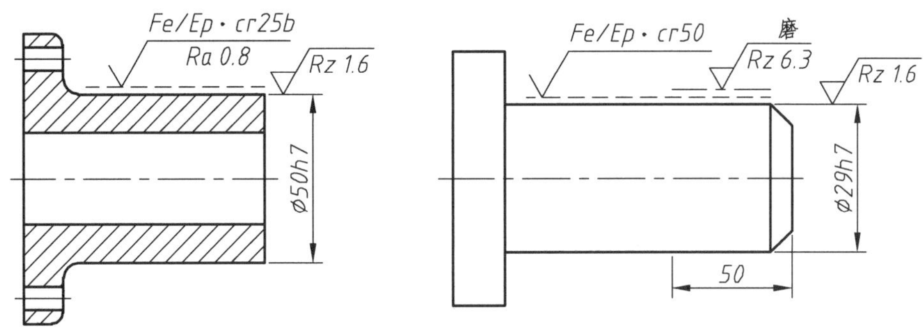

图 14.60　多种工艺获得的同一表面的注法

14.5.2　极限与配合以及几何公差

极限与配合以及几何公差，是零件图和装配图中重要的技术要求。

1. 极限配合的基本概念

（1）零件的互换性。

当装配一台机器或部件时，从一批规格相同的零件中任取一件，不经修配就能立即装到机器或部件上，并能保证使用要求，零件的这种性质称为互换性。

为使零件有互换性，在加工零件的相应尺寸时，就应当尽量准确。但是，由于机床震动、刀具磨损、测量误差等一系列原因，零件的尺寸实际上不可能制造得绝对精确。因此，应允许零件尺寸有一定的误差。为此，图样上常标注有极限与配合方面的技术要求。

（2）尺寸公差。

零件在制造过程中，由于加工或测量等因素的影响，完工后一批零件的实际尺寸总存在一定的误差。为保证零件的互换性，必须将零件的实际尺寸控制在允许变动的范围内，这个允许的尺寸变动量称为尺寸公差。

关于极限与配合制的一些主要术语，以图 14.61 所示尺寸 $\phi30\pm0.01$ 的圆柱孔为例进行说明。

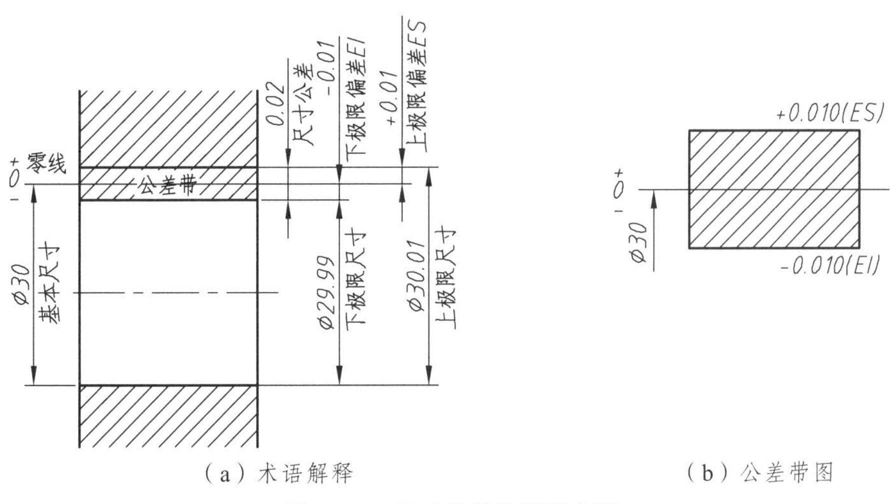

（a）术语解释　　（b）公差带图

图 14.61　尺寸公差的相关术语

公称尺寸：由图样规范确定的理想形状要素的尺寸（$\phi30$），是设计给定的尺寸，也称基本尺寸。

极限尺寸：允许尺寸变动的两个极限值。

上极限尺寸：30 + 0.01 = 30.01，即允许的最大尺寸。

下极限尺寸：30 − 0.01 = 29.99，即允许的最小尺寸。

极限偏差：极限尺寸减去公称尺寸所得的代数差，上、下偏差统称为极限偏差。

上极限偏差：$ES = 30.01 - 30 = 0.01$，最大极限尺寸减其基本尺寸所得的代数差。

下极限偏差：$EI = 29.99 - 30 = -0.01$，最小极限尺寸减其基本尺寸所得的代数差。

轴的上、下极限偏差用小写字母 es 和 ei 表示。

孔的上、下极限偏差用大写字母 ES 和 EI 表示。

尺寸公差：允许尺寸的变动量。尺寸公差是一个没有符号的绝对值。

尺寸公差 = 上极限尺寸 − 下极限尺寸 = 上极限偏差 − 下极限偏差

即：尺寸公差 = 30.01 − 29.99 = 0.01 − (−0.01) = 0.02。

公差带、公差带图和零线：公差带是指表示公差大小和相对零线位置的一个区域。将上、下偏差围成包含零线的矩形框简图，称为公差带图，如图 14.61（b）所示。在公差带图中，表示基本尺寸的一条直线为零线，它是确定正、负偏差的基准线。通常零线沿水平方向绘制，正偏差位于其上，负偏差位于其下。

（3）配合。

公称尺寸相同的、相互结合的孔和轴公差带之间的关系，称为配合。

由于孔和轴的实际尺寸不同，配合后会产生“间隙”或“过盈”，孔的尺寸减去相配合轴的尺寸之差为正时是间隙，为负时是过盈。

根据实际需要，配合分为三类：间隙配合、过盈配合、过渡配合。

① 间隙配合：一批孔和轴任意装配，均具有间隙（包括最小间隙等于零）的配合，称为间隙配合。这时，孔的公差带在轴的公差带之上，如图 14.62（a）所示。当相互配合的两零件有相对运动时，采用间隙配合。

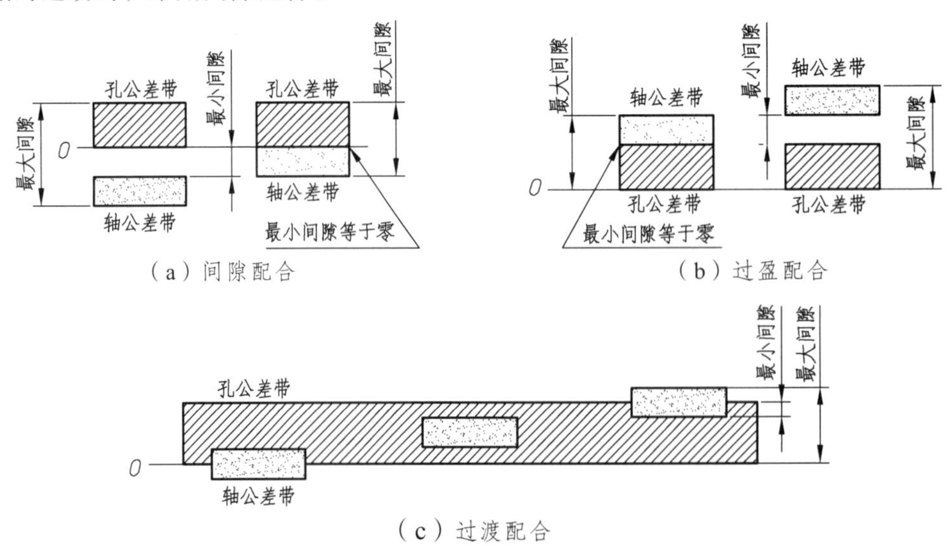

图 14.62　三类配合的示意图

② 过盈配合：一批孔和轴任意装配，均具有过盈（包括最小过盈等于零〉的配合，称为过盈配合。这时，孔的公差带在轴的公差带之下，如图 14.62（b）所示。当相互配合的两零件需要牢固连接时，采用过盈配合。

③ 过渡配合：一批孔和轴任意装配，可能具有间隙或过盈（一般间隙和过盈量都不大）的配合，称为过渡配合。这时孔的公差带和轴的公差带相互交叠，如图 14.62（c）所示。对于不允许有相对运动、轴与孔的对中性要求比较高，且又需拆卸的两零件的配合，采用过渡配合。

（4）标准公差和基本偏差。

从公差带图 14.63 可知，公差带由公差大小和公差带相对于零线的位置确定。公差大小由标准公差确定，而公差带相对于零线的位置则由基本偏差确定。

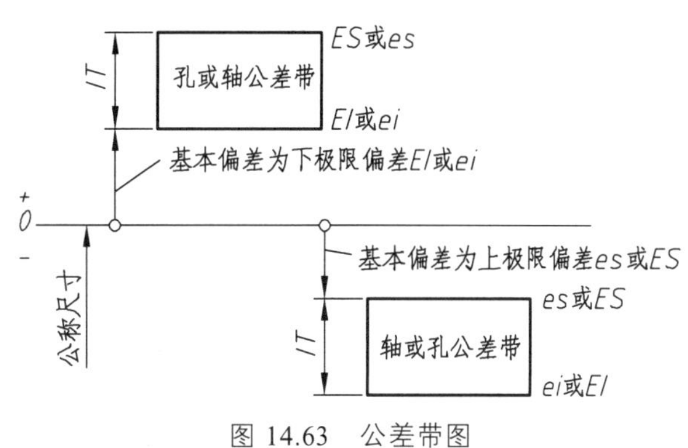

图 14.63　公差带图

① 标准公差。

标准公差是在 GB/T 1800.1—2009 极限与配合制中所规定的任一公差，见表 14.6。标准公差的数值由公称尺寸和公差等级来确定，其中公差等级确定尺寸的精确程度。标准公差顺序分为 20 个等级，即 IT01、IT0、IT1、…、IT18；IT 表示公差，数字表示公差等级。从 IT01 到 IT18 等级依次降低。精度越高，公差值越小。同一公差等级（例如 IT7）对所有基本尺寸的一组公差被认为具有同等精确程度。IT01 ~ IT11 用于配合尺寸，IT12 ~ IT18 用于非配合尺寸。

表 14.6　标准公差数值（GB/T 1800.1—2009）

公称尺寸/mm		标准公差等级																	
		/μm											/mm						
大于	至	IT01	IT0	IT1	IT2	IT3	IT4	IT5	IT6	IT7	IT8	IT9	IT10	IT11	IT12	IT13	IT14	IT15	IT16	IT17	IT18
0	3	0.3	0.5	0.8	1.2	2	3	4	6	10	14	25	40	60	0.1	0.14	0.25	0.40	0.60	1.0	1.4
3	6	0.4	0.6	1	1.5	2.5	4	5	8	12	18	30	48	75	0.12	0.18	0.30	0.48	0.75	1.2	1.8
6	10	0.4	0.6	1	1.5	2.5	4	6	9	15	22	36	58	90	0.15	0.22	0.36	0.58	0.90	1.5	2.2
10	18	0.5	0.8	1.2	2	3	5	8	11	18	27	43	70	110	0.18	0.27	0.43	0.70	1.10	1.8	2.7
18	30	0.6	1	1.5	2.5	4	6	9	13	21	33	52	84	130	0.21	0.33	0.52	0.84	1.30	2.1	3.3
30	50	0.6	1	1.5	2.5	4.	7	11	16	25	39	62	100	160	0.25	0.39	0.62	1.00	1.60	2.5	3.9
50	80	0.8	1.2	2	3	5	8	13	19	30	46	74	120	190	0.30	0.46	0.74	1.20	1.90	3.0	4.6
80	120	1	1.5	2.5	4	6	10	15	22	35	54	87	140	220	0.35	0.54	0.87	1.40	2.20	3.5	5.4
120	180	1.2	2	3.5	5	8	12	18	25	40	63	100	160	250	0.40	0.63	1.00	1.60	2.50	4.0	6.3
180	250	2	3	4.5	7	10	14	20	29	46	72	115	185	290	0.46	0.72	1.15	1.85	2.90	4.6	7.2
250	315	2.5	4	6	8	12	16	23	32	52	81	130	210	320	0.52	0.81	1.30	2.10	3.20	5.2	8.1
315	400	3	5	7	9	13	18	25	36	57	89	140	230	360	0.57	0.89	1.40	2.30	3.60	5.7	8.9
400	500	4	6	8	10	15	20	27	40	63	97	155	250	400	0.63	0.97	1.55	2.50	4.00	6.3	9.7

② 基本偏差。

基本偏差是指在 GB/T 1800.1—2009 极限与配合制中，确定公差带相对零线位置的那个极限偏差。它可以是上偏差或下偏差，一般为靠近零线的那个偏差。公差带在零线上方时，基本偏差为下偏差；公差带在零线下方时，基本偏差为上偏差，如图 14.63 所示。

基本偏差代号：对孔用大写字母 A，B…ZC 表示；对轴用小写字母 a，b…zc 表示，GB/T 1800.1—2009 对孔和轴各规定了 28 个基本偏差，形成基本偏差系列，如图 14.64 所示。

轴、孔的基本偏差确定后，另一偏差按下式求出：

上偏差 − 下偏差 = 公差

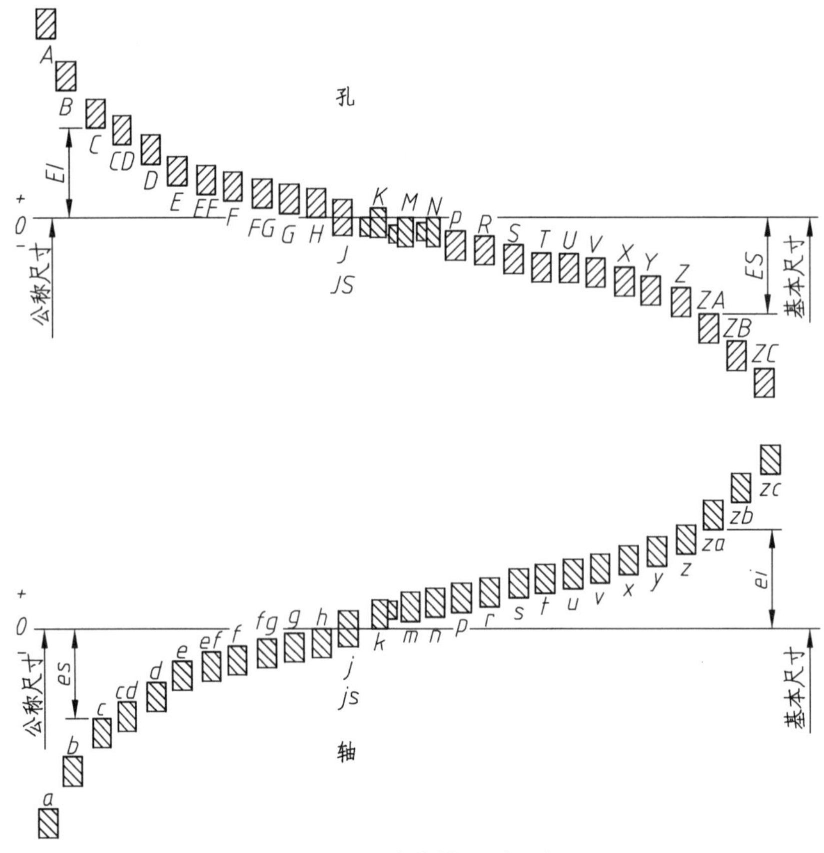

图 14.64 基本偏差系列示意图

③ 公差带代号。

公差带代号用基本偏差代号的字母和标准公差等级代号中的数字表示，例如，孔公差带代号 H7，轴公差带代号 h7 等，如图 14.65 所示。

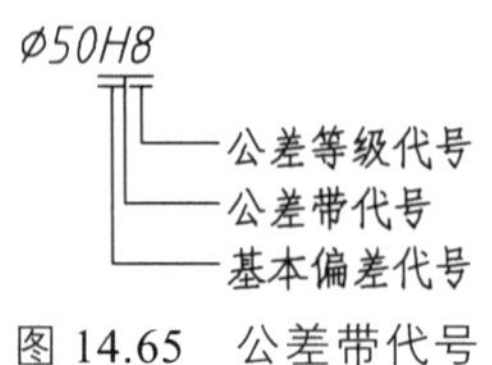

图 14.65 公差带代号

（5）配合制。

在制造相互配合的零件时，使其中一种零件作为基准件，它的基本偏差固定，通过改变另一种非基准件的偏差来获得各种不同性质的配合制度称为配合制。

根据生产实际需求，GB/T 1800.1—2009 规定了两种配合制：基孔制配合和基轴制配合。

① 基孔制配合。

基本偏差为一定的孔的公差带，与不同基本偏差的轴的公差带形成各种配合的一种制度。基孔制配合的孔称为基准孔，其基本偏差代号为 H，下偏差为 0。在基孔制配合中，基本偏差从 a 到 h 用于间隙配合，从 j 至 zc 用于过渡配合和过盈配合。图 14.66 所示为采用基孔制配合的三种配合示例。

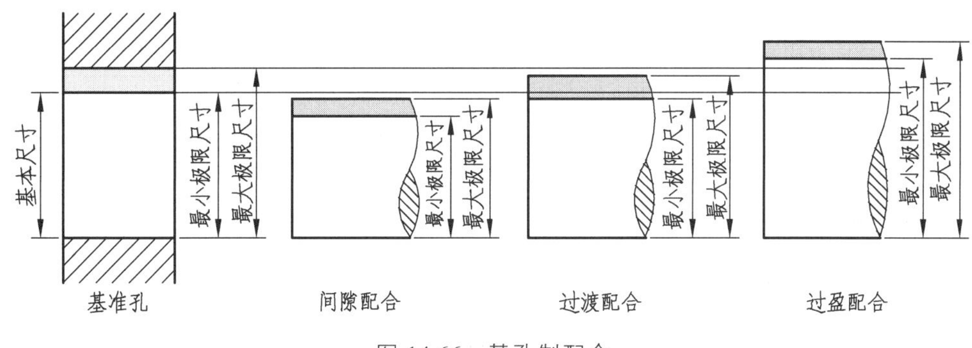

图 14.66 基孔制配合

② 基轴制配合。

基本偏差为一定的轴的公差带，与不同基本偏差的孔的公差带形成各种配合的一种制度。基轴制配合的轴称为基准轴，其基本偏差代号为 h，上偏差为 0。在基轴制配合中，基本偏差从 A 到 H 用于间隙配合，从 J 至 ZC 用于过渡配合和过盈配合。图 14.67 所示为采用基轴制配合的三种配合示例。

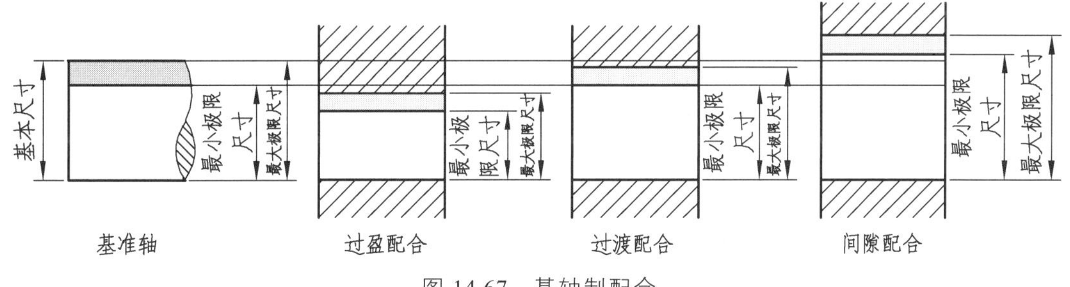

图 14.67 基轴制配合

（6）优先、常用配合。

GB/T 1801—2009 规定了公称尺寸至 3150 mm 的孔、轴公差带的选择范围，允许选用的公称尺寸至 500 mm 的孔、轴公差带分为“优先选用”“其次选用”和“最后选用”三个层次，通常将优先选用和其次选用合称为常用。基孔制常用配合 59 种，其中优先配合 13 种，见表 14.7；基轴制常用配合 47 种，其中优先配合 13 种，见表 14.8。

表 14.7 基孔制优先、常用配合

基孔制	轴																				
	a	b	c	d	e	f	g	h	js	k	m	n	p	r	s	t	u	v	x	y	z
	间隙配合								过渡配合			过盈配合									
H6						$\frac{H6}{f5}$	$\frac{H6}{g5}$	$\frac{H6}{h5}$	$\frac{H6}{js5}$	$\frac{H6}{k5}$	$\frac{H6}{m5}$	$\frac{H6}{n5}$	$\frac{H6}{p5}$	$\frac{H6}{r5}$	$\frac{H6}{s5}$	$\frac{H6}{t5}$					
H7						$\frac{H7}{f6}$	$\frac{H7_{\Delta}}{g6}$	$\frac{H7_{\Delta}}{h6}$	$\frac{H7}{js6}$	$\frac{H7_{\Delta}}{k6}$	$\frac{H7}{m6}$	$\frac{H7_{\Delta}}{n6}$	$\frac{H7_{\Delta}}{p6}$	$\frac{H7}{r6}$	$\frac{H7_{\Delta}}{s6}$	$\frac{H7}{t6}$	$\frac{H7_{\Delta}}{u6}$	$\frac{H7}{v6}$	$\frac{H7}{x6}$	$\frac{H7}{y6}$	$\frac{H7}{z6}$
H8					$\frac{H8}{e7}$	$\frac{H8_{\Delta}}{f7}$	$\frac{H8}{g7}$	$\frac{H8_{\Delta}}{h7}$	$\frac{H8}{js7}$	$\frac{H8}{k7}$	$\frac{H8}{m7}$	$\frac{H8}{n7}$	$\frac{H8}{p7}$	$\frac{H8}{r7}$	$\frac{H8}{s7}$	$\frac{H8}{t7}$	$\frac{H8}{u7}$				
				$\frac{H8}{d8}$	$\frac{H8}{e8}$	$\frac{H8}{f8}$		$\frac{H8}{h8}$													
H9			$\frac{H9}{c9}$	$\frac{H9_{\Delta}}{d9}$	$\frac{H9}{e9}$	$\frac{H9}{f9}$		$\frac{H9_{\Delta}}{h9}$													
H10			$\frac{H10}{c10}$	$\frac{H10}{d10}$				$\frac{H10}{h10}$													
H11	$\frac{H11}{a11}$	$\frac{H11}{b11}$	$\frac{H11_{\Delta}}{c11}$	$\frac{H11}{d11}$				$\frac{H11_{\Delta}}{h11}$													
H12		$\frac{H12}{b12}$						$\frac{H12}{h12}$	常用配合 59 种，其中包括优选配合 13 种。右上角标注△的为优先配合。												

表 14.8 基轴制优先、常用配合

基轴制	孔																				
	A	B	C	D	E	F	G	H	JS	K	M	N	P	R	S	T	U	V	X	Y	Z
	间隙配合								过渡配合			过盈配合									
h5						$\frac{F6}{h5}$	$\frac{G6}{h5}$	$\frac{H6}{h5}$	$\frac{JS6}{h5}$	$\frac{K6}{h5}$	$\frac{M6}{h5}$	$\frac{N6}{h5}$	$\frac{P6}{h5}$	$\frac{R6}{h5}$	$\frac{S6}{h5}$	$\frac{T6}{h5}$					
h6						$\frac{F7}{h6}$	$\frac{G7_{\Delta}}{h6}$	$\frac{H7_{\Delta}}{h6}$	$\frac{JS7}{h6}$	$\frac{K7_{\Delta}}{h6}$	$\frac{M7}{h6}$	$\frac{N7_{\Delta}}{h6}$	$\frac{P7_{\Delta}}{h6}$	$\frac{R7}{h6}$	$\frac{S7_{\Delta}}{h6}$	$\frac{T7}{h6}$	$\frac{U7_{\Delta}}{h6}$				
h7					$\frac{E8}{h7}$	$\frac{F8_{\Delta}}{h7}$		$\frac{H8_{\Delta}}{h7}$	$\frac{JS8}{h7}$	$\frac{K8}{h7}$	$\frac{M8}{h7}$	$\frac{N8}{h7}$									
h8				$\frac{D8}{h8}$	$\frac{E8}{h8}$	$\frac{F8}{h8}$		$\frac{H8}{h8}$													
h9				$\frac{D9_{\Delta}}{h9}$	$\frac{E9}{h9}$	$\frac{F9}{h9}$		$\frac{H9_{\Delta}}{h9}$													
h10				$\frac{D10}{h10}$				$\frac{H10}{h10}$													
h11	$\frac{A11}{h11}$	$\frac{B11}{h11}$	$\frac{C11_{\Delta}}{h11}$	$\frac{D11}{h11}$				$\frac{H11_{\Delta}}{h11}$													
h12		$\frac{B12}{h12}$						$\frac{H12}{h12}$	常用配合 47 种，其中包括优选配合 13 种。右上角标注△的为优先配合。												

国家标准规定，一般情况下选用基孔制配合。选用基孔制配合可以减少加工孔用的定值（基本尺寸和公差带）刀具（钻头、铰刀、拉刀等）和量具的规格，减少加工工作量（加工轴比加工孔容易），降低成本。当选用基轴制有明显的优点时才可采用之。

2. 极限与配合在图上的标注

（1）在装配图上的标注形式。

在装配图中标注的配合代号，是在基本尺寸右边以分式的形式注出[见图 14.68（a）]。

分子和分母分别为孔和轴的公差带代号，其标注格式如下：

$$基本尺寸\frac{孔的公差带代号}{轴的公差带代号}$$

根据配合代号的标注可确定配合制：

若分子中的基本偏差代号为 H，则孔为基准孔，轴、孔的配合一般为基孔制配合。若分母中的基本偏差代号为 h，则轴为基准轴，轴、孔的配合一般为基轴制配合。

（2）在零件图上的标注形式。

① 注出基本尺寸和公差带代号[见图 14.68（b）]。这时，公差带代号字高和基本尺寸字高相同。

② 注出基本尺寸和极限偏差数值[见图 14.68（c）]。

这种标注方法的标注规则为：

a. 极限偏差数值字高比基本尺寸字高小一号。上、下偏差数值以“mm”为单位分别写在基本尺寸的右上、右下角，并与基本尺寸数字底线平齐。

b. 上、下偏差数值中的小数点要对齐，其后面的位数也应相同。

c. 上、下偏差数值中若有一个为零时，仍应注出，并与另一个偏差小数点左面的个位数对齐（偏差为正时，“+”也必须写出）。

d. 上下偏差数值相等时，可写在一起，且极限偏差数值字高与基本尺寸字高相同，如 $\phi20\pm0.011$。

③ 混合。

如图 14.68（d）所示，在零件图上同时注出公差带代号和上、下偏差数值。偏差数值要写在公差带代号后面的括号内。

尺寸中的上、下偏差数值可根据公称尺寸及其公差带代号，查阅 GB/T 1800.2—2009 中所列表获得上下极限偏差数值，如：轴径 $\phi28f6$，查表得到上偏差 $es=-0.020$，下偏差 $ei=-0.033$。

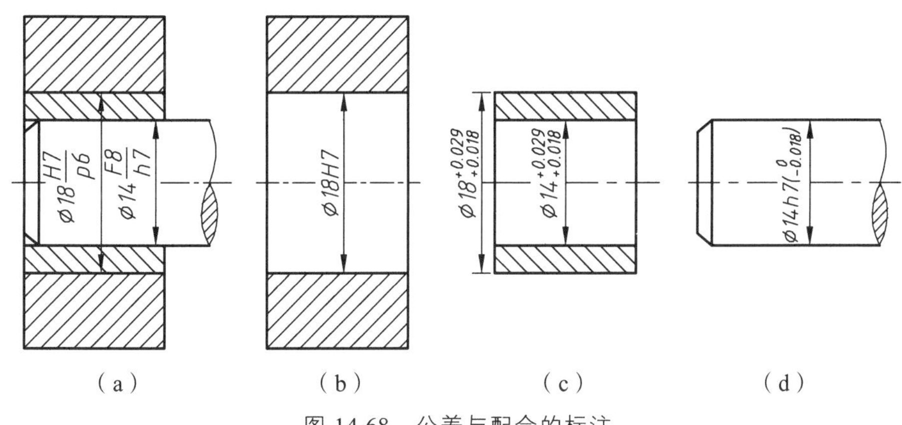

图 14.68　公差与配合的标注

3. 几何公差

（1）基本概念。

几何公差是为了保证机器的质量，要限制零件对几何误差的最大变动量。允许变动量的值称为公差值。几何公差包括形状、方向、位置和跳动误差。

在加工圆柱销时，可能出现母线不是直线，而呈现中间粗、两头细的情况，这种在形状上出现的误差，即为**形状误差**。

在加工阶梯轴时，可能会出现图中所示的各段圆柱的轴线不在一条直线上的情形，这种在相互位置上出现的误差，即为**位置误差**。

形状和位置公差是指零件的实际形状与实际位置对理想形状和理想位置的允许变动量，如图 14.69 所示。

在机器中某些精确程度较高的零件，不仅需要保证其尺寸公差，而且还要保证其几何公差。在 GB/T 1182—2008 中规定了工件几何公差标注的基本要求和方法。

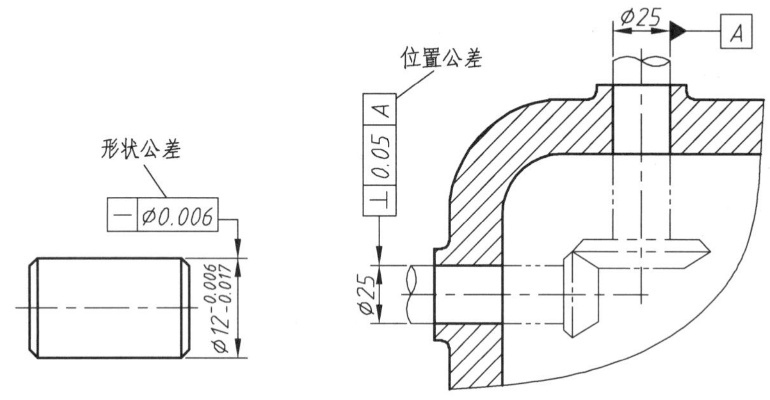

图 14.69　形状公差和位置公差

（2）几何公差特征符号。

几何公差的类型、几何特征和符号见表 14.9 和表 14.10。

表 14.9　形状公差和方向公差符号

公差类型	几何特征	符号	有无基准
形状公差	直线度	—	无
	平面度	▱	
	圆度	○	
	圆柱度	⌭	
	线轮廓度	⌒	
	面轮廓度	⌓	
方向公差	平行度	//	有
	垂直度	⊥	
	倾斜度	∠	
	线轮廓度	⌒	
	面轮廓度	⌓	

表 14.10　位置公差和跳动公差符号

公差类型	几何特征	符号	有无基准
位置公差	位置度	⌖	有或无
	同心度（用于中心点）	◎	有
	同轴度（用于轴线）		
	对称度	⌯	
	线轮廓度	⌒	
	面轮廓度	⌓	
跳动公差	圆跳动	↗	有
	全跳动	⌰	

（3）附加符号及其标注。

本节仅简要说明 GB/T 1182—2008 中标注被测要素几何公差的附加符号——公差框格，以及基准要素的附加符号。需用其他的附加符号时，读者可查阅该标准。

① 公差框格。

公差框格由两个框格或多个格框组成，框格的高度为框内字高 h 的两倍，框格中的主要内容从左到右按以下次序填写：公差特征项目符号；公差值及有关附加符号；基准符号及有关附加符号，如图 14.70 所示。

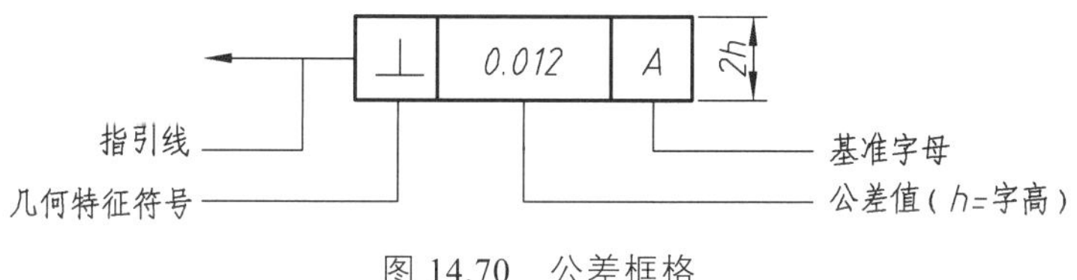

图 14.70　公差框格

② 被测要素的标注。

a. 被测要素为轮廓线或轮廓面，箭头指向该要素的轮廓线或其延长线且应与尺寸线明显错开。箭头也可指向引出线的水平线，引出线引自被测面，如图 14.71 所示。

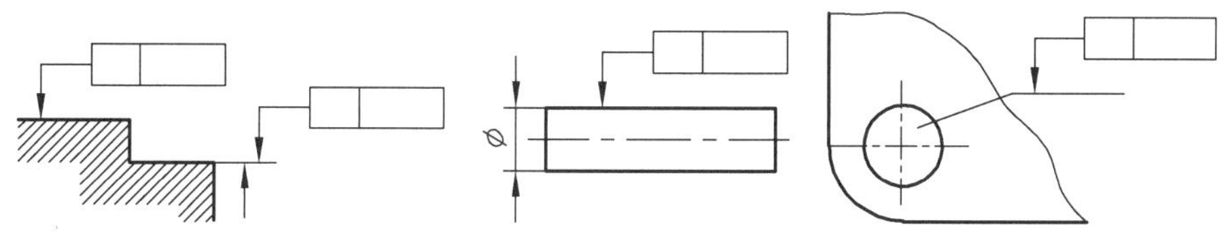

图 14.71　被测要素的标注（一）

b. 被测要素为中心线、中心面和中心点，箭头位于与相应的尺寸线的延长线上，如图 14.72 所示。

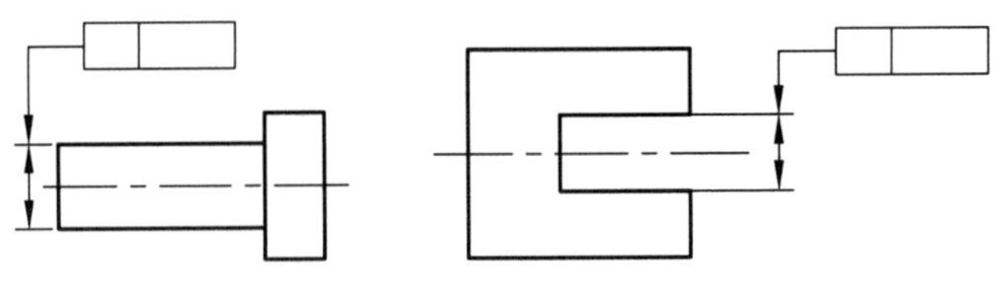

图 14.72　被测要素的标注（二）

③ 基准要素的标注。

基准用一个大写字母表示，字母标注在基准方格内，与一个涂黑的或空白的三角形相连，如图 14.73 所示，表示基准的字母还应标注在公差框格内。涂黑的和空白的基准三角形含义相同。为了不引起误解，字母 E、I、J、M、O、P、L、R、F 不用作基准，它们在几何公差标注中另有用途。

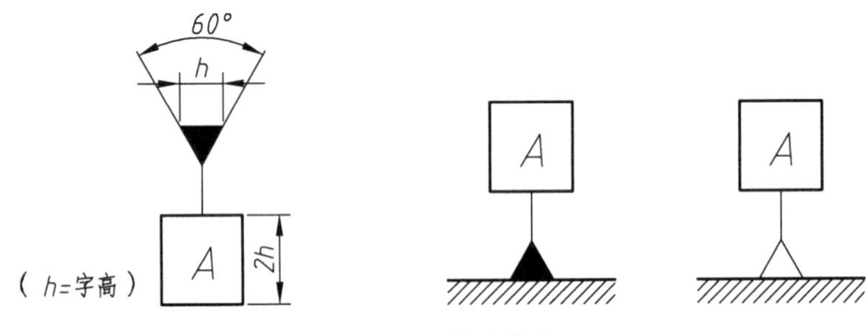

图 14.73　基准符号

带基准字母的基准三角形放置规定：

a. 当基准要素是轮廓线或轮廓面时，基准三角形放置在要素的轮廓线或其延长线（与尺寸线明显错开），如图 14.74（a）所示的 *A*、*B* 基准；基准三角形也可以放在该轮廓面引出线等水平线上，如图 14.74（b）所示。

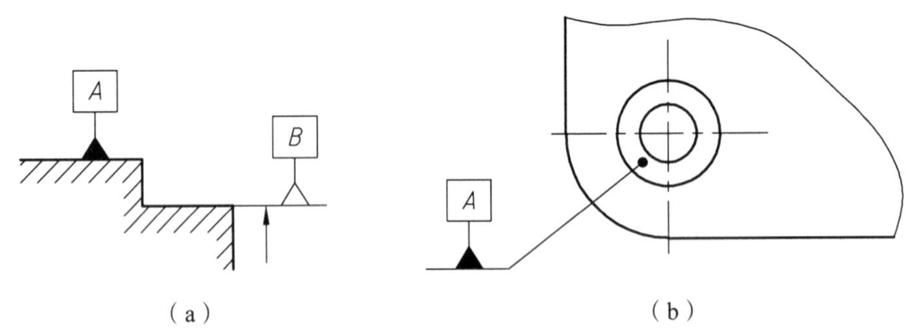

图 14.74　常用标注方法（一）

b. 当基准要素是轴线、中心平面或中心点时，基准三角形应放置在该尺寸线的延长线上，如图 14.75（a）所示。如果没有足够的位置标注基准要素尺寸的两个尺寸箭头，则其中一个箭头可用基准三角形代替，如图 14.75（b）所示。

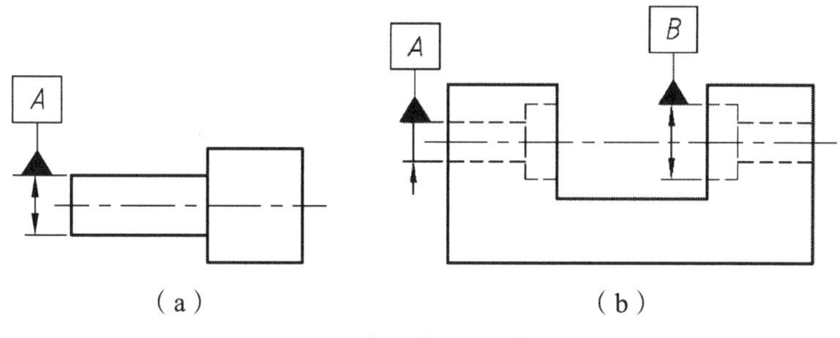

图 14.75　常用标注方法（二）

c. 以单个要素作基准时，用一个大写字母表示。以两个要素建立公共基准时，用中间加连字符的两个大写字母表示。以两个或三个基准建立基准体系（即采用多基准）时，表示基准的大写字母按基准的优先顺序自左至右填写在各框格内。

（4）形位公差标注示例（见图 14.76）。

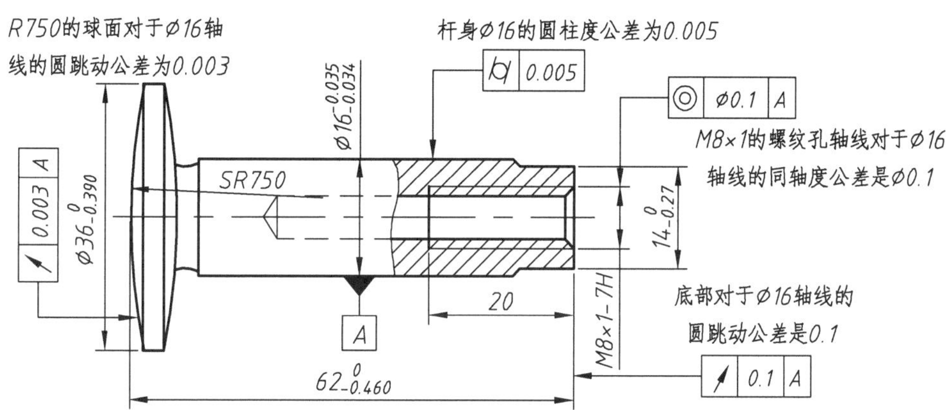

图 14.76　形位公差标注示例

14.6　典型零件的图样画法

14.6.1　轴套类零件

下面以轴为重点进行介绍。

1. 功能、结构和加工分析

轴的主要功能是安装、支承传动件（如齿轮、链轮和带轮等），传递运动和动力。

轴的主体结构多为若干段相互衔接的直径和长度不同的圆柱体（称为“轴段”），各段长度总和明显或远大于圆柱体直径。常用的为各轴段具有共同轴线的阶梯轴。做成“阶梯”状，一是为了轴上零件定位，二是为了便于轴上零件的装配。图 14.77 为车床上的一根阶梯轴和轴上零件。

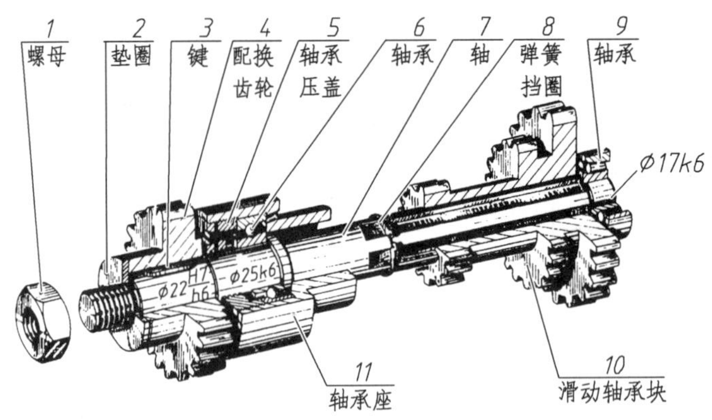

图 14.77 轴与轴上零件

轴的局部功能结构为键槽、花键、螺纹、弹簧挡圈槽、销孔和装紧定螺钉用的凹坑等。齿轮轴上还制有齿。

轴的主要加工方法是在车床上车削和在磨床上磨削。

轴上的常见局部工艺结构有倒角、退刀槽、越程槽以及中心孔等。

2. 视图选择

图 14.78 为轴的视图表达，从图中可以看出轴的视图选择规律。

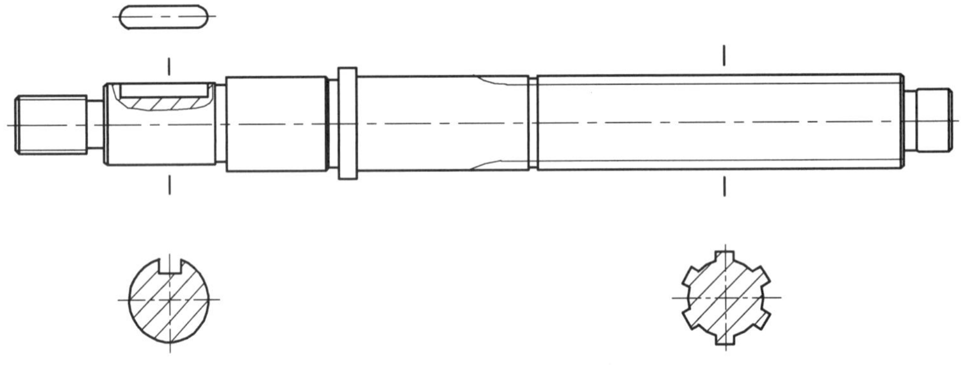

图 14.78 轴的视图表达

（1）一般只用一个主视图来表示轴上各轴段长度、直径及各种结构的轴向位置。主视图中轴的轴线呈水平状态，与车削、磨削的加工状态一致，便于加工者看图。此种主视图选择也同样符合表示零件结构、形状信息量最多和形态稳定平衡的原则。

（2）实心轴主视图以显示外形为主，局部孔、槽可采用小局部剖视表达（空心轴可取全剖视、半剖视或大局部剖视表达）。

（3）键槽、花键等结构需画出单独的断面图，既清晰表达结构形式，又有利于尺寸和技术要求标注。

（4）键槽形状可用局部视图表达，放在主视图中该结构附近。

（5）当轴较长时，可采用断开后缩短绘制的方法。

（6）必要时，某些细部结构用局部放大图表示，以利于确切表达形状、标注尺寸和技术要求，并使图面清晰。

3. 尺寸标注

（1）各轴段直径尺寸以共同轴线为基准直接注出。

（2）正确选择基准、合理标注轴向尺寸是轴类零件标注尺寸的重点。

（3）轴上的各局部结构（如键槽、花键、螺纹、倒角、退刀槽和中心孔等）参数、规格应符合标准规定，尺寸注法应符合标准注法或习惯注法。

4. 技术要求

（1）一般轴的表面均为切削加工表面。要求较高的配合表面，其粗糙度数值分别直接注出。其余一般表面应力求选择统一粗糙度数值，在标题栏上方统一标注。

（2）需指定数值的尺寸公差及形位公差直接注出；按未注公差处理的，在技术要求项下标明。

（3）对热处理的要求在技术要求项下注出（见图 14.79）。

技术要求

1.线性尺寸未注公差为GB/T1804-m。

2.未形位注公差为GB/T1184-k。

3.花键形位公差按GB/1144-1987一般用要求。

4.热处理：调质处理硬度为250-280HB。

图 14.79 技术要求

套类零件的画法，除因其具有空腔，主视图需用全剖或半剖外，其余与轴的画法亦基本相同（见图 14.80）。

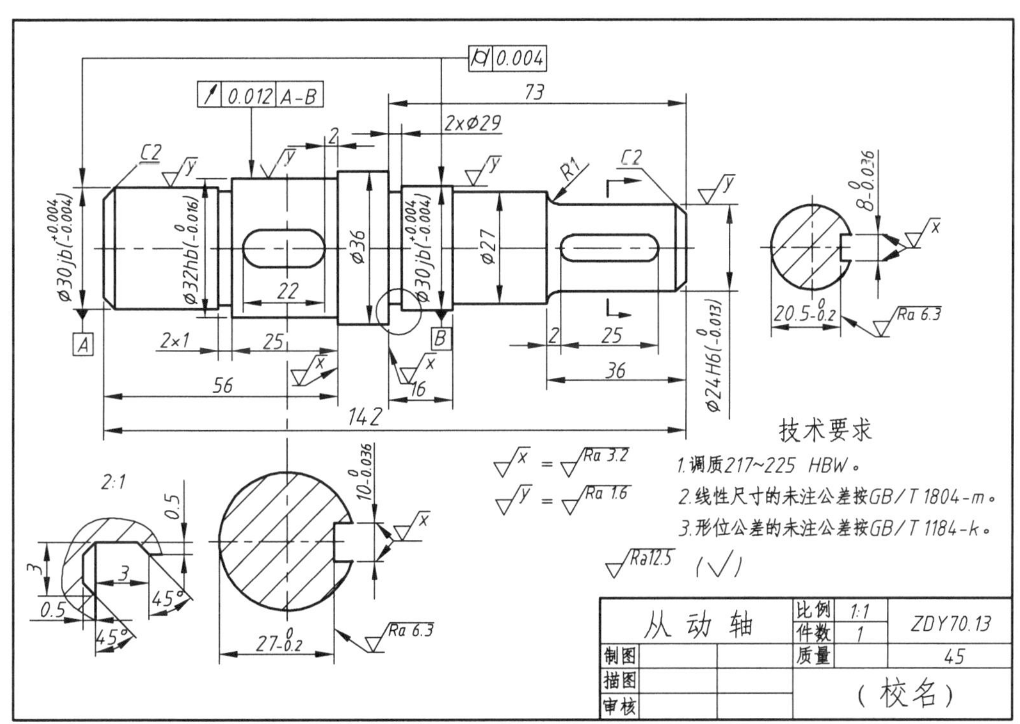

图 14.80 轴套类示例零件图

14.6.2 轮盘类零件

轮盘类零件常见的有两种：圆形为主的盘盖和圆轮。下面以盘盖为重点进行介绍：

1. 功能、结构和加工分析

圆形为主的盘盖主要功能是支撑、连接、轴向定位以及密封。

它的主体结构多为同一轴线的多个圆柱体（和圆柱孔腔），直径明显大于轴向（长度或厚度）尺寸。由于安装位置的限制和结构需要，常有将某一圆柱切去一部分的情况。图 14.81、图 14.82 为法兰盘的实物图和零件图视图表达。

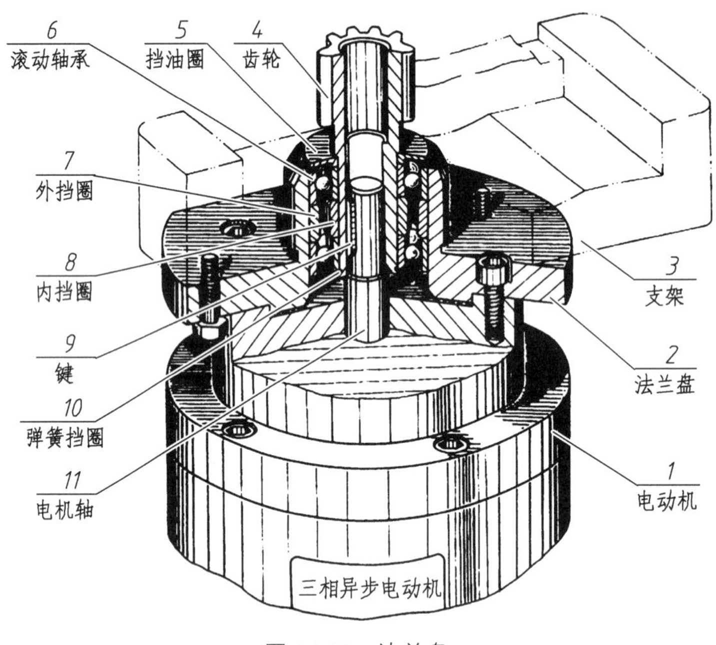

图 14.81 法兰盘

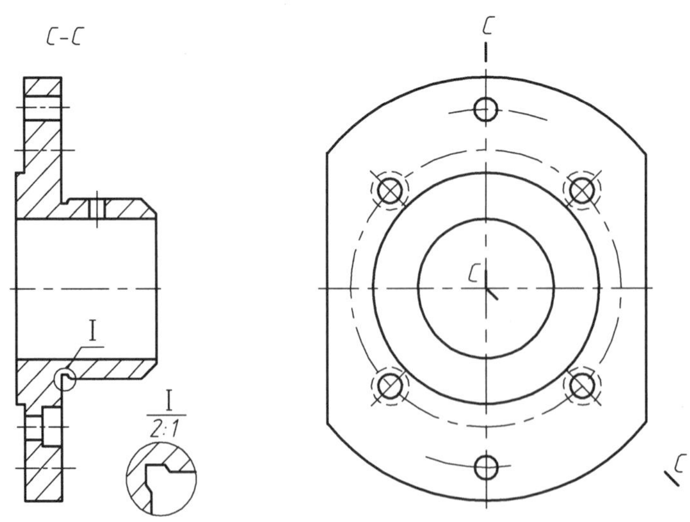

图 14.82 法兰盘的视图表达

此类零件常见的局部功能结构有安装螺钉的螺纹孔或穿过螺钉的光孔（常为多个均布）、定位用的销孔、键槽、弹簧挡圈槽、润滑用的加油孔和油沟等。

常见的局部工艺结构有倒角、退刀槽、越程槽等。

此类零件的主要加工方法多为铸、锻形成毛坯后再经切削加工。切削加工以车、磨为重点。

2. 视图选择

图 14.83 为法兰盘的视图表达，从中可以看出此类零件的视图选择规律：

（1）一般都以过中心轴线的全剖视图或取旋转剖的全剖视图为主视图，中心轴线横放。如此选择使主视图与盘在车床和外、内圆磨床上加工时状态一致，便于加工者看图。同时亦符合表示零件结构、形状信息量最多的原则。

（2）左视图的作用是表示盘的端面形状和均布孔（槽）的分布情况。此图同时也表达了圆盘两边各切去一块的情况。

有时，当主视图确定后需要使用右视图而不宜使用左视图。此时，为读图方便与习惯，常将右视图作向视图处理。有时需左、右视图同时使用，可按规定配置。

当左（右）视图图形对称时，可按对称图形的简化画法绘制（见图 14.83）。

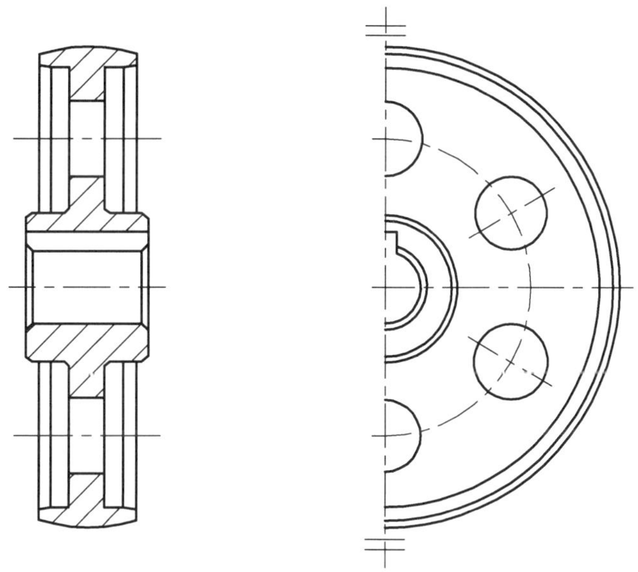

图 14.83　对称图形的简化画法

（3）某些结构因过小以致结构、形状不清或标注尺寸和技术要求有困难时，需画局部放大图。

3. 尺寸标注

（1）各主体圆柱直径尺寸以轴线为基准标注在主视图中，不可注在左（右）视图的同心圆上（影响图形清晰）。

（2）标注长度方向尺寸时，要注意当外、内形长度尺寸较多时，应外、内分开在上、下两侧标注，以方便看图。

（3）标注长度方向尺寸时要正确选择基准、合理标注，有利于保证功能和便于加工测量。

（4）此类零件中均布孔的定形、定位尺寸标注在左（右）视图中已形成规律，应尽量使用国标推荐的简化注法（参见图 12.51）。

4. 技术要求

（1）因此类零件的主要功能为支承、定位和连接，故外圆柱表面与内孔表面有同轴度要求，大端面有对轴线垂直度要求。这些公差符号要求用规定符号注出。

（2）表面粗糙度和尺寸公差标注方法与轴套类零件基本相同。

轮类零件主要包括齿轮、带轮、蜗轮和手轮等。

14.6.3　叉架类零件

叉架类零件包括拨叉、支架、连杆等叉杆类零件和支架类零件。此处重点介绍叉杆类零件。

1. 功能、结构和加工分析

叉杆主要用在运动机构中，功能为操纵、连接或支承。其主体结构一般由三部分构成：支承部分、工作部分和连接部分。

图 14.84 为铣床上的拨叉，它由套筒（支承部分）、弯杆、肋（连接部分）、叉（工作部分）等四部分组成。

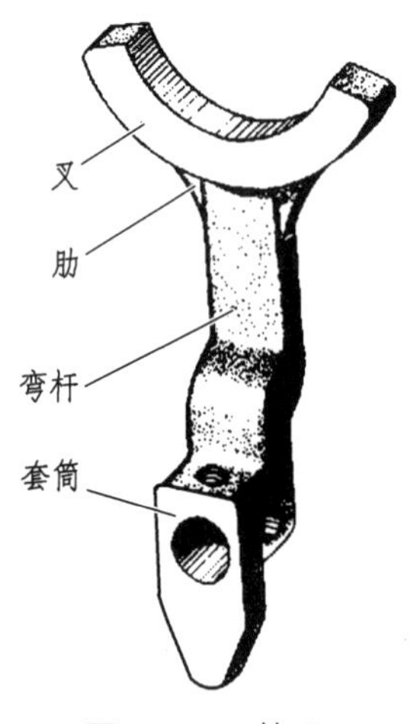

图 14.84　拨叉

局部功能结构主要是连接部分多为肋板结构，目的是既保证强度、刚度又减轻重量。肋板形状弯曲、扭斜的较多，其断面常为 L 形、T 形或 H 形。有时，在叉杆上会制有凸台、凹坑。

此类零件多数形状不规则，结构比较复杂，因此，加工方法多为铸、锻成毛坯，再经必要的切削加工，加工工序较多。

常见局部工艺结构为铸造圆角、铸造斜度和孔中倒角等。

2. 视图选择

（1）由于叉架类零件加工工序较多，其加工位置经常变化，因此选主视图时，主要是考虑零件的形状特征和工作位置。

画图时，一般都将零件“摆正”（也称“自然状态”），使形态稳定、平衡，便于画图。

（2）此类零件常常需要两个或两个以上的基本视图，为了表达零件上的弯曲或扭斜结构，还常用斜视图、局部视图、斜剖等表达方法。

（3）对肋结构通常用断面图表示。

（4）当杆类零件较长时，可用断开后缩短绘制。

3. 尺寸标注

此类零件的形状不规则，通常按加工方便选择基准，常以孔的轴线、零件的对称面和加工的端面作为尺寸基准。

4. 技术要求

根据需要按规定注法标注即可，不再详述。

图 14.85 是叉架类零件的一个完整的实例零件图。请同学们参考该图，思考图 14.84 所示的拨叉零件的视图表达方案。

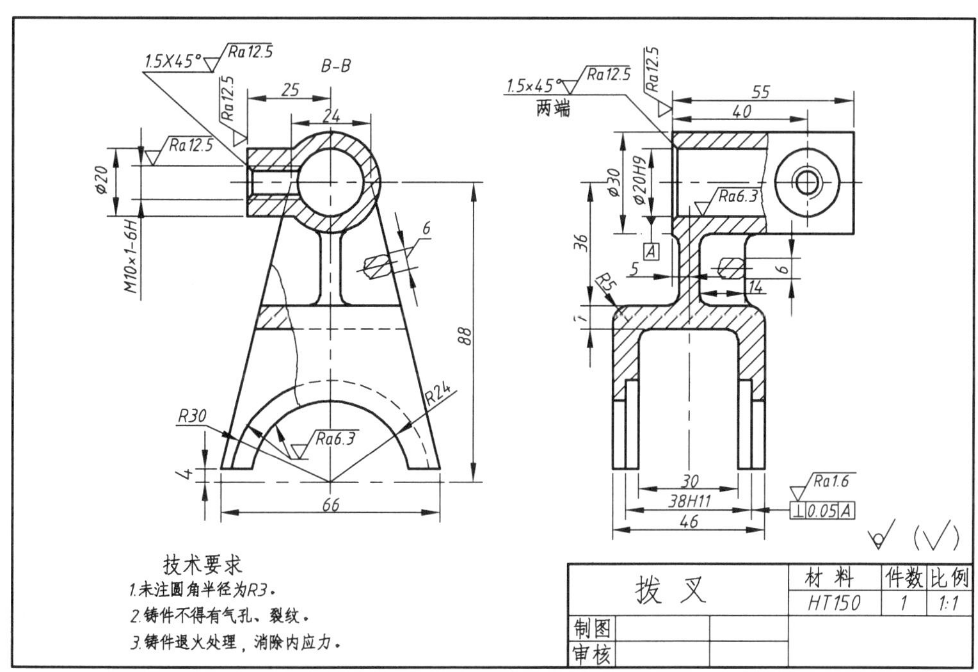

图 14.85　叉架类示例零件图

14.6.4　箱壳类零件

箱壳类零件是组成部件和机器的主要零件，大多结构复杂，一般为铸件。如泵体、阀体、减速器的箱体等都属于这类零件。

图 14.86 为阀体的立体图，该阀体是球阀（见图 14.87）部件中的一个主要零件。球阀部件在系统中的功能是启闭和调节流体流量。

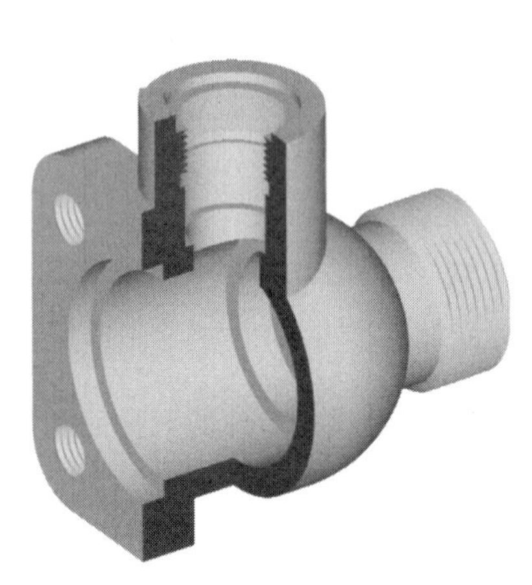

图 14.86　阀体

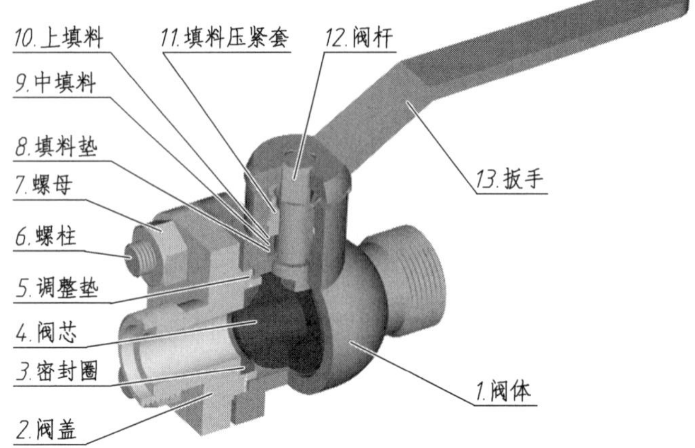

图 14.87　球阀的轴测装配图

1. 功能、结构和加工分析

箱（壳）体主要用来支承、包容、安装、固定部件中的其他零件，并作为部件的基础与机架相连接。

箱（壳）体主体结构按功能需要差异很大，但一般常包括四个部分：具有较大空腔的体身，安装、支承轴及轴承的轴孔，与机架相连的底板，与箱盖相连的顶板。

箱（壳）体上常见的局部功能结构有为加强用的肋板和凸台；定位、安装用的凸台、凹坑或凸、凹导轨；定位用的销孔，安装、连接用的螺孔；定位或润滑用的沟槽等。由于这些结构的存在，使箱体结构、形状复杂。

绝大多数金属材料的箱体由铸造形成毛坯，少数焊接而成。塑料箱体由注塑法形成毛坯。形成毛坯后经多道切削加工工序最后制造完成。

箱（壳）体上常见局部工艺结构为铸造圆角、起模斜度和孔口的倒角、棱边的倒棱和退刀槽等。

2. 视图选择

（1）使主视图能反映箱壳类零件工作状态且明显反映结构、形状特点是选择主视图的出发点。

此类零件的包容功能决定了其结构和加工要求重点在于内腔，一般主视图采用剖视画法（全、半剖视或较大面积的局部剖视）。外形较复杂时，也常将主视外形图作向视图处理。

（2）为了表示复杂的内、外结构的形状，所选视图较多，应注意合理配置和正确标注。

（3）选取剖视时，一般应把完整孔形剖出，当轴孔不在同一平面时，要善于使用局部剖视、阶梯剖视和复合剖视表示。

（4）细部结构可用局部放大图，使形状和尺寸标注及技术要求标注清晰。

（5）为表达完整和减少视图数量，可以适当地少量使用虚线。如图 14.88 所示为阀体的视图选择。

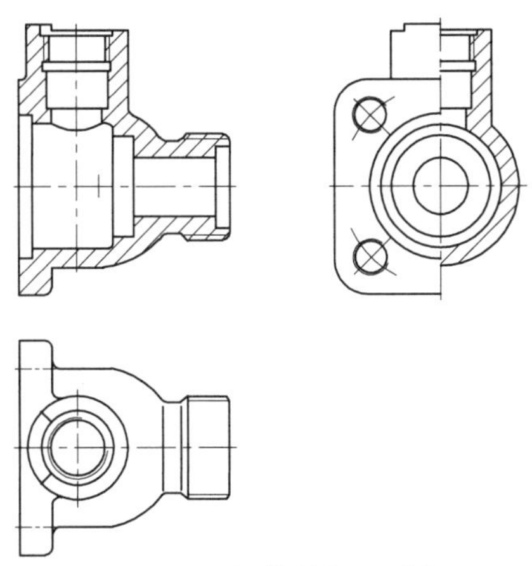

图 14.88　阀体的视图选择

3. 尺寸标注

（1）正确选择基准，标注定位尺寸和功能尺寸。

（2）此类零件结构、形状复杂，标注尺寸时需使用形体分析法，先按各形体定形尺寸、定位尺寸标注，再考虑用总体尺寸和合理标注原则去调整。

4. 技术要求

根据需要按规定注法标注即可，不再详述。

图 14.89 为箱壳类零件的完整零件图，供同学们参考学习。

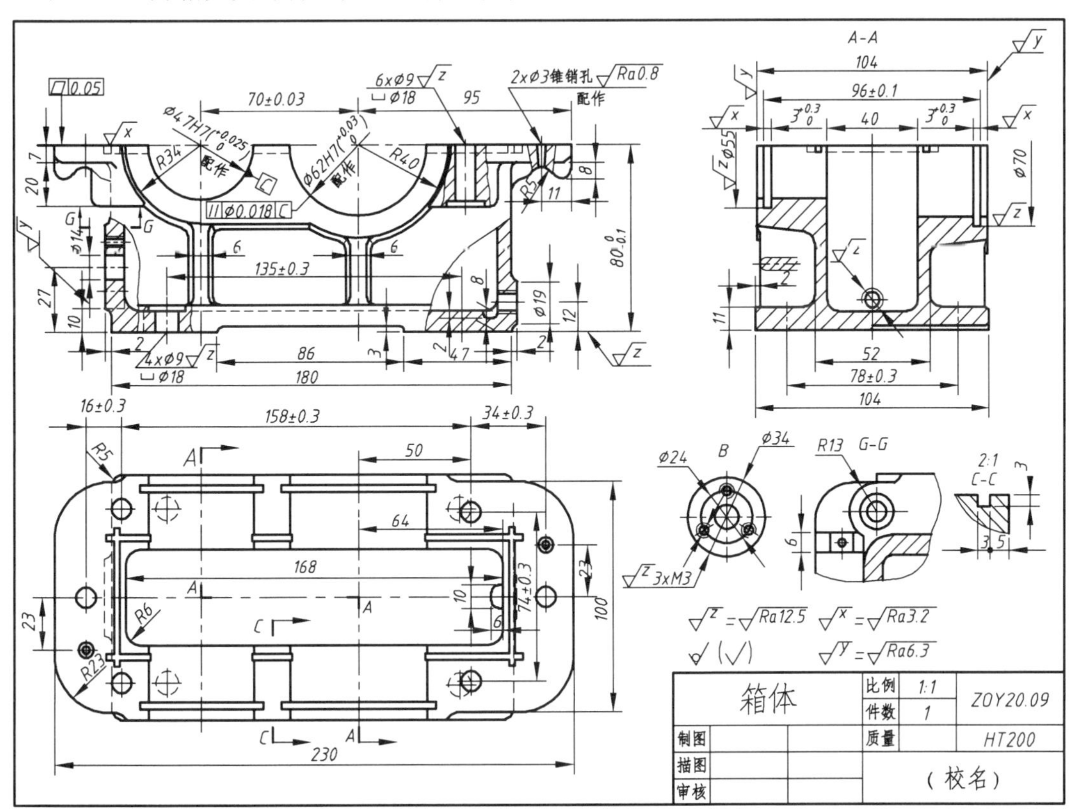

图 14.89　箱壳类示例零件图

14.7 零件测绘

对现有的零件实物进行绘图、测量和确定技术要求的过程，称为零件测绘。在仿造和修配机器或部件以及进行技术改造时，常常要进行零件测绘。

测绘零件的工作常在机器的现场进行。由于受条件的限制，一般是先绘制零件草图（即以目测比例、徒手绘制的零件图），然后由零件草图整理成零件工作图（简称零件图）。

零件草图是绘制零件图的重要依据，必要时还可直接用来制造零件。因此，零件草图必须具备零件图应有的全部内容。要求做到：图形正确、表达清晰，尺寸完整，线型分明，图面整洁，字体工整，并注写出技术要求等有关内容。

14.7.1 零件测绘的步骤

1. 了解和分析测绘对象

首先应了解零件的名称、用途、材料以及它在机器（或部件）中的位置和作用，然后对该零件进行结构分析和制造方法的大致分析。

2. 确定视图表达方案

先根据显示零件形状特征的原则，按零件的加工位置或工作位置确定主视图。再按零件的内外结构特点选用必要的其他视图和剖视、断面等表达方法。视图表达方案要求：完整、清晰、简练。

3. 绘制零件草图

绘制零件草图的步骤：

（1）根据零件的视图数目和实物大小，选定绘图比例确定适当图幅，画出图框和标题栏。

（2）画出各视图的中心线和作图基准线，确定各视图的位置。要考虑到各视图间应留有标注尺寸的位置。

（3）以目测比例详细画出零件的结构形状。

（4）选定尺寸基准，按正确、完整、清晰以及尽可能合理地标注尺寸的要求，画出全部尺寸的尺寸界线和尺寸线。经仔细校核后，按规定线型将图线加深（包括画剖面符号）。

（5）集中一次测量尺寸，填写尺寸数字。标注各表面的粗糙度代号，并注写技术要求和标题栏。

4. 画零件工作图

（1）画零件工作图之前，应对零件草图进行反复校对，检查零件的视图表达是否完整、清晰，尺寸标注是否完全、合理，尺寸公差、表面粗糙度选用是否恰当，如有问题，应及时纠正。

（2）根据校核的零件草图的视图数目，选择合适的比例（尽量用 1∶1）和标准图幅，然后画出零件工作图。

14.7.2 零件尺寸的测量方法

测量尺寸是零件测绘中的一个必要的步骤。零件上全部尺寸的测量应集中进行。这样，不但可以提高工作效率，还可以避免错误和遗漏。

测量零件尺寸时，应根据零件尺寸的精确程度选用相应的量具。常用的量具有钢尺、卡钳（外卡和内卡），遇到精密的孔或主要的加工表面，可用游标卡尺测量。常用量具如图 14.90 所示。

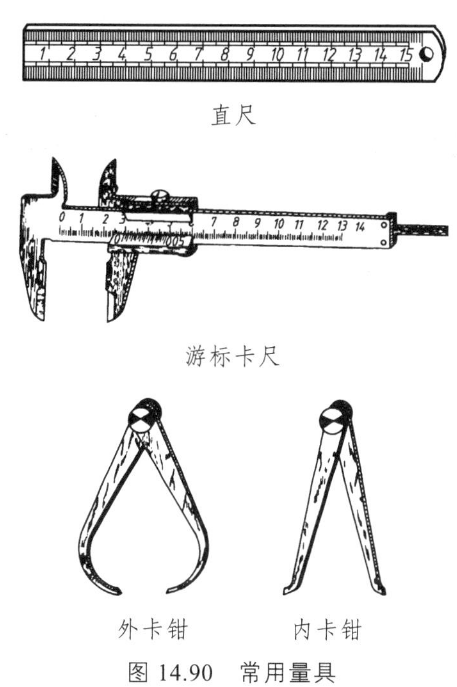

图 14.90　常用量具

1. 测量直线尺寸

一般可用钢尺或游标卡尺直接测量，如图 14.91 所示。

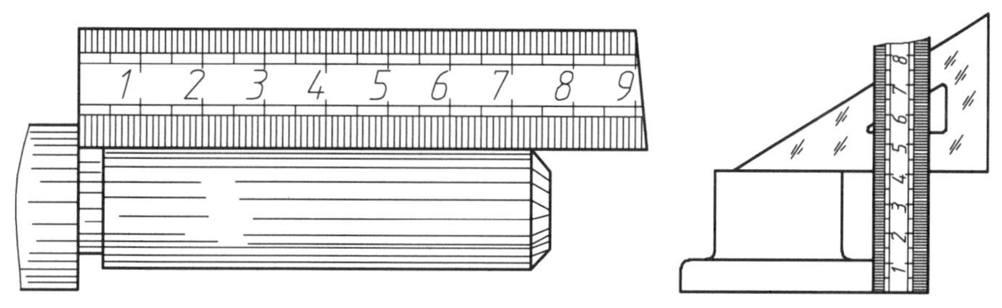

图 14.91　测量长度与测量高度

2. 测量回转面的直径

用内卡钳测量内径，外卡钳测量外径（见图 14.92）。测量时，要把内、外卡钳上下、前后移动，测得最大值为其直径尺寸，测量值要在钢尺上读出。遇到精确的表面可用游标卡尺测量。游标卡尺的使用如图 14.93 所示。

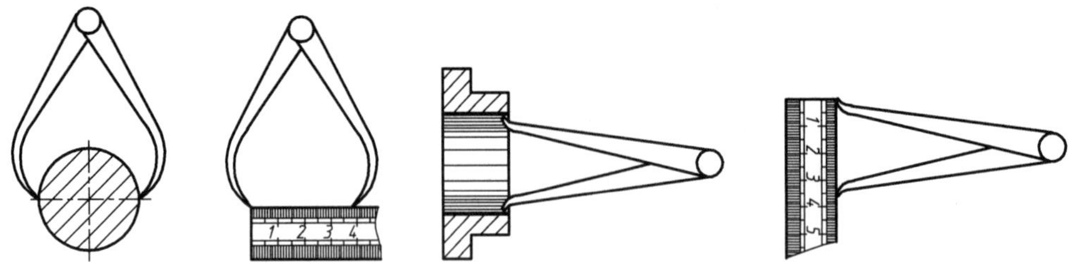

图 14.92　测量外径与测量内径

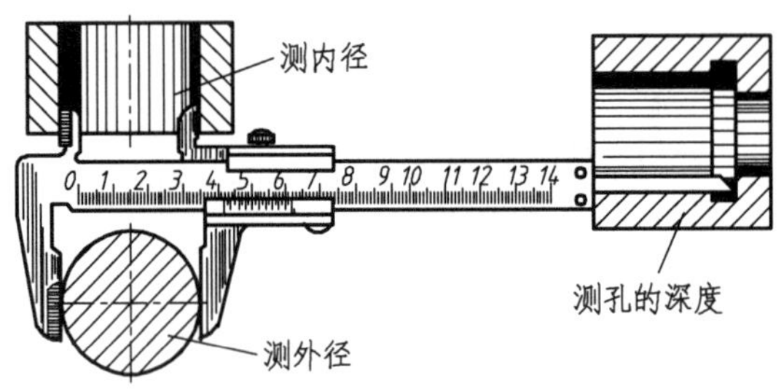

图 14.93　游标卡尺的使用

3. 测量壁厚

一般可用钢尺直接测量，若不能直接测出，可用外卡钳与钢尺组合，间接测出壁厚，如图 14.94 所示。

4. 测量中心高

利用钢尺和内卡钳可测出中心高，也可用游标卡尺测量中心高，如图 14.95 所示。

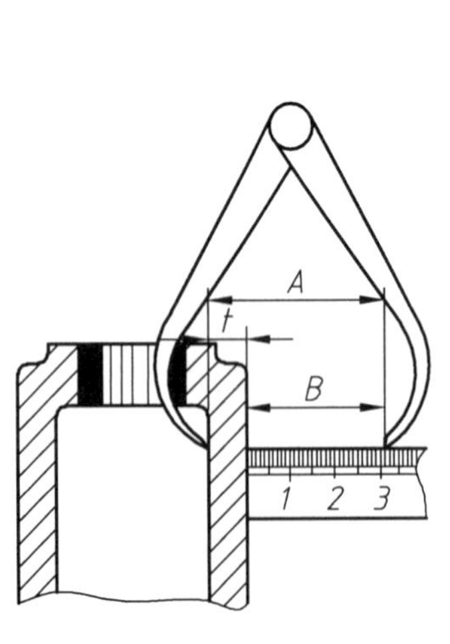

图 14.94　测量壁厚

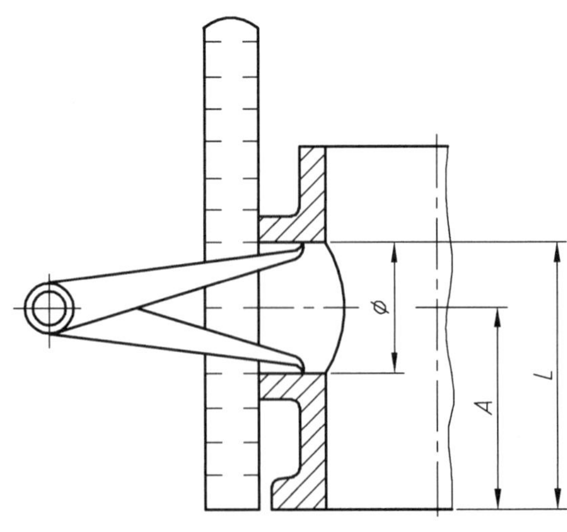

图 14.95　测量中心高

5. 测量孔中心距

可用内、外卡钳或游标卡尺测量，如图 14.96 所示。

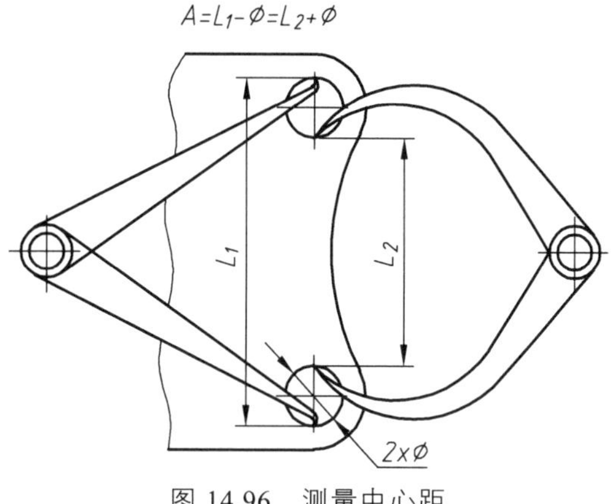

图 14.96　测量中心距

6. 测量圆角

一般可用圆角规测量。每组圆角规有很多片，一半测量外圆角，一半测量内圆角，每一片标着圆角半径的数值。测量时，只要在圆角规中找到与零件被测部分的形状完全吻合的一片即可，如图 14.97 所示。

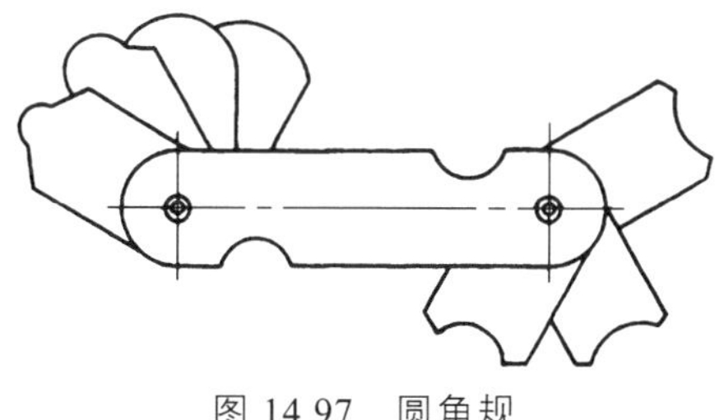

图 14.97　圆角规

7. 测量螺纹

测量螺纹需要测出螺纹的直径和螺距。旋向和线数可直接观察。对于外螺纹可测量外径和螺距，对于内螺纹可测量内径和螺距。测螺距可用螺纹规测量。螺纹规是由一组带牙的钢片组成，每片的螺距都标有数值，测量时，只要在螺纹规中找到与被测螺纹的牙型完全吻合的一片即可。然后把测得的螺距和内、外径的数值与螺纹标准核对，选取与其相近的标准值，如图 14.98 所示。

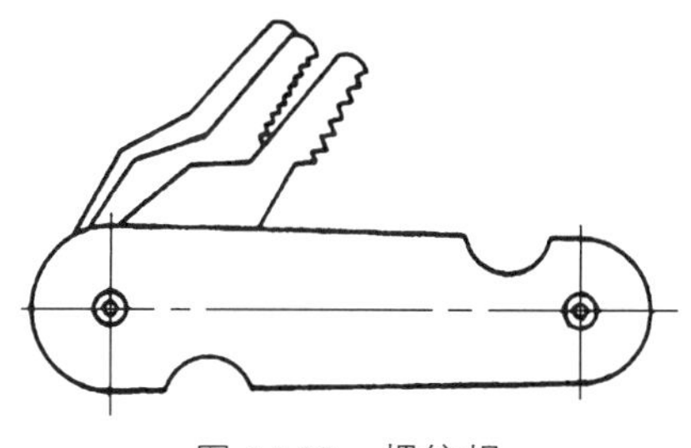

图 14.98　螺纹规

14.7.3 零件测绘时的注意事项

（1）零件的制造缺陷，如砂眼、气孔、刀痕等，以及长期使用所造成磨损，都不应画出。

（2）零件上因制造、装配的需要而形成的工艺结构，如铸造圆角、倒圆、倒角、退刀槽、凸台、凹坑等，都必须画出，不能忽略。在不致引起误解时，零件图中的倒角、圆角可以省略不画，但必须注明尺寸，或在技术要求中加以说明。

（3）有配合关系的尺寸（如配合的孔和轴的直径），一般只要测出它的基本尺寸，其配合性质和相应的公差值，应在分析考虑后，再查阅有关手册确定。

（4）没有配合关系的尺寸或不重要的尺寸，允许将测量所得的尺寸适当圆整（调整到整数值）。

（5）对螺纹、键槽、齿轮的轮齿等标准结构的尺寸，应该把测量的结果与标准值核对，采用标准结构尺寸，以利制造。

第 15 章　装配图机械图样

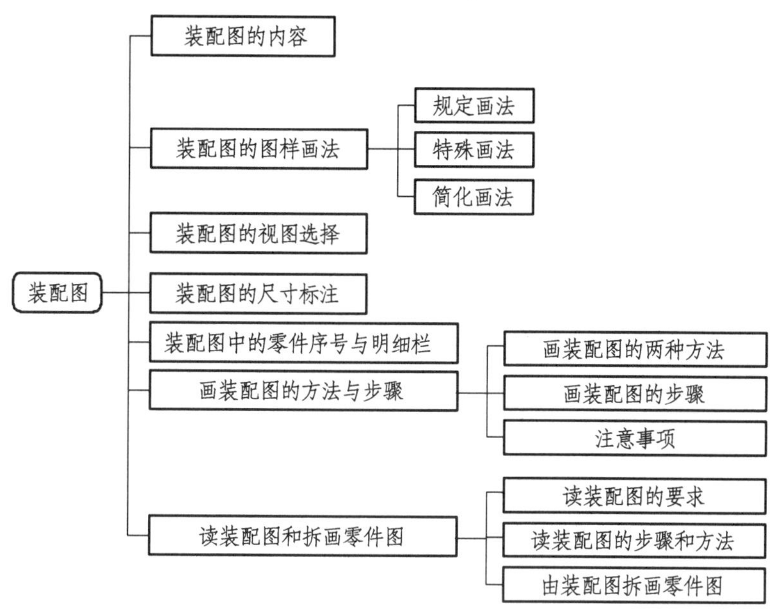

15.1　装配图的内容

表示机器及其组成部分之间的连接、装配关系的图样，称为装配图。它是设计部门交给生产部门的重要的技术文件，在设计、装配、检验、安装调试及使用维修等工作中，都需要装配图。在设计或测绘机器时，在绘出装配图之后，才能根据它拆画出零件图。装配图要反映出设计者的意图，表达出机器或部件的工作原理、性能要求、零件间的装配关系和主要零件的结构形状，以及在装配、检验、安装时所需要的尺寸数据和技术要求。

图 15.1 是滑动轴承的装配轴测图，滑动轴承是机械传动中的常见部件，是用来支撑轴的，由轴承座、轴衬、轴承盖、螺栓、螺母等组成。图 15.2 是该部件的装配图。

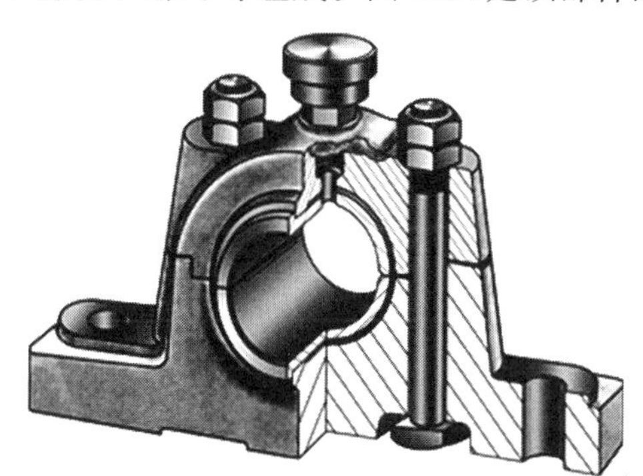

图 15.1　滑动轴承的装配轴测图

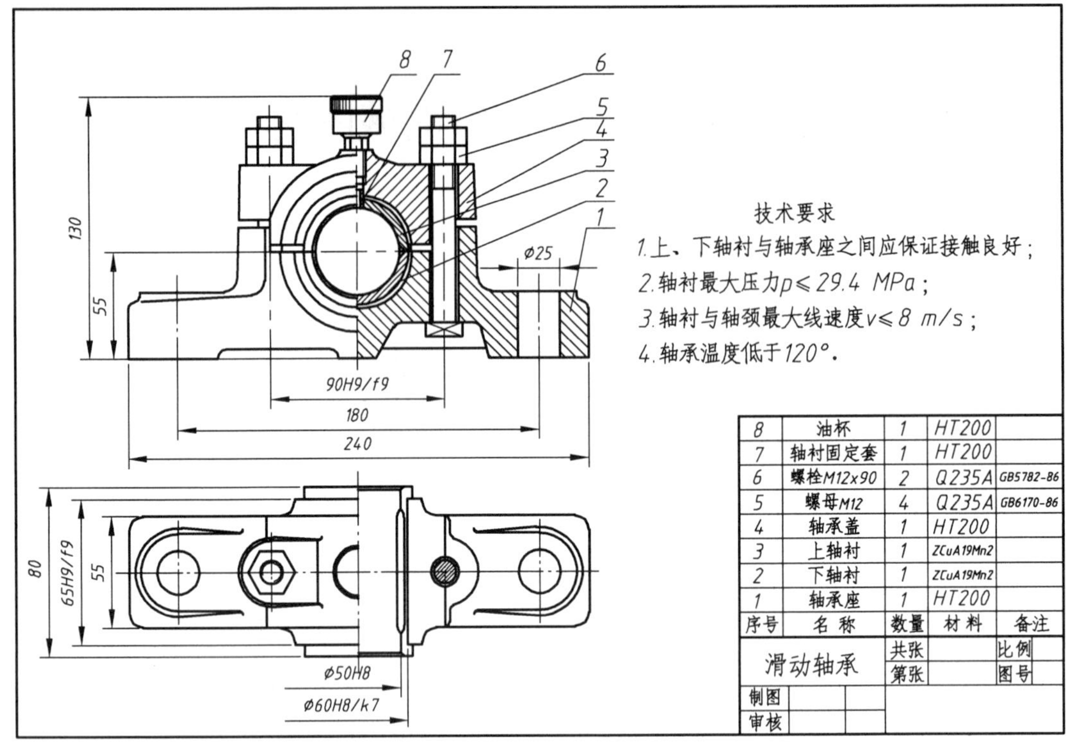

图 15.2　装配图

由图 15.2 可以看出，一张完整的装配图包括以下四方面内容：

（1）一组视图。表达机器或部件的传动路线、工作原理、各组成零件的相对位置、装配关系、连接方式和主要零件的结构形状等。

（2）必要的尺寸。标注出表示机器或部件的性能、装配、检验和安装所必需的一些尺寸。

（3）技术要求。用文字或符号说明对机器或部件的性能、装配、检验、调整、验收及使用方法等方面的要求。

（4）零件序号、明细栏和标题栏。装配图与零件图最明显的区别之一，就是在装配图中对每个零件进行编号，并在标题栏上方按编号顺序绘制成零件明细栏。

15.2　装配图的图样画法

机器或部件的表达与零件的表达，其共同点都是要反映它们的内外结构形状，因此，前面章节介绍过的机件的各种表达方法和选用原则，不仅适用于零件，也完全适用于机器或部件。

但是，零件图所表达的是单个零件，而装配图所表达的则是由若干零件所组成的机器或部件。两种图的要求不同，所表达的侧重面也就不同。装配图是以表达机器或部件的工作原理和主要装配关系为中心，把机器或部件的内部构造、外部形状和零件的主要结构形状表达清楚，不要求把每个零件的形状完全表达清楚，因此《机械制图》国家标准，对装配图提出了一些规定画法和特殊表达方法。

15.2.1 规定画法

（1）标准件以及球、轴、销、键等实心零件，如纵向剖切，按不剖绘制，若有凹槽、键槽、销孔等结构时，可采用局部剖视来表达，如图 15.3 所示。

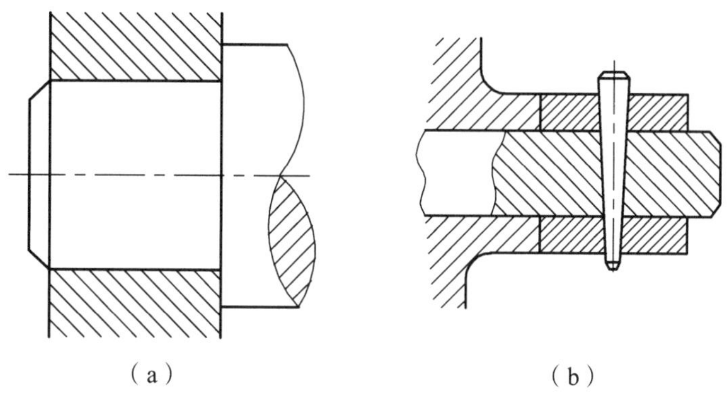

图 15.3 规定画法（一）

（2）相邻两个零件的接触面或配合面，规定只画一条线；孔轴的基本尺寸不同时，即便间隙很小也必须画两条线，如图 15.4 所示。

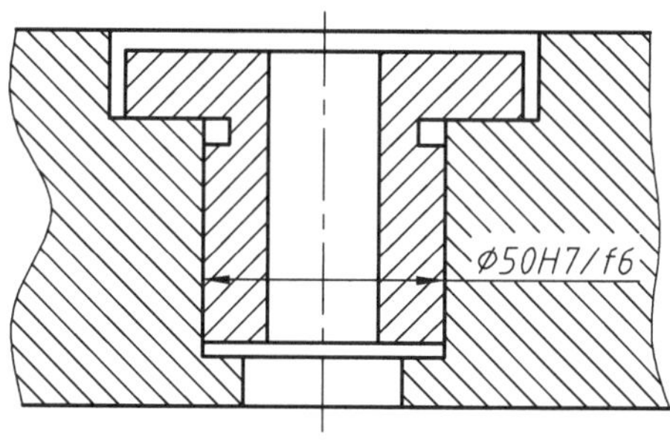

图 15.4 规定画法（二）

（3）相邻两零件的剖面线倾斜方向相反，或方向一致而间距不同，如图 15.5 所示。

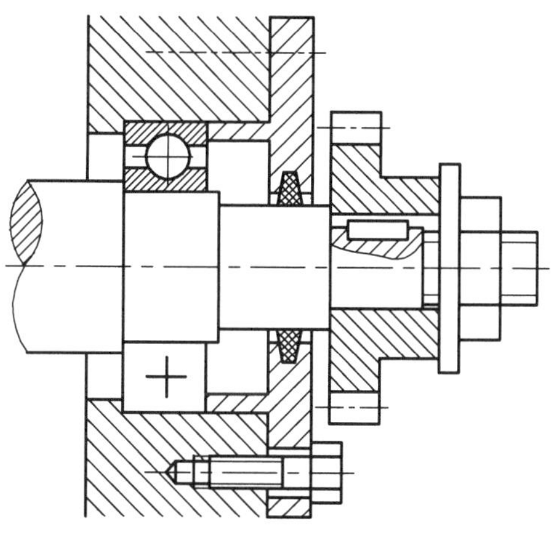

图 15.5 规定画法（三）

15.2.2　特殊画法

1. 拆卸画法

当某些零件遮住了需要表达的内容时，可假想将其拆去，只画所要表达的部分，但要注明“拆去××等”，如图 15.6 拆去零件 13。

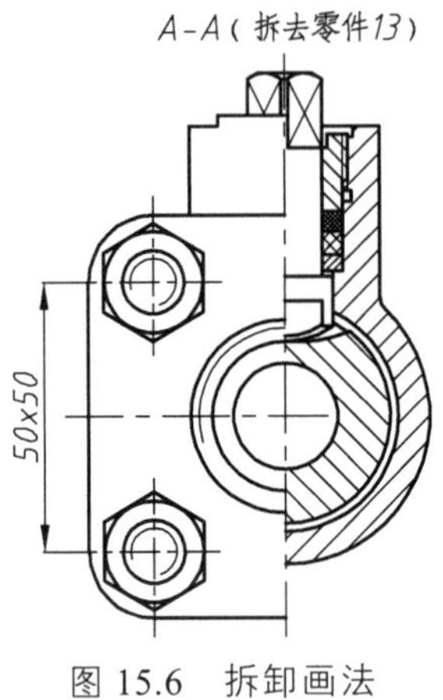

图 15.6　拆卸画法

2. 沿结合面剖切

为表达装配体内部零件间的装配情况，可假想沿零件的结合面剖切，绘出其图形，零件的结合面上不画剖面线，但被剖切到的零件如泵轴、螺栓、销等，则应必须画出剖面线，如图 15.7 所示。

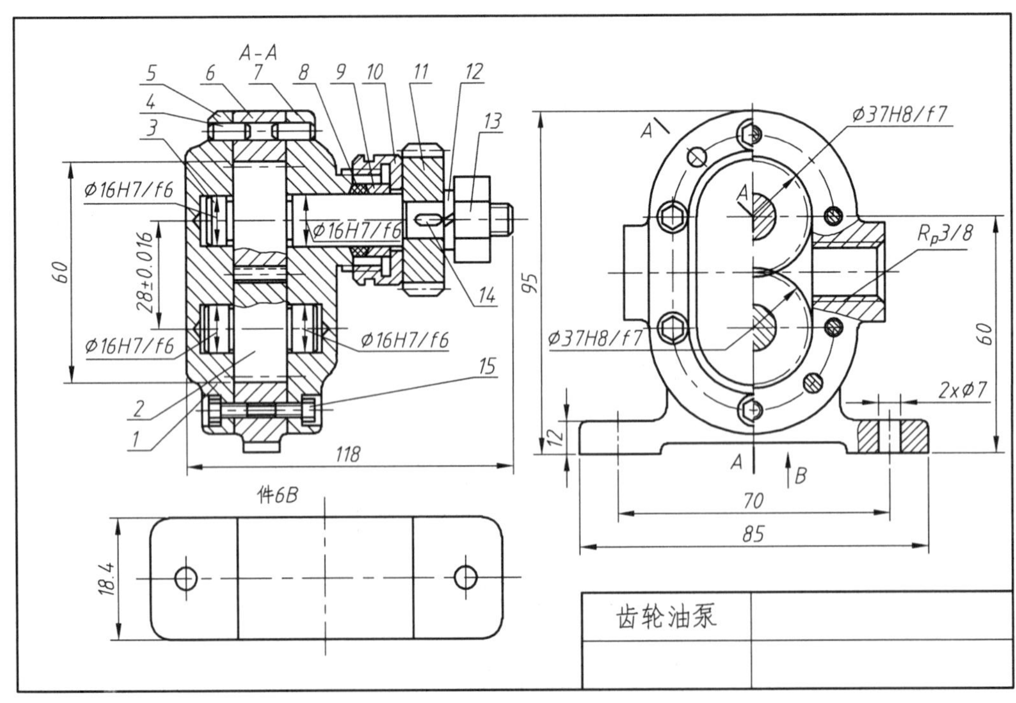

图 15.7　齿轮油泵装配图画法

3. 单独表示某个零件

在装配图中，当某个零件的形状未表达清楚而又影响对装配关系的理解时，可单独画出该零件的视图，并在单独画出的零件视图上方注出该零件的名称或编号，如图 15.7 所示。

4. 假想画法

与本部件有关，但不属于本部件的相邻零件（部件），可用双点画线画出，以表示连接关系，如图 15.8 所示。

本部件中零件运动的极限位置也可以用双点画线表示，如图 15.9 所示。

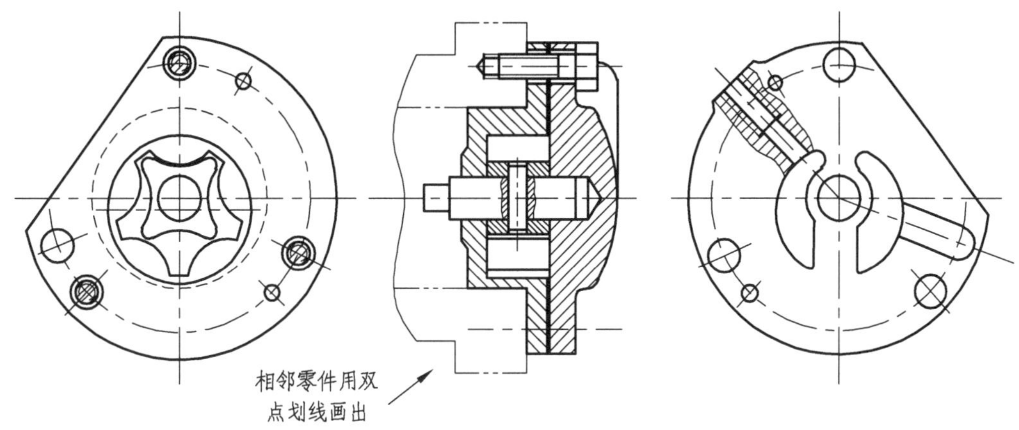

图 15.8　转子泵装配图画法

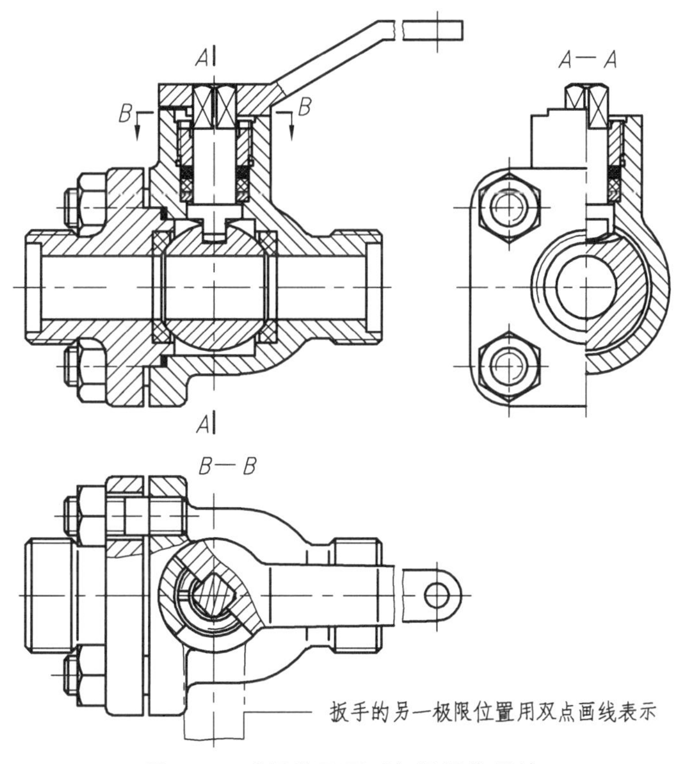

图 15.9　球阀装配图手柄极限位画法

5. 夸大画法

对薄片零件、细丝弹簧、微小间隙等，若按它们的实际尺寸在装配图中很难画出或难以明显表达时，都可不按比例而采用夸大画法，如图 15.10 所示。

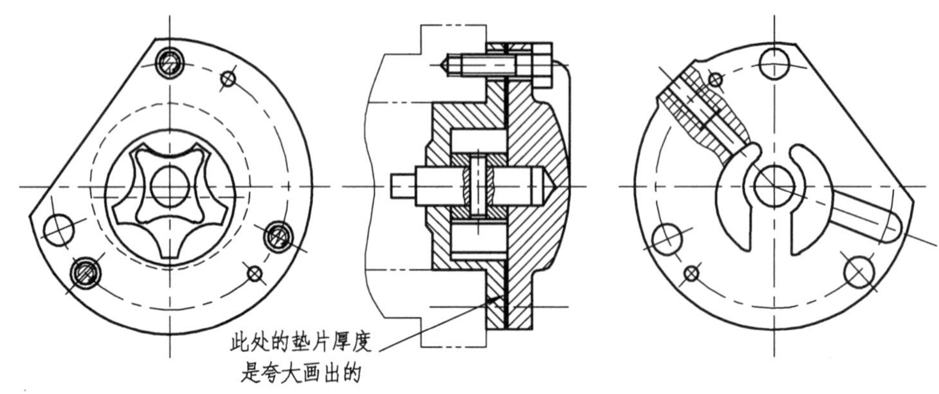

图 15.10　转子泵装配图画法

6. 展开画法

在画传动系统的装配图时，为了在表示装配关系的同时能表示出传动关系，常按传动顺序，用多个在各轴心处首尾相接的剖切平面进行剖切，并将所得剖面按顺序摊平在一个平面上绘出剖视图，称为展开画法。用此方法画图时，必须在所得展开图上方标出“*X-X* 展开”字样。

15.2.3　简化画法

装配图中使用的简化画法主要有以下几种：

（1）在装配图中，零件的倒角、圆角、凹坑、凸台、沟槽、滚花、刻线及其他细节等可不画出。

（2）对于装配图中若干相同的零（组）件、部件，可以仅详细画出一处，其余则以点画线表示中心位置即可，如图 15.11 中螺钉组的处理。

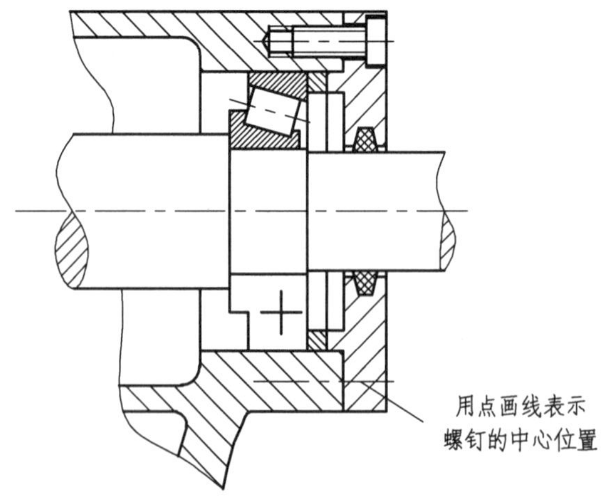

图 15.11　简化画法（一）

（3）在装配图中，当剖切平面通过某些标准产品的组合件，或该组合件已在其他视图上清楚地表示了时，可以只画出其外形图，如图 15.12（a）的油杯。装配图中的滚动轴承需要表示结构时，可在一侧用规定画法，另一侧用通用画法简化表示，如图 15.12（b）所示。

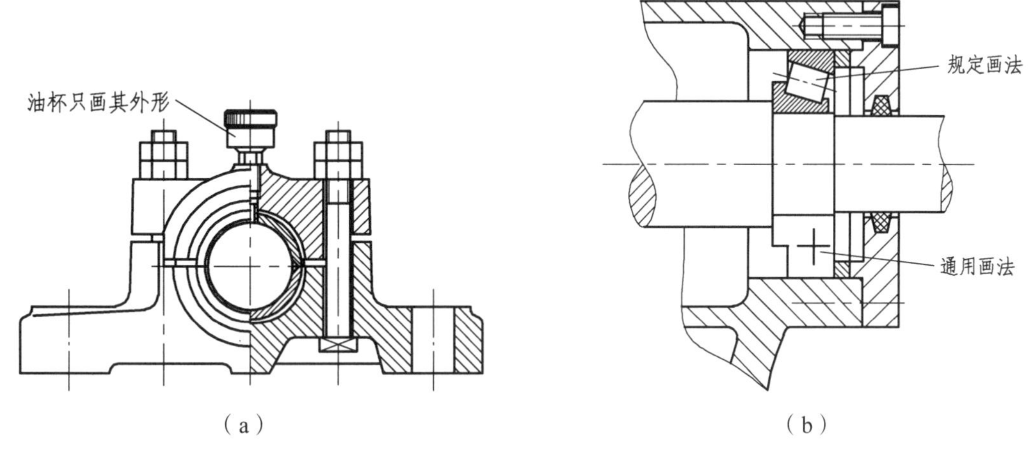

图 15.12　简化画法（二）

（4）被弹簧挡住的结构按不可见轮廓绘制，可见部分应从弹簧的外轮廓或从弹簧簧丝的中心线画起，如图 15.13 所示。

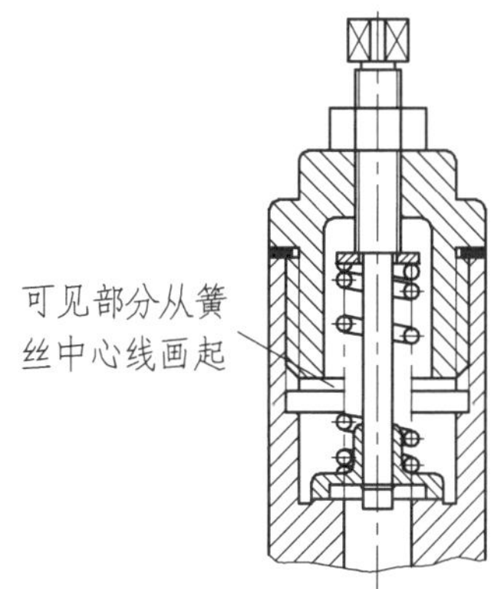

图 15.13　简化画法（三）

（5）在能够清楚表达产品的特征和装配关系的条件下，装配图可仅画出其简化后的轮廓，如图 15.14 中所示电动机的处理。

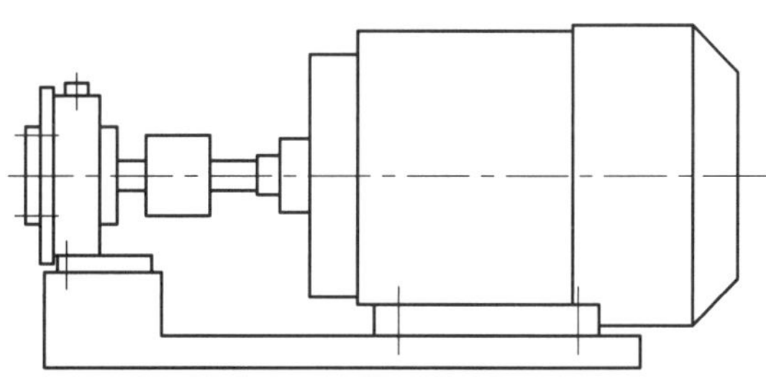

图 15.14　简化画法（四）

（6）装配图中可省略螺栓、螺母、销等紧固件的投影，只用点画线和指引线指明它们的位置。此时，指示紧固件组的公共指引线应根据其不同类型从被连接件的某一端引出，如螺钉、螺柱、销连接从其装入端引出，螺栓连接从其装有螺母一端引出，如图 15.15 所示。

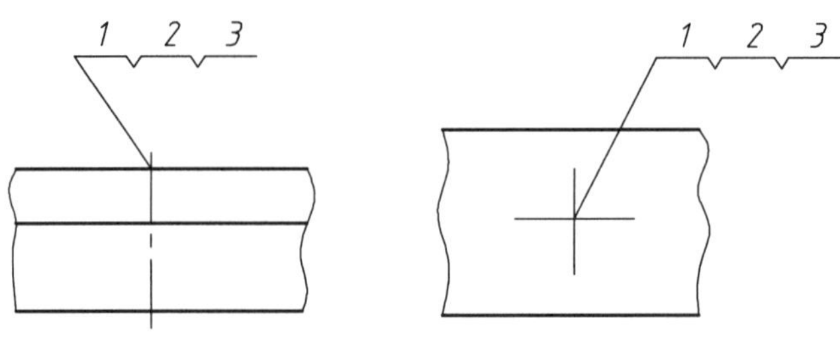

图 15.15 简化画法（五）

（7）装配图中，装配关系已清楚表达时，较大面积的剖面可只沿周边画出部分剖面符号或沿周边涂色，如图 15.16（a）所示。在不致引起误解的情况下，剖面符号可省略不画，如图 15.16（b）所示。

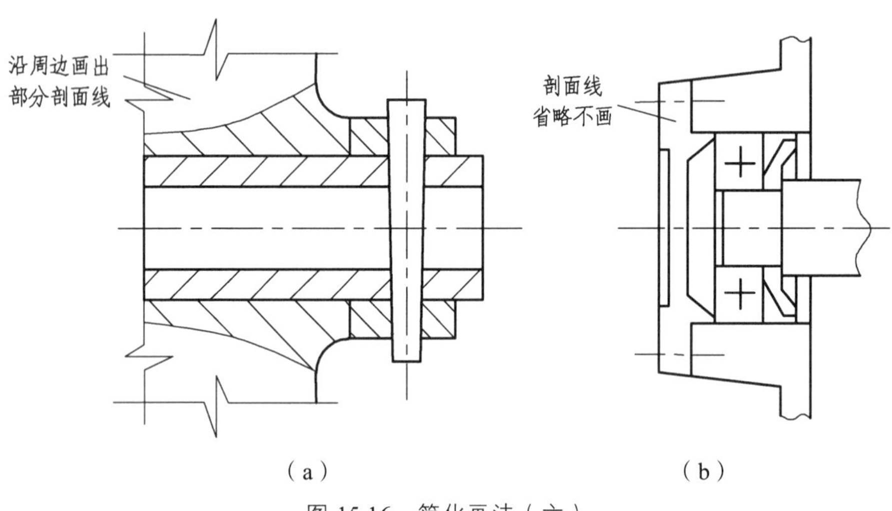

图 15.16 简化画法（六）

（8）在不致引起误解时，对于装配图中对称的视图，可只画一半或 1/4，并在对称中心线的两端画出两条与其垂直的平行细实线，如图 15.17 所示。

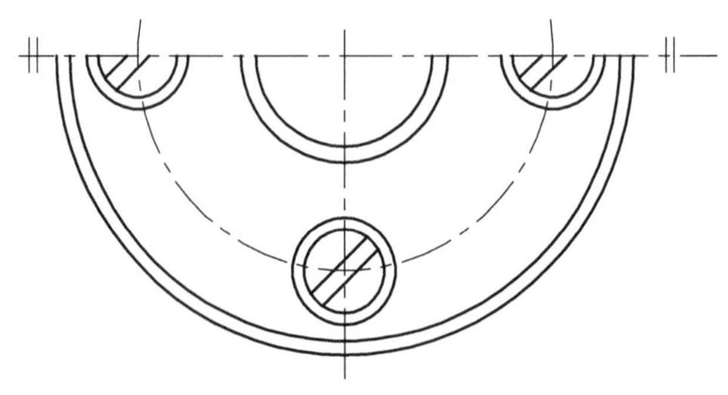

图 15.17 简化画法（七）

（9）装配图中可用粗实线表示带传动中的带，用细点画线表示链传动中的链。必要时，可在粗实线或细点画线上绘制出表示带或链类型的符号，如图 15.18 所示。

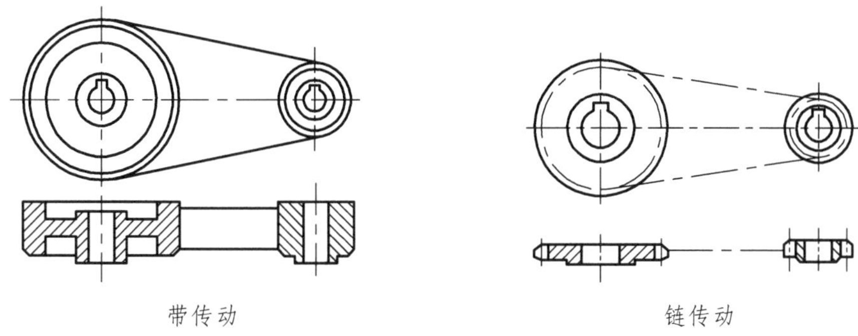

图 15.18 简化画法（八）

15.3 装配图的视图选择

1. 对装配图视图的要求

（1）正确——投影关系正确，图样画法和标注方法符合国家标准规定。

（2）完全、确定——对“一组视图”中应表示的内容表示得完全、确定，但不要求把部件中各个零件的结构、形状表示得完全、确定。

（3）清晰、合理——图形清晰，便于阅读者较迅速读懂、理解和进行空间想象。

（4）便于绘图和尺寸标注——便于画图，视图要为尺寸标注提供方便。

2. 视图选择的原则

与零件图的视图选择原则相同：

（1）表示部件信息量最多的那个视图应作为主视图。

（2）在满足要求的前提下，使视图（包括剖视图和断面图）的数量为最少，力求制图方便。

（3）尽量避免使用虚线表达部件的结构。

（4）避免不必要的细节重复。

3. 视图选择的步骤和方法

（1）部件分析。

分析部件的功能，部件的组成，各零件的相互位置和连接、装配关系，各零件的作用，部件中的零件形成几条装配线和几个零散装配点，分清各装配线的主、辅（次）地位。

分析各零件的运动情况和部件的工作原理。

分析部件的工作状态和安装状态，本部件与其他部件及机座的位置关系，安装、固定方式。图 15.19 所示为球阀装配图。

装配线——为实现某一局部功能或动作装配在一起的一串零件（大多数情况下这串零件具有共同的轴线或中心线）。实现主要局部功能和主要动作的，或含零件较多的装配线为主要装配线；反之为次要（或辅助）装配线。

零散装配点——以单一装配关系装在一起的极少数零件。

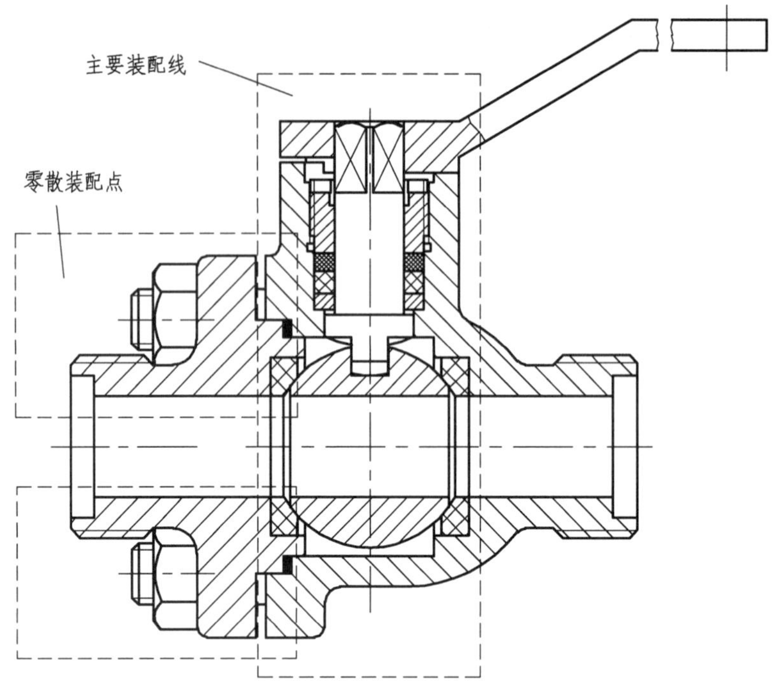

图 15.19　球阀装配图（主视图）

（2）选择主视图。

综合考虑以下几方面，取最佳效果：

① 应能反映部件的工作状态和安装状态；

② 应能反映部件的整体形状特征；

③ 应能表示主装配线零件的装配关系；

④ 应能表示部件的工作原理；

⑤ 应能表示较多零件的装配关系。

以上诸项能同时满足为最好，不能同时满足时首先保证①、②两项，以利于对部件全貌有所表达，为形成其他视图奠定基础，并便于与总装配图对照阅读。

（3）选择其他视图。

① 首先考虑选择其他基本视图，用适当的画法把未能完成的上述③、④项任务完成。若能将其他次要内容同时表示出来，则附带表示出来。

② 选用基本视图或辅助视图，用适当的画法把未表示的剩余内容（其他装配线、零散装配点、工作原理、对外安装关系及必要的零件结构、形状等）表示出来，达到表示的完全、确定。

（4）检查、比较、调整、修改。

① 检查组成部件的零（组）件是否表示完全。每种零（组）件中起码有一个必须在图样中出现过一次。

② 对每条装配线和零散装配点进行检查，看所有零件位置和装配关系是否表示完全、确定。

③ 部件工作原理是否得到表示。

④ 与工作原理有直接关系的各零件的关键结构、形状是否确定表示。

⑤ 与其他部件和机座的连接、安装关系是否表示正确。

⑥ 有无其他视图方案？如有，进行比较，需要时做调整、修改，使表示更清晰、合理，利于看图和便于画图。

⑦ 投影关系是否正确，画法和标注是否正确、规范。

15.4 装配图的尺寸标注

在装配图中标注尺寸的目的与在零件图中标注尺寸的目的完全不同。

零件图中必须注出零件结构的全部尺寸以确定零件的形状和大小。

装配图中只需注出必要的尺寸以说明部件或机器的性能、“成员”的装配关系、部件或机器的外廓大小以及对外安装情况即可。

通常，在装配图中标注以下五类尺寸。

1. 性能（规格）尺寸

表示部件或机器的性能和规格的尺寸，它们是设计和选用部件或机器的主要依据，如图15.20中球阀的公称直径ϕ20。

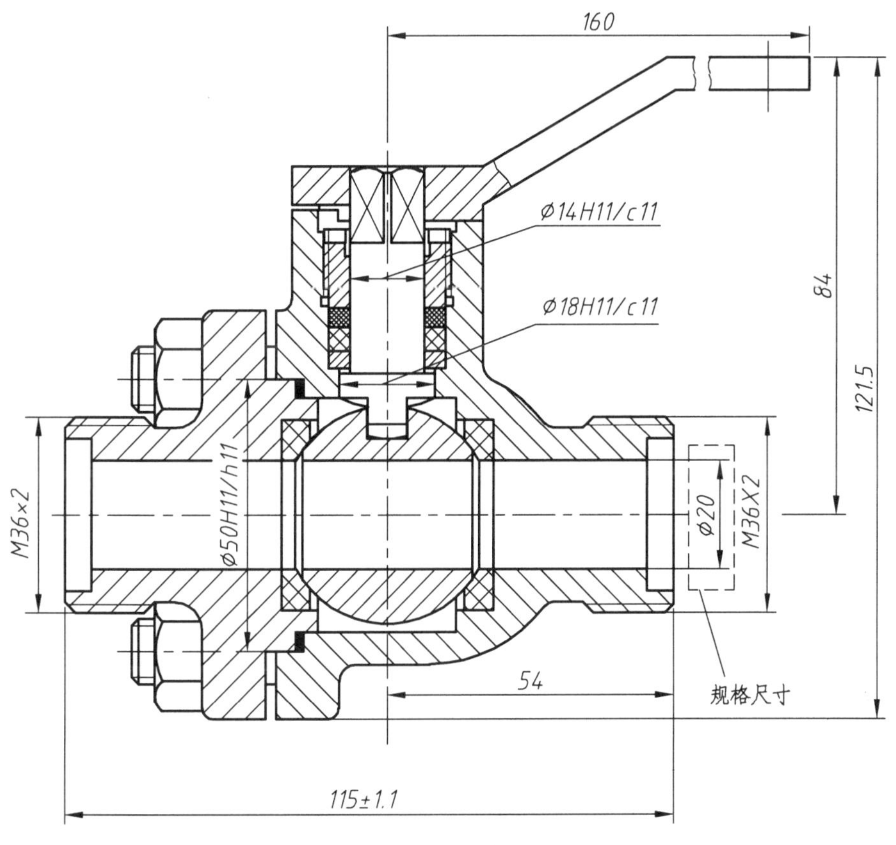

图 15.20 规格尺寸

2. 装配尺寸

（1）零件间的配合尺寸。

它表示了两零件间的配合性质和相对运动情况，是分析部件工作原理的重要依据，也是设计零件和订制装配工艺的重要依据。如图 15.21 中球阀中阀体与阀盖的配合尺寸ϕ50H11/h11、阀体与阀杆的配合尺寸ϕ18H11/c11、阀杆与填料压紧套的配合尺寸ϕ14H11/c11 均属此类。

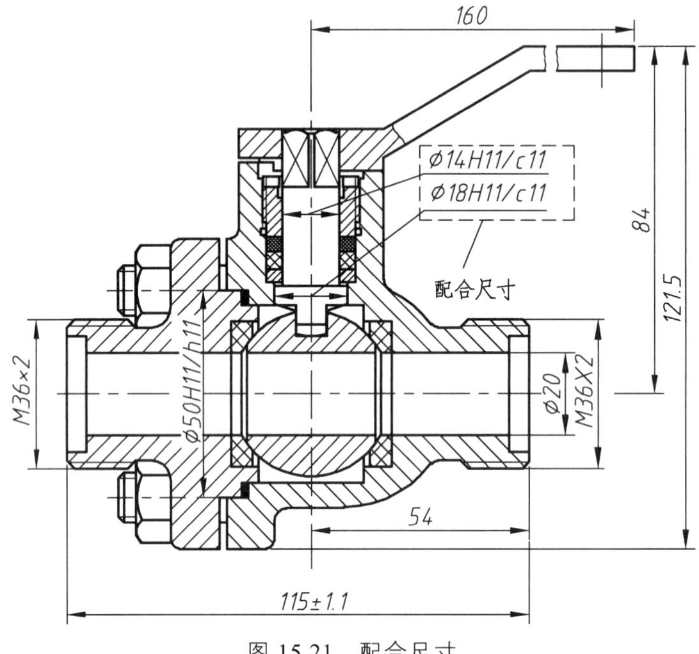

图 15.21　配合尺寸

（2）重要的相对位置尺寸。

零件之间或部件之间或它们在机座之间必须保证的相对位置尺寸。此类尺寸可依靠制造某零件时保证，也可以在装配时靠调整得到。如图 15.22 中转子泵中管道的中心高 85。

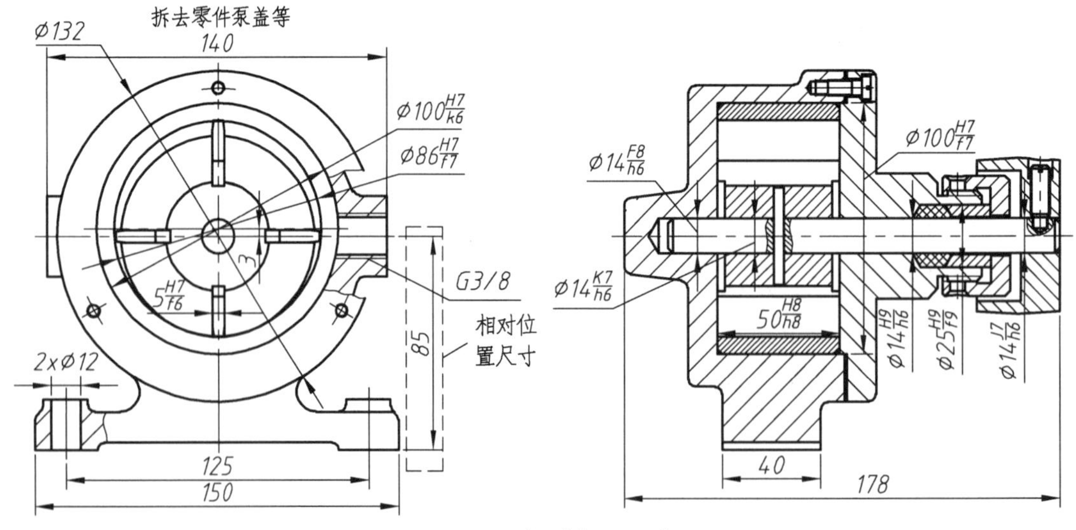

图 15.22　相对位置尺寸

3. 安装尺寸

安装尺寸是部件之间，或部件与机体之间，或机体与底座之间安装时需要的尺寸。包括安装面大小，定位和紧固用孔、槽的定形、定位尺寸等。如图 15.23 中转子泵中孔心距 125、底板的尺寸 150，吸入和排出接口处安装油管用的螺纹尺寸 *G*3/8。

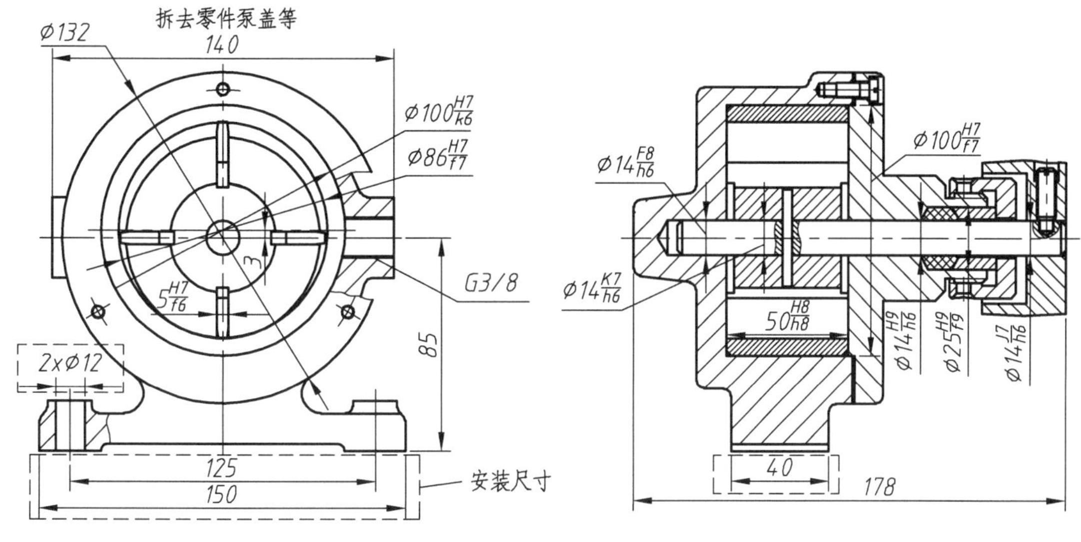

图 15.23　安装尺寸

4. 外形尺寸

表示部件或机器的总长、总宽和总高。它说明安装部件或机器时和它们工作时所需空间，有时也说明部件或机器在包装、运输时所需空间。如图 15.24 中转子泵的外形尺寸 150、178。

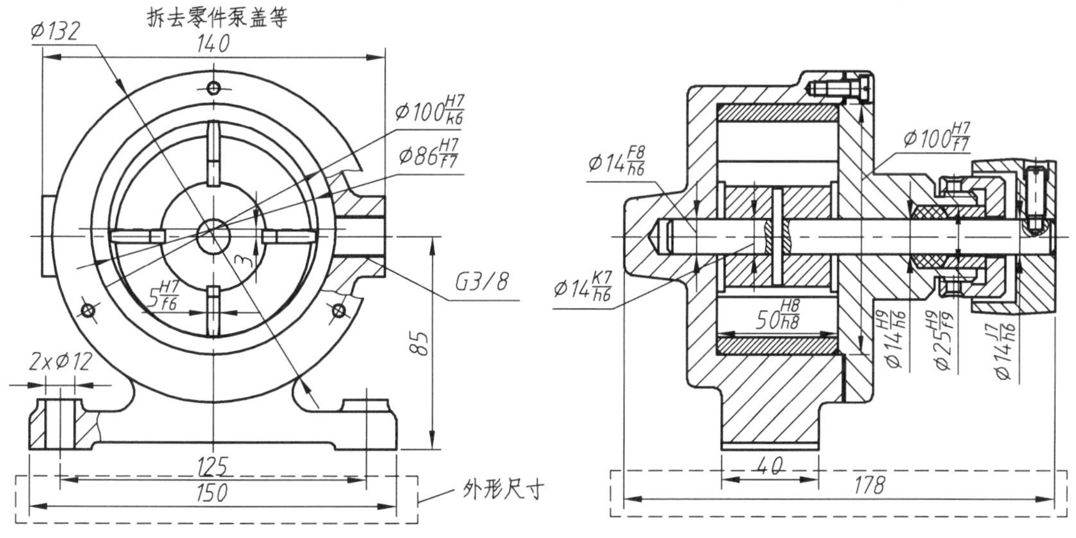

图 15.24　外形尺寸

5. 其他重要尺寸

零件的关键结构、形状尺寸。标注此类尺寸目的在于，确保零件上与实现部件功能有直接关系的关键结构的形状和大小在设计零件时不被改变。

以上五类尺寸之间并不是孤立无关的。实际上有的尺寸往往同时具有多种作用，如齿轮油泵的性能尺寸 $G1/4'$，也是安装尺寸；两齿轮轴的中心距 35 ± 0.02，也是泵体的关键结构尺寸。

15.5 装配图中的零件序号与明细栏

1. 零、部件序号及其编排方法

（1）为了便于阅读装配图，装配图中所有零、部件都必须编写序号。相同的零、部件用一个序号，一般只标注一次。图 15.25 中零、部件的序号应与明细栏中该零、部件的序号一致。

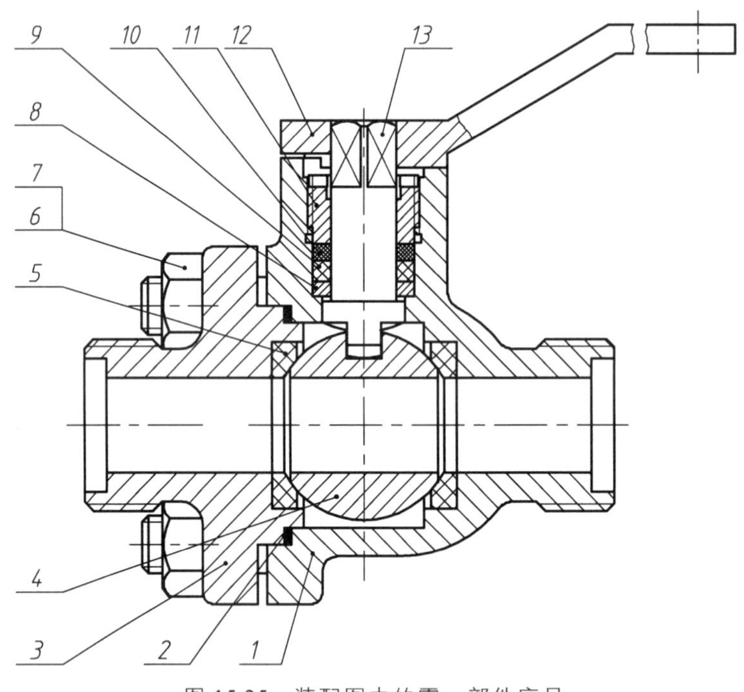

图 15.25 装配图中的零、部件序号

（2）在装配图中编注零、部件序号的常用形式有以下三种（见图 15.26）：

① 在指引线的水平线上注写序号,序号字高比该装配图中所注尺寸数字高度大一号或两号。如尺寸数字为 3.5 号字，则序号应为 5 或 7 号字。

② 在指引线端部的圆内注写序号，序号字高同上。

③ 在指引线端部附近注写序号，序号字高比该装配图中所注尺寸数字高度大两号。

注：同一张装配图中编注序号的形式应一致。

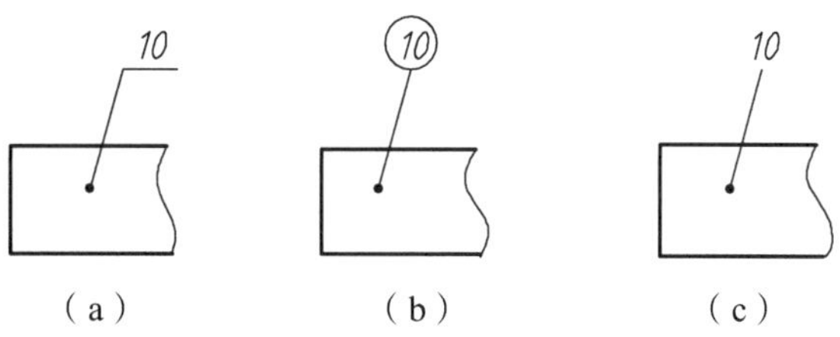

图 15.26　零、部件序号的常用形式

（3）指引线应自所指部分（被编注序号的零、部件）的可见轮廓线内引出，并在起始端画一圆点。当所指部分（很薄的零件或涂黑的剖面）内不便画圆点时，可在该端画出箭头指向该部分的轮廓，如图 15.27 所示。

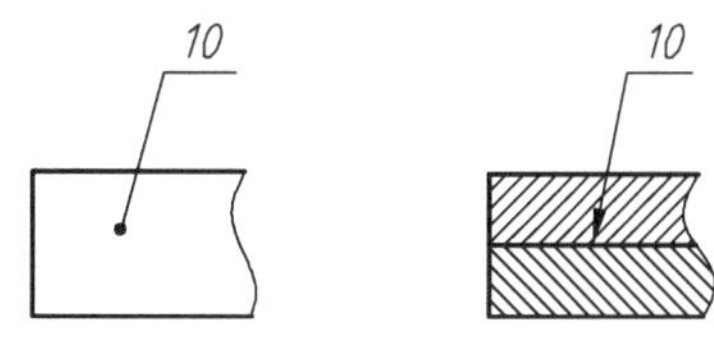

图 15.27 指引线（一）

（4）指引线可以画成折线，但只可曲折一次。当通过有剖面的区域时，指引线不应与剖面线平行。指引线相互不能相交，如图 15.28 所示。

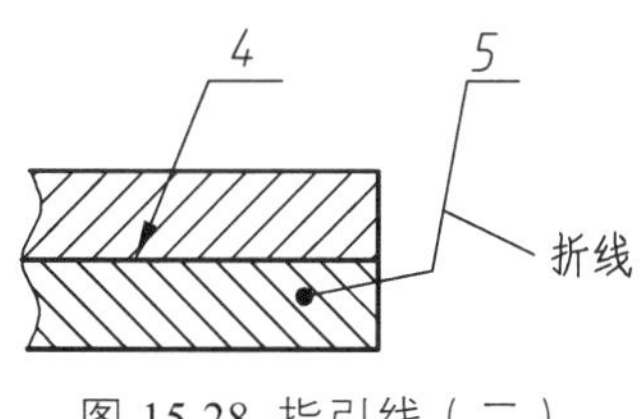

图 15.28 指引线（二）

（5）一组紧固件以及装配关系清楚的零件组可以采用公共指引线，如图 15.29 所示。

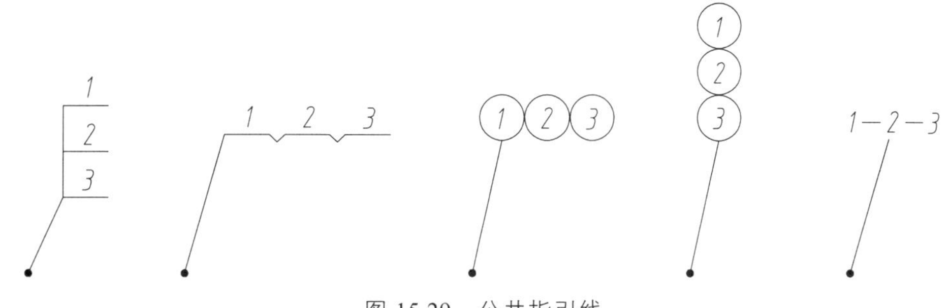

图 15.29　公共指引线

（6）装配图中各零、部件的序号应按水平或垂直方向排列整齐（在一条直线上）。优先采用不分视图地按顺时针或逆时针方向全图统一顺次排列。在整个图上无法连续时，可只在每个水平或垂直方向顺次排列，如图 15.30 所示。

注：为确保无遗漏地顺序排列，可先引出指引线，画出末端的水平线或小圆，检查、确认无遗漏、无重复后，再统一写序号，填写明细栏。

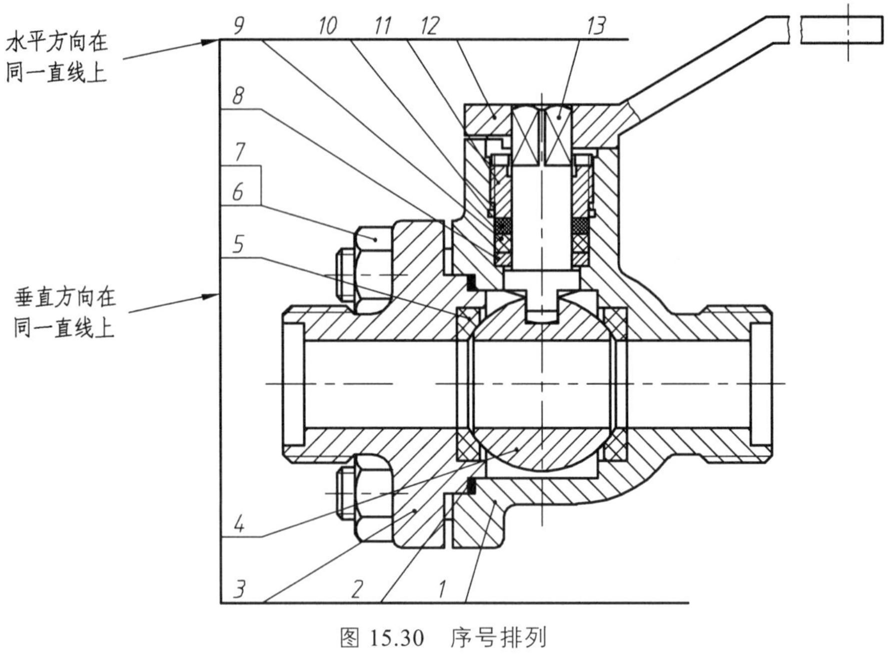

图 15.30　序号排列

2. 明细栏

由序号、代号、名称、数量、材料、质量、备注等内容组成的栏目称为明细栏。明细栏一般配置在标题栏的上方，按由下而上的顺序填写，其格数根据需要而定。当由下而上延伸位置不够时，可紧靠在标题栏的左边自下而上延续，如图 15.31 所示。

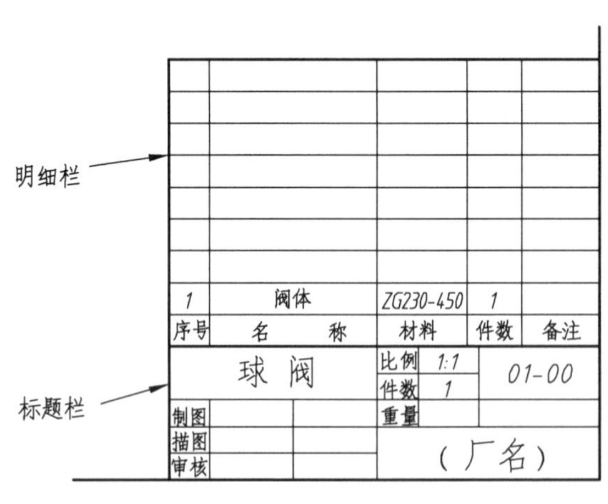

图 15.31　明细栏

当装配图中不能在标题栏的上方配置明细栏时，可作为装配图的续页按 A4 幅面单独给出。其顺序应是由上而下延伸，还可以连续加页，但应在明细栏下方配置与相应装配图完全相同的标题栏。

明细栏的内容、格式在国家标准（GB/T 10609.2—2008）中已有规定。学习本课程时所用明细栏可按例图中的内容和格式。

15.6 画装配图的方法与步骤

15.6.1 画装配图的两种方法

画装配图时，从画图顺序区分有以下两种方法：

（1）从各装配线的核心零件开始，“由内向外”，按装配关系逐层扩展画出各个零件，最后画箱（壳）体等支撑、包容零件。

此种方法的画图过程与大多数设计过程相一致，画图的过程也就是设计的过程，在设计新机器绘制装配图（特别是绘制装配草图）时多被采用（此时尚无零件图，要待此装配图画好后再去“拆画”零件图）。该方法的另一优点是画图过程中不必“先画后擦”零件上那些被遮挡的轮廓线，有利于提高作图效率和清洁图面。

（2）先将起支撑、包容作用的体量较大、结构较复杂的箱（壳）体或支架等零件画出，再按装配线和装配关系逐次画出其他零件。此种画法常被称为“由外向内”。

此种方法多用于根据已有零件图“拼画”装配图（对已有机器进行测绘或整理新设计机器技术文件）时，该方法的画图过程常与较形象、具体的部件装配过程一致，有利于空间想象。

当需要首先设计出起支撑、包容作用的箱壳、支架零件时，也宜于使用此种方法进行设计绘图。

15.6.2 画装配图的步骤

以上述第二种方法（“拼画”）绘制球阀的装配图为例，介绍画装配图的步骤。

1. 了解部件的装配关系和工作原理（见图 15.32）

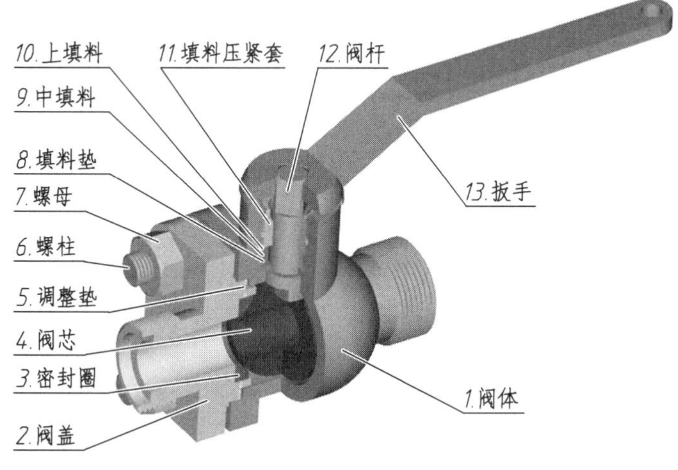

图 15.32 球阀的轴测装配图

对照部件实物或球阀的轴测装配图进行仔细分析，了解各零件间的装配关系和部件的工作原理，如图 15.33、图 15.34 所示。

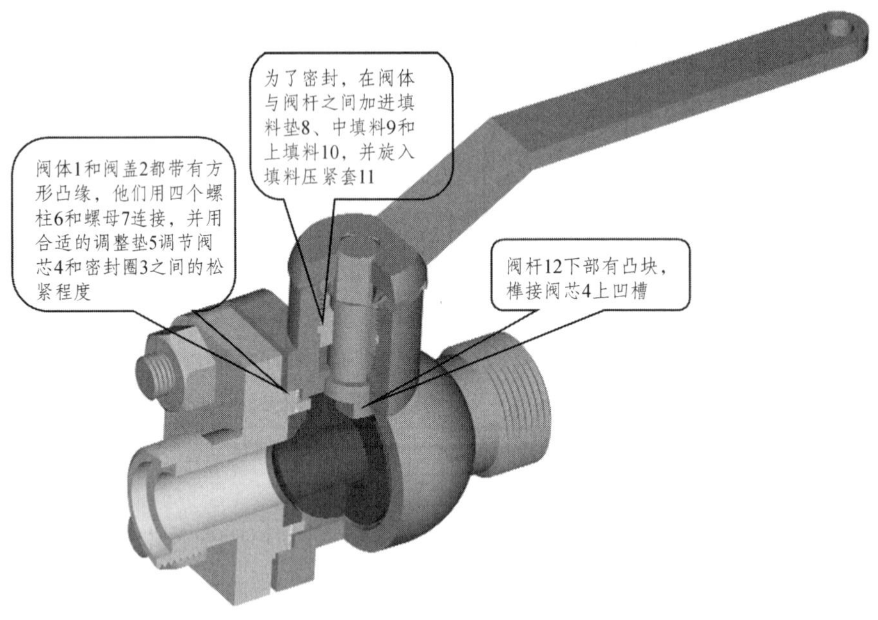

图 15.33　球阀的装配关系

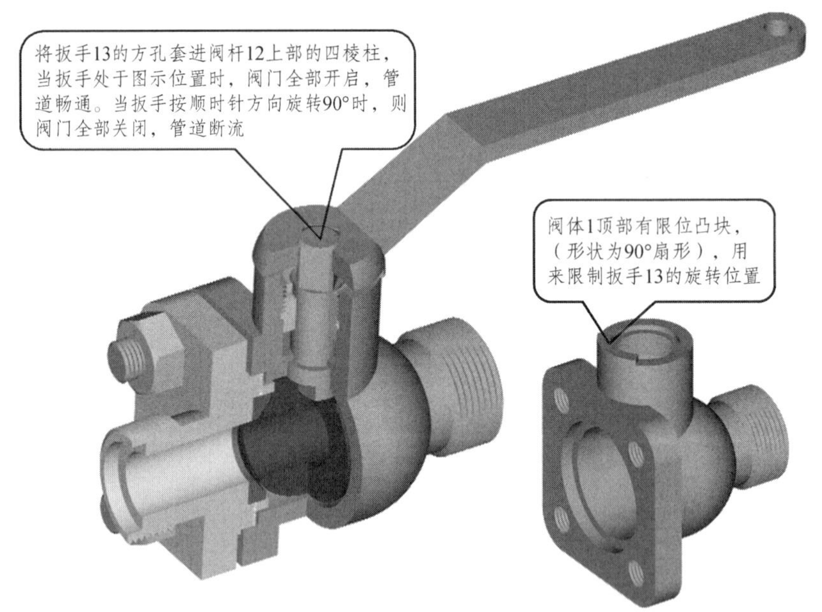

图 15.34　球阀的工作原理

2. 确定表达方案

（1）主视图的选择。

球阀的工作位置情况多变，但一般是将其通路放成水平位置。工作位置确定后，再选择主视图的投射方向。球阀主视图的投射方向如图 15.35 所示。

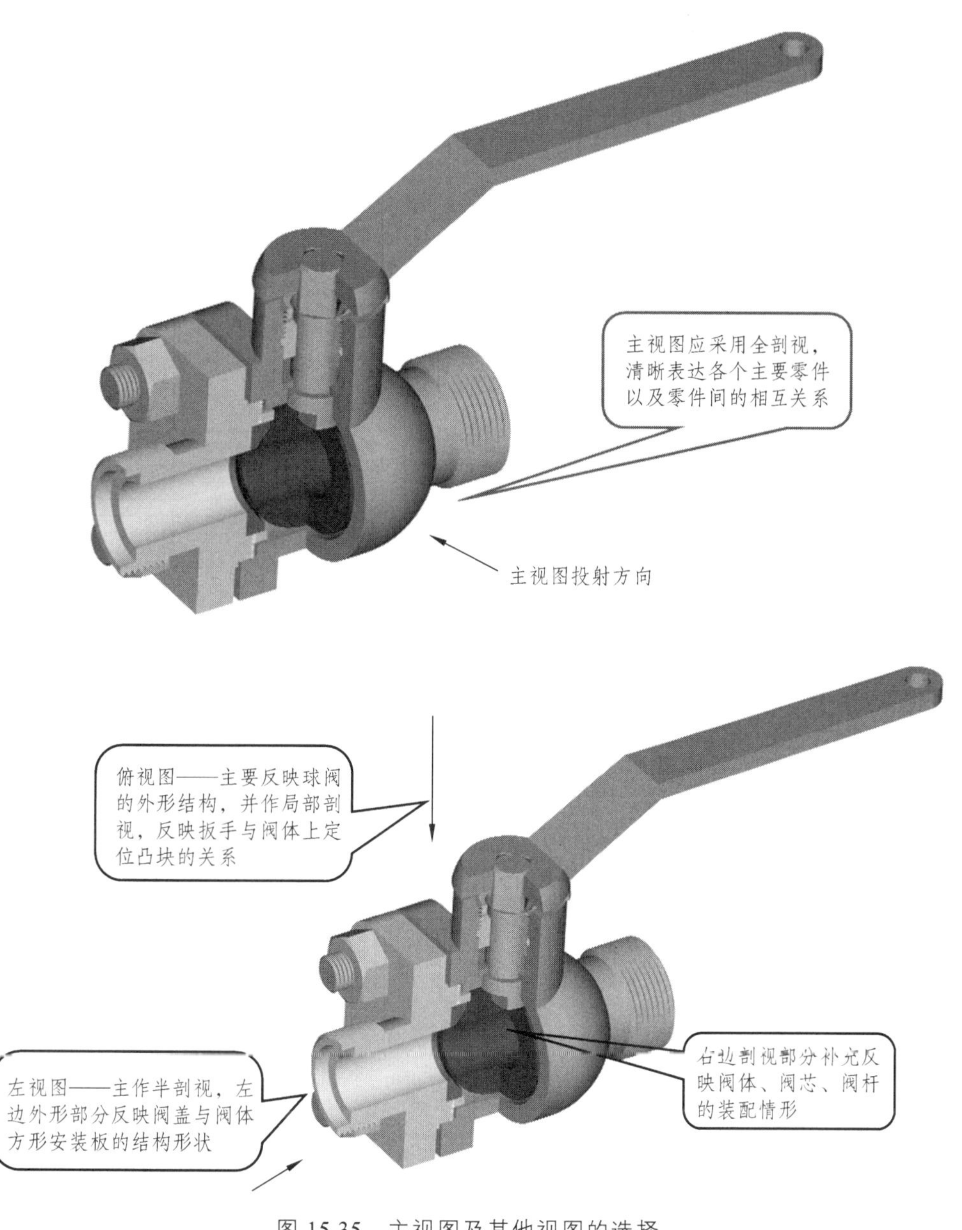

图 15.35　主视图及其他视图的选择

（2）其他视图的选择。

选取俯视图和左视图补充表达球阀的外形结构和其他装配关系，如图 15.35 所示。

3. 画装配图

确定了部件的表达方案后，则可根据部件大小与复杂程度，选取适当比例，安排各视图的位置，从而选定图幅。

（1）画出各视图的主要轴线（装配线）、对称中心线和作图基线（某些零件的基面或端面），如图 15.36 所示。

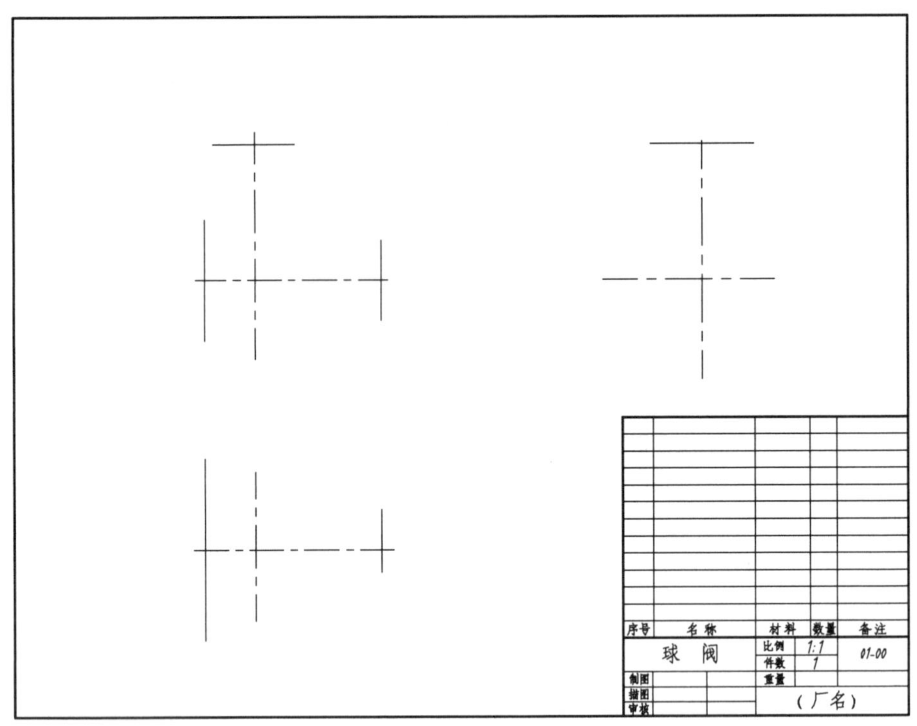

图 15.36　画装配图（一）

注意：布局时应留有供编写零件序号、明细栏，以及注写尺寸和技术要求的位置。

（2）画轴线上的主要零件阀体的轮廓线，三个视图要联系起来画，如图 15.37 所示。

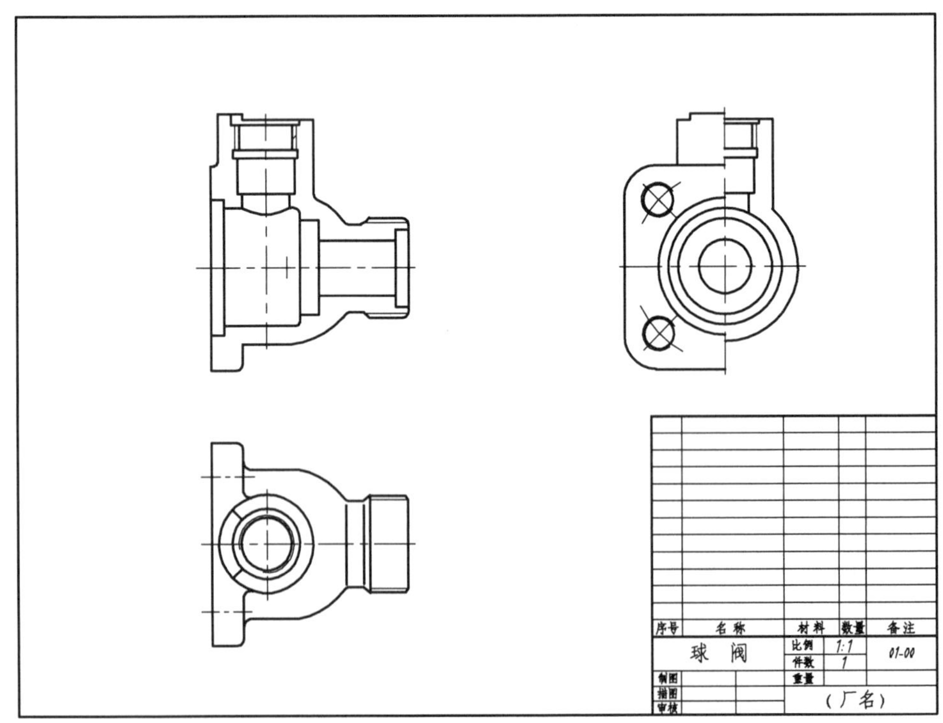

图 15.37　画装配图（二）

（3）根据阀盖和阀体的相对位置，沿水平轴线画出阀盖的三视图，如图 15.38 所示。

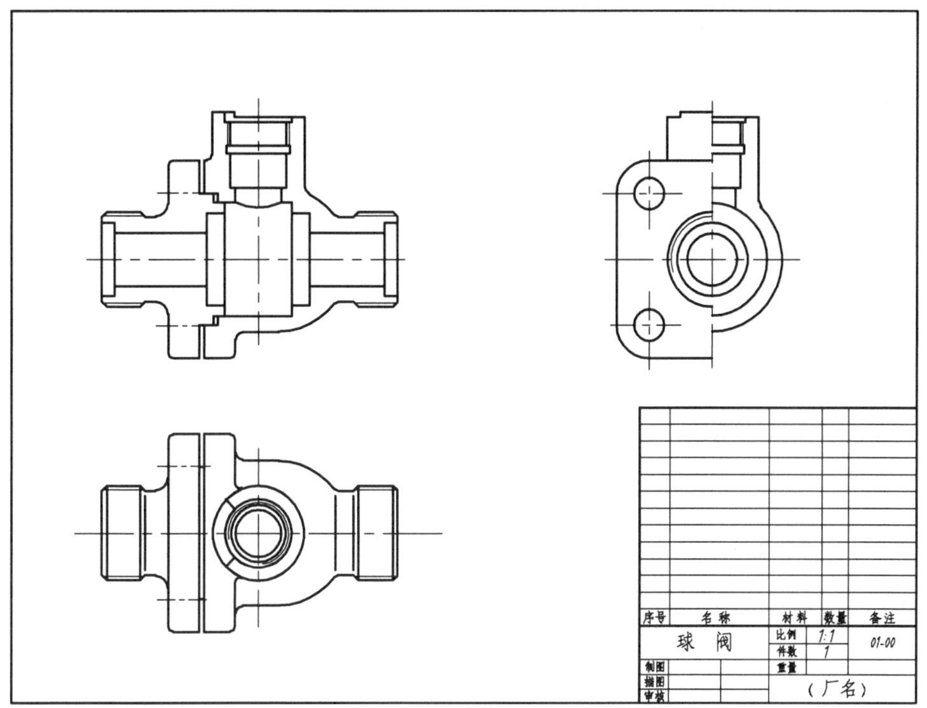

图 15.38　画装配图（三）

（4）画出铅直轴线（主要装配线）上的零件：阀杆、阀芯，如图 15.39 所示。

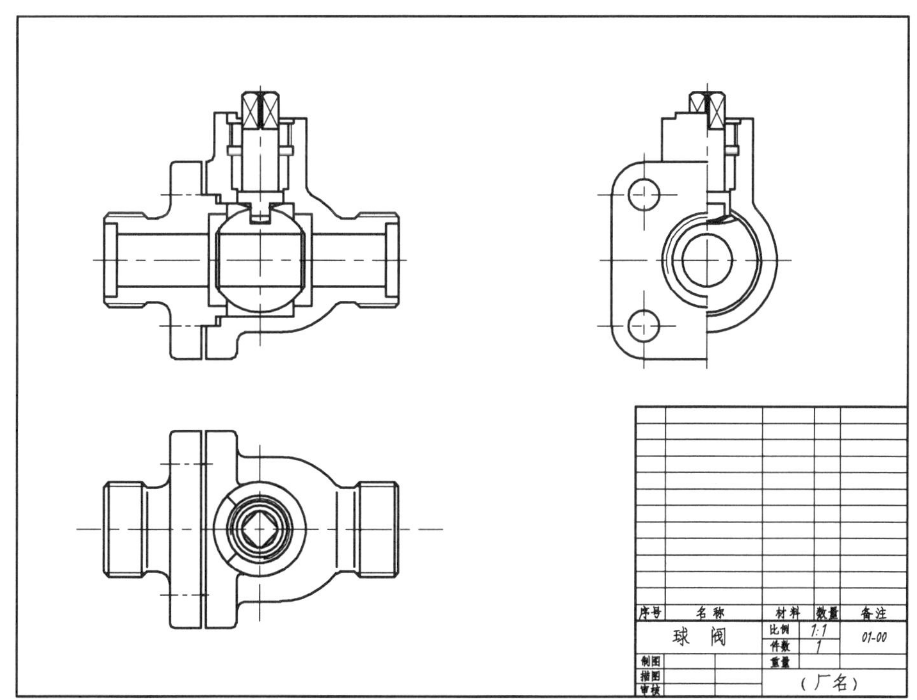

图 15.39　画装配图（四）

（5）画出铅直轴线（主要装配线）上的其他零件：扳手、填料垫、填料压紧套以及中填料和上填料，如图 15.40 所示。

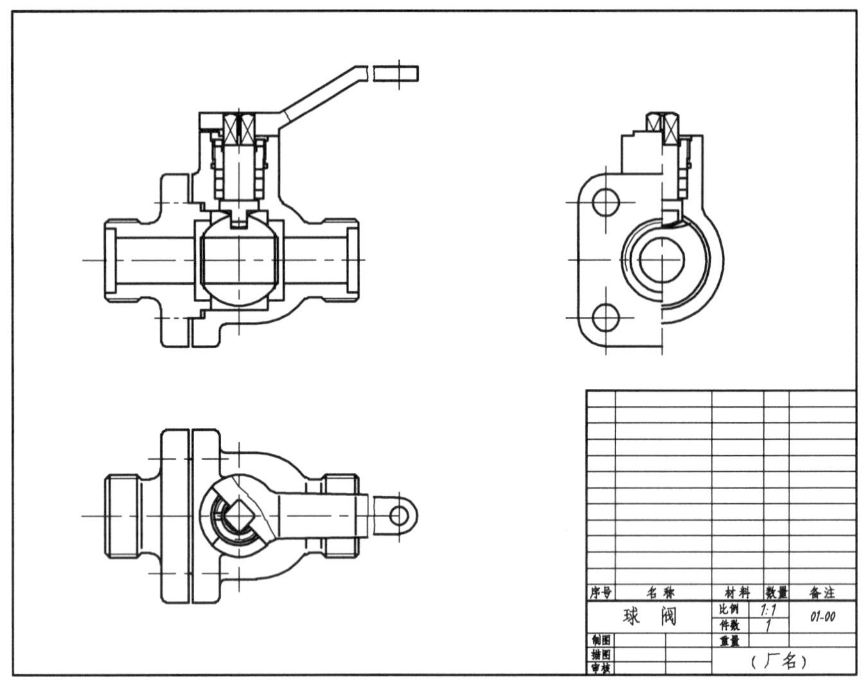

图 15.40 画装配图（五）

（6）画出水平轴线（辅助装配线）上的其他零件：密封圈、调整垫以及螺柱、螺母，如图 15.41 所示。

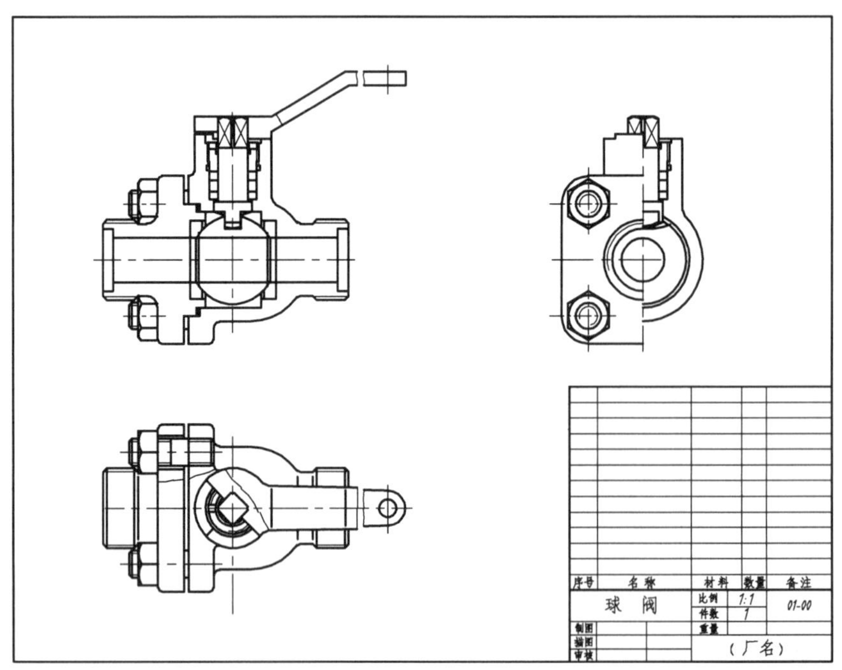

图 15.41 画装配图（六）

（7）在俯视图上用双点画线画出扳手的极限位置（关闭管路），如图 15.42 所示。

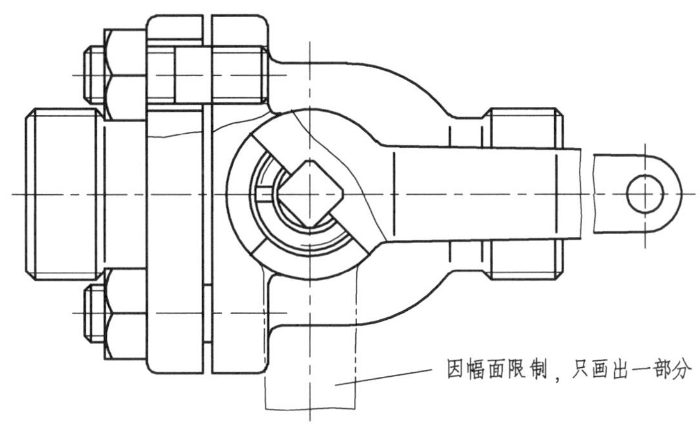

图 15.42　画装配图（七）

（8）检查后，描深图线，给各零件绘制剖面线，注意同一零件在视图中的剖面线应一致，如图 15.43 所示。

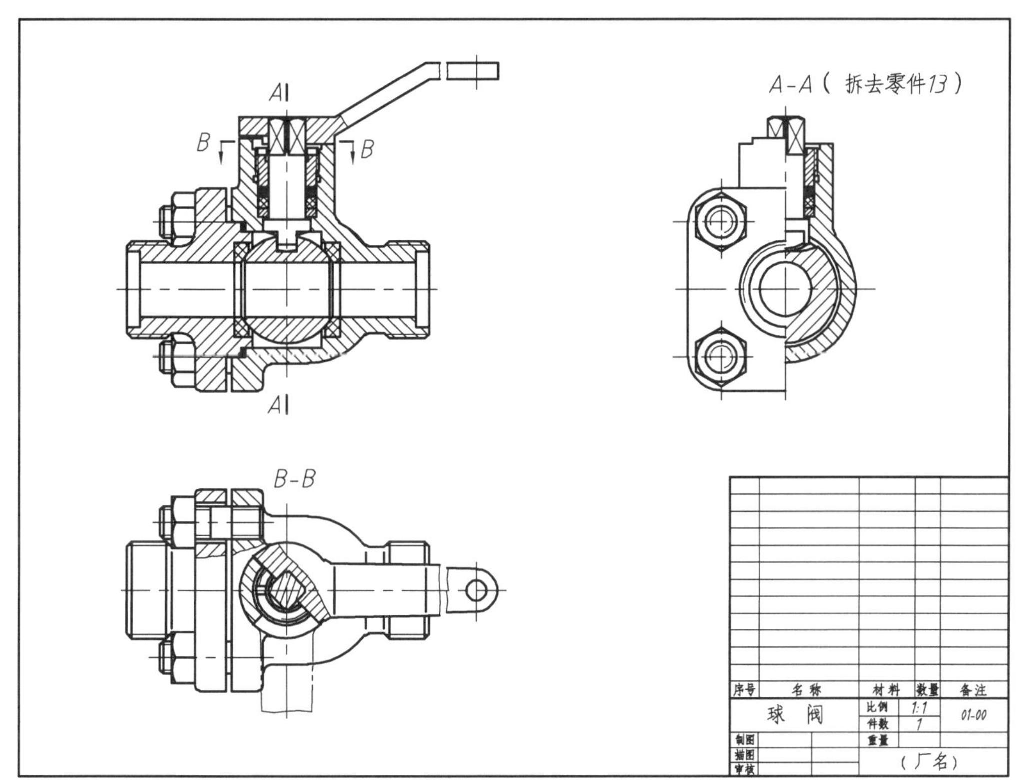

图 15.43　画装配图（八）

（9）尺寸标注：标注规格尺寸、配合尺寸、安装尺寸、重要的相对位置尺寸以及总体尺寸，如图 15.44 所示。

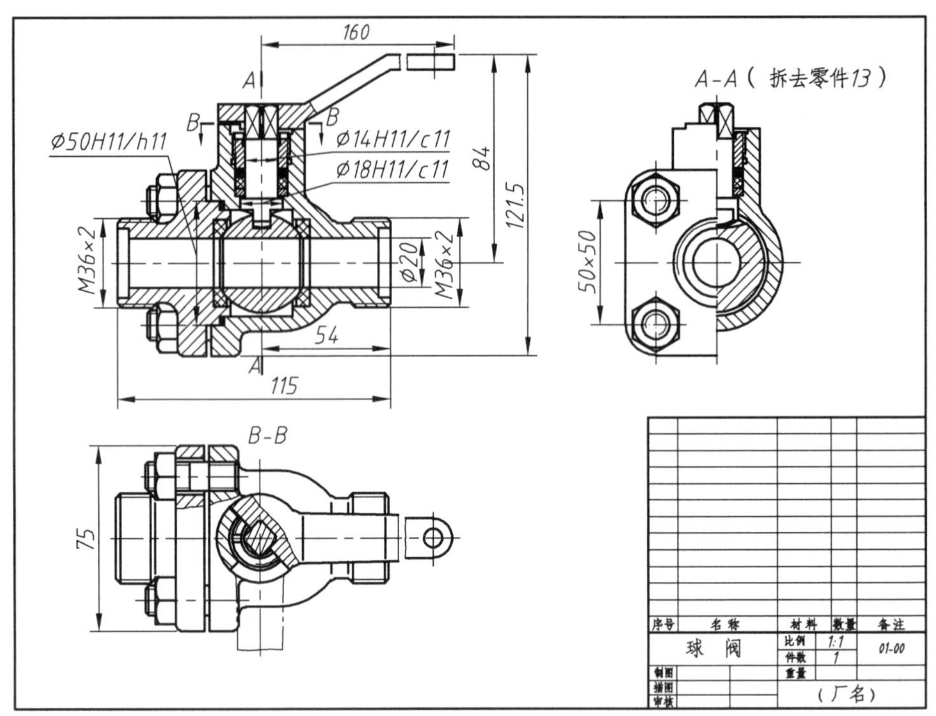

图 15.44 画装配图（九）

（10）填写技术要求，编排零件序号，填写明细栏、标题栏。经过最后校核后，在标题栏中签署姓名和日期，完成全图，如图 15.45 所示。

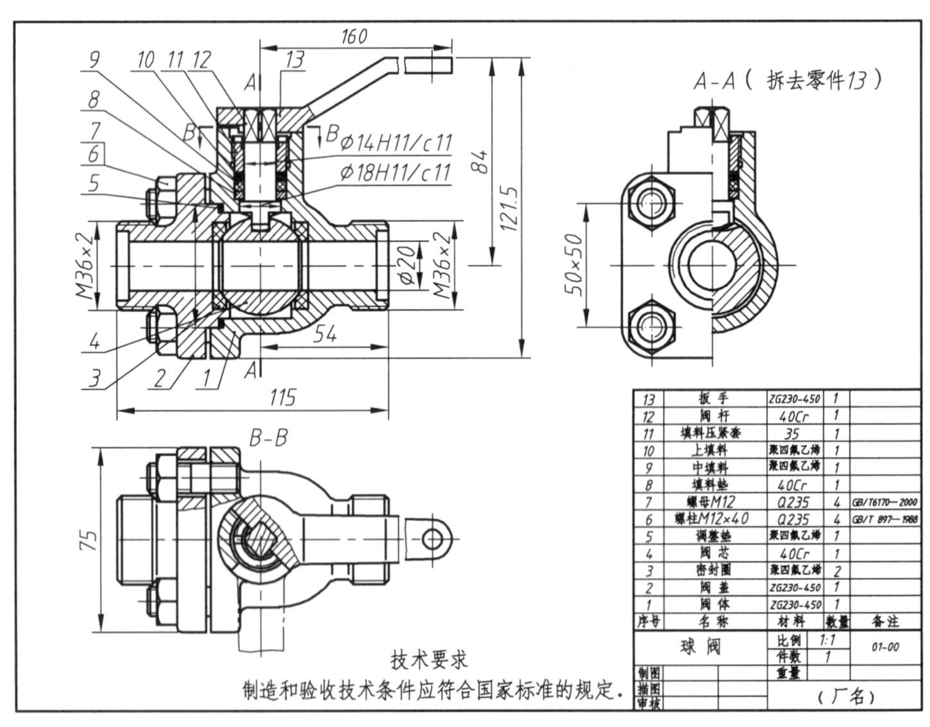

13	扳手	ZG230-450	1	
12	阀杆	40Cr	1	
11	填料压紧套	35	1	
10	上填料	聚四氟乙烯	1	
9	中填料	聚四氟乙烯	1	
8	填料垫	40Cr	1	
7	螺母M12	Q235	4	GB/T6170—2000
6	螺柱M12×40	Q235	4	GB/T 897—1988
5	调整垫	聚四氟乙烯	1	
4	阀芯	40Cr	1	
3	密封圈	聚四氟乙烯	2	
2	阀盖	ZG230-450	1	
1	阀体	ZG230-450	1	
序号	名称	材料	数量	备注

球阀		比例	1:1	01-00
		件数	1	
制图		重量		
描图		（厂名）		
审核				

图 15.45 画装配图（十）

15.6.3 注意事项

当部件中某些零件位置可变，具有不同形态时，在装配图中应画成工作状态或有调整余地的中间状态。例如，阀门应画成关闭截流状态；弹簧应画成受力压缩（或接伸）状态。

装配线上零件较多，互相关联、影响，往往会出现“一错都错”的连锁反应。在画装配图时，要随画随检查在装配关系、投影关系和图样画法等方面有无错误，如有，要立即改正。

当各视图所表示的装配线间相互关系不大时，亦可采用集中精力画完一个视图再画另一个视图的方法，而不必拘泥于“同时进行”。

当进行部件测绘时，在拆卸装配体的同时应画装配示意图并辅以简单文字说明，以记录装配关系，为画装配图提供依据。示意图的画法可参阅国家标准 GB/T 4460—2013《机械制图机构运动简图符号》。

15.7 读装配图和拆画零件图

15.7.1 读装配图的要求

（1）明确各零件的结构，包括：部件由哪些零件组成？各零件的定位和固定方式，零件间的装配关系。

（2）明确各零件的作用，部件功用、性能和工作原理。

（3）明确部件的使用、调整方法。

（4）明确各零件的结构、形状和装、拆次序及方法。

15.7.2 读装配图的步骤和方法

以图 15.46 所示蝴蝶阀的装配图为例介绍。

1. 概括了解全貌

（1）从标题栏了解部件名称。名称往往可以反映出部件功用，有一定机械基础知识者尚可初步判定其大致结构。

本部件名为蝴蝶阀。阀必定是用来在管道中通、断气、液流或控制其流量的。阀常常由阀体、阀盖、阀门（或阀杆、阀瓣）、密封装配和操纵机构五部分构成。蝴蝶阀亦应当如此。

（2）从标题栏了解绘图比例。与图形对照，可定性想象出部件大小；查看外形尺寸可定量明确部件大小。

蝴蝶阀的外形尺寸约为 $146 \times 166 \times 64$。

（3）从明细栏了解部件由多少零件组成。有多少自制件、多少标准件，以判断部件复杂程度。

蝴蝶阀由 13 种 16 个零件组成，结构简单。其中有 4 种标准件，其余为自制件。

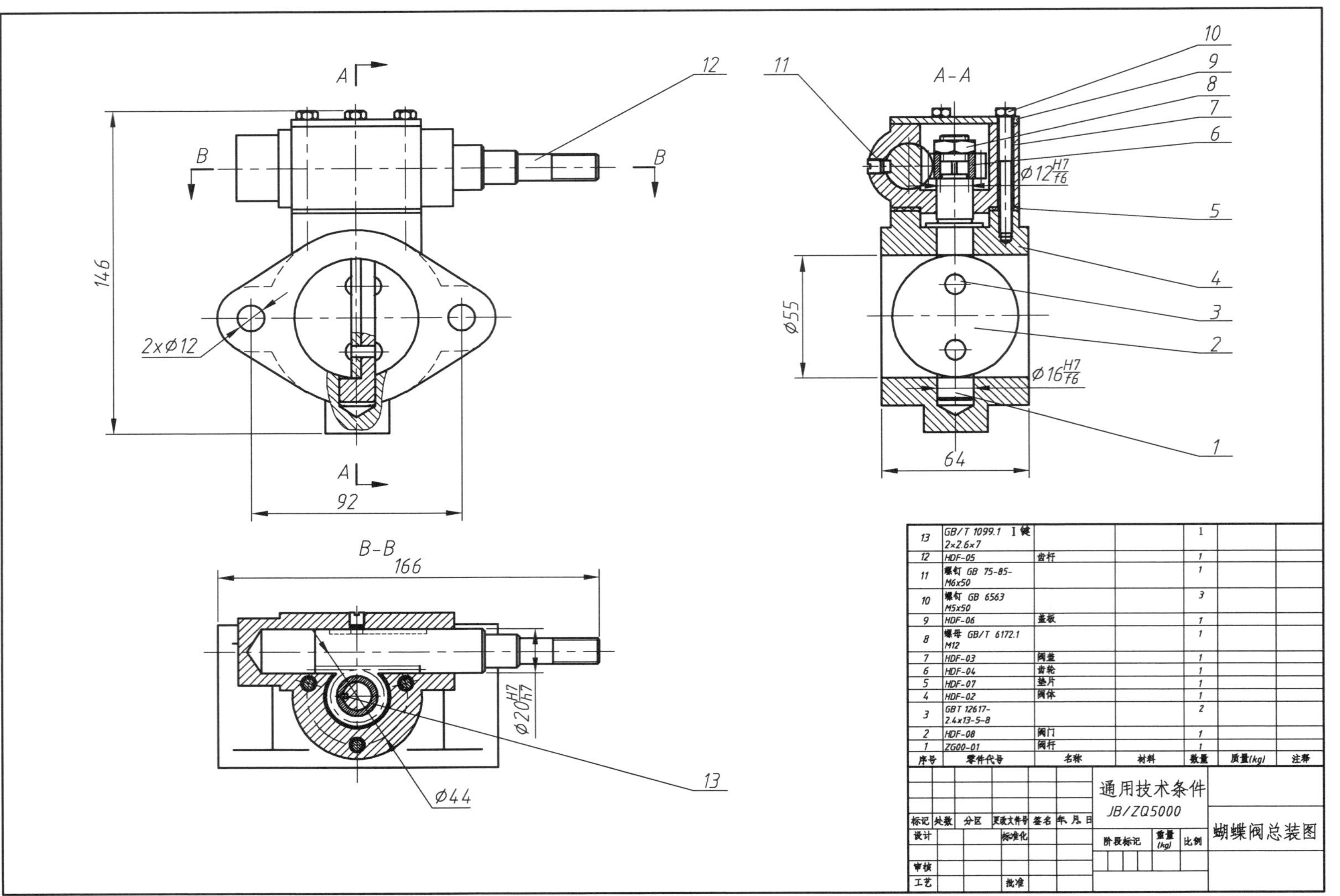

序号	零件代号	名称	材料	数量	质量(kg)	注释
13	GB/T 1099.1 Ⅰ键 2×2.6×7			1		
12	HDF-05	齿杆		1		
11	螺钉 GB 75-85-M6x50			1		
10	螺钉 GB 6563 M5x50			3		
9	HDF-06	盖板		1		
8	螺母 GB/T 6172.1 M12			1		
7	HDF-03	阀盖		1		
6	HDF-04	齿轮		1		
5	HDF-07	垫片		1		
4	HDF-02	阀体		1		
3	GBT 12617-2.4x13-5-8			2		
2	HDF-08	阀门		1		
1	ZG00-01	阀杆		1		

图 15.46　蝴蝶阀装配图

（4）了解视图数目。找出主视图，确定其他视图的投射方向，明确各视图所用图样画法和各视图的表达内容，了解全图表达了几条装配线和零散装配点。此时往往可再一次判断部件复杂程度（图少，装配线少，则部件简单；图多，装配线多，则部件复杂）。

蝴蝶阀共用了三个基本视图，如图 15.47 所示。

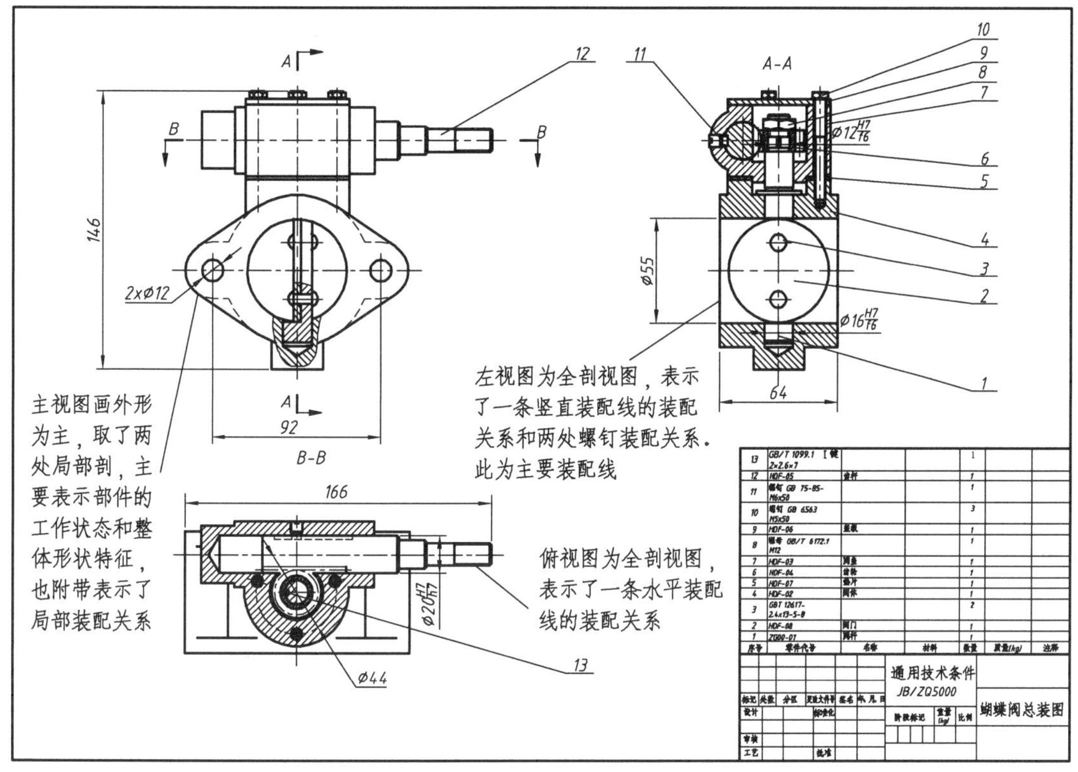

图 15.47 基本视图

由此可知，蝴蝶阀有两条装配线，有两处螺钉装配关系。

在概括了解过程中，有些常用的、熟悉的装配结构，如螺纹紧固件、齿轮传动机构、滚动轴承、弹簧等，看懂后，不必再做细致分析。所以，读装配图有步骤可循，且各步骤并非截然分开，毫无联系。

2. 细致分析图中各装配线和装配点的结构

逐条地分析装配线：

（1）该装配线含有哪些零件。

（2）各零件主要结构、形状。

（3）各零件如何定位、固定。

（4）零件间的配合情况。

（5）各零件的运动情况。

（6）各零件的作用。

（7）该装配线装、拆、调整的顺序和方法。

以上各项经常互相结合、穿插分析。

这一步是读装配图的关键。读不懂各装配线的结构，就不清楚整个部件的结构，从而无法分析部件功能和工作原理。

在这一步骤中，有一个关键和三个注意点。

一个关键是区分零件，其方法如下：

（1）利用装配图的规定画法来区分，如图 15.48 所示。

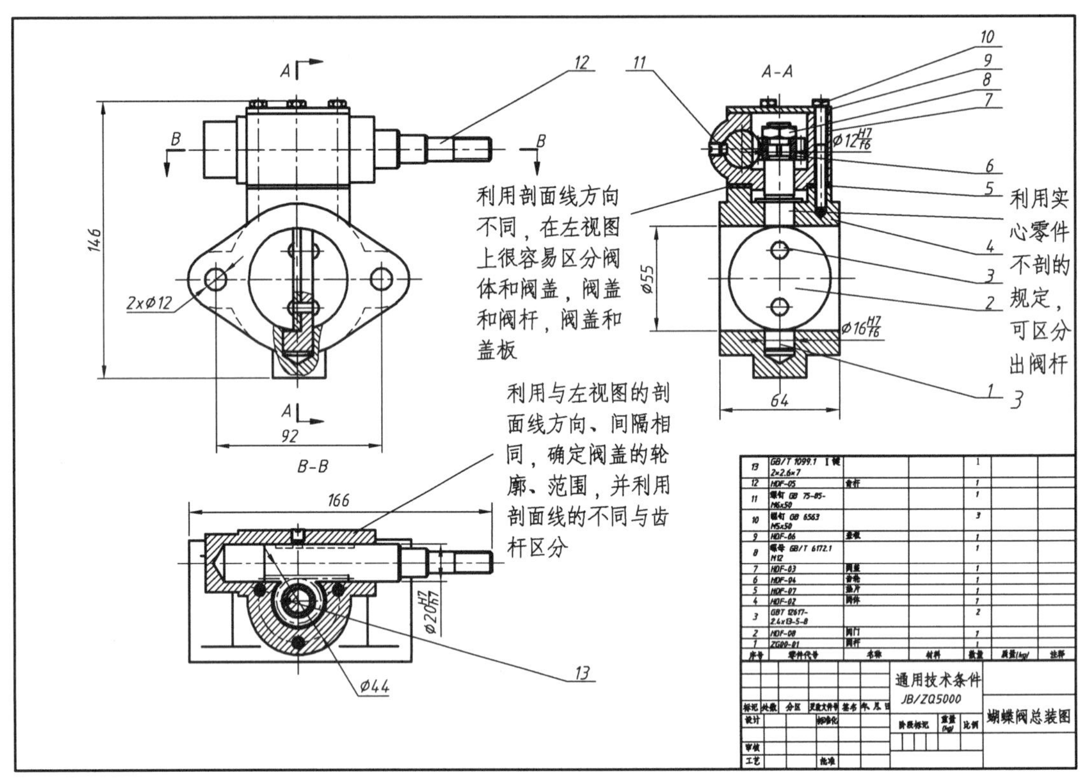

图 15.48　规定画法区分

（2）利用序号和指引线区分。

（3）利用螺纹紧固件、齿轮及其啮合、键联结、滚动轴承等规定画法来区分零件和组件。

（4）利用已具备的机械常识，一般零件的功用与结构、形状关系来区分。

三个注意点如下：

（1）注意几个视图对照阅读。

（2）注意区分与分析时尽可能地与部件功能（在概括了解中做出的判断）和已分析出的零件的功能、作用联系，根据相邻或相关零件的功能，分析本零件的功能，功能分析与投影分析相结合。

（3）注意必要时需使用尺规度量，定量地读图和徒手作草图将零件主要结构具体记录，如图 15.49 所示。

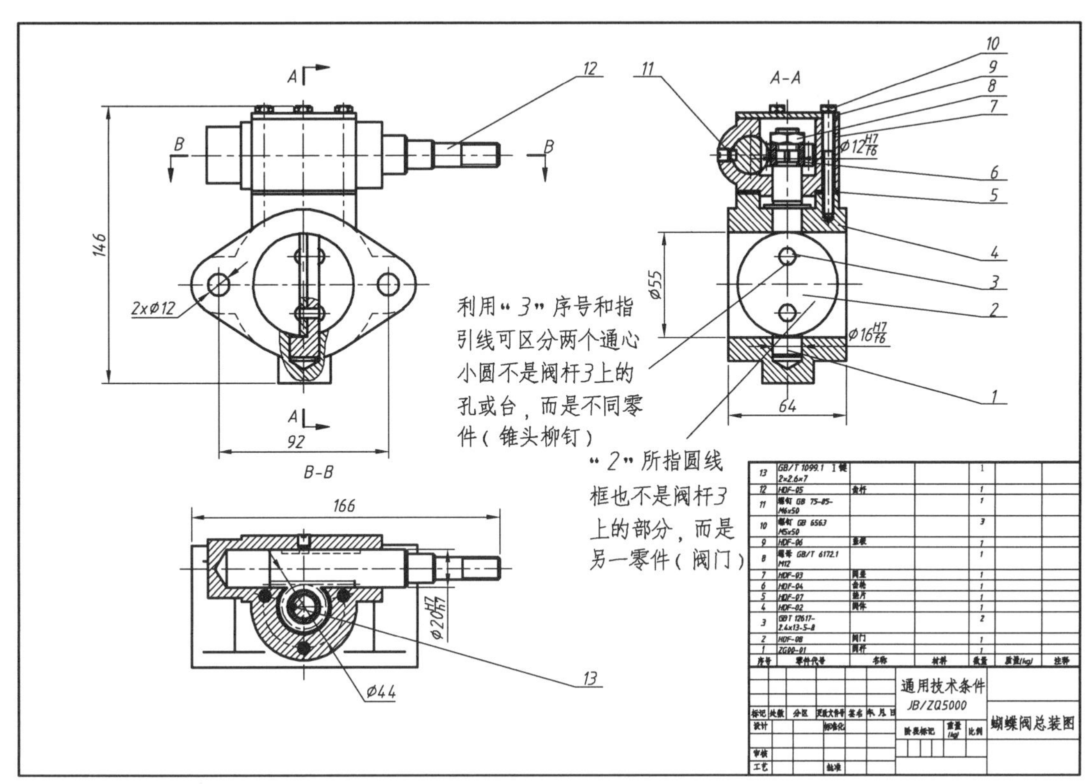

图 15.49　序号和指引线区分

3. 综合想象部件整体结构

这一步骤是分析各装配线、点的相互位置关系和接触、连接及传动关系，综合起来想象部件的整体结构。

对于蝴蝶阀，不难看出，两条装配线轴线垂直交叉，是以齿杆及齿轮的齿啮合来接触和传递运动和力量的，如图 15.50 所示。

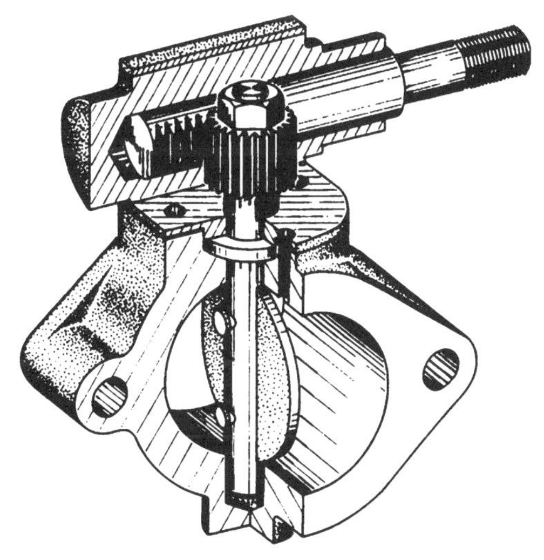

图 15.50　蝴蝶阀

4. 根据部件的综合动作与运动情况，分析工作过程原理，确认部件功能

蝴蝶阀其动作过程和工作过程为：推、拉齿杆时，齿杆推、拉齿轮旋转，齿轮用半圆键带动阀杆转动，阀杆带动与其铆在一起的阀门转动，阀门堵小或增大阀体上$\phi 55$ 孔道的流通面积就可以实现节流和增流。该阀的性能尺寸为孔道口径$\phi 55$。

15.7.3 由装配图拆画零件图

在设计新机器时，经常是按功能要求先设计、绘制出部件装配图，确定零件主要结构，然后再根据装配图画零件图，将各零件结构、形状大小完全确定，以利于加工制造。根据装配图画零件图的工作称为“拆图”，拆图的过程往往也是完成零件设计的过程。

下面以拆画蝴蝶阀的主要零件——阀体为例，说明拆图的步骤和方法。

（1）拆画视图。

① 在读懂装配图的基础上，将要拆画的零件的结构、形状完全确定。

首先从零件的序号和明细栏中找到要拆画零件的序号和名称，根据序号指引线所指的部位，找到该零件在装配图中的位置。再根据同一零件在剖视图中剖面线一致的规定就可以把所要拆画的零件从相关的视图中分离出来，如图 15.46 所示。

分离出零件的图形后，对未确定部分应进行构形设计确定。构形设计的原则是保证功能并便于制作，适当注意美观，如图 15.51 所示。

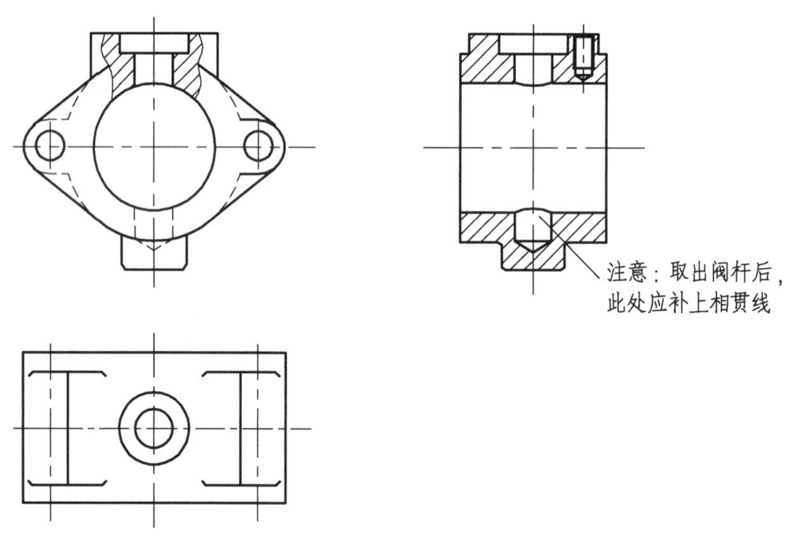

图 15.51 分离阀体

② 根据零件类型，选择视图表达方案。

零件在装配图上的视图方案是服从于“装配图表示装配关系和工作原理”产生的。零件在零件图上的视图方案需按零件图要求重新考虑，尽管有时二者是相同的，但决不能简单按装配图视图方案照抄而不去选择。

阀体的视图方案如图 15.52 所示。

主视图：画半剖视图，反映工作状态及形态特征

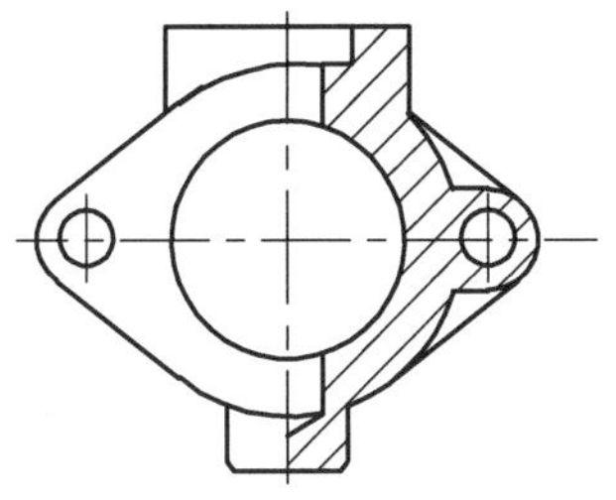

左视图：画全剖视图，表示Ø55通孔及其与Ø16孔的连接状况

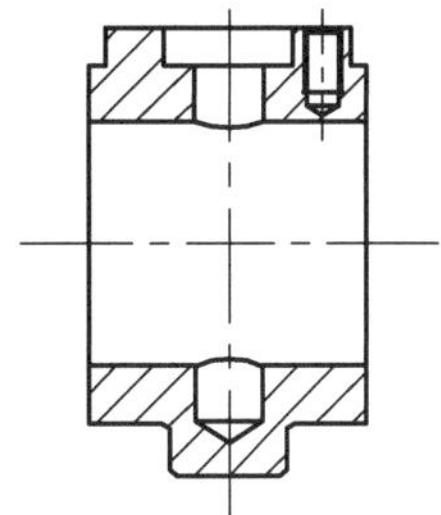

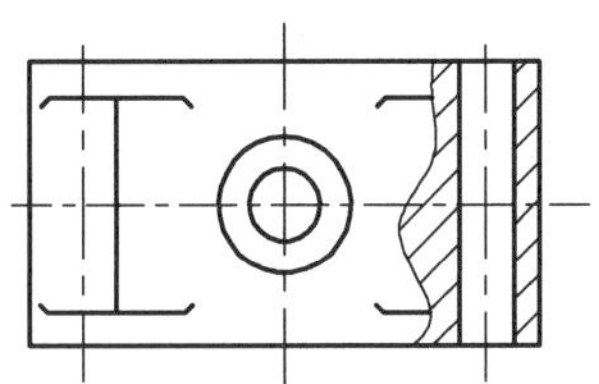

俯视图：画小范围局部剖视图，即完整表示出顶部凸台形状3个M6螺孔分布情况，又较形象地反映了Ø12通孔状况

图 15.52　阀体的视图方案

③ 按零件图绘图步骤和方法画视图。

此时应注意在装配图中简化未画的倒角、圆角、沟槽等结构，在零件图中一般均应画出，符合国标规定的，可简化不画的，要做正确标注。

（2）标注尺寸。

拆图标注尺寸时，可用下列五种方法确定尺寸数值。

① 从装配图上拆下来。

凡装配图中已标注了的该零件尺寸可以直接“拆”下来，如图 15.53 中所示的尺寸。拆时应注意配合代号中孔、轴公差带代号正确拆取。

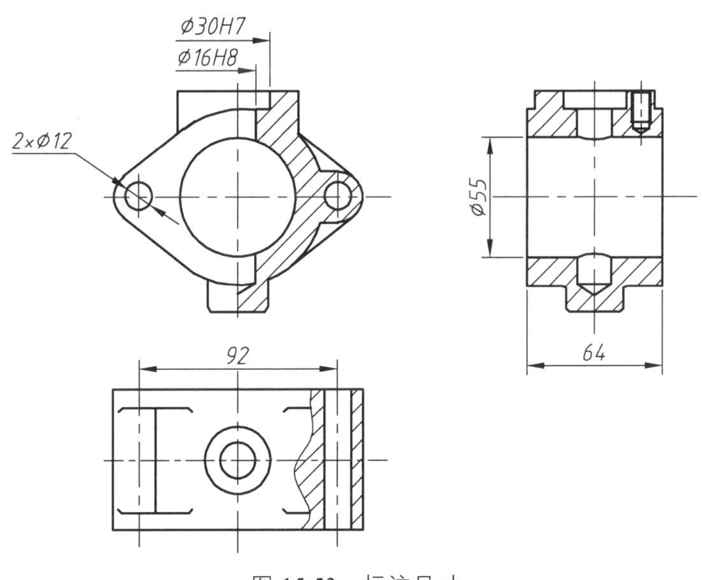

图 15.53　标注尺寸

② 根据明细栏或相关标准查出来。

凡与螺纹紧固件、键、销和滚动轴承等装配之处的尺寸均需如此。对于常见局部功能结构如 T 形槽、燕尾槽、三角形槽等，以及局部工艺结构如退刀槽、圆角等，标准中也有规定值或推荐值，应查阅后确定标注，如图 15.54 所示。

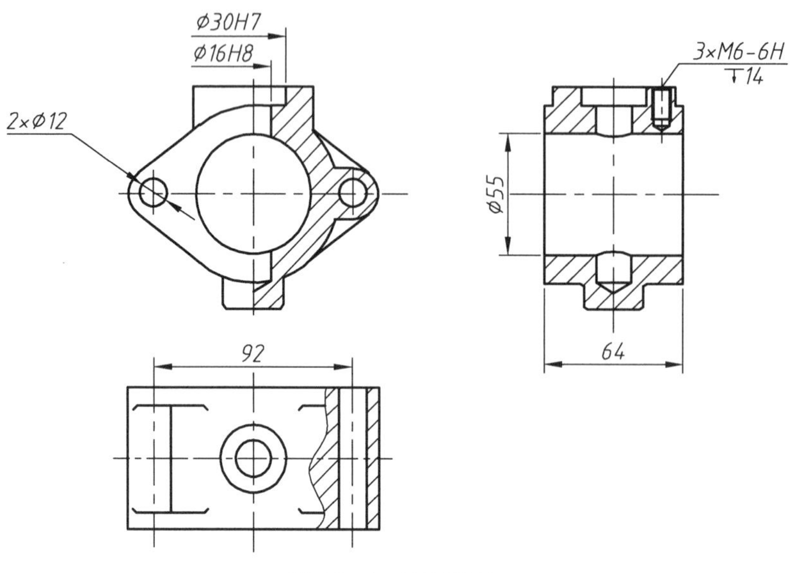

图 15.54　查阅标注

③ 根据公式计算出来。

例如，拆画齿轮零件图时，其分度圆、齿顶圆均应根据模数、齿数等基本参数计算出来。

④ 从装配图中按比例量出来。

零件上的多数非功能尺寸都是如此确定的，如图 15.55 所示。

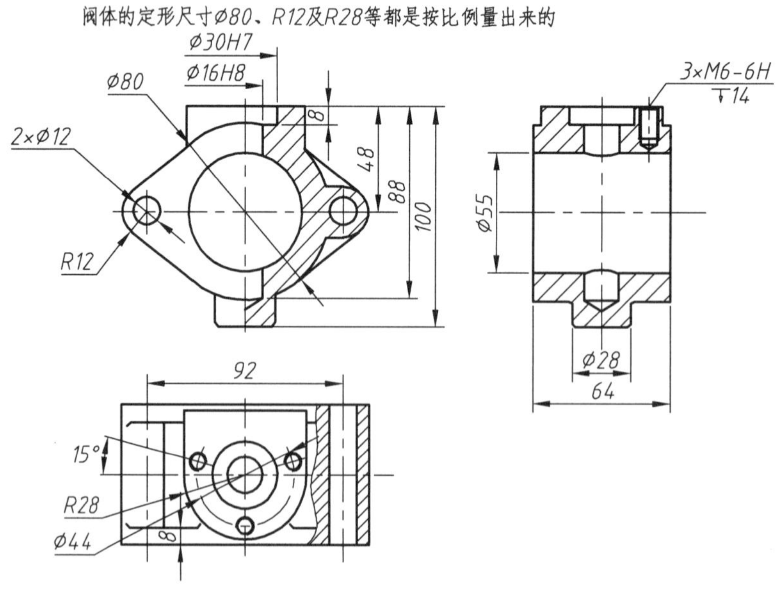

图 15.55　比例标注

⑤ 按功能需要定下来。

对于那些装配图中未给定的结构形状，在设定形状结构后将其尺寸定下来。对于某些量出来的尺寸，也尚需根据功能准确确定数值，如图 15.56 所示。

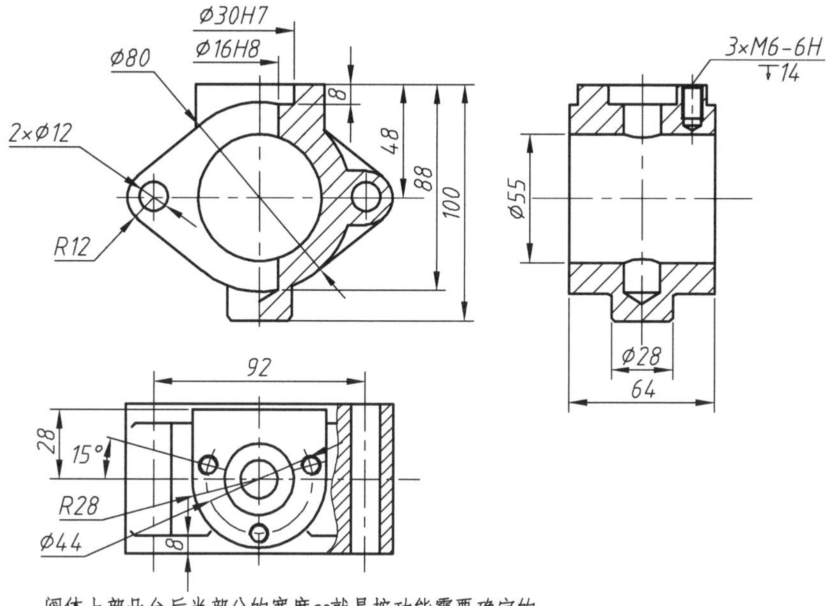

图 15.56 功能标注

（3）标注技术要求。

① 根据各表面作用确定其粗糙度要求。

② 按公差带代号查表标注尺寸公差或标注公差带代号。

③ 确定形位公差要求并标注。

（4）根据装配图明细栏该零件相应内容填写零件图标题栏，完成全图。

15.8 装配示意图的画法

装配示意图是运用国家标准《机械制图》或《机械设计手册》中规定的机构及其组件的简图符号，并采用简化画法或习惯画法，用简单的图线（甚至单线）画出各零件的大致轮廓，以表达其相对位置、装配关系和工作原理等信息的简化工程图样。

装配示意图中包含的内容与装配图中内容基本相同，一般由一组视图、技术要求或者工作原理说明、零件序号和明细表、标题栏等内容组成，但由于装配示意图重点在于表达设备或者部件的工作原理，因此一般不包含尺寸标注。

装配示意图是产品设计初期的重要工程图样，它主要应用于设备或者部件的概念设计阶段，目的在于表达设计对象的零件组成和工作原理，此时不涉及零件的详细设计，所以没有尺寸信息。装配示意图也经常应用于部件测绘，部件测绘时根据部件实物，分析其工作原理，首先绘制出装配示意图，然后测绘出零件图，最后根据装配示意图和零件图绘制装配图。装配示意图是绘制装配图的重要参考资料。

15.8.1 装配示意图的常用符号

装配示意图用线条和符号来表示零件间的位置关系和装配关系，但目前装配示意图中的机构符号只有部分存在统一的规定，零件的表达则还没有统一的规定。在工程实践中，人们创造了一些常用零件的符号，其中一些符号被广泛采用，已有约定俗成的趋势。可参考《机械设计手册》，常用的零件和机构符号见表 15.1，供绘图时参考。

表 15.1 机械示意图中的常用符号

序号	名称	立体图	符　号	序号	名称	立体图	符　号
1	螺钉、螺母、垫片			8	三角皮带		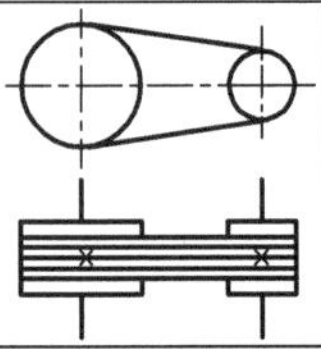
2	传动螺杆			9	开口式平皮带		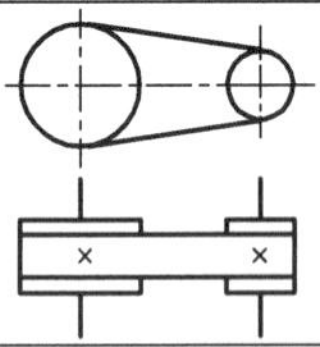
3	在传动螺杆上的螺母			10	圆皮带及绳索传动		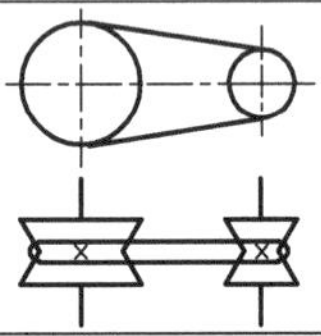
4	对开螺母		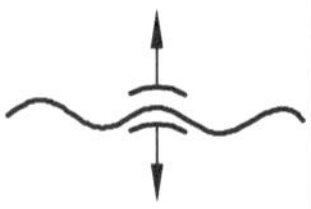	11	两轴平行的圆柱齿轮传动		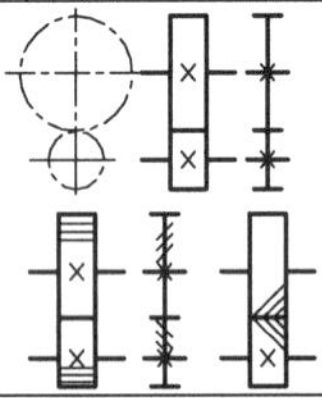
5	手轮		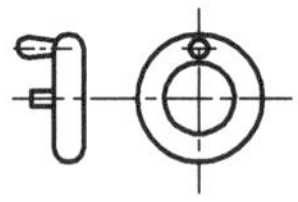	12	两轴线相交的圆锥齿轮传动		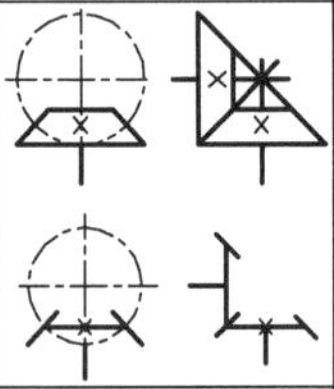
6	压缩弹簧	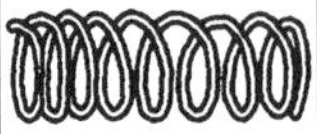		13	两轴线交叉的蜗轮蜗杆传动	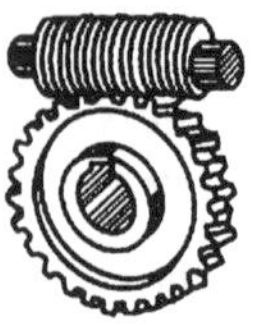	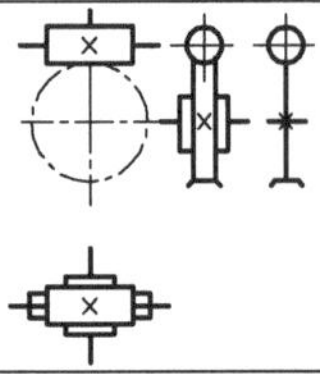
7	顶尖		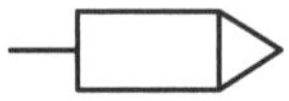	14	齿条啮合		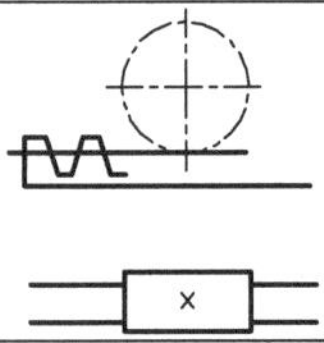

续表

序号	名称	立体图	符号	序号	名称	立体图	符号
15	向心滑动轴承		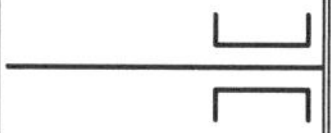	22	花键连接		
16	向心滚动轴承			23	轴与轴的紧固连接		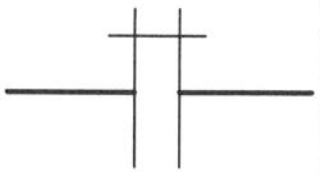
17	向心推力轴承		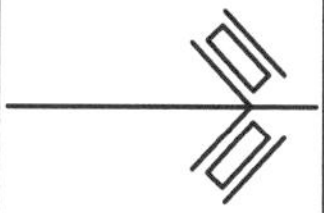	24	万向联轴器连接		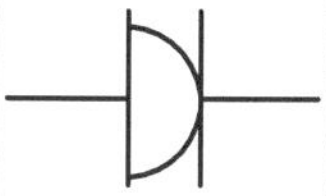
18	单项推力轴承			25	单向离合器		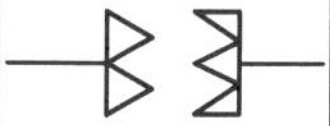
19	轴杆、联杆等			26	双向离合器		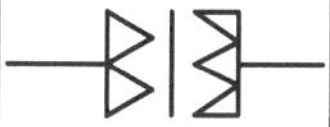
20	零件与轴的活动连接		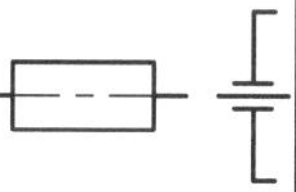	27	锥体式摩擦离合器		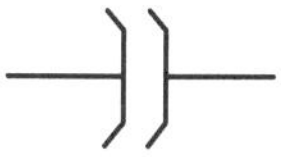
21	零件与轴的固定连接		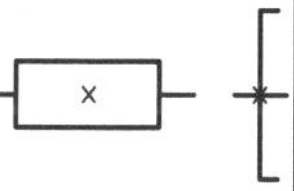	28	电动机	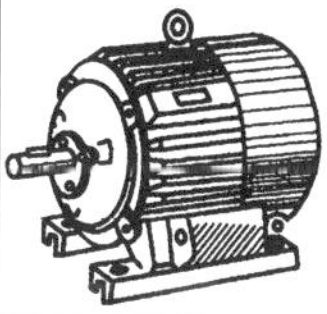	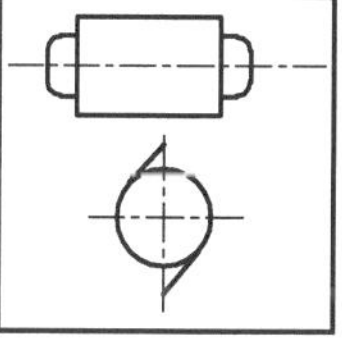

15.8.2　装配示意图的两种常见画法

装配示意图的画法没有统一的规定。通常，图上各零件的结构形状和装配关系，可用较少的线条形象地表示，简单的甚至可以只用单线条来表示。一些约定俗成的绘制规定主要有：

（1）装配示意图的绘制图线一般统一采用粗实线。

（2）对于有内部结构的设备，一般采用剖视画法，但不用画剖面符号，直接画出部件或零件的内外轮廓线即可。部件内部结构不采用虚线表达方法，而采用粗实线表达。

（3）装配示意图中一般不需要画出中心线、轴线。

（4）装配示意图中一定不要画局部工艺结构，如：倒角、圆角、退刀槽、越程槽等。设计阶段不存在工艺结构，那是生产阶段才需要考虑的问题。

（5）装配示意图零件可编序号，再配以明细表，如图 15.59 所示；也可直接引线标注零件名称，如图 15.58 所示。

（6）对于力的传递线路、油路走向、零部件运动轨迹，可采用箭头适当表示，如图 15.61（a）所示。

（7）其他结构及图线可参考装配图画法。

目前，装配示意图较为常见的画法有两种："单线+符号"和"轮廓+符号"。由于存在多种表达方法，因此，同一结构的设备或者部件会存在多种表达方案。另外，要注意一点，装配示意图只需画出各零件的大致轮廓，以表达其相对位置、装配关系和工作原理等信息，一些次要的、无关工作原理的细小结构可以不做表达。

1. 用"单线+符号"画法画装配示意图

"单线+符号"画法是将结构件用线条来表示，对装配体中的标准件和常用件用规定的简化符号来表示的一种装配示意图画法。用这种画法绘制装配示意图时，两零件间的接触面应按非接触面的画法来绘制。

这种画法的缺点是无法表达出零部件的壁厚，也无法表达壁厚上的细节，如螺纹等，所以采用这种画法，切记，"单线"是具有厚度的。这种画法的优点是表达方法简洁明了，绘制效率高。

图 15.57 为球阀的实物图、装配图及装配示意图。其装配示意图采用"单线+符号"画法绘制。图 15.57（c）装配示意图中零件 9 和零件 14，零件 10、11 和 12 之间都有配合关系（表面接触），但在示意图中要用两条线来表示。本例中所有的非标准件都采用单线表示。

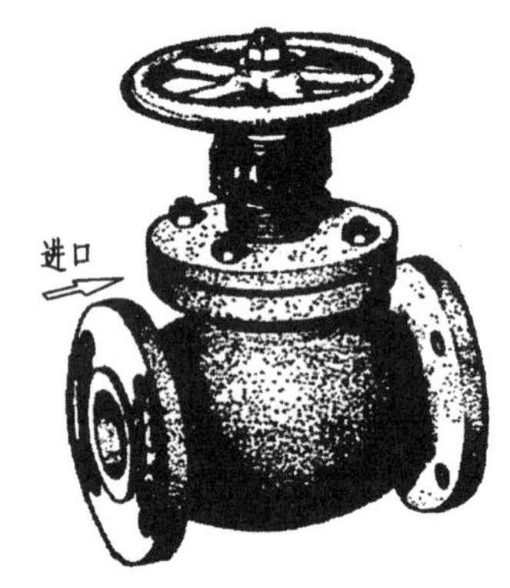

（a）实物图

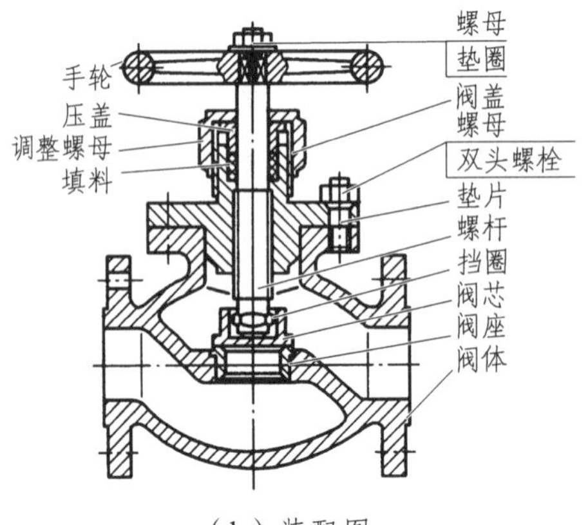

（b）装配图

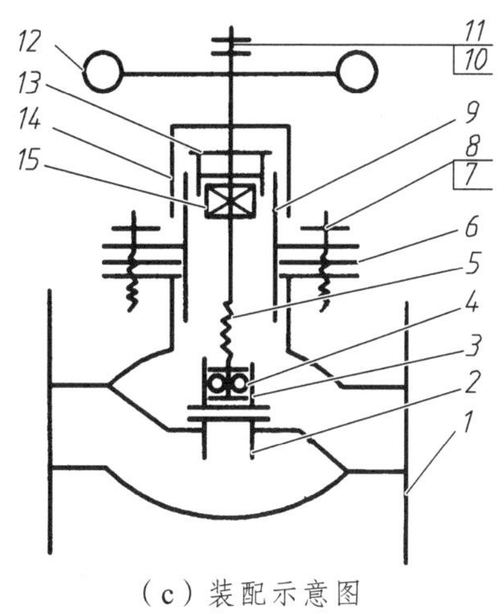

（c）装配示意图

图 15.57　球阀的实物图、装配图及装配示意图

装配示意图一般必须配以工作原理说明，图文并茂才能更好地把问题表达清楚。球阀的工作原理是：基于阀芯的旋转，阀芯上的通道与阀座上的通道对齐或错位，从而控制流体的流动。工作时，在手轮 12 上施力，使其旋转，带动螺杆 5 和阀芯 3 同步旋转，使阀芯 3 的通道与阀座 2 上的通道对齐或错位，从而控制流体的流动或阻断。

关闭状态：当阀芯 3 旋转 90°，使其通道与阀座 2 上的通道错位时，流体流动被阻断，阀门关闭。

开启状态：当阀芯 3 再次旋转 90°，使其通道与阀座 2 上的通道对齐时，流体可以自由流动，阀门开启。

2. 用“轮廓+符号”画法画装配示意图

装配示意图的另一种画法是“轮廓+符号”画法。这种画法是画出部件中一些较大零件的轮廓，其他较小的零件用单线或符号来表示。这种画法更接近于装配图画法，能表达更多的结构信息。这种画法的缺点是绘制相对繁琐，绘图效率稍低。

图 15.58 所示为机用虎钳的装配图及装配示意图。其装配示意图采用“轮廓+符号”画法绘制。图 15.58（b）装配示意图中左侧的螺母、垫圈和钳座之间都有配合关系（表面接触），但在示意图中要用两条线来表示。另外，钳座、活动钳口、护口板采用轮廓画法，非标件螺杆、螺钉则用单线来表示。

机用虎钳的工作原理为：机用虎钳是一种装在机床工作台上，用来夹紧零件，以便进行机械加工的通用夹具。工作时，用方孔扳手套入螺杆右端的方头，转动方孔扳手带动螺杆旋转，由于螺杆的左端已被螺母轴向限定在钳座上，不能移动，故螺杆的转动就带动方块螺母和与之用螺钉相连的活动钳口一起沿固定钳座做直线移动，使钳口合拢或张开，用于夹紧或卸下零件。

图 15.59 所示为螺旋千斤顶的轴测剖视图、装配示意图和明细表。其装配示意图也采用“轮廓+符号”画法绘制。本例中采用了两种表达方案，在表达方案 1[见图 15.59（b）]中，除螺钉外，千斤顶底座、顶垫、螺旋杆、绞杠、螺套等都采用轮廓画法。在表达方案 2[见图 15.59（c）]中，螺钉、螺旋杆、绞杠都采用了单线画法，底座、顶垫、螺套则采用轮廓画法。

205
Ø20H7/f9
Ø12H8/f9
Tr18X4-H7/g6
Ø9H8/f9
14×14
1 2 3 4 5 6 7 8 9 10 11
A
A
60
A—A
拆去销1
59
15
2×Ø25
2×Ø5.5
114
140
11 螺杆 1 45
10 垫圈 1 Q235
9 螺钉M10X20 4 Q235 GB68—2016
8 护口板 2 45
7 螺钉 1 Q235
6 方块螺母 1 45
5 活动钳口 1 HT150
4 钳座 1 HT200
3 垫圈10 1 Q235 GB97.1—2002
2 螺母M10 1 35 GB6170—2015
1 销2.5×16 1 Q235 GB91—2000
序号 零件名称 数量 材料 备注
机用虎钳
比例 1:1
共 张 第 张
ZPT-01-00
制图
审核
西南交通大学

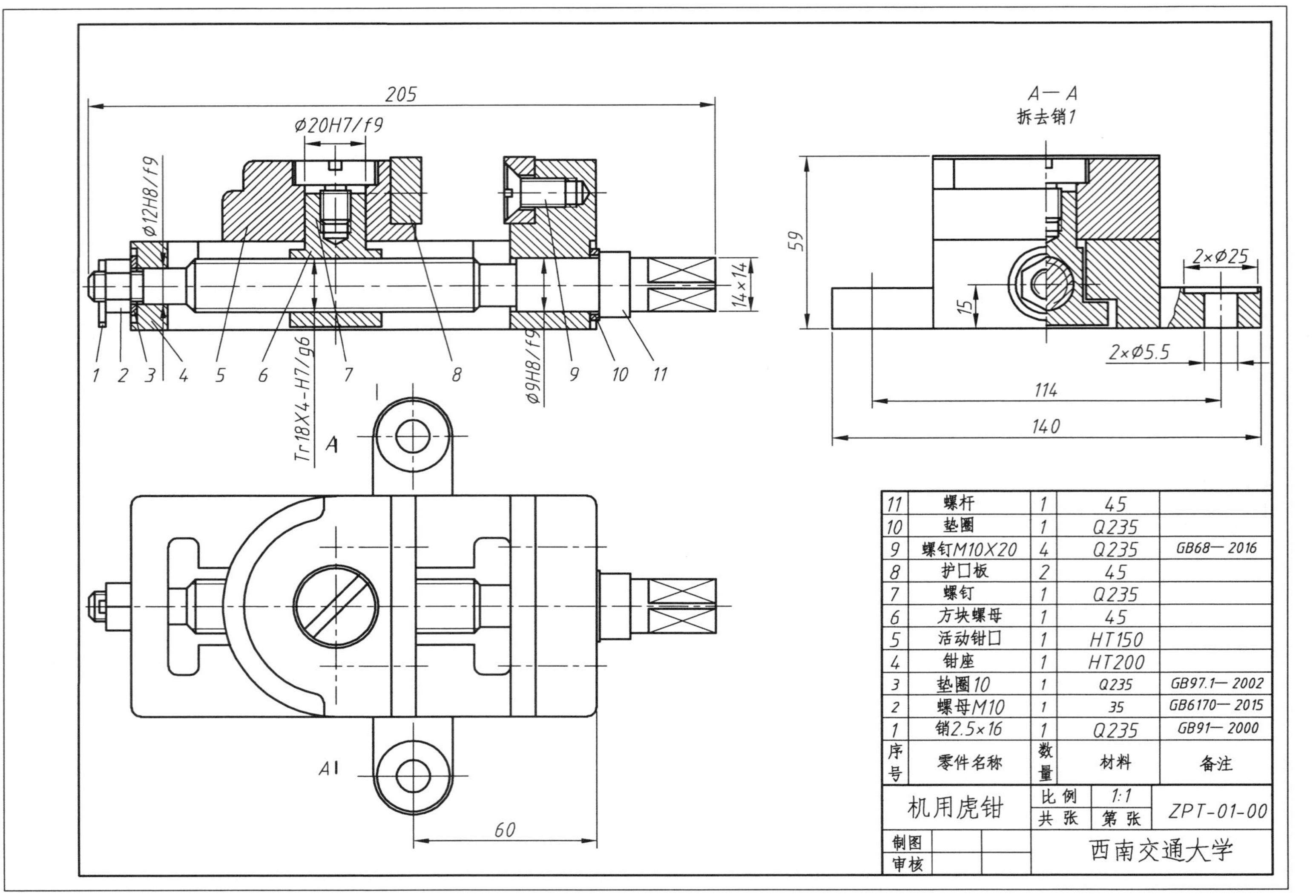

（a）装配图

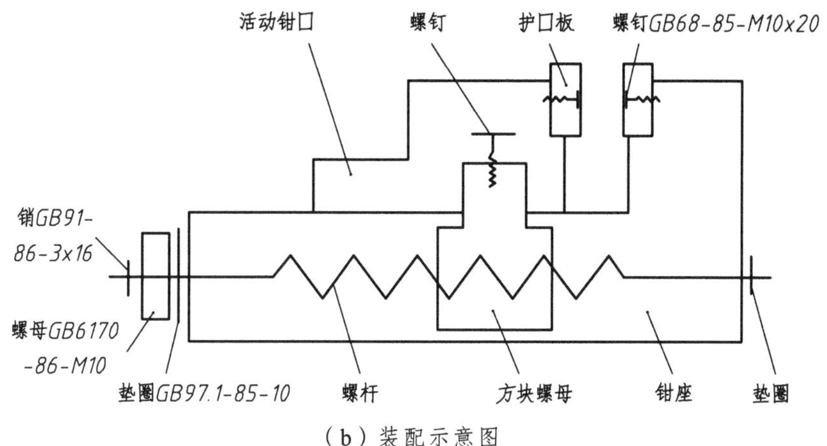

（b）装配示意图

图 15.58 机用虎钳的装配图及装配示意图

千斤顶的工作原理为：利用螺旋传动来顶举重物。工作时，绞杠 5 穿在螺旋杆 3 顶部的孔中，转动绞杠 5，螺旋杆 3 在螺套 2 中靠螺纹上下移动，使顶垫 7 上的重物靠螺旋杆 3 的上升而顶起。螺套 2 装在底座里，用螺钉 4 定位，磨损后便于更换维修。螺旋杆 3 的球面形顶部套一个顶垫 7，利用螺钉 6 与螺旋杆 3 连接，螺钉 6 旋入螺旋杆 3 凹槽，但不拧紧，使顶垫 7 不与螺旋杆 3 一起旋转且可防止顶垫 7 脱落。

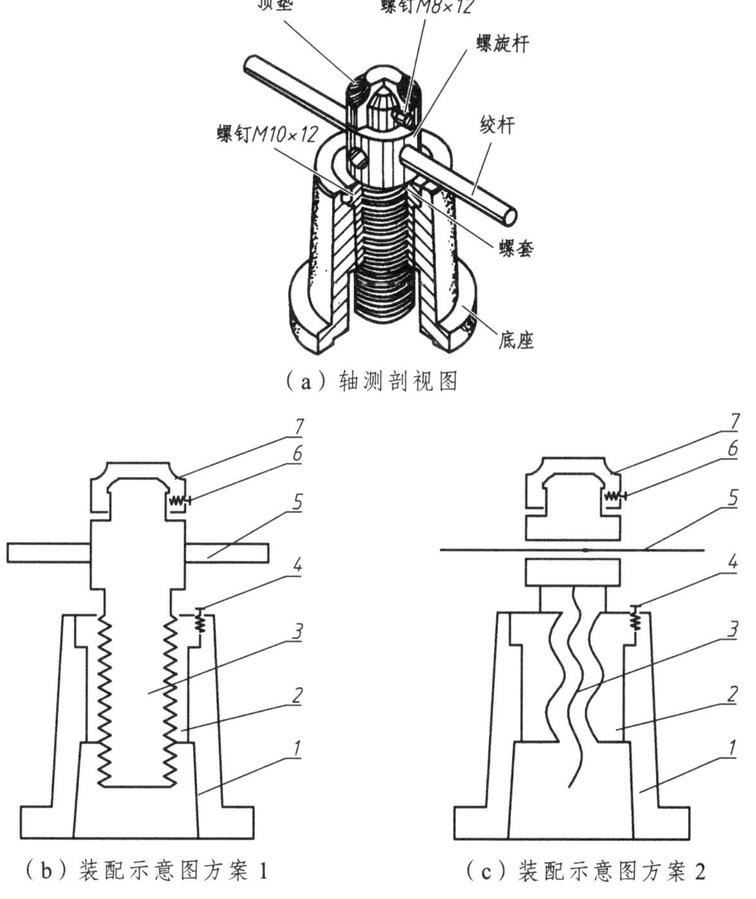

（a）轴测剖视图

（b）装配示意图方案 1

（c）装配示意图方案 2

序号	名称	件数	材料	备注
1	底座	1	HT200	
2	螺套	1	ZCuAl10Fe3	
3	螺旋杆	1	Q235	
4	螺钉 M10×12	1	Q235	GB/T 73—1985
5	绞杠	1	Q235	
6	螺钉 M8×12	1	Q235	GB/T 75—1985
7	顶垫	1	Q275	

（d）明细表

图 15.59 螺旋千斤顶的轴测剖视图、装配示意图和明细表

15.8.3 装配示意图实例

1. 转子泵

转子泵是一种定量叶片泵，其装配示意图如图 15.60（a）所示。泵体 1 两侧的管螺纹孔与油管相连，分别为进油口与出油口。哪个口进油，哪个口出油，随转子 3 的旋转方向而定。

转子泵的工作原理为：泵体 1 与转子 3 之间由于偏心而形成一个新月形空腔，如图 15.60（b）所示。当电动机通过带轮 12 带动轴 8 旋转时，位于转子槽中的叶片 4 由于离心力作用，向外紧贴在衬套 2 的内壁上。叶片开始由新月形空腔的尖端转向中部时，两相邻叶片与衬套隔成的空间逐渐变大，完成吸油过程。转过中点后，这个空间又逐渐变小，完成压油过程，压力油从出油口压出。

泵盖 14 在螺纹一端装有填料 9（石棉绳），通过压盖螺母 10 和填料压盖 13 将其压紧，以防止油沿轴渗出。

泵体 1 内装有衬套 2，衬套磨损后可以更换。在泵体背面加工的两个 M5 的螺纹孔，为更换衬套时用。

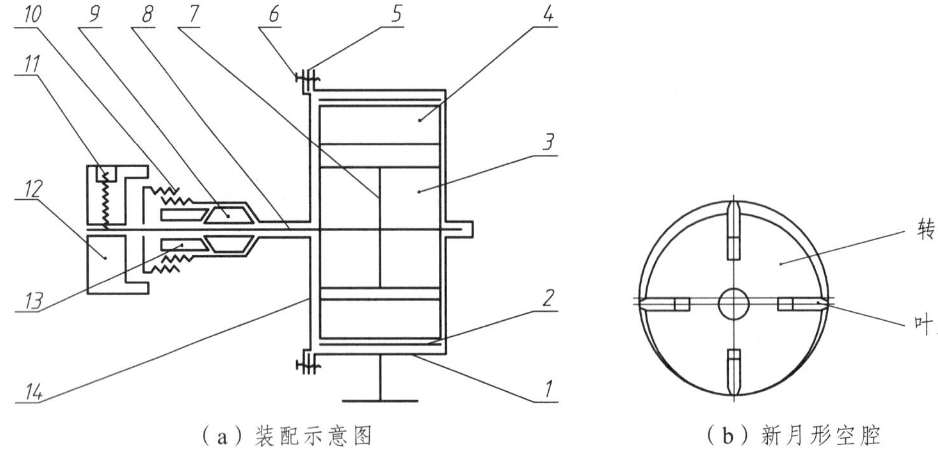

（a）装配示意图　　（b）新月形空腔

序号	名称	件数	材料	备注
1	泵体	1	HT150	
2	衬套	1	20	
3	转子	1	Q235	
4	叶片	4	45	
5	垫片	1	工业用纸	
6	螺钉	1	35	GB/T 65 M6×14
7	销	1	35	GB/T 119.1 4×40
8	轴	1	45	
9	填料	1	石棉绳	
10	压盖螺母	1	Q235	
11	螺钉	1	35	GB/T 75 M8×25
12	带轮	1	HT150	
13	填料压盖	1	Q235	
14	泵盖	1	HT150	

（c）明细表

图 15.60　转子泵装配示意图

2. 溢流阀

溢流阀是装在发动机润滑管路中的一个部件，用以控制油压，稳定管内的额定压力，使超压的油量回流到油箱中。

溢流阀的工作原理为：处在正常工作状态时，油从阀体 1 的油入口流入，从油出口流出，见图 15.61（a）装配示意图。当主油路获得超量的油，且油压大于额定的压力（额定压力由弹簧的弹力限定）时，阀门 2 被抬起，过量的油透过阀门开启的缝隙经过阀体左端口管道返回到油箱中。当油压降至额定的范围内时，阀门在弹簧的作用下，关闭溢出口，从而保持油压始终处在额定的范围内。

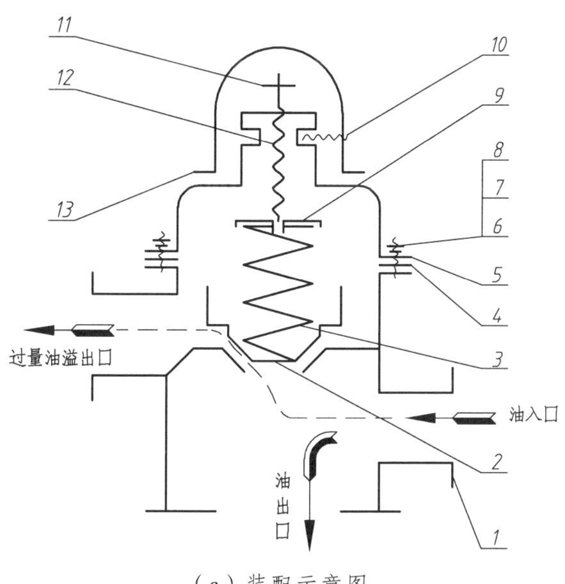

（a）装配示意图

序号	名称	审核	材料	备注
1	阀体	1	ZL102	
2	阀门	1	H62	
3	弹簧	1	65Mn	
4	垫片	1	工业纸	$t=2$（无图）
5	阀盖	1	ZL102	
6	螺柱 M6×20	4	Q235	GB/T 898—1988
7	螺母 M6	4	Q235	GB/T 6170—2000
8	垫片 B6	4	35	GB/T 97.1—2002
9	弹簧托盘	1	H62	
10	螺钉 M5×8	1	Q235	GB/T 75—1985
11	螺母 M10	1	Q235	GB/T 6170—2000
12	阀杆	1	Q235	
13	阀帽	1	ZL102	

（b）明细表

图 15.61　溢流阀装配示意图

阀门的启闭是通过阀杆调节弹簧 3 的压力大小来控制的。弹簧 3 的压力大小则通过螺母 11 锁紧调节。螺母 11 安装在阀杆 12 上，阀杆 12 与阀盖 5 通过螺纹配合，可实现阀杆 12 上下升降，阀杆 12 同时与弹簧托盘 9 连接，从而给弹簧 3 施压。

附　录

一、螺　纹

附表 1　普通螺纹（GB/T 193—2003，GB/T 196—2003）

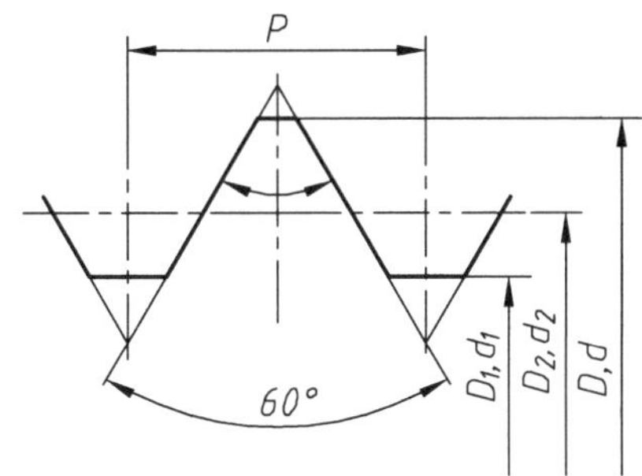

标记示例：

公称直径 24 mm，螺距为 3 mm 的粗牙右旋普通螺纹，公差带代号 6g：M24。

公称直径 24 mm，螺距为 1.5 mm 的细牙左旋普通螺纹，公差带代号 7H：M24 × 1.5-7H-LH。

单位：mm

公称直径 D、d		螺距 P		粗牙小径 D_1、d_1	公称直径 D、d		螺距 P		粗牙小径 D_1、d_1
第一系列	第二系列	粗牙	细牙		第一系列	第二系列	粗牙	细牙	
3		0.5	0.35	2.459	20		2.5	2、1.5、1	17.294
	3.5	0.6		2.850		22	2.5		19.294
4		0.7	0.5	3.242	24		3		20.752
	4.5	0.75		3.688		27	3		23.752
5		0.8		4.134	30		3.5	（3）、2、1.5、1	26.211
6		1	0.75	4.917		33	3.5	（3）、2、1.5	29.211
	7	1		5.917	36		4	3、2、1.5	31.670
8		1.25	1、0.75	6.647		39	4		34.670
10		1.5	1.25、1、0.75	8.376	42		4.5	4、3、2、1.5	37.129
12		1.75	1.25、1	10.106		45	4.5		40.129
	14	2	1.5、1.25、1	11.835	48		5		42.587
16		2	1.5、1	13.835		52	5		46.587
	18	2.5	2、1.5、1	15.294	56		5.5		50.046

注：1. 优先选用第一系列；括号内尺寸尽可能不用；第三系列未列入。

2. 中径（D_2、d_2）未列入。

3. M14 × 1.25 仅用于发动机的火花塞。

附表 2　梯形螺纹基本尺寸（GB/T 5796.2 ~ 5796.3—2005）

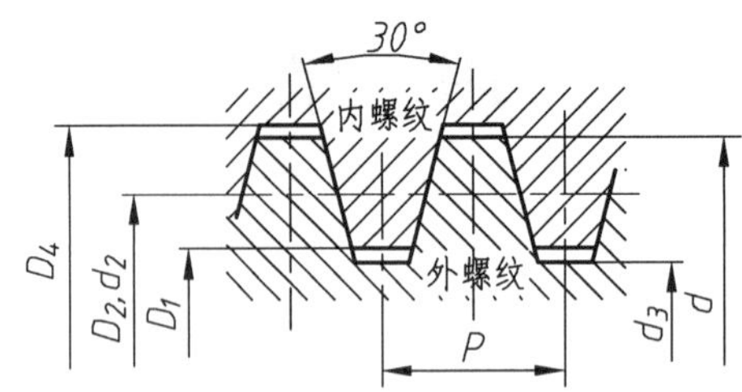

标记示例：

公称直径为 36 mm，螺距为 6 mm，中径公差带代号为 7H 的单线右旋梯形内螺纹：Tr36 × 6-7H。

公称直径为 36 mm，导程为 12 mm，螺距为 6 mm，中径公差带代号为 8e 的双线左旋梯形外螺纹：Tr36 × 12（P6）LH-8e。

单位：mm

公称直径 d		螺距 P	中径 $d_2=D_2$	大径 D_4	小径		公称直径 d		螺距 P	中径 $d_2=D_2$	大径 D_4	小径	
第一系列	第二系列				d_3	D_1	第一系列	第二系列				d_3	D_1
8		1.5	7.25	8.3	6.2	6.5		30	6	27	31	23	24
	9	2	8	9.5	6.5	7	32		6	29	33	25	26
10		2	9	10.5	7.5	8		34	6	31	35	27	28
	11	2	10	11.5	8.5	9	36		6	33	37	29	30
12		3	10.5	12.5	8.5	9		38	7	34.5	39	30	31
	14	3	12.5	14.5	10.5	11	40		7	36.5	41	32	33
16		4	14	16.5	11.5	12		42	7	38.5	43	34	35
	18	4	16	18.5	13.5	14	44		7	40.5	45	36	37
20		4	18	20.5	15.5	16		46	8	42	47	37	38
	22	5	19.5	22.5	16.5	17	48		8	44	49	39	40
24		5	21.5	24.5	18.5	19		50	8	46	51	41	42
	26	5	23.5	26.5	20.5	21	52		8	48	53	43	44
28		5	25.5	28.5	22.5	23		55	9	50.5	56	45	46

注：1. 优先选用第一系列的直径。

2. 在每一个直径所对应的各个螺距中，本表仅摘录应优先选用的螺距和相应的基本尺寸。

附表 3　55°非密封管螺纹（GB/T 7307—2001）

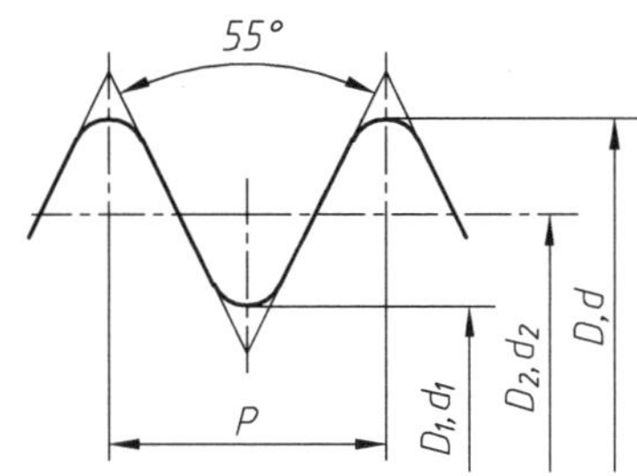

标记示例：

尺寸代号$1\frac{1}{2}$，右旋内螺纹：$G1\frac{1}{2}$。

尺寸代号$1\frac{1}{2}$，A 级右旋外螺纹：$G1\frac{1}{2}$A。

尺寸代号$1\frac{1}{2}$，B 级左旋外螺纹：$G1\frac{1}{2}$B-LH。

单位：mm

尺寸代号	每 25.4 mm 内的牙数 n	螺距 P	基本直径		
			大径 $d=D$	中径 $d_2=D_2$	小径 $d_1=D_1$
1/8	28	0.907	9.728	9.147	8.566
1/4	19	1.337	13.157	12.301	11.445
3/8			16.662	15.806	14.950
1/2	14	1.814	20.955	19.793	18.631
3/4			26.441	25.279	24.117
1	11	2.309	33.249	31.770	30.291
$1\frac{1}{8}$			37.897	36.418	34.939
$1\frac{1}{4}$			41.910	40.431	38.952
$1\frac{1}{2}$			47.803	46.324	44.845
$1\frac{3}{4}$			53.746	52.267	50.788
2			59.614	58.135	56.656
$2\frac{1}{4}$			65.710	64.231	62.752
$2\frac{1}{2}$			75.184	73.705	72.226
$2\frac{3}{4}$			81.534	80.055	78.576
3			87.884	86.405	84.926
$3\frac{1}{2}$			100.330	98.851	97.372
4			113.030	111.551	110.072
5			138.430	136.951	135.472
6			163.830	162.351	160.872

注：本标准适用于管接头、旋塞、阀门及其附件。

二、常用标准件

附表 4　六角头螺栓（GB/T 5782 ~ 5783—2000）

六角头螺栓　A 和 B 级（GB/T 5782—2000）

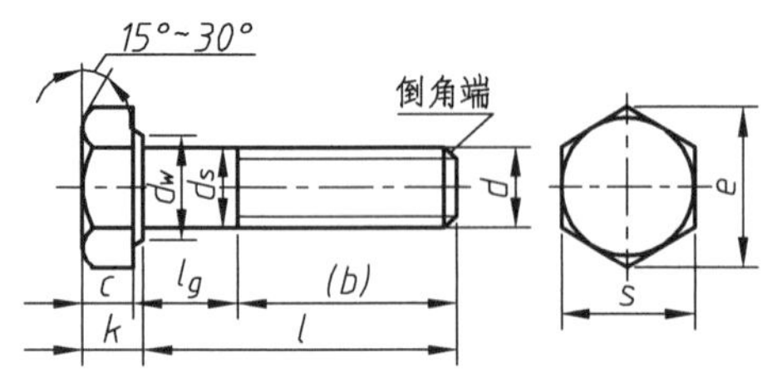

六角头螺栓——全螺纹

A 和 B 级（GB/T 5783—2000）

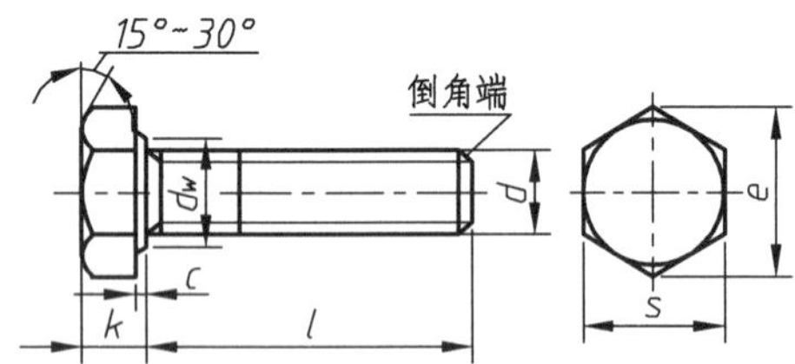

标记示例：

螺纹规格 d = M12、公称长度 l = 50 mm、性能等级为 8.8 级、表面氧化、产品等级为 A 级的六角头螺栓：

螺栓　GB/T 5782　M12 × 50

螺纹规格 d = M12、公称长度 l = 50 mm、性能等级为 8.8 级、表面氧化、全螺纹、产品等级为 A 级的六角头螺栓：

螺栓　GB/T 5783 M12 × 50

单位：mm

螺纹规格 d		M4	M5	M6	M8	M10	M12	M16	M20	M24	M30	M36	M42	M48
b 参考	l≤125	14	16	18	22	26	30	38	46	54	66	—	—	—
	125<l≤200	20	22	24	28	32	36	44	52	60	72	84	96	108
	l>200	33	35	37	41	45	49	57	65	73	85	97	109	121
c_{max}		0.4	0.5		0.6			0.8					1	
k		2.8	3.5	4	5.3	6.4	7.5	10	12.5	15	18.7	22.5	26	30
d_{smax}		4	5	6	8	10	12	16	20	24	30	36	42	48
s_{max}		7	8	10	13	16	18	24	30	36	46	55	65	75
e_{min}	A	7.66	8.79	11.05	14.38	17.77	20.03	26.75	33.53	39.98	—	—	—	—
	B	7.50	8.63	10.89	14.2	17.59	19.85	26.17	32.95	39.55	50.85	60.79	71.3	82.6
$d_{w\ min}$	A	5.88	6.88	8.88	11.63	14.63	16.63	22.49	28.19	33.61	—	—	—	—
	B	5.74	6.74	8.74	11.47	14.47	16.47	22	27.7	33.25	42.75	51.11	59.95	69.45
l 范围	GB/T 5782	25~40	25~50	30~60	40~80	45~100	50~120	65~160	80~200	90~240	110~300	140~360	160~440	180~480
	GB/T 5783	8~40	10~50	12~60	16~80	20~100	25~120	30~150	40~150	50~150	60~200	70~200	80~200	90~200
l 系列	GB/T 5782	20~65（5 进位）、70~160（10 进位）、180~480（20 进位）												
	GB/T 5783	8、10、12、16、18、20~65（5 进位）、70~160（10 进位）、180、200												

注：1. 螺纹公差：6g；机械性能等级：8.8。

2. 产品等级：A 级用于 d = 1.6 ~ 24 mm 和 l≤10d 或 l≤150 mm（按较小值）；B 级用于 d>24 mm 或 l>150 mm（按较小值）。

3. 末端按 GB/T2—2001 规定。

附表 5　双头螺柱（GB/T 897 ~ 900—1988）

$b_m = 1d$（GB/T 897—1988）　　$b_m = 1.5d$（GB/T 899—1988）

$b_m = 1.25d$（GB/T 898—1988）　　$b_m = 2d$（GB/T 900—1988）

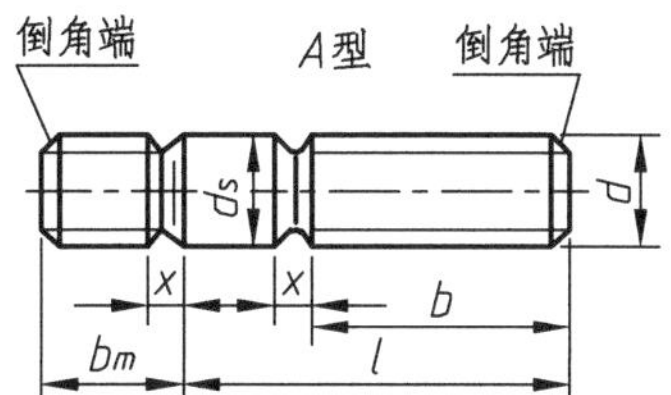

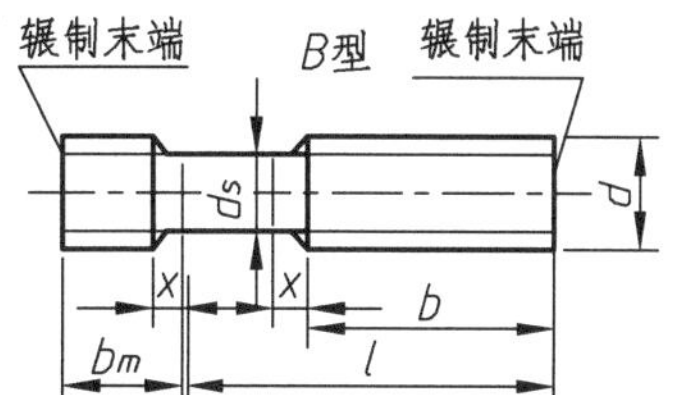

标记示例：

两端均为粗牙普通螺纹，$d = 10$ mm，$l = 50$ mm，性能等级为 4.8 级、B 型、$b_m = 1d$ 的双头螺柱：螺柱 GB/T 897 M10 × 50。

旋入一端为粗牙普通螺纹，旋螺母一端为螺距 $P = 1$ mm 的细牙普通螺纹，$d = 10$ mm，$l = 50$ mm，性能等级为 4.8 级、A 型、$b_m = 1d$ 的双头螺柱：螺柱 GB/T 897 AM10—M10 × 1 × 50。

单位：mm

螺纹规格 d		M4	M5	M6	M8	M10	M12	M16	M20	M24	M30	M36	M42	M48
b_m	GB/T 897		5	6	8	10	12	16	20	24	30	36	42	48
	GB/T 898		6	8	10	12	15	20	25	30	38	45	52	60
	GB/T 899	6	8	10	12	15	18	24	30	36	45	54	65	72
	GB/T 900	8	10	12	16	20	24	32	40	48	60	72	84	96
ds		A 型 ds=螺纹大径　　B 型 ds=螺纹中径												
x		1.5P												
$\frac{l}{b}$		$\frac{25 \sim}{14}$	$\frac{25 \sim 50}{16}$	$\frac{25 \sim 30}{14}$ $\frac{32 \sim 75}{18}$	$\frac{25 \sim 30}{16}$ $\frac{32 \sim 90}{22}$	$\frac{30 \sim 38}{16}$ $\frac{40 \sim 120}{26}$ $\frac{130}{32}$	$\frac{32 \sim 40}{20}$ $\frac{45 \sim 120}{30}$ $\frac{130 \sim 180}{36}$	$\frac{40 \sim 55}{30}$ $\frac{60 \sim 120}{38}$ $\frac{130 \sim 200}{44}$	$\frac{45 \sim 65}{35}$ $\frac{70 \sim 120}{46}$ $\frac{130 \sim 200}{52}$	$\frac{55 \sim 75}{45}$ $\frac{80 \sim 120}{54}$ $\frac{130 \sim 200}{60}$	$\frac{70 \sim 90}{50}$ $\frac{95 \sim 120}{60}$ $\frac{130 \sim 200}{72}$ $\frac{210 \sim 250}{85}$	$\frac{80 \sim 110}{60}$ $\frac{120}{78}$ $\frac{130 \sim 200}{84}$ $\frac{210 \sim 300}{97}$	$\frac{85 \sim 110}{70}$ $\frac{120}{90}$ $\frac{130 \sim 200}{96}$ $\frac{210 \sim 300}{109}$	$\frac{95 \sim 110}{80}$ $\frac{120}{102}$ $\frac{130 \sim 200}{108}$ $\frac{210 \sim 300}{121}$
l 系列		16、(18)、20、(22)、25、(28)、30、(32)、35、(38)、40、45、50、(55)、60、(65)、70、(75)、80、(85)、90、(95)、100、110、120、130、140、150、160、170、180、190、200、210、220、230、240、250、260、280、300												

注：1. $b_m = d$，一般用于钢对钢；$b_m =$（1.25 ~ 1.5）d，一般用于钢对铸铁；$b_m = 2d$，一般用于钢对铝合金。

2. 括号内规格尽可能不采用。

3. P 为螺距。

附表 6　螺钉（GB/T 65～68—2000）

开槽圆柱头螺钉（GB/T 65—2000）

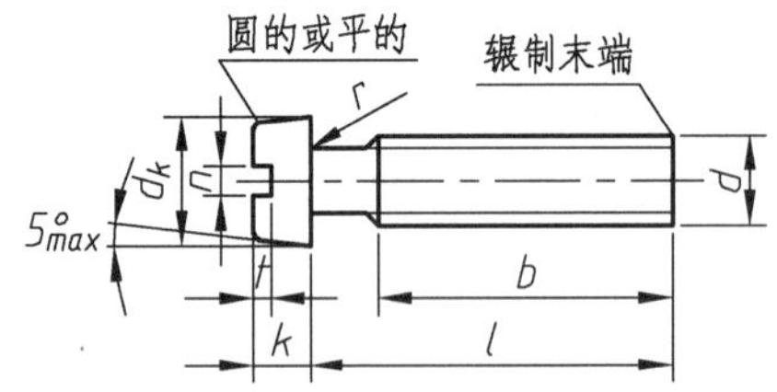

开槽盘头螺钉（GB/T 67—2000）

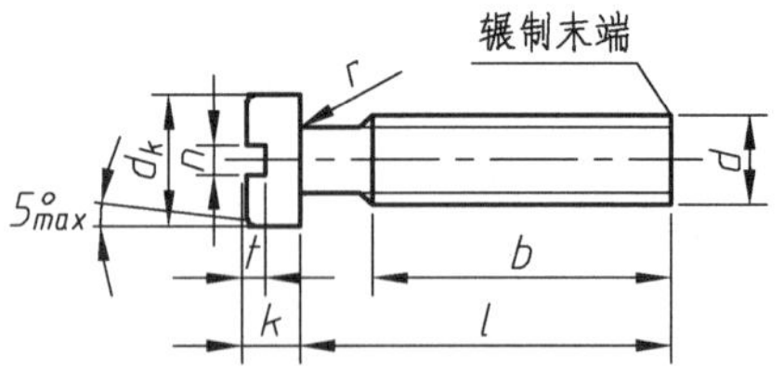

开槽沉头螺钉（GB/T 68—2000）

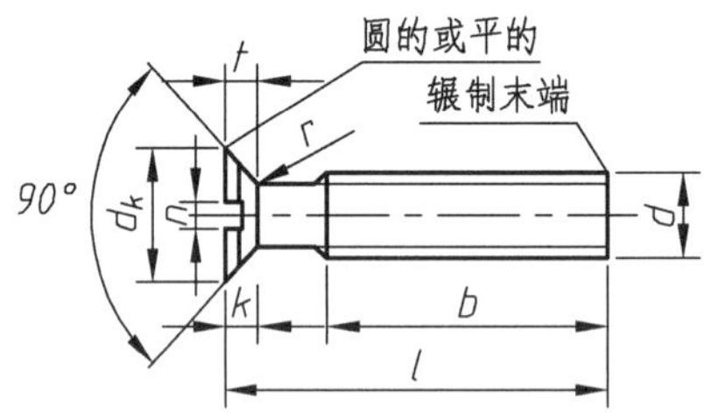

标记示例：

螺纹规格 d = M5、公称长度 l = 20 mm、性能等级为 4.8 级、不经表面处理的开槽沉头螺钉：螺钉 GB/T 65 M5 × 20。

单位：mm

<table>
<tr><th rowspan="2">螺纹规格 d</th><th rowspan="2">螺距 P</th><th rowspan="2">b_{min}</th><th rowspan="2">n（公称）</th><th colspan="3">k_{max}</th><th colspan="3">$d_{k\,max}$</th><th colspan="3">t_{min}</th><th rowspan="2">r</th><th rowspan="2">l 范围</th></tr>
<tr><th>GB/T 65</th><th>GB/T 67</th><th>GB/T 68</th><th>GB/T 65</th><th>GB/T 67</th><th>GB/T 68</th><th>GB/T 65</th><th>GB/T 67</th><th>GB/T 68</th></tr>
<tr><td>M3</td><td>0.5</td><td>25</td><td>0.8</td><td>2</td><td>1.8</td><td>1.65</td><td>5.5</td><td>5.6</td><td>5.5</td><td>0.85</td><td>0.7</td><td>0.6</td><td>0.8</td><td>4（5）～30</td></tr>
<tr><td>M4</td><td>0.7</td><td rowspan="5">38</td><td rowspan="2">1.2</td><td>2.6</td><td>2.4</td><td rowspan="2">2.7</td><td>7</td><td>8</td><td>8.4</td><td>1.1</td><td colspan="2">1</td><td>1</td><td>5（6）～40</td></tr>
<tr><td>M5</td><td>0.8</td><td>3.3</td><td>3</td><td>8.5</td><td>9.5</td><td>9.3</td><td>1.3</td><td>1.2</td><td>1.1</td><td>1.3</td><td>6（8）～50</td></tr>
<tr><td>M6</td><td>1</td><td>1.6</td><td>3.9</td><td>3.6</td><td>3.3</td><td>10</td><td>12</td><td>11.3</td><td>1.6</td><td>1.4</td><td>1.2</td><td>1.5</td><td>8～60</td></tr>
<tr><td>M8</td><td>1.25</td><td>2</td><td>5</td><td>4.8</td><td>4.65</td><td>13</td><td>16</td><td>15.8</td><td>2</td><td>1.9</td><td>1.8</td><td>2</td><td>10～80</td></tr>
<tr><td>M10</td><td>1.5</td><td>2.5</td><td colspan="2">6</td><td>5</td><td>16</td><td>20</td><td>18.3</td><td>2.4</td><td>2.4</td><td>2</td><td>2.5</td><td>12～80</td></tr>
<tr><td colspan="3">l 系列</td><td colspan="12">4、5、6、8、10、12、(14)、16、20、25、30、35、40、45、50、(55)、60、(65)、70、(75)、80</td></tr>
</table>

注：l 范围中，括号内规格为 GB/T 68—2000 的尺寸规格。

l 系列中，括号内规格尽可能不采用。

附表 7　紧定螺钉（GB/T 71 ~ 75—1985）

开槽锥端紧定螺钉（GB/T 71—1985）

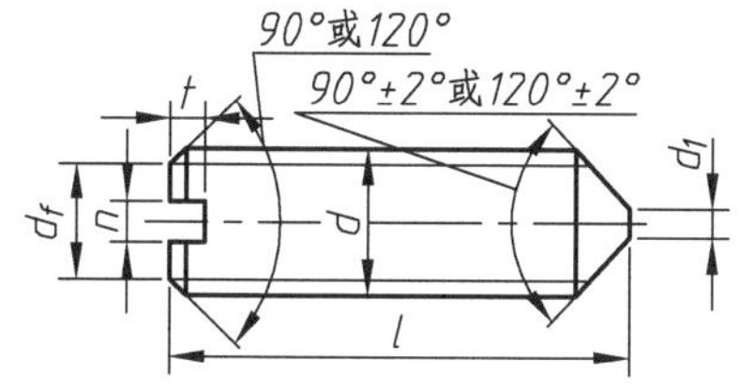

开槽平端紧定螺钉（GB/T 73—1985）

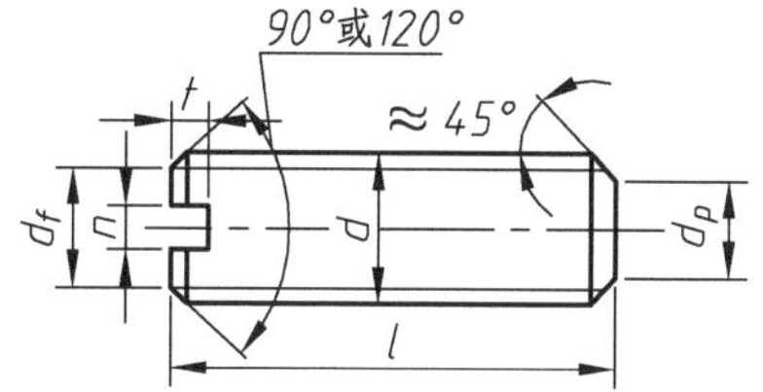

开槽长圆柱端紧定螺钉（GB/T 75—1985）

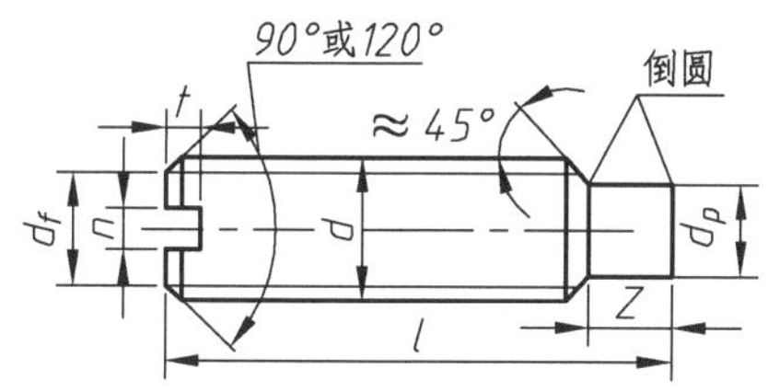

标记示例：

螺纹规格 d = M5，公称长度 l = 12 mm，性能等级为 14H 级，表面氧化的开槽锥端紧定螺钉：螺钉 GB/T 71 M5 × 12。

单位：mm

螺纹规格 d	螺距 P	$d_f \approx$	$d_{1\ max}$	$d_{p\ max}$	n	t	z_{max}	l（公称）		
								GB/T71	GB/T73	GB/T75
M3	0.5	螺纹小径	0.3	2	0.4	1.05	1.75	4 ~ 16	3 ~ 16	5 ~ 16
M4	0.7		0.4	2.5	0.6	1.42	2.25	6 ~ 20	4 ~ 20	6 ~ 20
M5	0.8		0.5	3.5	0.8	1.63	2.75	8 ~ 25	5 ~ 25	8 ~ 25
M6	1		1.5	4	1	2	3.25	8 ~ 30	6 ~ 30	8 ~ 30
M8	1.25		2	5.5	1.2	2.5	4.3	10 ~ 40	8 ~ 40	10 ~ 40
M10	1.5		2.5	7	1.6	3	5.3	12 ~ 50	10 ~ 50	12 ~ 50
M12	1.75		3	8.5	2	3.6	6.3	14 ~ 60	12 ~ 60	14 ~ 60
l 系列	2、2.5、3、4、5、6、8、10、12、（14）、16、20、25、30、35、40、45、50、（55）、60									

注：括号内规格尽可能不采用。

附表 8　内六角圆柱头螺钉（GB/T 70.1—2008）

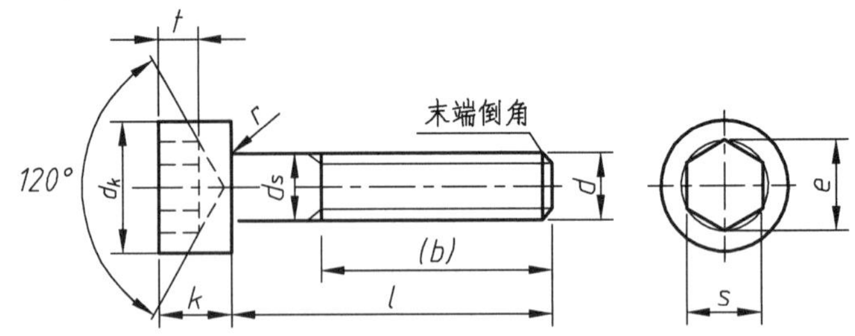

标记示例：

螺纹规格 d = M5，公称长度 l = 20 mm，性能等级为 8.8 级，表面氧化的 A 级内六角圆柱头螺钉：螺钉 GB/T 70.1　M5 × 20。

单位：mm

螺纹规格 d	M3	M4	M5	M6	M8	M10	M12	（M14）	M16	M20	M24
螺距 P	0.5	0.7	0.8	1	1.25	1.5	1.75	2	2	2.5	3
B（参考）	18	20	22	24	28	32	36	40	44	52	60
$d_{k\ max}$	5.5	7	8.5	10	13	16	18	21	24	30	36
k_{max}	3	4	5	6	8	10	12	14	16	20	24
t_{min}	1.3	2	2.5	3	4	5	6	7	8	10	12
S（公称）	2.5	3	4	5	6	8	10	12	14	17	19
e_{min}	2.87	3.44	4.58	5.72	6.86	9.15	11.43	13.72	16	19.44	21.73
$d_{s\ max}$	$= d$										
r_{min}	0.1	0.2	0.2	0.25	0.4	0.4	0.6	0.6	0.6	0.8	0.8
l 范围	5 ~ 30	6 ~ 40	8 ~ 50	10 ~ 60	12 ~ 80	16 ~ 100	20 ~ 120	25 ~ 140	25 ~ 160	30 ~ 200	40 ~ 200
l 系列	5、6、8、10、12、16、20、25、30、35、40、45、50、55、60、65、70、80、90、100、110、120、130、140、150、160、180、200										

注：括号内规格尽可能不采用。

附表 9　六角螺母（GB/T 6170—2000、GB/T 41—2000）

I 型六角螺母——A 和 B 级（GB/T 6170—2000）　六角螺母——C 级（GB/T 41—2000）

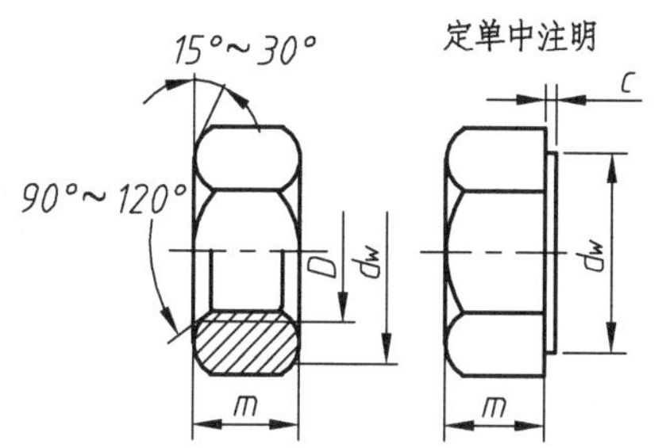

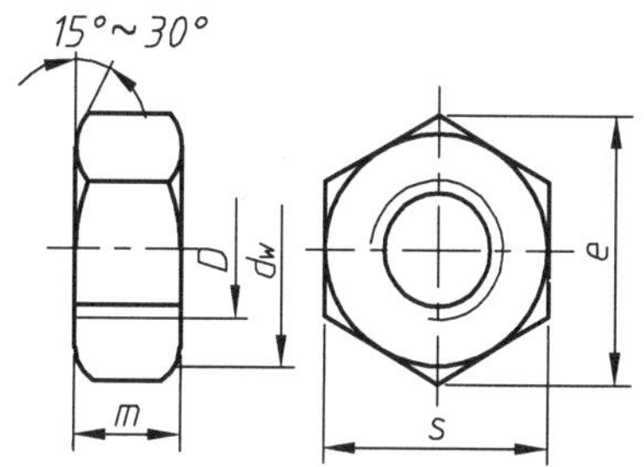

标记示例：

螺纹规格 D = M12、性能等级为 8 级、不经表面处理、产品等级为 A 级的 I 型六角螺母：螺母 GB/T 6170 M12。

螺纹规格 D = 12、性能等级为 5 级、不经表面处理、产品等级为 C 级的六角螺母：螺母 GB/T 41 M12。

单位：mm

螺纹规格 D		M4	M5	M6	M8	M10	M12	M16	M20	M24	M30	M36	M42	M48
P		0.7	0.8	1	1.25	1.5	1.75	2	2.5	3	3.5	4	4.5	5
c_{max}		0.4	0.5		0.6			0.8					1	
s_{max}		7	8	10	13	16	18	24	30	36	46	55	65	75
e_{min}	GB/T 6170	7.66	8.79	11.05	14.38	17.77	20.03	26.75	32.95	39.55	50.85	60.79	71.3	82.6
	GB/T 41	—	8.63	10.89	14.2	17.59	19.85	26.17	32.95	39.55	50.85	60.79	71.3	82.6
m_{max}	GB/T 6170	3.2	4.7	5.2	6.8	8.4	10.8	14.8	18	21.5	25.6	31	34	38
	GB/T 41	—	5.6	6.4	7.9	9.5	12.2	15.9	19	22.3	26.4	31.9	34.9	38.9
$d_{w\ min}$	GB/T 6170	5.9	6.9	8.9	11.6	14.6	16.6	22.5	27.7	33.3	42.8	51.1	60	69.5
	GB/T 41	—	6.7	8.7	11.5	14.5	16.5	22	27.7	33.3	42.8	51.1	60	69.5

注：1. P—螺距。

2. A 级用于 D≤16 的螺母；B 级用于 D>16 的螺母；C 级用于 M5 ~ M64 的螺母。

3. 螺纹公差：A、B 级为 6H，C 级为 7H；力学性能等级：A、B 级为 6、8、10 级，C 级为 4、5 级。

附表 10　平垫圈（GB/T 97.1～2—2002）

平垫圈—A 级（GB/T 97.1—2002）平垫圈　　　倒角型—A 级（GB/T 97.2—2002）

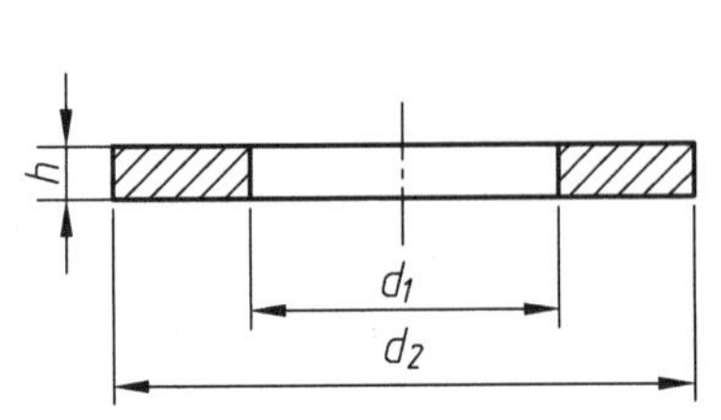

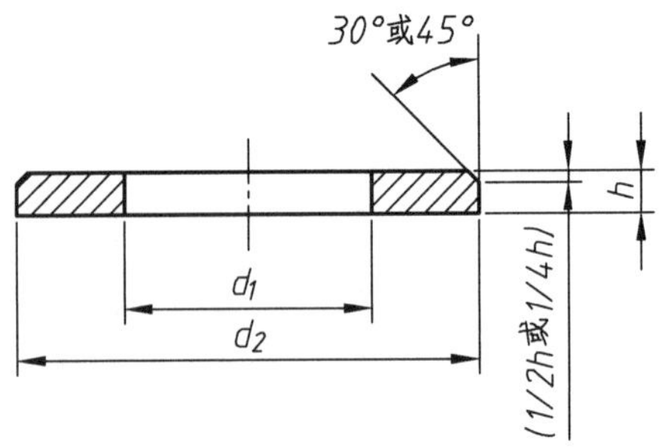

标记示例：

标准系列、公称尺寸 $d = 8$ mm、性能等级为 140 HV 级、不经表面处理的平垫圈：垫圈 GB/T 97.1　8。

单位：mm

公称尺寸（螺纹规格 d）	3	4	5	6	8	10	12	（14）	16	20	24	30	36
内径 d_1	3.2	4.3	5.3	6.4	8.4	10.5	13	15	17	21	25	31	37
外径 d_2	7	9	10	12	16	20	24	28	30	37	44	56	66
厚度 h	0.5	0.8	1	1.6	1.6	2	2.5	2.5	3	3	4	4	5

注：GB/T 97.2 规格 d 为 5～36。

附表 11　标准型弹簧垫圈（GB/T 93—1987）

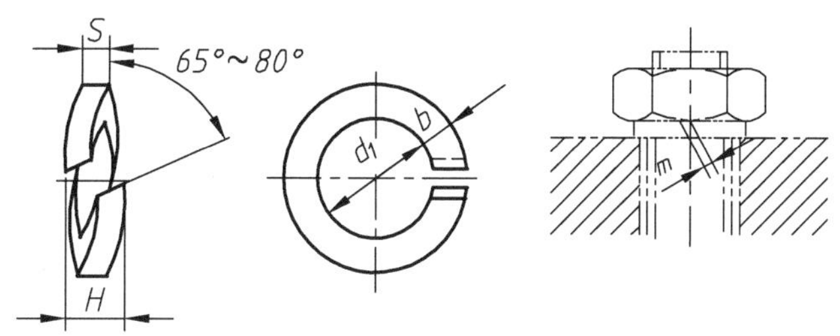

标记示例：

规格 16 mm、材料为 65Mn、表面氧化的标准型弹簧垫圈：垫圈 GB/T 93 16。

单位：mm

规格（螺纹大径）	3	4	5	6	8	10	12	16	20	24	30	36	42	48
$d_{1\,min}$	3.1	4.1	5.1	6.1	8.1	10.2	12.2	16.2	20.2	24.5	30.5	36.5	42.5	48.5
$s=b$（公称）	0.8	1.1	1.3	1.6	2.1	2.6	3.1	4.1	5	6	7.5	9	10.5	12
$m \leqslant$	0.4	0.55	0.65	0.8	1.05	1.3	1.55	2.05	2.5	3	3.75	4.5	5.25	6
H_{max}	2	2.75	3.25	4	5.25	6.5	7.75	10.25	12.5	15	18.75	22.5	26.25	30

注：1. 标记示例中材料为最常用的主要材料，其他技术条件按 GB/T 94.1 规定。

2. m 应大于零。

附表 12　轴用弹性挡圈（摘自 GB/T 894.1—1986）

A 型

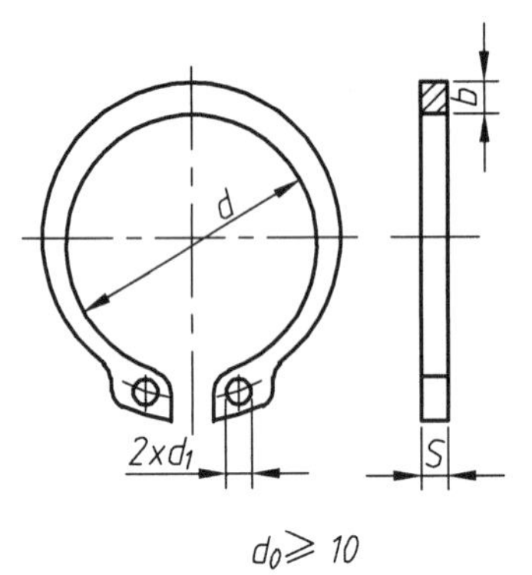

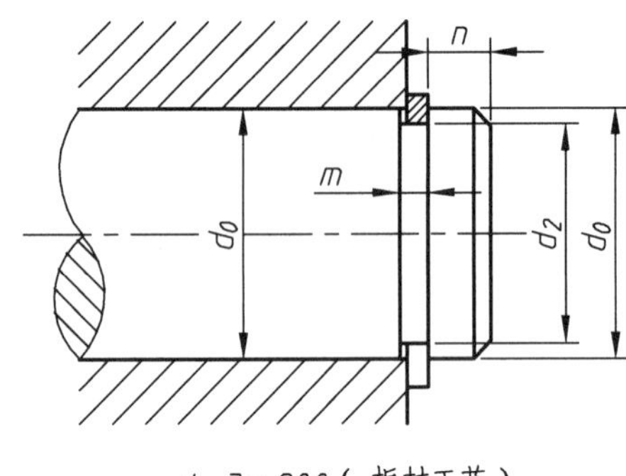

标记示例：

轴径 d_0 = 50 mm、材料为 65Mn、热处理 44 ~ 51HRC、经表面氧化处理的 A 型的轴用弹性挡圈：挡圈 GB/T 894.1　50。

单位：mm

轴径 d_0	挡圈						沟槽（推荐）				
	d		S		$b\approx$	d_1	d_2		m		$n\geq$
	基本尺寸	极限偏差	基本尺寸	极限偏差			基本尺寸	极限偏差	基本尺寸	极限偏差	
10	9.3				1.44		9.6	0 −0.058			0.6
11	10.2				1.52	1.5	10.5				0.8
12	11				1.72		11.5				
13	11.9				1.88		12.4				0.9
14	12.9	+0.10 −0.36					13.4				
15	13.8				2.00		14.3	0 −0.11			1.1
16	14.7		1		2.32	1.7	15.2		1.1		1.2
17	15.7						16.2				
18	16.5				2.48		17				
19	17.5			+0.05 −0.13			18			+0.14 0	
20	18.5						19				1.5
21	19.5	+0.13 −0.42			2.68		20	0 −0.13			
22	20.5						21				
24	22.2					2	22.9				
25	23.2				3.32		23.9				1.7
26	24.2						24.9				
28	25.9	+0.21 −0.42	1.2		3.6		26.6	0 −0.21	1.3		
29	26.9				3.72		27.6				2.1
30	27.9						28.6				
32	29.6				3.92	2.5	30.3	0 −0.25			2.6

附表 13　螺栓紧固轴端挡圈（GB/T 892—1986）

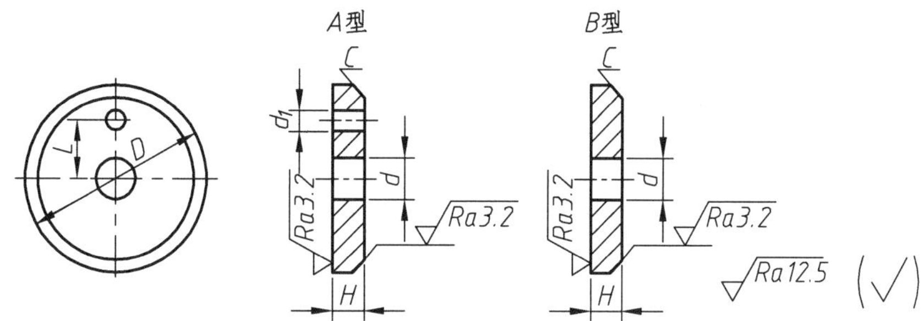

标记示例：

公称直径 D = 45 mm、材料为 Q215、不经表面处理的 A 型螺栓紧固轴端挡圈：挡圈 GB/T 892　45。

按 B 型制造时，应加标记 B：挡圈 GB/T 892　B45。

单位：mm

<table>
<tr><th>轴径
≤</th><th>公称直径
D</th><th>H</th><th>L</th><th>d</th><th>d_1</th><th>c</th><th>螺栓
GB/T 5783</th><th>圆柱销
GB/T 119.1</th><th>垫圈
GB/T 93</th></tr>
<tr><td>14</td><td>20</td><td rowspan="5">4</td><td rowspan="3">—</td><td rowspan="5">5.5</td><td rowspan="3">—</td><td rowspan="5">0.5</td><td rowspan="5">M5×16</td><td rowspan="3">—</td><td rowspan="5">5</td></tr>
<tr><td>16</td><td>22</td></tr>
<tr><td>18</td><td>25</td></tr>
<tr><td>20</td><td>28</td><td rowspan="2">7.5</td><td rowspan="2">2.1</td><td rowspan="2">A2×10</td></tr>
<tr><td>22</td><td>30</td></tr>
<tr><td>25</td><td>32</td><td rowspan="6">5</td><td rowspan="3">10</td><td rowspan="6">6.6</td><td rowspan="6">3.2</td><td rowspan="6">1</td><td rowspan="6">M6×20</td><td rowspan="6">A3×12</td><td rowspan="6">6</td></tr>
<tr><td>28</td><td>35</td></tr>
<tr><td>30</td><td>38</td></tr>
<tr><td>32</td><td>40</td><td rowspan="3">12</td></tr>
<tr><td>35</td><td>45</td></tr>
<tr><td>40</td><td>50</td></tr>
<tr><td>45</td><td>55</td><td rowspan="6">6</td><td rowspan="3">16</td><td rowspan="6">9</td><td rowspan="6">4.2</td><td rowspan="6">1.5</td><td rowspan="6">M8×25</td><td rowspan="6">A4×14</td><td rowspan="6">8</td></tr>
<tr><td>50</td><td>60</td></tr>
<tr><td>55</td><td>65</td></tr>
<tr><td>60</td><td>70</td><td rowspan="3">20</td></tr>
<tr><td>65</td><td>75</td></tr>
<tr><td>70</td><td>80</td></tr>
<tr><td>75</td><td>90</td><td rowspan="2">8</td><td rowspan="2">25</td><td rowspan="2">13</td><td rowspan="2">5.2</td><td rowspan="2">2</td><td rowspan="2">M12×25</td><td rowspan="2">A5×16</td><td rowspan="2">12</td></tr>
<tr><td>85</td><td>100</td></tr>
</table>

附表 14 普通平键（GB/T 1095 ~ 1096—2003）

GB/T 1095—2003 平键/键槽的剖面尺寸

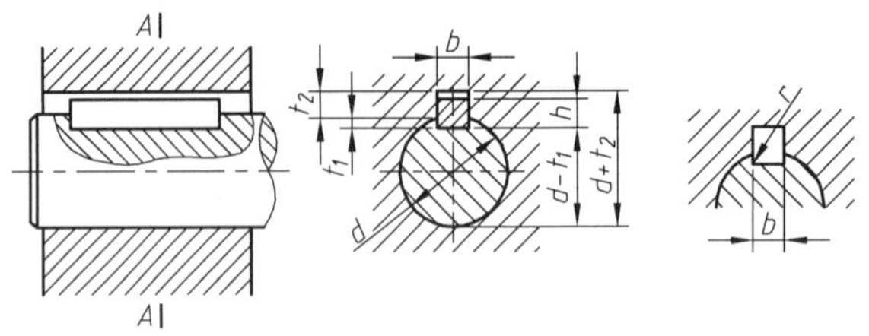

GB/T 1096—2003 普通平键的型式尺寸

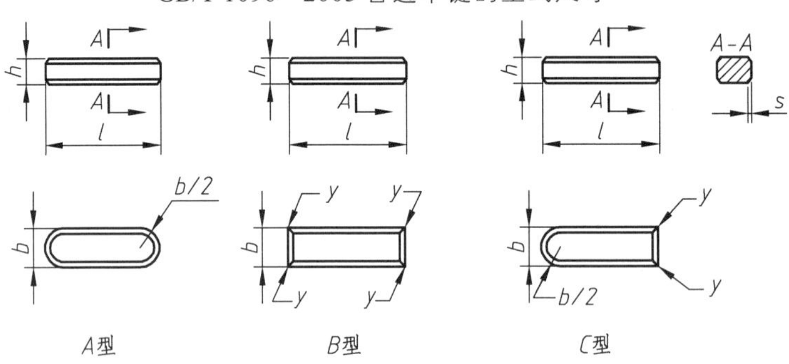

注：$y \leqslant s_{max}$，$s=r$

标记示例：

宽度 $b=16$ mm、高度 $h=10$ mm、长度 $L=100$ mm 的普通 A 型平键：GB/T 1096 键 16×10×100。

单位：mm

公称直径 d	键公称尺寸		键槽											
			宽度 b						深度				半径 r	
			基本尺寸	极限偏差					轴 t_1		毂 t_2			
				松联结		正常联结		紧密联结						
	$b \times h$	l 范围		轴 H9	毂 D10	轴 N9	毂 JS9	轴和毂 P9	公称尺寸	极限偏差	公称尺寸	极限偏差	最小	最大
6 ~ 8	2×2	6 ~ 20	2	+0.025 0	+0.060 +0.020	−0.004 −0.029	±0.0125	−0.006 −0.031	1.2	+0.1 0	1.0	+ 0.10	0.08	0.16
>8 ~ 10	3×3	6 ~ 36	3						1.8		1.4			
>10 ~ 12	4×4	8 ~ 45	4	+0.030 0	+0.078 +0.030	0 −0.030	+0.015	−0.012 −0.042	2.5		1.8			
>12 ~ 17	5×5	10 ~ 56	5						3.0		2.3		0.16	0.25
>17 ~ 22	6×6	14 ~ 70	6						3.5		2.8			
>22 ~ 30	8×7	18 ~ 90	8	+0.036 0	+0.098 +0.040	0 −0.036	±0.018	−0.015 −0.051	4.0	+0.2 0	3.3	+0.2 0		
>30 ~ 38	10×8	22 ~ 110	10						5.0		3.3		0.25	0.40
>38 ~ 44	12×8	28 ~ 140	12	+0.043 0	+0.120 +0.050	0 -0.043	±0.0215	−0.018 −0.061	5.0		3.3			
>44 ~ 50	14×9	36 ~ 160	14						5.5		3.8			
>50 ~ 58	16×10	45 ~ 180	16						6.0		4.3			
>58 ~ 65	18×11	50 ~ 200	18						7.0		4.4			
l 系列	6、8、10、12、14、16、18、20、2、25、28、32、36、40、45、50、56、63、70、80、90、100、110、125、140、160、180、200													

附表 15　圆锥销（摘自 GB/T 117—2000）

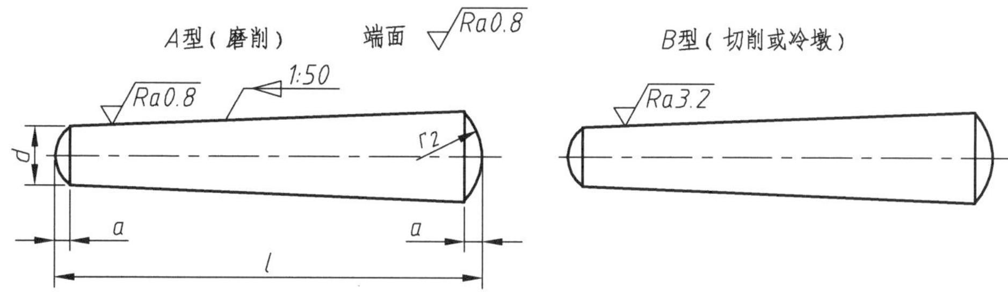

标记示例：

公称直径 $d=6$ mm、公称长度 $l=30$ mm、材料为 35 钢、热处理硬度 28～38HRC、表面氧化处理的 A 型圆锥销：销 GB/T 117　6×30。

单位：mm

d h10	2	2.5	3	4	5	6	8	10	12	16	20
a≈	0.25	0.3	0.4	0.5	0.63	0.8	1	1.2	1.6	2	2.5
l（商品范围）	10～35		12～45	14～65	18～60	22～90	22～120	26～160	32～180	40～200	45～200
l 系列	10、12、14、16、18、20、22、24、26、28、30、32、35、40、45、50、55、60、65、70、75、80、85、90、95、100、120、140、160、180、200										

附表 16　圆柱销不淬硬钢和奥氏体不锈钢（摘自 GB/T 119.1—2000）

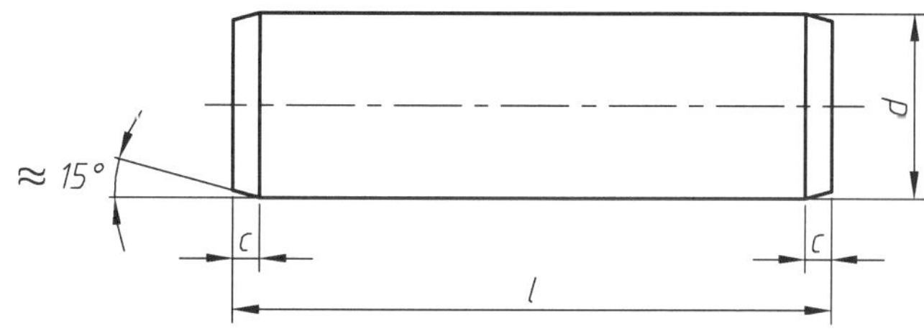

标记示例：

公称直径 $d=6$ mm、公差 m6、公称长度 $l=30$ mm、材料为钢、不经淬火、不经表面处理的圆柱销：销 GB/T 119.1　6 m6×30。

单位：mm

d（m6/h8）	2	2.5	3	4	5	6	8	10	12	16	20
c≈	0.35	0.4	0.5	0.63	0.8	1.2	1.6	2	2.5	3	3.5
l（商品范围）	6～20	6～24	8～30	8～40	10～50	12～60	14～80	18～95	22～140	26～180	35～200
l 系列	6、8、10、12、14、16、18、20、22、24、26、28、30、32、35、40、45、50、55、60、65、70、75、80、85、90、95、100、120、140、160、180、200										

附表 17　开口销（摘自 GB/T 91—2000）

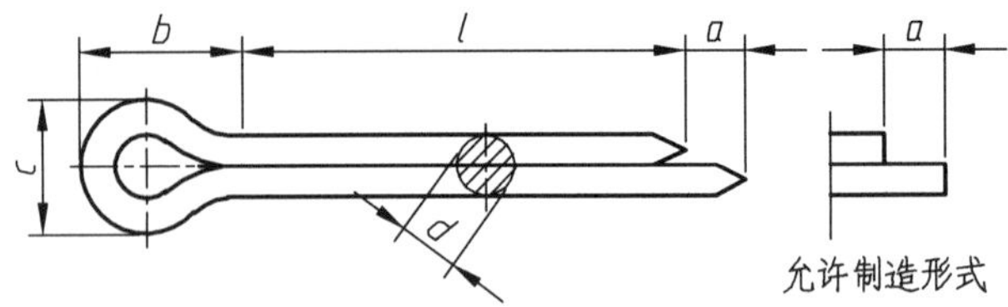

标记示例：

公称规格为 5 mm、长度 l = 50 mm、材料为 Q215 或 Q235、不经表面处理的开口销：销 GB/T 91　5 × 50。

单位：mm

公称规格 d		2	2.5	3.2	4	5	6.3	8	10	13
c	max	3.6	4.6	5.8	7.4	9.2	11.8	15.0	19.0	24.8
	min	3.2	4.0	5.1	6.5	8.0	10.3	13.1	16.6	21.7
$b\approx$		4	5	6.4	8	10	12.6	16	20	26
a_{max}		2.5		3.2	4				6.3	
l 范围		10 ~ 40	12 ~ 50	14 ~ 63	18 ~ 80	22 ~ 100	32 ~ 125	40 ~ 160	45 ~ 200	71 ~ 250
l 系列		10、12、14、16、18、20、22、25、28、32、36、40、45、50、56、63、71、80、90、100、112、125、140、160、180、200、224、250								

附表 18　深沟球轴承（GB/T 276—2013）

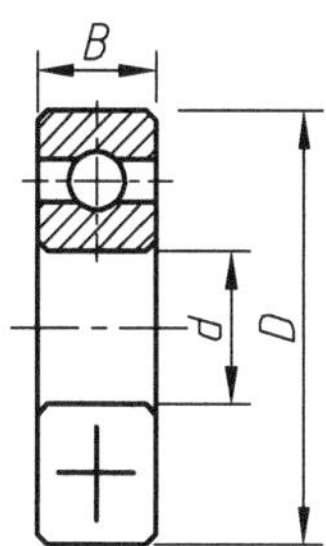

标记示例：

内径 $d=30$、尺寸系列代号为（0）2 的深沟球轴承：滚动轴承 6206 GB/T 276—2013。

单位：mm

轴承代号		外形尺寸			轴承代号		外形尺寸		
		d	D	B			d	D	B
（1）0系列	6004	20	42	12	（0）3系列	6304	20	52	15
	6005	25	47	12		6305	25	62	17
	6006	30	55	13		6306	30	72	19
	6007	35	62	14		6307	35	80	21
	6008	40	68	15		6308	40	90	23
	6009	45	75	16		6309	45	100	25
	6010	50	80	16		6310	50	110	27
	6011	55	90	18		6311	55	120	29
	6012	60	95	18		6312	60	130	31
	6013	65	100	18		6313	65	140	33
	6014	70	110	20		6314	70	150	35
	6015	75	115	20		6315	75	160	37
	6016	80	125	22		6316	80	170	39
	6017	85	130	22		6317	85	180	41
	6018	90	140	24		6318	90	190	43
	6019	95	145	24		6319	95	200	45
	6020	100	150	24		6320	100	215	47
（0）2系列	6204	20	47	14	（0）4系列	6404	20	72	19
	6205	25	52	15		6405	25	80	21
	6206	30	62	16		6406	30	90	23
	6207	35	72	17		6407	35	100	25
	6208	40	80	18		6408	40	110	27
	6209	45	85	19		6409	45	120	29
	6210	50	90	20		6410	50	130	31
	6211	55	100	21		6411	55	140	33
	6212	60	110	22		6412	60	150	35
	6213	65	120	23		6413	65	160	37
	6214	70	125	24		6414	70	180	42
	6215	75	130	25		6415	75	190	45
	6216	80	140	26		6416	80	200	48
	6217	85	150	28		6417	85	210	52
	6218	90	160	30		6418	90	225	54
	6219	95	170	32		6419	95	240	55
	6220	100	180	34		6420	100	250	58

附表 19 圆锥滚子轴承（GB/T 297—1994）

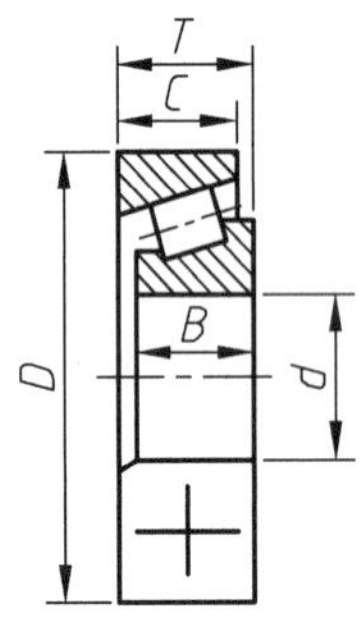

标记示例：

内径 $d=60$、尺寸系列代号为 03 的圆锥滚子轴承：滚动轴承 30312 GB/T 297—1994。

单位：mm

轴承代号		外形尺寸					轴承代号		外形尺寸				
		d	D	T	B	C			d	D	T	B	C
02系列	30204	20	47	15.25	14	12	22系列	32204	20	47	19.25	18	15
	30205	25	52	16.25	15	13		32205	25	52	19.25	18	16
	30206	30	62	17.25	16	14		32206	30	62	21.25	20	17
	30207	35	72	18.25	17	15		32207	35	72	24.25	23	19
	30208	40	80	19.75	18	16		32208	40	80	24.75	23	19
	30209	45	85	20.75	19	16		32209	45	85	24.75	23	19
	30210	50	90	21.75	20	17		32210	50	90	24.75	23	19
	30211	55	100	22.75	21	18		32211	55	100	26.75	25	21
	30212	60	110	23.75	22	19		32212	60	110	29.75	28	24
	30213	65	120	24.75	23	20		32213	65	120	32.75	31	27
	30214	70	125	26.25	24	21		32214	70	125	33.25	31	27
	30215	75	130	27.25	25	22		32215	75	130	33.25	31	27
	30216	80	140	28.25	26	22		32216	80	140	35.25	33	28
	30217	85	150	30.50	28	24		32217	85	150	38.50	36	30
	30218	90	160	32.50	30	26		32218	90	160	42.50	40	34
	30219	95	170	34.50	32	27		32219	95	170	45.50	43	37
	30220	100	180	37	34	29		32220	100	180	49	46	39
03系列	30304	20	52	16.25	15	13	23系列	32304	20	52	22.25	21	18
	30305	25	62	18.25	17	15		32305	25	62	25.25	24	20
	30306	30	72	20.75	19	16		32306	30	72	28.75	27	23
	30307	35	80	22.75	21	18		32307	35	80	32.75	31	25
	30308	40	90	25.25	23	20		32308	40	90	35.25	33	27
	30309	45	100	27.25	25	22		32309	45	100	38.25	36	30
	30310	50	110	29.25	27	23		32310	50	110	42.25	40	33
	30311	55	120	31.50	29	25		32311	55	120	45.50	43	35
	30312	60	130	33.50	31	26		32312	60	130	48.50	46	37
	30313	65	140	36	33	28		32313	65	140	51	48	39
	30314	70	150	38	35	30		32314	70	150	54	51	42
	30315	75	160	40	37	31		32315	75	160	58	55	45
	30316	80	170	42.50	39	33		32316	80	170	61.50	58	48
	30317	85	180	44.50	41	34		32317	85	180	63.50	60	49
	30318	90	190	46.50	43	36		32318	90	190	67.50	64	53
	30319	95	200	49.50	45	38		32319	95	200	71.50	67	55
	30320	100	215	51.50	47	39		32320	100	215	77.50	73	60

附表 20　推力球轴承（摘自 GB/T 301—1995）

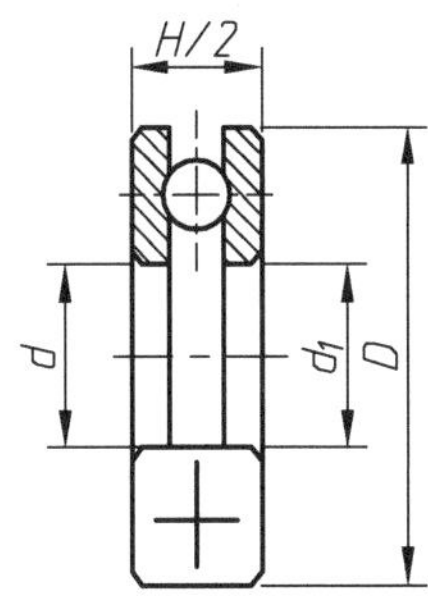

标记示例：

内径 d = 50、尺寸系列代号为 13 的推力球轴承：滚动轴承 51310 GB/T 301—1995。

单位：mm

轴承代号		外形尺寸				轴承代号		外形尺寸			
		d	D	r	d_{1smin}			d	D	r	d_{1smin}
11系列	51104	20	35	10	21	13系列	51304	20	47	18	22
	51105	25	42	11	26		51305	25	52	18	27
	51106	30	47	11	32		51306	30	60	21	32
	51107	35	52	12	37		51307	35	68	24	37
	51108	40	60	13	42		51308	40	78	26	42
	51109	45	65	14	47		51309	45	85	28	47
	51110	50	70	14	52		51310	50	95	31	52
	51111	55	78	16	57		51311	55	105	35	57
	51112	60	85	17	62		51312	60	110	35	62
	51113	65	90	18	67		51313	65	115	36	67
	51114	70	95	18	72		51314	70	125	40	72
	51115	75	100	19	77		51315	75	135	44	77
	51116	80	105	19	82		51316	80	140	44	82
	51117	85	110	19	87		51317	85	150	49	88
	51118	90	120	22	92		51318	90	155	50	93
	51120	100	135	25	102		51320	100	170	55	103
12系列	51204	20	40	14	22	14系列	51405	25	60	24	27
	51205	25	47	15	27		51406	30	70	28	32
	51206	30	52	16	32		51407	35	80	32	37
	51207	35	62	18	37		51408	40	90	36	42
	51208	40	68	19	42		51409	45	100	39	47
	51209	45	73	20	47		51410	50	110	43	52
	51210	50	78	22	52		51411	55	120	48	57
	51211	55	90	25	57		51412	60	130	51	62
	51212	60	95	26	62		51413	65	140	56	68
	51213	65	100	27	67		51414	70	150	60	73
	51214	70	105	27	72		51415	75	160	65	78
	51215	75	110	27	77		51416	80	170	68	83
	51216	80	115	28	82		51417	85	180	72	88
	51217	85	125	31	88		51418	90	190	77	93
	51218	90	135	35	93		51420	100	210	85	103
	51220	100	150	38	103		51422	110	230	95	113

三、常用零件工艺结构要素

附表 21　零件倒角与倒圆（摘自 GB/T 6403.4—2008）

型式：α一般为 45°，也可采用 30°或 60°。

装配型式：

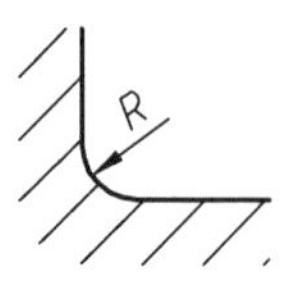

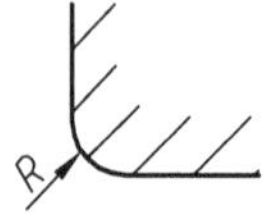

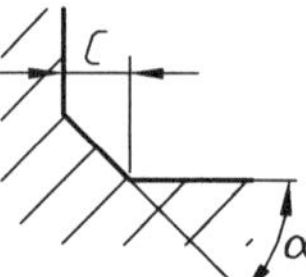

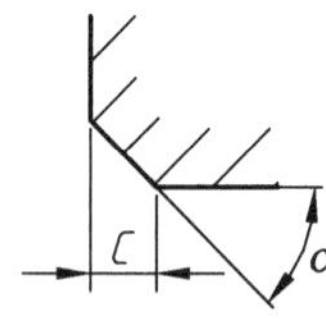

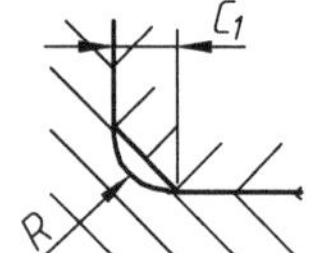

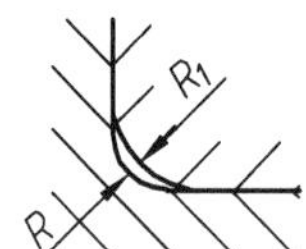

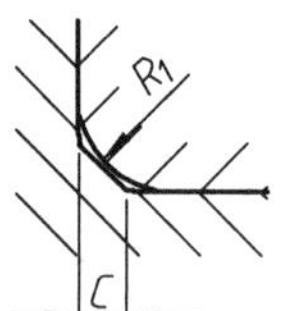

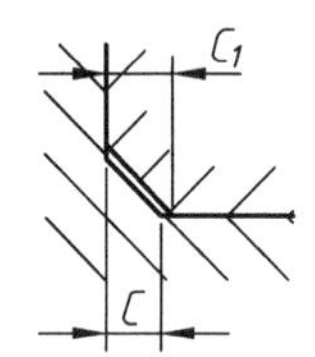

单位：mm

直径 D、d	≤3	>3 ~ 6	>6 ~ 10	>10 ~ 18	>18 ~ 30	>30 ~ 50	>50 ~ 80	>80 ~ 120	>120 ~ 180	>180 ~ 250
R C	0.2	0.4	0.6	0.8	1.0	1.6	2.0	2.5	3.0	4.0

直径 D、d	>250 ~ 320	>320 ~ 400	>400 ~ 500	>500 ~ 630	>630 ~ 800	>800 ~ 1000	>1000 ~ 1250	>1250 ~ 1600
R C	5.0	6.0	8.0	10	12	16	20	25

附表 22　砂轮越程槽（摘自 GB/T 6403.5—2008）

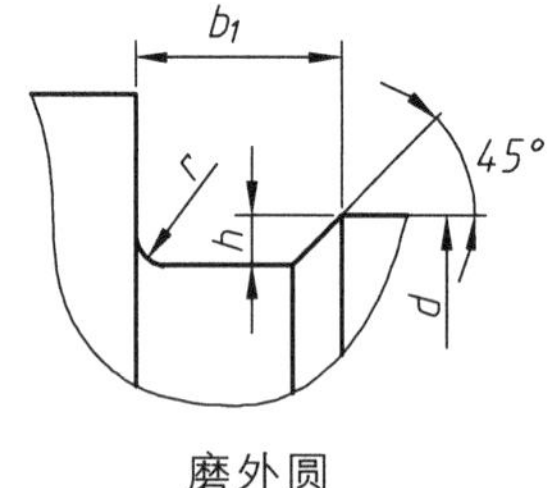

磨外圆

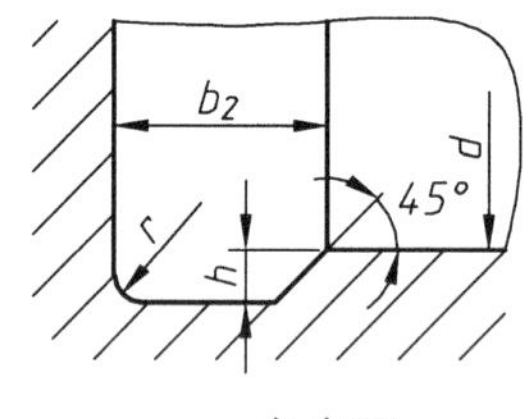

磨内圆

单位：mm

d	~ 10			>10 ~ 50		>50 ~ 100		>100	
b_1	0.6	1.0	1.6	2.0	3.0	4.0	5.0	8.0	10
b_2	2.0	3.0		4.0		5.0		8.0	10
h	0.1	0.2		0.3	0.4		0.6	0.8	1.2
r	0.2	0.5		0.8	1.0		1.6	2.0	3.0

四、标准公差

附表 23　标准公差数值表（GB/T 1800.1—2009）

基本尺寸/mm		标准公差等级																	
		IT1	IT2	IT3	IT4	IT5	IT6	IT7	IT8	IT9	IT10	IT11	IT12	IT13	IT14	IT15	IT16	IT17	IT18
大于	至	μm											mm						
—	3	0.8	1.2	2	3	4	6	10	14	25	40	60	0.1	0.14	0.25	0.4	0.6	1	1.4
3	6	1	1.5	2.5	4	5	8	12	18	30	48	75	0.12	0.18	0.3	0.48	0.75	1.2	18
6	10	1	1.5	2.5	4	6	9	15	22	36	58	90	0.15	0.22	0.36	0.58	0.9	1.5	2.2
10	18	1.2	2	3	5	8	11	18	27	43	70	110	0.18	0.27	0.43	0.7	1.1	1.8	2.7
18	30	1.5	2.5	4	6	9	13	21	33	52	84	130	0.21	0.33	0.52	0.84	1.3	2.1	3.3
30	50	1.5	2.5	4	7	11	16	25	39	62	100	160	0.25	0.39	0.62	1	1.6	2.5	3.9
50	80	2	3	5	8	13	19	30	46	74	120	190	0.3	0.46	0.74	1.2	1.9	3	4.6
80	120	2.5	4	6	10	15	22	35	54	87	140	220	0.35	0.54	0.87	1.4	2.2	3.5	5.4
120	180	3.5	5	8	12	18	25	40	63	100	160	250	0.4	0.63	1	1.6	2.5	4	6.3
180	250	4.5	7	10	14	20	29	46	72	115	185	290	0.46	0.72	1.15	1.85	2.9	4.6	7.2
250	315	6	8	12	16	23	32	52	81	130	210	320	0.52	0.81	1.3	2.1	3.2	5.2	8.1
315	400	7	9	13	18	25	36	57	89	140	230	360	0.57	0.89	1.4	2.3	3.6	5.7	8.9
400	500	8	10	15	20	27	40	63	97	155	250	400	0.63	0.97	1.55	2.5	4	6.3	9.7

注：1. 基本尺寸大于 500 mm 的 IT1～IT5 的标准公差数值为试行的。

2. 基本尺寸小于或等于 1 mm 时，无 IT4～IT18。

五、极限与配合

附表 24　优先及常用配合（GB/T 1801—2009、GB/T 1800.2—2009）

轴的极限偏差表

单位：μm

公称尺寸/mm		a	b	c	d	e	f	g	h								js	k	m	n	p	r	s	t	u	v	x	y	z
大于	至	11	11	*11	*9	8	*7	*6	5	*6	*7	8	*9	10	*11	12	6	*6	6	*6	*6	6	*6	6	*6	6	6	6	6
—	3	-270 -330	-140 -200	-60 -120	-20 -45	-14 -28	-6 -16	-2 -8	0 -4	0 -6	0 -10	0 -14	0 -25	0 -40	0 -60	0 -100	±3	+6 0	+8 +2	+10 +4	+12 +6	+16 +10	+20 +14	—	+24 +18	—	+26 +20	—	+32 +26
3	6	-270 -345	-140 -215	-70 -145	-30 -60	-20 -38	-10 -22	-4 -12	0 -5	0 -8	0 -12	0 -18	0 -30	0 -48	0 -75	0 -120	±4	+9 +1	+12 +4	+16 +8	+20 +12	+23 +15	+27 +19	—	+31 +23	—	+36 +28	—	+42 +35
6	10	-280 -370	-150 -240	-80 -170	-40 -76	-25 -47	-13 -28	-5 -14	0 -6	0 -9	0 -15	0 -22	0 -36	0 -58	0 +90	0 -150	±4.5	+10 +1	+15 +6	+19 +10	+24 +15	+28 +19	+32 +23	—	+37 +28	—	+43 +34	—	+51 +42
10	14	-290 -400	-50 -260	-95 -205	-50 -93	-32 -59	-16 -34	-6 -17	0 -8	0 -11	0 -18	0 -27	0 -43	0 -70	0 -110	0 -180	±5.5	+12 +1	+18 +7	+23 +12	+29 +18	+34 +23	+39 +28	—	+44 +33	—	+51 +40	—	+61 +50
14	18																							—		+50 +39	+56 +45	—	+71 +60
18	24	-300 -430	-160 -290	-110 -240	-65 -117	-40 -73	-20 -41	-7 -20	0 -9	0 -13	0 -21	0 -33	0 -52	0 -84	0 -130	0 -210	±6.5	+15 +2	+21 +8	+28 +15	+35 +22	+41 +28	+48 +35	—	+54 +41	+60 +47	+67 +54	+76 +63	+86 +73
24	30																							+54 +41	+61 +48	+68 +55	+77 +64	+88 +75	+101 +88
30	40	-310 -470	-170 -330	-120 -280	-80 -142	-50 -89	-25 -50	-9 -25	0 -11	0 -16	0 -25	0 -39	0 -62	0 -100	0 -160	0 -250	±8	+18 +2	+25 +9	+33 +17	+42 +26	+50	+59	+64 +48	+76 +60	+84 +68	+96 +80	+110 +94	+128 +112
40	50	-320 -480	-180 -340	-130 -290																		+34	+43	+70 +54	+86 +70	+97 +81	+113 +97	+130 +114	+152 +136
50	65	-340 -530	-190 -380	-140 -330	-100 -174	-60 -106	-30 -60	-10 -29	0 -13	0 -19	0 -30	0 -46	0 -74	0 -120	0 -190	0 -300	±9.5	+21 +2	+30 +11	+39 +20	+51 +32	+60 +41	+72 +53	+85 +66	+106 +87	+121 +102	+141 +122	+163 +144	+191 +172
65	80	-360 -550	-200 -390	-150 -340																		+62 +43	+78 +59	+94 +75	+121 +102	+139 +120	+165 +146	+193 +174	+229 +210
80	100	-380 -600	-220 -440	-170 -390	-120 -207	-72 -126	-36 -71	-12 -34	0 -15	0 -22	0 -35	0 -54	0 -87	0 -140	0 -220	0 -350	±11	+25 +3	+35 +13	+45 +23	+59 +37	+73 +51	+93 +71	+113 +91	+146 +124	+168 +146	+200 +178	+236 +214	+280 +258
100	120	-410 -630	-240 -460	-180 -400																		+76 +54	+101 +79	+126 +104	+166 +144	+194 +172	+232 +210	+276 +254	+332 +310
120	140	-460 -710	-260 -510	-200 -450	-145 -245	-85 -148	-43 -83	-14 -39	0 -18	0 -25	0 -40	0 -63	0 -100	0 -160	0 -250	0 -400	±12.5	+28 +3	+40 +15	+52 +27	+68 +43	+88 +63	+117 +92	+147 +122	+195 +170	+227 +202	+273 +248	+325 +300	+390 +365
140	160	-520 -770	-280 -530	-210 -460																		+90 +65	+125 +100	+159 +134	+215 +190	+253 +228	+305 +280	+365 +340	+440 +415
160	180	-580 -830	-310 -560	-230 -480																		+93 +68	+133 +108	+171 +146	+235 +210	+277 +252	+335 +310	+405 +380	+490 +465
180	200	-660 -950	-340 -630	-240 -530	-170 -285	-100 -172	-50 -96	-15 -44	0 -20	0 -29	0 -46	0 -72	0 -115	0 -185	0 -290	0 -460	±14.5	+33 +4	+46 +17	+60 +31	+79 +50	+106 +77	+151 +122	+195 +166	+265 +236	+313 +284	+379 +350	+454 +425	+549 +520
200	225	-740 -1030	-380 -670	-260 -550																		+109 +80	+159 +130	+209 +180	+287 +258	+339 +310	+414 +385	+499 +470	+604 +575
225	250	-820 -1110	-420 -710	-280 -570																		+113 +84	+169 +140	+225 +196	+313 +284	+369 +340	+454 +425	+549 +520	+669 +640
250	280	-920 -1240	-480 -800	-300 -620	-190 -320	-110 -191	-56 -108	-17 -49	0 -23	0 -32	0 -52	0 -81	0 -130	0 -210	0 -320	0 -520	±16	+36 +4	+52 +20	+66 +34	+88 +56	+126 +94	+190 +158	+250 +218	+347 +315	+417 +385	+507 +475	+612 +580	+742 +710
280	315	-1050 -1370	-540 -860	-330 -650																		+130 +98	+202 +170	+272 +240	+382 +350	+457 +425	+557 +525	+682 +650	+822 +790
315	355	-1200 -1560	-600 -960	-360 -720	-210 -350	-125 -214	-62 -119	-18 -54	0 -25	0 -36	0 -57	0 -89	0 -140	0 -230	0 -360	0 -570	±18	+40 +4	+57 +21	+73 +37	+98 +62	+144 +108	+226 +190	+304 +268	+426 +390	+511 +475	+626 +590	+766 +730	+936 +900
355	400	-1350 -1710	-680 -1040	-400 -760																		+150 +114	+244 +208	+330 +294	+471 +435	+566 +530	+696 +660	+856 +820	+1036 +1000
400	450	-1500 -1900	-760 -1160	-440 -840	-230 -385	-135 -232	-68 -131	-20 -60	0 -27	0 -40	0 -63	0 -97	0 -155	0 -250	0 -400	0 -630	±20	+45 +5	+63 +23	+80 +40	+108 +68	+166 +126	+272 +232	+370 +330	+530 +490	+635 +595	+780 +740	+960 +920	+1140 +1100
450	500	-1650 -2050	-840 -1240	-480 -880																		+172 +132	+292 +252	+400 +360	+580 +540	+700 +660	+860 +820	+1040 +1000	+1290 +1250

注：带"*"者为优先选用

孔的极限偏差表

单位：μm

公称尺寸/mm		A	B	C	D	E	F	G	H							JS		K			M	N		P		R	S	T	U
大于	至	11	11	*11	*9	8	*8	*7	6	*7	*8	*9	10	*11	12	6	7	6	*7	8	7	6	*7	6	*7	7	*7	7	*7
—	3	+330 +270	+200 +140	+120 +60	+45 +20	+28 +14	+20 +6	+12 +2	+6 0	+10 0	+14 0	+25 0	+40 0	+60 0	+100 0	±3	±5	0 −6	0 −10	0 −14	−2 −12	−4 −10	−4 −14	−6 −12	−6 −16	−10 −20	−14 −24	—	−18 −28
3	6	+345 +270	+215 +140	+145 +70	+60 +30	+38 +20	+28 +10	+16 +4	+8 0	+12 0	+18 0	+30 0	+48 0	+75 0	+120 0	±4	±6	+2 −6	+3 −9	+5 −13	0 −12	−5 −13	−4 −16	−9 −17	−8 −20	−11 −23	−15 −27	—	−19 −31
6	10	+370 +280	+240 +150	+170 +80	+76 +40	+47 +25	+35 +13	+20 +5	+9 0	+15 0	+22 0	+36 0	+58 0	+90 0	+150 0	±4.5	±7	+2 −7	+5 −10	+6 −16	0 −15	−7 −16	−4 −19	−12 −21	−9 −24	−13 −28	−17 −32	—	−22 −37
10	14	+400 +290	+260 +150	+205 +95	+93 +50	+59 +32	+43 +16	+24 +6	+11 0	+18 0	+27 0	+43 0	+70 0	+110 0	+180 0	±5.5	±9	+2 −9	+6 −12	+8 −19	0 −18	−9 −20	−5 −23	−15 −26	−11 −29	−16 −34	−21 −39	—	−26 −44
14	18																												
18	24	+430 +300	+290 +160	+240 +110	+117 +65	+73 +40	+53 +20	+28 +7	+13 0	+21 0	+33 0	+52 0	+84 0	+130 0	+210 0	±6.5	±10	+2 −11	+6 −15	+10 −23	0 −21	−11 −24	−7 −28	−18 −31	−14 −35	−20 −41	−27 −48	—	−33 −54
24	30																											−33 −54	−40 −61
30	40	+470 +310	+330 +170	+280 +120	+142 +80	+89 +50	+64 +25	+34 +9	+16 0	+25 0	+39 0	+62 0	+100 0	+160 0	+250 0	±8	±12	+3 −13	+7 −18	+12 −27	0 −25	−12 −28	−8 −33	−21 −37	−17 −42	−25 −50	−34 −59	−39 −64	−51 −76
40	50	+480 +320	+340 +180	+290 +130																								−45 −70	−61 −86
50	65	+530 +340	+3BO +190	+330 +140	+174 +100	+106 +60	+76 +30	+40 +10	+19 0	+30 0	+46 0	+74 0	+120 0	+190 0	+300 0	±9.5	±15	+4 −15	+9 −21	+14 −32	0 −30	−14 −33	−9 −39	−26 −45	−21 −51	−30 −60	−42 −72	−55 −85	−76 −106
65	80	+550 +360	+390 +200	+340 +150																						−32 −62	−48 −78	−65 −94	−91 −121
80	100	+600 +380	+440 +220	+390 +170	+207 +120	+125 +72	+90 +36	+47 +12	+22 0	+35 0	+54 0	+87 0	+140 0	+220 0	+350 0	±11	±17	+4 −18	+10 −25	+16 −38	0 −35	−16 −38	−10 −45	−30 −52	−24 −59	−38 −73	−58 −93	−78 −113	−111 −146
100	120	+630 +410	+460 +240	+400 +180																						−41 −76	−66 −101	−91 −126	−131 −166
120	140	+710 +460	+510 +260	+450 +200	+245 +145	+148 +85	+106 +43	+54 +14	+25 0	+40 0	+63 0	+100 0	+160 0	+250 0	+400 0	±12.5	±20	+4 −21	+12 −28	+20 −43	0 −40	−20 −45	−12 −52	−36 −61	−28 −68	−48 −88	−77 −117	−107 −147	−155 −195
140	160	+770 +520	+530 +2s0	+460 +210																						−50 −90	−85 −125	−119 −159	−175 −215
160	180	+830 +580	+560 +310	+480 +230																						−53 −93	−93 −133	−131 −171	−195 −235
180	200	+950 +660	+630 +340	+530 +240	+285 +170	+172 +100	+122 +50	+61 +15	+29 0	+46 0	+72 0	+115 0	+185 0	+290 0	+460 0	±14.5	±23	+5 −24	+13 −33	+22 −50	0 −46	−22 −51	−14 −60	−41 −70	−33 −79	−60 −106	−105 −151	−149 −195	−219 −265
200	225	+1030 +740	+670 +380	+S50 +260																						−63 −109	−113 −159	−163 −209	−241 −287
225	250	+1110 +820	+710 +420	+570 +280																						−67 −113	−123 −169	−179 −225	−267 −313
250	280	+1240 +920	+800 +480	+620 +300	+320 +190	+191 +110	+137 +56	+69 +17	+32 0	+52 0	+81 0	+130 0	+210 0	+320 0	+520 0	±16	±26	+5 −27	+16 −36	+25 −56	0 −52	−25 −57	−14 −66	−47 −79	−36 −88	−74 −126	−138 −190	−198 −250	−295 −347
280	315	+1370 +1050	+860 +540	+650 +330																						−78 −130	−150 −202	−220 −272	−330 −382
315	355	+1560 +1200	+960 +600	+720 +360	+350 +210	+214 +125	+151 +62	+75 +18	+36 0	+57 0	+89 0	+140 0	+230 0	+360 0	+570 0	±18	±28	+7 −29	+17 −40	+28 −61	0 −57	−26 −62	−16 −73	−51 −87	−41 −98	−87 −144	−169 −226	−247 −304	−369 −426
355	400	+1710 +1350	+1040 +680	+760 +400																						−93 −150	−187 −244	−273 −330	−414 −471
400	450	+1900 +1500	+1160 +760	+840 +440	+385 +230	+232 +135	+165 +68	+83 +20	+40 0	+63 0	+97 0	+155 0	+250 0	+400 0	+630 0	±20	±31	+8 −32	+18 −45	+29 −68	0 −63	−27 −67	−17 −80	−55 −95	−45 −108	−103 −166	−209 −272	−307 −370	−467 −530
450	500	+2050 +1650	+1240 +840	+880 +480																						−109 −172	−229 −292	−337 −400	−517 −580

注：带"*"者为优先选用

六、常用材料

附表 25　常用金属材料

标准	名称	牌号	应用举例	说明
GB/T 700—2006	碳素结构钢	Q215	金属结构构件，拉杆、套圈、铆钉、螺栓、短轴、心轴、凸轮（载荷不大的）、吊钩、垫圈；渗碳零件及焊接件	Q 为钢材屈服点“屈”字汉语拼音首位字母，数字表示屈服强度（MPa），A、B、C、D 为质量等级，其中常用 A 级
		Q235	金属结构构件，心部强度要求不高的渗碳或氰化零件：吊钩、拉杆、车钩、套圈、气缸、齿轮、螺栓、螺母、连杆、轮轴、楔、盖及焊接件	
		Q275	转轴、心轴、销轴、链轮、刹车杆、螺栓、螺母、垫圈、连杆、吊钩、楔、齿轮、键以及其他强度需较高的零件	
GB/T 699—1999	优质碳素结构钢	15	用于制造受力不大、韧性要求较高的零件，紧固件、冲模锻件及不要热处理的低负荷零件，如螺栓、螺钉、拉条、法兰盘及化工储器、蒸汽锅炉等	牌号的两位数字表示平均含碳量，45 号钢即表示碳平均含量为 0.45%。 碳的质量分数 ≤ 0.25% 的碳钢属低碳钢（渗碳钢）。 碳的质量分数在 0.25% ~ 0.6% 之间的碳钢属中碳钢（调质钢）。 碳的质量分数 >0.6% 的碳钢属高碳钢。 含锰量较高的钢，须加注化学元素符号“Mn”
		20	用于不受很大应力而要求很大韧性的各种机械零件，如杠杆、轴套、螺钉、拉杆、起重钩等	
		35	用于制造曲轴、转轴、轴销、杠杆、连杆、横梁、星轮、圆盘、套筒、钩环、垫圈、螺钉、螺母等	
		45	用于强度要求较高的零件，如汽轮机的叶轮、压缩机、泵的零件等	
		60	用于制造轧辊、轴、弹簧圈、弹簧、离合器、凸轮、钢绳等	
		15Mn	用于制造中心部分的机械性能要求较高，且须渗碳的零件	
		65Mn	适用于较大尺寸的各种扁、圆弹簧，以及其他经受摩擦的农机具零件	
GB/T 3077—1999	合金结构钢	30Mn2	起重机行车轴、变速箱齿轮、冷镦螺栓及较大截面的调质零件	钢中加入一定量的合金元素提高了钢的力学性能和耐磨性，也提高了钢的淬透性，保证金属在较大截面上获得高的力学性能
		20Cr	用于要求心部强度较高、承受磨损、尺寸较大的渗碳零件，如齿轮、齿轮轴、蜗杆、凸轮、活塞销等，也用于速度较大、受中等冲击的调质零件	
		40Cr	用于制造重要的齿轮、轴、曲轴、连杆、螺栓、螺母等	
		35SiMn	用于制造中小型轴类、齿轮等零件及 430 °C 以下的重要紧固件等	
		20CrMnTi	用于承受高速、中等或重负荷以及冲击、磨损等重要零件，如渗碳齿轮、凸轮等	
GB/T 11352—2009	铸钢	ZG230—450	用于制造机架、侧梁、机座、箱体、锤轮等	“ZG”表示铸钢。ZG 后两组数字是屈服强度和抗拉强度
		ZG310—570	用于制造重负荷零件，如联轴器、大齿轮、缸体、机架、轴等	
GB/T 9439—2010	灰铸铁	HT150	中等强度铸铁，用于一般铸件，如机床床身、工作台、轴承座、齿轮、箱体、阀体、泵体等	“HT”是灰铁两字汉语拼音的首位字母。数字表示最低抗拉强度（MPa）
		HT200 HT250	较高强度铸铁，用于较重要铸件，如齿轮、齿轮箱体、机座、床身、阀体、汽缸、联轴器盘、凸轮、带轮等	
		HT300 HT350	高强度铸铁，制造床身、床身导轨、机座、主轴箱、曲轴、液压泵体、齿轮、凸轮、带轮等	
GB/T 1176—2013	黄铜	ZCuZn38	一般用于制造耐蚀零件，如阀座、手柄、螺钉、螺母、垫圈等	铸黄铜，$w_{Zn}=38\%$
	锡青铜	ZCuSn5Pb5Zn5	耐磨性和耐蚀性能好，用于制造在中等的高速滑动速度下工作的零件，如轴瓦、衬套、缸套、齿轮、蜗轮等	铸锡青铜，$w_{Sn}=5\%$，$w_{Pb}=5\%$，$w_{Zn}=5\%$
		ZCuSn10P1		铸锡青铜，$w_{Sn}=10\%$，$w_{Pb}=1\%$
	铝青铜	ZcuA19Mn2	强度高、耐蚀性好，用于制造衬套、齿轮、蜗轮和气密性要求高的铸件	铸锡青铜，$w_{Pb}=9\%$，$w_{Mn}=2\%$
GB/T 1173—2013	铸造铝合金	ZL102 ZL202	耐磨性中上等，用于制造负荷不大的薄壁零件	ZL 后第一位数字表示合金系列，第二、三位数字表示顺序号
GB/T 3190—2008	硬铝	ZA12（LY12） ZA11（LY11）	焊接性能好，适用于制造中等强度零件	含 $w_{Cu}=3.8\%\sim4.9\%$，$w_{Mg}=1.2\%\sim1.8\%$，$w_{Mn}=0.3\%\sim0.9\%$，其余为铝

参考文献

[1] 中华人民共和国国家质量监督检验检疫总局．中华人民共和国国家标准 机械制图和技术制图等[S]．北京：中国标准出版社，2002—2012.

[2] 成大先．机械设计手册[M]．6 版．北京：化学工业出版社，2016.

[3] 刘李.《工程制图》多媒体教学质量保障体系研究[D]．济南：山东大学，2011.

[4] 龚利红，潘小兵，袁征，等．工程制图中空间思维能力培养的探索[J]．教育教学论坛，2020，000（050）：217-218.

[5] 亓立．工程制图在纺织机械中的应用[J]．化纤与纺织技术，2021.

[6] 胡琳，程蓉．工程制图：英汉对照[M]．3 版．北京：机械工业出版社，2023.

[7] 刘朝儒，吴志军，高政一，等．机械制图[M]．5 版．北京：高等教育出版社，2006.

[8] 何铭新，钱可强，徐祖茂．机械制图[M]．7 版．北京：高等教育出版社，2017.

[9] 何玉林，田怀文．机械制图[M]．北京：中国铁道出版社，2017.

[10] 大连理工大学工程图学教研室．画法几何学[M]．7 版．北京：高等教育出版社，2011.

[11] 大连理工大学工程图学教研室．机械制图[M]．7 版．北京：高等教育出版社，2013.

[12] 田怀文，王伟．机械工程图学[M]．成都：西南交通大学出版社，2006.

[13] 汪勇，张玲玲．机械制图[M]．2 版．成都：西南交通大学出版社，2013.